U0507051

中国总会计师协会"税务会计师"（CTAC）系列教材

税 法 解 析

（第二版）

主编　谢新宏

经济科学出版社

图书在版编目（CIP）数据

税法解析/谢新宏主编．—北京：经济科学
出版社，2013.10
中国总会计师协会"税务会计师"（CTAC）系列教材
ISBN 978 - 7 - 5141 - 3872 - 6

Ⅰ．①税…　Ⅱ．①谢…　Ⅲ．①税法 - 中国 - 教材
Ⅳ．①D922.22

中国版本图书馆 CIP 数据核字（2013）第 241539 号

责任编辑：段　钢　卢元孝
责任校对：刘欣欣
责任印制：邱　天

税法解析（第二版）

主编　谢新宏

经济科学出版社出版、发行　新华书店经销
社址：北京市海淀区阜成路甲 28 号　邮编：100142
总编部电话：010 - 88191217　发行部电话：010 - 88191522
网址：www.esp.com.cn
电子邮件：esp@esp.com.cn
天猫网店：经济科学出版社旗舰店
网址：http://jjkxcbs.tmall.com
北京万友印刷有限公司印装
787×1092　16 开　31.75 印张　790000 字
2014 年 4 月第 2 版　2014 年 4 月第 1 次印刷
ISBN 978 - 7 - 5141 - 3872 - 6　定价：85.00 元

"税务会计师"系列教材编写委员会

主　任：盖　地

副主任：汤贡亮

委　员：盖　地　　汤贡亮　　张晓彬　　王君彩　　肖太寿
　　　　李　军　　谢新宏　　蔡　昌　　李俊英　　张孝先
　　　　罗斌元　　高金平　　郎文俊

第二版序言

我国从计划经济快速转变为市场经济的进程中，会计也随着改革开放而经历了巨大的变革。在企业国际化经营与发展中，财会专业理论不断丰富更新，财会工作领域不断扩展，财会人员正在和必将发挥愈来愈重要的作用。

为适应社会主义市场经济的需要，面对愈来愈复杂的现代税务法规制度和愈来愈高的企业管理的要求，企业财务会计应该与时俱进。我国企业在完成会计制度与国际接轨之后，正在进一步苦练内功，深化企业管理机制与体制的变革，企业在公司治理、战略规划、预算管理、绩效管理、风险与内部控制等挑战面前，深入学习并准确执行不断深化改革的税务法规制度，运用现代税务管理、科学纳税筹划、防范和控制税务风险等专业理论与方法，已是势在必行。

2010 年 2 月 22 日，中共中央政治局召开会议，审议《国家中长期人才发展规划纲要（2010～2020 年）》，"会议认为，制定实施《国家中长期人才发展规划纲要（2010～2020 年）》，是贯彻落实科学发展观、更好实施人才强国战略的重大举措，是在激烈的国际竞争中赢得主动的战略选择。实现全面建设小康社会的奋斗目标，必须加快建立人才竞争比较优势，努力建设人才强国。要坚持服务发展、人才优先、以用为本、创新机制、高端引领、整体开发的指导方针，加强人才资源能力建设，推动人才结构战略性调整，创新人才工作体制机制，实行人才投资优先，实施更加开放的人才政策，加快人才工作法制建设，加强和改进党对人才工作的领导，培养造就宏大的高素质的人才队伍。"

2010 年 6 月，《国家中长期人才发展规划纲要（2010～2020 年）》经党中央、国务院批准颁布实施。这是我国第一个中长期人才发展规划，提出了到 2020 年我国人才发展的总体目标，即培养造就规模宏大、结构优化、布局合理、素质优良的人才队伍，确立国家人才竞争比较优势，进入世界人才强国行列，为在 21 世纪中叶基本实现社会主义现代化奠定人才基础。

2010 年 10 月，财政部发布的《会计行业中长期人才发展规划（2010～2020 年）》是我国会计行业第一个中长期人才发展规划，明确提出"当前和今后一个时期，我国会计人才发展的指导方针是：服务发展，以用为本，健全制度，创新机制，高端引领，整体开发"。为我国会计人才发展指出了明确的方向。

国家税务总局在全国税务系统干部教育培训规划中指出："按照素质优良、

结构合理、突出重点、形成梯次的要求，积极开展业务骨干培训。要组织一些学科交叉、起点较高、专业性强的培训项目，精选一批有培养潜力的一线中青年骨干，有计划、分步骤地开展复合型人才培训，力争使税收工作急需的各领域的专业骨干人才数量更加充足，业务更加精湛，结构更加合理，作用发挥更加充分。"

长期以来，中国总会计师协会一直致力于各行各业企业总会计师等高、中级财会骨干人才的培训教育工作。近几年来，为适应新形势下强化企业依法纳税、规避企业税务风险、提高企业税务管理水平等方面的迫切需要，陆续组织举办了多种多样的涉税方面的培训活动，协会在服务于会员和社会的工作中，深深感受到目前企业和社会对具有涉税资质的会计师专业人才的需求愈来愈迫切、愈来愈关注。

有鉴于此，中国总会计师协会按照中央和有关部门的要求，深入学习贯彻落实科学发展观，为实施人才强国战略服务尽力，借鉴美国等发达国家税务会计师的经验，按照素质优良、结构合理、突出重点、起点高、专业性强的要求，组织推出对具有会计师水平的企业财税骨干，有计划、系统性地开展涉税复合型人才培训项目。为此，协会诚邀我国涉税领域一批知名专家学者编写税务会计师项目培训教材，着眼于建立一套全面提高企业财税骨干综合素质和涉税工作能力、理论联系实际、侧重实务操作、具有税务特色的教材体系。

这套教材分为《税务会计实务》、《纳税筹划》、《税务稽查与企业涉税风险防范》、《税法解析》、《企业税务管理》等5册，财政部会计准则委员会咨询专家、天津财经大学会计与财务研究中心主任、天津财经大学商学院会计学系首席教授、博士生导师盖地总纂，中央财经大学等高校和科研机构一些知名专家学者主编。教材全面、系统地阐述了我国现行税收法规、企业涉税管理、税务会计实务、企业涉税风险防范与纳税筹划等方面专业理论、知识与技能，既可以作为税务会计师的培训教材，也可以作为企事业单位财会人员、注册会计师、注册税务师等方面人员的专业参考读物。我们注重教材的开发与利用相结合，随着经济发展和财税改革将及时更新并不断补充编写新教材。

我们相信，随着党和国家人才强国战略的实施，大力开发国民经济和社会发展重点领域急需的紧缺专门人才，将为发展现代产业体系和构建社会主义和谐社会提供人才智力支持。努力推进企业经营管理人才、专业技术人才等人才队伍建设，培养造就数以亿计的各类人才、数以千万计的专门人才，为我国企业腾飞和实现社会主义现代化奠定坚实的基础。

董　锋

2013 年 8 月

第二版前言

2013 年，中国总会计师协会提出对税务会计师培训认证项目的教材进行再版，本书系为培训项目再版系列教材之一。

自 2009 年起，中国总会计师协会提出的税务会计师培训认证项目已历时 4 年之久，随之我们普遍认识到，税务会计师服务于企业纳税需要，有利于降低企业的纳税成本，有利于维护企业的合法权益，有利于规范企业的纳税行为，有利于企业与税务机关的有效合作，保护企业税收利益的同时提升企业的纳税遵从度。

税收作为国家在经济上的存在与表现，一直就是各国政府获取财政收入的最主要形式，对社会经济运行与个人经济活动等方面产生重大影响，并由此形成了国家、企业和个人的经济利益分配关系。在企业的实际生产经营过程中，税收构成了企业的经营成本，直接影响到企业的税后净利润，由此，在现代市场经济背景下，作为理性的"经济人"的企业有理由将国家现行的税收法律、法规融入企业的战略架构、战略模式中，随企业的战略模式事先合理地安排各项经济活动，利用国家税收法律、法规规定的优惠政策，合理规划以减轻税收负担这个直接经营成本。

中国自 1994 年确定"分税制财政管理体制"以来，宏观经济状况与运行都发生了重大的变化，目前中国正逐步开始第三轮新的税收制度改革，这轮改革的广度和深度都不小于前两次的改革。增值税扩围先在上海试点，随后推广至北京、江苏等 8 个省、市、自治区，不到 2 年便推广至全国，服务业由最初的生产性服务业推广至部分生活性服务业，各项目、各行业税收法规及税收优惠政策都在不断调整过程中，这些内容都是我们纳税人必须要全面、细致、准确掌握的内容，在实践中依法纳税，并进一步在法律、法规的框架下做好税务管理工作。

税务管理工作的核心是产生税收价值，税收制度的改革，各项目、各行业税收政策的变更和调整，在企业经营活动过程中能否享受、运用和适应，换句话说，企业能否享受到国家税收政策改革的红利，便是税务会计师创造的税收价值。而享受税收政策改革红利的一个重要前提就是对税收法律、法规掌握的准确程度。为此，本书在前一次出版的基础上，征求各方意见，结合纳税人实际需要进行二次修订，对各章节进行了调整，对各税种的最新变化做出了修正。

在此，借助本书的修订出版，感谢天津财经大学盖地教授的耐心指导和帮助、感谢中国总会计师协会税务会计师培训认证管理办公室副主任张晓彬博士的细致辅导和启发，感谢中国总会计师协会各位领导的大力支持和帮助，感谢中国总会计师协会税务会计师培训认证管理办公室耿菲老师的辛勤付出，也同时感谢经济科学出版社的责任编辑以及为本书付出劳动的其他同志。

　　由于现行税收制度的复杂性及国家要根据经济运行状况不断地出台新法规，加之本人水平有限，对税收政策的理解难免存在不当之处，敬请广大读者批评指正，提出宝贵意见（E-mail：xinhong_xie@sina.com）。

谢新宏

2013 年 8 月于望佛台

目　　录

第一章 税法概论

第一节 税收法律制度概述

一、税法概述

（一）税法的概念

税法是国家制定的用以调整国家与纳税人之间在征纳税方面的权利及义务关系的法律规范的总称。它是国家及纳税人依法征税、依法纳税的行为准则。其目的是保障国家利益和纳税人的合法权益，维护正常的税收秩序，保证国家的财政收入。

税法与税收密不可分，税法是税收的法律表现形式，税收则是税法所确定的具体内容。税收是国家为了行使其职能而取得财政收入的一种方式。它的特征主要表现在三个方面：一是强制性，主要指国家以社会管理者的身份，用法律、法规等形式对征收捐税加以规定，并依照法律强制征税。二是无偿性，主要指国家征税后，税款即成为财政收入，不再归还纳税人，也不支付任何报酬。三是固定性，主要指在征税之前，以法的形式预先规定了课税对象、课税额度和课税方法等。

税法的特点是指税法带共性的特征，这种特征可以从三个方面加以限定。首先，税法的特点应与其他法律部门的特点相区别，也不应是法律所具有的共同特征，否则即无所谓"税法的特点"；其次，税法的特点是税收上升为法律后的形式特征，应与税收属于经济范畴的形式特征相区别；最后，税法的特点是指其一般特征，不是某一历史时期、某一社会形态、某一国家税法的特点。按照这样的理解，税法的特点可以概括成以下几个方面：

首先，从立法过程来看，税法属于制定法。现代国家的税法都是经过一定的立法程序制定出来的，即税法是由国家制定而不是认可的，这表明税法属于制定法而不是习惯法。

其次，从法律性质看，税法属于义务性法规。义务性法规是相对授权性法规而言的，是指直接要求人们从事或不从事某种行为的法规，即直接规定人们某种义务的法规。义务性法规的一个显著特点是具有强制性，它所规定的行为方式明确而肯定，不允许任何个人或机关随意改变或违反。

最后，从内容看，税法具有综合性。税法不是单一的法律，而是由实体法、程序法、诉讼法等构成的综合法律体系，其内容涉及课税的基本原则、征纳双方的权利义务、税收管理规则、法律责任、解决税务争议的法律规范等，包括立法、行政执法、司法各个方面。其结构大致有：宪法加税收法典；宪法加税收基本法加税收单行法律、法规；宪法加税收单行法律、法规等不同的类型。税法具有综合性，能够保证国家正确行使课税权力，有效实施税务管理，确保依法足额取得财政收入，保障纳税人合法权利。

（二）税收法律关系

国家征税与纳税人纳税在形式上表现为利益分配的关系，但经过法律明确其双方的权利与义务后，这种关系实质上已上升为一种特定的法律关系。

1. 税收法律关系的构成

税收法律关系在总体上与其他法律关系一样，都是由权利主体、客体和法律关系内容三方面构成的，但在这三方面的内涵上，税收法律关系则具有特殊性。

（1）权利主体。

权利主体即税收法律关系中享有权利和承担义务的当事人。在我国税收法律关系中，权利主体一方是代表国家行使征税职责的国家税务机关，包括国家各级税务机关、海关和财政机关，另一方是履行纳税义务的人，包括法人、自然人和其他组织，在华的外国企业、组织、外籍人、无国籍人，以及在华虽然没有机构、场所但有来源于中国境内所得的外国企业或组织。这种对税收法律关系中权利主体另一方的确定，在我国采取的是属地兼属人的原则。

在税收法律关系中权利主体双方法律地位平等，只是因为主体双方是行政管理者与被管理者的关系，所以双方的权利与义务不对等，因此，与一般民事法律关系中主体双方权利与义务平等是不一样的，这是税收法律关系的一个重要特征。

（2）权利客体。

权利客体即税收法律关系主体的权利、义务所共同指向的对象，也就是征税对象。例如，所得税法律关系的客体就是生产经营所得和其他所得，财产税法律关系的客体即是财产，流转税法律关系的客体就是货物销售收入或劳务收入。税收法律关系客体也是国家利用税收杠杆调整和控制的目标，国家在一定时期根据客观经济形势发展的需要，通过扩大或缩小征税范围调整征税对象，以达到限制或鼓励国民经济中某些产业、行业发展的目的。

（3）内容。

税收法律关系的内容就是权利主体所享有的权利和所应承担的义务，这是税收法律关系中最实质的东西，也是税法的灵魂。它规定权利主体可以有什么行为，不可以有什么行为，若违反了这些规定，须承担相应的法律责任。

国家税务主管机关的权利主要表现在依法进行征税、税务检查以及对违章者进行处罚；其义务主要是向纳税人宣传、咨询、辅导税法，及时把征收的税款解缴国库，依法受理纳税人对税收争议的申诉等。

纳税义务人的权利主要有多缴税款申请退还权、延期纳税权、依法申请减免税权、申请复议和提起诉讼权等。其义务主要是按税法规定办理税务登记、进行纳税申报、接受税务检查、依法缴纳税款等。

2. 税收法律关系的产生、变更与消灭

税法是引起税收法律关系的前提条件，但税法本身并不能产生具体的税收法律关系。税收法律关系的产生、变更和消灭必须有能够引起税收法律关系产生、变更或消灭的客观情况，也就是由税收法律事实来决定。这种税收法律事实，一般指税务机关依法征税的行为和纳税人的经济活动行为，发生这种行为才能产生、变更或消灭税收法律关系。例如，纳税人开业经营即产生税收法律关系，纳税人转业或停业会造成税收法律关系的变更或消灭。

3. 税收法律关系的保护

税收法律关系是同国家利益及企业和个人的权益相联系的。保护税收法律关系，实质上就是保护国家正常的经济秩序，保障国家财政收入，维护纳税人的合法权益。税收法律关系的保护形式和方法是多样的，税法中关于限期纳税、征收滞纳金和罚款的规定，《刑法》对构成偷税、抗税罪给予刑罚的规定，以及税法中对纳税人不服税务机关征税处理决定、可以申请复议或提出诉讼的规定等，都是对税收法律关系的直接保护。税收法律关系的保护对权利主体双方是对等的，不能只对一方保护，而对另一方不予保护，对权利享有者的保护，就是对义务承担者的制约。

（三）税法的构成要素

税法一般都由若干要素组成，了解这些要素的构成，有助于全面掌握和执行税法规定。税法的构成要素一般包括总则、纳税义务人、征税对象、税目、税率、纳税环节、纳税期限、纳税地点、减税免税、罚则、附则等项目。

1. 总则。总则主要包括立法依据、立法目的、适用原则等。

2. 纳税义务人。纳税义务人在法学上称为纳税主体，主要是指一切履行纳税义务的法人、自然人及其他组织。

3. 征税对象。征税对象在法学上称为纳税客体，主要是指税收法律关系中征纳双方权利义务所指向的物或行为，它是区分不同税种的主要标志。我国现行税收法律、法规都有自己特定的征税对象。例如，企业所得税的征税对象就是应税所得；增值税的征税对象就是商品或劳务在生产和流通过程中的增值额。

4. 税目。税目是各个税种所规定的具体征税项目，它是征税对象的具体化。

5. 税率。税率是对征税对象的征收比例或征收额度，它是计算税额的尺度，也是衡量税负轻重与否的重要标志。

6. 纳税环节。纳税环节主要指税法规定的征税对象在从生产到消费的流转过程中应当缴纳税款的环节。例如，流转税在生产和流通环节纳税，所得税在分配环节纳税等。

7. 纳税期限。纳税期限是指纳税人按照税法规定缴纳税款的期限。例如，企业所得税在月份或者季度终了后15日内预缴，年度终了后5个月内汇算清缴，多退少补。

8. 纳税地点。纳税地点主要是指根据各个税种纳税对象的纳税环节和有利于对税款的源泉控制而规定的纳税人（包括代征、代扣、代缴义务人）的具体纳税地点。

9. 减税免税。减税免税主要是对某些纳税人和征税对象采取减少征税或者免予征税的特殊规定。

10. 罚则。罚则主要是指对纳税人违反税法的行为采取的处罚措施。

11. 附则。附则一般都规定与该法紧密相关的内容。例如，该法的解释权；该法生效的时间等。

（四）税法的分类

税法体系中按各税法的立法目的、征税对象、权限划分、适用范围、职能作用的不同，可分为不同类型的税法。

1. 按照税法的基本内容和效力的不同，可分为税收基本法和税收普通法。

税收基本法是税法体系的主体和核心，在税法体系中起着税收母法的作用。其基本内容一般包括税收制度的性质、税务管理机构、税收立法与管理权限、纳税人的基本权利与义务、税收征收范围（税种）等。我国目前还没有制定统一的税收基本法，随着我国税收法制建设的发展和完善，今后，将研究制定税收基本法。税收普通法是根据税收基本法的原则，对税收基本法规定的事项分别立法实施的法律，如个人所得税法、税收征收管理法等。

2. 按照税法的职能作用的不同，可分为税收实体法和税收程序法。

税收实体法主要是指确定税种立法，具体规定各税种的征收对象、征收范围、税目、税率、纳税地点等。例如，《企业所得税法》、《个人所得税法》就属于税收实体法。税收程序法是指税务管理方面的法律，主要包括税收管理法、纳税程序法、发票管理法、税务机关组织法、税务争议处理法等。例如，《税收征收管理法》就属于税收程序法。

3. 按照税法征收对象的不同，可分为以下四种：

（1）对流转额课税的税法，主要包括增值税、营业税、消费税、关税等。这类税法的特点是与商品生产、流通、消费有密切联系。对什么商品征税，税率多高，对商品经济活动都有直接的影响，易于发挥对经济的宏观调控作用。

（2）对所得额课税的税法，主要包括企业所得税、个人所得税等。其特点是可以直接调节纳税人收入，发挥其公平税负、调整分配关系的作用。

（3）对财产、行为课税的税法，主要是对财产的价值或某种行为课税，包括房产税、印花税等。

（4）对自然资源课税的税法，主要是为保护和合理使用国家自然资源而课征的税。我国现行的资源税、城镇土地使用税等税种均属于资源课税的范畴。

4. 按照主权国家行使税收管辖权的不同，可分为国内税法、国际税法、外国税法等。

国内税法一般是按照属人或属地原则，规定一个国家的内部税收制度。国际税法是指国家间形成的税收制度，主要包括双边或多边国家间的税收协定、条约和国际惯例等。外国税法是指除我国外其他国家制定的税收制度。

5. 按照税收收入归属和征收管辖权限的不同，可分为中央税、地方税和中央与地方共享税。

中央税属于中央政府的财政收入，由国家税务局征收管理，如消费税、关税等为中央税。地方税属于各级地方政府的财政收入，由地方税务局征收管理，如城市维护建设税、城镇土地使用税等为地方税。中央与地方共享税属于中央政府和地方政府的共同收入，目前主要由国家税务局征收管理，如增值税。

当前，除个别小税种（如车船税、城镇土地使用税）地方有补充性的、有限的立法权外，我国的税收立法权基本属中央。

（五）税法的效力与解释

1. 税法的效力

税法的效力是指税法在什么时间、什么地方、对什么人具有什么法律约束力。

（1）税法的空间效力。

税法的空间效力指税法在特定地域内发生的效力。由一个主权国家制定的税法，原则上必须适用于其主权管辖的全部领域，但是具体情况有所不同。我国税法的空间效力主要包括两种情况：

①在全国范围内有效。由全国人民代表大会及其常务委员会制定的税收法律，国务院颁布的税收行政法规，财政部、国家税务总局制定的税收行政规章以及具有普遍约束力的税务行政命令在除个别特殊地区外的全国范围内有效。这里所谓的"个别特殊地区"主要指我国香港、澳门、台湾和保税区等。

②在地方范围内有效。地方范围有效包括两种情况：一是由地方立法机关或政府依法制定的地方性税收法规、规章、具有普遍约束力的税收行政命令在其管辖区域内有效；二是由全国人民代表大会及其常务委员会、国务院、财政部、国家税务总局制定的具有特别法性质的税收法律、税收法规、税收规章和具有普遍约束力的税收行政命令在特定地区（如老、少、边、贫地区等）有效。

（2）税法的时间效力。

税法的时间效力是指税法何时开始生效、何时终止效力和有无溯及力的问题。

①税法的生效。在我国，税法的生效主要分为三种情况：一是税法通过一段时间后开始生效。其优点在于可以使广大纳税人和执法人员事先学习、了解和掌握该税法的具体内容，使其能够得到准确地贯彻、执行。二是税法自通过发布之日起生效。一般来说，重要税法个别条款的修订和小税种的设置，对于执法人员和纳税人来讲易于理解、掌握，实施前也不需要更多的准备，采用这种生效方式，可以兼顾税法实施的及时性与准确性。三是税法公布后授权地方政府自行确定实施日期，这种税法生效方式实质上是将税收管理权限下放给地方政府。

②税法的失效。税法的失效表明其法律约束力的终止，有三种类型：一是以新税法代替旧税法。这是最常见的税法失效宣布方式，即以新税法的生效日期为旧税法的失效日期。二是直接宣布废止某项税法，当税法结构调整，需要取消某项税法，又没有新的相关税法设立时，往往需要另外宣布取消废止的税法。三是税法本身规定废止的日期。即在税法的有关条款预先确定废止的日期，届时税法自动失效。

③税法时间效力的溯及力。一部新税法实施后，对其实施之前纳税人的行为如果适用，该税法即具有溯及力，反之则无溯及力。我国及许多国家的税法都坚持不溯及既往的原则。

（3）税法对人的效力。

税法对人的效力是指税法对什么人适用、管辖哪些人。由于税法的空间效力、时间效力最终都要归结为对人的效力，因此在处理税法对人的效力时，国际上通行的原则有三个：一是属人主义原则，即凡是本国的公民或居民，不管其身居国内还是国外，都要受本国税法的管辖；二是属地主义原则，即凡是本国领域内的法人和个人，不管其身份如何，都适用本国税法；三是属人、属地相结合的原则，我国税法即采用这一原则。凡我国公民、在我国居住的外籍人员以及在我国注册登记的法人或虽未在我国设立机构，但有来源于我国收入的外国企业、公司、经济组织等，均适用我国税法。

2. 税法的解释

税法的解释是指有法定解释权的国家机关，在法律赋予的权限内，对有关税收法律法规或其条文进行的解释。

（1）按解释权限划分，税法的法定解释可以分为立法解释、司法解释和行政解释。

①税法立法解释。税法立法解释是税收立法机关对所设立税法的正式解释。按照税收立法机关的不同，我国税法立法解释可分为：由全国人民代表大会对税收法律作出的解释，具体形式包括在税收法律中对条文的解释，起草者对税收法律草案的说明，税收法律实施细则以及专门作出的补充性解释规定，全国人大常委会的法律解释同法律具有同等效力；由最高行政机关制定的税收行政法规，由国务院负责解释，其形式主要是各类税法的实施细则；地方税收法规，由制定相应法规的地方人大常委会负责解释，由于目前地方税收立法权较小，因此这类立法解释仅限于少数经济特区或民族地区及个别税种。税法立法解释包括事前解释和事后解释。事前解释一般是指预防税收法律、法规的有关条款或概念在执行和适用时发生疑问，而预先在税收法律、法规中加以解释，这种解释通常包含在税收法律、法规的正文或附则中。事后解释是指税收法律、法规在实际执行和适用时发生疑问而由制定税收法律、法规的机关所作的解释。我们通常所说的税收立法解释是指事后解释。

②税法司法解释。税法司法解释是指最高司法机关对如何具体办理税务刑事案件和税务行政诉讼案件所作的具体解释或正式规定。税法司法解释可进一步划分为由最高人民法院作出的审判解释，如2002年最高人民法院《关于审理骗取出口退税刑事案件具体应用法律若干问题的解释》；由最高人民检察院作出的检察解释。根据我国宪法和有关法律的规定，司法解释的主体只能是最高人民法院和最高人民检察院，它们的解释具有法的效力，可以作为办案和适用法律和法规的依据，其他各级法院和检察院均无解释法律的权力。在适用法律的过程中，如果审判解释和检察解释有原则分歧，则应报请全国人大常委会解释或决定。"两高"在审判工作中具体应用法律的解释不产生一般解释的效力。上述这些规定，也适用于税法的司法解释。在我国，税法的司法解释限于税收犯罪范围，占整个税法解释的比重很小。而在一些发达国家，税法的司法解释往往成为税法解释的主体，并且司法解释权不限于最高法院，内容也不限于税务诉讼，以确保在税法领域内司法的独立性。这种区别主要源于司法制度的不同及其对司法功能认识上的差异。国际货币基金组织在其考察报告《中国税收与法治》（1993年）中则认为，中国税法的司法解释不发达是由中国社会关系人格化、法律规定本身模棱两可、立法倾向难以判断及法官素质较差造成的。

③税法行政解释。税法行政解释也称税法执法解释，是指国家税务机关在执法过程中对税收法律、法规等如何具体应用所作的解释。在我国，税法行政解释是税法解释的基本部分，主要由国家税务行政主管机关下达的大量具有行政命令性质的文件构成，税法的规范性行政解释在执法中具有普遍的约束力。但原则上讲，不能作为法庭判案的直接依据，这一点在世界各国基本已达成了共识，我国税法虽然没有对此作出明确规定，但从有关法律中也能推论出相似的结论。在实际案例中，也有人民法院对税务机关的行政解释不予支持的例子，至少对于具体案例，税务机关的个别性行政解释不得在诉讼提起后作出，或者说不得因为给一个已经实施的具体行政行为寻求法律依据而对税法作出解释。

（2）按照解释的尺度不同，税法解释还可以分为字面解释、限制解释与扩充解释。

①字面解释。按照文义解释原则，必须严格依税法条文的字面含义进行解释，既不扩大也不缩小，这是所谓字面解释。但是作为其补充，立法目的原则允许从立法目的与精神出发来解释条文，以避免按照字面意思解释可能得出的荒谬或背离税法精神的结论，消除税法条

文含义的不确定性，这样就可能出现税法解释大于其字面含义与小于其字面含义的情况，即扩充解释与限制解释。

字面解释是税法解释的基本方法，税法解释首先应当坚持字面解释。进行字面解释涉及四个层次的问题：一是税法条文所使用文字取汉语的通常含义，税法解释即是解释其汉语语义的内涵，但实际上除了个别内涵与外延不是很清楚的词语，需要做这种解释的时候并不很多。二是税法越来越多地使用各类法律及各相关学科的术语，不过税法在对其加以引用时并没有附加特别的含义，那么需要税法作出相应解释时，应取其本意，而不应作出与其所在学科不同的解释。三是某些专门用语与专业术语。税法在引用时，附加了特别的含义或限制，那么，税法的解释就要体现这种差别，例如，我国《个人所得税法》规定的"居民"即附加了在我国境内住满一个纳税年度的条件，需要税法解释加以明示。但是对于税法没有特别规定的，不能通过税法解释来改变其原有含义。四是对于税法固有的概念，应当按照税法的本意要求加以解释，而不能受其他学科或法律解释的干扰。

②限制解释。税法的限制解释是指为了符合立法精神与目的，对税法条文所进行的窄于其字面含义的解释。这种解释在我国税法中也时有使用，我国《个人所得税法实施条例》第二条规定："在中国境内有住所的个人，是指因户籍、家庭、经济利益关系而在中国境内习惯性居住的个人。"而国家税务总局《征收个人所得税若干问题的规定》将"习惯性居住"解释为"是指实际居住或在某一个特定时期内的居住地"，其范围明显窄于"习惯性居住地"的字面含义。

③扩充解释。税法的扩充解释是指为了更好地体现立法精神，对税法条文所进行的大于其字面含义的解释。由于解释税法要考虑其经济含义，仅仅进行字面解释有时不能充分、准确地表达税法的真实意图。故在税收法律实践中有时难免要对税法进行扩充解释，以更好地把握立法者的本意。例如，我国《个人所得税法》第六条第四款规定：劳务报酬所得按次征收。但是容易出现纳税人将取得劳务报酬次数无限分割，逃避纳税，减少税收收入的问题，故《个人所得税法实施条例》第二十一条第一款将劳务报酬按次征税扩充解释为："劳务报酬所得……属于同一项目连续性收入的，以一个月内取得的收入为一次。"税法的扩充解释以体现税法本意为出发点，但是如果不加以适当限制，往往会走向反面，即违背税法本意。所以扩充解释尽管在税法中存在，但一般不将其作为一项解释方法使用。

除了上述解释方法之外，还有系统解释法、历史解释法与合宪性解释法等。

税法解释是税法顺利运行的必要保证，是提高税法灵活性与可操作性的基本手段之一。完善税法解释可以弥补立法的不足，是下一步修订或设立税法的准备和依据。一般来说，法定解释应严格按照法定的解释权限进行，任何有权机关都不能超越权限进行解释，因此，法定解释具有专属性。只要法定解释符合法的精神及法定的权限和程序，这种解释就具有与被解释的法律、法规、规章相同的效力，因此，法定解释同样具有法的权威性。法定解释大多是在法律实施过程中，特别是在法律的适用过程中进行的，是对具体的法律条文、具体的事件或案件作出的，所以具有针对性，但其效力不限于具体的法律事件或事实，而具有普遍性和一般性。

税法解释除遵循税法的基本原则之外还要遵循法律解释的具体原则，包括文义解释原则，立法目的原则，合法、合理性原则，经济实质原则和诚实信用原则。第一，所谓文义解释原则是指以文义作为法律解释的起点，通过文字、语法分析来确定税法条文的含义，而不考虑立法者意图或法律条文以外的其他要求。文义解释原则并不是机械地、单纯地以文义为界限，在文义之外，原则上还允许在法律条文的外延不明确，或者按照字面含义可能产生两种或更多解决办法，或者导致荒谬结果时，在未超出文义范围或损及文义的互信的基础上，根据其他税法解释的原则和方法对税法条文进行解释。第二，立法目的原则是指当从法律条文文字本身难以确定法律的具体含义，或根据这种含义适用法律将导致荒谬的结果时，允许解释者通过对立法过程的有关资料的分析来了解立法背景，在此前提下确定出立法者的目的、理由和初衷，并以此为根据得出解释结论。立法目的原则仍需以文义为基础，是基于对法律文本的意思提出正确或正当解释为前提进行的，如果法律条文的规定并没有不明确之处，则仍需以文义解释为主而无须再探求立法目的。第三，合法、合理性原则要求税法解释在主体资格、税法解释的权限、税法解释的程序等方面都必须是合法的，同时还必须具有合理性。第四，经济实质原则是指在税法解释过程中对于一项税法规范是否应适用于某一特定情况，除考虑该情况是否符合税法所规定的税收要素外，还应根据实际情况，尤其要结合经济目的和经济生活的实质，来判断该种情况是否符合税法所规定的税收要素，以决定是否征税。第五，诚实信用原则，即税务机关对税法所作出的解释即使是错误的，但是既然已经向纳税人作出了意思表示，就要信守其承诺。但是诚信原则在税法中的适用，是针对纳税人个体在适用税法时作出的解释，不是一般意义上普遍适用的法律解释。

（六）税法与其他法律的关系

在我国，税法是法律体系的重要组成部分。税法的地位是由税收在国家经济活动中的重要性决定的。税收收入不仅是政府取得财政收入的基本来源，还是国家宏观调控的重要手段。因为它是调整国家与企业和公民个人分配关系的最基本、最直接的方式，国家的一切税收活动，均以法定方式表现出来。因此，税法属于国家法律体系中一个重要的部分法，它是调整国家与各个经济单位及公民个人分配关系的基本法律规范。

在我国的法律体系中，各个法律之间，不管是横向还是纵向都有其密切相关性，涉及税收征纳关系的法律规范，除税法本身直接在税收实体法、税收程序法、税收争讼法、税收处罚法中规定外，在某种情况下也需要援引一些其他法律。因此，税法与其他法律或多或少地有着相关性。

1. 税法与宪法的关系

宪法是我国的根本大法，它是制定所有法律、法规的依据和章程。税法是国家法律的组成部分，当然也是依据宪法的原则制定的。

《宪法》第五十六条规定："中华人民共和国公民有依照法律纳税的义务"。这里一是明确了国家可以向公民征税；二是明确了向公民征税要有法律依据。因此，我国宪法的这一条规定是立法机关制定税法并据以向公民征税以及公民必须依照税法纳税的最直接的法律依据。

《宪法》还规定，国家要保护公民的合法收入、财产所有权，保护公民的人身自由不受侵犯等。因此，在制定税法时，就要规定公民应享受的各项权利以及国家税务机关行使征税权的约束条件，同时要求税务机关在行使征税权时，不能侵犯公民的合法权益等。

《宪法》第三十三条规定："中华人民共和国公民在法律面前人人平等"。即凡是中国公民都应在法律面前处于平等的地位。在制定税法时也应遵循这个原则，对所有的纳税人要平等对待，不能因为纳税人的种族、性别、出身、年龄等不同而在税收上给予不平等的待遇。

2. 税法与民法的关系

民法是调整平等主体之间，也就是公民之间、法人之间、公民与法人之间财产关系和人身关系的法律规范，故民法调整方法的主要特点是平等、等价和有偿。而税法的本质是国家依据政治权力向公民进行课税，是调整国家与纳税人关系的法律规范，这种税收征纳关系不是商品关系，明显带有国家意志和强制的特点，其采用命令和服从的调整方法，这是由税法与民法的本质区别所决定的，因此，税法与民法有本质区别。

但两者之间又有联系，当税法的某些规范同民法的规范基本相同时，税法一般援引民法条款。在征税过程中，经常涉及大量的民事权利和义务问题，例如，印花税中有关经济合同关系的成立，房产税中有关房屋的产权认定等，而这些在民法中已予以规定，所以，税法就不再另行规定。

当涉及税收征纳关系的问题时，一般应以税法的规范为准则，例如，两家关联企业之间，一方以高进低出的价格与对方进行商业交易，然后再以其他方式从对方取得利益补偿，以达到避税的目的，虽然这个交易符合民法中规定的"民事活动应遵循自愿、公平、等价有偿、诚实信用"的原则，但是违反了税法的规定，则应该按照税法的规定对这种交易做相应的调整。

3. 税法与刑法的关系

税法与刑法有本质的区别，刑法是关于犯罪、刑事责任与刑罚的法律规范的总和，其中犯罪是指危害社会、触犯刑法、应受到刑事处分的行为。刑法是国家法律的基本组成部分，税法与刑法是从不同的角度规范人们的社会行为，两者联系密切。

税法与刑法的联系主要表现在：第一，对税收犯罪的刑罚，在体系和内容上是构成税法的一部分，但在其解释和执行上，主要是依据刑法的有关规定。第二，税法与刑法在调整对象上既有衔接又有交叉，刑法关于"危害税收征管罪"的规定，就其内容看是直接涉及税收的，例如，对于逃避缴纳税款、抗税、逃避追缴欠税、骗取出口退税等，刑法与税收征收管理法的界定是相同的，只是在追究法律责任上有所分工。第三，二者的调查程序是一致的，税收犯罪的司法调查程序同刑事犯罪的司法调查程序是一致的。第四，税法与刑法都具备明显的强制性，并且，从一定意义上讲，刑法是实现税法强制性最有力的保证。

二者的区别主要在于：第一，税法属于义务性法规，主要用来建立正常的纳税义务关系，其本身并不带有惩罚性；刑法属于禁止性法规，目的在于明确什么是犯罪，对犯罪者应施以何种刑罚，两者的性质是不同的。第二，从调整对象来看，刑法是通过规定什么行为是犯罪和对罪犯的惩罚来实现打击犯罪的目的；而税法是调整税收权利义务关系的法律规范，两者分属不同的法律部门。尽管税法与刑法的调整范围都比较宽泛，但是其交叉的部分是有限的。第三，就法律责任的承担形式来说，对税收法律责任的追究形式是多重的，而对刑事法律责任的追究只能采用自由刑与财产刑的刑罚形式。

4. 税法与行政法的关系

行政法是调整国家行政管理活动的法律规范的总称。税法与行政法有着十分密切的联系，这种联系主要表现在税法具有行政法的一般特征：第一，调整国家机关之间、国家机关与法人或自然人之间的法律关系；第二，法律关系中居于领导地位的一方总是国家；第三，体现国家单方面的意志，不需要双方意思表示一致；第四，解决法律关系中的争议，一般都按照行政复议程序和行政诉讼程序进行。

税法虽然与行政法联系密切，但又与一般行政法有所不同。第一，税法具有经济分配的性质，并且是经济利益由纳税人向国家的无偿单向转移，这是一般行政法所不具备的；第二，税法与社会再生产，特别是与物质资料再生产的全过程密切相连，不论是生产、交换、分配还是消费，都有税法参与调节，其联系的深度和广度是一般行政法所无法相比的；第三，税法是一种义务性法规，并且是以货币收益转移的数额来作为纳税人所尽义务的基本度量，而行政法大多为授权性法规，少数义务性法规也不涉及货币收益的转移，因此，简单地将税法体系归并到行政法部门是不够严谨的。

5. 税法与经济法的关系

经济法是国家调整各种纵向经济关系，即经济管理关系而制定的经济法律规范的总称，企业之间的横向经济关系不属于经济法的范畴。税法与经济法有着十分密切的联系，首先，税法具有较强的经济属性，即在税法运行过程中，始终伴随着经济分配的进行；其次，经济法中的许多法律、法规是制定税法的重要依据，例如，我国企业所得税的立法就与《公司法》、《企业法》、《个体经济法》、《国营企业转换经营机制条例》、《破产法》等密切相连，《外商投资企业与外国企业所得税法》则是与《中外合资经营企业法》、《外资企业法》、《涉外经济合同法》等配套制定的；最后，经济法的一些概念、规则、原则也在税法中大量应用，例如，公司、合同的概念在企业所得税、印花税中的使用等。

当然二者也有差别，首先，从调整对象来看，经济法调整的是经济管理关系，而税法调整对象则含有较多的税务行政管理的性质；其次，税法属于义务性法规，而经济法基本上属于授权性法规；最后，税法解决争议的程序适用行政复议、行政诉讼等行政法程序，而不适用经济法中普遍采用的协商、调解、仲裁、民事诉讼程序。由于存在这种差别，所以不能简单地将税法归属于经济法律部门。

6. 税法与国际法的关系

税法原本是国内法，是没有超越国家权力的约束力的。但是，随着各国国际间交往的加深，经济活动日益国际化，税法与国际法的联系越来越密切，并且在某些方面出现交叉。这种密切联系与交叉体现在以下几个方面：第一，在跨国经济活动中，为避免因税收管辖权的重叠而出现国际双重征税以及国际间的避税，国与国之间形成了一系列的双边或多边税收协定、国际税收公约，这些协定或公约是国际法的重要组成部分。换一个角度看，被一个国家承认的国际税法也应是这个国家税法的组成部分。第二，由于国际经济合作的发展，一个国家的税法总是有或多或少的部分涉及外籍纳税人，有时我们习惯于将其称为"涉外税法"。为了使"涉外税法"较好地起到吸引外来投资的作用，立法时往往较多地吸取了国际法特别是国际税法中合理的理论和原则以及有关法律规范。第三，按照国际法高于国内法的原则，被一个国家所承认的国际法不能不对其国内税法的立法产生较大的影响和制约作用，反之，国际法也不是凭空产生的，各个国家的国内法（包括税法）是国际法规范形成的基础，没有国内税法，国际税法就无法实施。

二、我国税收法律制度的制定与实施

税法的制定和实施就是我们通常所说的税收立法和税收执法。税法的制定是税法实施的前提，有法可依、有法必依、执法必严、违法必究，是税法制定与实施过程中必须遵循的基本原则。

税法原则是构成税收法律规范的基本要素之一，任何国家的税法体系和税收法律制度都要建立在一定的税法原则基础上。税法原则可以分为税法基本原则和适用原则两个层次。

（一）税法基本原则

从法理学的角度分析，税法基本原则可以概括成税收法律主义、税收公平主义、税收合作信赖主义与实质课税原则。

税收法律主义也称税收法定主义、法定性原则，是指税法主体的权利义务必须由法律加以规定，税法的各类构成要素都必须且只能由法律予以明确规定。征纳主体的权力（利）义务只以法律规定为依据，没有法律依据，任何主体不得征税或减免税收。

税收公平主义是平等性原则在课税思想上的具体体现，与其他税法原则相比，税收公平主义渗入了更多的社会要求。税收公平最基本的含义是：税收负担必须根据纳税人的负担能力分配，负担能力相等，税负相同；负担能力不等，税负不同。当纳税人的负担能力相等时，以其获得收入的能力为确定负担能力的基本标准，但收入指标不完备时，财产或消费水平可作为补充指标；当人们的负担能力不等时，应当根据其从政府活动中期望得到的利益大小缴税或使社会牺牲最小。

税收合作信赖主义，也称公众信任原则。它在很大程度上汲取了民法"诚实信用"原则的合理思想，认为税收征纳双方的关系就其主流来看是相互信赖、相互合作的，而不是对抗性的。一方面，纳税人应按照税务机关的决定及时缴纳税款，税务机关有责任向纳税人提供完整的税收信息资料，征纳双方应建立起密切的税收信息联系和沟通渠道，税务机关用行政处罚手段强制征税也是基于双方的合作关系，目的是提醒纳税人与税务机关合作自觉纳税。另一方面，没有充足的依据，税务机关不能提出对纳税人是否依法纳税有所怀疑，纳税人有权利要求税务机关予以信任，纳税人也应信赖税务机关的决定是公正和准确的，税务机关作出的法律解释和事先裁定，可以作为纳税人缴税的根据，当这种解释或裁定存在错误时，纳税人并不承担法律责任，甚至纳税人因此而少缴的税款也不必再补缴。

实质课税原则是指应根据纳税人的真实负担能力决定纳税人的税负，不能仅考核其表面上是否符合课税要件。即在判断某个具体的人或事件是否满足课税要件，是否应承担纳税义务时，要探求其实质，如果实质条件满足了课税要件，就应按实质条件的指向确认纳税义务，如果仅仅是形式上符合课税要件，而实质上并不满足时则不能确定其负有纳税义务。

（二）税法适用原则

税法适用原则是指税务行政机关和司法机关运用税收法律规范解决具体问题所必须遵循的准则。

1. 法律优位原则

法律优位原则在税法中的作用主要体现在处理不同等级税法的关系上。法律优位原则也称行政立法不得抵触法律原则，其含义为法律的效力高于行政立法的效力。

2. 法律不溯及既往原则

法律不溯及既往原则是绝大多数国家所遵循的法律程序技术原则。其含义为：一部新法实施后，对新法实施之前人们的行为不得适用新法，而只能沿用旧法。其目的是为维护税法的稳定性和可预测性，使纳税人能在知道纳税结果的前提下作出相应的经济决策，这样，税收的调节作用才会较为有效，否则就会违背税收法律主义和税收合作信赖主义，对纳税人也是不公平的。但是，在某些特殊情况下，税法对这一原则的适用也有例外。

3. 新法优于旧法原则

新法优于旧法原则是指新法、旧法对同一事项有不同规定时，新法的效力优于旧法。其作用在于避免因法律修订带来新法、旧法对同一事项有不同的规定而给法律适用带来的混乱，为法律的更新与完善提供法律适用上的保障。新法优于旧法原则的适用，以新法生效实施为标志，新法生效实施以后准用新法，新法实施以前沿用旧法，新法不发生效力。新法优于旧法原则在税法中普遍适用，但是当新税法与旧税法处于普通法与特别法的关系时，以及某些程序性税法引用"实体从旧，程序从新原则"时，可以例外。

4. 特别法优于普通法的原则

特别法优于普通法的原则是指对同一事项两部法律分别订有一般和特别规定时，特别规定的效力高于一般规定的效力。当对某些税收问题需要作出特殊规定，但是又不便于普遍修订税法时，即可以通过特别法的形式予以规范。凡是特别法作出规定的，即排斥普通法的适用，不过这种排斥仅就特别法中的具体规定而言，并不是说随着特别法的出现，原有的居于普通法地位的税法即告废止。特别法优于普通法原则打破了税法效力等级的限制，即居于特别法地位级别较低的税法，其效力可以高于作为普通法的级别较高的税法。

5. 实体从旧，程序从新原则

这一原则包括两个方面的含义：一是实体税法不具备溯及力；二是程序性税法在特定条件下具备一定的溯及力，也就是说，对于一项新税法公布实施之前发生的纳税义务在新税法公布实施之后进入税款征收程序的，原则上新税法具有约束力。

6. 程序优于实体原则

程序优于实体原则是关于税收诉讼法的原则，即在诉讼发生时税收程序法优于税收实体法适用。纳税人通过税务行政复议或税务行政诉讼寻求法律保护的前提条件之一，是必须事先履行税务行政执法机关认定的纳税义务，而不管这项纳税义务实际上是否完全发生，否则，税务行政复议机关或司法机关对纳税人的申诉不予受理。适用这一原则，是为了确保国家课税权的实现，不因争议的发生而影响税款的及时、足额入库。

（三）税法的制定

税收立法是指有权的机关依据一定的程序，遵循一定的原则，运用一定的技术，制定、公布、修改、补充和废止有关税收法律、法规、规章的活动。

1. 税收立法机关

根据我国《宪法》、《全国人民代表大会组织法》、《国务院组织法》以及《地方各级人民代表大会和地方各级人民政府组织法》的规定，我国的立法体制是：全国人民代表大会及其常务委员会行使立法权，制定法律；国务院及所属各部委，有权根据宪法和法律制定行政法规和规章；地方人民代表大会及其常务委员会，在不同宪法、法律、行政法规抵触的前提下，有权制定地方性法规，但要报全国人大常委会和国务院备案；民族自治地方的人大有权依照当地民族政治、经济和文化的特点，制定自治条例和单行条例。

（1）全国人民代表大会和全国人大常委会制定的税收法律。

《宪法》第五十八条规定："全国人民代表大会和全国人民代表大会常务委员会行使国家立法权。"上述规定确定了我国税收法律的立法权由全国人大及其常委会行使，其他任何机关都没有制定税收法律的权力。在国家税收中，凡是基本的、全局性的问题，例如，国家税收的性质，税收法律关系中征纳双方权利与义务的确定，税种的设置，税目、税率的确定等，都需要由全国人大及其常委会以税收法律的形式制定实施，并且在全国范围内，无论对国内纳税人，还是涉外纳税人都普遍适用。在现行税法中，如《企业所得税法》、《个人所得税法》、《税收征收管理法》等都是税收法律。除《宪法》外，在税收法律体系中，税收法律具有最高的法律效力，是其他机关制定税收法规、规章的法律依据，其他各级机关制定的税收法规、规章，都不得与《宪法》和税收法律相抵触。

（2）全国人大或人大常委会授权立法。

授权立法是指全国人民代表大会及其常务委员会根据需要授权国务院制定某些具有法律效力的暂行规定或者条例。授权立法与制定行政法规不同，国务院经授权立法所制定的规定或条例等，具有国家法律的性质和地位，它的法律效力高于行政法规，在立法程序上还需报全国人大常委会备案。例如，1984年9月1日，全国人大常委会授权国务院改革工商税制和发布有关税收条例，1985年全国人大授权国务院在经济体制改革和对外开放方面可以制定暂行的规定或者条例，都是授权国务院立法的依据。按照这两次授权立法，国务院从1994年1月1日起实施工商税制改革，制定实施了增值税、营业税、消费税、资源税、土地增值税、企业所得税6个暂行条例。授权立法在一定程度上解决了我国经济体制改革和对外开放工作急需法律保障的当务之急。税收暂行条例的制定和公布施行，也为全国人大及常委会立法工作提供了有益的经验和条件，在条件成熟时，将这些条例上升为法律做好了准备。

（3）国务院制定的税收行政法规。

国务院作为最高国家权力机关的执行机关，是最高的国家行政机关，拥有广泛的行政立法权。《宪法》规定，国务院可"根据宪法和法律，规定行政措施，制定行政法规，发布决定和命令"。行政法规作为一种法律形式，在中国法律形式中处于低于宪法、法律和高于地方法规、部门规章、地方规章的地位，也是在全国范围内普遍适用的。行政法规的立法目的在于保证宪法和法律的实施，行政法规不得与宪法、法律相抵触，否则无效。国务院发布的《企业所得税法实施条例》、《税收征收管理法实施细则》等，都是税收行政法规。

（4）地方人民代表大会及其常委会制定的税收地方性法规。

根据《地方各级人民代表大会和地方各级人民政府组织法》的规定，省、自治区、直辖市的人民代表大会以及省、自治区的人民政府所在地的市和经国务院批准的较大的市的人民代表大会有制定地方性法规的权力。由于我国在税收立法上坚持"统一税法"的原则，因此地方权力机关制定税收地方法规要严格按照税收法律的授权行事。目前，除了海南省，民族自治地区按照全国人大授权立法规定，在遵循宪法、法律和行政法规的原则基础上，可以制定有关税收的地方性法规外，其他省、市都无权自定税收地方性法规。

（5）国务院税务主管部门制定的税收部门规章。

《宪法》第九十条规定："国务院各部、各委员会根据法律和国务院的行政法规、决定、命令，在本部门的权限内，发布命令、指示和规章。"有权制定税收部门规章的税务主管机关是财政部、国家税务总局及海关总署。其制定规章的范围包括：对有关税收法律、法规的具体解释、税收征收管理的具体规定、办法等，税收部门规章在全国范围内具有普遍适用效力，但不得与税收法律、行政法规相抵触。例如，财政部颁发的《增值税暂行条例实施细则》、国家税务总局颁发的《税务代理试行办法》等都属于税收部门规章。

（6）地方政府制定的税收地方规章。

《地方各级人民代表大会和地方各级人民政府组织法》规定："省、自治区、直辖市以及省、自治区的人民政府所在地的市和国务院批准的较大的市的人民政府，可以根据法律和国务院的行政法规制定规章"，按照"统一税法"的原则，上述地方政府制定税收规章，都必须在税收法律、法规明确授权的前提下进行，并且不得与税收法律、行政法规相抵触。没有税收法律、法规的授权，地方政府是无权自定税收规章的，凡越权自定的税收规章没有法律效力。例如，国务院发布实施的城市维护建设税、车船税、房产税等地方性税种暂行条例，都规定省、自治区、直辖市人民政府可根据条例制定实施细则。

2. 税收立法程序

税收立法程序是指有权的机关，在制定、认可、修改、补充、废止等税收立法活动中，必须遵循的法定步骤和方法。

目前我国税收立法程序主要包括四个阶段，即提议阶段、审议阶段、通过阶段和公布阶段。税收行政法规，由国务院审议通过后，以国务院总理名义发布实施。

（四）税法的实施

税法的实施即税法的执行，它包括税收执法和守法两个方面：一方面要求税务机关和税务人员正确运用税收法律，并对违法者实施制裁；另一方面要求税务机关、税务人员、公民、法人、社会团体及其他组织严格遵守税收法律。

由于税法具有多层次的特点，因此，在税收执法过程中，对其适用性或法律效力的判断，一般按以下原则掌握：一是层次高的法律优于层次低的法律；二是同一层次的法律中，特别法优于普通法；三是国际法优于国内法；四是实体法从旧，程序法从新。

所谓遵守税法是指税务机关、税务人员都必须遵守税法的规定，严格依法办事。遵守税法是保证税法得以顺利实施的重要条件。

三、我国现行税收法律体系

从法律角度来讲，一个国家在一定时期内、一定体制下以法定形式规定的各种税收法律、法规的总和，被称为税法体系。但从税收工作的角度来讲，所谓税法体系往往被称之为税收制度，即一个国家的税收制度是指在既定的管理体制下设置的税种以及与这些税种的征收、管理有关的，具有法律效力的各级成文法律、行政法规、部门规章等的总和。换句话说，税法体系就是通常所说的税收制度（简称税制）。

一个国家的税收制度，可按照构成方法和形式分为简单型税制及复合型税制。结构简单的税制主要是指税种单一、结构简单的税收制度；而结构复杂的税制主要是指由多个税种构成的税收制度。

在现代社会中，世界各国一般都采用多种税并存的复税制税收制度。一个国家为了有效取得财政收入或调节社会经济活动，必须设置一定数量的税种，并规定每种税的征收和缴纳办法，包括对什么征税、向谁征税、征多少税以及何时纳税、何地纳税、按什么手续纳税、不纳税如何处理等。

因此，税收制度的内容主要有三个层次：一是不同的要素构成税种，构成税种的要素主要包括：纳税人、征税对象、税目、税率、纳税环节、纳税期限、减税免税等。二是不同的税种构成税收制度。构成税收制度的具体税种，国与国之间差异较大，但一般都包括所得税（直接税），如企业（法人）所得税、个人所得税，也包括流转税（间接税），如增值税、消费税、营业税，及其他一些税种，如财产税（房地产税、车船税）、关税、社会保障税等。三是规范税款征收程序的法律法规，如税收征收管理法等。

税种的设置及每种税的征税办法，一般是以法律形式确定的，这些法律就是税法，一个国家的税法一般包括税法通则、各税税法（条例）、实施细则、具体规定四个层次。其中，税法通则规定一个国家的税种设置和每个税种的立法精神，各个税种的税法（条例）分别规定每种税的征税办法，实施细则是对各税税法（条例）的详细说明和解释，具体规定则是根据不同地区、不同时期的具体情况制定的补充性法规。目前，世界上只有少数国家单独制定税法通则，大多数国家都把税法通则的有关内容包含在各税税法（条例）之中，我国的税法就属于这种情况。我国的税法按其性质和作用大致分为五类：

1. 流转税类。流转税类包括增值税、消费税、营业税，主要在生产、流通或者服务业中发挥调节作用。

2. 资源税类。资源税类包括资源税、城镇土地使用税，主要是对因开发和利用自然资源差异而形成的级差收入发挥调节作用。

3. 所得税类。所得税类包括企业所得税、个人所得税，主要是在国民收入形成后，对生产经营者的利润和个人的纯收入发挥调节作用。

4. 特定目的税类。特定目的税类包括固定资产投资方向调节税（暂缓征收）、城市维护建设税、土地增值税、车辆购置税、耕地占用税、烟叶税，主要是为了达到特定目的，对特定对象和特定行为发挥调节作用。

5. 财产和行为税类。财产和行为税类包括房产税、车船税、印花税、契税，主要是对某些财产和行为发挥调节作用。

6. 关税类。关税主要对进出境的货物、物品征收。

上述税种中的关税由海关负责征收管理，其他税种由税务机关负责征收管理，耕地占用税和契税在 1996 年以前由财政机关征收管理，1996 年以后改由税务机关征收管理。

除企业所得税、个人所得税是以国家法律的形式发布实施外，其他各税种都是经全国人民代表大会授权立法，由国务院以暂行条例的形式发布实施的，这些单行的税收法律、法规组成了我国的税收实体法体系。

除税收实体法外，我国对税收征收管理适用的法律制度，是按照税收管理机关的不同而分别规定的：

1. 由税务机关负责征收的税种的征收管理，按照全国人大常委会发布实施的《税收征收管理法》执行。

2. 由海关机关负责征收的税种的征收管理，按照《海关法》及《进出口关税条例》等有关规定执行。

上述税收实体法和税收征收管理的程序法的法律制度构成了我国现行税法体系。

以上对于税种的分类不具有法定性，但将各具体税种按一定方法分类，在税收理论研究和税制建设方面用途相当广泛，作用非常之大。例如，流转税也称间接税是由于这些税种都是按照商品和劳务收入计算征收的，而这些税种虽然是由纳税人负责缴纳，但最终是由商品和劳务的购买者即消费者负担的，所以称为间接税；而所得税类税种的纳税人本身就是负税人，一般不存在税负转移或转嫁问题，所以称为直接税。

一般来说，以间接税为主体的税制结构的主要税种，包括增值税、营业税和消费税；以直接税为主体的税制结构的主要税种，包括个人所得税和企业（法人）所得税，以个人所得税为主体税种的，多见于经济发达国家，而把企业（法人）所得税作为主体税种的国家很少。以某种直接税和间接税税种为"双主体"的税制，是作为一种过渡性税制类型存在的。发达国家和一些发展较快的发展中国家在进行以流转税为主体向以收益所得税为主体税种的税制改革过程中，曾经出现过一些采用"双主体"税制的国家。我国目前税制基本上是以间接税和直接税为双主体的税制结构，间接税（增值税、消费税、营业税）占全部税收收入的比例为60%左右，直接税（企业所得税、个人所得税）占全部税收收入的25%左右。其他辅助税种数量较多，但收入比重不大。

四、我国税收管理体制

（一）税收管理体制的概念

税收管理体制是在各级国家机构之间划分税权的制度或制度体系。税权的划分有纵向划分和横向划分的区别，纵向划分是指税权在中央与地方国家机构之间的划分；横向划分是指税权在同级立法、司法、行政等国家机构之间的划分。

我国的税收管理体制，是税收制度的重要组成部分，也是财政管理体制的重要内容。税收管理权限，包括税收立法权、税收法律法规的解释权、税种的开征或停征权、税目和税率的调整权、税收的加征和减免权等。如果按大类划分，可以简单地将税收管理权限划分为税收立法权和税收执法权两类。

（二）税收立法权的划分

1. 税收立法权划分的种类

税收立法权是制定、修改、解释或废止税收法律、法规、规章和规范性文件的权力。它包括两方面的内容：一是什么机关有税收立法权；二是各级机关的税收立法权是如何划分的。税收立法权的明确有利于保证国家税法的统一制定和贯彻执行，充分、准确地发挥各级有权机关管理税收的职能作用，防止各种越权自定章法、随意减免税收现象的发生。

税收立法权的划分可按以下不同的方式进行：

第一，可以按照税种类型的不同来划分，如按流转税类、所得税类、地方税类来划分。有关特定税收领域的税收立法权通常全部给予特定一级的政府。

第二，可以根据任何税种的基本要素来划分。任何税种的结构都由几个要素构成：纳税人、征税对象、税基、税率、税目、纳税环节等。理论上，可以将税种的某一要素如税基和税率的立法权，授予某级政府，但在实践中这种做法不多见。

第三，可以根据税收执法的级次来划分。立法权可以给予某级政府，行政上的执行权给予另一级，这是一种传统的划分方法，能适用于任何类型的立法权。根据这种模式，有关纳税主体、税基和税率的基本法规的立法权放在中央政府，更具体的税收实施规定的立法权给予较低一级政府。因此，需要指定某级政府制定不同级次的法律。我国的税收立法权的划分就是属于此种类型。

2. 我国税收立法权划分的现状

第一，中央税、中央与地方共享税以及全国统一实行的地方税的立法权集中在中央，以保证中央政令统一，维护全国统一市场和企业平等竞争。其中，中央税是指维护国家权益、实施宏观调控所必需的税种，具体包括消费税、关税、车辆购置税等。中央和地方共享税是指同经济发展直接相关的主要税种，具体包括增值税、企业所得税、个人所得税、证券交易印花税。地方税具体包括营业税、资源税、土地增值税、印花税、城市维护建设税、土地使用税、房产税、车船税等。

第二，依法赋予地方适当的地方税收立法权。我国地域辽阔，地区间经济发展水平很不平衡，经济资源包括税源都存在着较大差异，这种状况给全国统一制定税收法律带来一定的难度。因此，随着分税制改革的进行，有前提地、适当地给地方下放一些税收立法权，使地方可以实事求是地根据自己特有的税源开征新的税种，促进地方经济的发展。这样，既有利于地方因地制宜地发挥当地的经济优势，同时又便于同国际税收惯例对接。

具体地说，我国税收立法权划分的层次如下：

（1）全国性税种的立法权，即包括全部中央税、中央与地方共享税和在全国范围内征收的地方税税法的制定、公布和税种的开征、停征权，属于全国人民代表大会（以下简称"全国人大"）及其常务委员会（以下简称"常委会"）。

（2）经全国人大及其常委会授权，全国性税种可先由国务院以"条例"或"暂行条例"的形式发布施行。经过一段时期后，再行修订并通过立法程序。由全国人大及其常委会正式立法。

（3）经全国人大及其常委会授权，国务院有制定税法实施细则、增减税目和调整税率的权力。

（4）经全国人大及其常委会的授权，国务院有税法的解释权；经国务院授权，国家税务主管部门（财政部和国家税务总局）有税收条例的解释权和制定税收条例实施细则的权力。

（5）省级人民代表大会及其常务委员会有根据本地区经济发展的具体情况和实际需要，在不违背国家统一税法，不影响中央的财政收入，不妨碍我国统一市场的前提下开征全国性税种以外的地方税种的税收立法权。税法的公布，税种的开征、停征，由省级人民代表大会及其常务委员会统一规定，所立税法在公布实施前须报全国人大常委会备案。

（6）经省级人民代表大会及其常务委员会授权，省级人民政府有本地区地方税法的解释权和制定税法实施细则、调整税目、税率的权力，也可在上述规定的前提下，制定一些税收征收办法，还可以在全国性地方税条例规定的幅度内，确定本地区适用的税率或税额。上述权力除税法解释权外，在行使后和发布实施前须报国务院备案。

地区性地方税收的立法权应只限于省级立法机关或经省级立法机关授权同级政府，不能层层下放，所立税法可在全省（自治区、直辖市）范围内执行，也可只在部分地区执行。

关于我国现行税收立法权的划分问题，迄今为止，尚无一部法律对之加以完整规定，只是散见于若干财政和税收法律、法规中，尚有待于税收基本法作出统一规定。

（三）税收执法权的划分

根据国务院《关于实行财政分税制有关问题的通知》等有关法律、法规的规定，我国现行税制下税收执法管理权限的划分大致如下：

1. 首先根据国务院关于实行分税制财政管理体制的决定，按税种划分中央和地方的收入。将维护国家权益、实施宏观调控所必需的税种划为中央税；将同国民经济发展直接相关的主要税种划为中央与地方共享税；将适合地方征管的税种划为地方税，并充实地方税税种，增加地方税收收入。同时根据按收入归属划分税收管理权限的原则，对中央税，其税收管理权由国务院及其税务主管部门（财政部和国家税务总局）掌握，由中央税务机构负责征收；对地方税，其管理权由地方人民政府及其税务主管部门掌握，由地方税务机构负责征收；对中央与地方共享税，原则上由中央税务机构负责征收，共享税中地方分享的部分，由中央税务机构直接划入地方金库。在实践中，由于税收制度在不断地完善，因此，税收的征收管理权限也在不断地完善之中。

2. 地方自行立法的地区性税种。其管理权由省级人民政府及其税务主管部门掌握。省级人民政府可以根据本地区经济发展的实际情况，自行决定继续征收或者停止征收屠宰税和筵席税。继续征收的地区，省级人民政府可以根据《屠宰税暂行条例》和《筵席税暂行条例》的规定，制定具体征收办法，并报国务院备案。

3. 属于地方税收管理权限，在省级及其以下的地区如何划分，由省级人民代表大会或省级人民政府决定。

4. 除少数民族自治地区和经济特区外，各地均不得擅自停征全国性的地方税种。

5. 经全国人大及其常委会和国务院的批准，民族自治地方可以拥有某些特殊的税收管理权，如全国性地方税种某些税目税率的调整权以及一般地方税收管理权以外的其他一些管理权等。

6. 经全国人大及其常委会和国务院的批准，经济特区也可以在享有一般地方税收管理权之外，拥有一些特殊的税收管理权。

7. 上述地方（包括少数民族自治地区和经济特区）的税收管理权的行使，必须以不影响国家宏观调控和中央财政收入为前提。

8. 涉外税收必须执行国家的统一税法，涉外税收政策的调整权集中在全国人大常委会和国务院，各地一律不得自行制定涉外税收的优惠措施。

9. 根据国务院的有关规定，为了更好地体现公平税负、促进竞争的原则，保护社会主义统一市场的正常发育，在税法规定之外，一律不得减税免税，也不得采取先征后返的形式变相减免税。

（四）税务机构设置和税收征管范围划分

1. 税务机构设置

根据我国经济和社会发展及实行分税制财政管理体制的需要，现行税务机构设置是中央政府设立国家税务总局（正部级），省及省以下税务机构分为国家税务局和地方税务局两个系统。

国家税务总局对国家税务局系统实行机构、编制、干部、经费的垂直管理，协同省级人民政府对省级地方税务局实行双重领导。

（1）国家税务局系统包括省、自治区、直辖市国家税务局，地区、地级市、自治州、盟国家税务局，县、县级市、旗国家税务局，征收分局、税务所。征收分局、税务所是县级国家税务局的派出机构，前者一般按照行政区划、经济区划或者行业设置，后者一般按照经济区划或者行政区划设置。

省级国家税务局是国家税务总局直属的正厅（局）级行政机构，是本地区主管国家税收工作的职能部门，负责贯彻执行国家的有关税收法律、法规和规章，并结合本地实际情况制定具体实施办法，局长、副局长均由国家税务总局任命。

（2）地方税务局系统包括省、自治区、直辖市地方税务局，地区、地级市、自治州、地方税务局。县、县级市、地方税务局，征收分局、税务所。省以下地方税务局实行上级税务机关和同级政府双重领导、以上级税务机关垂直领导为主的管理体制，即地区（市）、县（市）地方税务局的机构设置、干部管理、人员编制和经费开支均由所在省（自治区、直辖市）地方税务局垂直管理。

省级地方税务局是省级人民政府所属的主管本地区地方税收工作的职能部门，一般为正厅（局）级行政机构，实行地方政府和国家税务总局双重领导，以地方政府领导为主的管理体制。

国家税务总局对省级地方税务局的领导，主要体现在税收政策、业务的指导和协调，对国家统一的税收制度、政策的监督，组织经验交流等方面。省级地方税务局的局长人选由地方政府征求国家税务总局意见之后任免。

2. 税收征收管理范围划分

我国的税收分别由财政、税务、海关等系统负责征收管理。

（1）国家税务局系统负责征收和管理的项目有：增值税，消费税，车辆购置税，铁道部门、各银行总行、各保险总公司集中缴纳的营业税、所得税、城市维护建设税，中央企业缴纳的所得税，中央与地方所属企业、事业单位组成的联营企业、股份制企业缴纳的所得税，地方银行、非银行金融企业缴纳的所得税，海洋石油企业缴纳的所得税、资源税，证券交易税（开征之前为对证券交易征收的印花税），个人所得税中对储蓄存款利息所得征收的部分，中央税的滞纳金、补税、罚款。

（2）地方税务局系统负责征收和管理的项目有：营业税、城市维护建设税（不包括上述由国家税务局系统负责征收管理的部分），地方国有企业、集体企业、私营企业缴纳的所得税、个人所得税（不包括对银行储蓄存款利息所得征收的部分），资源税，城镇土地使用税，耕地占用税，土地增值税，房产税，车船税，印花税，契税，及其地方附加，地方税的滞纳金、补税、罚款。

（3）在部分地区，地方附加、耕地占用税，仍由地方财政部门征收和管理。

（4）海关系统负责征收和管理的项目有关税、行李和邮递物品进口税，同时负责代征进出口环节的增值税和消费税。

3. 中央政府与地方政府税收收入划分

根据国务院关于实行分税制财政管理体制的规定，我国的税收收入分为中央政府固定收入、地方政府固定收入和中央政府与地方政府共享收入。

（1）中央政府固定收入包括消费税（含进口环节海关代征的部分）、车辆购置税、关税、海关代征的进口环节增值税等。

（2）地方政府固定收入包括城镇土地使用税、耕地占用税、土地增值税、房产税、车船税、契税。

（3）中央政府与地方政府共享收入主要包括：

①增值税（不含进口环节由海关代征的部分）：中央政府分享75%，地方政府分享25%。

②营业税：铁道部、各银行总行、各保险总公司集中缴纳的部分归中央政府，其余部分归地方政府。

③企业所得税：铁道部、各银行总行及海洋石油企业缴纳的部分归中央政府，其余部分中央与地方政府按60%与40%的比例分享。

④个人所得税：除储蓄存款利息所得的个人所得税外，其余部分的分享比例与企业所得税相同。

⑤资源税：海洋石油企业缴纳的部分归中央政府，其余部分归地方政府。

⑥城市维护建设税：铁道部、各银行总行、各保险总公司集中缴纳的部分归中央政府，其余部分归地方政府。

⑦印花税：证券交易印花税收入的94%归中央政府，其余6%和其他印花税收入归地方政府。

第二节 税法解析框架

中国的税法，在法学家的眼里，它是位于中国现行法律体系中的一个特殊的领域，既有涉及国家根本关系的宪法性规范，又浸透着具有宏观调控精神的经济法内容，更包含着大量规范行政管理关系的行政法则；在经济学家的眼里，它既是调控国家宏观经济的杠杆，又是组织国家财政收入的手段；对于各地地方政府来说，税法更是财政的保障，是招商引资的重要筹码；在税务官员的眼中，税法是履行职责的依据，也是对税收执法的监督；那么，在纳税人的眼里，税法是什么呢？

一、税法解析的内容

我们知道，我国现行税法体系是由税收实体法和税收征收管理的程序法的法律制度构成。

税收实体法是规定税收法律关系主体的实体权利、义务的法律规范的总称。其主要内容包括纳税主体、征税客体、计税依据、税目、税率、减税、免税等，是国家向纳税人行使征税权和纳税人负担纳税义务的要件，只有具备这些要件时，纳税人才负有纳税义务，国家才能向纳税人征税。税收实体法直接影响到国家与纳税人之间权利义务的分配，是税法的核心部分，没有税收实体法，税法体系就不能成立。

税收程序法，也称税收行政程序法，是指规范税务机关和税务行政相对人在行政程序中权利义务的法律规范的总称，即只要是与税收程序有关的法律规范，不论其存在于哪个法律文件中，都属于税收程序法的范畴。如有关行政处罚、行政许可的法律规定，同样适用于税收行政行为，并对其产生约束力。税收程序法是从程序角度限制税收执法行为的法律规范，其目的在于保护纳税人的合法权利。一方面，税收程序法肯定了纳税人在行政活动中的主体地位，明确了纳税人的基本权利，并通过一系列程序制度的规定，对税收执法权予以制约，在规范和控制税收执法权的同时，保护了纳税人的合法权益。另一方面，税收程序法对纳税人权利保障的救济制度向事前、事中扩展，体现在行政活动的参与上。

本书主要从不同的角度对税收实体法的构成要素进行解析，不包括税收程序法的内容。在税法体系中虽然各单行税种法的具体内容有别，但就每一部单行税种法而言，税收的基本要素是必须予以确定的。税收实体法要素主要包括以下内容：

（一）纳税人

纳税人，是税法中规定的直接负有纳税义务的单位和个人，也称"纳税主体"。无论征收什么税，其税负总要由有关的纳税义务人来承担，每一种税都有关于纳税人的规定，通过规定纳税人落实税收任务和法律责任。纳税人一般分为自然人和法人两种。

自然人指依法享有民事权利，并承担民事义务的公民个人。比如，在我国从事工商业活动的个人，以及工资和劳务报酬的获得者等，都是以个人身份来承担法律规定的民事责任及纳税义务。

法人指依法成立，能够独立地支配财产，并能以自己的名义享受民事权利和承担民事义务的社会组织。比如，我国的国有企业、集体企业、合资企业等，都是以其社会组织的名义承担民事责任的，称为法人。法人同自然人一样，负有依法向国家纳税的义务。

在实际纳税过程中，因为生产经营活动以及商品价格和价值等的关系，会产生不同的与纳税义务人相关的纳税主体，具体如下：

负税人。纳税人是直接向税务机关缴纳税款的单位和个人，负税人是实际负担税款的单位和个人。纳税人如果能够通过一定途径把税款转嫁或转移出去，纳税人就不再是负税人，否则纳税人同时也是负税人。造成纳税人与负税人不一致主要是由于价格和价值背离，引起税负转移或转嫁造成的。我国出现价格与价值背离有两种情况：一种是国家为了调节生产、调节消费，有计划地使一些商品的价格与价值背离，把一部分税收负担转移到消费者身上。例如，对烟、酒、化妆品等采取的高价高税政策即属于这种情况。另一种情况是在市场经济条件下，商品价格随着市场供求关系的变化而自由波动，当某些商品供不应求时，纳税人可以通过提高价格把税款转嫁给消费者，从而使纳税人与负税人不一致。

代扣代缴义务人。代扣代缴义务人是指有义务从持有的纳税人收入中扣除其应纳税款并代为缴纳的企业、单位或个人。对税法规定的扣缴义务人，税务机关应向其颁发代扣代缴证书，明确其代扣代缴义务。代扣代缴义务人必须严格履行扣缴义务，对不履行扣缴义务的，税务机关应视情节轻重予以适当处置，并责令其补缴税款。如《个人所得税法》规定：个人所得税以所得人为纳税义务人，以支付所得的单位或个人为扣缴义务人。增值税法、营业税法、资源税法等税法中都有扣缴义务人的相关规定。

代收代缴义务人。代收代缴义务人是指有义务借助与纳税人的经济交往而向纳税人收取应纳税款并代为缴纳的单位，如《消费税暂行条例》规定：委托加工的应税消费品，除受托方为个人外，由受托方在向委托方交货时代收代缴税款。

代收代缴义务人不同于代扣代缴义务人。代扣代缴义务人直接持有纳税人的收入，可以从中扣除纳税人的应纳税款；代收代缴义务人不直接持有纳税人的收入，只能在与纳税人的经济往来中收取纳税人的应纳税款并代为缴纳。

代征代缴义务人。代征代缴义务人是指因税法规定，受税务机关委托而代征税款的单位和个人。通过由代征代缴义务人代征税款，不仅便利了纳税人税款的缴纳，有效地保证了税款征收的实现，而且对于强化税收征管，有效地杜绝和防止税款流失，有明显作用。

纳税单位，是指申报缴纳税款的单位，是纳税人的有效集合。这里的"有效"，就是为了征管和缴纳税款的方便，可以允许在法律上负有纳税义务的同类型纳税人作为一个纳税单位，填写一份申报表纳税。比如，个人所得税，可以单个人为纳税单位，也可以夫妇俩为一个纳税单位，还可以一个家庭为一个纳税单位；企业所得税可以每个分公司为一个纳税单位，也可以总公司为一个纳税单位。纳税单位的大小通常要根据管理上的需要和国家政策来确定。

（二）课税对象

课税对象又称税收客体，是税法中规定的征税的目的物，是国家据以征税的依据。通过规定课税对象，解决对什么征税这一问题，是征税的根据。每一种税首先要选择确定它的课税对象，因为它体现着不同税种征税的基本界限，决定着不同税种名称的由来以及各个税种在性质上的差别，并对税源、税收负担问题产生直接影响。

课税对象是构成税收实体法诸要素中的基础性要素，税种的不同最主要是起因于课税对象的不同。正是由于这一原因，各种税的名称通常都是根据课税对象确定的。例如，增值税、所得税、房产税、车船税等。同时，课税对象体现着各种税的征税范围，其他要素的内容一般都是以课税对象为基础确定。

1. 计税依据

计税依据，又称税基，是指税法中规定的据以计算各种应征税款的依据或标准。正确掌握计税依据，是税务机关贯彻执行税收政策、法令，保证国家财政收入的重要方面，也是纳税人正确履行纳税义务，合理负担税收的重要标志。

不同税种的计税依据是不同的，它在表现形态上一般有两种：一种是价值形态，即以征税对象的价值作为计税依据，价值形态下，课税对象和计税依据一般是一致的，如所得税的课税对象是所得额，计税依据也是所得额；另一种是实物形态，即以课税对象的数量、重量、容积、面积等作为计税依据，实物形态下，课税对象和计税依据一般是不一致的，如我国的车船税，它的课税对象是各种车辆、船舶，而计税依据则是车船的吨位。

课税对象与计税依据的关系是：课税对象是指征税的目的物，计税依据则是在目的物已经确定的前提下，对目的物据以计算税款的依据或标准；课税对象是从质的方面对征税所作的规定，而计税依据则是从量的方面对征税所作的规定，是课税对象量的表现。

2. 税目

税目亦称"课税品目"或"征税品目"，是指税法中按照一定的标准和范围对课税对象进行划分从而确定的具体征税品种或项目，是课税对象的具体化。它反映了具体的征收范围，代表了征税广度，是一个税种课征制度组成的一个要素。

划分税目的主要作用：一是进一步明确征税范围，凡列入税目的都征税，未列入的不征税。二是解决课税对象的归类问题，并根据归类确定税率。每一个税目都是课税对象的一个具体类别或项目，通过这种归类可以为确定差别税率打下基础。实际工作中，确定税目同确定税率是同步考虑的，并以"税目税率表"的形式将税目和税率统一表示出来。例如，消费税税目税率表、营业税税目税率表、资源税税目税额表等。

需要指出的是，税法中并不是每一种税都划分税目。一般来说，在只有通过划分税目才能够明确本税种内部哪些项目征税、哪些项目不征税，并且只有通过划分税目，才能对课税对象进行归类并按不同类别和项目设计高低不同的税率，平衡纳税人负担的情况下划分税目。

税目一般可分为列举税目和概括税目。

（1）列举税目。列举税目就是将每一种商品或经营项目采用一一列举的方法，分别规定税目，必要时还可以在税目之下划分若干个细目。

在我国现行税法中，列举税目的方法分为两类：一类是细列举，即在税法中按每一产品或项目设计税目，本税目的征税范围仅限于列举的产品或项目，属于本税目列举的产品或项目，则按照本税目适用的税率征税，否则，就不能按照本税目适用的税率征税，如消费税中的"粮食白酒"等税目。另一类是粗列举，即在税种中按两种以上产品设计税目，本税目的征税范围不体现为单一产品，而是列举的两种以上产品都需按本税目适用的税率征税，如消费税中的"鞭炮、焰火"税目。

制定列举税目的优点是界限明确，便于征管人员掌握；缺点是税目过多，不便于查找，不利于征管。

（2）概括税目。概括税目就是按照商品大类或行业采用概括方法设计税目。在我国现行税法中，概括税目又可分为两类：一类是小概括，即在本税目下属的各个细目中，凡不属于规定细目内的征税范围，但又同本税目征税范围的产品在材质上、用途上或生产工艺方法上相近的，则另增列一个细目，把其划归为本细目的征收范围，如消费税"酒及酒精"税目中的"其他酒"等；另一类是大概括，即在本税种下属的各个税目中，凡不属于规定税目内的征税范围，但又确属本税种征税范围的产品，则另增列一个税目，将其全部划归为本税目的征税范围，如资源税中的"其他非金属矿原矿"税目。

制定概括税目的优点是税目较少，查找方便，缺点是税目过粗，不便于贯彻合理负担政策。

3. 税源

税源是指税收课征的经济源泉。税源是指税款的最终来源，即税收负担的最终归宿。税源的大小体现着纳税人的负担能力。纳税人缴纳税款的直接来源是一定的货币收入，而一切货币收入都是由社会产品价值派生出来的。在社会产品价值中，能够成为税源的只能是国民收入分配中形成的各种收入，如工资、奖金、利润、利息等。当某些税种以国民收入分配中形成的各种收入为课税对象时，税源和课税对象就是一致的，如对各种所得课税。但是，很多税种其课税对象并不是或不完全是国民收入分配中形成的各种收入，如营业税、消费税、房产税等。可见，只有在少数的情况下，课税对象同税源才是一致的，对于大多数税种来说两者并不一致，税源并不等于课税对象，课税对象是据以征税的依据，税源则表明纳税人的负担能力。

（三）税率

税率是应纳税额与课税对象之间的比例，是课税的尺度，关系着国家财政收入的多少和纳税人的税收负担程度。

税率是税收制度的核心和灵魂，各税种的职能作用，主要是通过税率来体现的。不同税种之间，税率的设计原则并不完全一致。在实际应用中可分为两种形式：一种是按绝对量形式规定的固定征收额度，即定额税率，它适用于从量计征的税种；另一种是按相对量形式规定的征收比例，这种形式又可分为比例税率和累进税率，它适用于从价计征的税种。

1. 比例税率

比例税率是指对同一征税对象或同一税目，不论数额大小只规定一个比例，都按同一比例征税，税额与课税对象呈正比例关系。具体分为以下几种：

（1）产品比例税率，即一种（或一类）产品采用一个税率。我国现行的消费税、增值税都采用这种税率形式。分类、分级、分档比例税率是产品比例税率的特殊形式，是按课税对象的性质、用途、质量、设备、生产能力等规定不同的税率。如消费税中，酒按类设计税率，卷烟原来按级设计税率，小汽车依照排气量分档设计税率，等等。

（2）行业比例税率，即对不同行业采用不同的税率。它一般适用于对营业收入的征税。如交通运输业税率为3%，服务性行业税率为5%。

（3）地区差别比例税率，即对同一课税对象，按照不同地区的生产水平和收益水平，采用不同的税率。如城市维护建设税。

（4）有幅度的比例税率，即对同一课税对象，税法只规定最低税率和最高税率。在这个幅度内，各地区可以根据自己的实际情况确定适当的税率。如营业税中的娱乐业的幅度税率。

2. 累进税率

累进税率是指同一课税对象，随数量的增大，征收比例也随之增高的税率，表现为将课税对象按数额大小分为若干等级，不同等级适用由低到高的不同税率，包括最低税率、最高税率和若干等级的中间税率。一般多在收益课税中使用。它可以更有效地调节纳税人的收入，正确处理税收负担的纵向公平问题。

按照税率累进依据的性质，累进税率分为"额累"和"率累"两种。额累是按课税对象数量的绝对额分级累进，如所得税一般按所得额大小分级累进。率累是按与课税对象有关的某一比率分级累进，如我国目前征收的土地增值税就是按照增值额与扣除项目金额的比率实行四级超率累进税率。额累和率累按累进依据的构成又可分为"全累"和"超累"。如额累分为全额累进和超额累进；率累分为全率累进和超率累进。

（1）全额累进税率，是以课税对象的全部数额为基础计征税款的累进税率。它有两个特点：一是对具体纳税人来说，在应税所得额确定以后，相当于按照比例税率计征，计算方法简单。二是税收负担不合理，特别是在各级征税对象数额的分界处负担相差悬殊，甚至会出现增加的税额超过增加的课税对象数额的现象，不利于鼓励纳税人增加收入。

（2）超额累进税率，是分别以课税对象数额超过前级的部分为基础计算应纳税的累进税率。采用超额累进税率征税的特点：一是计算方法比较复杂，征税对象数量越大，包括等级越多，计算步骤也越多。二是累进幅度比较缓和，税收负担较为合理。特别在征税对象级次分界点上下，只就超过部分按高一级税率计算，一般不会发生增加的税额超过增加的征税对象数额的不合理现象，有利于鼓励纳税人增产增收。三是边际税率和平均税率不一致，税收负担的透明度较差。

目前我国仅对个人所得项目的工资薪金所得、个体工商户的生产经营所得、对企事业单位的承包经营承租经营所得实行超额累进税率。为解决超额累进税率计算税款比较复杂的问题，在实际工作中引进了"速算扣除数"这个概念，通过预先计算出的速算扣除数，即可直接计算应纳税额，不必再分级分段计算。采用速算扣除数计算应纳税额的公式是：

$$应纳税额 = 应税所得额 \times 适用税率 - 速算扣除数$$

速算扣除数是为简化计税程序而按全额累进税率计算超额累进税额时所使用的扣除数额。反映的具体内容是按全额累进税率和超额累进税率计算的应纳税额的差额。通常，速算扣除数事先计算出来后，附在税率表中，并与税率表一同颁布。

（3）超率累进税率，是指以课税对象数额的相对率为累进依据，按超累方式计算应纳税额的税率。采用超率累进税率，首先需要确定课税对象数额的相对率，如在对利润征税时以销售利润率为相对率，对工资征税时以工资增长率为相对率，然后再把课税对象的相对率从低到高划分为若干级次，分别规定不同的税率。计税时，先按各级相对率计算出应税的课税对象数额，再按对应的税率分别计算各级税款，最后汇总求出全部应纳税额。现行税制中的土地增值税即采用超率累进税率计税。

（4）超倍累进税率，是指以课税对象数额相当于计税基数的倍数为累进依据，按超累方式计算应纳税额的税率。采用超倍累进税率，首先必须确定计税基数，然后把课税对象数按相当于计税基数的倍数划分为若干级次，分别规定不同的税率，再分别计算应纳税额。计税基数可以是绝对数，也可以是相对数。是绝对数时，超倍累进税率实际上是超额累进税率，因为可以把递增倍数换算成递增额；是相对数时，超倍累进税率实际上是超率累进税率，因为可以把递增倍数换算成递增率。

3. 定额税率

定额税率又称固定税额。这种税率是根据课税对象计量单位直接规定固定的征税数额。课税对象的计量单位可以是重量、数量、面积、体积等自然单位，也可以是专门规定的复合单位。例如，现行税制中的土地使用税、耕地占用税分别以"平方米"和"亩"这些自然单位为计量单位；资源税中的天然气则以"立方米"这一复合单位为计量单位；消费税中的汽油、柴油分别以"升"为计量单位。按定额税率征税，税额的多少只同课税对象的数量有关，同价格无关。当价格普遍上涨或下跌时，仍按固定税额计税。定额税率适用于从量计征的税种。

定额税率在表现形式上可分为单一定额税率和差别定额税率两种。在同一税种中只采用一种定额税率的，为单一定额税率；同时采用几个定额税率的，为差别定额税率。差别定额税率，又有以下几种形式：

（1）地区差别定额税率，即对同一课税对象按照不同地区分别规定不同的征税数额。该税率具有调节地区之间级差收入的作用。现行税制中的资源税、城镇土地使用税、车船税、耕地占用税等都属于这种税率。其中，城镇土地使用税和耕地占用税又是有幅度的地区差别税率。

（2）分类分项定额税率，即首先按某种标志把课税对象分为几类，每一类再按一定标志分为若干项，然后对每一项分别规定不同的征税数额。现行税制中车船税即实行这种税率。

定额税率的基本特点是：税率与课税对象的价值量脱离了联系，不受课税对象价值量变化的影响。这使它适用于对价格稳定、质量等级和品种规格单一的大宗产品征税的税种。同时对某些产品采用定额税率，有助于提高产品质量或改进包装。但是，如果对价格变动频繁的产品采用定额税率，由于产品价格变动的总趋势是上升的，因此，产品的税负就会呈现累退性。从宏观上看，将无法保证国家财政收入随国民收入的增加而持续稳步地增长。

4. 其他形式的税率

（1）名义税率与实际税率。

名义税率与实际税率是分析纳税人负担时常用的概念。名义税率是指税法规定的税率。实际税率是指实际负担率，即纳税人在一定时期内实际缴纳税额占其课税对象实际数额的比例。由于某些税种中计税依据与征税对象不一致，税率存在差异，减免税手段的使用以及偷逃税和错征等因素的实际存在，实际税率常常低于名义税率。这时，区分名义税率和实际税率，确定纳税人的实际负担水平和税负结构，为设计合理可行的税制提供依据是十分必要的。

（2）边际税率与平均税率。

边际税率是指再增加一些收入时，增加的这部分收入所纳税额同增加收入之间的比例。在这里，平均税率是相对于边际税率而言的，它是指全部税额与全部收入之比。

在比例税率条件下，边际税率等于平均税率。在累进税率条件下，边际税率往往要大于平均税率。边际税率的提高还会带动平均税率的上升。边际税率上升的幅度越大，平均税率提高就越多，调节收入的能力也就越强，但对纳税人的反激励作用也就越大。因此，通过两者的比较易于表明税率的累进程度和税负的变化情况。

（3）零税率与负税率。

零税率是以零表示的税率，是免税的一种方式，表明课税对象的持有人负有纳税义务，但不需缴纳税款。通常适用于两种情况：一是在所得课税中，对所得中的免税部分规定税率为零，目的是保证所得少者的生活和生产需要；二是在商品税中，对出口商品规定税率为零，即退还出口商品的产、制和流转环节已纳的商品税，使商品以不含税价格进入国际市场，以增强商品在国际市场上的竞争力。

负税率是指政府利用税收形式对所得额低于某一特定标准的家庭或个人予以补贴的比例。负税率主要用于负所得税的计算。这里的负所得税，指现代一些西方国家把所得税和社会福利补助制度结合的一种主张和试验，即对那些实际收入低于维持一定生活水平所需费用的家庭或个人，按一定比例付给所得税。负税率的确定是实施负所得税计划的关键。

（四）减税、免税

减税、免税是对某些纳税人或课税对象的鼓励或照顾措施。减税是从应征税款中减征部分税款；免税是免征全部税款。减税、免税规定是为了解决按税制规定的税率征税时所不能解决的具体问题而采取的一种措施，是在一定时期内给予纳税人的一种税收优惠，同时也是税收的统一性和灵活性相结合的具体体现。正确制定并严格执行减免税规定，可以更好地贯彻国家的税收政策，发挥税收调节经济的作用。按照《税收征管法》的规定，减税、免税依照法律的规定执行，法律授权国务院的，依照国务院制定的行政法规的规定执行。

1. 减免税的基本形式

（1）税基式减免，这是通过直接缩小计税依据的方式实现的减税、免税。具体包括起征点、免征额、项目扣除以及跨期结转等。其中起征点是征税对象达到一定数额开始征税的起点。免征额是在征税对象的全部数额中免予征税的数额。起征点与免征额同为征税与否的界限，对纳税人来说，在其收入没有达到起征点或没有超过免征额的情况下，都不征税，两者是一样的。但是它们又有明显的区别：其一，当纳税人收入达到或超过起征点时，就其收入全额征税；而当纳税人收入超过免征额时，则只就超过的部分征税。其二，当纳税人的收入恰好达到起征点时，就要按其收入全额征税；而当纳税人收入恰好与免征额相同时，则免予征税。两者相比，享受免征额的纳税人要比享受同额起征点的纳税人税负轻。

此外，起征点只能照顾一部分纳税人，而免征税额则可以照顾适用范围内的所有纳税人。

项目扣除是指在课税对象中扣除一定项目的数额，以其余额作为依据计算税额。跨期结转是将以前纳税年度的经营亏损等在本纳税年度经营利润中扣除，也等于直接缩小了税基。

（2）税率式减免，即通过直接降低税率的方式实行的减税、免税。具体包括重新确定税率、选用其他税率、零税率等形式。

（3）税额式减免，即通过直接减少应纳税额的方式实行的减税、免税。具体包括全部免征、减半征收、核定减免率、抵免税额以及另定减征税额等。

在上述三种形式的减税、免税中，税基式减免使用范围最广泛，从原则上说它适用于所有生产经营情况；税率式减免比较适合于对某个行业或某种产品这种"线"上的减免，所以流转税中运用最多；税额式减免适用范围最窄，它一般仅限于解决"点"上的个别问题，往往仅在特殊情况下使用。

2. 减免税的分类

（1）法定减免，是减免税的一种分类，凡是由各种税的基本法规定的减税、免税都称为法定减免。它体现了该种税减免的基本原则规定，具有长期的适用性。法定减免必须在基本法规中明确列举减免税项目、减免税的范围和时间。如《中华人民共和国增值税暂行条例》明确规定：农业生产者销售的自产农业产品、避孕用品等免税。

（2）临时减免，又称"困难减免"，是指除法定减免和特定减免以外的其他临时性减税、免税，主要是为了照顾纳税人的某些特殊的暂时性困难，而临时批准的一些减税、免税。它通常是定期的减免税或一次性的减免税。

（3）特定减免，是根据社会经济情况发展变化和发挥税收调节作用的需要，而规定的减税、免税。特定减免主要有两种情况：一是在税收的基本法确定以后，随着国家政治经济情况的发展变化所作的新的减免税补充规定；二是在税收基本法中，不能或不宜一一列举，而采用补充规定的减免税形式。以上两种特定减免，通常是由国务院或作为国家主管业务部门的财政部、国家税务总局、海关总署作出规定。特定减免可分为无限期的和有限期的两种。大多特定减免都是有限期的，减免税到了规定的期限，就应该按规定恢复征税。

国家之所以在税法中要规定减税、免税，是因为各税种的税收负担是根据经济发展的一般情况的社会平均负担能力来考虑的，税率基本上是按平均销售利润率来确定的，而在实际经济生活中，不同的纳税人之间或同一纳税人在不同时期，由于受各种主、客观因素的影响，在负担能力上会出现一些差别，在有些情况下这些差别比较悬殊，因此，在统一税法的基础上，需要有某种与这些差别相适应的灵活的调节手段，即减税、免税政策来加以补充，以解决一般规定所不能解决的问题，照顾经济生活中的某些特殊情况，从而达到调节经济和促进生产发展的目的。

3. 税收附加与加成

减税、免税是减轻税负的措施。与之相对应，税收附加和税收加成是加重纳税人负担的措施。

税收附加也称为地方附加，是地方政府按照国家规定的比例随同正税一起征收的列入地方预算外收入的一种款项。正税是指国家正式开征并纳入预算内收入的各种税收，税收附加由地方财政单独管理并按规定的范围使用，不得自行变更。例如，教育费附加只能用于发展地方教育事业。税收附加的计算方法是以正税税款为依据，按规定的附加率计算附加额。

税收加成是指根据税制规定的税率征税以后，再以应纳税额为依据加征一定成数和税额。加征一成相当于纳税额的 10%，加征成数一般规定在一成至十成之间，和加成相适应的还有税收加倍，即在应纳税额的基础上加征一定倍数的税款。所以，加成和加倍没有实质性区别。税收加成或加倍实际上是税率的延伸，但因这种措施只是针对个别情况，所以没有采取提高税率的办法，而是以已征税款为基础再加征一定的税款。例如，《个人所得税法》规定，对劳务报酬所得畸高的，可以实行加成征收，具体办法由国务院规定。

无论是税收附加还是税收加成，都增加了纳税人的负担，但这两种加税措施的目的是不同的。实行地方附加是为了给地方政府筹措一定的机动财力，用于发展地方建设事业；实行税收加成则是为了调节和限制某些纳税人获取的过多的收入或者是对纳税人违章行为进行的处罚措施。

（五）纳税环节

纳税环节是指税法上规定的课税对象从生产到消费的流转过程中应当缴纳税款的环节。纳税环节有广义和狭义之分。广义的纳税环节指全部课税对象在再生产中的分布情况。例如，资源税分布在生产环节，商品税分布在流通环节，所得税分布在分配环节等。狭义的纳税环节是指应税商品在流转过程中应纳税的环节，具体指每一种税的纳税环节，是商品课税中的特殊概念。商品经济条件下，商品从生产到消费要经过许多环节，如工业品一般要经过产制、批发和零售环节；农产品一般要经过产制、收购、批发和零售环节，这些环节都存在商品流转额，都可以成为纳税环节。但是，为了更好地发挥税收促进经济发展、保证财政收入的作用，以及便于征收管理，国家对不同的商品课税往往确定不同的纳税环节。按照纳税环节的多少，可将税收课征制度划分为两类：一次课征制和多次课征制。

一次课征制是指同一税种在商品流转的全过程中只选择某一环节课征的制度，是纳税环节的一种具体形式。实行一次课征制，纳税环节多选择在商品流转的必经环节和税源比较集中的环节，以便既避免重复课征，又避免税款流失。多次课征制是指同一税种在商品流转全过程中选择两个或两个以上环节课征的制度。

（六）纳税期限

纳税期限是纳税人向国家缴纳税款的法定期限。国家开征的每一种税都有纳税期限的规定。合理确定和严格执行纳税期限，对于保证财政收入的稳定性和及时性有重要作用。不同性质的税种以及不同情况的纳税人，其纳税期限也不相同。这主要是由以下因素所决定的：

第一，税种的性质。不同性质的税种，其纳税期限也不同。如流转税，据以征税的是经常发生的销售收入或营业收入，故纳税期限比较短；所得税，据以征税的是企业利润和个人的工资、奖金等各项所得，企业利润通过年终决算才能确定，个人所得一般是按月或按次计算。因此，企业所得税是按年征收，个人所得税是按月或按次征收。第二，应纳税额的大小。同一种税，纳税人生产经营规模大，应纳税额多的，纳税期限短；反之，则纳税期限长。第三，交通条件。交通条件好，到银行交款方便的，纳税期限短；反之，则纳税期限长。

税法关于纳税期限的规定，主要有三个概念：一是纳税义务发生时间。纳税义务发生时间是指应税行为发生的时间。如《增值税暂行条例》规定采取预收货款方式销售货物的，其纳税义务发生时间为货物发出的当天。二是纳税期限。纳税人每次发生纳税义务后，不可能在纳税义务发生的同时缴纳税款，发生的纳税义务与交纳税款都有一定的时间差。三是缴库期限。缴库期限是指税法规定的纳税期满后，纳税人将应纳税款缴入国库的期限。因此，我国现行税制的纳税期限有三种形式：

1. 按期纳税。即根据纳税义务的发生时间，通过确定纳税间隔期，实行按日纳税。如《增值税法》规定，按期纳税的纳税间隔期分为 1 日、3 日、5 日、10 日、15 日和 1 个月，或 1 个季度。纳税人的具体纳税间隔期限由主管税务机关根据情况分别核定。以 1 个月或 1 个季度为一期纳税的，自期满之日起 15 日内申报纳税；以其他间隔期为纳税期限的，自期满之日起 5 日内预缴税款，于次月 1 日起 15 日内申报纳税并结清上月税款。

2. 按次纳税。即根据纳税行为的发生次数确定纳税期限。如车辆购置税、耕地占用税以及临时经营者，个人所得税中的劳务报酬所得等均采取按次纳税的办法。

3. 按年计征，分期预缴或缴纳。如企业所得税按规定的期限预缴税款，年度结束后汇算清缴，多退少补。房产税、城镇土地使用税实行按年计算、分期缴纳。这是为了对按年度计算税款的税种及时、均衡地取得财政收入而采取的一种纳税期限。分期预缴一般是按月或按季预缴。

采取哪种形式的纳税期限缴纳税款，同课税对象的性质有着密切关系。一般来说，商品课税大都采取"按期纳税"形式；所得课税采取"按年计征，分期预缴"形式。无论采取哪种形式，如纳税期限的最后一天是法定节假日，或期限内有连续 3 日以上法定节假日，都可以顺延。

二、税法解析的思考

在纳税人的眼里，税法是产生纳税义务的源泉，同时又是维护自身权益的保障，税法贯穿于纳税人整个运营的前期、中期和后期。纳税人如何分析自身产生纳税义务的源泉点，进而更加有效地理解和运用税收法律制度就显得尤为重要。

税法作为国家组织财政收入的法律保证，其本身是不可能做到简洁明了的，相反，越是严密的税法，其各种具体规定越多。但就我国而言，这种具体规定，往往是以一个又一个的补充规定的形式下发的，各种限制性规定繁多并且零乱，面对这种状况，纳税人应站在不同的角度结合自身的经济活动动态地、全面地理解税法，同时在一定程度上促使税法的不断完善。

本书将站在纳税人的角度从以下几个方面对税法的构成要素进行解析：

（一）纳税主体与课税基础

纳税主体即纳税人的确定，换句话说是纳税人自己身份的确定，不同种类的纳税主体，在税收法律关系中享受的权利和承担的义务是不同的，因此，纳税人应根据自己的生产经营活动有效理解税法的规定，来进一步判定自己的身份，以更好地享受自己的权利和承担应尽的义务。

课税基础是指建立某种税或一种税制的经济基础或依据。它是计算应纳税额的基础。纳税人确定了自己的身份，要进一步明确自己的业务活动哪些范围应计税收，这里将阐述各税种的征税对象和范围。

（二）税收负担

不管是纳税一方，还是征税一方，都会关注税收负担的轻重问题。纳税人自然希望税种越少、税率越低越好。而政府既不能让财政入不敷出，债台高筑；也不愿因税负过高，造成经济萎缩，税源枯竭。衡量税负轻重的标准，通常是指税收金额占课税对象的比重，即税收负担。税收负担具体体现国家的税收政策，是税收的核心和灵魂，直接关系到国家、企业和个人之间的利益分配关系，也是税收发挥经济杠杆作用的着力点。

纳税人本身处于被管理者的地位，对国家税收法律中规定的各税种、税制、税率必须正确理解和运用，但是国家处于管理者的一方，同时也在考虑纳税人的税收负担能力，在各税种的制定过程中，根据国家宏观情况以及纳税人的各种情况制定了各种税收优惠，纳税人在运营过程中应适时把握自己税收负担的轻重，注重国家的各项税收优惠政策，包括各税种的具体税目、税率和税收优惠。

（三）应纳税额的计算

应纳税额即纳税人应该上缴国家财政的税款。纳税人应对各税项的计税依据作出准确判断并进行计算。

这里将根据不同的税种进行不同的阐述，主要包括计税依据的确定、应纳税额的调整，相关税种的扣除项目等。

（四）各税种的难点解析

不同的税种由不同的要素构成，有各种各样的规定，这里根据纳税人的具体情况，对不同税种的相关难点给予解析。

本书在讲解各税种的构成要素时，不包括征收管理的内容，如各税种的纳税期限、纳税环节。各税种相关的征收管理的内容，请参见本套教材之一的《企业税务管理》。

思　考　题

税法像雾像雨又像风，在信息社会里征税人和纳税人无不受到税法的牵制，又都在牵制着税法，产生不同的感觉，拥有不同的体验，同时也会有不同的经验和思维，每一个行业对应不同的课税要素，对应不同的税收管理方式，请结合自身谈谈你对税法的理解和运用。

第二章 增 值 税

现行增值税法的基本规范是 2008 年 11 月 5 日国务院第 34 次常务会议修订通过、同年 11 月 10 日以国务院令第 538 号公布的《中华人民共和国增值税暂行条例》。2008 年 12 月 15 日，财政部、国家税务总局制定了《中华人民共和国增值税暂行条例实施细则》，以财政部、国家税务总局第 50 号令发布。新修订的《增值税暂行条例》和《实施细则》自 2009 年 1 月 1 日起施行。

第一节 增值税概述

一、增值税的概念

增值税是对单位和个人生产经营过程中取得的增值额为课税对象征收的一种税。增值税是以商品价值中的增值额为课税依据所征收的一种税，它是由法国财政部官员法里斯·劳拉首先提出并实行，后被世界许多国家采用的一种新课税制度。

增值税的关键在于生产经营过程中取得的增值额，所谓增值额是指企业或其他经营者，在一定时期内，因从事生产和商品经营或提供劳务而"增加的价值额"。它是纳税人在一定时期内，所取得的商品销售（或劳务）收入额大于购进商品（或取得劳务）所支付金额的差额。可以从以下几个方面进行理解：

首先，从马克思的劳动价值理论上看，增值额相当于商品价值 W 扣除在商品生产过程中所消耗掉的生产资料转移价值 C 的余额，即由企业劳动者所创造的新价值 V + M。这部分由劳动者所创造的新价值则称为增值额。C 是商品生产过程中所消耗的生产资料转移价值；V 是工资，是劳动者为自己创造的价值；M 是剩余价值或称为盈利，是劳动者为社会创造的价值。在我国，产品生产过程中的增值部分基本上相当于净产值，它主要包括工资、利息、租金、利润及其他用于增值性的内容。

其次，就商品生产经营的全过程而言，一件商品最终实现消费时的最后销售额，相当于该商品从生产到流通各个经营环节的增值额之和。从一个生产经营单位来看，增值额是该单位商品销售收入额或营业收入额扣除非增值项，如外购原材料、燃料、动力、包装物、低值易耗品等金额之后的余额，也就是商品生产经营中的进销差，它大体上相当于该单位活劳动创造的价值。

最后，从国民收入分配角度上看，增值额在我国相当于净产值或国民收入，即包括劳动工资、经营利润、资本利息、奖金、租金及其他增值性质的项目之和。

可以看出，增值税不同于以商品销售收入全额为征税对象的传统流转税，它是一种以销售货物或提供劳务的增值额为征税对象的新型流转税。

二、增值税的性质及其计税原理

（一）增值税的性质

增值税以增值额为课税对象，以销售额或营业额为计税依据，同时实行税款抵扣的计税方式，这一计税方式决定了增值税是属于流转税性质的税种。作为流转税，增值税同一般营业税、销售税以及对特定消费品征收的消费税有着很多共同的方面：

1. 都是以全部流转额为计税销售额。实行增值税的国家无论采取哪种类型的增值税，在计税方法上都是以货物或劳务的全部销售额为计税依据，这同营业税、消费税是一样的，所不同的是增值税还同时实行税款抵扣制度，是一种只就未税流转额征税的新型流转税。

2. 税负具有转嫁性。增值税无论采取价内税还是价外税形式，其税负都由最终消费者负担。在价内税情况下，税收作为价格的组成部分，由购买者负担；在价外税情况下，税收作为价格的附加，也是由购买者负担，可见，增值税属于间接税。

3. 按产品或行业实行比例税率，而不能采取累进税率。这一点与其他流转税一样，但与所得税则完全不同。增值税的作用在于广泛征集财政收入，而不是调节收入差距。

（二）增值税的计税原理

增值税的计税原理是通过增值税的计税方法体现出来的。增值税的计税方法是以每一生产经营环节上发生的货物或劳务的销售额为计税依据，然后按规定税率计算出货物或劳务的整体税负，同时通过税款抵扣方式将外购项目在以前环节已纳的税款予以扣除，从而完全避免了重复征税。该原理具体体现在以下几个方面：

1. 按全部销售额计算税款，但只对货物或劳务价值中新增价值部分征税。

2. 实行税款抵扣制度，对以前环节已纳税款予以扣除。

3. 税款随着货物的销售逐环节转移，最终消费者是全部税款的承担者，但政府并不直接向消费者征税，而是在生产经营的各个环节分段征收，各环节的纳税人并不承担增值税税款。

（三）增值税的类型

增值税制的一大优点是能够避免生产专业化过程中的重复征税问题。增值税根据对外购固定资产所含税金的处理方式的不同可划分为生产型增值税、收入型增值税和消费型增值税。

1. 生产型增值税。生产型增值税以纳税人的销售收入（或劳务收入）减去用于生产、经营的外购原材料、燃料、动力等物质资料价值后的余额作为法定的增值额，但对购入的固定资产及其折旧均不予扣除。在计算增值税时，不允许扣除任何外购固定资产的价款中所含的已征增值税税款，作为课税基数的法定增值额除包括纳税人新创造价值外，还包括当期计入成本的外购固定资产价款部分，即法定增值额相当于当期工资、利息、租金、利润等理论增值额和折旧额之和，其内容从整个社会来说相当于国民生产总值，税基最大，重复征税也最严重。

2. 收入型增值税。收入型增值税除允许扣除外购物质资料的价值以外，对于购置用于生产、经营用的固定资产，允许将已提折旧的价值额予以扣除。在计算增值税时，对外购固定资产价款允许扣除当期计入产品价值的折旧费部分，作为课税基数的法定增值额相当于当期工资、利息、租金和利润等各增值项目之和，其内容相当于国民收入，税基其次。

3. 消费型增值税。消费型增值税允许将购置物质的价值和用于生产、经营的固定资产价值中所含的税款，在购置当期全部一次扣除。在计算增值税时，允许将当期购入的固定资产价款中所含的增值税一次性全部扣除。作为课税基数的法定增值额相当于纳税人当期的全部销售额扣除外购的全部生产资料价款后的余额，税基最小，消除重复征税最彻底。对全社会而言，增值额相当于国民消费总额，故被称为"消费型"增值税。作为一种先进规范的增值税类型，其在计算征收方面更为简便，也更利于纳税人操作，方便税务机关管理，最适宜采用发票扣税法，是增值税发展的主流。在目前世界上 140 多个实行增值税的国家中，绝大多数国家实行的是消费型增值税。

三、增值税的计税方法

为实现对增值额征税的目的，增值税的计税方法分为直接计算法和间接计算法两种类型。

（一）直接计算法

直接计算法是指首先计算出应税货物或劳务的增值额，然后用增值额乘以适用税率求出应纳税额。直接计算法按计算增值额的不同，又可分为加法和减法。

1. 加法。加法是指纳税人在纳税期内，把在计算期内实现的各项增值项目一一相加，求出全部增值额，然后再依率计算增值税的一种计税方法。增值项目包括工资、奖金、利润、利息、租金以及其他增值项目。这种计税方法只是一种理论意义上的方法，实际应用的可能性不大，甚至不太可能，这是因为：首先，由于企业实行的财务会计制度不同，致使确定增值项目与非增值项目的标准也不尽相同，在实际工作中容易造成争执，难以执行。其次，增值额本身就是一个比较模糊的概念，很难准确计算。如企业支付的各种罚款、没收的财物或接收的捐赠等是否属于增值额有时难以确定。迄今为止，已实现增值税的国家中，尚无一个国家实际采用这种方法。

2. 减法。减法这种方法又叫扣额法，是指以企业在计算期内实现的应税货物或劳务的全部销售额减去规定的外购项目金额以后的余额作为增值额，然后再依率计算增值税的一种计税方法。当采取购进扣额法时，该计算方法同扣税法没有什么区别，但必须有一个前提条件，即只有在采用一档税率的情况下，这种计算方法才具有实际意义，如要实行多档税率的增值税制度，则不能采用这种方法计税。因此，在实际中也没有得到采用。

（二）间接计算法

间接计算法是指不直接根据增值额计算增值税，而是首先计算出应税货物的整体税负，然后从整体税负中扣除法定的外购项目的应纳增值税款。由于这种方法是以外购项目的实际已纳税额为依据，所以又叫购进扣税法或发票扣税法。这种方法简便易行，计算准确，既适用于单一税率，又适用于多档税率，因此，是实行增值税的国家广泛采用的计税方法。我国目前所采用的增值税计算方法为购进扣税法，即在计算进项税额时，按当期购进商品已纳税额计算。在实际征收中，采用凭增值税专用发票或其他合法扣税凭证注明税款进行抵扣的办法计算应纳税款。

四、增值税的特点

（一）不重复征税，具有中性税收的特征

中性税收是指税收对经济行为（包括企业生产决策、生产组织形式等）不产生影响，由市场对资源配置发挥基础性、主导性作用。政府在建立税制时，以不干扰经营者的投资决策和消费者的消费选择为原则。增值税只对货物或劳务销售额中没有征过税的那部分增值额征税，对销售额中属于转移过来的、以前环节已征过税的那部分销售额则不再征税，从而有效地排除了重叠征税因素。

（二）逐环节征税并扣税

增值税保留了传统间接税按流转额全值计税和道道征税的特点，同时还实行税款抵扣制度，即在逐环节征税的同时，还实行逐环节扣税，最终消费者是全部税款的承担者。在各环节的经营者作为纳税人只是把从买方收取的税款转交给政府，而经营者本身实际上并没有承担增值税税款。这样，随着各环节交易活动的进行，经营者在出售货物的同时也出售了该货物所承担的增值税税款，直到货物卖给最终消费者时，货物在以前环节已纳的税款连同本环节的税款也一同转给了最终消费者。

（三）税基具有普遍性和连续性

无论是从横向看还是从纵向看，都有着广阔的税基。从生产经营的横向关系看，工业、商业或者劳务服务活动，只要有增值收入就要纳税；从生产经营的纵向关系看，每一货物不管经过多少生产经营环节，都是按各道环节上发生的增值额逐次征税。

五、增值税的作用

（一）能够平衡税负，促进公平竞争

增值税具有不重复征税的特点，能够彻底解决同一种货物由全能厂生产和由非全能厂生产所产生的税负不平衡问题。从一家企业来看，增值税税负的高低不受货物结构中外购协作件所占比重大小的影响；从一项货物来看，增值税不受该货物所经历的生产经营环节多少的影响。增值税可以平衡税负的内在合理性使得增值税能够适应商品经济的发展，为在市场经济下的公平竞争提供良好的外部条件。

（二）既便于对出口商品退税，亦可避免对进口商品征税不足

世界各国为保护和促进本国经济的发展，在对外贸易上都采取奖出限入的经济政策。为此，各国对出口货物普遍实行退税政策。使出口货物以不含税价格进入国际市场。在这种政策下，按全部销售额征税，由于存在重复征税，在货物出口时，究竟缴了多少税是很难计算清楚的。这样，在出口退税环节就不可避免地存在两个问题：一是退税不足，影响货物在国际市场的竞争力；二是退税过多，形成国家对出口货物的补贴。实行增值税则可以避免这些问题的出现，因为货物的出口价格就是其全部增值额，用出口价格乘以增值税税率，即可准确地计算出出口货物应退税款，从而做到一次全部将已征税款准确地退还给企业，使出口货物以不含税价格进入国际市场。

对进口货物实行增值税，有利于贯彻国际间同等纳税的原则，避免产生进口货物的税负轻于国内同类货物，以及进口货物利润大于国内相同货物利润的假象。因为按全部流转额征税时，同一货物在国内因经历流转环节多而存在重复征税，税负较重；而对进口货物只能在进口环节按进口货物总值征一次税。不存在重复征税问题。因而导致进口货物的税负轻于国内同类货物的税负，这是对进口货物征税不足所引起的。实行增值税后，排除了国内货物重叠征税因素，使进口货物和国内同类货物承担相同的税负，从而能够正确比较和衡量进口货物的得失，既体现了国际间同等纳税的原则，又维护了国家经济权益。

（三）税收征管可以互相制约，交叉审计，避免发生偷税

和增值税实行税款抵扣的计税方法相适应，各国都实行凭发票扣税的征收制度，通过发票把买卖双方连为一体，并形成一个有机的扣税链条。即销售方销售货物开具的增值税发票既是销货方计算销项税额的凭证，同时也是购货方据以扣税的凭证。正是通过发票才得以把货物承担的税款从一个经营环节传递到下一个经营环节，最后传递到最终消费者身上。在这一纳税链条中，如有哪一环节少缴了税款。必然导致下一个环节多缴税款。可见，增值税发票使买卖双方在纳税上形成了一种利益制约关系。这种制约关系一方面可以避免纳税人偷税、漏税和错计税款，另一方面也有助于税务机关进行检查和监督。

（四）保证财政收入的稳定性和及时性

征税范围的广阔性，征收的普遍性和连续性，使增值税有着充足的税源和为数众多的纳税人，从而使通过增值税组织的财政收入具有稳定性和可靠性。

六、我国增值税制度的建立与发展

（一）我国增值税制度的建立

我国自1979年下半年开始引进增值税并在极少数地区试点，征税范围也仅选择了机器机械和农业机具两个行业以及自行车、缝纫机、电风扇三种产品。1983年1月起全国范围内的两大行业和三种产品试行增值税，以便为正式建立增值税做好准备。在全国试点的基础上，1984年10月结合国营企业第二步利改税对原工商税进行了改革，将其划分为产品税、

增值税和营业税。国务院颁发了《中华人民共和国增值税条例（草案）》，财政部颁发了《中华人民共和国增值税条例（草案）实施细则》。

1984～1993 年，我国增值税一直局限于在生产环节对部分工业产品征税，在税率设计上仍沿用产品税的观念，并实行产品税、增值税不交叉征收的税制结构。这些都说明我国只是引进了增值税的计税形式，尚未完全体现出普遍征收的原则、中性原则和简化原则。1994 年以前的增值税虽然在一定范围内排除了重复征税，但是很不彻底，在整个国民经济范围内还存在着相当严重的重复征税。这种状况与党的十四次全国代表大会提出的建立社会主义市场经济体制的目标是很不相适应的。1994 年对原有的增值税进行了全面、彻底的改革，并以增值税改革为核心建立了新的流转税制格局。

1994 年建立的增值税基本上是按照国际通行的做法建立起来的规范化的增值税。经过这次改革，我国增值税开始进入国际通行的规范化增值税的行列。但仍存在下述问题：（1）征税范围窄，仅限于生产环节的部分工业产品。（2）在生产环节与产品税并立且不交叉征收，导致税率档次多，调节功能层次不清，使增值税失去了其应有的中性特征。（3）扣除项目不全面。原增值税采取列举项目进行扣除的办法，其扣除项目的内容虽然包括了外购固定资产以外的主要流动资产项目，但仍没有包括全部应扣除的项目。

（二）我国增值税制度的变革与发展

党的十六届三中全会明确提出要适时实施这项改革，"十一五"规划明确在"十一五"期间完成增值税制度的进一步改革。根据国务院的部署，2004 年 7 月 1 日起，转型试点首先在东北三省的装备制造业、石油化工业等八大行业进行。2007 年 7 月 1 日起，将试点范围扩大到中部 6 省 26 个老工业基地城市的电力业、采掘业等八大行业。2008 年 7 月 1 日起，又将试点范围扩大到内蒙古自治区东部五大盟市和四川汶川地震受灾严重地区。2008 年国务院政府工作报告明确提出争取 2009 年在全国推开增值税转型改革。在这种情况下，国务院决定实施增值税转型改革，规范和完善我国增值税制度，使税收制度更加符合科学发展观的要求，并最终完善增值税制。根据国务院常务会议批准的财政部、国家税务总局提交的增值税转型改革方案，自 2009 年 1 月 1 日起，我国在全国范围内实施增值税转型改革。

此次增值税转型改革方案的主要内容是：自 2009 年 1 月 1 日起，在维持现行增值税税率不变的前提下，允许全国范围内（不分地区和行业）的所有增值税一般纳税人抵扣其新购进设备所含的进项税额，未抵扣完的进项税额结转下期继续抵扣。为预防出现税收漏洞，将与企业技术更新无关，且容易混为个人消费的应征消费税的小汽车、摩托车和游艇排除在上述设备范围之外。同时，作为转型改革的配套措施取消进口设备增值税免税政策和外商投资企业采购国产设备增值税退税政策，将小规模纳税人征收率统一调低至 3%，将矿产品增值税税率恢复到 17%。

增值税转型改革的核心是在企业计算应缴增值税时，允许扣除购入机器设备所含的增值税，这一变化，与修订前的《增值税暂行条例》关于不得抵扣固定资产进项税额的规定有冲突。因此，实行增值税转型改革首先需要对条例进行修订。2008 年 11 月 10 日，国务院公布了修订后的《增值税暂行条例》，于 2009 年 1 月 1 日起施行。这标志着增值税转型改革与《增值税暂行条例》的修订同步进行，并纳入到了法制化发展的轨道。

为进一步解决货物和劳务税制中的重复征税问题，完善税收制度，支持现代服务业发展，2011 年 10 月 26 日召开的国务院常务会议决定，开展深化增值税制度改革试点。

从 2012 年 1 月 1 日起，在部分地区和行业开展深化增值税制度改革试点，逐步将目前征收营业税的行业改为征收增值税。（1）先在上海市交通运输业和部分现代服务业等开展试点，条件成熟时可选择部分行业在全国范围进行试点。（2）在现行增值税 17% 标准税率和 13% 低税率基础上，新增 11% 和 6% 两档低税率。（3）试点期间原归属试点地区的营业税收入，改征增值税后收入仍归属试点地区。试点行业原营业税优惠政策可以延续，并根据增值税特点调整。纳入改革试点的纳税人缴纳的增值税可按规定抵扣，这一制度 2012 年 8 月 1 日起扩大至北京等 8 个省市，2013 年 8 月 1 日扩大至全国范围。

第二节　增值税的纳税人与课税基础

一、增值税的纳税人

（一）增值税纳税人的基本规定

增值税是对在我国境内销售货物或者提供加工、修理修配劳务，以及进口货物的单位和个人，就其取得的货物或应税劳务的销售额，以及进口货物的金额计算税款，并实行税款抵扣制的一种流转税。

根据《增值税暂行条例》的规定，在中华人民共和国境内销售货物或者提供加工、修理修配劳务，以及进口货物的单位和个人，为增值税的纳税人。中华人民共和国境内销售货物或者提供加工、修理修配劳务是指销售货物的起运地或者所在地在境内；提供的应税劳务发生在境内。

1. 单位

一切从事销售或者进口货物、提供应税劳务的单位都是增值税纳税义务人，包括企业、行政单位、事业单位、军事单位、社会团体及其他单位。

2. 个人

凡从事货物销售或进口、提供应税劳务的个人都是增值税纳税义务人，包括个体工商户及其他个人。

3. 承租人或承包人

单位租赁或者承包给其他单位或者个人经营的，以承租人或者承包人为纳税人。

4. 进口货物的收货人或办理报关手续的单位和个人

对报关进口的货物，以进口货物的收货人或办理报关手续的单位和个人为进口货物的纳税人。对代理进口货物，以海关开具的完税凭证上的纳税人为增值税纳税人。即对报关进口货物，凡是海关的完税凭证开具给委托方的，对代理方不征增值税；凡是海关的完税凭证开具给代理方的，对代理方应按规定征收增值税。

5. 扣缴义务人

中华人民共和国境外的单位或者个人在境内提供应税劳务，在境内未设有经营机构的，以其境内代理人为扣缴义务人；在境内没有代理人的，以购买方为扣缴义务人。

（二）增值税纳税人的划分

为了严格增值税的征收管理，保证对增值税专用发票的正确使用和安全管理，《增值税暂行条例》及其实施细则将增值税的纳税人按照生产经营规模及财会核算健全程度分为一般纳税人和小规模纳税人两类。

1. 增值税纳税人分类的依据

根据《增值税暂行条例》及其实施细则的规定，划分一般纳税人和小规模纳税人的基本依据是纳税人的会计核算是否健全，是否能够提供准确的税务资料以及企业规模的大小。衡量企业规模的大小一般以年销售额为依据，因此，现行增值税制度是以纳税人年销售额的大小和会计核算水平这两个标准为依据来划分一般纳税人和小规模纳税人的。

2. 划分一般纳税人与小规模纳税人的目的

对增值税纳税人进行分类，是为了配合增值税专用发票（以下简称"专用发票"）的管理。专用发票既是增值税纳税人纳税的依据，又是纳税人据以扣税的凭证。而且增值税实施面广、情况复杂，纳税人多且核算水平差距很大，为保证对专用发票的正确使用和安全管理，有必要对增值税纳税人进行分类。

这两类纳税人在税款计算方法、适用税率以及管理办法上都有所不同。对一般纳税人实行凭发票扣税的计税方法；对小规模纳税人规定简便易行的计税方法和征收管理办法，这样规定有利于增值税制度的推行，也符合国际惯例。

（三）增值税小规模纳税人的认定及管理

小规模纳税人是指年销售额在规定标准以下的增值税纳税人，小规模纳税人的标准由国务院财政、税务主管部门规定，小规模纳税人以外的纳税人称一般纳税人。

1. 小规模纳税人的认定标准

根据《增值税暂行条例实施细则》的规定，小规模纳税人的认定标准是：

（1）从事货物生产或者提供应税劳务的纳税人，以及以从事货物生产或者提供应税劳务为主，并兼营货物批发或者零售的纳税人，年应征增值税销售额（以下简称"应税销售额"）在 50 万元以下（含本数，下同）的，其中，以从事货物生产或者提供应税劳务为主是指纳税人的年货物生产或者提供应税劳务的销售额占年应税销售额的比重在 50% 以上。

（2）对上述规定以外的纳税人，年应税销售额在 80 万元以下的。

（3）年应税销售额超过小规模纳税人标准的其他个人按小规模纳税人纳税。

（4）非企业性单位、不经常发生应税行为的企业可选择按小规模纳税人纳税。

凡超过以上小规模纳税人标准的增值税纳税人均为增值税一般纳税人。

2. 小规模纳税人的管理

小规模纳税人实行简易办法征收增值税，一般不使用增值税专用发票。

小规模纳税人会计核算健全，能够提供准确税务资料的，可以向主管税务机关申请资格认定，不作为小规模纳税人。

（四）增值税一般纳税人的认定及管理

1. 一般纳税人的认定范围

（1）增值税纳税人，年应税销售额超过财政部、国家税务总局规定的小规模纳税人标准的，除另有规定外，应当向主管税务机关申请一般纳税人资格认定。

这里所称年应税销售额，是指纳税人在连续不超过12个月的经营期内累计应征增值税销售额，包括免税销售额、稽查查补销售额、纳税评估调整销售额、税务机关代开发票销售额和免税销售额。

经营期是指在纳税人存续期内的连续经营期间，含未取得收入的月份。

（2）年应税销售额未超过财政部、国家税务总局规定的小规模纳税人标准以及新开业的纳税人，可以向主管税务机关申请一般纳税人资格认定。

对提出申请并且同时符合下列条件的纳税人，主管税务机关应当为其办理一般纳税人资格认定：

①有固定的生产经营场所；

②能够按照国家统一的会计制度规定设置账簿，根据合法、有效凭证核算，能够提供准确税务资料。

（3）下列纳税人不办理一般纳税人资格认定：

①个体工商户以外的其他个人；

②选择按照小规模纳税人纳税的非企业性单位；

③选择按照小规模纳税人纳税的不经常发生应税行为的企业。

2. 一般纳税人的认定办法

纳税人应当向其机构所在地主管税务机关申请一般纳税人资格认定。

一般纳税人资格认定的权限，在县（市、区）国家税务局或者同级别的税务分局（以下称"认定机关"）。

（1）纳税人年应税销售额超过小规模纳税人标准的，按照下列程序办理一般纳税人资格认定：

①纳税人应当在申报期结束后40日（工作日，下同）内向主管税务机关报送《增值税一般纳税人申请认定表》，申请一般纳税人资格认定。申报期是指纳税人年应税销售额超过小规模纳税人标准月份（或季度）的所属申报期。

②认定机关应当在主管税务机关受理申请之日起20日内完成一般纳税人资格认定，并由主管税务机关制作、送达《税务事项通知书》，告知纳税人。

③纳税人未在规定期限内申请一般纳税人资格认定的，主管税务机关应当在规定期限结束后20日内制作并送达《税务事项通知书》，告知纳税人。

纳税人符合可不办理一般纳税人资格认定规定的，应当在收到《税务事项通知书》后10日内向主管税务机关报送《不认定增值税一般纳税人申请表》，经认定机关批准后不办理一般纳税人资格认定。认定机关应当在主管税务机关受理申请之日起20日内批准完毕，并由主管税务机关制作、送达《税务事项通知书》，告知纳税人。

（2）纳税人年应税销售额未超过小规模纳税人标准以及新开业的纳税人，按照下列程序办理一般纳税人资格认定：

纳税人应当向主管税务机关填报申请表，并提供下列资料：

①《税务登记证》副本；

②财务负责人和办税人员的身份证明及其复印件；

③会计人员的从业资格证明或者与中介机构签订的代理记账协议及其复印件；

④经营场所产权证明或者租赁协议，或者其他可使用场地证明及其复印件；

⑤国家税务总局规定的其他有关资料。

主管税务机关应当当场核对纳税人的申请资料，经核对一致且申请资料齐全、符合填列要求的，当场受理，制作《文书受理回执单》，并将有关资料的原件退还纳税人。对申请资料不齐全或者不符合填列要求的，应当当场告知纳税人需要补正的全部内容。

主管税务机关在受理纳税人申请以后，根据需要进行实地查验，并制作查验报告。查验报告由纳税人法定代表人（负责人或者业主）、税务查验人员共同签字（签章）确认。

实地查验时，应当有两名或者两名以上税务机关工作人员同时到场。实地查验的范围和方法由各省税务机关确定并报国家税务总局备案。

认定机关应当自主管税务机关受理申请之日起 20 日内完成一般纳税人资格认定，并由主管税务机关制作、送达《税务事项通知书》，告知纳税人。

3. 一般纳税人的认定管理

纳税人自认定机关认定为一般纳税人的次月起（新开业纳税人自主管税务机关受理申请的当月起），按照税法的有关规定计算应纳税额，并按照规定领购、使用增值税专用发票。

新开业纳税人是指自税务登记日起 30 日内申请一般纳税资格认定的纳税人。

除国家税务总局另有规定外，纳税人一经认定为一般纳税人后，不得转为小规模纳税人。

4. 一般纳税人的纳税辅导期的管理

为加强增值税一般纳税人纳税辅导期管理，根据《增值税一般纳税人资格认定管理办法》规定，实行纳税辅导期管理的增值税一般纳税人有两种类型：

（1）小型商贸批发企业。小型商贸批发企业是指注册资金在 80 万元（含 80 万元）以下、职工人数在 10 人（含 10 人）以下的批发企业。只从事出口贸易，不需要使用增值税专用发票的企业除外。

批发企业按照国家统计局颁发的《国民经济行业分类》（GB/T4754－2002）中有关批发业的行业划分方法界定。

（2）其他一般纳税人。其他一般纳税人是指具有下列情形之一的一般纳税人：

①增值税偷税数额占应纳税额的 10% 以上并且偷税数额在 10 万元以上的；

②骗取出口退税的；

③虚开增值税扣税凭证的；

④国家税务总局规定的其他情形。

新认定为一般纳税人的小型商贸批发企业实行纳税辅导期管理的期限为 3 个月；其他一般纳税人实行纳税辅导期管理的期限为 6 个月。

对新办小型商贸批发企业，主管税务机关应在规定的《税务事项通知书》内告知纳税人对其实行纳税辅导期管理，纳税辅导期自主管税务机关制作《税务事项通知书》的当月起执行。

对其他一般纳税人，主管税务机关应自稽查部门作出《税务稽查处理决定书》后40个工作日内，制作、送达《税务事项通知书》告知纳税人对其实行纳税辅导期管理，纳税辅导期自主管税务机关制作《税务事项通知书》的次月起执行。

辅导期纳税人取得的专用发票抵扣联、海关进口增值税专用缴款书以及运输费用结算单据应当在交叉稽核比对无误后，方可抵扣进项税额。

主管税务机关对辅导期纳税人实行限量限额发售专用发票。

①实行纳税辅导期管理的小型商贸批发企业，领购专用发票的最高开票限额不得超过10万元；其他一般纳税人专用发票最高开票限额应根据企业实际经营情况重新核定。

②辅导期纳税人专用发票的领购实行按次限量控制，主管税务机关可根据纳税人的经营情况核定每次专用发票的供应数量，但每次发售专用发票数量不得超过25份。

辅导期纳税人领购的专用发票未使用完而再次领购的，主管税务机关发售专用发票的份数不得超过核定的每次领购专用发票份数与未使用完的专用发票份数的差额。

辅导期纳税人一个月内多次领购专用发票的，应从当月第二次领购专用发票起，按照上一次已领购并开具的专用发票销售额的3%预缴增值税，未预缴增值税的，主管税务机关不得向其发售专用发票。预缴增值税时，纳税人应提供已领购并开具的专用发票记账联，主管税务机关根据其提供的专用发票记账联计算应预缴的增值税。

辅导期纳税人预缴的增值税可在本期增值税应纳税额中抵减，抵减后预缴增值税仍有余额的，可抵减下期再次领购专用发票时应当预缴的增值税。纳税辅导期结束后，纳税人因增购专用发票发生的预缴增值税有余额的，主管税务机关应在纳税辅导期结束后的第一个月内，一次性退还纳税人。

辅导期纳税人应当在"应交税费"科目下增设"待抵扣进项税额"明细科目，核算尚未交叉稽核比对的专用发票抵扣联、海关进口增值税专用缴款书以及运输费用结算单据（以下简称"增值税抵扣凭证"）注明或者计算的进项税额。

辅导期纳税人取得增值税抵扣凭证后，借记"应交税费——待抵扣进项税额"明细科目，贷记相关科目。交叉稽核比对无误后，借记"应交税费——应交增值税（进项税额）"科目，贷记"应交税费——待抵扣进项税额"科目。经核实不得抵扣的进项税额，红字借记"应交税费——待抵扣进项税额"，红字贷记相关科目。

主管税务机关定期接收交叉稽核比对结果，通过《稽核结果导出工具》导出发票明细数据及《稽核结果通知书》并告知辅导期纳税人。辅导期纳税人根据交叉稽核比对结果相符的增值税抵扣凭证本期数据申报抵扣进项税额，未收到交叉稽核比对结果的增值税抵扣凭证留待下期抵扣。

纳税辅导期内，主管税务机关未发现纳税人存在偷税、逃避追缴欠税、骗取出口退税、抗税或其他需要立案查处的税收违法行为的，从期满的次月起不再实行纳税辅导期管理，主管税务机关应制作、送达《税务事项通知书》，告知纳税人；主管税务机关发现辅导期纳税人存在偷税、逃避追缴欠税、骗取出口退税、抗税或其他需要立案查处的税收违法行为的，从期满的次月起按照本规定重新实行纳税辅导期管理，主管税务机关应制作、送达《税务事项通知书》，告知纳税人。

二、增值税的课税基础

增值税理论上的征税对象就是纳税人从事生产经营活动所取得的增值额，但增值税的法定增值额与理论上的增值额有一定的差距。

（一）增值税的征税范围

世界上实行增值税的国家由于经济发展特点和财政政策不同，增值税的征税范围宽窄有所不同，归纳起来主要分为以下四种情况：

第一种情况是征税范围仅限于工业制造环节。实行这种办法时，由于征税范围窄，从整个再生产过程看不能解决重复征税问题，限制了增值税优越性的发挥。

第二种情况是征税范围包括工业制造和货物批发两个环节。实行这种办法，将征税范围扩展到货物批发，可以在较大范围内消除因货物流转环节不同而引起的税负不公问题，促进货物的合理流通。尤其是对由批发商直接出口的货物，实行增值税后可以方便、准确地计算出口退税。

第三种情况是征税范围包括工业制造、货物批发和货物零售三个环节。实行这种办法，征税范围大，能够充分地发挥增值税的优越性，并且能够更好地平衡进口货物和本国货物的税负。目前大部分发展中国家采用这种办法确定增值税的征税范围。

第四种情况是征税范围在第三种情况的基础上扩展到服务业，即在制造、批发和零售三个环节实行增值税的基础上，将服务业也纳入增值税的征收范围。

此外，一些国家对农业、采掘业等初级产品的生产行业也实行了增值税。欧盟国家就是在这一范围内实施增值税的，这种情况征税范围最广，可以比较彻底地解决重复征税的问题，是一种最完善的增值税。

（二）增值税征税范围一般规定

我国现行增值税的征税范围主要包括货物的生产、批发、零售和进口四个环节，以及加工、修理修配劳务；加工修理修配以外的劳务服务暂不实行增值税。凡在上述四个环节中销售货物、提供加工和修理修配劳务的，都要按规定缴纳增值税。其具体征税范围包括：

1. 销售货物

这里的货物是指有形动产，包括电力、热力、气体在内。

销售货物是指有偿转让货物的所有权。这里的有偿包括从购买方取得货币、货物或其他经济利益。

2. 提供的加工、修理修配劳务

这里的加工是指受托加工货物，即委托方提供原料及主要材料，受托方按照委托方的要求制造货物并收取加工费的业务。

修理修配是指受托对损伤和丧失功能的货物进行修复，使其恢复原状和功能的业务。

提供加工、修理修配劳务是指有偿提供加工、修理修配劳务，单位或者个体工商户聘用的员工为本单位或者雇主提供加工、修理修配劳务，不包括在内。这里的有偿是指从购买方取得货币、货物或者其他经济利益。

3. 进口货物

进口货物是指进入中华人民共和国海关境内的货物。

境外产品要输入境内必须向我国海关申报进口,并办理有关报关手续,只要是报关进口的应税货物,均属于增值税征税范围,在进口环节缴纳增值税(享受免税政策的货物除外)。

4. 交通运输业、现代服务业

本章第六节有详细介绍,请参见。

(三) 增值税视同销售货物行为的征收范围

企业在实际生产经营活动中存在某些特殊行为或项目是否属于增值税的征税范围,需要进一步具体明确。

货物销售一般是指货物所有权已经发生转移并能取得经济补偿的经济活动。但在税法上,有些情况下即使货物并没有对外销售或者所有权并没有发生转移,或者货物所有权虽然转移但并未获得报酬的行为也属于销售行为,要视同销售征税。

对于这些非销售行为,税法要作为销售行为,纳入增值税的征税范围,主要是因为如果不这样处理,纳税人就会利用这些行为来逃避税收。如果对纳税人捐赠给他人的货物不征收增值税,纳税人就可以通过相互的赠送来逃避税收。

单位或个体经营者的下列行为,视同销售货物,为增值税征税范围:

1. 将货物交付其他单位或者个人代销。

2. 销售代销货物。

3. 设有两个以上机构并实行统一核算的纳税人,将货物从一个机构移送其他机构用于销售,但相关机构设在同一县(市)的除外。

这里的用于销售是指售货机构发生以下情形之一的经营行为:第一,向购货方开具发票;第二,向购货方收取货款。受货机构的货物移送行为有上述两项情形之一的,应当向所在地税务机关缴纳增值税;未发生上述两项情形的,则应由总机构统一缴纳增值税。如果受货机构只就部分货物向购买方开具发票或收取货款,则应当区别不同情况计算并分别向总机构所在地或分支机构所在地缴纳税款。

4. 将自产或者委托加工的货物用于非增值税应税项目。

5. 将自产、委托加工的货物用于集体福利或者个人消费。

6. 将自产、委托加工或者购进的货物作为投资,提供给其他单位或者个体工商户。

7. 将自产、委托加工或者购进的货物分配给股东或者投资者。

8. 将自产、委托加工或者购进的货物无偿赠送其他单位或者个人。

(四) 增值税混合销售行为的征收范围

由于我国对货物和劳务分别征税,而现代经济中出现了大量既有货物因素,又有劳务因素的销售行为,对此,我国税法将其界定为混合销售行为。

所谓混合销售,是指一项销售行为既涉及征增值税的货物销售又涉及非增值税的应税劳务提供。

1. 混合销售行为的一般规定

纳税人发生混合销售行为的,应当按以下规定分别处理:

（1）下列行为属于混合销售行为，纳税人应当分别核算货物的销售额和非增值税应税劳务的营业额，并根据其销售货物的销售额计算缴纳增值税，非增值税应税劳务的营业额不缴纳增值税；未分别核算的，由主管税务机关核定其货物的销售额：

①销售自产货物并同时提供建筑业劳务的行为；

②财政部、国家税务总局规定的其他情形。

（2）除上述规定外，从事货物的生产、批发或零售的企业，企业性单位和个体工商户的混合销售行为，视为销售货物，应当缴纳增值税；其他单位和个人的混合销售行为，视为销售非增值税应税劳务，不缴纳增值税。

需要说明的是，出现混合销售行为，涉及的货物和非应税劳务只是针对一项销售行为而言的，也就是说，非应税劳务是为了直接销售一批货物而提供的，二者之间是紧密相连的从属关系，它与一般既从事这个税的应税项目又从事另一个税的应税项目，二者之间没有直接从属关系的兼营行为是不同的。

2. 混合销售行为的几项特殊规定

（1）电信单位（电信局及经电信局批准的其他从事电信业务的单位）自己销售无线寻呼机、移动电话，并为客户提供有关的电信服务的，属于混合销售，征收营业税；对单纯销售无线寻呼机、移动电话，不提供有关的电信劳务服务的，征收增值税。

（2）销售林木以及销售林木的同时提供林木管护劳务的行为，属于增值税征收范围；纳税人单独提供林木管护劳务行为，属于营业税征收范围，其取得的收入中，属于提供农业机耕排灌、病虫害防治、植保劳务取得的收入，免征营业税；属于其他收入的照章征收营业税。

（五）增值税兼营行为的征收范围

兼营行为是指纳税人的经营范围既包括销售货物和提供应税劳务，又包括提供非应税项目，但是，销售货物或应税劳务与提供非应税项目不同时发生在同一购买者身上，即不发生在同一项销售行为中。

增值税纳税人的兼营行为包括两类：兼营非应税劳务行为和兼营不同税率的货物或应税劳务行为。其界定标准如下：

1. 兼营非应税劳务行为

兼营非应税劳务行为是指增值税纳税人既从事增值税应税货物、劳务的销售又兼营提供增值税非应税劳务，即同时涉及增值税和营业税的纳税范围。纳税人从事的这两个税的应税项目，彼此间没有直接从属关系或必然的联系。

纳税人兼营非增值税应税项目的，应分别核算货物或者应税劳务的销售额和非增值税应税项目的营业额；未分别核算的，由主管税务机关核定货物或者应税劳务的销售额。

2. 兼营不同税率的货物或应税劳务行为

兼营不同税率的货物或应税劳务行为是指纳税人生产或销售应纳增值税的不同税率的货物，或者既销售应税货物又提供应税劳务。

纳税人兼营不同税率的货物或应税劳务的，应分别核算不同税率货物或者应税劳务的销售额；未分别核算的，从高适用税率。

3. 混合销售与兼营非应税劳务的比较

混合销售与兼营非应税劳务的相同点是：两种行为的经营范围都有销售货物和提供劳务

这两类经营项目。它们的区别是：混合销售强调的是在同一项销售行为中存在着两类经营项目的混合，销售货款及劳务价款是同时从一个购买方取得的；兼营强调的是在同一纳税人的经营活动中存在着两类经营项目，但这两类经营项目不是在同一项销售行为中发生，即销售货物和应税劳务与提供非应税劳务不是同时发生在同一购买者身上的。

混合销售与兼营是两个不同的税收概念，因此，在税务处理上的规定也不同。混合销售的纳税原则是按"经营主业"划分，只征一种税，即或者征增值税或者征营业税。兼营的纳税原则是分别核算、分别征税，即对销售货物或应税劳务的销售额，征收增值税；对提供非应税劳务获取的收入额征收营业税。对兼营行为不分别核算或者不能准确核算的，其非应税劳务应与货物或应税劳务一并征收增值税。

（六）增值税征税范围的特殊规定

1. 增值税征税范围特殊规定项目

属于增值税征税范围特殊规定项目的，具体征税范围如下：

（1）货物期货（包括商品期货和贵金属期货），在期货的实物交割环节纳税。

（2）银行销售金银的业务。

（3）典当业销售的死当物品，寄售商店代销的寄售物品（包括居民个人寄售的物品在内）。

（4）基本建设单位和从事建筑安装业务的企业附设工厂、车间生产的水泥预制构件、其他构件或建筑材料，凡用于本单位或本企业的建筑工程的，应视同对外销售，在移送使用环节征收增值税。

（5）集邮商品（包括邮票、小型张、小本票、明信片、首日封、邮折、集邮簿、邮盘、邮票目录、护邮袋、贴片及其他集邮商品）的生产、调拨，以及邮政部门以外的其他单位与个人销售集邮商品，应征收增值税。

（6）执罚部门和单位查处的属于一般商业部门经营的商品，具备拍卖条件的，由执罚部门或单位商同级财政部门同意后，公开拍卖。其拍卖收入作为罚没收入由执罚部门和单位如数上缴财政，不予征税。对经营单位购入拍卖物品再销售的，应照章征收增值税。

执罚部门和单位查处的属于一般商业部门经营的商品，不具备拍卖条件的，由执罚部门、财政部门、国家指定销售单位会同有关部门按质论价，并由国家指定销售单位纳入正常销售渠道变价处理。执罚部门按商定价格所取得的变价收入作为罚没收入如数上缴财政，不予征税。国家指定销售单位将罚没物品纳入正常销售渠道销售的，应照章征收增值税。

执罚部门和单位查处的属于专管机关管理或专管企业经营的财物，如金银（不包括金银首饰）、外币、有价证券、非禁止出口文物，应交由专管机关或专营企业收兑或收购。执罚部门和单位按收兑或收购价所取得的收入作为罚没收入如数上缴财政，不予征税。专管机关或专营企业经营上述物品中属于应征增值税的货物，应照章征收增值税。

（7）电力公司向发电企业收取的过网费，应当征收增值税。

（8）印刷企业接受出版单位委托，自行购买纸张，印刷有统一刊号（CN）以及采用国际标准书号编序的图书、报纸和杂志，按货物销售征收增值税。

（9）缝纫，应当征收增值税。

（10）供电企业利用自身输变电设备对并入电网的企业自备电厂生产的电力产品进行电压调节，属于提供加工劳务。根据《增值税暂行条例》的有关规定，对于上述供电企业进行电力调压并按照电量向电厂收取的并网服务费，应当征收增值税。

（11）纳税人提供的矿产资源开采、挖掘、切割、破碎、分拣、洗选等劳务，属于增值税应税劳务，应当征收增值税。

（12）纳税人转让土地使用权或者销售不动产的同时一并销售的附着于土地或者不动产上的固定资产中，凡属于增值税应税货物的，应按照《财政部、国家税务总局关于部分货物适用增值税低税率和简易办法征收增值税政策的通知》第二条有关规定，计算缴纳增值税；凡属于不动产的，应按照《营业税暂行条例》销售不动产科目计算缴纳营业税。

纳税人应分别核算增值税应税货物和不动产的销售额，未分别核算或核算不清的，由主管税务机关核定其增值税应税货物的销售额和不动产的销售额。

2. 不征收增值税的货物和收入

（1）基本建设单位和从事建筑安装业务的企业附设工厂、车间在建筑现场制造的预制构件，凡直接用于本单位或本企业建筑工程的，不征收增值税。

（2）供应或开采未经加工的天然水（如水库供应农业灌溉用水，工厂自采地下水用于生产），不征收增值税。

（3）对国家管理部门行使其管理职能，发放的执照、牌照和有关证书等取得的工本费收入，不征收增值税。

（4）对体育彩票的发行收入不征收增值税。

（5）对增值税纳税人收取的会员费收入不征收增值税。

（6）代购货物行为，凡同时具备以下条件的，不征收增值税：

①受托方不垫付资金；

②销货方将发票开具给委托方，并由受托方将该项发票转交给委托方；

③受托方按销售方实际收取的销售额和销项税额（如系代理进口货物，则为海关代征的增值税额）与委托方结算贷款，并另外收取手续费。

（7）代办保险费、车辆购置税、牌照费征税问题。

纳税人销售货物的同时代办保险而向购买方收取的保险费，以及从事汽车销售的纳税人向购买方收取的代购买方缴纳的车辆购置税、牌照费，不征收增值税。

（8）关于计算机软件产品征收增值税有关问题。

纳税人销售软件产品并随同销售一并收取的软件安装费、维护费、培训费等收入，应按照增值税混合销售的有关规定征收增值税，并可享受软件产品增值税即征即退政策。

软件产品交付使用后，按期或按次收取的维护费、技术服务费、培训费等不征收增值税。

（9）纳税人资产重组有关增值税问题。

自2011年3月1日起，纳税人在资产重组过程中，通过合并、分立、出售、置换等方式，将全部或者部分实物资产以及与其相关联的债权、债务和劳动力一并转让给其他单位和个人，不属于增值税的征税范围，其中涉及的货物转让，不征收增值税。2011年3月1日前未作处理的，按照本规定执行。

（10）融资性售后回租业务中承租方出售资产的行为，不属于增值税征收范围，不征收增值税。

（11）纳税人取得中央财政补贴有关增值税问题。

自 2013 年 2 月 1 日起，纳税人取得的中央财政补贴不属于增值税应税收入，不征收增值税。

3. 增值税与营业税征收范围的划分

（1）对从事公用事业的纳税人收取的一次性费用是否征收增值税问题。

对从事热力、电力、燃气、自来水等公用事业的增值税纳税人收取的一次性费用，凡与货物的销售数量有直接关系的，征收增值税；凡与货物的销售数量无直接关系的，不征收增值税。

（2）商业企业向供货方收取的部分收入征税问题。

商业企业向供货方收取的部分收入，自 2004 年 7 月 1 日起，按照以下原则征收增值税或营业税：①对商业企业向供货方收取的与商品销售量、销售额无必然联系，且商业企业向供货方提供一定劳务的收入，例如进场费、广告促销费、上架费、展示费、管理费等，不属于平销返利，不冲减当期增值税进项税金，应按营业税的适用税目税率征收营业税。②对商业企业向供货方收取的与商品销售量、销售额挂钩（如以一定比例、金额、数量计算）的各种返还收入，均应按照平销返利行为的有关规定冲减当期增值税进项税金，不征收营业税。

$$当期应冲减进项税额 = \frac{当期取得的返还资金}{(1 + 所购货物适用增值税税率)} \times 所购货物适用增值税税率$$

商业企业向供货方收取的各种收入，一律不得开具增值税专用发票。

第三节 增值税的税率、征收率与税收优惠

一、增值税的税率

（一）增值税税率的设计依据

增值税的税率是按照货物的整体税负设计的，用应税货物的销售额乘以增值税税率，即是该货物在这一环节所负担的全部增值税税额，包括本环节的应纳税额及以前环节的已纳税额。这种设计税率的方法用公式表示为：

增值税税率 =（货物在本环节的应纳税额 + 以前环节的已纳税额）/ 货物在本环节的销售额 × 100%

根据应税货物的销售额和增值税税率，即可计算出该项货物到本环节为止所应承担的全部税额。从全部税额中扣除以前环节已纳的税额就是该货物在本环节新增价值部分所应承担的税额。

这种税率的设计方法以及从全部应纳税额中扣除以前环节已纳税额的计税方式，使增值税成为一种全新的流转税，它既能保证财政收入，又彻底避免了重复征税。

（二）增值税税率的确定原则及类型

确定增值税税率的基本原则，应是不宜采取过多档次的税率或者说尽可能减少税率档

次，这是由增值税实行税款抵扣的计税方法以及其中性税收的特征所决定的，因为：

首先，税率档次过多，会造成在计算增值税时需要划分销售的货物属于哪一档税率的问题，有时会无法确定。多税率会使增值税的计算极为复杂，特别是对经营货物品种繁多的商业企业采用多税率，困难会更多。

其次，多税率会导致销项税额与进项税额的计算变得格外复杂，计算的复杂不仅给纳税人的申报带来困难，也给税务机关的征管及有关部门的审计带来很多困难。此外，多税率还容易出现低征高扣或高征低扣的情况，并在其他方面还存在着一定的负面影响。因此，凡实行增值税的国家都尽量减少税率档次。

最后，多税率会使增值税失去中性税收的特征。增值税属于中性税种，主要体现普遍调节、公平税负和保证财政收入的作用。其调节经济的作用非常有限，为弥补这一不足，许多实行增值税的国家在开征增值税的同时往往都辅之以其他间接税，通过一个合理的流转税体系使税收的财政职能和经济职能都能得到较好的发挥。增值税与其他间接税的配合主要是采取交叉征收或者平行征收的税制模式，但在同一个国家这种配合关系并不一定是单一的，两种模式可同时存在。与其他间接税相配合的税制模式，决定了增值税可以不承担调节经济的任务，因而其税率档次可以少一些，甚至可采取单一税率。

介于上述原因，实行增值税的国家一般都采用两档至三档税率，甚至只有一档税率。增值税税率一般有以下几种类型：

1. 基本税率。这是各个国家根据本国生产力发展水平、财政政策的需要、消费者的承受能力并考虑到历史上流转税税负水平后确定的，适用于绝大多数货物和应税劳务的税率。

2. 低税率。低税率即是对基本生活用品和劳务确定的适用税率。由于增值税税负最终构成消费者的支出，所以，设置低税率的根本目的是鼓励某些货物或劳务的消费，或者说是为了照顾消费者的利益，保证消费者对基本生活用品的消费。但采用低税率的货物和劳务不宜过多，否则会影响增值税发挥其应有的作用。

3. 高税率。高税率即对奢侈品、非生活必需品或劳务确定的适用税率。采用高税率是为了发挥增值税的宏观调控作用，限制某些货物和劳务的消费，增加财政收入。和低税率一样，各国对高税率货物和劳务的选择也具有一致性，并在税制中单独列举，采用高税率的货物和劳务也不宜过多。

4. 零税率。一般来说，各国增值税都规定有零税率，其实施范围主要是出口货物。

如果不包括对出口货物实行的零税率在内，一般来说，实行增值税的国家凡采用二档税率的，大多是一个基本税率、一个是低税率；凡采用三档税率的，大多是一个基本税率，一个低税率和一个高税率，或者是一个基本税率，两个低税率；有少数国家采用三档以上的税率。

（三）我国现行增值税税率

我国现行增值税的税率分为三档：一是一般货物和应税劳务适用的基本税率为17%；二是属于特定货物适用的低税率为13%；三是出口货物适用零税率。

1. 基本税率

增值税的基本税率为17%，适用于一般货物的销售和进口，以及应税劳务的提供。

自2009年1月1日起，将部分金属矿、非金属矿采选产品的增值税税率由原来的13%

低税率恢复到17%，如铜矿砂及其精矿（非黄金价值部分）、镍矿砂及其精矿（非黄金价值部分）、纯氯化钠、未焙烧的黄铁矿、石英、云母粉、天然硫酸钡（重晶石）等。

2. 低税率

现行增值税只有13%一个低税率，下列货物，不管是销售还是进口，都按13%的税率计征增值税：

（1）基本生活用品，主要包括粮食、食用植物油和鲜奶，基本生活能源产品。

（2）精神产品，主要包括图书、报纸和杂志、音像制品和电子出版物。

（3）农业生产资料，包括饲料、化肥、农药、农机（不包括农机零部件）、农膜。

（4）国务院及其有关部门规定的其他货物。

3. 零税率

零税率是指，对出口货物除了在出口环节不征增值税外还要对该产品在出口前已经缴纳的增值税进行退税，使该出口产品在出口时完全不含增值税税款，从而以无税产品进入国际市场。当然，我国目前并非对全部出口产品都完全实行零税率。《增值税暂行条例》规定，除国务院另有规定的以外，纳税人出口货物适用零税率。

4. 其他规定

纳税人兼营不同税率的货物或者应税劳务的，应当分别核算不同税率货物或者应税劳务的销售额。未分别核算销售额的，从高适用税率。

（四）适用13%低税率货物的具体范围

1. 农业产品

农业产品是指种植业、养殖业、林业、牧业、水产业生产的各种植物、动物的初级产品。

（1）植物类。植物类包括人工种植和天然生长的各种植物的初级产品。具体征税范围为：

①粮食，包括小麦、稻谷、玉米、高粱、谷子和其他杂粮，以及面粉、米、玉米面、玉米渣等。切面、饺子皮、馄饨皮、面皮、米粉等粮食复制品，也属于本货物的征税范围。

以粮食为原料加工的速冻食品、方便面、副食品和各种熟食品及淀粉，不属于本货物的征税范围。

②蔬菜，包括各种蔬菜、菌类植物和少数可作副食的木科植物。

经晾晒、冷藏、冷冻、包装、脱水等工序加工的蔬菜、腌菜、咸菜、酱菜和盐渍蔬菜等，也属于本货物的征税范围。

各种蔬菜罐头不属于本货物的征税范围。

③烟叶，包括晒烟叶、晾烟叶和初烤烟叶。

④茶叶，包括各种毛茶（如红毛茶、绿毛茶、乌龙毛茶、白毛茶、黑毛茶等）。

精制茶、边销茶及掺兑各种药物的茶和茶饮料，不属于本货物的征税范围。

⑤园艺植物，是指可供食用的果实，如水果、果干（如荔枝干、桂圆干、葡萄干等）、干果、果仁、果用瓜（如甜瓜、西瓜、哈密瓜等），以及胡椒、花椒、大料、咖啡豆等。经冷冻、冷藏、包装等工序加工的园艺植物，也属于本货物的征税范围。

各种水果罐头、果脯、蜜饯、炒制的果仁、坚果、碾磨后的园艺植物（如胡椒粉、花椒粉等），不属于本货物的征税范围。

⑥药用植物，是指用作中药原药的各种植物的根、茎、皮、叶、花、果实等。

利用上述药用植物加工制成的片、丝、块、段等中药饮片，也属于本货物的征税范围。中成药不属于本货物的征税范围。

⑦油料植物，是指主要用作榨取油脂的各种植物的根、茎、叶、果实、花或者胚芽组织等初级产品，如菜籽（包括芥菜籽）、花生、大豆、葵花籽、蓖麻籽、芝麻籽、胡麻籽、茶籽、桐籽、橄榄仁、棕榈仁、棉籽等。

提取芳香油的芳香油料植物，也属于本货物的征税范围。

⑧纤维植物，是指利用其纤维作纺织、造纸原料或者绳索的植物，如棉（包括籽棉、皮棉、絮棉）、大麻、黄麻、槿麻、苎麻、菌麻、亚麻、罗布麻、蕉麻、剑麻等。

棉短绒和麻纤维经脱胶后的精干（洗）麻，也属于本货物的征税范围。

⑨糖料植物，是指主要用作制糖的各种植物，如甘蔗、甜菜等。

⑩林业产品，是指乔木、灌木和竹类植物，以及天然树脂、天然橡胶。林业产品的征税范围包括：原木、原竹、天然树脂和其他林业产品。盐水竹笋也属于本货物的征税范围。

⑪其他植物，是指除上述列举植物以外的其他各种人工种植和野生的植物，如树苗、花卉、植物种子、植物叶子、草、麦秸、豆类、薯类、藻类植物等。

干花、干草、薯干、干制的藻类植物、农业产品的下脚料等，也属于本货物的征税范围。

（2）动物类。动物类包括人工养殖和天然生长的各种动物的初级产品。具体征税范围为：

①水产品，是指人工放养和人工捕捞的鱼、虾、蟹、鳖、贝类、棘皮类、软体类、腔肠类、海兽类动物。本货物的征税范围包括：鱼、虾、蟹、鳖、贝类、棘皮类、软体类、腔肠类、海兽类、鱼苗（卵）、虾苗、蟹苗、贝苗（秧），以及经冷冻、冷藏、盐渍等防腐处理和包装的水产品。

干制的鱼、虾、蟹、贝类、棘皮类、软体类、腔肠类，如干鱼、干虾、干虾仁、干贝等，以及未加工成工艺品的贝壳、珍珠，也属于本货物的征税范围。

熟制的水产品和各类水产品的罐头，不属于本货物的征税范围。

②畜牧产品，是指人工饲养、繁殖取得和捕获的各种畜禽。本货物的征税范围包括：兽类、禽类和爬行类动物，如牛、马、猪、羊、鸡、鸭等，以及兽类、禽类和爬行类动物的肉产品。

各种兽类、禽类和爬行类动物的肉类生制品，如腊肉、腌肉、熏肉等，也属于本货物的征税范围。

各种肉类罐头、肉类熟制品，不属于本货物的征税范围。

蛋类产品，是指各种禽类动物和爬行类动物的卵，包括鲜蛋、冷藏蛋，属于本货物的征税范围。

经加工的咸蛋、松花蛋、腌制的蛋等，也属于本货物的征税范围。

各种蛋类的罐头，不属于本货物的征税范围。

鲜奶，是指各种哺乳类动物的乳汁和经净化、杀菌等加工工序生产的乳汁。按照《食品营养强化剂使用卫生标准》（GB 14880 - 1994）添加微量元素生产的鲜奶，可依照"鲜奶"按13%的增值税税率征收增值税。

用鲜奶加工的各种奶制品，如酸奶、奶酪、奶油等，不属于本货物的征税范围。

③动物皮张，是指从各种动物（兽类、禽类和爬行类动物）身上直接剥取的，未经鞣制的生皮、生皮张。

将生皮、生皮张用清水、盐水或者防腐药水浸泡、刮里、脱毛、晒干或者熏干，未经鞣制的，也属于本货物的征税范围。

④动物毛绒，是指未经洗净的各种动物的毛发、绒毛和羽毛。洗净毛、洗净绒等不属于本货物的征税范围。

⑤其他动物组织，是指上述列举以外的兽类、禽类、爬行类动物的其他组织，以及昆虫类动物。

蚕茧，包括鲜茧和干茧，以及蚕蛹。

天然蜂蜜，是指采集的未经加工的天然蜂蜜、鲜蜂王浆等。

动物树脂，如虫胶等。

其他动物组织，如动物骨、壳、兽角、动物血液、动物分泌物、蚕种等。

2. 食用植物油

植物油是从植物根、茎、叶、果实、花或胚芽组织中加工提取的油脂。食用植物油仅指：芝麻油、花生油、豆油、菜籽油、米糠油、葵花子油、棉籽油、玉米胚油、茶油、胡麻油以及以上述油为原料生产的混合油。棕榈油、核桃油，也属本货物范围。

自2011年7月起，花椒按照食用植物油13%的税率征收增值税。

3. 自来水

自来水是指自来水公司及工矿企业经抽取、过滤、沉淀、消毒等工序加工后，通过供水系统向用户供应的水。

农业灌溉用水、引水工程输送的水等，不属于本货物的范围。

4. 暖气、热水

暖气、热水是指利用各种燃料（如煤、石油、其他各种气体或固体、液体燃料）和电能将水加热，使之形成的气体和热水，以及开发自然热能，如开发地热资源或用太阳能生产的暖气、热气、热水。

利用工业余热生产、回收的暖气、热气和热水也属于本货物的范围。

5. 冷气

冷气是指为了调节室内温度，利用制冷设备生产的，并通过供风系统向用户提供的低温气体。

6. 煤气

煤气是指由煤、焦炭、半焦和重油等经干馏或汽化等生产过程所得气体产物的总称。煤气的范围包括：

（1）焦炉煤气，是指煤在炼焦炉中进行干馏所产生的煤气。

（2）发生炉煤气，是指用空气（或氧气）和少量的蒸汽将煤或焦炭、半焦，在煤气发生炉中进行汽化所产生的煤气、混合煤气、水煤气、单水煤气、双水煤气等。

（3）液化煤气，是指压缩成液体的煤气。

7. 石油液化气

石油液化气是指由石油加工过程中所产生低分子量的烃类炼厂气经压缩而成的液体，其主要成分是丙烷、丁烷、丁烯等。

8. 天然气

天然气是蕴藏在地层内的碳氢化合物可燃气体，主要含有甲烷、丁烷等低分子烷烃和丙烷、丁烷、戊烷及其他重质气态烃类。

天然气包括气田天然气、油田天然气、煤矿天然气和其他天然气。

9. 沼气

沼气，主要成分为甲烷，由植物残体在与空气隔绝的条件下经自然分解而成，沼气主要作燃料。

本货物的范围包括：天然沼气和人工生产的沼气。

10. 居民用煤炭制品

居民用煤炭制品是指煤球、煤饼、蜂窝煤和引火炭。

11. 图书、报纸、杂志

图书、报纸、杂志是采用印刷工艺，按照文字、图画和线条原稿印刷成的纸制品。本货物的范围是：

（1）图书，是指由国家新闻出版署批准的单位出版、采用国际标准书号编序的书籍以及图片。

（2）报纸，是指经国家新闻出版署批准，在各省、自治区、直辖市新闻出版管理部门登记，具有国内统一刊号（CN）的报纸。

（3）杂志，是指经国家新闻出版署批准，在各省、自治区、直辖市新闻出版管理部门登记，具有国内统一刊号（CN）的刊物。

12. 饲料

饲料是指用于动物饲养的产品或其加工品。本货物的范围包括单一大宗饲料、混合饲料、配合饲料、复合预混料、浓缩饲料。直接用于动物饲养的粮食、饲料添加剂不属于本货物的征收范围。

13. 化肥

化肥是指化学和机械加工制成的各种化学肥料。化肥的范围包括：

（1）化学氮肥，主要品种有尿素和硫酸铵、碳酸氢铵、氯化铵、石灰氮、氨水等。

（2）磷肥，主要品种有磷矿粉、过磷酸钙（包括普通过磷酸钙和重过磷酸钙两种）、钙镁磷肥、钢渣磷肥等。

（3）钾肥，主要品种有硫酸钾、氯化钾等。

（4）复合肥料，是用化学方法合成或混合配制成含有氮、磷、钾中的两种或两种以上的营养元素的肥料。含有两种的称二元复合肥料，含有三种的称三元复合肥料，也有含三种元素和某些其他元素的叫多元复合肥料。主要产品有硝酸磷肥、磷酸铵、磷酸二氢钾肥、钙镁磷钾肥、磷酸一铵、磷粉二铵、氮磷钾复合肥等。

（5）微量元素肥，是指含有一种或多种植物生长所必需的，但需要量又极少的营养元素的肥料，如硼肥、锰肥、锌肥、铜肥、钼肥等。

（6）其他肥，是指上述列举以外的其他化学肥料。

14. 农药

农药是指用于农林业防治病虫害、除草及调节植物生产的药剂。农药包括农药原药和农药制剂。如杀虫剂、杀菌剂、除草剂、植物生长调节剂、微生物农药、卫生用药、其他农药原药、制剂等。

用于人类日常生活的各种类型包装的日用卫生用药（如卫生杀虫剂、驱虫剂、驱蚊剂、蚊香、清毒剂等），不属农药范围。

15. 农膜

农膜是指用于农业生产的各种地膜、大棚膜。

16. 农机

农机是指用于农业生产（包括林业、牧业、副业、渔业）的各种机器、机械化和半机械化农具以及小农具。农机的范围为：

（1）拖拉机，是以内燃机为驱动牵引机具，从事作业和运载物资的机械，包括轮拖拉机、履带拖拉机、手扶拖拉机、机耕船。

（2）土壤耕整机械，是对土壤进行耕翻整理的机械，包括机引犁、机引耙、旋耕机、镇压器、联合整地器、合壤器、其他土壤耕整机械。

（3）农田基本建设机械，是指从事农田基本建设的专用机械，包括开沟筑埂机、开沟铺管机、铲抛机、平地机、其他农田基本建设机械。

（4）种植机械，是指将农作物种子或秧苗移植到适于作物生产的苗床机械，包括播作机、水稻插秧机、栽植机、地膜覆盖机、复式播种机、秧苗准备机械。

（5）植物保护和管理机械，是指农作物在生产过程中的管理、施肥、防治病虫害的机械，包括机动喷粉机、喷雾机（器）、弥雾喷粉机、修剪机、中耕除草机、播种中耕机、培土机具、施肥机。

（6）收获机械，是指收获各种农作物的机械，包括粮谷、棉花、薯类、甜菜、甘蔗、茶叶、油料等收获机。

（7）场上作业机械，是指对粮食作物进行脱粒、清选、烘干的机械设备，包括各种脱粒机、清选机、粮谷干燥机、种子精选机。

（8）排灌机械，是指用于农牧业排水、灌溉的各种机械设备，包括喷灌机、半机械化提水机具、打井机。

（9）农副产品加工机械，是指对农副产品进行初加工，加工后的产品仍属农副产品的机械，包括茶叶机械、剥壳机械、棉花加工机械（包括棉花打包机）、食用菌机械（培养木耳、蘑菇等）、小型粮谷机械。

以农副产品为原料加工工业产品的机械，不属于本货物的征收范围。

（10）农业运输机械，是指农业生产过程中所需的各种运输机械，包括人力车（不包括三轮运货车）、畜力车和拖拉机挂车。

农用汽车不属于本货物的范围。

（11）畜牧业机械，是指畜牧业生产中所用的各种机械，包括草原建设机械、牧业收获机械、饲料加工机械、畜禽饲养机械、畜产品采集机械。

（12）渔业机械，是指捕捞、养殖水产品所用的机械，包括捕捞机械、增氧机、饵料机。

机动渔船不属于本货物的征收范围。

（13）林业机械，是指用于林业的种植、育林的机械，包括清理机械、育林机械、林苗栽植机械。

森林砍伐机械、集材机械不属于本货物征收范围。

（14）小农具，包括畜力犁、畜力耙、锄头和镰刀等农具。

农机零部件不属于本货物的征收范围。

17. 食用盐

食用盐是指符合《食用盐》（GB 5461 - 2000）和《食用盐卫生标准》（GB 2721 - 2003）两项国家标准的食用盐。

18. 音像制品

音像制品，是指正式出版的录有内容的录音带、录像带、唱片、激光唱盘和激光视盘。

19. 电子出版物

电子出版物，是指以数字代码方式，使用计算机应用程序，将图文声像等内容信息编辑加工后存储在具有确定的物理形态的磁、光、电等介质上，通过内嵌在计算机、手机、电子阅读设备、电子显示设备、数字音/视频播放设备、电子游戏机、导航仪以及其他具有类似功能的设备上读取使用，具有交互功能，用以表达思想、普及知识和积累文化的大众传播媒体。载体形态和格式主要包括只读光盘（CD 只读光盘 CD—ROM、交互式光盘 CD—I、照片光盘 Photo—CD、高密度只读光盘 DVD—ROM、蓝光只读光盘 HD—DVD ROM 和 BD ROM 等）、一次写入式光盘（一次写入 CD 光盘 CD—R、一次写入高密度光盘 DVD—R、一次写入蓝光光盘 HD—DVD/R，BD—R 等）、可擦写光盘（可擦写 CD 光盘 CD—RW、可擦写高密度光盘 DVD—RW、可擦写蓝光光盘 HDDVD—RW 和 BD—RW、磁光盘 MO 等）、软磁盘（FD）、硬磁盘（HD）、集成电路卡（CF 卡、MD 卡、SM 卡、MMC 卡、RS—MMC 卡、MS 卡、SD 卡、XD 卡、T—Flash 卡、记忆棒等）和各种存储芯片。

20. 二甲醚

二甲醚是指化学分子式为 CH_3OCH_3，常温常压下为具有轻微醚香味，易燃、无毒、无腐蚀性的气体。

二、增值税的征收率

增值税的征收率不是税率，而是为了简化对纳税人销售货物行为计算增值税所采用的征收比例。由于小规模纳税人会计核算不健全，无法准确核算进项税额和销项税额，在增值税征收管理中，采用简便方式，按照其销售额与规定的征收率计算缴纳增值税，不准许抵扣进项税，也不允许使用增值税专用发票。同时，按照现行增值税有关规定，对于一般纳税人的特定销售行为，确定征收率，按照简易办法征收增值税，并视不同情况，采取不同的征收管理办法。

（一）小规模纳税人征收率的规定

1. 小规模纳税人增值税征收率为 3%，征收率的调整，由国务院决定。

2. 小规模纳税人（除其他个人外）销售自己使用过的固定资产，减按 2% 征收率征收增值税。只能够开具普通发票，不得由税务机关代开增值税专用发票。

$$销售额 = \frac{含税销售额}{1+3\%}$$

$$应纳税额 = 销售额 \times 2\%$$

3. 小规模纳税人销售自己使用过的除固定资产以外的物品，应按 3% 的征收率征收增值税。

（二）一般纳税人按照简易办法征收增值税的征收率规定

1. 销售自产的下列货物，可选择按照简易办法依照 6% 征收率计算缴纳增值税：

（1）县级及县级以下小型水力发电单位生产的电力。小型水力发电单位，是指各类投资主体建设的装机容量为 5 万千瓦以下（含 5 万千瓦）的小型水力发电单位。

（2）建筑用和生产建筑材料所用的砂、土、石料。

（3）以自己采掘的砂、土、石料或其他矿物连续生产的砖瓦、石灰（不含黏土实心砖、瓦）。

（4）用微生物、微生物代谢产物、动物毒素、人或动物的血液或组织制成的生物制品。

（5）自来水。对属于一般纳税人的自来水公司销售自来水按简易办法依照 6% 征收率征收增值税，不得抵扣其购进自来水取得增值税扣税凭证上注明的增值税税款。

（6）商品混凝土（仅限于以水泥为原料生产的水泥混凝土）。

一般纳税人选择简易办法计算缴纳增值税后，36 个月内不得变更。可自行开具增值税专用发票。

2. 销售货物属于下列情形之一的，暂按简易办法依照 4% 征收率计算缴纳增值税：

（1）寄售商店代销寄售物品（包括居民个人寄售的物品在内）；

（2）典当业销售死当物品；

（3）经国务院或国务院授权机关批准的免税商店零售的免税品。

上述销售货物行为，可自行开具增值税专用发票。

3. 销售自己使用过的物品。

（1）销售自己使用过的按规定不得抵扣进项税额的固定资产，按简易办法依 4% 征收率减半征收增值税。

（2）销售自己使用过的其他固定资产，按相关规定执行。

（3）销售自己使用过的除固定资产以外的物品，应当按照适用税率征收增值税。

按简易办法依 4% 征收率减半征收增值税的，应开具普通发票，不得开具增值税专用发票。

（三）纳税人销售旧货适用征收率的规定

纳税人销售旧货，按照简易办法依照 4% 征收率减半征收增值税。这里所称旧货，是指进入二次流通的具有部分使用价值的货物（含旧汽车、旧摩托车和旧游艇），但不包括自己使用过的物品。

纳税人销售旧货，应开具普通发票，不得自行开具或者由税务机关代开增值税专用发票。

（四）关于药品经营企业销售生物制品有关增值税问题

自 2012 年 7 月 1 日起，属于增值税一般纳税人的药品经营企业销售生物制品，可选择简易办法按照生物制品销售额和3%的征收率计算缴纳增值税。选择简易办法计算缴纳增值税后，36个月内不得变更计税方法。

三、增值税的税收优惠

《增值税暂行条例》对实行减免税的货物实行严格控制，税收优惠由国务院确定，任何地区、部门均不得规定增值税的减免项目。纳税人兼营免税项目的，应当单独核算免税项目的销售额；未单独核算销售额的，不得免税。

（一）法定减免项目

1. 农业生产者销售自产农业产品

农业生产者销售的自产农业产品，是指直接从事植物的种植、收割和动物的饲养、捕捞的单位和个人销售的注释所列的自产农业产品；对上述单位和个人销售的外购的农业产品，以及单位和个人外购农业产品生产、加工后销售的仍然属于农业产品，不属于免税的范围，应当按照规定税率征收增值税。

农民个人按照竹器企业提供样品规格，自产或购买竹、芒、藤、木条等，再通过手工简单编织成竹制或竹芒藤柳混合坯具的，属于自产农业初级产品，应当免征销售环节增值税。

农业生产者用自产的茶青再经筛分、风选、拣剔、碎块、干燥、匀堆等工序精制而成的精制茶，不得按照农业生产者销售的自产农业产品免税的规定执行，应当按照规定的税率征税。

自2010年12月1日起，制种企业在下列生产经营模式下生产销售种子，属于农业生产销售自产农业产品，应根据《增值税暂行条例》有关规定免征增值税：

（1）制种企业利用自有土地或随租土地，雇用农户或雇工进行种子繁育，再经烘干、脱粒、风筛等深加工后销售种子；

（2）制种企业提供亲本种子委托农户繁育并从农户手中收回，再经烘干、脱粒、风筛等深加工后销售种子。

自2013年4月1日起，纳税人采取"公司＋农户"经营模式从事畜禽饲养，纳税人回收再销售畜禽的属于农业生产者销售自产农产品，免征增值税。

"公司＋农户"经营模式销售畜禽是指纳税人与农户签订委托养殖合同，向农户提供畜禽苗、饲料、兽药及疫苗等（所有权属于公司），农户饲养畜禽苗至成品后交付纳税人回收，纳税人将回收的成品畜禽用于销售。

单位和个人销售的注释所列的自产农业产品的范围见本章第三节。

2. 其他法定减免项

（1）避孕药品和用具。

（2）古旧图书。

（3）直接用于科学研究、科学试验和教学的进口仪器、设备。

（4）外国政府、国际组织无偿援助的进口物资和设备。

（5）由残疾人的组织直接进口供残疾人专用的物品。

（6）销售自己使用过的物品。

（二）农业生产资料

1. 饲料

（1）单一大宗饲料，指以一种动物、植物、微生物或矿物质为来源的产品或其副产品。其范围仅限于糠麸、酒糟、鱼粉、草饲料、饲料级磷酸氢钙及除豆粕以外的菜子粕、棉子粕、向日葵粕、花生粕等粕类产品。饲用鱼油、饲料级磷酸二氢钙也按照"单一大宗饲料"对待。其中，饲用鱼油自 2003 年 1 月 1 日起免征增值税，饲料级磷酸二氢钙自 2007 年 1 月 1 日起免征增值税。

（2）混合饲料，指由两种以上单一大宗饲料、粮食、粮食副产品及饲料添加剂按照一定的比例配置，其中单一大宗饲料、粮食及粮食副产品的掺兑比例不低于 95% 的饲料。

（3）配合饲料，指根据不同的饲养对象、饲养对象的不同生长发育阶段的营养需要，将多种饲料原料按饲料配方经工业生产后，形成的能满足饲养动物全部营养需要（除水分外）的饲料。

（4）复合预混料，指能够按照国家有关饲料产品的标准要求量，全面提供动物饲养相应阶段所需微量元素（4 种或以上）、维生素（8 种或以上），由微量元素、维生素、氨基酸和非营养性添加剂中任何两类或两类以上的成分与载体或稀释剂按一定比例配置的均匀混合物。

（5）浓缩饲料，指由蛋白质、复合预混料及矿物质等按一定比例配制的均匀混合物。

矿物质微量元素舔砖，是以四种以上微量元素、非营养性添加剂和载体为原料，经高压浓缩制成的块状预混物，可供牛、羊等牲畜直接食用。

宠物饲料不属于免征增值税的饲料。

2. 其他农业生产资料

（1）农膜。

（2）生产销售的氮肥、磷肥以及以免税化肥为主要原料的复混肥（企业生产复混肥产品所用的免税化肥成本占原料中全部化肥成本的比重高于 70%）。这里的复混肥是指用化学方法或物理方法加工制成的氮、磷、钾三种养分中至少有两种养分标明的肥料，包括仅用化学方法制成的复合肥和仅用物理方法制成的混配肥（也称掺合肥）。

①自 2004 年 12 月 1 日起，对化肥生产企业生产销售的钾肥由免征增值税改为实行先征后返。

②自 2005 年 7 月 1 日起，对国内企业生产销售的尿素产品增值税由先征后还 50% 调整为暂免征收增值税。

③自 2008 年 1 月 1 日起，对纳税人生产销售的磷酸二铵产品免征增值税。

（3）批发和零售的种子、种苗、化肥、农药、农机。

（4）有机肥。自 2008 年 6 月 1 日起，纳税人生产销售和批发、零售有机肥产品免征增值税。享受上述免税政策的有机肥产品是指有机肥料、有机一元机复混肥料和生物有机肥。

（5）自 2007 年 7 月 1 日起，纳税人生产销售和批发、零售滴灌带和滴灌管产品免征增值税。

（6）自 2013 年 1 月 1 日起，纳税人生产销售硝基复合肥免征增值税。

免税化肥成本占硝基复合肥原料中全部化肥成本的比重高于 70% 的硝基复合肥，属于免税复合肥。

（三）粮食和食用植物油

1. 对承担粮食收储任务的国有粮食购销企业销售的粮食免征增值税。

（1）军队用粮，指凭军用粮票和军粮供应证按军供价供应中国人民解放军和中国人民武装警察部队的粮食。

（2）救灾救济粮，指经县（含）以上人民政府批准，凭救灾救济粮票（证）按规定的销售价格向需要救助的灾民供应的粮食。

（3）水库移民口粮，指经县（含）以上人民政府批准，凭水库移民口粮票（证）按规定的销售价格供应给水库移民的粮食。

对其他粮食企业经营粮食，除上述项目免征增值税外，一律征收增值税。

对销售食用植物油业务，除政府储备食用植物油的销售继续免征增值税外，一律照章征收增值税。

2. 享受免税优惠的国有粮食购销企业可继续使用增值税专用发票。

自1999年8月1日起，凡国有粮食购销企业销售粮食，一律开具增值税专用发票。

国有粮食购销企业开具增值税专用发票时，应当比照非免税货物开具增值税专用发票，企业记账销售额为"价税合计"数。

属于一般纳税人的生产、经营单位从国有粮食购销企业购进的免税粮食，可依照国有粮食购销企业开具的增值税专用发票注明的税额抵扣进项税额。

3. 凡享受免征增值税的国有粮食购销企业，均按增值税一般纳税人认定，并进行纳税申报、日常检查及有关增值税专用发票的各项管理。

经税务机关认定为增值税一般纳税人的国有粮食购销企业，自2000年1月1日起，其粮食销售业务必须使用防伪税控系统开具的增值税专用发票。

4. 对粮食部门经营的退耕还林还草补助粮，凡符合国家规定标准的，比照"救灾救济粮"免征增值税。

5. 自2002年6月1日起，对中国储备粮食总公司及各分公司所属的政府储备食用植物油承储企业，按照国家指令计划销售的政府储备食用植物油，可比照国家税务总局《关于国有粮食购销企业开具粮食销售发票有关问题的通知》（国税明电〔1999〕10号）及国家税务总局《关于加强国有粮食购销企业增值税管理有关问题的通知》（国税函〔1999〕560号）的有关规定执行，允许其开具增值税专用发票并纳入增值税防伪税控系统管理。

（四）公安司法部门

1. 公安部门。公安部所属研究所、公安侦察保卫器材厂研制生产的列明代号的侦察保卫器材产品（每年新增部分报国家税务总局审核批准后下发），凡销售给公安、司法以及国家安全系统使用的，免征增值税。

2. 司法部门。劳改工厂生产的民警服装销售给公安、司法以及国家安全系统使用的，免征增值税。

（五）军队军工系统

1. 军队系统（包括人民武装警察部队）。

军队系统的下列企事业单位，可以按规定享受税收优惠照顾：

（1）军需工厂，指纳入总后勤部统一管理，由总后勤部授予代号经国家税务总局审查核实的企业化工厂。

（2）军马场、军办农场（林厂、茶厂）、军办厂矿、军队院校、医院、科研文化单位、物资供销、仓库、修理等事业单位。

军队系统各单位生产、销售、供应的应税货物应当按规定征收增值税。但为部队生产的武器及其零配件、弹药、军训器材、部队装备（指人被装、军械装备、马装具，下同），免征增值税。军需工厂、物资供销单位生产、销售、调拨给公安系统和国家安全系统的民警服装，免征增值税；对外销售的，按规定征收增值税。供军内使用的应与对外销售的分开核算，否则，按对外销售征税。

军需工厂之间为生产军需品而互相协作的产品免征增值税。

军队系统各单位从事加工、修理修配武器及其零配件、弹药、军训器材、部队装备的业务收入，免征增值税。

2. 军工系统（指电子工业部、中国核工业总公司、中国航天工业总公司、中国航空工业总公司、中国兵器工业总公司、中国船舶工业总公司）。

军工系统所属军事工厂（包括科研单位）生产销售的应税货物应当按规定征收增值税。但对列入军工主管部门军品生产计划并按照军品作价原则销售给军队、人民武装警察部队和军事工厂的军品，免征增值税。

军事工厂生产销售给公安系统、司法系统和国家安全系统的武器装备免征增值税。

军事工厂之间为了生产军品而相互提供货物以及为了制造军品相互提供的专用非标准设备、工具、模具、量具等免征增值税；对军工系统以外销售的，按规定征收增值税。

3. 除军工、军队系统企业以外的一般工业企业生产的军品，只对枪、炮、雷、弹、军用舰艇、飞机、坦克、雷达、电台、舰艇用柴油机、各种炮用瞄准具和瞄准镜，一律在总装企业就总装成品免征增值税。

军队、军工系统各单位经总后勤部和国防科工委批准进口的专用设备、仪器仪表及其零配件，免征进口环节增值税；军队、军工系统各单位进口其他货物，应按规定征收进口环节增值税。

军队、军工系统各单位将进口的免税货物转售给军队、军工系统以外的，应按规定征收增值税。

军品以及军队系统各单位出口军需工厂生产或军需部门调拨的货物，在生产环节免征增值税，出口不再退税。

4. 军队系统所属企业生产并按军品作价原则在军队系统内部调拨或销售的钢材、木材、水泥、煤炭、营具、药品、锅炉、缝纫机械免征增值税。对外销售的一律照章征收增值税。

5. 自2008年7月1日起，对于原享受军品免征增值税政策的军工集团全资所属企业，按有关规定，改制为国有独资（或国有全资）、国有绝对控股、国有相对控股的有限责任公司或股份有限公司，所生产销售的军品按有关规定免征增值税。

（六）电力

1. 1998年1月1日起，对农村电管站在收取电价时一并向用户收取的农村电网维护费

（包括低压线路损耗和维护费以及电工经费）给予免征增值税的照顾。

电管站改制后由县供电有限责任公司收取的农村电网维护费应免征增值税。

对供电企业收取的免征增值税的农村电网维护费，不分摊转出外购电力产品所支付的进项税额。

2. 装机容量超过 100 万千瓦的水力发电站（含抽水蓄能电站）销售自产电力产品，自 2013 年 1 月 1 日至 2015 年 12 月 31 日，对其增值税实际税负超过 8% 的部分实行即征即退政策；自 2016 年 1 月 1 日至 2017 年 12 月 31 日，对其增值税实际税负超过 12% 的部分实行即征即退政策。

上述所称的装机容量，是指单站发电机组额定装机容量的总和。该额定装机容量包括项目核准（审批）机关依权限核准（审批）的水力发电站总装机容量（含分期建设和扩机），以及后续因技术改造升级等原因经批准增加的装机容量。

（七）医疗卫生

1. 对非营利性医疗机构按照国家规定的价格取得的医疗服务收入，免征各项税收。不按照国家规定价格取得的医疗服务收入不得享受这项政策。

医疗服务是指医疗服务机构对患者进行检查、诊断、治疗、康复和提供预防保健、接生、计划生育方面的服务，以及与这些服务有关的提供药品、医用材料器具、救护车、病房住宿和伙食的业务。

对非营利性医疗机构自产自用的制剂，免征增值税。

非营利性医疗机构的药房分离为独立的药品零售企业，应按规定征收各项税收。

2. 对营利性医疗机构取得的收入，按规定征收各项税收。但为了支持营利性医疗机构的发展，对营利性医疗机构取得的收入，直接用于改善医疗卫生条件的，自其取得执业登记之日起，3 年内对其自产自用的制剂免征增值税。

对营利性医疗机构的药房分离为独立的药品零售企业，应按规定征收各项税收。

3. 关于疾病控制机构和妇幼保健机构等卫生机构按照国家规定的价格取得的卫生服务收入（含疫苗接种和调拨、销售收入），免征各项税收。不按照国家规定的价格取得的卫生服务收入不得享受这项政策。

4. 对血站供应给医疗机构的临床用血免征增值税。

血站是指根据《中华人民共和国献血法》的规定，由国务院或省级人民政府卫生行政部门批准的，从事采集、提供临床用血，不以营利为目的的公益性组织。

属于增值税一般纳税人的单采血浆站销售非临床用人体血液，可以按照简易办法依照 6% 征收率计算应纳税额，但不得开具增值税专用发票；也可以按照销项税额抵扣进项税额的办法依增值税适用税率计算应纳税额。

（八）修理修配

1. 飞机修理。对飞机维修劳务增值税实际税负超过 6% 的部分实行即征即退的政策。

2. 铁路货车修理。从 2001 年 1 月 1 日起对铁路系统内部单位为本系统修理货车的业务免征增值税。

"铁路系统内部单位"包括中国南方、北方机车车辆工业集团公司所属企业，其为铁路系统修理铁路货车的业务免征增值税。

（九）金融资产管理公司

对资产公司接受相关国有银行的不良债权，借款方以货物、不动产、无形资产、有价证券和票据等抵充贷款本息的，免征资产公司销售转让该货物、不动产、无形资产、有价证券、票据以及利用该货物、不动产从事融资租赁业务应缴纳的增值税、营业税。

上述享受税收优惠政策的主体为经国务院批准成立的中国信达资产管理公司、中国华融资产管理公司、中国长城资产管理公司和中国东方资产管理公司及其经批准分设于各地的分支机构。除另有规定者外，资产公司所属、附属企业，不享受资产公司的税收优惠政策。

（十）债转股企业

按债转股企业与金融资产管理公司签订的债转股协议，债转股原企业将货物资产作为投资提供给债转股新公司的，免征增值税。优惠政策从国务院批准债转股企业债转股实施方案之日起执行。

（十一）供热企业

对供热企业向居民个人供热而取得的采暖费收入免征增值税。供热企业向居民个人供热而取得的采暖费收入包括供热企业直接向居民收取的、通过其他单位向居民收取的和由单位代居民缴纳的采暖费。享受免征增值税的采暖收入必须与其他应税收入分别核算，否则不得享受免征增值税的优惠政策。通过热力产品经营企业向居民供热的热力产品生产企业，应当根据热力产品经营企业实际从居民取得的采暖费收入占该经营企业采暖费总收入的比例确定免税收入比例。

（十二）软件产品

软件产品，是指信息处理程序及相关文档和数据。软件产品包括计算机软件产品、信息系统和嵌入式软件产品。嵌入式软件产品是指嵌入在计算机硬件、机器设备中并随其一并销售，构成计算机硬件、机器设备组成部分的软件产品。

1. 自 2011 年 1 月 1 日起，软件产品执行下列优惠政策：

（1）增值税一般纳税人销售其自行开发生产的软件产品，按 17% 税率征收增值税后，对其增值税实际税负超过 3% 的部分实行即征即退政策。

（2）增值税一般纳税人将进口软件产品进行本地化改造后对外销售，其销售的软件产品可享受第一款规定的增值税即征即退政策。本地化改造是指对进口软件产品进行重新设计、改进、转换等，单纯对进口软件产品进行汉字化处理不包括在内。

（3）纳税人受托开发软件产品，著作权属于受托方的征收增值税，著作权属于委托方或属于双方共同拥有的不征收增值税；对经过国家版权局注册登记，纳税人在销售时一并转让著作权、所有权的，不征收增值税。

2. 满足下列条件的软件产品，经主管税务机关审核批准，可以享受本通知规定的增值税政策：

（1）取得省级软件产业主管部门认可的软件检测机构出具的检测证明材料；

（2）取得软件产业主管部门颁发的软件产品登记证书或著作权行政管理部门颁发的计算机软件著作权登记证书。

3. 软件产品增值税即征即退税额的计算。

（1）软件产品增值税即征即退税额的计算方法：

即征即退税额 = 当期软件产品增值税应纳税额 − 当期软件产品销售额 × 3%

当期软件产品增值税应纳税额 = 当期软件产品销项税额 − 当期软件产品可抵扣进项税额

当期软件产品销项税额 = 当期软件产品销售额 × 17%

（2）嵌入式软件产品增值税即征即退税额的计算方法：

即征即退税额 = 当期嵌入式软件产品增值税应纳税额 − 当期嵌入式软件产品销售额 × 3%

当期嵌入式软件产品增值税应纳税额 = 当期嵌入式软件产品销项税额 − 当期嵌入式软件产品可抵扣进项税额

当期嵌入式软件产品销项税额 = 当期嵌入式软件产品销售额 × 17%

（3）当期嵌入式软件产品销售额的计算公式：

当期嵌入式软件产品销售额 = 当期嵌入式软件产品与计算机硬件、机器设备销售额合计 − 当期计算机硬件、机器设备销售额

计算机硬件、机器设备销售额按照下列顺序确定：

①按纳税人最近同期同类货物的平均销售价格计算确定；

②按其他纳税人最近同期同类货物的平均销售价格计算确定；

③计算机硬件、机器设备组成计税价格计算确定：

计算机硬件、机器设备组成计税价格 = 计算机硬件、机器设备成本 × （1 + 10%）

4. 按照上述办法计算，即征即退税额大于零时，税务机关应按规定及时办理退税手续。

5. 增值税一般纳税人在销售软件产品的同时销售其他货物或者应税劳务的，对于无法划分的进项税额，应按照实际成本或销售收入比例确定软件产品应分摊的进项税额；对专用于软件产品开发生产设备及工具的进项税额，不得进行分摊。纳税人应将选定的分摊方式报主管税务机关备案，并自备案之日起一年内不得变更。

专用于软件产品开发生产的设备及工具，包括但不限于用于软件设计的计算机设备、读写打印器具设备、工具软件、软件平台和测试设备。

6. 对增值税一般纳税人随同计算机硬件、机器设备一并销售嵌入式软件产品，如果适用本通知规定按照组成计税价格计算确定计算机硬件、机器设备销售额的，应当分别核算嵌入式软件产品与计算机硬件、机器设备部分的成本。凡未分别核算或者核算不清的，不得享受本通知规定的增值税政策。

（十三）煤层气抽采

对煤层气抽采企业的增值税一般纳税人抽采销售煤层气实行增值税先征后退政策，先征后退税款由企业专项用于煤层气技术的研究和扩大再生产。这里的煤层气是指赋存于煤层及其围岩中与煤炭资源伴生的非常规天然气，也称煤矿瓦斯。

（十四）资源综合利用产品

1. 对销售下列自产货物实行免征增值税政策：

（1）再生水。再生水是指对污水处理厂出水、工业排水（矿井水）、生活污水、垃圾

处理厂渗透（滤）液等水源进行回收，经适当处理后达到一定水质标准，并在一定范围内重复利用的水资源。再生水应当符合水利部《再生水水质标准》（5L368－2006）的有关规定。

（2）以废旧轮胎为全部生产原料生产的胶粉。胶粉应当符合 GB/T19208－2008 规定的性能指标。

（3）翻新轮胎。翻新轮胎应当符合 GB 7037－2007、GB 14646－2007 或者 HG/T3979－2007 规定的性能指标，并且翻新轮胎的胎体 100% 来自废旧轮胎。

（4）生产原料中掺兑废渣比例不低于 30% 的特定建材产品。

特定建材产品，是指砖（不含烧结普通砖）、砌块、陶粒、墙板、管材、混凝土、砂浆、道路井盖、道路护栏、防火材料、耐火材料、保温材料、矿（岩）棉。

2. 对污水处理劳务免征增值税。污水处理是指将污水加工处理后符合 GB 18918－2002 有关规定的水质标准的业务。

3. 对销售下列自产货物实行增值税即征即退的政策：

（1）以工业废气为原料生产的高纯度二氧化碳产品。高纯度二氧化碳产品，应当符合 GB 10621－2006 的有关规定。

（2）以垃圾为燃料生产的电力或者热力。垃圾用量占发电燃料的比重不低于 80%，并且生产排放达到 GB 13223－2003 第 1 时段标准或者 GB 18485－2001 的有关规定。这里的垃圾，是指城市生活垃圾、农作物秸秆、树皮废渣、污泥、医疗垃圾。

（3）以煤炭开采过程中伴生的舍弃物油母页岩为原料生产的页岩油。

（4）以废旧沥青混凝土为原料生产的再生沥青混凝土。废旧沥青混凝土用量占生产原料的比重不低于 30%。

（5）采用旋窑法工艺生产并且生产原料中掺兑废渣比例不低于 30% 的水泥（包括水泥熟料）。

对经生料烧制和熟料研磨工艺生产水泥产品的企业，掺兑废渣比例计算公式为：

掺兑废渣比例＝（生料烧制阶段掺兑废渣数量＋熟料研磨阶段掺兑废渣数量）÷（生料数量＋生料烧制和熟料研磨阶段掺兑废渣数量＋其他材料数量）×100%

对外购熟料经研磨工艺生产水泥产品的企业，掺兑废渣比例计算公式为：

掺兑废渣比例＝熟料研磨过程中掺兑废渣数量÷（熟料数量＋熟料研磨过程中掺兑废渣数量＋其他材料数量）×100%

4. 销售下列自产货物实现的增值税实行即征即退 50% 的政策：

（1）以退役军用发射药为原料生产的涂料硝化棉粉。退役军用发射药在生产原料中的比重不低于 90%。

（2）对燃煤发电厂及各类工业企业产生的烟气、高硫天然气进行脱硫生产的副产品。副产品，是指石膏（其二水硫酸钙含量不低于 85%）、硫酸（其浓度不低于 15%）、硫酸镁（其总氮含量不低于 18%）和硫黄。

（3）以废弃酒糟和酿酒底锅水为原料生产的蒸汽、活性炭、白炭黑、乳酸、乳酸钙、沼气。废弃酒糟和酿酒底锅水在生产原料中所占的比重不低于 80%。

（4）以煤矸石、煤泥、石煤、油母页岩为燃料生产的电力和热力。煤矸石、煤泥、石煤、油母页岩用量占发电燃料的比重不低于 60%。

（5）利用风力生产的电力。

（6）下列新型墙体材料产品：

砖类：①非黏土烧结多孔砖（符合 GB 13544 - 2000 技术要求）和非黏土烧结空心砖（符合 GB 13545 - 2003 技术要求）。②混凝土多孔砖（符合 JC 943 - 2004 技术要求）。③蒸压粉煤灰砖（符合 JC 239 - 2001 技术要求）和蒸压灰砂空心砖（符合 JC/T637 - 1996 技术要求）。④烧结多孔砖（仅限西部地区，符合 GB 13544 - 2000 技术要求）和烧结空心砖（仅限西部地区，符合 GB 13545 - 2003 技术要求）。

砌块类：①普通混凝土小型空心砌块（符合 GB 8239 - 1997 技术要求）。②轻集料混凝土小型空心砌块（符合 GB15229 - 2002 技术要求）。③烧结空心砌块（以煤矸石、江河湖淤泥、建筑垃圾、页岩为原料，符合 GB 13545 - 2003 技术要求）。④蒸压加气混凝土砌块（符合 GB/T11968 - 2006 技术要求）。⑤石膏砌块（符合 JC/T698 - 1998 技术要求）。⑥粉煤灰小型空心砌块（符合 JC 862 - 2000 技术要求）。

板材类：①蒸压加气混凝土板（符合 GB 15762 - 1995 技术要求）。②建筑隔墙用轻质条板（符合 JG/T169 - 2005 技术要求）。③钢丝网架聚苯乙烯夹芯板（符合 JC 623 - 1996 技术要求）。④石膏空心条板（符合 JC/T829 - 1998 技术要求）。⑤玻璃纤维增强水泥轻质多孔隔墙条板（简称 GRC 板，符合 GB/T19631 - 2005 技术要求）。⑥金属面夹芯板。其中：金属面聚苯乙烯夹芯板（符合 JC 589 - 1998 技术要求）；金属面硬质聚氨酯夹芯板（符合 JC/T868 - 2000 技术要求）；金属面岩棉、矿渣棉夹芯板（符合 JC/T869 - 2000 技术要求）。⑦建筑平板。其中：纸面石膏板（符合 GB/T9775 - 1999 技术要求）；纤维增强硅酸钙板（符合 JC/T564 - 2000 技术要求）；纤维增强低碱度水泥建筑平板（符合 JC/T626 - 1996 技术要求）；维纶纤维增强水泥平板（符合 JC/T671 - 1997 技术要求）；建筑用石棉水泥平板（符合 JC/T412 技术要求）。⑧符合国家标准、行业标准和地方标准的混凝土砖、烧结保温砖（砌块）、申空钢网内模隔墙、复合保温砖（砌块）、预制复合墙板（体），聚氨酯硬泡复合板及以专用聚氨酯为材料的建筑墙体。

5. 对销售自产的综合利用生物柴油实行增值税先征后退政策。

综合利用生物柴油，是指以废弃的动物油和植物油为原料生产的柴油。废弃的动物油和植物油用量占生产原料的比重不低于70%。

6. 对增值税一般纳税人生产的黏土实心砖、瓦，一律按适用税率征收增值税，不得采取简易办法征收增值税。2008 年 7 月 1 日起，以立窑法工艺生产的水泥（包括水泥熟料），一律不得享受增值税即征即退政策。

7. 申请享受资源综合利用产品增值税优惠政策的纳税人，应当按照《国家发展改革委员、财政部、国家税务总局关于印发〈国家鼓励的资源综合利用认定管理办法〉的通知》的有关规定，申请并取得资源综合利用认定证书，否则不得申请享受增值税优惠政策。

8. 增值税免税和即征即退政策由税务机关，增值先征后退政策由财政部驻各地财政监察专员办事处及相关财政机关分别按照现行有关规定办理。

（十五）再生资源的回收利用

1. 取消"废旧物资回收经营单位销售其收购的废旧物资免征增值税"和"生产企业增值税一般纳税人购入废旧物资回收经营单位销售的废旧物资，可按废旧物资回收经营单位开具的由税务机关监制的普通发票上注明的金额，按10%计算抵扣进项税额"的政策。

2. 单位和个人销售再生资源，应当依照相关规定缴纳增值税。但个人（不含个体商户）销售自己使用过的废旧物品免征增值税。增值税一般纳税人购进再生资源，应当凭取得的《增值税暂行条例》及其细则规定的扣税凭证抵扣进项税额，原印有"废旧物资"字样的专用发票停止使用，不再作为增值税扣税凭证抵扣进项税额。

3. 报废船舶拆解和报废机动车拆解企业，适用该通知的各项规定。

以上所称再生资源，是指《再生资源回收管理办法》中所称的再生资源，即在社会生产和生活消费过程中产生的，已经失去原有全部或部分使用价值，经过回收、加工处理，能够使其重新获得使用价值的各种废弃物。上述加工处理，仅指清洗、挑选、整理等简单加工。

（十六）调整完善，并增加部分资源综合利用产品及劳务适用增值税优惠政策

1. 对销售自产的以建（构）筑废物、煤矸石为原料生产的建筑砂石骨料免征增值税。生产原料中建（构）筑废物、煤矸石的比重不低于90%。其中以建（构）筑废物为原料生产的建筑砂石骨料应符合《混凝土用再生粗骨料》（GB/T 25177 - 2010）和《混凝土和砂浆用再生细骨料》（GB/T 25176 - 2010）的技术要求；以煤矸石为原料生产的建筑砂石骨料应符合《建筑用砂》（GB/T 14684 - 2001）和《建筑用卵石碎石》（GB/T 14685 - 2001）的技术要求。

2. 对垃圾处理、污泥处理处置劳务免征增值税。垃圾处理是指运用填埋、焚烧、综合处理和回收利用等形式，对垃圾进行减量化、资源化和无害化处理处置的业务；污泥处理处置是指对污水处理后产生的污泥进行稳定化、减量化和无害化处理处置的业务。

3. 对销售下列自产货物实行增值税即征即退100%的政策：

（1）利用工业生产过程中产生的余热、余压生产的电力或热力。发电（热）原料中100%利用上述资源。

（2）以餐厨垃圾、畜禽粪便、稻壳、花生壳、玉米芯、油茶壳、棉籽壳、三剩物、次小薪材、含油污水、有机废水、污水处理后产生的污泥、油田采油过程中产生的油污泥（浮渣），包括利用上述资源发酵产生的沼气为原料生产的电力、热力、燃料。生产原料中上述资源的比重不低于80%，其中利用油田采油过程中产生的油污泥（浮渣）生产燃料的资源比重不低于60%。

上述涉及的生物质发电项目必须符合国家发展改革委《可再生能源发电有关管理规定》（发改能源〔2006〕13号）要求，并且生产排放达到《火电厂大气污染物排放标准》（GB13223 - 2003）第1时段标准或者《生活垃圾焚烧污染控制标准》（GB18485 - 2001）的有关规定。利用油田采油过程中产生的油污泥（浮渣）的生产企业必须取得《危险废物综合经营许可证》。

（3）以污水处理后产生的污泥为原料生产的干化污泥、燃料。生产原料中上述资源的比重不低于90%。

（4）以废弃的动物油、植物油为原料生产的饲料级混合油。饲料级混合油应达到《饲料级混合油》（NY/T 913 - 2004）规定的技术要求，生产原料中上述资源的比重不低于90%。

（5）以回收的废矿物油为原料生产的润滑油基础油、汽油、柴油等工业油料。生产企

业必须取得危险废物综合经营许可证，生产原料中上述资源的比重不低于90%。

（6）以油田采油过程中产生的油污泥（浮渣）为原料生产的乳化油调和剂及防水卷材辅料产品。生产企业必须取得危险废物综合经营许可证，生产原料中上述资源的比重不低于70%。

（7）以人发为原料生产的档发。生产原料中90%以上为人发。

4. 对销售下列自产货物实行增值税即征即退80%的政策：

以三剩物、次小薪材和农作物秸秆3类农林剩余物为原料生产的木（竹、秸秆）纤维板、木（竹、秸秆）刨花板，细木工板、活性炭、栲胶、水解酒精、炭棒；以沙柳为原料生产的箱板纸。

5. 对销售下列自产货物实行增值税即征即退50%的政策：

（1）以蔗渣为原料生产的蔗渣浆、蔗渣刨花板及各类纸制品。生产原料中蔗渣所占比重不低于70%。

（2）以粉煤灰、煤矸石为原料生产的氧化铝、活性硅酸钙。生产原料中上述资源的比重不低于25%。

（3）利用污泥生产的污泥微生物蛋白。生产原料中上述资源的比重不低于90%。

（4）以煤矸石为原料生产的瓷绝缘子、煅烧高岭土。其中瓷绝缘子生产原料中煤矸石所占比重不低于30%，煅烧高岭土生产原料中煤矸石所占比重不低于90%。

（5）以废旧电池、废感光材料、废彩色显影液、废催化剂、废灯泡（管）、电解废弃物、电镀废弃物、废线路板、树脂废弃物、烟尘灰、湿法泥、熔炼渣、河底淤泥、废旧电机、报废汽车为原料生产的金、银、钯、铑、铜、铅、汞、锡、铋、碲、铟、硒、铂族金属，其中综合利用危险废弃物的企业必须取得危险废物综合经营许可证。生产原料中上述资源的比重不低于90%。

（6）以废塑料、废旧聚氯乙烯（PVC）制品、废橡胶制品及废铝塑复合纸包装材料为原料生产的汽油、柴油、废塑料（橡胶）油、石油焦、碳黑、再生纸浆、铝粉、汽车用改性再生专用料、摩托车用改性再生专用料、家电用改性再生专用料、管材用改性再生专用料、化纤用再生聚酯专用料（杂质含量低于0.5mg/g、水分含量低于1%）、瓶用再生聚对苯二甲酸乙二醇酯（PET）树脂（乙醛质量分数小于等于1μg/g）及再生塑料制品。生产原料中上述资源的比重不低于70%。

上述废塑料综合利用生产企业必须通过ISO9000、ISO14000认证。

（7）以废弃天然纤维、化学纤维及其制品为原料生产的纤维纱及织布、无纺布、毡、粘合剂及再生聚酯产品。生产原料中上述资源的比重不低于90%。

（8）以废旧石墨为原料生产的石墨异形件、石墨块、石墨粉和石墨增碳剂。生产原料中上述资源的比重不低于90%。

6. 这里的"三剩物"，是指采伐剩余物（指枝丫、树梢、树皮、树叶、树根及藤条、灌木等）、造材剩余物（指造材截头）和加工剩余物（指板皮、板条、木竹截头、锯末、碎单板、木芯、刨花、木块、篾黄、边角余料等）。

"次小薪材"，是指次加工材（指材质低于针、阔叶树加工用原木最低等级但具有一定利用价值的次加工原木，其中东北、内蒙古地区按 LY/T1505－1999 标准执行，南方及其他地区按 LY/T1369－1999 标准执行）、小径材（指长度在2米以下或径级8厘米以下的小原木条、松木杆、脚手杆、杂木杆、短原木等）和薪材。

"农作物秸秆"，是指农业生产过程中，收获了粮食作物（指稻谷、小麦、玉米、薯类等）、油料作物（指油菜籽、花生、大豆、葵花籽、芝麻籽、胡麻籽等）、棉花、麻类、糖料、烟叶、药材、蔬菜和水果等以后残留的茎秆。

"蔗渣"，是指以甘蔗为原料的制糖生产过程中产生的含纤维 50% 左右的固体废弃物。

"烟尘灰"，是指金属冶炼厂火法冶炼过程中，为保护环境经除尘器（塔）收集的粉灰状残料物。

"湿法泥"，是指湿法冶炼生产排出的污泥，经集中环保处置后产生的中和渣，且具有一定回收价值的污泥状废弃物。

"熔炼渣"，是指在铅、锡、铜、铋火法还原冶炼过程中，由于比重的差异，金属成分因比重大沉底形成金属锭，而比重较小的硅、铁、钙等化合物浮在金属表层形成的废渣。

7. 《通知》所称综合利用资源占生产原料的比重，除第三条第（一）项外，一律以重量比例计算，不得以体积比例计算。

8. 增值税一般纳税人应单独核算综合利用产品的销售额。一般纳税人同时生产增值税应税产品和享受增值税即征即退产品而存在无法划分的进项税额时，按下列公式对无法划分的进项税额进行划分：

$$\genfrac{}{}{0pt}{}{\text{享受增值税即征即退}}{\text{产品应分摊的进项税额}} = \genfrac{}{}{0pt}{}{\text{当月无法划分的}}{\text{全部进项税额}} \times \genfrac{}{}{0pt}{}{\text{当月享受增值税即征}}{\text{即退产品的销售额合计}} \div \genfrac{}{}{0pt}{}{\text{当月无法划分进项税额}}{\text{产品的销售额合计}}$$

增值税小规模纳税人应单独核算综合利用产品的销售额和应纳税额。

凡未单独核算资源综合利用产品的销售额和应纳税额的，不得享受本通知规定的退（免）税政策。

9. 申请享受本通知规定的资源综合利用产品及劳务增值税优惠政策的纳税人，还应符合下列条件：

（1）纳税人生产、利用资源综合利用产品及劳务的建设项目已按照《环境影响评价法》编制环境影响评价文件，且已获得经法律规定的审批部门批准同意。

（2）自 2010 年 1 月 1 日起，纳税人未因违反《环境保护法》等环境保护法律法规受到刑事处罚或者县级以上环保部门相应的行政处罚。

（3）生产过程中如果排放污水的，其污水已接入污水处理设施，且生产排放达到《城镇污水处理厂污染物排放标准》（GB18918 – 2002）。

（4）申请享受本通知规定的资源综合利用产品，已送交由省级以上质量技术监督部门资质认定的产品质量检验机构进行质量检验，并已取得该机构出具的符合产品质量标准要求及本文件规定的生产工艺要求的检测报告。

（5）申请享受本通知规定的资源综合利用产品及劳务增值税优惠政策的，应当在初次申请时按照要求提交资源综合利用产品及劳务有关数据，报主管税务机关审核备案，并在以后每年 2 月 15 日前按照要求提交上一年度资源综合利用产品及劳务有关数据，报主管税务机关审核备案。具体数据要求和提交办法由财政部和国家税务总局另行通知。

（十七）促进节能服务产业发展的增值税政策

为鼓励企业运用合同能源管理机制，加大节能减排技术改造工作力度，根据税收法律、法规有关规定和《国务院办公厅转发〈发展改革等部门关于加快推进合同能源管理促进节能服务产业发展意见〉的通知》，从2011年1月1日起，对符合条件的节能服务公司实施合同能源管理项目，将项目中的增值税应税针织物转让给用能企业，征收增值税。

符合条件的节能服务公司实施合同能源管理项目中提供的应税服务。

上述"符合条件"是指同时满足下列条件：

1. 节能服务公司实施合同能源管理项目相关技术，应当符合国家质量监督检验检疫总局和国家标准化管理委员会发布的《合同能源管理技术通则》（GB/T24915-2010）规定的技术要求。

2. 节能服务公司与用能企业签订节能效益分享型合同，其合同格式和内容，符合《合同法》和国家质量监督检验检疫总局和国家标准化管理委员会发布的《合同能源管理技术通则》（GB/T24915-2010）等规定。

（十八）残疾人就业

1. 对安置残疾人单位的增值税政策

对安置残疾人的单位实行由税务机关按单位实际安置残疾人的人数，限额即征即退增值税的办法。

（1）实际安置的每位残疾人每年可退还的增值税的具体限额，由县级以上税务机关根据单位所在区县（含县级市、旗，下同）适用的经省级（含自治区、直辖市、计划单列市，下同）人民政府批准的最低工资标准的6倍确定，但最高不得超过每人每年3.5万元。

（2）主管国税机关应按月退还增值税，本月已缴增值税额不足退还的，可在本年度（指纳税年度，下同）内以前月份已缴增值税扣除已退增值税的余额中退还，仍不足退还的可结转本年度内以后月份退还。

（3）上述增值税优惠政策仅适用于生产销售货物或提供加工、修理修配劳务取得的收入占增值税业务和营业税业务收入之和达到50%的单位，但不适用于上述单位生产销售消费税应税货物和直接销售外购货物（包括商品批发和零售）以及销售委托外单位加工的货物取得的收入。

单位应当分别核算上述享受税收优惠政策和不得享受税收优惠政策业务的销售收入或营业收入，不能分别核算的，不得享受增值税优惠政策。

（4）兼营按规定享受增值税和营业税税收优惠政策业务的单位，可自行选择退还增值税或减征营业税，一经选定，一个年度内不得变更。

（5）如果既适用促进残疾人就业税收优惠政策，又适用下岗再就业、军转干部、随军家属等支持就业的税收优惠政策的，单位可选择适用最优惠的政策，但不能累加执行。

所述"单位"是指税务登记为各类所有制企业（包括个人独资企业、合伙企业和个体经营户）、事业单位、社会团体和民办非企业单位。

2. 享受税收优惠政策单位的条件

安置残疾人就业的单位（包括福利企业、盲人按摩机构、工疗机构和其他单位），同时符合以下条件并经过有关部门的认定后，均可申请享受规定的税收优惠政策：

（1）依法与安置的每位残疾人签订了1年以上（含1年）的劳动合同或服务协议，并且安置的每位残疾人在单位实际上岗工作。

（2）月平均实际安置的残疾人占单位在职职工总数的比例应高于25%（含25%），并且实际安置的残疾人人数多于10人（含10人）。

（3）为安置的每位残疾人按月足额缴纳了单位所在区县人民政府根据国家政策规定的基本养老保险、基本医疗保险、失业保险和工伤保险等社会保险。

（4）通过银行等金融机构向安置的每位残疾人实际支付了不低于单位所在区县适用的经省级人民政府批准的最低工资标准的工资。

（5）具备安置残疾人上岗工作的基本设施。

3. 增值税实行即征即退方式

主管税务机关对符合减免税条件的纳税人应当按月退还增值税，当月已缴增值税不足退还的，可在当年已缴增值税中退还，仍不足退还的可结转当年以后月份退还。当年应纳税额小于核定的年度退税限额的，以当年应纳税额为限；当年应纳税额大于核定的年度退税限额的，以核定的年度退税额为限。纳税人当年应纳税额不足退还的，不得结转以后年度退还。纳税人当月应退增值税额按以下公式计算：

当月应退增值税额＝纳税人当月实际安置残疾人员人数

×县级以上税务机关确定的每位残疾人员每年可退还增值税的具体限额÷12

缴纳增值税的纳税人应当在取得主管税务机关审批意见的次月起，随纳税申报一并书面申请退、减增值税。

经认定的符合减免税条件的纳税人实际安置残疾人员占在职职工总数的比例应逐月计算，当月比例未达到25%的，不得退还当月的增值税。

年度终了，应平均计算纳税人全年实际安置残疾人员占在职职工总数的比例，一个纳税年度内累计3个月平均比例未达到25%的，应自次年1月1日起取消增值税退税优惠政策。

（十九）蔬菜鲜活肉蛋产品、流通环节增值税优惠政策

1. 自2012年1月1日起，对从事蔬菜批发、零售的纳税人销售的蔬菜免征增值税。

蔬菜是指可作副食的草本、木本植物，包括各种蔬菜、菌类植物和少数可作副食的木本植物。主要包括根菜类、薯芋类、葱蒜类、白菜类、芥菜类、甘蓝类、叶菜类、瓜类、茄果类、豆类、水生蔬菜、多年生及杂类蔬菜、食用菌、芽苗菜类14类蔬菜。经挑选、清洗、切分、晾晒、包装、脱水、冷藏、冷冻等工序加工的蔬菜，属于本通知所述蔬菜范围。

各种蔬菜罐头不属于本通知所述蔬菜的范围。蔬菜罐头是指蔬菜经处理、装罐、密封、杀菌或无菌包装而制成的食品。

2. 自2012年10月1日起，免征部分鲜活肉蛋产品流通环节增值税。

免征增值税的鲜活肉产品，是指猪、牛、羊、鸡、鸭、鹅及其整块或者分割的鲜肉、冷藏或者冷冻肉，内脏、头、尾、骨、蹄、翅、爪等组织。

免征增值税的鲜活蛋产品，是指鸡蛋、鸭蛋、鹅蛋，包括鲜蛋、冷藏蛋以及对其进行破壳分离的蛋液、蛋黄和蛋壳。

上述产品中不包括《野生动物保护法》所规定的国家珍贵、濒危野生动物及其鲜活肉类、蛋类产品。

从事农产品批发、零售的纳税人既销售《通知》第一条规定的部分鲜活肉蛋产品又销售其他增值税应税货物的，应分别核算上述鲜活肉蛋产品和其他增值税应税货物的销售额；

未分别核算的，不得享受部分鲜活肉蛋产品增值税免税政策。

（二十）增值税的起征点税收优惠

对个人销售额未达到财政部规定起征点的不列入增值税的征税范围。增值税起征点的适用范围限于个人，其具体起征点由省级国家税务局在规定幅度内确定。并报财政部、国家税务总局备案。

自 2011 年 1 月 1 日起将销售货物的起征点幅度调整如下：

销售货物的起征点由月销售额 2 000 ～ 5 000 元提高至 5 000 ～ 20 000 元

销售应税劳务的起征点由 1 500 ～ 3 000 元提高至 5 000 ～ 20 000 元

按次纳税的起征点由每次（日）150 ～ 200 元提高至 300 ～ 500 元

纳税人兼营免税、减税项目的，应当单独核算减税、免税项目的销售额；未单独核算销售额的，不得减税、免税。

免税货物恢复征税后，其免税期间外购的货物一律不得作为当期进项税额抵扣。恢复征税后收到的该项货物免税期间的增值税专用发票应当从当期进项税额中剔除。

为进一步扶持小微企业发展，经国务院批准，自 2013 年 8 月 1 日起，对增值税小规模纳税人中月销售额不超过 2 万元的企业或非企业性单位，暂免征收增值税。

（二十一）增值税纳税人放弃增值税免税权的处理

生产和销售免征增值税货物或劳务的纳税人可以要求放弃免税权。增值税纳税人放弃增值税免税权的：

1. 生产和销售免征增值税货物或劳务的纳税人要求放弃免税权，应当以书面形式提交放弃免税权声明，报主管税务机关备案。纳税人自提交备案资料的次月起，按照现行有关规定计算缴纳增值税。

2. 放弃免税权的纳税人符合一般纳税人认定条件尚未认定为增值税一般纳税人的，应当按现行规定认定为增值税一般纳税人，其销售的货物或劳务可开具增值税专用发票。

3. 纳税人一经放弃免税权，其生产销售的全部增值税应税货物或劳务均应按照适用税率征税，不得选择某一免税项目放弃免税权，也不得根据不同的销售对象选择部分货物或劳务放弃免税权。

4. 纳税人自税务机关受理纳税人放弃免税权声明的次月起 36 个月内不得申请免税。

5. 纳税人在免税期内购进用于免税项目的货物或者应税劳务所取得的增值税扣税凭证，一律不得抵扣。

（二十二）纳税人既享受增值税即征即退、先征后退政策又享受免抵退税政策

1. 纳税人既有增值税即征即退、先征后退项目，也有出口等其他增值税应税项目的，增值税即征即退和先征后退项目不参与出口项目免抵退税计算。纳税人应分别核算增值税出口即征即退、先征后退项目和出口等其他增值税应税项目，分别申请享受增值税即征即退、先征后退和免抵退税政策。

2. 用于增值税即征即退或者先征后退项目的进项税额无法划分的，按照下列公式计算：

$$\substack{\text{无法划分进项税额用于增值税} \\ \text{即征即退或者先征后退项目的部分}} = \substack{\text{当月无法划分的} \\ \text{全部进项税额}} \times \substack{\text{当月增值税即征} \\ \text{即退、先证后退销售额}} \div \substack{\text{当月全部销售额、} \\ \text{营业业额合计}}$$

（二十三）调整增值税即征即退优惠政策管理措施

1. 将增值税即征即退优惠政策的管理措施由先评估后退税改为先退税后评估。

2. 主管税务机关根据以下指标定期开展纳税评估：

（1）销售额变动率。

$$\begin{array}{c}\text{本期销售额}\\\text{环比变动率}\end{array}=\left(\begin{array}{c}\text{本期即征即退货物}\\\text{和劳务销售额}\end{array}-\begin{array}{c}\text{上期即征即退货物}\\\text{和劳务销售额}\end{array}\right)\div\begin{array}{c}\text{上期即征即退货物}\\\text{和劳务销售额}\end{array}\times100\%$$

$$\begin{array}{c}\text{本期累计销售额}\\\text{环比变动率}\end{array}=\left(\begin{array}{c}\text{本期即征即退货物}\\\text{和劳务累计销售额}\end{array}-\begin{array}{c}\text{上期即征即退货物}\\\text{和劳务累计销售额}\end{array}\right)\div\begin{array}{c}\text{上期即征即退货物}\\\text{和劳务累计销售额}\end{array}\times100\%$$

$$\begin{array}{c}\text{本期销售额}\\\text{同比变动率}\end{array}=\left(\begin{array}{c}\text{本期即征即退货物}\\\text{和劳务销售额}\end{array}-\begin{array}{c}\text{去年同期即征即退货物}\\\text{和劳务销售额}\end{array}\right)\div\begin{array}{c}\text{去年同期即征即退}\\\text{货物和劳务销售额}\end{array}\times100\%$$

$$\begin{array}{c}\text{本期累计销售额}\\\text{同比变动率}\end{array}=\left(\begin{array}{c}\text{本期即征即退货物}\\\text{和劳务累计销售额}\end{array}-\begin{array}{c}\text{去年同期即征即退货物}\\\text{和劳务累计销售额}\end{array}\right)\div\begin{array}{c}\text{去年同期即征即退货物}\\\text{和劳务累计销售额}\end{array}\times100\%$$

（2）增值税税负率。

增值税税负率＝本期即征即退货物和劳务应纳税额÷本期即征即退货物和劳务销售额×100%

第四节 增值税应纳税额的计算

我国目前对一般纳税人采用的计税方法是国际上通行的购进扣税法，即先按当期销售额和适用税率计算出销项税额，然后对当期购进项目已经缴纳的税款进行抵扣，从而间接计算出对当期增值额部分的应纳税额。

一、一般纳税人销售业务增值税应纳税额的计算

（一）一般纳税人销售业务增值税应纳税额的计算公式

一般纳税人的增值税应纳税额的计算公式为：

$$\text{应纳税额}=\text{当期销项税额}-\text{当期进项税额}$$

增值税的核心是用纳税人收取的销项税额抵扣纳税支付的允许抵扣的进项税额，增值税一般纳税人当期应纳增值税税额的大小主要取决于当期销项税额和当期进项税额两个因素。

（二）增值税销项税额的含义

增值税销项税额是指纳税人销售货物或者应税劳务，按照其销售额和规定的增值税税率计算并向购买方收取的增值税额。

这里需要注意：销项税额是计算出来的，对销售方来讲，在没有依法抵扣其进项税额前，销项税额不是其应纳增值税，而是销售货物或应税劳务的整体税负；而销售额是不含销项税额的销售额，是从购买方收取的，体现了增值税是价外税的这一性质。

由此可知，销项税额是销售货物或应税劳务的销售额与税率的乘积，其计算公式为：

$$\text{销项税额}=\text{销售额}\times\text{税率}$$

或

$$销项税额 = 组成计税价格 \times 税率$$

（三）增值税应税销售额的确定

销项税额是销售货物或应税劳务的销售额与税率的乘积，在增值税税率一定的情况下计算销项税额的关键在于正确、合理地确定销售额。

1. 应税销售额的一般规定

《增值税暂行条例》规定，销售额为纳税人销售货物或应税劳务向购买方收取的全部价款和价外费用。凡价外费用，无论以什么名目收取，也无论其会计制度如何核算，均应并入销售额计算应纳税额。具体地说，应税销售额包括以下内容：

（1）销售货物或应税劳务取自于购买方的全部价款。

（2）向购买方收取的各种价外费用。具体包括手续费、补贴、基金、集资费、返还利润、奖励费、违约金（延期付款利息）、包装费、包装物租金、储备费、优质费、运输装卸费、代收款项、代垫款项及其他各种性质的价外收费。

应税销售额的价外费用不包括以下几项费用：

①受托加工应征消费税的货物，而由受托方向委托方代收代缴的消费税。这是因为代收代缴消费税只是受托方履行法定义务的一种行为，此项税金虽然构成委托加工货物售价的一部分，但它同受托方的加工业务及其收取的应税加工费没有内在关联。

②同时符合以下两个条件的代垫运费：第一，承运部门的运费发票开具给购货方；第二，纳税人将该项发票转交给购货方的。

在这种情况下，纳税人仅仅是为购货人代办运输业务，而未从中收取额外费用。

③同时符合以下条件代为收取的政府性基金或者行政事业性收费：第一，由国务院财政部批准设立的政府性基金，由国务院或者省级人民政府及其财政、价格主管部门批准设立的行政事业性收费；第二，收取时开具省级以上财政部门印制的财政票据；第三，所收款项全额上缴财政。

④销售货物的同时代办保险等而向购买方收取的保险费，以及向购买方收取的代购买方缴纳的车辆购置税、车辆牌照费。

税法规定，纳税人销售货物和提供应税劳务时向购买方收取的各种价外费用均要并入计税销售额计算征税。同时，根据国家税务总局规定，纳税人向购买方收取的价外费用和包装物押金，应视为含税收入，在并入销售额征税时，应将其换算为不含税收入再并入销售额征税。

（3）消费税税金。由于消费税属于价内税，因此，凡征收消费税的货物在计征增值税额时，其应税销售额应包括消费税税金。

2. 含税销售额和价外费用的换算

现行增值税实行价外税，增值税的销售额是不含税增值税销售额的，因而在确定增值税销售额时，应注意将价外费用合并销售额后进行不含税的换算，如纳税人将价款和税款合并开具普通发票，其所收取的销货款为含增值税的销售额，应按下列公式换算为不含税销售额。此外，纳税人所收取的价外费用一律视为含税金额，也应按规定的增值税税率或征收率换算为不含税的金额，并入销售额征税。换算公式为：

$$不含税收入 = 含税收入 \div (1 + 增值税税率或征收率)$$

当属于一般纳税人时，要区分是不是实行简易征税办法。如果是，那么应按规定的征收率换算；如果不是，再根据货物适用17%或13%来具体确定。例如，某增值税一般纳税人销售管材一批，开出增值税专用发票。销售额为100 000元，税额17 000元，另开一张普通发票收取包装费117元，则该笔业务的计税销售额 = 100 000 + 117/(1 + 17%) = 100 100（元）。

当属于小规模纳税人时，应按规定的征收率换算。

3. 特殊销售方式的销售额

在市场竞争过程中，纳税人会采取某些特殊、灵活的销售方式销售货物，以求扩大销售、占领市场。这些特殊销售方式及销售额的确定方法是：

（1）以折扣方式销售货物。

折扣销售是指销售方在销售货物或应税劳务时，因购买方需求量大等原因，而给予的价格方面的优惠。按照现行税法规定，纳税人采取折扣方式销售货物，如果销售额和折扣额在同一张发票上分别注明的，可以按折扣后的销售额征收增值税；如果将折扣额另开发票，不论其在财务上如何处理，均不得从销售额中减除折扣额。

在这里应该注意区分以下几点：一是税法中所指的折扣销售有别于销售折扣，销售折扣通常是为了鼓励购货方及时偿还货款而给予的折扣优待，销售折扣发生在销货之后，而折扣销售则是与实现销售同时发生的，销售折扣不得从销售额中减除。二是销售折扣与销售折让是不同的，销售折让通常是指由于货物的品种或质量等原因引起销售额的减少，即销货方给予购货方未予退货状况下的价格折让。销售折让可以从销售额中减除。三是折扣销售仅限于货物价格的折扣，如果销货方将自产、委托加工和购买的货物用于实物折扣的，则该实物款额不得从货物销售额中减除，应按视同销售货物计征增值税。

税法中对纳税人采取折扣方式销售货物销售额的核定，之所以强调销售额与折扣额必须在同一张发票上注明，这主要是从保证增值税征收管理的需要即征税、扣税相一致考虑的。如果允许对销售额开一张销货发票，对折扣额另开一张退款红字发票，就可能造成销货方按减除折扣额后的销售额计算销项税额，而购货方却按未减除折扣额的销售额及其进项税额进行抵扣的问题，显然会造成增值税计算征收上的混乱。

（2）以旧换新方式销售货物。

以旧换新销售，是纳税人在销售过程中，折价收回同类旧货物，并以折价款部分冲减货物价款的一种销售方式。税法规定，纳税人采取以旧换新方式销售货物的（金银首饰除外），应按新货物的同期销售价格确定销售额。

（3）还本销售方式销售货物。

还本销售，指销货方将货物出售之后，按约定的时间，一次或分次将购货款部分或全部退还给购货方，退还的货款即为还本支出。纳税人采取还本销售方式销售货物的，不得从销售额中减除还本支出。

（4）采取以物易物方式销售。

以物易物是一种较为特殊的购销活动，是指购销双方不是以货币结算，而是以同等价款的货物相互结算，实现货物购销的一种方式。在实际工作中，有的纳税人认为以物易物不是购销行为，销货方收到购货方抵顶货物的货物，认为自己不是购物，购货方发出抵顶货款的货物，认为自己不是销货。这两种认识都是错误的。正确的方法应当是：以物易物双方都应作购销处理，以各自发出的货物核算销售额并计算销项税额，以各自收到的货物核算购货额及进项税额。需要强调的是，在以物易物活动中，双方应各自开具合法的票据，必须计算销项税额，但如果收到货物不能取得相应的增值税专用发票或者其他合法票据的，不得抵扣进项税额。

（5）直销企业增值税销售额确定。

直销企业的经营模式主要有两种形式：

一是直销员按照批发价向直销企业购买货物，再按照零售价向消费者销售货物；二是直销员仅是中介介绍，直销企业按照零售价向直销员介绍的的消费者销售货物，并另外向直销员支付报酬。根据直销企业的经营模式，直销企业增值税的销售额的确定分以下两种：

第一，直销企业先将货物销售给直销员，直销员再将货物销售给消费者的，直销企业的销售额为其向直销员收取的全部价款和价外费用。直销员将货物销售给消费者时，应按照现行现定缴纳增值税。

第二，直销企业通过直销员向消费者销售货物，直接向消费者收取货款的，直销企业的销售额为其向消费者收取的全部价款和价外费用。

以上规定自 2013 年 3 月 1 日起执行。

4. 包装物押金的计税问题

包装物是指纳税人包装本单位货物的各种物品。一般情况下，销货方向购货方收取包装物押金，购货方在规定的期间内归还包装物，销货方再将收取的包装物押金退还。

（1）纳税人为实现货物销售而出租、出借包装物所收取的押金，是一种价外费用。纳税人收取押金的目的不是为了获得来自包装物本身的经营收入，而是为促使购货方及时归还包装物，以便周转使用。因此，对于"未逾期"的包装物押金，不应并入销售额征税。

（2）纳税人为销售货物而出租、出借包装物收取的押金，如果超过合同约定期限或合同期限在 1 年以上，但是押金超过 1 年的或者合同没有约定期限而超过 1 年的，无论是否退还，均应并入销售额，按包装货物的适用税率征收增值税。

（3）对销售除啤酒、黄酒外的其他酒类产品而收取的包装物押金，无论是否返还以及会计上如何核算，均应并入当期销售额征收增值税。

（四）增值税进项税额的含义

纳税人购进货物或者接受应税劳务，所支付或者负担的增值税为进项税额。进项税额与销项税额是相互对应的两个概念，在购销业务中，对于销货方而言，在收回货款的同时，收回销项税额；对于购货方而言，在支付货款的同时支付进项税额，也就是说，销货方收取的销项税额就是购货方支付的进项税额。

对于任何一个增值税一般纳税人来说，在其经营过程中，都会同时以卖方和买方的身份存在，既会发生销售货物或者提供应税劳务，又会发生购进货物或接受应税劳务，因此，每一个增值税一般纳税人都会有收取的销项税额和支付的进项税额。增值税一般纳税人当期应纳增值税额采用购进抵扣法计算，即以当期的销项税额扣除当期进项税额，其余额为应纳增值税额。可见，进项税额的大小影响纳税人实际缴纳的增值税。需要注意的是，并不是购进货物或者接受应税劳务所支付或者负担的增值税都可以在销项税额抵扣，税法对哪些进项税额可以抵扣，哪些进项税额不能抵扣作了严格的规定。

一般而言，准予抵扣的进项税额可以根据以下两个方法来确定：一是进项税额体现支付或者负担的增值税，直接在销货方开具的增值税专用发票和海关完税凭证上注明的税额，不需要计算；二是购进某些货物或者接受应税劳务时，其进项税额是通过根据支付金额和法定的扣除率计算出来的。

严格按照税法规定计算可抵扣的进项税额，正确审定进项税额，是保证增值税贯彻实施和国家财政收入的重要环节，在确定增值税进项税额抵扣时，必须按增值税规定依法计算应抵扣税额。为此，《增值税暂行条例》及其实施细则对进项税额的抵扣范围、条件、数额及方法作了专门规定。

（五）增值税进项税额的确定

1. 准予从销项税额中抵扣的进项税额

（1）从销售方取得的增值税专用发票上注明的增值税额。

（2）从海关取得的海关进口增值税专用缴款书上注明的增值税额。

（3）购进农产品，除取得增值税专用发票或者海关进口增值税专用缴款书外，按照农产品收购发票上注明的农产品买价和扣除率计算的进项税额。计算公式为：

$$准予抵扣进项税额 = 买价 \times 13\%$$

买价包括纳税人购进农产品在农产品收购发票或者销售发票上注明的价款和按规定缴纳的烟叶税。

对烟叶税纳税人按规定缴纳的烟叶税，准予并入烟叶产品的买价计算增值税的进项税额，并在计算缴纳增值税时予以抵扣。即购进烟叶准予抵扣的增值税进项税额，按照《烟叶税暂行条例》及《财政部、国家税务总局印发〈关于烟叶税若干具体问题的规定〉的通知》规定的烟叶收购金额和烟叶税及法定扣除率计算。烟叶收购金额包括纳税人支付给烟叶销售者的烟叶收购价款和价外补贴，价外补贴统一暂按烟叶收购价款的10%计算。具体计算公式如下：

$$烟叶收购金额 = 烟叶收购价款 \times (1 + 10\%)$$
$$烟叶税应纳税额 = 烟叶收购金额 \times 税率(20\%)$$
$$准予抵扣的进项税额 = (烟叶收购金额 + 烟叶税) \times 13\%$$

（4）购进或者销售货物以及在生产经营过程中支付运输费用的，按照运输费用结算单据上注明的运输费用金额和7%的扣除率计算的进项税额。计算公式为：

$$进项税额 = 运输费用金额 \times 扣除率$$

准予抵扣的项目和扣除率的调整，由国务院决定。

对此项规定需要说明的是：

准予抵扣的货物运费金额是指在运输单位开具的增值税专用发票及运费结算单据上注明的运输费用（包括铁路临管线及铁路专线运输费用）、建设基金，但不包括支付的装卸费、保险费等其他杂费。

准予抵扣的运费结算单据，是指铁路运费。其发货人、收货人、起运地、到达地、运输方式、货物名称、货物数量、运输单价、运费金额等项目的填写必须齐全，与购货发票上所列的有关项目必须相符，否则不予抵扣。

准予计算进项税额扣除的货运发票种类，不包括增值税一般纳税人取得的货运定额发票。纳税人购进销售货物所支付的运输费用明显偏高，经过审查不合理的，不予抵扣运输费用。

从 2003 年 11 月 1 日起，公路、内河货物运输业（以下简称"货物运输业"）发票的印制、领购、开具、取得、保管、缴销均由地方税务局管理和监督。凡已委托给其他部门管理的，必须依法收回。

从 2003 年 11 月 1 日起，提供货物运输劳务的纳税人必须经主管地方税务局认定方可开具货物运输业发票。凡未经地方税务局认定的纳税人开具的货物运输业发票不得作为记账凭证和增值税抵扣凭证。

从 2003 年 12 月 1 日起，国家税务局对增值税一般纳税人申请抵扣的所有运输发票与营业税纳税人开具的货物运输业发票进行比对。凡比对不符的，一律不予抵扣。对比对异常情况进行核查，并对违反有关法律法规开具或取得货物运输业发票的单位进行处罚。

增值税一般纳税人在申报抵扣 2003 年 11 月 1 日起取得的运输发票增值税进项税额时，应向主管国家税务局填报增值税运输发票抵扣清单纸质文件及电子信息，未报送的其进项税额不得抵扣。

增值税一般纳税人外购货物和销售应税货物所取得的由自开票纳税人或地方税务局及省级地方税务局委托的代开票中介机构为代开票纳税人开具的货物运输业发票准予抵扣进项税额。

增值税一般纳税人取得税务机关认定为自开票纳税人的联运单位和物流单位开具的货物运输业发票准予计算抵扣进项税额。准予抵扣的货物运费金额是指自开票纳税人和代开票单位为代开票纳税人开具的货运发票上注明的运费、建设基金和现行规定允许抵扣的其他货物运费；装卸费、保险费和其他杂费不予抵扣。货运发票应分别注明运费和杂费，对未分别注明，而合并注明为运杂费的不予抵扣。

一般纳税人取得的国际货物运输代理业发票和国际货物运输发票，不得计算抵扣进项税额。国际货物运输代理业务是国际货运代理企业作为委托方和承运单位的中介人，受托办理国际货物运输和相关事宜并收取中介报酬的业务。因此，增值税一般纳税人支付的国际货物运输代理费用，不得作为运输费用抵扣进项税额。

一般纳税人取得的汇总开具的运输发票，凡附有运输企业开具并加盖财务专用章或发票专用章的运输清单，允许计算抵扣进项税额。

一般纳税人取得的项目填写不齐全的运输发票（附有运输清单的汇总开具的运输发票除外）不得抵扣进项税额。

企业购置增值税防伪税控系统专用设备和通用设备，可凭购货所取得的专用发票所注明的税额从增值税销项税额中抵扣。其中，专用设备包括税控金税卡、税控 IC 卡和读卡器；通用设备包括用于防伪税控系统开具专用发票的计算机和打印机。增值税一般纳税人用于采集增值税专用发票抵扣联信息的扫描器具和计算机，属于防伪税控通用设备。对纳税人购置上述设备取得的增值税专用发票所注明的增值税税额，计入当期增值税进项税额。

自 2004 年 12 月 1 日起，增值税一般纳税人购进税控收款机所支付的增值税额（以购进税控收款机取得的增值税专用发票上注明的增值税额为准），准予在企业当期销项税额中抵扣。需要强调的是，纳税人购进的税控收款机不论是否达到固定资产标准，其取得的增值税专用发票上注明的增值税额均可以从当期销项税额中抵扣；但如果购进税控收款机时未取得增值税专用发票，则不得抵扣进项税额。

（5）项目运营方利用信托资金融资过程中增值税进项税额抵扣问题。

项目运营方利用信托资金融资进行项目建设开发是指项目运营方与经批准成立的信托公司合作进行项目建设开发，信托公司负责筹集资金并设立信托计划，项目运营方负责项目建设与运营，项目建设完成后，项目资产归项目运营方所有。该经营模式下项目运营方在项目建设期内取得的增值税专用发票和其他抵扣凭证，允许其按现行增值税有关规定予以抵扣。

上述规定自 2010 年 10 月 1 日起施行。此前未抵扣的进项税额允许其抵扣，已抵扣的不作进项税额转出。

2. 不得从销项税额中抵扣的进项税额

纳税人购进货物或者应税劳务，取得的增值税扣税凭证不符合法律、行政法规或者国务院税务主管部门有关规定的，其进项税额不得从销项税额中抵扣。这里所称的扣税凭证是指增值税专用发票、海关进口增值税专用缴款书、农产品收购发票和农产品销售发票以及铁路运输费用结算单据。

根据《增值税暂行条例》规定，下列项目的进项税额不得从销项税额中抵扣：

（1）用于非增值税应税项目、免征增值税项目、集体福利或者个人消费的购进货物或者应税劳务。

这里的购进货物，不包括既用于增值税应税项目（不含免征增值税项目）又用于非增值税应税项目、免征增值税项目、集体福利或者个人消费的固定资产。固定资产，是指使用期限超过 12 个月的机器、机械、运输工具以及其他与生产经营有关的设备、工具、器具等。所称个人消费，包括纳税人的交际应酬消费。非增值税应税项目，是指提供非增值税应税劳务、转让无形资产、销售不动产和不动产在建工程。

其中，非增值税应税劳务，是指纳税人从事的属于应缴营业税的交通运输业、建筑业、金融保险业、邮电通信业、文化体育业、娱乐业以及服务业劳务。

转让无形资产，是指转让专利权、非专利技术、商标权、著作权、土地使用权等无形资产形成的收入。

不动产，是指不能移动或者移动后会引起性质、形状改变的财产，包括建筑物、构筑物和其他土地附着物。其中，"建筑物"是指在《固定资产分类与代码》（GBT14885－1994）中前两位为"02"的房屋，主要包括办公用房，生产经营（含农林水及仓储）用房，交通邮电用房，科研、气象用房，文化教育用房，医疗卫生体育用房，军事、外交、劳教、宗教、公共安全及其他特殊用房，生活、娱乐、市政公共设施、服务业用房及其他用房等 9 个类别的房屋；"构筑物"是指在《固定资产分类与代码》（GBT14885－1994）中前两位为"03"的构筑物，主要包括各种生产、经营、生活、服务用池，槽，塔（含无线电通信用钢、铁塔）、烟囱，井（含矿井）、坑，台（含站台）、站、码头、道路，沟、洞、廊，桥梁、架及坝（含尾矿坝）、堰、水道，库（飞机、车库类）、仓、场、斗（料斗类）及其他构筑物等 9 个类别的构筑物；"其他土地附着物"是指矿产资源及土地上生长的植物。

不动产在建工程，是指新建、改建、扩建、修缮、装饰上述不动产的工程。

销售不动产，是指销售上述不动产的行为。

此外，根据现行税法规定，以建筑物或者构筑物为载体的附属设备和配套设施，无论在会计处理上是否单独记账与核算，均应作为建筑物或者构筑物的组成部分，其进项税额不得在销项税额中抵扣。其附属设备和配套设施是指给排水、采暖、卫生、通风、照明、通信、煤气、消防、中央空调、电梯、电气、智能化楼宇设备和配套设施。

纳税人新建、改建、扩建、修缮、装饰不动产，均属于不动产在建工程。

（2）非正常损失的购进货物及相关的应税劳务。

非正常损失是指因管理不善造成被盗、丢失、霉烂变质的损失。

（3）非正常损失的在产品、产成品所耗用的购进货物或者应税劳务。

（4）国务院财政、税务主管部门规定的纳税人自用消费品。纳税人自用的应征消费税的摩托车、汽车、游艇，其进项税额不得抵扣。

（5）符合上述第（1）项至第（4）项规定的货物的运输费用和销售免税货物的运输费用。

（6）增值税一般纳税人采取邮寄方式销售、购买货物所支付的邮寄费，不允许计算进项税额抵扣。

（7）一般纳税人兼营免税项目或者非增值税应税劳务而无法划分不得抵扣的进项税额的，按下列方式计算：

$$\text{不得抵扣的进项税额} = \text{当月无法划分的全部进项税额} \times \text{当月免税项目销售额与非增值税应税劳务营业额合计} \div \text{当月全部销售额、营业额合计}$$

（8）已抵扣进项税额的购进货物或者应税劳务，发生前述第（3）、（4）、（5）、（6）项规定情形的（免税项目、非增值税应税劳务除外），应当将该项购进货物或者应税劳务的进项税额从当期的进项税额中扣减；无法确定该项进项税额的，按当期实际成本计算应扣减的进项税额。

3. 固定资产处理的相关规定与政策衔接

自 2009 年 1 月 1 日起，在全国实施增值税转型改革。为保证改革实施到位，并做好新旧增值税法的衔接，财政部、国家税务总局对有关问题明确如下：

（1）自 2009 年 1 月 1 日起，增值税一般纳税人（以下简称"纳税人"）购进（包括接受捐赠、实物投资，下同）或者自制（包括改扩建、安装，下同）固定资产发生的进项税额（以下简称"固定资产进项税额"），可根据《增值税暂行条例》和《增值税暂行条例实施细则》的有关规定，凭增值税专用发票、海关进口增值税专用缴款书和运输费用结算单据（以下简称"增值税扣税凭证"）从销项税额中抵扣，其进项税额应当记入"应交税费——应交增值税（进项税额）"科目。

（2）纳税人允许抵扣的固定资产进项税额，是指纳税人 2009 年 1 月 1 日以后（含 1 月 1 日，下同）实际发生，并取得 2009 年 1 月 1 日以后开具的增值税扣税凭证上注明的或者依据增值税扣税凭证计算的增值税税额。

（3）东北老工业基地、中部六省老工业基地城市、内蒙古自治区东部地区已纳入扩大增值税抵扣范围试点的纳税人，2009 年 1 月 1 日以后发生的固定资产进项税额，不再采取退税方式，其 2008 年 12 月 31 日以前（含 12 月 31 日，下同）发生的待抵扣固定资产进项税额期末余额，应于 2009 年 1 月份一次性转入"应交税费——应交增值税（进项税额）"科目。

（4）自 2009 年 1 月 1 日起，纳税人销售自己使用过的固定资产，应区分不同情形征收增值税：

①销售自己使用过的 2009 年 1 月 1 日以后购进或者自制的固定资产，按照适用税率征收增值税；

②2008 年 12 月 31 日以前未纳入扩大增值税抵扣范围试点的纳税人，销售自己使用过的 2008 年 12 月 31 日以前购进或者自制的固定资产，按照 4% 征收率减半征收增值税；

③2008 年 12 月 31 日以前已纳入扩大增值税抵扣范围试点的纳税人，销售自己使用过的在本地区扩大增值税抵扣范围试点以前购进或者自制的固定资产，按照 4% 征收率减半征收增值税；销售自己使用过的在本地区扩大增值税抵扣范围试点以后购进或者自制的固定资产，按照适用税率征收增值税。

这里所称已使用过的固定资产，是指纳税人根据财务会计制度已经计提折旧的固定资产。

（5）纳税人已抵扣进项税额的固定资产用于不得从销项税额中抵扣进项税额项目的，应在当月按下列公式计算不得抵扣的进项税额：

$$不得抵扣的进项税额 = 固定资产净值 \times 适用税率$$

这里所称固定资产净值，是指纳税人按照财务会计制度计提折旧后计算的固定资产净值。

（6）纳税人发生《增值税暂行条例实施细则》第四条规定的固定资产视同销售行为，对已使用过的固定资产无法确定销售额的，以固定资产净值为销售额。

（7）自 2012 年 2 月 1 日起，增值税一般纳税人销售自己使用过的固定资产，属于以下两种情形的，可按简易办法依 4% 的征收率减半征收增值税，同时不得开具增值税专用发票：一是纳税人购进或者自制固定资产时为小规模纳税人，认定为一般纳税人后销售该固定资产。二是增值税一般纳税人发生按简易办法征收增值税应税行为，销售其按照规定不得抵扣且未抵扣进项税额的固定资产。

（8）关于二手车经营业务有关增值税问题。

自 2012 年 7 月 1 日起，对经批准从事二手车经销业务的纳税人按照《机动车登记规定》的有关规定，收购二手车时将其办理过户登记到自己名下，销售时再将该二手车过户登记到买家名下的行为，属于《增值税暂行条例》规定的销售货物的行为，应按照规定征收增值税。

除上述行为以外，纳税人受托代理销售二手车，凡同时具备以下条件的，不征收增值税，反之则视同销售，征收增值税：一是受托方不向委托方预付货款；二是委托方将二手车销售统一发票直接开具给购买方；三是受托方按购买方实际支付的价款和增值税额（如系代理进口销售货物则为海关代征的增值税额）与委托方结算贷款，并另外收取手续费。

（六）增值税应纳税额的计算

确定了增值税的销项税额和进项税额之后，按照计算公式便可计算出增值税的应纳税额。在实际工作中，如果纳税人出现下列情况，要对其销售额和进项税额进行税务调整。

1. 增值税销售额的税务调整

视同销售行为是增值税税法规定的特殊销售行为，由于视同销售行为一般不以资金形式反映出来，因而会出现视同销售而无销售额的情况。

（1）需要调整的情形：当发生纳税人销售货物或者提供应税劳务的价格明显偏低且无正当理由的，或者发生视同销售行为而无销售额的，主管税务机关有权确定其销售额。

（2）按下列顺序确定其销售额：

①按纳税人最近时期同类货物的平均销售价格确定；

②按其他纳税人最近时期同类货物的平均销售价格确定；

③用以上两种方法均不能确定其销售额的情况下，可按组成计税价格确定。组成计税价格的公式为：

$$组成计税价格 = 成本 \times (1 + 成本利润率)$$

属于应征消费税的货物，其组成计税价格应加计消费税税额。计算公式为：

$$组成计税价格 = 成本 \times (1 + 成本利润率) + 消费税税额$$

或

$$组成计税价格 = 成本 \times (1 + 成本利润率) / (1 - 消费税税率)$$

在上式中，"成本"分为两种情况：属于销售自产货物的为实际生产成本；属于销售外购货物的为实际采购成本。"成本利润率"为10%。但属于应从价定率征收消费税的货物，其组成计税价格公式中的成本利润率，为《消费税若干具体问题的规定》中规定的成本利润率。

2. 计算应纳税额的时间调整

（1）销项税额的时间界定

关于销项税额的确定时间，总的原则是，销项税额的确定不得滞后。税法对此作了严格的规定，具体确定销项税额的时间应根据纳税义务发生时间的有关规定执行。

（2）进项税额抵扣时限的界定

进项税额抵扣时间，总的原则是进项税额的抵扣不得提前。增值税一般纳税人取得2010年1月1日以后开具的增值税专用发票、公路内河货物运输业统一发票和机动车销售统一发票，应在开具之日起180日内到税务机关办理认证，并在认证通过的次月申报期内，向主管税务机关申报抵扣进项税额。

自2013年7月1日起，增值税一般纳税人进口货物取得的属于增值税扣税范围的海关缴款书，需经税务机关稽核比对相符后，其增值税额方能作为进项税额在销项税额中抵扣。

纳税人进口货物取得的属于增值税扣税范围的海关缴款书，应自开具之日起180天内向主管税务机关报送《海关完税凭证抵扣清单》（电子数据），申请稽核比对，逾期未申请的其进项税额不予抵扣。

增值税一般纳税人未在规定期限内到税务机关办理认证、申报抵扣或者申请稽核比对的，其取得的票证不得作为合法的增值税扣税凭证，不得计算进项税额抵扣。

一般纳税人丢失已开具专用发票的抵扣联，丢失前已认证相符的，可使用专用发票发票联复印件留存备查；丢失前未认证的，可使用专用发票发票联到主管税务机关认证，专用发票发票联复印件留存备查。

3. 扣减当期销项税额的规定

纳税人在销售货物时，因货物质量、规格等原因而发生销货退回或销售折让，由于销货退回或销售折让不仅涉及销货价款或折让价款的退回，还涉及增值税的退回，因此，销货方应对当期销项税额进行调整。税法规定，一般纳税人因销货退回和折让而退还给购买方的增值税额，应从发生销货退回或折让当期的销项税额中扣减。

4. 扣减当期进项税额的规定

纳税人在购进货物时，因货物质量、规格等原因而发生进货退回或折让，由于进货退回或销售折让不仅涉及贷款或折让价款的收回，还涉及增值税的收回，因此，购货方应对当期进项税额进行调整。税法规定，一般纳税人因进货退回和折让而从销货方收回的增值税额，应从发生进货退回或折让当期的进项税额中扣减。如不按规定扣减，造成进项税额虚增，不纳或少纳增值税，属于偷税行为，应按偷税予以处罚。

自 2004 年 7 月 1 日起，对商业企业向供货方收取的与商品销售量、销售额挂钩（如以一定比例、金额、数量计算）的各种返还收入，均应按平销返利行为的有关规定冲减当期增值税进项税额。冲减进项税额的计算公式为：

$$当期应冲减的进项税额 = 当期取得的返还资金 \div \left(1 + 所购进货物适用增值税税率\right) \times 所购进货物适用增值税税率$$

商业企业向供货方收取的各种返还收入，一律不得开具增值税专用发票。

5. 已经抵扣进项税额的购进货物发生用途改变的税务处理

已经抵扣进项税额的购进货物发生用途改变，由于增值税采用"购进扣税法"，当期购进的货物或应税劳务如果未确定用于非经营性项目，其进项税额会在当期销项税额中予以抵扣。但已经抵扣进项税额的购进货物或应税劳务如果事后改变用途，如用于非增值税应税项目、免税项目、职工福利或个人消费，购进货物发生非正常损失，在产品或产成品发生非正常损失，根据税法规定，应将购进货物或应税劳务的进项税额从当期的进项税额中扣减。无法准确确定该项进项税额的，按当期实际成本计算应扣减的进项税额。"按当期实际成本计算应扣减的进项税额"是指扣减进项税额的计算依据不是按该货物或应税劳务的原进价，而是按当期该货物或应税劳务的实际成本，并且是按照实际成本的各个组成部分所负担的进项税额计算应扣减的进项税额。

6. 纳税人既欠缴增值税，又有增值税留抵税额的问题

为了加强增值税管理，及时追缴欠税，解决增值税一般纳税人既欠缴增值税，又有增值税留抵税额的问题，税法规定，对纳税人因销项税额小于进项税额而产生期末留抵税额的，应以期末留抵税额抵减增值税欠税。

抵减欠缴税款时，应按欠税发生时间逐笔抵扣，先发生的先抵。抵缴的欠税包括呆账税金及欠税滞纳金。确定实际抵减金额时，按县（含）以上税务机关填开的增值税进项留抵税额抵减增值税欠税通知书的日期作为截止日期，计算欠缴税款的应缴未缴滞纳金金额，应缴未缴滞纳金余额加欠税余额为欠税总额。若欠缴总额大于期末留抵税额，实际抵减金额应等于期末留抵税额，并按配比方法计算抵减的欠税和滞纳金；若欠缴总额小于期末留抵税额，实际抵减金额等于欠缴总额。

增值税一般纳税人拖欠纳税检查应补缴的增值税税款，如果有进项留抵税额，可按照《国家税务总局关于增值税一般纳税人用进项留抵税额抵减增值税欠税问题的通知》（国税发〔2004〕112 号）的规定，用增值税留抵税额抵减查补税款欠税。

7. 关于增值税税控系统专用设备和技术维护费用抵减增值税税额有关政策

自 2011 年 12 月 1 日起，增值税纳税人购买增值税税控系统专用设备支付的费用以及缴纳的技术维护费（以下称为"两项费用"）可在增值税应纳税额中全额抵减。具体规定如下：

（1）增值税纳税人 2011 年 12 月 1 日（含，下同）以后初次购买增值税税控系统专用设备（包括分开票机）支付的费用，可凭购买增值税税控系统专用设备取得的增值税专用发票，在增值税应纳税额中全额抵减（抵减额为价税合计额），不足抵减的可结转下期继续抵减。增值税纳税人非初次购买增值税税控系统专用设备支付的费用，由其自行负担，不得在增值税应纳税额中抵减。

增值税税控系统包括增值税防伪税控系统、货物运输业增值税专用发票税控系统、机动车销售统一发票税控系统和公路、内河货物运输业发票税控系统。

增值税防伪税控系统的专用设备包括金税卡、IC 卡、读卡器或金税盘和报税盘；货物运输业增值税专用发票税控系统专用设备包括税控盘和报税盘；机动车销售统一发票税控系统和公路、内河货物运输业发票税控系统专用设备包括税控盘和传输盘。

（2）增值税纳税人 2011 年 12 月 1 日以后缴纳的技术维护费（不含补缴的 2011 年 11 月 30 日以前的技术维护费），可凭技术维护服务单位开具的技术维护费发票，在增值税应纳税额中全额抵减，不足抵减的可结转下期继续抵减。技术维护费按照价格主管部门核定的标准执行。

（3）增值税一般纳税人支付的两项费用在增值税应纳税额中全额抵减的，其增值税专用发票不作为增值税抵扣凭证，其进项税额不得从销项税额中抵扣。

（4）纳税人购买的增值税税控系统专用设备自购买之日起 3 年内因质量问题无法正常使用的，由专用设备供应商负责免费维修，无法维修的免费更换。

（5）纳税人在填写纳税申报表时，对可在增值税应纳税额中全额抵减的增值税税控系统专用设备费用以及技术维护费，应按规定要求填报。

8. 一般纳税人注销时存货及留抵税额处理问题

一般纳税人注销或被取消辅导期一般纳税人资格，转为小规模纳税人时，其存货不作进项税额转出处理，其留抵税额也不予以退税。

9. 当期销项税额小于当期进项税额不足抵扣的部分

纳税人在计算应纳税额时，如果当期销项税额小于当期进项税额不足抵扣的部分，可以结转下期继续抵扣。

10. 关于纳税人资产重组增值税留抵税额处理

增值税一般纳税人（以下称"原纳税人"）在资产重组过程中将全部资产、负债和劳动力一并转让给其他增值税一般纳税人（以下称"新纳税人"），并按程序办理注销税务登记的，其在办理注销登记前尚未抵扣的进项税额可结转至新纳税人处继续抵扣。

原纳税人主管税务机关应认真核查纳税人资产重组相关资料，核实原纳税人在办理注销税务登记前尚未抵扣的进项税额，填写增值税一般纳税人资产重组进项留抵税额转移单。

新纳税人主管税务机关应将原纳税人主管税务机关传递的增值税一般纳税人资产重组进项留抵税额转移单与纳税人报送资料进行认真核对，对原纳税人尚未抵扣的进项税额，在确认无误后，允许新纳税人继续申报抵扣。

（七）增值税一般纳税人应纳税额计算举例

【例 2 - 1】 某化妆品厂为增值税一般纳税人，化妆品平均售价为 0.12 万元/箱，成套化妆品 0.3 万元/套，均不含税售价。2011 年 4 月、5 月发生下列业务：

（1）4 月购进业务：从国内购进生产用原材料，取得增值税专用发票，注明价款 500 万元、增值税 85 万元，支付购货运费 30 万元，运输途中发生合理损耗 2%；从国外进口一台检测设备。海关填发的增值税专用缴款书注明增值税 5.3 万元。

（2）4月产品、材料领用情况：在建的职工文体中心领用外购材料，购进成本24.65万元，其中包括运费4.65万元；生产车间领用外购原材料，购进成本125万元；下属宾馆领用仿本企业宾馆特制的化妆品，生产成本6万元。

（3）4月销售业务：内销化妆品1 700箱，取得不含税销售额200万元；销售成套化妆品，取得不含税销售额90万元，发生销货运费40万元；出口化妆品取得销售收入500万元；出口护发品取得销售收入140万元。

（4）5月购进业务：从甲企业购进原材料，取得增值税专用发票，注明价款260万元、增值税44.2万元；从某物资公司购进劳保用品，取得税务机关代开的增值税专用发票，注明增值税3万元；从某汽车厂购进小轿车，用于厂部接待使用，取得增值税专用发票，注明价款30万元、增值税5.1万元。

（5）5月销售业务：内销化妆品2 500箱，取得不含税销售额300万元，销售成套化妆品550套，取得不含税销售额165万元，由于购货方延期支付货款，根据合同规定，收取延期付款利息4.68万元；出口化妆品取得销售收入420万元。

（6）5月以800箱化妆品与某企业换取原材料，合同约定，化妆品按照平均价计价，与原材料等价供应，双方均按合同约定价款开具增值税专用发票。

（7）5月加工业务：为某影视公司演员加工定做油彩及卸妆油，收取价税合计93.6万元，另外赠送30套自产成套化妆品给影视公司试用。

假定化妆品和护发品的出口退税率为13%，本月发生的运费均取得货运发票，取得的相关凭证符合税法规定，并在本月认证抵扣，出口业务单据齐全并符合规定，在当月办理退税手续，化妆品成本利润率5%，消费税税率30%。

根据上述资料回答下列问题：

（1）2011年4月该企业准予从销项税额中抵扣的进项税额；

（2）2011年4月该企业销项税额；

（3）2011年4月该企业应缴（退）增值税；

（4）2011年5月该企业应缴（退）增值税。

[计算分析]

该企业2011年4月购进原材料在运输途中合理损耗的进项税额准予抵扣；在建工程领用外购货物应转出进项税，购进货物和销售货物的运费可以计算抵扣进项税额。

（1）准予抵扣的进项税额 $= 85 + 5.3 + (40 + 30) \times 7\% - (24.65 - 4.65) \times 17\% - 4.65 \div (1 - 7\%) \times 7\% = 91.45$（万元）

内销化妆品及成套化妆品均按照不含税销售额计算销项税额，出口化妆品及护肤品免税；所属宾馆领用自产的特制化妆品视同销售。

（2）销项税额 $= [200 + 90 + 6 \times (1 + 5\%) \div (1 - 30\%)] \times 17\% = 50.83$（万元）

（3）应纳增值税 $= 50.83 - [91.45 - (500 + 140) \times (17\% - 13\%)] = -15.02$（万元）

免抵退税额 $= (500 + 140) \times 13\% = 83.2$（万元）

应退增值税15.02万元。

（4）从某物资公司购进劳保用品，取得税务机关代开的增值税专用发票，注明增值税3万元，准予抵扣进项税额；从某汽车厂购进小轿车，用于厂部接待使用的进项税额不得抵扣；以自产的化妆品与某企业换取原材料，按照取得的增值税专用发票注明的税额抵扣进项税额。延期付款利息属于价外费用，应作为计算销项税额的依据；以自产的化妆品与某企业换取原材料，属于销售业务，应计算销项税额；赠送30套自产成套化妆品给影视公司试用属于视同销售业务，应计算销项税额。

计税销售额 $=300+165+4.68\div1.17+300\div2\,500\times800+93.6\div1.17+165\div550\times30=654$（万元）

销项税额 $=654\times17\%=111.18$（万元）

进项税额 $=44.2+3+300\div2\,500\times800\times17\%=63.52$（万元）

应纳增值税 $=111.18-[63.52-420\times(17\%-13\%)]=64.46$（万元）

免抵退税额 $=420\times13\%=54.6$（万元）

免抵税额 $=54.6$ 万元

应退增值税 $=0$

【例2-2】 某商业企业为增值税一般纳税人，2011年3月采用分批收款方式批发商品，合同规定不含税销售总金额为300万元，本月收回50%货款，其余货款于4月10日前收回。由于购货方资金紧张，本月实际收回不含税销售额100万元；零售商品实际取得销售收入228万元，其中包括以旧换新方式销售商品实际取得收入50万元，收购的旧货作价6万元；购进商品取得增值税专用发票，支付价款180万元、增值税30.6万元，购进税控收款机取得增值税专用发票，支付价款0.3万元、增值税0.051万元，该税控收款机作为固定资产管理；从一般纳税人购进的货物发生非正常损失，账面成本4万元。计算该企业2011年3月应纳增值税（本月取得的相关发票均在本月认证并抵扣）。

[计算分析]

该企业采用分期收款方式销售货物，纳税义务发生时间是合同规定的收款日期当天。由于实际收到的货款小于合同规定本月应收回的货款，因此应按照合同规定的本月应收回的货款计算销项税额。采用以旧换新方式销售货物，按照新货物的销售额计算销项税额，旧货的收购价格不得从销售额中扣减。

销项税额 $=[150+(228+6)\div(1+17\%)]\times17\%=59.5$（万元）

购进税控收款机取得增值税专用发票，支付的进项税额可以抵扣；从一般纳税人购进货物发生非正常损失，不得抵扣进项税额。

准予抵扣的进项税额 $=30.6+0.051-4\times17\%=29.971$（万元）

应纳增值税 $=59.5-29.971=29.529$（万元）

【例2-3】 某企业为增值税一般纳税人，2011年5月发生以下业务：

（1）从农业生产者手中收购玉米40吨，每吨收购价3 000元，共计支付收购价款120 000元。企业将收购的玉米从收购地直接运往异地的某酒厂生产加工药酒，酒厂在加工过程中代垫辅助材料款15 000元。药酒加工完毕，企业收回药酒时取得酒厂开具的增值税专用发票，注明加工费30 000元、增值税额5 100元，加工的药酒当地无同类产品市场价格。本月内企业将收回的药酒批发售出，取得不含税销售额260 000元。另外支付给运输单位销货运输费用12 000元，取得普通发票。

（2）购进货物取得增值税专用发票，注明金额450 000元、增值税额76 500元；支付给运输单位的购货运输费用22 500元，取得普通发票。本月将已验收入库货物的80%零售，取得含税销售额585 000元，20%用于本企业集体福利。

（3）购进原材料取得增值税专用发票，注明金额160 000元、增值税额27 200元，材料验收入库。本月生产加工一批新产品450件，每件成本价380元（无同类产品市场价格），全部售给本企业职工，取得不含税销售额171 000元。月末盘存发现上月购进的原材料被盗，金额50 000元（其中含分摊的运输费用4 650元）。

（4）销售使用过的摩托车5辆，其中，2辆低于原值销售，取得含税销售额11 640元，其余3辆高于原值销售，取得含税销售额20 800元。

（5）当月发生逾期押金收入12 870元。

试计算该企业5月份应纳的增值税税额。

[计算分析]、

业务（1）中应缴纳的增值税：

销项税额 = 260 000 × 17% = 44 200（元）

应抵扣的进项税额 = 120 000 × 13% + 5 100 + 12 000 × 7% = 21 540（元）

应纳增值税税额 = 44 200 - 21 540 = 22 660（元）

业务（2）中应缴纳的增值税：

销项税额 = 585 000 ÷ (1 + 17%) × 17% = 85 000（元）

应抵扣的进项税额 = (76 500 + 22 500 × 7%) × 80% = 62 460（元）

应纳增值税税额 = 85 000 - 62 460 = 22 540（元）

业务（3）中应缴纳的增值税：

销项税额 = 450 × 380 × (1 + 10%) × 17% = 31 977（元）

进项税额转出 = (50 000 - 4 650) × 17% + 4 650 ÷ (1 - 7%) × 7% = 8 059.5（元）

应抵扣的进项税额 = 27 200 - 8 059.5 = 19 140.5（元）

应纳增值税税额 = 31 977 - 19 140.5 = 12 836.5（元）

业务（4）中应缴纳的增值税：

销售摩托车应纳增值税 = (20 800 + 11 640) ÷ (1 + 4%) × 4% × 1/2 = 623.85（元）

业务（5）中应缴纳的增值税：

押金收入应纳增值税税额 = 12 870 ÷ (1 + 17%) × 17% = 1 870（元）

该企业5月份应纳增值税税额为：

22 660 + 22 540 + 12 836.5 + 623.85 + 1 870 = 60 530.35（元）

【例2-4】A电子设备生产企业（本题下称"A企业"）与B商贸公司（本题下称"B公司"）均为增值税一般纳税人，2011年2月有关经营业务如下：

（1）A企业从B公司购进生产用原材料和零部件，取得B公司开具的增值税专用发票，注明货款180万元、增值税30.6万元。

（2）B公司从A企业购电脑600台，每台不含税单价0.45万元，取得A企业开具的增值税专用发票，注明货款270万元、增值税45.9万元。B公司以销货款抵顶应付A企业的货款和税款后，实付购货款90万元、增值税15.3万元。

（3）A企业为B公司制作大型电子显示屏，开具了普通发票，取得含税销售额9.36万元、调试费收入2.34万元。制作过程中委托C公司进行专业加工，支付加工费2万元、增值税0.34万元，取得C公司增值税专用发票。

（4）B公司从农民手中购进免税农产品，收购凭证上注明支付收购货款30万元，支付运输公司的运输费 3 万元，取得普通发票。入库后，将收购的农产品的 40% 作为职工福利消费，60% 零售给消费者并取得含税收入 35.03 万元。

（5）B 公司销售电脑和其他物品取得含税销售额 298.35 万元，均开具普通发票。

要求：

（1）计算 A 企业 2011 年 2 月应缴纳的增值税。

（2）计算 B 公司 2011 年 2 月应缴纳的增值税（本月取得的相关票据均在本月认证并抵扣）。

[计算分析]

（1）A 企业：

①销售电脑销项税额 $= 600 \times 0.45 \times 17\% = 45.9$（万元）

②制作显示屏销项税额 $= (9.36 + 2.34) \div (1 + 17\%) \times 17\% = 1.7$（万元）

③当期应扣除进项税额 $= 30.6 + 0.34 = 30.94$（万元）

④应缴纳增值税 $= 45.9 + 1.7 - 30.94 = 16.66$（万元）

（2）B 公司：

①销售材料销项税额 $= 180 \times 17\% = 30.6$（万元）

②销售农产品销项税额 $= 35.03 \div (1 + 13\%) \times 13\% = 4.03$（万元）

③销售电脑销项税额 $= 298.35 \div (1 + 17\%) \times 17\% = 43.35$（万元）

销项税额合计 $= 30.6 + 4.03 + 43.35 = 77.98$（万元）

④购电脑进项税额 $= 600 \times 0.45 \times 17\% = 45.9$（万元）

⑤购农产品进项税额 $= (30 \times 13\% + 3 \times 7\%) \times 60\% = 2.47$（万元）

应扣除进项税额合计 $= 45.9 + 2.47 = 48.37$（万元）

⑥应缴纳增值税 $= 77.98 - 48.37 = 29.61$（万元）

二、小规模纳税人销售业务增值税应纳税额的计算

（一）销售业务小规模纳税人增值税应纳税额的计算公式

根据《增值税暂行条例》的规定，小规模纳税人销售货物或者应税劳务，实行按照销售额和征收率计算应纳税额的简易办法，并不得抵扣进项税额。应纳税额计算公式为：

$$应纳税额 = 销售额 \times 征收率$$

（二）含税销售额的换算

小规模纳税人的销售额中不包括其应纳税额。由于小规模纳税人在销售货物或应税劳务时，只能开具普通发票，取得的销售收入均为含税销售额。为了符合增值税作为价外税的要求，小规模纳税人在计算应纳税额时，必须将含税销售额换算为不含税的销售额后才能计算应纳税额。

小规模纳税人不含税销售额的换算公式为：

$$不含税销售额 = 含税销售额 \div (1 + 征收率)$$

（三）主管税务机关为小规模纳税人代开发票应纳税额的计算

小规模纳税人销售货物或提供应税劳务，可以申请由主管税务机关代开发票。主管税务机关为小规模纳税人代开专用发票，纳税人应按照专用发票中填写的不含增值税税额的单价和销售额依照征收率计算增值税应纳税额。

由主管税务机关代开发票，发生退票的，可比照增值税一般纳税人开具专用发票后作废或开具红字发票的有关规定处理，由销售方到税务机关办理。

对于重新开票的，应同时进行新开票税额与原开票税额的清算，多退少补；对无须重新开票的，退还其已征的税款或抵顶下期正常申报税款。

（四）购置税控收款机税款抵免的计算

自 2004 年 12 月 1 日起，增值税小规模纳税人购置税控收款机，经主管税务机关审核批准后，可凭购进税控收款机取得的增值税专用发票，按照发票上注明的增值税税额，抵免当期应纳增值税。或者按照购进税控收款机取得的普通发票上注明的价款，依下列公式计算可抵免税额：

$$可抵免税额 = 价款 \div (1 + 17\%) \times 17\%$$

当期应纳税额不足抵免的，未抵免部分可在下期继续抵免。

【例 2 - 5】华丰公司为增值税小规模纳税人，主要从事汽车修理和装潢业务。2012 年 9 月提供汽车修理业务取得收入 21 万元，销售汽车装饰用品取得收入 15 万元；购进的修理用配件被盗，账面成本 0.9 万元。计算该企业本月应纳增值税税额。

[计算分析]

应纳增值税 = (21 + 15) ÷ (1 + 3%) × 3% = 1.05（万元）

三、进口货物增值税应纳税额的计算

根据《增值税暂行条例》的规定，中华人民共和国境内进口货物单位和个人均应按规定缴纳增值税。

（一）进口货物的纳税人

根据《增值税暂行条例》的规定，进口货物增值税的纳税义务人为进口货物的收货人或办理报关手续的单位和个人，包括国内一切从事进口业务的企事业单位、机关团体和个人。

（二）进口货物的征税范围

确定一项货物是否属于进口货物，看其是否有报关进口手续。只要是报关进口的应税货物，不论其是国外产制还是我国已出口而转销国内的货物，是进口者自行采购还是国外捐赠的货物，是进口者自用还是作为贸易或其他用途等，均应按照规定缴纳进口环节的增值税（免税进口的货物除外）。

（三）进口货物适用税率

进口货物增值税税率与增值税一般纳税人在国内销售同类货物的税率相同。

（四）进口货物应纳税额的计算

1. 组成计税价格的确定

进口货物的组成计税价格，是指在没有实际销售价格时，按照税法规定计算出作为计税依据的价格。

按照《海关法》和《进出口关税条例》的规定，一般贸易下进口货物的关税完税价格以海关审定的成交价格为基础的到岸价格作为完税价格。所谓成交价格是一般贸易项下进口货物的买方为购买该项货物向卖方实际支付或应当支付的价格；到岸价格是包括货价加上货物运抵我国关境内输入地点起卸前的包装费、运费、保险费和其他劳务费等费用构成的一种价格。特殊贸易下进口的货物，由于进口时没有"成交价格"可作依据，为此，《进出口关税条例》对这些进口货物制定了确定其完税价格的具体办法。

进口货物计算增值税组成计税价格计算的公式为：

$$组成计税价格 = 关税完税价格 + 关税 + 消费税$$

或

$$组成计税价格 = \frac{关税完税价格 + 关税}{1 - 消费税税率}$$

纳税人在计算进口货物的增值税应该注意：进口货物增值税的组成计税价格中包括已纳关税税额，如果进口货物属于消费税应税消费品，其组成计税价格中还要包括进口环节已纳消费税税额。

2. 进口货物应纳税额的计算

在计算进口环节的应纳增值税税额时不得抵扣任何税额，即在计算进口环节的应纳增值税税额时，不得抵扣发生在我国境外的各种税金。

$$应纳税额 = 组成计税价格 \times 税率$$

【例 2 - 6】某工业企业 9 月进口设备到岸价 50 万元，进口原材料到岸价 40 万元已验收入库，关税税率均为 15%。当月销售货物一批，取得销售收入 147.5 万元。企业期初留抵税额 5 万元。

要求：根据上述资料，计算该企业应纳的关税和增值税。

[计算分析]

该企业进口设备的关税 = 50 × 15% = 7.5（万元）

进口原材料的关税 = 40 × 15% = 6（万元）

该企业进口设备应纳增值税 = (50 + 75) × 17% = 9.775（万元）

进口原材料应纳增值税 = (40 + 6) × 17% = 7.82（万元）

该企业当月应纳的增值税 = 147.5 × 17% - 9.775 - 7.82 - 5 = 2.48（万元）

四、特殊产品销售业务应纳增值税的计算

（一）电力产品征收增值税的具体规定

电力产品属于特殊的产品，为了加强电力产品增值税的征收管理，根据《税收征收管理法》、《增值税暂行条例》、《增值税暂行条例实施细则》及其有关规定，结合电力体制改

革以及电力产品生产、销售特点，制定了《电力产品增值税征收管理办法》，自 2005 年 2 月 1 日起施行，电力产品的销售，应纳增值税应按此规定进行税务处理：

1. 电力产品增值税的基本规定

生产、销售电力产品的单位和个人为电力产品增值税纳税人，按规定缴纳增值税。

电力产品增值税的计税销售额为纳税人销售电力产品向购买方收取的全部价款和价外费用，但不包括收取的销项税额。价外费用是指纳税人销售电力产品在目录电价或上网电价之外向购买方收取的各种性质的费用。

供电企业收取的电费保证金，凡逾期（超过合同约定时间）未退还的，一律并入价外费用缴纳增值税。

2. 电力产品增值税的征税办法

电力产品增值税的征收，区分不同情况，分别采取以下征税办法：

（1）发电企业（电厂、电站、机组，下同）生产销售的电力产品，按照以下规定计算缴纳增值税：

①独立核算的发电企业生产销售电力产品，按照现行增值税有关规定向其机构所在地主管税务机关申报纳税；具有一般纳税人资格或具备一般纳税人核算条件的非独立核算的发电企业生产销售电力产品，按照增值税一般纳税人的计算方法计算增值税，并向其机构所在地主管税务机关申报纳税。

②不具有一般纳税人资格且不具有一般纳税人核算条件的非独立核算的发电企业生产销售的电力产品，由发电企业按上网电量，依核定的定额税率计算发电环节的预缴增值税，且不得抵扣进项税额，向发电企业所在地主管税务机关申报纳税。计算公式为：

$$预征税额 = 上网电量 \times 核定的定额税率$$

（2）供电企业销售电力产品，实行在供电环节预征、由独立核算的供电企业统一结算的办法缴纳增值税。具体办法如下：

①独立核算的供电企业所属的区县级供电企业，凡能够核算销售额的，依核定的预征率计算供电环节的增值税，不得抵扣进项税额，向其所在地主管税务机关申报纳税；不能核算销售额的，由上一级供电企业预缴供电环节的增值税。计算公式为：

$$预征税额 = 销售额 \times 核定的预征率$$

②供电企业随同电力产品销售取得的各种价外费用一律在预征环节依照电力产品适用的增值税税率征收增值税，不得抵扣进项税额。

（3）实行预缴方式缴纳增值税的发、供电企业按照隶属关系由独立核算的发、供电企业结算缴纳增值税，具体办法为：

独立核算的发、供电企业月末依据其全部销售额和进项税额，计算当期增值税应纳税额，并根据发电环节或供电环节预缴的增值税税额，计算应补（退）税额，向其所在地主管税务机关申报纳税。计算公式为：

$$应纳税额 = 销项税额 - 进项税额$$

$$应补（退）税额 = 应纳税额 - 发（供）电环节预缴增值税额$$

独立核算的发、供电企业当期销项税额小于进项税额不足抵扣，或应纳税额小于发、供电环节预缴增值税税额形成多缴增值税时，其不足抵扣部分和多缴增值税额可结转下期抵扣或抵减下期应纳税额。

（4）发、供电企业的增值税预征率（含定额税率，下同），应根据发、供电企业上期财务核算和纳税情况，考虑当年变动因素测算核定。具体权限如下：

①跨省、自治区、直辖市的发、供电企业增值税预征率由预缴增值税的发、供电企业所在地和结算增值税的发、供电企业所在地省级国家税务局共同测算，报国家税务总局核定。

②省、自治区、直辖市范围内的发、供电企业增值税预征率由省级国家税务局核定。

③发、供电企业预征率的执行期限由核定预征率的税务机关根据企业生产经营的变化情况确定。

（5）不同投资、核算体制的机组，由于隶属于各自不同的独立核算企业，应按上述规定分别缴纳增值税。

（6）对其他企事业单位销售的电力产品，按现行增值税有关规定缴纳增值税。

（7）实行预缴方式缴纳增值税的发、供电企业，销售电力产品取得的未并入上级独立核算发、供电企业统一核算的销售收入，应单独核算并按增值税的有关规定就地申报缴纳增值税。

（8）实行预缴方式缴纳增值税的发、供电企业生产销售电力产品以外的其他货物和应税劳务，能准确核算销售额的，在发、供电企业所在地依适用税率计算缴纳增值税。不能准确核算销售额的，按其隶属关系由独立核算的发、供电企业统一计算缴纳增值税。

3. 发、供电企业销售电力产品的纳税义务发生时间

（1）发电企业和其他企事业单位销售电力产品的纳税义务发生时间为电力上网并开具确认单据的当天。

（2）供电企业采取直接收取电费结算方式，销售对象属于企事业单位的，为开具发票的当天；属于居民个人的，为开具电费缴纳凭证的当天。

（3）供电企业采取预收电费结算方式的，为发出电量的当天。

（4）发、供电企业将电力产品用于非应税项目、集体福利、个人消费的，为发出电量的当天。

（5）发、供电企业之间互供电力，为双方核对计数量、开具抄表确认单据的当天。

（6）发、供电企业销售电力产品以外的其他货物，其纳税义务发生时间按《增值税暂行条例》及其实施细则的有关规定执行。

4. 发、供电企业增值税纳税申报

发、供电企业应按现行增值税的有关规定办理税务登记，进行增值税纳税申报。实行预缴方式缴纳增值税的发、供电企业应按以下规定办理：

（1）实行预缴方式缴纳增值税的发、供电企业在办理税务开业、变更、注销登记时，应将税务登记证正本复印件按隶属关系逐级上报其独立核算的发、供电企业所在地主管税务机关留存。

独立核算的发、供电企业也应将税务登记证正本复印件报其所属的采用预缴方式缴纳增值税的发、供电企业所在地主管税务机关留存。

（2）采用预缴方式缴纳增值税的发、供电企业在申报纳税的同时，应将增值税进项税额和上网电量、电力产品销售额、其他产品销售额、价外费用、预征税额和查补税款分别归集汇总，填写《电力企业增值税销项税额和进项税额传递单》（以下简称《传递单》）报送主管税务机关签章确认后，按隶属关系逐级汇总上报给独立核算发、供电企业；预征地主管税务机关也必须将确认后的《传递单》于收到当月传递给结算缴纳增值税的独立核算发、供电企业所在地主管税务机关。

（3）结算缴纳增值税的发、供电企业应按增值税纳税申报的统一规定，汇总计算本企业的全部销项税额、进项税额、应纳税额、应补（退）税额，于本月税款所属期后第二个月征期内向主管税务机关申报纳税。

（4）实行预缴方式缴纳增值税的发、供电企业所在地主管税务机关应定期对其所属企业纳税情况进行检查。发现申报不实，一律就地按适用税率全额补征税款，并将检查情况及结果发函通知结算缴纳增值税的独立核算发、供电企业所在地主管税务机关。主管税务机关收到预征地税务机关的发函后，应督促发、供电企业调整申报表。对在预缴环节查补的增值税，独立核算的发、供电企业在结算缴纳增值税时可以予以抵减。

发、供电企业销售电力产品，应按《发票管理办法》和增值税专用发票使用管理规定领购、使用和管理发票。

电力产品增值税的其他征税事项，按《税收征管法》及其实施细则、《增值税暂行条例》及其实施细则和其他有关规定执行。

电力公司利用自身电网为发电企业输送电力过程中，需要利用输变电设备进行调压，属于提供加工劳务。根据《增值税暂行条例》的有关规定，电力公司向发电企业收取的过网费，应当征收增值税，不征收营业税。

（二）成品油零售加油站增值税的确定

1. 一般纳税人认定

按照现行税法规定，对从事成品油销售的加油站，无论是否达到一般纳税人标准，一律按增值税一般纳税人征税。

加油站是指经原经贸委批准从事成品油零售业务，并已办理工商、税务登记，有固定经营场所，使用加油机自动计量销售成品油的单位和个体经营者。

2. 应税销售额的确定

（1）加油站应税销售额包括当月成品油应税销售额和其他应税货物及劳务的销售额，其中成品油应税销售额的计算公式为：

成品油应税销售额 =（当月全部成品油销售数量 – 允许扣除的成品油数量）× 油品单价

（2）加油站通过加油机加注成品油属于下列情形的，允许在当月成品油销售数量中扣除：

①经主管税务机关确定的加油站自用车辆自用油。

②外单位购买的，利用加油站的油库存放的代储油（代储协议报税务机关备案）。

③加油站本身倒库油。

④加油站检测用油（回罐油）。

（3）加油站无论以何种结算方式（如收取现金、支票、汇票、加油凭证、加油卡等）收取售油款，均应征收增值税。加油站销售成品油必须按不同品种分别核算，准确计算应税销售额。加油站以收取加油凭证、加油卡方式销售成品油，不得向用户开具增值税专用发票。

（4）发售加油卡、加油凭证销售成品油的纳税人，在售卖加油卡、加油凭证时，按预收账款作相关财务处理，不征收增值税。

3. 征收方式

采取统一配送成品油方式设立的非独立核算的加油站，在同一县（市）的，由总机构汇总缴纳增值税；在同一省内跨县（市）经营的，是否汇总缴纳，由省级税务机关确定；跨省经营的，是否汇总缴纳，由国家税务总局确定。

对统一核算，且经税务机关批准汇总缴纳增值税的成品油销售单位跨县市调配成品油的，不征收增值税。

（三）油气田企业应纳增值税的计算和管理

根据国务院批准的石油天然气企业增值税政策，为加强石油天然气企业的增值税征收管理工作，制定《油气田企业增值税管理办法》，自2009年1月1日起施行。

1. 纳税人

油气田企业增值税纳税人是指在中华人民共和国境内从事原油、天然气生产的企业。包括中国石油天然气集团公司（以下简称中石油集团）和中国石油化工集团公司（以下简称中石化集团）重组改制后设立的油气田分（子）公司、存续公司和其他石油天然气生产企业（以下简称油气田企业），不包括经国务院批准适用5%征收率缴纳增值税的油气田企业。

存续公司是指中石油集团和中石化集团重组改制后留存的企业。

其他石油天然气生产企业是指中石油集团和中石化集团以外的石油天然气生产企业。

油气田企业持续重组改制继续提供生产性劳务的企业，以及2009年1月1日以后新成立的油气田企业参股、控股的企业，按照本办法缴纳增值税。

2. 征税范围与适用税率

（1）油气田企业为生产原油、天然气提供的生产性劳务应缴纳增值税。

这里的生产性劳务是指油气田企业为生产原油、天然气，从地质普查、勘探开发到原油、天然气销售的一系列生产过程所发生的劳务，主要包括地质勘探、钻井、测井、录井、试井、固井、试油（气）、井下作业、油（气）集输、采油采气、海上油田建设、供排水、供电、供热、通信、油田基本建设、环境保护等。

缴纳增值税的生产性劳务仅限于油气田企业间相互提供属于《增值税生产性劳务征税范围注释》内的劳务。油气田企业与非油气田企业之间相互提供的生产性劳务不缴纳增值税。

（2）油气田企业将承包的生产性劳务分包给其他油气田企业或非油气田企业，应当就其总承包额计算缴纳增值税。非油气田企业将承包的生产性劳务分包给油气田企业或其他非油气田企业，其提供的生产性劳务不缴纳增值税。油气田企业分包非油气田企业的生产性劳务，也不缴纳增值税。

（3）油气田企业与其所属非独立核算单位之间以及其所属非独立核算单位之间移送货物或者提供应税劳务，不缴纳增值税。这里的应税劳务，是指加工、修理修配劳务和生产性劳务（下同）。

（4）油气田企业提供的应税劳务和非应税劳务应当分别核算销售额，未分别核算的，由主管税务机关核定应税劳务的销售额。

（5）油气田企业提供的生产性劳务，增值税税率为17%。

3. 不得抵扣的进项税额

油气田企业下列项目的进项税额不得从销项税额中抵扣：

（1）用于非增值税应税项目、免征增值税项目、集体福利或者个人消费的购进货物或者应税劳务。

非增值税应税项目，是指提供非应税劳务、转让无形资产、销售不动产、建造非生产性建筑物及构筑物。

非应税劳务，是指属于应缴营业税的交通运输业、建筑业、金融保险业、邮电通信业、文化体育业、娱乐业、服务业税目征收范围的劳务，但不包括本办法规定的生产性劳务。

用于集体福利或个人消费的购进货物或者应税劳务，包括所属的学校、医院、宾馆、饭店、招待所、托儿所（幼儿园）、疗养院、文化娱乐单位等部门购进的货物或应税劳务。

（2）非正常损失的购进货物及相关的应税劳务。

（3）非正常损失的在产品、产成品所耗用的购进货物或者应税劳务。

（4）国务院财政、税务主管部门规定的纳税人自用消费品。

（5）上述规定的货物的运输费用和销售免税货物的运输费用。

油气田企业为生产原油、天然气接受其他油气田企业提供的生产性劳务，可凭劳务提供方开具的增值税专用发票注明的增值税额予以抵扣。

4. 纳税地点

（1）跨省、自治区、直辖市开采石油、天然气的油气田企业，由总机构汇总计算应纳增值税税额，并按照各油气田（井口）石油、天然气产量比例进行分配，各油气田按所分配的应纳增值税额向所在地税务机关缴纳。石油、天然气应纳增值税额的计算办法由总机构所在地省级税务部门商各油气田所在地同级税务部门确定。

在省、自治区、直辖市内的油气田企业，其增值税的计算缴纳方法由各省、自治区、直辖市财政和税务部门确定。

（2）油气田企业跨省、自治区、直辖市提供生产性劳务，应当在劳务发生地按3%的预征率计算缴纳增值税。在劳务发生地预缴的税款可从其应纳增值税中抵减。

（3）油气田企业向外省、自治区、直辖市其他油气田企业提供生产性劳务，应当在劳务发生地税务机关办理税务登记或注册税务登记。在劳务发生地设立分（子）公司的，应当申请办理增值税一般纳税人认定手续，经劳务发生地税务机关认定为一般纳税人后，按照增值税一般纳税人的计算方法在劳务发生地计算缴纳增值税。

子公司是指具有企业法人资格，实行独立核算的企业；分公司是指不具有企业法人资格，但领取了工商营业执照的企业。

（4）新疆以外地区在新疆未设立分（子）公司的油气田企业，在新疆提供的生产性劳务应按5%的预征率计算缴纳增值税，预缴的税款可在油气田企业的应纳增值税中抵减。

5. 纳税义务发生时间

油气田企业为生产原油、天然气提供的生产性劳务的纳税义务发生时间为油气田企业收讫劳务收入款或者取得索取劳务收入款项凭据的当天；先开具发票的，为开具发票的当天。

收讫劳务收入款的当天，是指油气田企业应税行为发生过程中或者完成后收取款项的当天；采取预收款方式的，为收到预收款的当天。

取得索取劳务收入款项凭据的当天，是指书面合同确定的付款日期的当天；未签订书面合同或者书面合同未确定付款日期的，为应税行为完成的当天。

6. 发票领购

油气田企业所需发票，经主管税务机关审核批准后，可以采取纳税人统一集中领购、发放和管理的方法，也可以由机构内部所属非独立核算单位分别领购。

7. 申报

油气田企业应统一申报货物及应税劳务应缴纳的增值税。

附：油气田企业增值税生产性劳务征收范围注释

一、地质勘探

是指根据地质学、物理学和化学原理，凭借各种仪器设备观测地下情况，研究地壳的性质与结构，借以寻找原油、天然气的工作。种类包括：地质测量；控制地形测量；重力法；磁力法；电法；陆地海滩二维（或三维、四维）地震勘探；垂直地震测井法（即 vsp 测井法）；卫星定位；地球化学勘探；井间地震；电磁勘探；多波地震勘探；遥感和遥测；探井；资料（数据）处理、解释和研究。

二、钻井（含侧钻）

是指初步探明储藏有油气水后，通过钻具（钻头、钻杆、钻铤）对地层钻孔，然后用套、油管连接并向下延伸到油气水层，并将油气水分离出来的过程。钻井工程分为探井和开发井。探井包括地质井、参数井、预探井、评价井、滚动井等；开发井包括采油井、采气井、注水（气）井以及调整井、检查研究井、扩边井、油藏评价井等，其有关过程包括：

（一）新老区临时工程建设。是指为钻井前期准备而进行的临时性工程。含临时房屋修建、临时公路和井场道路的修建、供水（电）工程的建设、保温及供热工程建设、维护、管理。

（二）钻前准备工程。指为钻机开钻创造必要条件而进行的各项准备工程。含钻机、井架、井控、固控设施、井口工具的安装及维修。

（三）钻井施工工程。包括钻井、井控、固控所需设备、材料及新老区临时工程所需材料的装卸及搬运。

（四）定向井技术、水平井技术、打捞技术、欠平衡技术、泥浆技术、随钻测量、陀螺测量、电子多点、电子单点、磁性单多点、随钻、通井、套管开窗、老井侧钻、数据处理、小井眼加深、钻井液、顶部驱动钻井、化学监测、分支井技术、气体（泡沫）钻井技术、套管钻井技术、膨胀管技术、垂直钻井技术、地质导向钻井技术、旋冲钻井技术，取芯、下套管作业、钻具服务、井控服务、固井服务、钻井工程技术监督、煤层气钻井技术等。

（五）海洋钻井：包括钻井船拖航定位、海洋环保、安全求生设备的保养检查、试油点火等特殊作业。

三、测井

是指在井孔中利用测试仪器，根据物理和化学原理，间接获取地层和井眼信息，包括信息采集、处理、解释和油（气）井射孔。根据测井信息，评价储（产）层岩性、物性、含油性、生产能力及固井质量、射孔质量、套管质量、井下作业效果等。按物理方法，主要有电法测井、声波测井、核（放射性）测井、磁测井、力测井、热测井、化学测井；按完井方式分裸眼井测井和套管井测井；按开采阶段分勘探测井和开发测井，开发测井包括生产测井、工程测井和产层参数测井。

四、录井

是指钻井过程中随着钻井录取各种必要资料的工艺过程。有关项目包括：地质设计；地质录井；气测录井；综合录井；地化录井；轻烃色谱录井；定量荧光录井；核磁共振录井；离子色谱录井；伽马录井；岩心扫描录井；录井信息传输；录井资料处理及解释；地质综合研究；测量工程；单井评价；古生物、岩矿、色谱分析；录井新技术开发；非地震方法勘探；油层工程研究；数据处理；其他技术服务项目。

五、试井

是指确定井的生产能力和研究油层参数及地下动态，对井进行的专门测试工作。应用试井测试手段可以确定油气藏压力系统、储层特性、生产能力和进行动态预测，判断油气藏边界、评价井下作业效果和估算储量等。包括高压试井和低压试井。

六、固井

是指向井内下入一定尺寸的套管柱，并在周围注入水泥，将井壁与套管的空隙固定，以封隔疏松易塌易漏等地层、封隔油气水层，防止互相窜漏并形成油气通道。具体项目包括表面固井、技术套管固井、油层固井、套管固井、特殊固井。

七、试油（气）

是油气层评价的一种直接手段。是指在钻井过程中或完井后，利用地层测试等手段，获取储层油、气、水产量、液性、压力、温度等资料，为储层评价、油气储量计算和制定油气开发方案提供依据。包括中途测试、原钻机试油（气）、完井试油（气）、压裂改造、酸化改造、地层测试和抽汲排液求产、封堵等特种作业。

八、井下作业

是指在油气开发过程中，根据油气田投产、调整、改造、完善、挖潜的需要，利用地面和井下设备、工具，对油、气、水井采取各种井下作业技术措施，以达到维护油气水井正常生产或提高注采量，改善油层渗透条件及井的技术状况，提高采油速度和最终采收率。具体项目包括新井投产、投注、维护作业、措施作业、油水井大修、试油测试、试采、数据解释。

九、油（气）集输

是指把油（气）井生产的原油（天然气）收集起来，再进行初加工并输送出去而修建井（平）台、井口装置、管线、计量站、接转站、联合站、油库、油气稳定站、净化厂（站）、污水处理站、中间加热加压站、长输管线、集气站、增压站、气体处理厂等设施及维持设施正常运转发生的运行、保养、维护等劳务。

十、采油采气

是指为确保油田企业正常生产，通过自然或机械力将油气从油气层提升到地面并输送到联合站、集输站整个过程而发生的工程及劳务。主要包括采油采气、注水注气、三次采油、防腐、为了提高采收率采取的配套技术服务等。

（一）采油采气。是指钻井完钻后，通过试采作业，采取自然或机械力将油气从油气层提升到地面而进行的井场、生产道路建设、抽油机安装、采油树配套、单井管线铺设、动力设备安装、气层排液等工程及维持正常生产发生的运行、保养、维护等劳务。

（二）注水注气。是指为保持油气层压力而建设的水源井、取水设施、操作间、水源管线、配水间、配气站、注水注气站、注水增压站、注水注气管线等设施以及维持正常注水注气发生的运行、保养、维护等劳务。

（三）稠油注汽。是指为开采稠油而修建的向油层注入高压蒸汽的设施工程及维持正常注汽发生的运行、保养、维护等劳务。

（四）三次采油。是指为提高原油采收率，确保油田采收率而向油层内注聚合物、酸碱、表面活性剂、二氧化碳、微生物等其他新技术，进行相关的技术工艺配套和地面设施工程。包括修建注入和采出各场站、管网及相应的各系统工程；产出液处理的净化场（站）及管网工程等。

（五）防腐。是指为解决现场问题，保证油田稳产，解决腐蚀问题而进行的相关药剂、防腐方案、腐蚀监测网络等的配套工程。

（六）技术服务。是指为确保油气田的正常生产，为采油气工程提供的各种常规技术服务及新技术服务等。主要包括采油采气方案的编制、注水注气方案编制、三次采油方案的编制设计、油井管柱优化设计、相关软件的开发、采油气新工艺的服务、油气水井测试服务等。

十一、海上油田建设

是指为勘探开发海上油田而修建的人工岛、海上平台、海堤、滩海路、海上电力通信、海底管缆、海上运输、应急系统、弃置等海上生产设施及维持正常生产发生的运行、保养、维护等劳务。

十二、供排水、供电、供热、通信

（一）供排水。是指为维持油（气）田正常生产及保证安全所建设的调节水源、管线、泵站等系统工程以及防洪排涝工程以及运行、维护、改造等劳务。

（二）供电。是指为保证油（气）田正常生产和照明而建设的供、输、变电的系统工程以及运行、维护、改造等劳务。

（三）供热。是指为保证油气田正常生产而建设的集中热源、供热管网等设施以及运行、维护、改造等劳务。

（四）通信。是指在油（气）田建设中为保持电信联络而修建的发射台、线路、差转台（站）等设施以及运行、维护、改造等劳务。

十三、油田基本建设

是指根据油气田生产的需要，在油气田内部修建的道路、桥涵、河堤、输卸油（气）专用码头、海堤、生产指挥场所建设等设施以及维护和改造。

十四、环境保护

是油气田企业为保护生态环境，落实环境管理而发生的生态保护、污染防治、清洁生产、污染处置、环境应急等项目建设的工程与劳务，及施工结束、资源枯竭后应及时恢复自然生态而建设的工程及劳务。

十五、其他

是指油气田企业之间为维持油气田的正常生产而互相提供的其他劳务。包括：运输、设计、提供信息、检测、计量、监督、监理、消防、安全、异体监护、数据处理、租赁生产所需的仪器、材料、设备等服务。

（四）核电行业增值税规定

1. 关于核力发电企业的增值税政策

核力发电企业生产销售电力产品，自核电机组正式商业投产次月起 15 个年度内，统一实行增值税先征后退政策，返还比例分三个阶段逐级递减。具体返还比例为：

（1）自正式商业投产次月起 5 个年度内，返还比例为已入库税款的 75%；

（2）自正式商业投产次月起的第 6 个至第 10 个年度内，返还比例为已入库税款的 70%；

（3）自正式商业投产次月起的第 11 个至第 15 个年度内，返还比例为已入库税款的 55%；

（4）自正式商业投产次月起满 15 个年度以后，不再实行增值税先征后退政策。

核力发电企业采用按核电机组分别核算增值税退税额的办法，企业应分别核算核电机组电力产品的销售额，未分别核算或不能准确核算的，不得享受增值税先征后退政策。单台核电机组增值税退税额可以按以下公式计算：

$$\text{单台核电机组增值税退税额} = \left(\text{单台核电机组电力产品销售额} \div \text{核力发电企业电力产品销售额合计} \right) \times \text{核力发电企业实际缴纳增值税额} \times \text{退税比例}$$

原已享受增值税先征后退政策但该政策已于 2007 年内到期的核力发电企业，自该政策执行到期后次月起按上述统一政策核定剩余年度相应的返还比例；对 2007 年内新投产的核力发电企业，自核电机组正式商业投产日期的次月起按上述统一政策执行。

2. 关于大亚湾核电站和广东核电投资有限公司税收政策

大亚湾核电站和广东核电投资有限公司在 2014 年 12 月 31 日前继续执行以下政策：

（1）对大亚湾核电站销售给广东核电投资有限公司的电力免征增值税。

（2）对广东核电投资有限公司销售给广东电网公司的电力实行增值税先征后退政策，并免征城市维护建设税和教育费附加。

（3）对大亚湾核电站出售给香港核电投资有限公司的电力及广东核电投资有限公司转售给香港核电投资有限公司的大亚湾核电站生产的电力免征增值税。

（五）黄金交易的增值税管理规定

1. 黄金交易所的征税规定

（1）黄金生产和经营单位销售黄金（不包括四种成色：AU9999、AU9995、AU999、AU995；五种规格：50克、100克、1千克、3千克、12.5千克，以下简称"标准黄金"）和黄金矿砂（含伴生金）免征增值税，进口黄金和黄金矿砂免征进口环节增值税。

伴生金是指黄金矿砂以外的其他矿产品、冶炼中间产品和其他可以提炼黄金的原材料所伴生的黄金。

从2011年2月1日起纳税人销售含有伴生金的货物并申请伴生金免征增值税的，应当出具伴生金含量的有效证明，分别核算伴生金和其他成分的销售额。

（2）黄金交易所会员单位通过黄金交易所销售标准黄金（持有黄金交易所开具的黄金交易结算凭证），未发生实物交割的，免征增值税；发生实物交割的，由税务机关按照实际成交价格代开增值税专用发票，并实行增值税即征即退的政策，同时免征城市维护建设税、教育费附加。

增值税专用发票中的单价、金额和税额的计算公式分别为：

$$税额 = 金额 \times 增值税税率$$
$$金额 = 数量 \times 单价$$
$$单价 = 实际成交价格 \div (1 + 增值税税率)$$

实际成交价格是指不含黄金交易所收取的手续费的单位价格。

纳税人不通过黄金交易所销售的标准黄金不享受增值税即征即退和免征城市维护建设税、教育费附加政策。

（3）增值税一般纳税人的认定。

①黄金交易所应向所在地的主管税务机关申请办理增值税一般纳税人的认定手续，并申请印制黄金交易结算发票。

②会员单位和客户符合增值税一般纳税人认定资格的，可向其所在地的主管税务机关申请办理增值税一般纳税人的认定手续。

③会员和客户在黄金交易所所在地设有分支机构的，并由分支机构进行黄金交易的，对符合增值税一般纳税人资格的分支机构可向黄金交易所的主管税务机关申请办理一般纳税人的认定手续。

黄金出口不退税，出口黄金饰品，对黄金原料部分不予退税，只对加工增值税部分退税。

2. 上海期货交易所黄金期货交易增值税规定

（1）上海期货交易所会员和客户，通过上海期货交易所进行黄金期货交易并发生实物交割的，按照以下规定办理：

卖方会员或客户按交割结算价向上海期货交易所开具普通发票，对其免征增值税。上海期货交易所按交割结算价向卖方提供黄金结算专用发票结算联，发票联、存根联由交易所留存。

买方会员或客户未提取黄金出库的，由上海期货交易所按交割结算价开具黄金结算专用发票并提供发票联，存根联、结算联由上海期货交易所留存。

买方会员或客户提取黄金出库的，应向上海期货交易所主管税务机关出具期货交易交割结算单、标准仓单出库确认单、溢短结算单，由税务机关按实际交割价和提货数量，代上海期货交易所向具有增值税一般纳税人资格的买方会员或客户（提货方）开具增值税专用发票（抵扣联），增值税专用发票的发票联和记账联由上海期货交易所留存，抵扣联传递给提货方会员或客户。

买方会员或客户（提货方）不属于增值税一般纳税人的，不得向其开具增值税专用发票。

上海期货交易所应对黄金期货交割并提货环节的增值税税款实行单独核算，并享受增值税即征即退政策，同时免征城市维护建设税、教育费附加。

（2）会员和客户按以下规定核算增值税进项税额：

上海期货交易所会员或客户（中国人民银行除外）应对在上海期货交易所或黄金交易所办理黄金实物交割提取出库时取得的进项税额实行单独核算，按取得的税务机关代开的增值税专用发票上注明的增值税税额（包括相对应的买入量）单独记账。

对会员或客户从上海期货交易所或黄金交易所购入黄金（指提货出库后）再通过上海期货交易所卖出的，应计算通过上海期货交易所卖出黄金进项税额的转出额，并从当期进项税额中转出，同时计入成本；对当期账面进项税额小于通过下列公式计算出的应转出的进项税额，其差额部分应当立即补征入库。

$$应转出的进项税额 = 单位进项税额 \times 当期黄金卖出量$$
$$单位进项税额 = 购入黄金的累计进项税额 \div 累计黄金购入额$$

对上海期货交易所会员或客户（中国人民银行除外）通过上海期货交易所销售企业原有库存黄金，应按实际成交价格计算相应进项税额的转出额，并从当期进项税额中转出，计入成本。

$$应转出的进项税额 = 销售库存黄金实际成交价格 \div (1 + 增值税税率) \times 增值税税率$$

买方会员或客户（提货方）取得增值税专用发票抵扣联后，应按发票上注明的税额从黄金材料成本科目中转入"应缴税金——进项税额"科目，核算进项税额。

（3）增值税专用发票的单价和金额、税额按以下规定确定：

上海期货交易所买方会员或客户（提货方）提货出库时，主管税务机关代开增值税专用发票上注明的单价，应由实际交割货款和提货数量确定，但不包括手续费、仓储费等其他费用。其中，实际交割货款由交割货款和溢短结算货款组成，交割货款按后进先出法原则确定。具体计算公式如下：

实际交割价 = 实际交割货款 ÷ 提货数量

实际交割货款 = 交割货款 + 溢短结算货款

交割货款 = 标准仓单张数 × 每张仓单标准数量 × 交割结算价

溢短结算货款 = 溢短 × 溢短结算日前一交易日上海期货交易所挂牌交易的最近月份黄金期货合约的结算价

其中，单价小数点后至少保留6位。

（4）会员和客户应将上海期货交易所开具的黄金结算专用发票（发票联）作为会计记账凭证进行财务核算；买方会员和客户（提货方）取得税务部门代开的增值税专用发票（抵扣联），仅作为核算进项税额的凭证。

卖方会员或客户应凭上海期货交易所开具的黄金结算专用发票（结算联），向卖方会员或客户主管税务机关办理免税手续。

上海期货交易所会员应分别核算自营黄金期货交易、代理客户黄金期货交易与黄金实物交割业务的销售额以及增值税销项税额、进项税额、应纳税额。

"提取黄金出库",是指期货交易所会员或客户从指定的金库中提取在期货交易所已交割的黄金的行为。

上海期货交易所的会员和客户通过上海期货交易所交易的期货保税交割标的物,仍按保税货物暂免征收增值税。

期货保税交割是指以海关特殊监管区域或场所内处于保税监管状态的货物为期货实物交割标的物的期货实物交割。期货保税交割的销售方,在向主管税务机关申报纳税时,应出具当期期货保税交割的书面说明及上海期货交易所交割单,保税仓单等资料。

3. 金融机构开展个人实物黄金交易业务增值税的处理

金融机构向个人销售实物黄金的行为,应当照章征收增值税。考虑到金融机构征收管理的特殊性,为加强税收管理,促进交易发展,金融机构开展个人实物黄金交易的增值税的处理如下:

(1)对于金融机构从事的实物黄金交易业务,实行金融机构各省级分行和直属一级分行所属地市级分行、支行按照规定的预征率预缴增值税,由省级分行和直属一级分行统一清算缴纳的办法。

发生实物黄金交易行为的分理处、储蓄所等应按月计算实物黄金的销售数量、金额,上报其上级支行。

各支行、分理处、储蓄所应依法向机构所在地主管国家税务局申请办理税务登记。各支行应按月汇总所属分理处、储蓄所上报的实物黄金销售额和本支行的实物黄金销售额,按照规定的预征率计算增值税预征税额,向主管税务机关申报缴纳增值税。

$$预征税额 = 销售额 \times 预征率$$

各省级分行和直属一级分行应向机构所在地主管国家税务局申请办理税务登记,申请认定增值税一般纳税人资格。按月汇总所属地市分行或支行上报的实物黄金销售额和进项税额,按照一般纳税人方法计算增值税应纳税额,根据已预征税额计算应补税额,向主管税务机关申报缴纳。

$$应纳税额 = 销项税额 - 进项税额$$
$$应补税额 = 应纳税额 - 预征税额$$

当期进项税额大于销项税额的,其留抵税额结转下期抵扣,预征税额大于应纳税额的,在下期增值税应纳税额中抵减。

从事实物黄金交易业务的各级金融机构取得的进项税额,应当按照现行规定划分不可抵扣的进项税额,作进项税额转出处理。

预征率由各省级分行和直属一级分行所在地省级国家税务局确定。

(2)金融机构所属分行、支行、分理处、储蓄所等销售实物黄金时,应当向购买方开具国家税务总局统一监制的普通发票,不得开具银行自制的金融专业发票,普通发票领购事宜由各分行、支行办理。

根据《国家税务总局关于金融机构销售贵金属增值税有关问题的公告》(国家税务总局公告 2013 年第 13 号),自 2013 年 4 月 1 日起实行以下规定:

金融机构从事经其行业主管部门允许的金、银、铂等贵金属交易业务,可比照《国家税务总局关于金融机构开展个人实物黄金交易业务增值税有关问题的通知》(国税发〔2005〕178

号）规定，实行金融机构各省级分行和直属一级分行所在地市级分行、支行按照规定的预征率预缴增值税，省级分行和直属一级分行统一清算缴纳的办法。

已认定为增值税一般纳税人的金融机构，开展经其行业主管部门允许的贵金属交易业务时，可根据《增值税专用发票使用规定》（国税发〔2006〕156号）及相关规定领购、使用增值税专用发票。

（六）铂金交易的增值税管理规定

为规范铂金交易，加强铂金交易的税收管理，经国务院批准，2003年5月1日起，铂金及铂金制品的增值税税收政策如下：

1. 对进口铂金免征进口环节增值税。

2. 对中博世金科贸有限责任公司通过上海黄金交易所销售的进口铂金，以上海黄金交易所开具的上海黄金交易所发票（结算联）为依据，实行增值税即征即退政策。采取按照进口铂金价格计算退税的办法，具体如下：

即征即退的税额计算公式：

$$进口铂金平均单价 = \frac{\sum（当月进口铂金报关单价 \times 当月进口铂金数量）+ 上月末库存进口铂金总价值}{当月进口铂金数量 + 上月末库存进口铂金数量}$$

金额 = 销售数量 × 进口铂金平均单价 ÷ （1 + 17%）

即征即退的税额 = 金额 × 17%

中博世金科贸有限责任公司进口的铂金没有通过上海黄金交易所销售的，不得享受增值税即征即退政策。

3. 中博世金科贸有限责任公司通过上海黄金交易所销售的进口铂金，由上海黄金交易所主管税务机关按照实际成交价格代开增值税专用发票。增值税专用发票中的单价、金额和税额的计算公式为：

单价 = 实际成交单价 ÷ （1 + 17%）

金额 = 成交数量 × 单价

税额 = 金额 × 17%

实际成交单价是指不含黄金交易所收取的手续费的单位价格。

4. 国内铂金生产企业自产自销的铂金也实行增值税即征即退政策。

5. 对铂金制品加工企业和流通企业销售的铂金及其制品仍按现行规定征收增值税。

6. 铂金出口不退税。

（七）钻石交易的增值税管理规定

1. 一般纳税人资格认定

钻石包括毛坯钻石和成品钻石。上海钻石交易所是国务院批准设立，办理钻石进出口手续和钻石交易实行保税政策的交易场所。

按照有关章程或规则规定注册登记的专门经营钻石的所有会员单位应当在规定的时间内，向钻交所所在地的税务机关申请办理税务登记和申请办理增值税一般纳税人资格认定。税务机关对经审核符合条件的，认定为一般纳税人，不纳入辅导期管理。

2. 征免规定

（1）会员单位通过钻交所进口销往国内市场的毛坯钻石，免征国内环节增值税，并可通过防伪税控"一机多票"系统开具普通发票。

（2）会员单位通过钻交所进口销往国内市场的成品钻石，凭海关完税凭证和核准单，可开具增值税专用发票。

（3）国内开采或加工的钻石，通过钻交所销售的，在国内销售环节免征增值税，可凭核准单开具普通发票；不通过钻交所销售的，在国内销售环节照章征收增值税，并可按规定开具专用发票。

（4）钻石出口不得开具增值税专用发票。

（5）从钻交所会员单位购进成品钻石的增值税一般纳税人，在向会员单位索取增值税专用发票抵扣联的同时，必须向其索取核准单，以备税务机关核查。

（八）货物期货增值税管理规定

1. 货物期货交易增值税的纳税人

（1）交割时采取由期货交易所开具发票的，以期货交易所为纳税人。

（2）交割时采取由供货的会员单位直接将发票开给购货会员单位的，以供货会员单位为纳税人。

2. 计税依据

货物期货交易增值税的计税依据为交割时的不含税价格（不含增值税的实际成交额）。

$$不含税价格 = 含税价格 \div (1 + 增值税税率)$$

3. 纳税环节

货物期货交易增值税的纳税环节为期货的实物交割环节。

4. 特殊事项的处理

对于期货交易中仓单注册货物时发生升水的，该仓单注销时，注册人应当就升水部分款项向注销人开具增值税专用发票，同时计提销项税额，注销人凭取得的专用发票计算抵扣进项税额。

发生贴水的，该仓单注销时，注册人应当就贴水部分款项向注销人开具负数增值税专用发票，同时冲减销项税额，注销人凭取得的专用发票调减进项税额，不得由仓单注销人向仓单注册人开具增值税专用发票。

5. 征收办法

以期货交易所为纳税人时，货物期货增值税按次计算，其进项税额为该货物交割时供货会员单位开具的增值税专用发票上注明的恰当税额，期货交易所本身发生的各种进项税不得抵扣。

第五节　出口货物退（免）税

一、出口货物退（免）税概述

出口货物退（免）税是在国际贸易业务中，对报关出口的货物退还在国内各生产环节和流转环节按税法规定已缴纳的增值税和消费税，或免征应缴纳的增值税和消费税，它是国际贸易通常采用并为世界各国普遍接受的、目的在于鼓励各国出口货物公平竞争的一种税收措施。由于这项制度比较公平合理，因此它已成为国际社会通行的惯例。

我国的出口货物退（免）税是指在国际贸易业务中，对我国报关出口的货物退还或免征其在国内各生产和流转环节按税法规定缴纳的增值税和消费税，即对增值税出口货物实行零税率，对消费税出口货物免税。增值税出口货物的零税率，从税法上理解有两层含义：一是对本道环节生产或销售货物的增值部分免征增值税；二是对出口货物前道环节所含的进项税额进行退付。当然，由于各种货物出口前涉及征免税情况有所不同，且国家对少数货物有限制出口政策，因此，对货物出口的不同情况国家在遵循"征多少、退多少"、"未征不退和彻底退税"基本原则的基础上，制定了不同的税务处理办法。

1994 年，国家税务总局依据《增值税暂行条例》和《消费税暂行条例》的规定，制定了实施了《出口货物退（免）税管理办法》，具体规定了出口货物退（免）税的范围、出口货物退税率、出口退税的税额计算方法、出口退（免）税办理程序及对出口退（免）税的审核和管理。2002 年 1 月 23 日财政部、国家税务总局发出《关于进一步推进出口货物实行免抵退办法的通知》，2002 年 2 月 6 日，国家税务总局又发出了《生产企业出口货物"免、抵、退"税管理操作规程（试行）》。2005 年 3 月国家税务总局颁发了《出口货物退（免）税管理办法（试行）》，至此，我国出口退（免）税政策得到了进一步完善。2009 年 1 月 1 日起实行新修订的《增值税暂行条例》及其《增值税暂行条例实施细则》后，仍然贯彻"纳税人出口货物，税率为零；但是，国务院另有规定的除外"的政策。2012 年 5 月财政部、国家税务总局发布了《关于出口货物劳务增值税和消费税政策的通知》（以下简称"《通知》"）对近些年来制定的一系列出口货物、对外提供加工修理修配劳务（以下统称出口货物劳务，包括视同出口货物）增值税和消费税政策进行了归类整理，并对在实际操作中反映的问题做了明确规定。

二、出口货物退（免）税政策的基本规定

世界各国为了鼓励本国货物出口，在遵循 WTO 基本规则的前提下，一般都采取优惠的税收政策。出口退税是一项比较重要也比较复杂的制度，这一制度是与出口货物适用零税率的制度相联系的。我国的出口货物税收政策主要包括三种形式：

1. 出口免税并退税

出口免税是指对货物在出口销售环节不征增值税、消费税，这是将货物出口环节与出口前的销售环节同样视为一个征税环节；出口退税是指对货物在出口前实际承担的税收负担，按规定的退税率计算后予以退还。

2. 出口免税不退税

出口免税含义同上。出口不退税是指适用这个政策的出口货物因在前一道生产、销售环节或进口环节是免税的，因此，出口时该货物的价格中本身就不含税，也无须退税。

3. 出口不免税也不退税

出口不免税是指对国家限制或禁止出口的某些货物的出口环节视同内销环节，照常征税；出口不退税是指对这些货物出口不退还出口前其所负担的税款。

三、出口货物和劳务增值税退（免）税政策

（一）适用增值税退（免）税政策的范围

对下列出口货物和劳务，除适用《通知》第六条（适用增值税免税政策的出口货物和劳务）和第七条（适用增值税征税政策的出口货物和劳务）规定外，实行免征和退还增值税（以下称增值税退（免）税）政策：

1. 出口企业出口货物

《通知》所称出口企业，是指依法办理工商登记、税务登记、对外贸易经营者备案登记，自营或委托出口货物的单位或个体工商户，以及依法办理工商登记、税务登记但未办理对外贸易经营者备案登记，委托出口货物的生产企业。

《通知》所称出口货物，是指向海关报关后实际离境并销售给境外单位或个人的货物，分为自营出口货物和委托出口货物两类。

《通知》所称生产企业，是指具有生产能力（包括加工修理修配能力）的单位或个体工商户。

出口企业或其他单位视同出口货物。具体是指：

（1）出口企业对外援助、对外承包、境外投资的出口货物。

（2）出口企业经海关报关进入国家批准的出口加工区、保税物流园区、保税港区、综合保税区、珠澳跨境工业区（珠海园区）、中哈霍尔果斯国际边境合作中心（中方配套区域）、保税物流中心（B型）（以下称"特殊区域"）并销售给特殊区域内单位或境外单位、个人的货物。

（3）免税品经营企业销售的货物（国家规定不允许经营和限制出口的货物、卷烟和超出免税品经营企业企业法人营业执照规定经营范围的货物除外），具体是指：

①中国免税品（集团）有限责任公司向海关报关运入海关监管仓库，专供其经国家批准设立的统一经营、统一组织进货、统一制定零售价格、统一管理的免税店销售的货物；

②国家批准的除中国免税品（集团）有限责任公司外的免税品经营企业，向海关报关运入海关监管仓库，专供其所属的首都机场口岸海关隔离区内的免税店销售的货物；

③国家批准的除中国免税品（集团）有限责任公司外的免税品经营企业所属的上海虹桥、浦东机场海关隔离区内的免税店销售的货物。

国家规定不允许经营和限制出口的货物是指：

①《中华人民共和国禁止出境物品表》（海关总署令1993第43号）所列的货物。

②《卫生部、对外经贸经济合作部、海关总署关于进一步加强人体血液、组织器官管理有关问题的通知》（卫药发〔1996〕第27号）规定的血液和血液制品、人体组织和器官（包括胎儿）以及利用人体组织和器官（包括胎儿）加工生产的制剂。

③商务部会同有关部门公布的《禁止出口货物目录》所列的货物。

④《濒危野生动物国际贸易公约》所列的附录一级、二级、三级的动物、动物产品和植物、植物产品。

⑤林业部、农业部发布的《国家重点保护野生动物名录》所列的一级、二级保护的野

生动物及货物。

⑥国家食品药品监督管理局、公安部、卫生部发布的《精神药品管制品种目录》、《麻醉药品管制品种目录》所列的货物。

⑦国家环保总局、海关总署发布的《禁止或严格限制的有毒化学品目录》所列的货物。

（4）出口企业或其他单位销售给用于国际金融组织或外国政府贷款国际招标建设项目的中标机电产品（以下称"中标机电产品"）。

上述中标机电产品，包括外国企业中标再分包给出口企业或其他单位的机电产品。

（5）生产企业向海上石油天然气开采企业销售的自产的海洋工程结构物。

（6）出口企业或其他单位销售给国际运输企业用于国际运输工具上的货物。上述规定暂仅适用于外轮供应公司、远洋运输供应公司销售给外轮、远洋国轮的货物，国内航空供应公司生产销售给国内和国外航空公司国际航班的航空食品。

（7）出口企业或其他单位销售给特殊区域内生产企业生产耗用且不向海关报关而输入特殊区域的水（包括蒸汽）、电力、燃气（以下称"输入特殊区域的水电气"）。

（8）根据《融资租赁船舶出口退税管理办法》的规定，融资租赁船舶出口企业享受出口退税的政策，其范围、条件和具体计算办法按照财税〔2010〕24号文件相关规定执行。

2. 视同自产货物的具体范围

（1）持续经营以来从未发生骗取出口退税、虚开增值税专用发票或农产品收购发票、接受虚开增值税专用发票（善意取得虚开增值税专用发票除外）行为且同时符合下列条件的生产企业出口的外购货物，可视同自产货物适用增值税退（免）税政策：

①已取得增值税一般纳税人资格。

②已持续经营2年及2年以上。

③纳税信用等级A级。

④上一年度销售额5亿元以上。

⑤外购出口的货物与本企业自产货物同类型或具有相关性。

（2）持续经营以来从未发生骗取出口退税、虚开增值税专用发票或农产品收购发票、接受虚开增值税专用发票（善意取得虚开增值税专用发票除外）行为但不能同时符合本附件第一条规定的条件的生产企业，出口的外购货物符合下列条件之一的，可视同自产货物申报适用增值税退（免）税政策：

①同时符合下列条件的外购货物：与本企业生产的货物名称、性能相同；使用本企业注册商标或境外单位或个人提供给本企业使用的商标；出口给进口本企业自产货物的境外单位或个人。

②与本企业所生产的货物属于配套出口，且出口给进口本企业自产货物的境外单位或个人的外购货物，符合下列条件之一的：用于维修本企业出口的自产货物的工具、零部件、配件；不经过本企业加工或组装，出口后能直接与本企业自产货物组合成成套设备的货物。

③经集团公司总部所在地的地级以上国家税务局认定的集团公司，其控股（按照《公司法》第二百一十七条规定的口径执行）的生产企业之间收购的自产货物以及集团公司与其控股的生产企业之间收购的自产货物。

④同时符合下列条件的委托加工货物：与本企业生产的货物名称、性能相同，或者是用本企业生产的货物再委托深加工的货物；出口给进口本企业自产货物的境外单位或个人；委

托方与受托方必须签订委托加工协议，且主要原材料必须由委托方提供，受托方不垫付资金，只收取加工费，开具加工费（含代垫的辅助材料）的增值税专用发票。

⑤用于本企业中标项目下的机电产品。

⑥用于对外承包工程项目下的货物。

⑦用于境外投资的货物。

⑧用于对外援助的货物。

⑨生产自产货物的外购设备和原材料（农产品除外）。

3. 出口企业对外提供加工修理修配劳务

对外提供加工修理修配劳务，是指对进境复出口货物或从事国际运输的运输工具进行的加工修理修配。

（二）增值税退（免）税办法

适用增值税退（免）税政策的出口货物劳务，按照下列规定实行增值税免抵退税或免退税办法。

1. 免抵退税办法。生产企业出口自产货物和视同自产货物及对外提供加工修理修配劳务，以及列名的74家生产企业出口非自产货物，免征增值税，相应的进项税额抵减应纳增值税额（不包括适用增值税即征即退、先征后退政策的应纳增值税额），未抵减完的部分予以退还。

2. 免退税办法。不具有生产能力的出口企业（以下称"外贸企业"）或其他单位出口货物劳务，免征增值税，相应的进项税额予以退还。

（三）增值税出口退税率

1. 除财政部和国家税务总局根据国务院决定而明确的增值税出口退税率（以下称"退税率"）外，出口货物的退税率为其适用税率。国家税务总局根据上述规定将退税率通过出口货物劳务退税率文库予以发布，供征纳双方执行。退税率有调整的，除另有规定外，其执行时间以货物（包括被加工修理修配的货物）出口货物报关单（出口退税专用）上注明的出口日期为准。

2. 退税率的特殊规定：

（1）外贸企业购进按简易办法征税的出口货物、从小规模纳税人购进的出口货物，其退税率分别为简易办法实际执行的征收率、小规模纳税人征收率。上述出口货物取得增值税专用发票的，退税率按照增值税专用发票上的税率和出口货物退税率孰低的原则确定。

（2）出口企业委托加工修理修配货物，其加工修理修配费用的退税率，为出口货物的退税率。

（3）中标机电产品、出口企业向海关报关进入特殊区域销售给特殊区域内生产企业生产耗用的列名原材料、输入特殊区域的水电气，其退税率为适用税率。如果国家调整列名原材料的退税率，列名原材料应当自调整之日起按调整后的退税率执行。

（4）海洋工程结构物适用的退税率如表2－1所示。

表 2 - 1
海洋工程结构物退税率

序号	海洋工程结构物的具体范围（海关税则中货物名称）	被包含在内的海关税则号	对应的常见名称	退税率（%）
1	钢铁制桥梁及桥梁体段	7308100000	过渡段；生活模块；处理模块	15
2	钢铁制门窗及其框架、门槛	7308300000		
3	其他钢铁结构体及部件（包括结构体用的已加工钢板、型材）	7308900000		
4	钻探深度≥6千米其他石油钻探机	8430411100	钻机模块	17
5	钻探深度<6千米其他钻探机（自推进的）	8430412900		
6	载重不超过15万吨的原油船	8901202100	浮式生产储油轮；浮式储油轮；穿梭油轮	17
7	载重不超过10万吨的原油船	8901201100		
8	10万吨<载重量≤30万吨成品油船	8901201200		
9	机动多用途船	8901905000	三用工作船	17
10	拖船及顶推船	8904000000		
11	15万吨<载重量≤30万吨的原油船	8901202200	浮式生产储油轮；浮式储油轮；单点系泊系统；水下油气罐；栈桥码头	17
12	其他不以航行为主要功能的船舶	8905909000		
13	含植物性材料的浮动结构体	8907900010		
14	其他浮动结构体	8907900090		
15	浮动或潜水式钻探或生产平台	8905200000	自升式、半潜式钻井船；浮式钻井船；钻井平台；生产平台；处理平台；生活平台；烽火台	17

3. 适用不同退税率的货物劳务，应分开报关、核算并申报退（免）税，未分开报关、核算或划分不清的，从低适用退税率。

（四）增值税退（免）税的计税依据

出口货物劳务的增值税退（免）税的计税依据，按出口货物劳务的出口发票（外销发票）、其他普通发票或购进出口货物劳务的增值税专用发票、海关进口增值税专用缴款书确定。

1. 生产企业出口货物劳务（进料加工复出口货物除外）增值税退（免）税的计税依据，为出口货物劳务的实际离岸价（FOB）。实际离岸价应以出口发票上的离岸价为准，但如果出口发票不能反映实际离岸价，主管税务机关有权予以核定。

2. 生产企业进料加工复出口货物增值税退（免）税的计税依据，按出口货物的离岸价（FOB）扣除出口货物所含的海关保税进口料件的金额后确定。

《通知》所称海关保税进口料件，是指海关以进料加工贸易方式监管的出口企业从境外和特殊区域等进口的料件。包括出口企业从境外单位或个人购买并从海关保税仓库提取且办理海关进料加工手续的料件，以及保税区外的出口企业从保税区内的企业购进并办理海关进料加工手续的进口料件。

3. 生产企业国内购进无进项税额且不计提进项税额的免税原材料加工后出口的货物的计税依据，按出口货物的离岸价（FOB）扣除出口货物所含的国内购进免税原材料的金额后确定。

4. 外贸企业出口货物（委托加工修理修配货物除外）增值税退（免）税的计税依据，为购进出口货物的增值税专用发票注明的金额或海关进口增值税专用缴款书注明的完税价格。

5. 外贸企业出口委托加工修理修配货物增值税退（免）税的计税依据，为加工修理修配费用增值税专用发票注明的金额。外贸企业应将加工修理修配使用的原材料（进料加工海关保税进口料件除外）作价销售给受托加工修理修配的生产企业，受托加工修理修配的生产企业应将原材料成本并入加工修理修配费用开具发票。

6. 出口进项税额未计算抵扣的已使用过的设备增值税退（免）税的计税依据，按下列公式确定：

$$\begin{array}{l}\text{退（免）}\\\text{税计税依据}\end{array} = \begin{array}{l}\text{增值税专用发票上的金额或海关进口}\\\text{增值税专用缴款书注明的完税价格}\end{array} \times \begin{array}{l}\text{已使用过的设备}\\\text{固定资产净值}\end{array} \div \begin{array}{l}\text{已使用过的}\\\text{设备原值}\end{array}$$

$$\text{已使用过的设备固定资产净值} = \text{已使用过的设备原值} - \text{已使用过的设备已提累计折旧}$$

本通知所称已使用过的设备，是指出口企业根据财务会计制度已经计提折旧的固定资产。

7. 免税品经营企业销售的货物增值税退（免）税的计税依据，为购进货物的增值税专用发票注明的金额或海关进口增值税专用缴款书注明的完税价格。

8. 中标机电产品增值税退（免）税的计税依据，生产企业为销售机电产品的普通发票注明的金额，外贸企业为购进货物的增值税专用发票注明的金额或海关进口增值税专用缴款书注明的完税价格。

9. 生产企业向海上石油天然气开采企业销售的自产的海洋工程结构物增值税退（免）税的计税依据，为销售海洋工程结构物的普通发票注明的金额。

10. 输入特殊区域的水电气增值税退（免）税的计税依据，为作为购买方的特殊区域内生产企业购进水（包括蒸汽）、电力、燃气的增值税专用发票注明的金额。

（五）增值税免抵退税和免退税的计算

1. 生产企业出口货物劳务增值税免抵退税公式

（1）当期应纳税额的计算。

当期应纳税额 = 当期销项税额 - （当期进项税额 - 当期不得免征和抵扣税额）

$$\begin{array}{l}\text{当期不得免征}\\\text{和抵扣税额}\end{array} = \begin{array}{l}\text{当期出口}\\\text{货物离岸价}\end{array} \times \frac{\text{外汇人民币}}{\text{折合率}} \times \left(\begin{array}{l}\text{出口货物}\\\text{适用税率}\end{array} - \begin{array}{l}\text{出口货物}\\\text{退税率}\end{array}\right) - \begin{array}{l}\text{当期不得免征和}\\\text{抵扣税额抵减额}\end{array}$$

当期不得免征和抵扣税额抵减额 = 当期免税购进原材料价格 × （出口货物适用税率 - 出口货物退税率）

出口货物离岸价以出口发票计算的离岸价为准。出口发票不能如实反映实际离岸价的，企业必须按照实际离岸价向主管国税机关申报，同时主管税务机关有权依照《税收征收管理法》、《增值税暂行条例》等有关规定予以核定。

（2）当期免抵退税额的计算。

当期免抵退税额 = 当期出口货物离岸价 × 外汇人民币折合率 × 出口货物退税率 - 当期免抵退税额抵减额

当期免抵退税额抵减额 = 当期免税购进原材料价格 × 出口货物退税率

（3）当期应退税额和免抵税额的计算。

①当期期末留抵税额 ≤ 当期免抵退税额，则

当期应退税额 = 当期期末留抵税额

当期免抵税额 = 当期免抵退税额 - 当期应退税额

②当期期末留抵税额 > 当期免抵退税额，则

$$当期应退税额 = 当期免抵退税额$$
$$当期免抵税额 = 0$$

当期期末留抵税额为当期增值税纳税申报表中的"期末留抵税额"。

（4）当期免税购进原材料价格包括当期国内购进的无进项税额且不计提进项税额的免税原材料的价格和当期进料加工保税进口料件的价格，其中当期进料加工保税进口料件的价格为组成计税价格。

当期进料加工保税进口料件的组成计税价格 = 当期进口料件到岸价格 + 海关实征关税 + 海关实征消费税

①采用"实耗法"的，当期进料加工保税进口料件的组成计税价格为当期进料加工出口货物耗用的进口料件组成计税价格。其计算公式为：

$$当期进料加工保税进口料件的组成计税价格 = 当期进料加工出口货物离岸价 \times 外汇人民币折合率 \times 计划分配率$$
$$计划分配率 = 计划进口总值 \div 计划出口总值 \times 100\%$$

实行纸质手册和电子化手册的生产企业，应根据海关签发的加工贸易手册或加工贸易电子化纸质单证所列的计划进出口总值计算计划分配率。

实行电子账册的生产企业，计划分配率按前一期已核销的实际分配率确定；新启用电子账册的，计划分配率按前一期已核销的纸质手册或电子化手册的实际分配率确定。

②采用"购进法"的，当期进料加工保税进口料件的组成计税价格为当期实际购进的进料加工进口料件的组成计税价格。

若当期实际不得免征和抵扣税额抵减额大于当期出口货物离岸价 × 外汇人民币折合率 ×（出口货物适用税率 – 出口货物退税率）的，则：

$$当期不得免征和抵扣税额抵减额 = 当期出口货物离岸价 \times 外汇人民币折合率 \times \left(\frac{出口货物}{适用税率} - \frac{出口货物}{退税率} \right)$$

2. 计算实例

【例 2 - 7】某自营出口的生产企业为增值税一般纳税人，出口货物的征税生产率为 17%，退税税率为 13%。2012 年 3 月的有关经营业务如下：

购进原材料一批，取得的增值税专用发票注明的价款是 4 000 万元，外购货物准予抵扣的进项税额 450 万元通过认证。上月末留抵税款 45 万元，本月内销货物不含税销售额 1 500 万元，收款 1 230 万元存入银行，本月出口货物的销售额折合人民币 2 100 万元。试计算该企业当期的"免、抵、退"税额。

[计算分析]

根据增值税的有关规定，该企业的纳税情况如下：

（1）当期不得免征和抵扣的税额 = 4 000 ×（17% – 13%）= 160（万元）

（2）当期应纳税额 = 1 500 × 17% –（450 – 80）– 45 = 255 – 370 – 45 = – 70（万元）

（3）出口货物"免、抵、退"税额 = 2 100 × 13% = 273（万元）

（4）按规定，如当期末留抵税额小于等于当期免抵退税额时：当期应退税额 = 当期期末留抵税额 = 70（万元）

当期免抵税额 = 当期免抵退税额 – 当期应退税额 = 273 – 70 = 203（万元）

【例 2 - 8】一家自营出口的生产企业为增值税一般纳税人，出口货物的征税生产率为 17%，退税税率为 13%。2012 年 7 月的有关经营业务如下：

购进原材料一批，取得的增值税专用发票注明的价款是4 000万元，外购货物准予抵扣的进项税额950万元通过认证。上月末留抵税款65万元，本月内销货物不含税销售额1 300万元，收款1 521万元存入银行，本月出口货物的销售额折合人民币2 100万元。试计算该企业当期的"免、抵、退"税额。

[计算分析]

根据增值税的有关规定，该企业的纳税情况如下：

（1）当期不得免征和抵扣的税额 = 4 000 × （17% – 13%） = 160（万元）

（2）当期应纳税额 = 1 500 × 17% – （950 – 80） – 65 = 255 – 870 – 65 = – 680（万元）

（3）出口货物"免、抵、退"税额 = 2 100 × 13% = 273（万元）

（4）按规定，如当期末留抵税额大于当期免抵退税额时：

当期应退税额 = 当期期末留抵税额 = 273（万元）

当期免抵税额 = 当期免抵退税额 – 当期应退税额 = 273 – 273 = 0

【例2 – 9】某自营出口的生产企业为增值税一般纳税人，出口货物的征税生产率为17%，退税税率为13%。2012年9月的有关经营业务如下：

购进原材料一批，取得的增值税专用发票注明的价款是2 000万元，外购货物准予抵扣的进项税额340万元通过认证。当月进料加工免税进口料件的组成计税价格1 000万元（该企业采用购进法核算）。上月末留抵税款60万元，本月内销货物不含税销售额1 000万元，收款1 170万元存入银行，本月出口货物的销售额折合人民币2 000万元。试计算该企业当期的"免、抵、退"税额。

[计算分析]

根据增值税的有关规定，该企业的纳税情况如下：

（1）免抵退税不得免征和抵扣税额抵减额 = 免税进口料件的组成计税价格 × （出口货物征税税率 – 出口货物退税税率） = 1 000 × （17% – 13%） = 40（万元）

（2）免、抵、退不得免征和抵扣的税额 = 当期出口货物离岸价 × 外汇人民币牌价 × （出口货物征税税率 – 出口货物退税税率） – 当期不得免征和抵扣的税额 = 2 000 × （17% – 13%） – 40 = 80 – 40 = 40（万元）

（3）当期应纳税额 = 1 000 × 17% – （340 – 40） – 60 = 170 – 300 – 60 = – 190（万元）

（4）免抵退税不得免征和抵扣税额抵减额 = 免税购进原材料 × 材料出口货物退税税率 = 1 000 × 13% = 130（万元）

（5）出口货物免、抵、退税额 = 2 000 × 13% – 130 = 130（万元）

（6）按规定，如当期末留抵税额大于当期免抵退税额时：

当期应退税额 = 当期期末留抵税额 = 130（万元）

当期免抵税额 = 当期免抵退税额 – 当期应退税额 = 130 – 130 = 0

（7）9月期末留抵结转下期继续抵扣税额为60万元。

四、出口货物和劳务增值税免税政策

对符合下列条件的出口货物劳务，除适用《通知》第七条（适用增值税征税政策的出口货物和劳务）规定外，按下列规定实行免征增值税（以下称"增值税免税"）政策：

（一）适用增值税免税政策的范围

适用增值税免税政策的出口货物劳务，是指：

1. 出口企业或其他单位出口规定的货物

具体是指：

（1）增值税小规模纳税人出口的货物。

（2）避孕药品和用具，古旧图书。

（3）软件产品。其具体范围是指海关税则号前四位为"9803"的货物。

（4）含黄金、铂金成分的货物，钻石及其饰品。

（5）国家计划内出口的卷烟。其具体范围为：

①有出口经营权的卷烟生产企业（具体范围是指湖南中烟工业公司、浙江中烟工业公司、河南中烟工业公司、贵州中烟工业公司、湖北中烟工业公司、陕西中烟工业公司、安徽中烟工业公司）按国家批准的免税出口卷烟计划（以下简称"出口卷烟计划"）自营出口的自产卷烟。

②卷烟生产企业按出口卷烟计划委托卷烟出口企业（具体范围是指深圳烟草进出口有限公司、中国烟草辽宁进出口公司、中国烟草黑龙江进出口有限责任公司）出口的自产卷烟；北京卷烟厂按出口卷烟计划委托中国烟草上海进出口有限责任公司出口的自产"中南海"牌卷烟。

③口岸国际隔离区免税店销售的卷烟。

④卷烟出口企业（具体范围是指中国烟草上海进出口有限责任公司、中国烟草广东进出口公司、中国烟草山东进出口有限公司、云南烟草国际有限公司、川渝中烟工业公司、福建中烟工业公司）按出口卷烟计划出口的外购卷烟。

（6）已使用过的设备。其具体范围是指购进时未取得增值税专用发票、海关进口增值税专用缴款书但其他相关单证齐全的已使用过的设备。

（7）非出口企业委托出口的货物。

（8）非列名生产企业出口的非视同自产货物。

（9）农业生产者自产农产品，具体范围按照《农业产品征税范围注释》（财税〔1995〕52号）的规定执行。

（10）油画、花生果仁、黑大豆等财政部和国家税务总局规定的出口免税的货物。

（11）外贸企业取得普通发票、废旧物资收购凭证、农产品收购发票、政府非税收入票据的货物。

（12）来料加工复出口的货物。

（13）特殊区域内的企业出口的特殊区域内的货物。

（14）以人民币现金作为结算方式的边境地区出口企业从所在省（自治区）的边境口岸出口到接壤国家的一般贸易和边境小额贸易出口货物。

（15）以旅游购物贸易方式报关出口的货物。

2. 出口企业或其他单位视同出口的货物劳务

（1）国家批准设立的免税店销售的免税货物［包括进口免税货物和已实现退（免）税的货物］。

（2）特殊区域内的企业为境外的单位或个人提供加工修理修配劳务。

（3）同一特殊区域、不同特殊区域内的企业之间销售特殊区域内的货物。

3. 出口企业或其他单位未按规定申报或未补齐增值税退（免）税凭证的出口货物劳务

具体是指：

（1）未在国家税务总局规定的期限内申报增值税退（免）税的出口货物劳务。

（2）未在规定期限内申报开具代理出口货物证明的出口货物劳务。

（3）已申报增值税退（免）税，却未在国家税务总局规定的期限内向税务机关补齐增值税退（免）税凭证的出口货物劳务。

对于适用增值税免税政策的出口货物劳务，出口企业或其他单位可以依照现行增值税有关规定放弃免税，并依照《通知》第七条的规定缴纳增值税。

（二）进项税额的处理计算

1. 适用增值税免税政策的出口货物劳务，其进项税额不得抵扣和退税，应当转入成本。

2. 出口卷烟，依下列公式计算：

$$\text{不得抵扣的进项税额} = \text{出口卷烟含消费税金额} \div \left(\text{出口卷烟含消费税金额} + \text{内销卷烟销售额} \right) \times \text{当期全部进项税额}$$

（1）当生产企业销售的出口卷烟在国内有同类产品销售价格时：

$$\text{出口卷烟含消费税金额} = \text{出口销售数量} \times \text{销售价格}$$

"销售价格"为同类产品生产企业国内实际调拨价格。如实际调拨价格低于税务机关公示的计税价格的，"销售价格"为税务机关公示的计税价格；高于公示计税价格的，销售价格为实际调拨价格。

（2）当生产企业销售的出口卷烟在国内没有同类产品销售价格时：

$$\text{出口卷烟含税金额} = (\text{出口销售额} + \text{出口销售数量} \times \text{消费税定额税率}) \div (1 - \text{消费税比例税率})$$

"出口销售额"以出口发票上的离岸价为准。若出口发票不能如实反映离岸价，生产企业应按实际离岸价计算，否则，税务机关有权按照有关规定予以核定调整。

3. 除出口卷烟外，适用增值税免税政策的其他出口货物劳务的计算，按照增值税免税政策的统一规定执行。其中，如果涉及销售额，除来料加工复出口货物为其加工费收入外，其他均为出口离岸价或销售额。

五、出口货物增值税征税政策

下列出口货物劳务，不适用增值税退（免）税和免税政策，按下列规定及视同内销货物征税的其他规定征收增值税（以下称"增值税征税"）：

（一）适用出口货物增值税征税范围

适用增值税征税政策的出口货物劳务，是指：

1. 出口企业出口或视同出口，财政部、国家税务总局根据国务院决定明确的取消出口退（免）税的货物（不包括来料加工复出口货物、中标机电产品、列名原材料、输入特殊区域的水电气、海洋工程结构物）。

2. 出口企业或其他单位销售给特殊区域内的生活消费用品和交通运输工具。

3. 出口企业或其他单位因骗取出口退税被税务机关停止办理增值税退（免）税期间出口的货物。

4. 出口企业或其他单位提供虚假备案单证的货物。

5. 出口企业或其他单位增值税退（免）税凭证有伪造或内容不实的货物。

6. 出口企业或其他单位未在国家税务总局规定期限内申报免税核销以及经主管税务机关审核不予免税核销的出口卷烟。

7. 出口企业或其他单位具有以下情形之一的出口货物劳务：

（1）将空白的出口货物报关单、出口收汇核销单等退（免）税凭证交由除签有委托合同的货代公司、报关行，或由境外进口方指定的货代公司（提供合同约定或者其他相关证明）以外的其他单位或个人使用的。

（2）以自营名义出口，其出口业务实质上是由本企业及其投资的企业以外的单位或个人借该出口企业名义操作完成的。

（3）以自营名义出口，其出口的同一批货物既签订购货合同，又签订代理出口合同（或协议）的。

（4）出口货物在海关验放后，自己或委托货代承运人对该笔货物的海运提单或其他运输单据等上的品名、规格等进行修改，造成出口货物报关单与海运提单或其他运输单据有关内容不符的。

（5）以自营名义出口，但不承担出口货物的质量、收款或退税风险之一的，即出口货物发生质量问题不承担购买方的索赔责任（合同中有约定质量责任承担者除外）；不承担未按期收款导致不能核销的责任（合同中有约定收款责任承担者除外）；不承担因申报出口退（免）税的资料、单证等出现问题造成不退税责任的。

（6）未实质参与出口经营活动、接受并从事由中间人介绍的其他出口业务，但仍以自营名义出口的。

（二）应纳增值税的计算

适用增值税征税政策的出口货物劳务，其应纳增值税按下列办法计算：

1. 一般纳税人出口货物

$$销项税额 = \left(出口货物离岸价 - \frac{出口货物耗用的进料}{加工保税进口料件金额}\right) \div (1 + 适用税率) \times 适用税率$$

出口货物若已按征退税率之差计算不得免征和抵扣税额并已经转入成本的，相应的税额应转回进项税额。

（1）出口货物耗用的进料加工保税进口料件金额 = 主营业务成本 × （投入的保税进口料件金额 ÷ 生产成本）。

主营业务成本、生产成本均为不予退（免）税的进料加工出口货物的主营业务成本、生产成本。当耗用的保税进口料件金额大于不予退（免）税的进料加工出口货物金额时，耗用的保税进口料件金额为不予退（免）税的进料加工出口货物金额。

（2）出口企业应分别核算内销货物和增值税征税的出口货物的生产成本、主营业务成本。

未分别核算的，其相应的生产成本、主营业务成本由主管税务机关核定。

进料加工手册海关核销后，出口企业应对出口货物耗用的保税进口料件金额进行清算。清算公式为：

$$\begin{array}{l}清算耗用的保税\\进口料件总额\end{array} = \begin{array}{l}实际保税进口\\料件总额\end{array} - \begin{array}{l}退（免）税出口货物耗用\\的保税进口料件总额\end{array} - \begin{array}{l}进料加工副产品耗用的\\保税进口料件总额\end{array}$$

若耗用的保税进口料件总额与各纳税期扣减的保税进口料件金额之和存在差额时，应在清算的当期相应调整销项税额。当耗用的保税进口料件总额大于出口货物离岸金额时，其差额部分不得扣减其他出口货物金额。

2. 小规模纳税人出口货物

$$应纳税额 = 出口货物离岸价 \div (1 + 征收率) \times 征收率$$

六、出口货物退（免）税管理

（一）认定和申报

1. 适用本通知规定的增值税退（免）税或免税、消费税退（免）税或免税政策的出口企业或其他单位，应办理退（免）税认定。

2. 经过认定的出口企业及其他单位，应在规定的增值税纳税申报期内向主管税务机关申报增值税退（免）税和免税、消费税退（免）税和免税。委托出口的货物，由委托方申报增值税退（免）税和免税、消费税退（免）税和免税。输入特殊区域的水电气，由作为购买方的特殊区域内生产企业申报退税。

3. 出口企业或其他单位骗取国家出口退税款的，经省级以上税务机关批准可以停止其退（免）税资格。

（二）若干征、退（免）税规定

1. 出口企业或其他单位退（免）税认定之前的出口货物劳务，在办理退（免）税认定后，可按规定适用增值税退（免）税或免税及消费税退（免）税政策。

2. 出口企业或其他单位出口货物劳务适用免税政策的，除特殊区域内企业出口的特殊区域内货物、出口企业或其他单位视同出口的免征增值税的货物劳务外，如果未按规定申报免税，应视同内销货物和加工修理修配劳务征收增值税、消费税。

3. 开展进料加工业务的出口企业若发生未经海关批准将海关保税进口料件作价销售给其他企业加工的，应按规定征收增值税、消费税。

4. 卷烟出口企业经主管税务机关批准按国家批准的免税出口卷烟计划购进的卷烟免征增值税、消费税。

5. 发生增值税、消费税不应退税或免税但已实际退税或免税的，出口企业和其他单位应当补缴已退或已免税款。

6. 出口企业和其他单位出口的货物（不包括《通知》附件 7 所列货物），如果原材料成本 80% 以上为附件 9 所列原料的，应执行该原料的增值税、消费税政策，上述出口货物的增值税退税率为附件 9 所列该原料海关税则号在出口货物劳务退税率文库中对应的退税率。

7. 国家批准的免税品经营企业销售给免税店的进口免税货物免征增值税。

（三）外贸企业核算要求

外贸企业应单独设账核算出口货物的购进金额和进项税额，若购进货物时不能确定是用于出口的，先记入出口库存账，用于其他用途时应从出口库存账转出。

（四）符合条件的生产企业

符合条件的生产企业已签订出口合同的交通运输工具和机器设备，在其退税凭证尚未收集齐全的情况下，可凭出口合同、销售明细账等，向主管税务机关申报免抵退税。在货物向海关报关出口后，应按规定申报退（免）税，并办理已退（免）税的核销手续。多退（免）的税款，应予追回。

生产企业申请时应同时满足以下条件：

1. 已取得增值税一般纳税人资格。

2. 已持续经营 2 年及 2 年以上。

3. 生产的交通运输工具和机器设备生产周期在 1 年及 1 年以上。

4. 上一年度净资产大于同期出口货物增值税、消费税退税额之和的 3 倍。

5. 持续经营以来从未发生逃税、骗取出口退税、虚开增值税专用发票或农产品收购发票、接受虚开增值税专用发票（善意取得虚开增值税专用发票除外）行为。

第六节　营业税改征增值税试点政策

一、营业税改征增值税试点政策概述

（一）指导思想

建立健全有利于科学发展的税收制度，是促进经济结构调整，支持现代服务业发展的重要环节。当下的中国正处于加快思变经济发展方式的攻坚阶段，大力发展第三产业，是现代服务业，对推进经济结构调整和提高国家综合实力具有重要意义。按照建立健全有利于科学发展的财税制度要求，将营业税改征增值税，有利于完善税制，消除重复征税；有利于社会专业化分工，促进三次产业融合；有利于降低企业税收成本，增强企事业发展能力；有利于优化投资、消费和出口结构，促进国发经济健康协调发展。

（二）基本原则

1. 统筹设计、分步实施。正确处理改革、发展、稳定的关系，统筹兼顾经济社会发展要求，结合全面推行改革需要和当前实际，科学设计，稳步推进。

2. 规范税制、合理负担。在保证增值税规范运行的前提下，根据财政承受能力和不同行业发展特点，合理设置税制要素，改革试点行业总体税负不增加或略有下降，基本消除重复征税。

3. 全面协调、平稳过渡。妥善处理试点前后增值税与营业税政策的衔接，试点纳税人与非试点纳税人税制的协调，建立健全适应第三产业发展的增值税管理体系，确保改革试点有序运行。

（三）试点行业

试点地区先在交通运输业、部分现代服务业等生产性服务业开展，逐步推广至其他行业。条件成熟时，可选择部分行业在全国范围内进行全行业试点。

选择交通运输业试点主要考虑：一是交通运输业与生产流通联系紧密，在生产性服务业中占有重要地位；二是运输费用属于现行增值税进项税额抵扣范围，运费发票已纳入增值税管理体系，改革的基础较好。选择部分现代服务业试点主要考虑：一是现代服务业是衡量一个国家经济社会发达程度的重要标志，通过改革支持其发展服务有利于提升国家综合实力；二是选择与制造业关系密切的部分现代服务业进行试点，可以减少产业分工细化存在的重复征税国家，既有利于现代服务业的发展，也有利于制造业产业升级和技术进步。

（四）试点地区

营业税改征增值税涉及面较广，为保证改革顺利实施，在部分地区和部分行业开展试点。综合考虑服务业发展状况，财政承受能力、征管基础条件等因素，先期选择经济辐射效应明显、改革示范作用较强的地区开展试点。

经国务院批准，由上海市分批扩大至北京、江苏等8个省（直辖市），于2013年8月推广至全国。

（五）试点时间

2012年12月1日开始在上海市试点。

2012年9月1日北京完成新旧税制转换，同年10月1日江苏省、安徽省完成新旧税制转换；11月1日福建省、广东省完成新旧税制转换；12月1日天津市、浙江省、湖北省完成新旧税制转换。2013年8月1日开始面向全国，随即，营业税改征增值税政策进入一个实质性阶段。

二、营业税改征增值税的纳税人

（一）纳税人

在中华人民共和国境内（以下简称"境内"）提供交通运输业和部分现代服务业服务（以下简称"应税服务"）的单位和个人，为增值税纳税人。单位，是指企业、行政单位、事业单位、军事单位、社会团体及其他单位。纳税人提供应税服务，按照规定缴纳增值税，不再缴纳营业税。

个人，是指个体工商户和其他个人。

单位以承包、承租、挂靠方式经营的，承包人、承租人、挂靠人（以下简称"承包人"）以发包人、出租人、被挂靠人（以下简称"发包人"）名义对外经营并由发包人承担相关法律责任的，以该发包人为纳税人。否则，以承包人为纳税人。

在境内提供应税服务，是指应税服务提供方或者接受方在境内。

下列情形不属于在境内提供应税服务：

1. 境外单位或者个人向境内单位或者个人提供完全在境外消费的应税服务。

2. 境外单位或者个人向境内单位或者个人出租完全在境外使用的有形动产。

3. 财政部和国家税务总局规定的其他情形。

（二）扣缴义务人

中华人民共和国境外（以下简称"境外"）的单位或者个人在境内提供应税服务，在境内未设有经营机构的，以其代理人为增值税扣缴义务人；在境内没有代理人的，以接受方为增值税扣缴义务人。

两个或者两个以上的纳税人，经财政部和国家税务总局批准可以视为一个纳税人合并纳税。具体办法由财政部和国家税务总局另行制定。

（三）纳税人身份的划分

纳税人分为一般纳税人和小规模纳税人。应税服务的年应征增值税销售额（以下简称"应税服务年销售额"）超过财政部和国家税务总局规定标准的纳税人为一般纳税人，未超过规定标准的纳税人为小规模纳税人。

应税服务年销售额超过规定标准的其他个人按小规模纳税人纳税；不经常提供应税服务的非企业性单位、企业和个体工商户可选择按照小规模纳税人纳税。

1. 一般纳税人资格认定

应税服务年销售额标准为 500 万元（含本数）的纳税人为一般纳税人。财政部和国家税务总局可以根据试点情况对应税服务年销售额标准进行调整。

营改增试点实施前（以下简称"试点实施前"）应税服务年销售额满 500 万元的试点纳税人，应向国税主管税务机关（以下简称"主管税务机关"）申请办理增值税一般纳税人资格认定手续。

试点纳税人试点实施前的应税服务年销售额按以下公式换算：

$$应税服务年销售额 = 连续不超过 12 个月应税服务营业额合计 \div (1 + 3\%)$$

按照现行营业税规定差额征收营业税的试点纳税人，其应税服务营业额按未扣除之前的营业额计算。

试点实施前已取得增值税一般纳税人资格并兼有应税服务的试点纳税人，不需要重新申请认定，由主管税务机关制作、送达税务事项通知书，告知纳税人。

试点实施前应税服务年销售额不满 500 万元的试点纳税人，可以向主管税务机关申请增值税一般纳税人资格认定。

按营改增有关规定，在确定销售额时可以差额扣除的试点纳税人，其应税服务年销售额按未扣除之前的销售额计算。

兼有销售货物、提供加工修理修配劳务以及应税服务的纳税人，应税货物及劳务销售额与应税服务销售额分别计算，分别适用增值税一般纳税人资格认定标准。兼有销售货物、提供加工修理修配劳务以及应税服务，且不经常发生应税行为的非企业性单位、企业和个体工商户可选择按照小规模纳税人纳税。

试点纳税人取得增值税一般纳税人资格后，发生增值税偷税、骗取出口退税和虚开增值税扣税凭证等行为的，主管税务机关可以对其实行不少于 6 个月的纳税辅导期管理。

2. 小规模纳税人资格认定

小规模纳税人会计核算健全，能够提供准确税务资料的，可以向主管税务机关申请一般纳税人资格认定，成为一般纳税人。

会计核算健全，是指能够按照国家统一的会计制度规定设置账簿，根据合法、有效凭证核算。

符合一般纳税人条件的小规模纳税人应当向主管税务机关申请一般纳税人资格认定。具体认定办法由国家税务总局制定。

除国家税务总局另有规定外，一经认定为一般纳税人后，不得转为小规模纳税人。

三、营业税改征增值税的应税服务

（一）征税范围

应税服务，是指陆路运输服务、水路运输服务、航空运输服务、管道运输服务、邮政服务、研发和技术服务、信息技术服务、文化创意服务、物流辅助服务、有形动产租赁服务、鉴证咨询服务、广播影视服务。

提供应税服务，是指有偿提供应税服务，但不包括非营业活动中提供的应税服务。

有偿，是指取得货币、货物或者其他经济利益。

非营业活动，是指：

1. 非企业性单位按照法律和行政法规的规定，为履行国家行政管理和公共服务职能收取政府性基金或者行政事业性收费的活动。

2. 单位或者个体工商户聘用的员工为本单位或者雇主提供应税服务。

3. 单位或者个体工商户为员工提供应税服务。

4. 财政部和国家税务总局规定的其他情形。

单位和个体工商户的下列情形，视同提供应税服务：

1. 向其他单位或者个人无偿提供交通运输业和部分现代服务业服务，但以公益活动为目的或者以社会公众为对象的除外。

2. 财政部和国家税务总局规定的其他情形。

（二）税目

1. 交通运输业

交通运输业，是指使用运输工具将货物或者旅客送达目的地，使其空间位置得到转移的业务活动。包括陆路运输服务、水路运输服务、航空运输服务和管道运输服务。

（1）陆路运输服务。

陆路运输服务，是指通过陆路（地上或者地下）运送货物或者旅客的运输业务活动，包括铁路运输服务和其他陆路运输服务。

其中，铁路运输服务，是指通过铁路运送货物或者旅客的运输业务活动，其他陆路运输服务，是指铁路运输以外的陆路运输业务活动，包括公路运输、缆车运输、索道运输、地铁运输、城市轻轨运输等。

出租车公司向使用本公司自有出租车的出租车司机收取的管理费用，按陆路运输服务征收增值税。

（2）水路运输服务。

水路运输服务，是指通过江、河、湖、川等天然、人工水道或者海洋航道运送货物或者旅客的运输业务活动。

远洋运输的程租、期租业务，属于水路运输服务。

程租业务，是指远洋运输企业为租船人完成某一特定航次的运输任务并收取租赁费的业务。

期租业务，是指远洋运输企业将配备有操作人员的船舶承租给他人使用一定期限，承租期内听候承租方调遣，不论是否经营，均按天向承租方收取租赁费，发生的固定费用均由船东负担的业务。

（3）航空运输服务。

航空运输服务，是指通过空中航线运送货物或者旅客的运输业务活动。

航空运输的湿租业务，属于航空运输服务。

湿租业务，是指航空运输企业将配备有机组人员的飞机以一定期限承租给他人使用，承租期内听候承租方调遣，不论是否经营，均按一定标准向承租方收取租赁费，发生的固定费用均由承租方承担的业务。

航天运输服务，是指利用火箭等载体将卫星、空间探测器等空间飞行器发射到空间轨道的业务活动。

（4）管道运输服务。

管道运输服务，是指通过管道设施输送气体、液体、固体物质的运输业务活动。

2. 邮政业

邮政业，是指中国邮政集团公司及其所属邮政企业提供邮件寄递、邮政汇兑、机要通信和邮政代理等邮政基本服务的业务活动，包括邮政普遍服务、邮政特殊服务和其他邮政服务。

（1）邮政普遍服务。

邮政普遍服务，是指函件、包裹等邮件寄递以及邮票发行、报刊发行和邮政汇兑等业务活动。

函件，是指信函、印刷品、邮资封片卡、无名址函件和邮政小包等。

包裹，是指按照封装上的名址递送给特定个人或者单位的独立封装的物品，其重量不超过50千克，任何一边的尺寸不超过150厘米，长、宽、高合计不超过300厘米。

（2）邮政特殊服务。

邮政特殊服务，是指义务兵平常信函、机要通信、盲人读物和革命烈士遗物的寄递等业务活动。

（3）其他邮政服务。

其他邮政服务，是指邮册等邮品销售、邮政代理等业务活动。

3. 部分现代服务业

部分现代服务业，是指围绕制造业、文化产业、现代物流产业等提供技术性、知识性服务的业务活动。包括研发和技术服务、信息技术服务、文化创意服务、物流辅助服务、有形动产租赁服务、鉴证咨询服务、广播影视服务。

（1）研发和技术服务。

研发和技术服务，包括研发服务、技术转让服务、技术咨询服务、合同能源管理服务、工程勘察勘探服务。

①研发服务，是指就新技术、新产品、新工艺或者新材料及其系统进行研究与试验开发的业务活动。

②技术转让服务，是指转让专利或者非专利技术的所有权或者使用权的业务活动。

③技术咨询服务，是指对特定技术项目提供可行性论证、技术预测、技术测试、技术培训、专题技术调查、分析评价报告和专业知识咨询等业务活动。

④合同能源管理服务，是指节能服务公司与用能单位以契约形式约定节能目标，节能服务公司提供必要的服务，用能单位以节能效果支付节能服务公司投入及其合理报酬的业务活动。

⑤工程勘察勘探服务，是指在采矿、工程施工以前，对地形、地质构造、地下资源蕴藏情况进行实地调查的业务活动。

（2）信息技术服务。

信息技术服务，是指利用计算机、通信网络等技术对信息进行生产、收集、处理、加工、存储、运输、检索和利用，并提供信息服务的业务活动。包括软件服务、电路设计及测试服务、信息系统服务和业务流程管理服务。

①软件服务，是指提供软件开发服务、软件咨询服务、软件维护服务、软件测试服务的业务行为。

②电路设计及测试服务，是指提供集成电路和电子电路产品设计、测试及相关技术支持服务的业务行为。

③信息系统服务，是指提供信息系统集成、网络管理、桌面管理与维护、信息系统应用、基础信息技术管理平台整合、信息技术基础设施管理、数据中心、托管中心、安全服务的业务行为。包括网站对非自有的网络游戏提供的网络运营服务。

④业务流程管理服务，是指依托计算机信息技术提供的人力资源管理、财务经济管理、审计管理、税务管理、内部数据挖掘、内部数据管理、内部数据使用、金融支付服务、内部数据分析、呼叫中心和电子商务平台等服务的业务活动。

（3）文化创意服务。

文化创意服务，包括设计服务、商标和著作权转让服务、知识产权服务、广告服务和会议展览服务。

①设计服务，是指把计划、规划、设想通过视觉、文字等形式传递出来的业务活动。包括工业设计、造型设计、服装设计、环境设计、平面设计、包装设计、动漫设计、网游设计、展示设计、网站设计、机械设计、工程设计、广告设计、创意策划、文印晒图等。

②商标和著作权转让服务，是指转让商标、商誉和著作权的业务活动。

③知识产权服务，是指处理知识产权事务的业务活动。包括对专利、商标、著作权、软件、集成电路布图设计的代理、登记、鉴定、评估、认证、咨询、检索服务。

④广告服务，是指利用图书、报纸、杂志、广播、电视、电影、幻灯、路牌、招贴、橱

窗、霓虹灯、灯箱、互联网等各种形式为客户的商品、经营服务项目、文体节目或者通告、声明等委托事项进行宣传和提供相关服务的业务活动。包括广告代理和广告的发布、播映、宣传、展示等。

⑤会议展览服务，是指为商品流通、促销、展示、经贸洽谈、民间交流、企业沟通、国际往来等举办或者组织安排的各类展览和会议的业务活动。

（4）物流辅助服务。

物流辅助服务，包括航空服务、港口码头服务、货运客运场站服务、打捞救助服务、货物运输代理服务、代理报关服务、仓储服务、装卸搬运服务和收派服务。

①航空服务，包括航空地面服务和通用航空服务。

航空地面服务，是指航空公司、飞机场、民航管理局、航站等向在我国境内航行或者在我国境内机场停留的境内外飞机或者其他飞行器提供的导航等劳务性地面服务的业务活动。包括旅客安全检查服务、停机坪管理服务、机场候机厅管理服务、飞机清洗消毒服务、空中飞行管理服务、飞机起降服务、飞行通信服务、地面信号服务、飞机安全服务、飞机跑道管理服务、空中交通管理服务等。

通用航空服务，是指为专业工作提供飞行服务的业务活动，包括航空摄影、航空培训、航空测量、航空勘探、航空护林、航空吊挂播撒、航空降雨等。

②港口码头服务，是指港务船舶调度服务、船舶通信服务、航道管理服务、航道疏浚服务、灯塔管理服务、航标管理服务、船舶引航服务、理货服务、系解缆服务、停泊和移泊服务、海上船舶溢油清除服务、水上交通管理服务、船只专业清洗消毒检测服务和防止船只漏油服务等为船只提供服务的业务活动。

港口设施经营人收取的港口设施保安费按照"港口码头服务"征收增值税。

③货运客运场站服务，是指货运客运场站（不包括铁路运输）提供的货物配载服务、运输组织服务、中转换乘服务、车辆调度服务、票务服务、货物打包整理、铁路线路使用服务、加挂铁路客车服务、铁路行包专列发送服务、铁路到达和中转服务、铁路车辆编解服务、车辆挂运服务、铁路接触网服务、铁路机车牵引服务和车辆停放服务等业务活动。

④打捞救助服务，是指提供船舶人员救助、船舶财产救助、水上救助和沉船沉物打捞服务的业务活动。

⑤货物运输代理服务，是指接受货物收货人、发货人、船舶所有人、船舶承租人或船舶经营人的委托，以委托人的名义或者以自己的名义，在不直接提供货物运输服务的情况下，为委托人办理货物运输、船舶进出港口、联系安排引航、靠泊、装卸等货物和船舶代理相关业务手续的业务活动。

⑥代理报关服务，是指接受进出口货物的收、发货人委托，代为办理报关手续的业务活动。

⑦仓储服务，是指利用仓库、货场或者其他场所代客贮放、保管货物的业务活动。

⑧装卸搬运服务，是指使用装卸搬运工具或人力、畜力将货物在运输工具之间、装卸现场之间或者运输工具与装卸现场之间进行装卸和搬运的业务活动。

⑨收派服务，是指接受寄件人委托，在承诺的时限内完成函件和包裹的收件、分拣、派送服务的业务活动。收件服务，是指从寄件人收取函件和包裹，并运送到服务提供方同城的集散中心的业务活动；分拣服务，是指服务提供方在其集散中心对函件和包裹进行归类、分

发的业务活动；派送服务，是指服务提供方从其集散中心将函件和包裹送达同城的收件人的业务活动。

（5）有形动产租赁服务。

有形动产租赁，包括有形动产融资租赁和有形动产经营性租赁。

①有形动产融资租赁，是指具有融资性质和所有权转移特点的有形动产租赁业务活动。即出租人根据承租人所要求的规格、型号、性能等条件购入有形动产租赁给承租人，合同期内设备所有权属于出租人，承租人只拥有使用权，合同期满付清租金后，承租人有权按照残值购入有形动产，以拥有其所有权。不论出租人是否将有形动产残值销售给承租人，均属于融资租赁。

②有形动产经营性租赁，是指在约定时间内将物品、设备等有形动产转让他人使用且租赁物所有权不变更的业务活动。

远洋运输的光租业务、航空运输的干租业务，属于有形动产经营性租赁。

光租业务，是指远洋运输企业将船舶在约定的时间内出租给他人使用，不配备操作人员，不承担运输过程中发生的各项费用，只收取固定租赁费的业务活动。

干租业务，是指航空运输企业将飞机在约定的时间内出租给他人使用，不配备机组人员，不承担运输过程中发生的各项费用，只收取固定租赁费的业务活动。

（6）鉴证咨询服务。

鉴证咨询服务，包括认证服务、鉴证服务和咨询服务。

①认证服务，是指具有专业资质的单位利用检测、检验、计量等技术，证明产品、服务、管理体系符合相关技术规范、相关技术规范的强制性要求或者标准的业务活动。

②鉴证服务，是指具有专业资质的单位，为委托方的经济活动及有关资料进行鉴证，发表具有证明力的意见的业务活动。包括会计鉴证、税务鉴证、法律鉴证、工程造价鉴证、资产评估、环境评估、房地产土地评估、建筑图纸审核、医疗事故鉴定等。

③咨询服务，是指提供和策划财务、税收、法律、内部管理、业务运作和流程管理等信息或者建议的业务活动。

代理记账、翻译服务按照"咨询服务"征收增值税。

（7）广播影视服务。

广播影视服务，包括广播影视节目（作品）的制作服务、发行服务和播映（含放映，下同）服务。

①广播影视节目（作品）制作服务，是指进行专题（特别节目）、专栏、综艺、体育、动画片、广播剧、电视剧、电影等广播影视节目和作品制作的服务。具体包括与广播影视节目和作品相关的策划、采编、拍摄、录音、音视频文字图片素材制作、场景布置、后期的剪辑、翻译（编译）、字幕制作、片头、片尾、片花制作、特效制作、影片修复、编目和确权等业务活动。

②广播影视节目（作品）发行服务，是指以分账、买断、委托、代理等方式，向影院、电台、电视台、网站等单位和个人发行广播影视节目（作品）以及转让体育赛事等活动的报道及播映权的业务活动。

③广播影视节目（作品）播映服务，是指在影院、剧院、录像厅及其他场所播映广播影视节目（作品），以及通过电台、电视台、卫星通信、互联网、有线电视等无线或有线装

置播映广播影视节目（作品）的业务活动。

（三）特殊规定

1. 油气田企业。油气田企业提供的生产性服务，属于本试点办法规定的应税服务税目。
2. 航空运输企业。

（1）航空运输企业提供的旅客利用里程积分兑换的航空运输服务，不属于增值税应税服务，不征收增值税。

（2）航空运输企业根据国家指令无偿提供的航空运输服务，属于以公益活动为目的的服务，不属于增值税应税服务，不征收增值税。

（3）航空运输企业的应征增值税销售额不包括代收的机场建设费和代售其他航空运输企业客票而代收转付的价款

（4）航空运输企业已售票但未提供航空运输服务取得的逾期票证收入，不属于增值税应税收入。

四、营业税改征增值税的税率和征收率

（一）增值税税率

1. 提供有形动产租赁服务，税率为17%。
2. 提供交通运输业服务、邮政业服务，税率为11%。
3. 提供现代服务业服务（有形动产租赁服务除外），税率为6%。
4. 财政部和国家税务总局规定的应税服务，税率为零。

纳税人兼有不同税率或者征收率的销售货物、提供加工修理修配劳务或者应税服务的，应当分别核算适用不同税率或征收率的销售额，未分别核算销售额的，按照以下方法适用税率或征收率：

1. 兼有不同税率的销售货物、提供加工修理修配劳务或者应税服务的，从高适用税率。
2. 兼有不同征收率的销售货物、提供加工修理修配劳务或者应税服务的，从高适用征收率。
3. 兼有不同税率和征收率的销售货物、提供加工修理修配劳务或者应税服务的，从高适用税率。

（二）征收率

增值税征收率为3%。

五、营业税改征增值税的税收优惠政策

（一）税收减免规定

纳税人提供应税服务适用免税、减税规定的，可以放弃免税、减税，依照规定缴纳增值

税。放弃免税、减税后，36 个月内不得再申请免税、减税。

纳税人提供应税服务同时适用免税和零税率规定的，优先适用零税率。

（二）应税服务适用增值税零税率和免税政策的规定

1. 中华人民共和国境内（以下简称"境内"）的单位和个人提供的国际运输服务、向境外单位提供的研发服务和设计服务，适用增值税零税率。

这里的国际运输服务，是指：

（1）在境内载运旅客或者货物出境；

（2）在境外载运旅客或者货物入境；

（3）在境外载运旅客或者货物。

境内的单位和个人适用增值税零税率，以水路运输方式提供国际运输服务的，应当取得国际船舶运输经营许可证；以陆路运输方式提供国际运输服务的，应当取得道路运输经营许可证和国际汽车运输行车许可证，且道路运输经营许可证的经营范围应当包括"国际运输"；以航空运输方式提供国际运输服务的，应当取得公共航空运输企业经营许可证且其经营范围应当包括"国际航空客货邮运输业务"或者持有《通用航空经营许可证》且其经营范围应当包括"公务飞行"。

航天运输服务参照国际运输服务，适用增值税零税率。

向境外单位提供的设计服务，不包括对境内不动产提供的设计服务。

2. 境内的单位和个人提供的往返香港、澳门、台湾的交通运输服务以及在香港、澳门、台湾提供的交通运输服务（以下简称"港澳台运输服务"），适用增值税零税率。

境内的单位和个人适用增值税零税率，以陆路运输方式提供至香港、澳门的交通运输服务的，应当取得道路运输经营许可证并具有持道路运输证的直通港澳运输车辆；以水路运输方式提供至台湾的交通运输服务的，应当取得台湾海峡两岸间水路运输许可证并具有持台湾海峡两岸间船舶营运证的船舶；以水路运输方式提供至香港、澳门的交通运输服务的，应当具有获得港澳线路运营许可的船舶；以航空运输方式提供上述交通运输服务的，应当取得公共航空运输企业经营许可证且其经营范围应当包括"国际、国内（含港澳）航空客货邮运输业务"或者持有《通用航空经营许可证》且其经营范围应当包括"公务飞行"。

3. 自 2013 年 8 月 1 日起，境内的单位或个人提供程租服务，如果租赁的交通工具用于国际运输服务和港澳台运输服务，由出租方按规定申请适用增值税零税率。

自 2013 年 8 月 1 日起，境内的单位或个人向境内单位或个人提供期租、湿租服务，如果承租方利用租赁的交通工具向其他单位或个人提供国际运输服务和港澳台运输服务，由承租方按规定申请适用增值税零税率。境内的单位或个人向境外单位或个人提供期租、湿租服务，由出租方按规定申请适用增值税零税率。

4. 境内的单位和个人提供适用增值税零税率的应税服务，如果属于适用简易计税方法的，实行免征增值税办法。如果属于适用增值税一般计税方法的，生产企业实行免抵退税办法，外贸企业外购研发服务和设计服务出口实行免退税办法，外贸企业自己开发的研发服务和设计服务出口，视同生产企业连同其出口货物统一实行免抵退税办法。应税服务退税率为其按照《试点实施办法》第十二条第（一）至（三）项规定适用的增值税税率。实行退（免）税办法的研发服务和设计服务，如果主管税务机关认定出口价格偏高的，有权按照核定的出口价格计算退（免）税，核定的出口价格低于外贸企业购进价格的，低于部分对应的进项税额不予退税，转入成本。

5. 境内的单位和个人提供适用零税率应税服务的，可以放弃适用零税率，选择免税或按规定缴纳增值税。放弃适用零税率后，36 个月内不得再申请适用零税率。

6. 境内的单位和个人提供适用零税率的应税服务，按月向主管退税的税务机关申报办理增值税免抵退税或免税手续。具体管理办法由国家税务总局商财政部另行制定。

7. 境内的单位和个人提供的下列应税服务免征增值税，但财政部和国家税务总局规定适用零税率的除外：

（1）工程、矿产资源在境外的工程勘察勘探服务。

（2）会议展览地点在境外的会议展览服务。

（3）存储地点在境外的仓储服务。

（4）标的物在境外使用的有形动产租赁服务。

（5）在境外提供的广播影视节目（作品）的发行、播映服务。

（6）符合本规定第一条第（一）项规定但不符合第一条第（二）项规定条件的国际运输服务。

（7）符合本规定第二条第一款规定但不符合第二条第二款规定条件的港澳台运输服务。

（8）向境外单位提供的下列应税服务：

技术转让服务、技术咨询服务、合同能源管理服务、软件服务、电路设计及测试服务、信息系统服务、业务流程管理服务、商标著作权转让服务、知识产权服务、物流辅助服务（仓储服务除外）、认证服务、鉴证服务、咨询服务、广播影视节目（作品）制作服务、期租服务、程租服务、湿租服务。但不包括：合同标的物在境内的合同能源管理服务，对境内货物或不动产的认证服务、鉴证服务和咨询服务。

广告投放地在境外的广告服务。

（三）营业税改征增值税试点过渡政策的规定

1. 免征增值税项目

（1）个人转让著作权。

（2）残疾人个人提供应税服务。

（3）航空公司提供飞机播撒农药服务。

（4）试点纳税人提供技术转让、技术开发和与之相关的技术咨询、技术服务。

技术转让，是指转让者将其拥有的专利和非专利技术的所有权或者使用权有偿转让他人的行为；技术开发，是指开发者接受他人委托，就新技术、新产品、新工艺或者新材料及其系统进行研究开发的行为；技术咨询，是指就特定技术项目提供可行性论证、技术预测、专题技术调查、分析评价报告等。

与技术转让、技术开发相关的技术咨询、技术服务，是指转让方（或受托方）根据技术转让或开发合同的规定，为帮助受让方（或委托方）掌握所转让（或委托开发）的技术，而提供的技术咨询、技术服务业务，且这部分技术咨询、服务的价款与技术转让（或开发）的价款应当开在同一张发票上。

试点纳税人申请免征增值税时，须持技术转让、开发的书面合同，到试点纳税人所在地省级科技主管部门进行认定，并持有关的书面合同和科技主管部门审核意见证明文件报主管国家税务局备查。

（5）符合条件的节能服务公司实施合同能源管理项目中提供的应税服务。

上述"符合条件"是指同时满足下列条件：

①节能服务公司实施合同能源管理项目相关技术，应当符合国家质量监督检验检疫总局和国家标准化管理委员会发布的《合同能源管理技术通则》（GB/T24915－2010）规定的技术要求。

②节能服务公司与用能企业签订节能效益分享型合同，其合同格式和内容，符合《合同法》和国家质量监督检验检疫总局和国家标准化管理委员会发布的《合同能源管理技术通则》（GB/T24915－2010）等规定。

（6）自本地区试点实施之日起至2013年12月31日，注册在中国服务外包示范城市的试点纳税人从事离岸服务外包业务中提供的应税服务。

注册在平潭的试点纳税人从事离岸服务外包业务中提供的应税服务。

从事离岸服务外包业务，是指企业根据境外单位与其签订的委托合同，由本企业或其直接转包的企业为境外提供信息技术外包服务（ITO）、技术性业务流程外包服务（BPO）或技术性知识流程外包服务（KPO）。

（7）台湾航运公司从事海峡两岸海上直航业务在大陆取得的运输收入。

台湾航运公司，是指取得中华人民共和国交通运输部颁发的"台湾海峡两岸间水路运输许可证"且该许可证上注明的公司登记地址在台湾的航运公司。

（8）台湾航空公司从事海峡两岸空中直航业务在大陆取得的运输收入。

台湾航空公司，是指取得中国民用航空局颁发的"经营许可"或依据海峡两岸空运协议和海峡两岸空运补充协议规定，批准经营两岸旅客、货物和邮件不定期（包机）运输业务，且公司登记地址在台湾的航空公司。

（9）美国ABS船级社在非营利宗旨不变、中国船级社在美国享受同等免税待遇的前提下，在中国境内提供的船检服务。

（10）随军家属就业。

①为安置随军家属就业而新开办的企业，自领取税务登记证之日起，其提供的应税服务3年内免征增值税。

享受税收优惠政策的企业，随军家属必须占企业总人数的60%（含）以上，并有军（含）以上政治和后勤机关出具的证明。

②从事个体经营的随军家属，自领取税务登记证之日起，其提供的应税服务3年内免征增值税。

随军家属必须有师以上政治机关出具的可以表明其身份的证明，但税务部门应当进行相应的审查认定。

主管税务机关在企业或个人享受免税期间，应当对此类企业进行年度检查，凡不符合条件的，取消其免税政策。

按照上述规定，每一名随军家属可以享受一次免税政策。

（11）军队转业干部就业。

①从事个体经营的军队转业干部，经主管税务机关批准，自领取税务登记证之日起，其

提供的应税服务 3 年内免征增值税。

②为安置自主择业的军队转业干部就业而新开办的企业，凡安置自主择业的军队转业干部占企业总人数 60%（含）以上的，经主管税务机关批准，自领取税务登记证之日起，其提供的应税服务 3 年内免征增值税。

享受上述优惠政策的自主择业的军队转业干部必须持有师以上部队颁发的转业证件。

（12）城镇退役士兵就业。

①为安置自谋职业的城镇退役士兵就业而新办的服务型企业当年新安置自谋职业的城镇退役士兵达到职工总数 30% 以上，并与其签订 1 年以上期限劳动合同的，经县级以上民政部门认定、税务机关审核，其提供的应税服务（除广告服务外）3 年内免征增值税。

②自谋职业的城镇退役士兵从事个体经营的，自领取税务登记证之日起，其提供的应税服务（除广告服务外）3 年内免征增值税。

新办的服务型企业，是指《国务院办公厅转发民政部等部门关于扶持城镇退役士兵自谋职业优惠政策意见的通知》（国办发〔2004〕10 号）下发后新组建的企业。原有的企业合并、分立、改制、改组、扩建、搬迁、转产以及吸收新成员、改变领导或隶属关系、改变企业名称的，不能视为新办企业。

自谋职业的城镇退役士兵，是指符合城镇安置条件，并与安置地民政部门签订退役士兵自谋职业协议书，领取城镇退役士兵自谋职业证的士官和义务兵。

（13）失业人员就业。

①持就业失业登记证（注明"自主创业税收政策"或附着高校毕业生自主创业证）人员从事个体经营的，在 3 年内按照每户每年 8 000 元为限额依次扣减其当年实际应缴纳的增值税、城市维护建设税、教育费附加和个人所得税。

试点纳税人年度应缴纳税款小于上述扣减限额的，以其实际缴纳的税款为限；大于上述扣减限额的，应当以上述扣减限额为限。

享受优惠政策的个体经营试点纳税人，是指提供《应税服务范围注释》服务（除广告服务外）的试点纳税人。

持就业失业登记证（注明"自主创业税收政策"或附着高校毕业生自主创业证）人员是指：一是在人力资源和社会保障部门公共就业服务机构登记失业半年以上的人员；二是零就业家庭、享受城市居民最低生活保障家庭劳动年龄内的登记失业人员；三是播毕业年度内高校毕业生。

高校毕业生，是指实施高等学历教育的普通高等学校、成人高等学校毕业的学生；毕业年度，是指毕业所在自然年，即 1 月 1 日至 12 月 31 日。

②服务型企业（除广告服务外）在新增加的岗位中，当年新招用持就业失业登记证（注明"企业吸纳税收政策"）人员，与其签订 1 年以上期限劳动合同并依法缴纳社会保险费的，在 3 年内按照实际招用人数予以定额依次扣减增值税、城市维护建设税、教育费附加和企业所得税优惠。定额标准为每人每年 4 000 元，可上下浮动 20%，由试点地区省级人民政府根据本地区实际情况在此幅度内确定具体定额标准，并报财政部和国家税务总局备案。

按照上述标准计算的税收扣减额应当在企业当年实际应缴纳的增值税、城市维护建设税、教育费附加和企业所得税税额中扣减，当年扣减不足的，不得结转下年使用。

持就业失业登记证（注明"企业吸纳税收政策"）人员是指：国有企业下岗失业人员；

国有企业关闭破产需要安置的人员；国有企业所办集体企业（即厂办大集体企业）下岗职工；享受最低生活保障且失业1年以上的城镇其他登记失业人员。

服务型企业，是指从事原营业税"服务业"税目范围内业务的企业。

国有企业所办集体企业（即厂办大集体企业），是指20世纪70~80年代，由国有企业批准或资助兴办的，以安置回城知识青年和国有企业职工子女就业为目的，主要向主办国有企业提供配套产品或劳务服务，在工商行政机关登记注册为集体所有制的企业。厂办大集体企业下岗职工包括在国有企业混岗工作的集体企业下岗职工。

③享受上述优惠政策的人员按照下列规定申领就业失业登记证、高校毕业生自主创业证等凭证：

按照《就业服务与就业管理规定》（劳动和社会保障部令第28号）第六十三条的规定，在法定劳动年龄内，有劳动能力，有就业要求，处于无业状态的城镇常住人员，在公共就业服务机构进行失业登记，申领就业失业登记证。其中，农村进城务工人员和其他非本地户籍人员在常住地稳定就业满6个月的，失业后可以在常住地登记。

零就业家庭凭社区出具的证明，城镇低保家庭凭低保证明，在公共就业服务机构登记失业，申领就业失业登记证。

毕业年度内高校毕业生在校期间凭学校出具的相关证明，经学校所在地省级教育行政部门核实认定，取得高校毕业生自主创业证（仅在毕业年度适用），并向创业地公共就业服务机构申请取得就业失业登记证；高校毕业生离校后直接向创业地公共就业服务机构申领就业失业登记证。

服务型企业招录的人员，在公共就业服务机构申领就业失业登记证。

再就业优惠证不再发放，原持证人员应当到公共就业服务机构换发就业失业登记证。正在享受下岗失业人员再就业税收优惠政策的原持证人员，继续享受原税收优惠政策至期满为止。

④上述人员申领相关凭证后，由就业和创业地人力资源和社会保障部门对人员范围、就业失业状态、已享受政策情况审核认定，在就业失业登记证上注明"自主创业税收政策"或"企业吸纳税收政策"字样，同时符合自主创业和企业吸纳税收政策条件的，可同时加注；主管税务机关在就业失业登记证上加盖戳记，注明减免税所属时间。

上述税收优惠政策的审批期限为2011年1月1日至2013年12月31日，以试点纳税人到税务机关办理减免税手续之日起作为优惠政策起始时间。税收优惠政策在2013年12月31日未执行到期的，可继续享受至3年期满为止。

（14）跨境应税服务业务。

境内的单位和个人（以下称"纳税人"）提供跨境应税服务（以下称"跨境服务"），属于下列跨境服务的，免征增值税：

①工程、矿产资源在境外的工程勘察勘探服务。

②会议展览地点在境外的会议展览服务。为客户参加在境外举办的会议、展览而提供的组织安排服务，属于会议展览地点在境外的会议展览服务。

③存储地点在境外的仓储服务。

④标的物在境外使用的有形动产租赁服务。

⑤在境外提供的广播影视节目（作品）发行、播映服务。

在境外提供的广播影视节目（作品）发行服务，是指向境外单位或者个人发行广播影视节目（作品）、转让体育赛事等文体活动的报道权或者播映权，且该广播影视节目（作品）、体育赛事等文体活动在境外播映或者报道。

在境外提供的广播影视节目（作品）播映服务，是指在境外的影院、剧院、录像厅及其他场所播映广播影视节目（作品）。

通过境内的电台、电视台、卫星通信、互联网、有线电视等无线或者有线装置向境外播映广播影视节目（作品），不属于在境外提供的广播影视节目（作品）播映服务。

⑥以水路运输方式提供国际运输服务但未取得《国际船舶运输经营许可证》的；以陆路运输方式提供国际运输服务但未取得《道路运输经营许可证》或者《国际汽车运输行车许可证》，或者《道路运输经营许可证》的经营范围未包括"国际运输"的；以航空运输方式提供国际运输服务但未取得《公共航空运输企业经营许可证》，或者其经营范围未包括"国际航空客货邮运输业务"的。

⑦以陆路运输方式提供至香港、澳门的交通运输服务，但未取得《道路运输经营许可证》，或者未具有持《道路运输证》的直通港澳运输车辆的；以水路运输方式提供至台湾的交通运输服务，但未取得《台湾海峡两岸间水路运输许可证》，或者未具有持《台湾海峡两岸间船舶营运证》的船舶的；以水路运输方式提供至香港、澳门的交通运输服务，但未具有获得港澳线路运营许可的船舶的；以航空运输方式提供往返香港、澳门、台湾的交通运输服务或者在香港、澳门、台湾提供交通运输服务，但未取得《公共航空运输企业经营许可证》，或者其经营范围未包括"国际、国内（含港澳）航空客货邮运输业务"的。

⑧适用简易计税方法的下列应税服务：国际运输服务；往返香港、澳门、台湾的交通运输服务以及在香港、澳门、台湾提供的交通运输服务；向境外单位提供的研发服务和设计服务，对境内不动产提供的设计服务除外。

⑨向境外单位提供的下列应税服务：

一是研发和技术服务（研发服务和工程勘察勘探服务除外）、信息技术服务、文化创意服务（设计服务、广告服务和会议展览服务除外）、物流辅助服务（仓储服务除外）、鉴证咨询服务、广播影视节目（作品）的制作服务、远洋运输期租服务、远洋运输程租服务、航空运输湿租服务。

境外单位从事国际运输和港澳台运输业务经停我国机场、码头、车站、领空、内河、海域时，纳税人向上述境外单位提供的航空地面服务、港口码头服务、货运客运站场服务、打捞救助服务、装卸搬运服务，属于向境外单位提供的物流辅助服务。

合同标的物在境内的合同能源管理服务，对境内不动产提供的鉴证咨询服务，以及提供服务时货物实体在境内的鉴证咨询服务，不属于本款规定的向境外单位提供的应税服务。

二是广告投放地在境外的广告服务。

广告投放地在境外的广告服务，是指为在境外发布的广告所提供的广告服务。

值得注意的是，纳税人提供的上述所列跨境服务，必须与服务接受方签订跨境服务书面合同，并且该服务的全部收入应从境外取得，否则，不予免征增值税。

纳税人提供跨境服务免征增值税的，应单独核算跨境服务的销售额，准确计算不得抵扣的进项税额，其免税收入不得开具增值税专用发票。纳税人提供跨境服务申请免税的，应到主管税务机关办理跨境服务免税备案手续。

纳税人向国内海关特殊监管区域内的单位或者个人提供的应税服务，不属于跨境服务，应照章征收增值税。

原签订的跨境服务合同发生变更或者跨境服务的有关情况发生变化，变化后仍属于免税跨境服务范围的，纳税人应向主管税务机关重新办理跨境服务免税备案手续。

上述规定自 2013 年 8 月 1 日起执行。此前，纳税人提供符合规定的跨境服务，已进行免税申报的，需按规定补办备案手续；未进行免税申报的，按照规定办理跨境服务备案手续后，可以申请退税或者抵减以后的应纳税额；已开具增值税专用发票的，应将全部联次追回后方可办理跨境服务免税备案手续。

（15）世界银行贷款粮食流通项目投产后的应税服务。

世界银行贷款粮食流通项目，是指《财政部、国家税务总局关于世行贷款粮食流通项目建筑安装工程和服务收入免征营业税的通知》（财税字〔1998〕87 号）所附《世行贷款粮食流通项目一览表》所列明的项目。

本规定自 2014 年 1 月 1 日至 2015 年 12 月 31 日执行。

（16）中国邮政集团公司及其所属邮政企业提供的邮政普遍服务和邮政特殊服务。

（17）自 2014 年 1 月 1 日至 2015 年 12 月 31 日，中国邮政集团公司及其所属邮政企业为中国邮政速递物流股份有限公司及其子公司（含各级分支机构）代办速递、物流、国际包裹、快递包裹以及礼仪业务等速递物流类业务取得的代理收入，以及为金融机构代办金融保险业务取得的代理收入。

（18）青藏铁路公司提供的铁路运输服务。

2. 实行增值税即征即退项目

（1）2015 年 12 月 31 日前，注册在洋山保税港区和东疆保税港区内的试点纳税人，提供的国内货物运输服务、仓储服务和装卸搬运服务。

（2）安置残疾人的单位，实行由税务机关按照单位实际安置残疾人的人数，限额即征即退增值税的办法。

上述政策仅适用于从事原营业税"服务业"税目（广告服务除外）范围内业务取得的收入占其增值税和营业税业务合计收入的比例达到 50% 的单位。

有关享受增值税优惠政策单位的条件、定义、管理要求等按照《财政部、国家税务总局关于促进残疾人就业税收优惠政策的通知》（财税〔2007〕92 号）中有关规定执行。

（3）2015 年 12 月 31 日前，试点纳税人中的一般纳税人提供管道运输服务，对其增值税实际税负超过 3% 的部分实行增值税即征即退政策。

（4）经人民银行、银监会、商务部批准经营融资租赁业务的试点纳税人中的一般纳税人，提供有形动产融资租赁服务，2015 年 12 月 31 日前，对其增值税实际税负超过 3% 的部分实行增值税即征即退政策。

商务部授权的省级商务主管部门和国家经济技术开发区批准的从事融资租赁业务的试点纳税人中的一般纳税人，2013 年 12 月 31 日前注册资本达到 1.7 亿元的，自 2013 年 8 月 1 日起，按照上述规定执行；2014 年 1 月 1 日以后注册资本达到 1.7 亿元的，从达到该标准的次月起，按照上述规定执行。

上述所称增值税实际税负，是指纳税人当期提供应税服务实际缴纳的增值税税额占纳税人当期提供应税服务取得的全部价款和价外费用的比例。

在本地区试点实施之日前，如果试点纳税人已经按照有关政策规定享受了营业税税收优惠，在剩余税收优惠政策期限内，按照本规定享受有关增值税优惠。

（四）增值税起征点政策

个人提供应税服务的销售额未达到增值税起征点的，免征增值税；达到起征点的，全额计算缴纳增值税。

增值税起征点不适用于认定为一般纳税人的个体工商户。

增值税起征点幅度如下：

1. 按期纳税的，为月应税销售额 5 000～20 000 元（含本数）。

2. 按次纳税的，为每次（日）销售额 300～500 元（含本数）。

起征点的调整由财政部和国家税务总局规定。省、自治区、直辖市财政厅（局）和国家税务局应当在规定的幅度内，根据实际情况确定本地区适用的起征点，并报财政部和国家税务总局备案。

营改增试点期间，适用财综〔2012〕96 号文件第三条规定，免征文化事业建设费的个人（包括个体工商户和其他个人），可以不进行文化事业建设费申报。

六、应纳税额的计算

一般纳税人提供应税服务适用一般计税方法计税。一般计税方法的应纳税额，是指当期销项税额抵扣当期进项税额后的余额。应纳税额计算公式：

$$应纳税额 = 当期销项税额 - 当期进项税额$$

当期销项税额小于当期进项税额不足抵扣时，其不足部分可以结转下期继续抵扣。

（一）销项税额

销项税额，是指纳税人提供应税服务按照销售额和增值税税率计算的增值税额。销项税额计算公式：

$$销项税额 = 销售额 \times 税率$$

一般计税方法的销售额不包括销项税额，纳税人采用销售额和销项税额合并定价方法的，按照下列公式计算销售额：

$$销售额 = 含税销售额 \div (1 + 税率)$$

1. 销售额的一般规定

销售额，是指纳税人提供应税服务取得的全部价款和价外费用。

价外费用，是指价外收取的各种性质的价外收费，但不包括代为收取的政府性基金或者行政事业性收费。

销售额以人民币计算。纳税人按照人民币以外的货币结算销售额的，应当折合成人民币计算，折合率可以选择销售额发生的当天或者当月 1 日的人民币汇率中间价。纳税人应当在事先确定采用何种折合率，确定后 12 个月内不得变更。

纳税人提供适用不同税率或者征收率的应税服务，应当分别核算适用不同税率或者征收率的销售额；未分别核算的，从高适用税率。

纳税人兼营营业税应税项目的，应当分别核算应税服务的销售额和营业税应税项目的营业额；未分别核算的，由主管税务机关核定应税服务的销售额。

纳税人兼营免税、减税项目的，应当分别核算免税、减税项目的销售额；未分别核算的，不得免税、减税。

纳税人提供应税服务，开具增值税专用发票后，发生提供应税服务中止、折让、开票有误等情形的，应当按照国家税务总局的规定开具红字增值税专用发票；未按照规定开具红字增值税专用发票的，不得扣减销项税额或者销售额。

纳税人提供应税服务，将价款和折扣额在同一张发票上分别注明的，以折扣后的价款为销售额；未在同一张发票上分别注明的，以价款为销售额，不得扣减折扣额。

2. 销售额的特殊规定

纳税人提供应税服务的价格明显偏低或者偏高且不具有合理商业目的的，或者发生视同提供应税服务而无销售额的，主管税务机关有权按照下列顺序确定销售额：

（1）按照纳税人最近时期提供同类应税服务的平均价格确定。

（2）按照其他纳税人最近时期提供同类应税服务的平均价格确定。

（3）按照组成计税价格确定。组成计税价格的公式为：

$$组成计税价格 = 成本 \times (1 + 成本利润率)$$

成本利润率由国家税务总局确定。

对融资租赁企业有以下规定：

（1）经中国人民银行、银监会或者商务部批准从事融资租赁业务的试点纳税人，提供有形动产融资性售后回租服务，以收取的全部价款和价外费用，扣除向承租方收取的有形动产价款本金，以及对外支付的借款利息（包括外汇借款和人民币借款利息）、发行债券利息后的余额为销售额。

融资性售后回租，是指承租方以融资为目的，将资产出售给从事融资租赁业务的企业后，又将该资产租回的业务活动。

试点纳税人提供融资性售后回租服务，向承租方收取的有形动产价款本金，不得开具增值税专用发票，可以开具普通发票。

（2）经中国人民银行、银监会或者商务部批准从事融资租赁业务的纳税人，提供除融资性售后回租以外的有形动产融资租赁服务，以收取的全部价款和价外费用，扣除支付的借款利息（包括外汇借款和人民币借款利息）、发行债券利息、保险费、安装费和车辆购置税后的余额为销售额。

（3）本规定自2013年8月1日起执行。商务部授权的省级商务主管部门和国家经济技术开发区批准的从事融资租赁业务的试点纳税人，2013年12月31日前注册资本达到1.7亿元的，自2013年8月1日起，按照上述规定执行；2014年1月1日以后注册资本达到1.7亿元的，从达到该标准的次月起，按照上述规定执行。

注册在北京市、天津市、上海市、江苏省、浙江省（含宁波市）、安徽省、福建省（含厦门市）、湖北省、广东省（含深圳市）等9省市的试点纳税人提供应税服务（不含有形动产融资租赁服务），在2013年8月1日前按有关规定以扣除支付价款后的余额为销售额的，此前尚未抵减的部分，允许在2014年6月30日前继续抵减销售额，到期抵减不完的不得继续抵减。

上述尚未抵减的价款，仅限于凭2013年8月1日前开具的符合规定的凭证计算的部分。

航空运输企业的销售额，不包括代收的机场建设费和代售其他航空运输企业客票而代收转付的价款。

自本地区试点实施之日起，试点纳税人中的一般纳税人提供的客运场站服务，以其取得的全部价款和价外费用，扣除支付给承运方运费后的余额为销售额，其从承运方取得的增值税专用发票注明的增值税，不得抵扣。

试点纳税人提供知识产权代理服务、货物运输代理服务和代理报关服务，以其取得的全部价款和价外费用，扣除向委托方收取并代为支付的政府性基金或者行政事业性收费后的余额为销售额。

向委托方收取的政府性基金或者行政事业性收费，不得开具增值税专用发票。

试点纳税人中的一般纳税人提供国际货物运输代理服务，以其取得的全部价款和价外费用，扣除支付给国际运输企业的国际运输费用后的余额为销售额。

国际货物运输代理服务，是指接受货物收货人或其代理人、发货人或其代理人、运输工具所有人、运输工具承租人或运输工具经营人的委托，以委托人的名义或者以自己的名义，在不直接提供货物运输服务的情况下，直接为委托人办理货物的国际运输、从事国际运输的运输工具进出港口、联系安排引航、靠泊、装卸等货物和船舶代理相关业务手续的业务活动。

试点纳税人从全部价款和价外费用中扣除价款，应当取得符合法律、行政法规和国家税务总局规定的有效凭证。否则，不得扣除。

上述凭证是指：

（1）支付给境内单位或者个人的款项，以发票为合法有效凭证。

（2）支付给境外单位或者个人的款项，以该单位或者个人的签收单据为合法有效凭证，税务机关对签收单据有疑义的，可以要求其提供境外公证机构的确认证明。

（3）缴纳的税款，以完税凭证为合法有效凭证。

（4）融资性售后回租服务中向承租方收取的有形动产价款本金，以承租方开具的发票为合法有效凭证。

（5）扣除政府性基金或者行政事业性收费，以省级以上财政部门印制的财政票据为合法有效凭证。

（6）国家税务总局规定的其他凭证。

3. 试点前发生业务的衔接

（1）试点纳税人在本地区试点实施之日前签订的尚未执行完毕的租赁合同，在合同到期日之前继续按照现行营业税政策规定缴纳营业税。

（2）试点纳税人提供应税服务，按照国家有关营业税政策规定差额征收营业税的，因取得的全部价款和价外费用不足以抵减允许扣除项目金额，截至本地区试点实施之日尚未扣除的部分，不得在计算试点纳税人本地区试点实施之日后的销售额时予以抵减，应当向原主管地税机关申请退还营业税。

（3）试点纳税人提供应税服务在本地区试点实施之日前已缴纳营业税，本地区试点实施之日（含）后因发生退款减除营业额的，应当向主管税务机关申请退还已缴纳的营业税。

（4）试点纳税人本地区试点实施之日前提供的应税服务，因税收检查等原因需要补缴税款的，应按照现行营业税政策规定补缴营业税。

（5）销售使用过的固定资产。

按照《试点实施办法》和本规定认定的一般纳税人，销售自己使用过的本地区试点实施之日（含）以后购进或自制的固定资产，按照适用税率征收增值税；销售自己使用过的本地区试点实施之日以前购进或者自制的固定资产，按照4%征收率减半征收增值税。

使用过的固定资产，是指纳税人根据财务会计制度已经计提折旧的固定资产。

（二）进项税额

进项税额，是指纳税人购进货物或者接受加工修理修配劳务和应税服务，支付或者负担的增值税税额。

1. 准予从销项税额中抵扣的进项税额

（1）从销售方或者提供方取得的增值税专用发票（含货物运输业增值税专用发票、税控机动车销售统一发票，下同）上注明的增值税额。

（2）从海关取得的海关进口增值税专用缴款书上注明的增值税额。

（3）购进农产品，除取得增值税专用发票或者海关进口增值税专用缴款书外，按照农产品收购发票或者销售发票上注明的农产品买价和13%的扣除率计算的进项税额。计算公式为：

$$进项税额 = 买价 \times 扣除率$$

买价，是指纳税人购进农产品在农产品收购发票或者销售发票上注明的价款和按照规定缴纳的烟叶税。

（4）接受铁路运输服务，按照铁路运输费用结算单据上注明的运输费用金额和7%的扣除率计算的进项税额。进项税额计算公式：

$$进项税额 = 运输费用金额 \times 扣除率$$

运输费用金额，是指铁路运输费用结算单据上注明的运输费用（包括铁路临管线及铁路专线运输费用）、建设基金，不包括装卸费、保险费等其他杂费。

（5）接受境外单位或者个人提供的应税服务，从税务机关或者境内代理人取得的解缴税款的中华人民共和国税收缴款凭证上注明的增值税额。

2. 不得从销项税额中抵扣的进项税额

（1）用于适用简易计税方法计税项目、非增值税应税项目、免征增值税项目、集体福利或者个人消费的购进货物、接受加工修理修配劳务或者应税服务。其中涉及的固定资产、专利技术、非专利技术、商誉、商标、著作权、有形动产租赁，仅指专用于上述项目的固定资产、专利技术、非专利技术、商誉、商标、著作权、有形动产租赁。

非增值税应税项目，是指非增值税应税劳务、转让无形资产（专利技术、非专利技术、商誉、商标、著作权除外）、销售不动产以及不动产在建工程。

非增值税应税劳务，是指《应税服务范围注释》所列项目以外的营业税应税劳务。

不动产，是指不能移动或者移动后会引起性质、形状改变的财产，包括建筑物、构筑物和其他土地附着物。

纳税人新建、改建、扩建、修缮、装饰不动产，均属于不动产在建工程。

个人消费，包括纳税人的交际应酬消费。

固定资产，是指使用期限超过 12 个月的机器、机械、运输工具以及其他与生产经营有关的设备、工具、器具等。

（2）非正常损失的购进货物及相关的加工修理修配劳务和交通运输业服务。

（3）非正常损失的在产品、产成品所耗用的购进货物（不包括固定资产）、加工修理修配劳务或者交通运输业服务。

非正常损失，是指因管理不善造成被盗、丢失、霉烂变质的损失，以及被执法部门依法没收或者强令自行销毁的货物。

（4）接受的旅客运输服务。

（5）纳税人取得的增值税扣税凭证不符合法律、行政法规或者国家税务总局有关规定的，其进项税额不得从销项税额中抵扣。

增值税扣税凭证，是指增值税专用发票、海关进口增值税专用缴款书、农产品收购发票、农产品销售发票、铁路运输费用结算单据和税收缴款凭证。

纳税人凭税收缴款凭证抵扣进项税额的，应当具备书面合同、付款证明和境外单位的对账单或者发票。资料不全的，其进项税额不得从销项税额中抵扣。

适用一般计税方法的纳税人，兼营简易计税方法计税项目、非增值税应税劳务、免征增值税项目而无法划分不得抵扣的进项税额，按照下列公式计算不得抵扣的进项税额：

$$\begin{aligned}\text{不得抵扣的} \\ \text{进项税额}\end{aligned} = \begin{aligned}\text{当期无法划分的} \\ \text{全部进项税额}\end{aligned} \times \left(\begin{aligned}\text{当期简易计税方法} \\ \text{计税项目销售额}\end{aligned} + \begin{aligned}\text{非增值税应税} \\ \text{劳务营业额}\end{aligned} + \begin{aligned}\text{免征增值税} \\ \text{项目销售额}\end{aligned}\right) \div \left(\begin{aligned}\text{当期全部} \\ \text{销售额}\end{aligned} + \begin{aligned}\text{当期全部} \\ \text{营业额}\end{aligned}\right)$$

主管税务机关可以按照上述公式依据年度数据对不得抵扣的进项税额进行清算。

3. 扣减发生期进项税额的规定

已抵扣进项税额的购进货物、接受加工修理修配劳务或者应税服务，发生本办法第二十四条规定情形（简易计税方法计税项目、非增值税应税劳务、免征增值税项目除外）的，应当将该进项税额从当期进项税额中扣减；无法确定该进项税额的，按照当期实际成本计算应扣减的进项税额。

纳税人提供的适用一般计税方法计税的应税服务，因服务中止或者折让而退还给购买方的增值税额，应当从当期的销项税额中扣减；发生服务中止、购进货物退出、折让而收回的增值税额，应当从当期的进项税额中扣减。

4. 不得抵扣进项税额，也不得使用增值税专用发票的情形

有下列情形之一者，应当按照销售额和增值税税率计算应纳税额，不得抵扣进项税额，也不得使用增值税专用发票：

（1）一般纳税人会计核算不健全，或者不能够提供准确税务资料的。

（2）应当申请办理一般纳税人资格认定而未申请的。

5. 增值税抵扣政策的衔接

（1）原增值税一般纳税人接受试点纳税人提供的应税服务，取得的增值税专用发票上注明的增值税额为进项税额，准予从销项税额中抵扣。

（2）原增值税一般纳税人自用的应征消费税的摩托车、汽车、游艇，其进项税额准予从销项税额中抵扣。

（3）原增值税一般纳税人接受境外单位或者个人提供的应税服务，按照规定应当扣缴增值税的，准予从销项税额中抵扣的进项税额为从税务机关或者代理人取得的解缴税款的中华人民共和国税收缴款凭证（以下简称"税收缴款凭证"）上注明的增值税额。

上述纳税人凭税收缴款凭证抵扣进项税额的，应当具备书面合同、付款证明和境外单位的对账单或者发票。否则，进项税额不得从销项税额中抵扣。

（4）原增值税一般纳税人购进货物或者接受加工修理修配劳务，用于《应税服务范围注释》所列项目的，不属于《增值税暂行条例》第十条所称的用于非增值税应税项目，其进项税额准予从销项税额中抵扣。

（5）原增值税一般纳税人取得的2013年8月1日（含）以后开具的运输费用结算单据（铁路运输费用结算单据除外），不得作为增值税扣税凭证。

原增值税一般纳税人取得的试点小规模纳税人由税务机关代开的增值税专用发票，按增值税专用发票注明的税额抵扣进项税额。

6. 增值税期末留抵税额

原增值税一般纳税人兼有应税服务的，截止到本地区试点实施之日前的增值税期末留抵税额，不得从应税服务的销项税额中抵扣。

7. 计税方法的选择

小规模纳税人提供应税服务适用简易计税方法计税。

（1）试点纳税人中的一般纳税人提供的公共交通运输服务，可以选择按照简易计税方法计算缴纳增值税。公共交通运输服务，包括轮客渡、公交客运、轨道交通（含地铁、城市轻轨）、出租车、长途客运、班车。其中，班车，是指按固定路线、固定时间运营并在固定站点停靠的运送旅客的陆路运输。

（2）试点纳税人中的一般纳税人，以该地区试点实施之日前购进或者自制的有形动产为标的物提供的经营租赁服务，试点期间可以选择适用简易计税方法计算缴纳增值税。

（3）自本地区试点实施之日起至2017年12月31日，被认定为动漫企业的试点纳税人中的一般纳税人，为开发动漫产品提供的动漫脚本编撰、形象设计、背景设计、动画设计、分镜、动画制作、摄制、描线、上色、画面合成、配音、配乐、音效合成、剪辑、字幕制作、压缩转码（面向网络动漫、手机动漫格式适配）服务，以及在境内转让动漫版权（包括动漫品牌、形象或者内容的授权及再授权），可以选择按照简易计税方法计算缴纳增值税。

动漫企业和自主开发、生产动漫产品的认定标准和认定程序，按照《文化部、财政部、国家税务总局关于印发〈动漫企业认定管理办法（试行）〉的通知》（文市发〔2008〕51号）的规定执行。

（4）试点纳税人中的一般纳税人提供的电影放映服务、仓储服务、装卸搬运服务和收派服务，可以选择按照简易计税办法计算缴纳增值税。

（5）试点纳税人中的一般纳税人兼有销售货物、提供加工修理修配劳务的，凡未规定可以选择按照简易计税方法计算缴纳增值税的，其全部销售额应一并按照一般计税方法计算缴纳增值税。

计税方法计税一经选择，36个月内不得变更。

（三）简易计税方法

简易计税方法的应纳税额，是指按照销售额和增值税征收率计算的增值税额，不得抵扣进项税额。应纳税额计算公式：

$$应纳税额 = 销售额 \times 征收率$$

简易计税方法的销售额不包括其应纳税额，纳税人采用销售额和应纳税额合并定价方法的，按照下列公式计算销售额：

$$销售额 = 含税销售额 \div (1 + 征收率)$$

纳税人提供的适用简易计税方法计税的应税服务，因服务中止或者折让而退还给接受方的销售额，应当从当期销售额中扣减。扣减当期销售额后仍有余额造成多缴的税款，可以从以后的应纳税额中扣减。

（四）代扣代缴税款

境外单位或者个人在境内提供应税服务，在境内未设有经营机构的，扣缴义务人按照下列公式计算应扣缴税额：

$$应扣缴税额 = 接受方支付的价款 \div (1 + 税率) \times 税率$$

（五）总分机构试点纳税人增值税的计算方法

经财政部和国家税务总局批准的总机构试点纳税人及其分支机构，按照如下规定计算缴纳增值税：

1. 总机构应当汇总计算总机构及其分支机构发生《应税服务范围注释》所列业务的应交增值税，抵减分支机构发生《应税服务范围注释》所列业务已缴纳的增值税税款（包括预缴和补缴的增值税税款）后，在总机构所在地解缴入库。总机构销售货物、提供加工修理修配劳务，按照增值税暂行条例及相关规定就地申报缴纳增值税。

2. 总机构汇总的应征增值税销售额，为总机构及其分支机构发生《应税服务范围注释》所列业务的应征增值税销售额。

3. 总机构汇总的进项税额，是总机构及其分支机构因发生《应税服务范围注释》所列业务而购进货物或者接受加工修理修配劳务和应税服务，支付或者负担的增值税税额。

总机构及其分支机构用于发生《应税服务范围注释》所列业务之外的进项税额不得汇总。

4. 分支机构发生《应税服务范围注释》所列业务，按照应征增值税销售额和预征率计算缴纳增值税。计算公式如下：

$$应预缴的增值税 = 应征增值税销售额 \times 预征率$$

预征率由财政部和国家税务总局规定，并适时予以调整。

分支机构销售货物、提供加工修理修配劳务，按照增值税暂行条例及相关规定就地申报缴纳增值税。

分支机构发生《应税服务范围注释》所列业务当期已预缴的增值税税款，在总机构当期增值税应纳税额中抵减不完的，可以结转下期继续抵减。

每年的第一个纳税申报期结束后，对上一年度总分机构汇总纳税情况进行清算。总机构和分支机构年度清算应交增值税，按照各自销售收入占比和总机构汇总的上一年度应交增值税税额计算。分支机构预缴的增值税超过其年度清算应交增值税的，通过暂停以后纳税申报期预缴增值税的方式予以解决。分支机构预缴的增值税小于其年度清算应交增值税的，差额部分在以后纳税申报期由分支机构在预缴增值税时一并就地补缴入库。

总机构及其分支机构的其他增值税涉税事项，按照营业税改征增值税试点政策及其他增值税有关政策执行。总分机构试点纳税人增值税具体管理办法由国家税务总局另行制定。

七、纳税义务、扣缴义务发生时间

1. 纳税人提供应税服务并收讫销售款项或者取得索取销售款项凭据的当天，优先开具发票的，为开具发票的当天。

收讫销售款项，是指纳税人提供应税服务过程中或者完成后收到款项。

取得索取销售款项凭据的当天，是指书面合同确定的付款日期；未签订书面合同或者书面合同未确定付款日期的，为应税服务完成的当天。

2. 纳税人提供有形动产租赁服务采取预收款方式的，其纳税义务发生时间为收到预收款的当天。

3. 纳税人发生视同提供应税服务的，其纳税义务发生时间为应税服务完成的当天。

4. 增值税扣缴义务发生时间为纳税人增值税纳税义务发生的当天。

八、纳税地点

1. 自2014年1月1日起，属于固定业户的试点纳税人，总分支机构不在同一县（市），但在同一省（自治区、直辖市、计划单列市）范围内的，经省（自治区、直辖市、计划单列市）财政厅（局）和国家税务局批准，可以由总机构汇总向总机构所在地的主管税务机关申报缴纳增值税。

2. 非固定业户应当向应税服务发生地主管税务机关申报纳税；未申报纳税的，由其机构所在地或者居住地主管税务机关补征税款。

3. 扣缴义务人应当向其机构所在地或者居住地主管税务机关申报缴纳其扣缴的税款。

九、纳税期限

增值税的纳税期限分别为1日、3日、5日、10日、15日、1个月或者1个季度。纳税人的具体纳税期限，由主管税务机关根据纳税人应纳税额的大小分别核定。以1个季度为纳税期限的规定适用于小规模纳税人以及财政部和国家税务总局规定的其他纳税人。不能按照固定期限纳税的，可以按次纳税。

纳税人以1个月或者1个季度为1个纳税期的，自期满之日起15日内申报纳税；以1日、3日、5日、10日或者15日为1个纳税期的，自期满之日起5日内预缴税款，于次月1日起15日内申报纳税并结清上月应纳税款。

扣缴义务人解缴税款的期限，按照前两款规定执行。

十、税款归属及征收管理

营业税改征的增值税，由国家税务局负责征收。

试点期间保持现行财政体制基本稳定，原归属试点地区的营业税收入，改征增值税后的收入仍归属试点地区，税款分别入库。因试点产生的财政减收，按责任财政体制由中央和地方分别负担。

十一、关于营业税改征增值税的发票使用和征管问题

纳税人提供应税服务，应当向索取增值税专用发票的接受方开具增值税专用发票，并在增值税专用发票上分别注明销售额和销项税额。小规模纳税人提供应税服务，接受方索取增值税专用发票的，可以向主管税务机关申请代开。

属于下列情形之一的，不得开具增值税专用发票：

1. 向消费者个人提供应税服务。

2. 适用免征增值税规定的应税服务。

（一）关于纳税人发票使用问题

1. 自本地区营改增试点实施之日起，增值税纳税人不得开具公路、内河货物运输业统一发票。

增值税一般纳税人（以下简称"一般纳税人"）提供货物运输服务的，使用货物运输业增值税专用发票（以下简称"货运专票"）和普通发票；提供货物运输服务之外其他增值税应税项目的，统一使用增值税专用发票（以下简称"专用发票"）和增值税普通发票。

小规模纳税人提供货物运输服务，服务接受方索取货运专票的，可向主管税务机关申请代开，填写代开货物运输业增值税专用发票缴纳税款申报单（见表2-2）。并按照代开专用发票的有关规定执行。

表 2 - 2　　　　　　　　代开货物运输业增值税专用发票缴纳税款申报单

本人（单位）提供的开票资料真实、完整、准确，符合税法相关规定。否则本人（单位）将承担一切法律责任。现申请代开货物运输业增值税专用发票。

金额单位：元至角分

申请人（单位）签章：

年　月　日

承 运 人	名　称	
	纳税人识别号	
实际受票方	名　称	
	纳税人识别号	
收货人	名　称	
	纳税人识别号	
发货人	名　称	
	纳税人识别号	

续表

费用项目名称	费用项目金额（不含税）	征收率	税额
合计金额（不含税）		合计税额	
价税合计			
运输货物信息			
车种车号		车船吨位	
起运地、经由、到达地		备注	
主管税务机关及代码：	税款征收岗签章： 税收完税凭证号： 代开发票管理岗签章： 发票代码： 发票号码：		
经核对，所开发票与申报内容一致。 申请人（单位）经办人签章： 单位法人代表签章： 年 月 日			

注：本表一式三份，由申请代开货物运输业增值税专用发票的小规模纳税人填写，一份由税款征收岗留存，一份由代开发票管理岗留存，一份由纳税人留存。

2. 提供港口码头服务、货运客运场站服务、装卸搬运服务、旅客运输服务的一般纳税人，可以选择使用定额普通发票。

3. 从事国际货物运输代理业务的一般纳税人，应使用六联专用发票或五联增值税普通发票，其中第四联用作购付汇联；从事国际货物运输代理业务的小规模纳税人，应使用普通发票，其中第四联用作购付汇联。

4. 纳税人于本地区试点实施之日前提供改征增值税的营业税应税服务并开具营业税发票后，如发生服务中止、折让、开票有误等情形，且不符合发票作废条件的，应于2014年3月31日前向原主管税务机关申请开具营业税红字发票，不得开具红字专用发票和红字货运专票。需重新开具发票的，应于2014年3月31日前向原主管税务机关申请开具营业税发票，不得开具专用发票或货运专票。

5. 中国铁路总公司及其所属运输企业（含分支机构）可暂延用其自行印制的铁路票据，其他提供铁路运输服务的纳税人以及提供邮政服务的纳税人，其普通发票的使用由各省国税局确定。

6. 提供铁路运输服务的纳税人有2个以上开票点且分布在不同省（自治区、直辖市）的，可以携带空白发票在开票点所在地开具。

（二）关于税控系统使用问题

1. 自本地区营改增试点实施之日起，一般纳税人提供货物运输服务、开具货运专票的，使用货物运输业增值税专用发票税控系统（以下简称"货运专票税控系统"）；提供货物运输服务之外的其他增值税应税服务、开具专用发票和增值税普通发票的，使用增值税防伪税控系统（以下简称"防伪税控系统"）。

2. 自 2013 年 8 月 1 日起，一般纳税人从事机动车（旧机动车除外）零售业务开具机动车销售统一发票，应使用机动车销售统一发票税控系统（以下简称"机动车发票税控系统"）。

3. 试点纳税人使用的防伪税控系统专用设备为金税盘和报税盘，纳税人应当使用金税盘开具发票，使用报税盘领购发票、抄报税；货运专票税控系统和机动车发票税控系统专用设备为税控盘和报税盘，纳税人应当使用税控盘开具发票，使用报税盘领购发票、抄报税。

货运专票税控系统及专用设备管理，按照现行防伪税控系统有关规定执行。各省国税机关可对现有相关文书作适当调整。

4. 北京市小规模纳税人自 2012 年 9 月 1 日起使用金税盘或税控盘开具普通发票，使用报税盘领购发票、抄报税的办法继续执行。

（三）关于增值税专用发票（增值税税控系统）最高开票限额审批问题

增值税专用发票（增值税税控系统）实行最高开票限额管理。最高开票限额，是指单份专用发票或货运专票开具的销售额合计数不得达到的上限额度。

最高开票限额由一般纳税人申请，区县税务机关依法审批。一般纳税人申请最高开票限额时，需填报增值税专用发票最高开票限额申请单（见表 2-3）。

表 2-3　　　　　　　　　　　增值税专用发票最高开票限额申请单

	纳税人名称		纳税人识别号	
	地　　址		联系电话	
	购票人信息			
申请事项（由纳税人填写）	申请增值税专用发票（增值税税控系统）最高开票限额	□初次　□变更　（请选择一个项目并在□内打"√"） □一亿元　□一千万元　□一百万元 □十万元　□一万元　□一千元 （请选择一个项目并在□内打"√"）		
	申请货物运输业增值税专用发票（增值税税控系统）最高开票限额	□初次　□变更　（请选择一个项目并在□内打"√"） □一亿元　□一千万元　□一百万元 □十万元　□一万元　□一千元 （请选择一个项目并在□内打"√"）		
	申请理由： 经办人（签字）：　　　　　　　纳税人（印章）： 　年　月　日　　　　　　　　　　年　月　日			

续表

	发票种类	批准最高开票限额
区县税务机关意见	增值税专用发票（增值税税控系统）	
	货物运输业增值税专用发票（增值税税控系统）	
	经办人（签字）： 　　年　月　日　　　批准人（签字）： 　　　　　　年　月　日　　　税务机关（印章）： 　　　　　　　　年　月　日	

注：本申请表一式两联：第一联由申请纳税人留存；第二联由区县税务机关留存。

主管税务机关在受理纳税人申请以后，根据需要进行实地查验。实地查验的范围和方法由各省国税机关确定。税务机关应根据纳税人实际生产经营和销售情况进行审批，保证纳税人生产经营的正常需要。

（四）关于货运专票开具问题

1. 一般纳税人提供应税货物运输服务，使用货运专票；提供其他增值税应税项目、免税项目或非增值税应税项目的，不得使用货运专票。

2. 货运专票中"承运人及纳税人识别号"栏填写提供货物运输服务、开具货运专票的一般纳税人信息；"实际受票方及纳税人识别号"栏填写实际负担运输费用、抵扣进项税额的一般纳税人信息；"费用项目及金额"栏填写应税货物运输服务明细项目及不含增值税的销售额；"合计金额"栏填写应税货物运输服务项目不含增值税的销售额合计；"税率"栏填写增值税税率；"税额"栏填写按照应税货物运输服务项目不含增值税的销售额和适用税率计算得出的增值税额；"价税合计（大写）（小写）"栏填写不含增值税的销售额和增值税额的合计；"机器编号"栏填写货运专票税控系统税控盘编号。

3. 税务机关在代开货运专票时，货运专票税控系统在货运专票左上角自动打印"代开"字样；"税率"栏填写小规模纳税人增值税征收率；"税额"栏填写按照应税货物运输服务项目不含增值税的销售额和小规模纳税人增值税征收率计算得出的增值税额；"备注"栏填写税收完税凭证号码。

4. 提供货物运输服务，开具货运专票后，如发生应税服务中止、折让、开票有误以及发票抵扣联、发票联均无法认证等情形，且不符合发票作废条件，需要开具红字货运专票的，实际受票方或承运人可向主管税务机关填报开具红字货物运输业增值税专用发票申请单（见表2-4），经主管税务机关核对并出具开具红字货物运输业增值税专用发票通知单（见表2-5）。实际受票方应暂依通知单所列增值税税额从当期进项税额中转出，未抵扣增值税进项税额的可列入当期进项税额，待取得承运人开具的红字货运专票后，与留存的通知单一并作为记账凭证。认证结果为"无法认证"、"纳税人识别号认证不符"、"发票代码、号码认证不符"以及所购服务不属于增值税扣税项目范围的，不列入进项税额，不作进项税额转出。承运人可凭通知单在货运专票税控系统中以销项负数开具红字货运专票。通知单暂不通过系统开具，但其他事项按照现行红字专用发票有关规定执行。

表 2 - 4   **开具红字货物运输业增值税专用发票申请单**

填写日期：   年   月   日

承运人	名称		实际受票方	名称	
	纳税人识别号			纳税人识别号	
收货人	名称		发货人	名称	
	纳税人识别号			纳税人识别号	

<table>
<tr><td rowspan="3">开具红字货运专票内容</td><td colspan="3">费用项目及金额</td><td colspan="3">运输货物信息</td></tr>
<tr><td colspan="6"></td></tr>
<tr><td>合计金额</td><td>税率</td><td>税额</td><td>机器编号（税控盘编号）</td><td>车种车号</td><td>车船吨位</td></tr>
</table>

说明	**一、实际受票方申请** □
	    对应蓝字货运专票抵扣增值税销项税额情况：
	      1. 已抵扣□
	      2. 未抵扣□
	        （1）无法认证□
	        （2）纳税人识别号认证不符□
	        （3）货运专票代码、号码认证不符□
	        （4）所购服务不属于增值税扣税项目范围□
	    对应蓝字货运专票的代码：_____号码：_____
	二、承运人申请 □
	      1. 因开票有误受票方拒收□
	      2. 因开票有误等原因尚未交付□
	    对应蓝字货运专票的代码：_____号码：_____
	    开具红字货运专票理由：

申请方申明	我申明所提供的申请单内容真实、完整、准确，并愿意承担相关法律责任。
	                                申请方签章：
	                                  年 月 日

申请方经办人：   联系电话：

注：本申请单一式两联：第一联由申请方留存；第二联由申请方所属主管税务机关留存。

表 2 - 5   **开具红字货物运输业增值税专用发票通知单**

填写日期：   年   月   日   **No.**

承运人	名称		实际受票方	名称	
	纳税人识别号			纳税人识别号	
收货人	名称		发货人	名称	
	纳税人识别号			纳税人识别号	

<table>
<tr><td rowspan="3">开具红字货运专票内容</td><td colspan="3">费用项目及金额</td><td colspan="3">运输货物信息</td></tr>
<tr><td colspan="6"></td></tr>
<tr><td>合计金额</td><td>税率</td><td>税额</td><td>机器编号（税控盘编号）</td><td>车种车号</td><td>车船吨位</td></tr>
</table>

说明	一、**实际受票方申请** □ 　　对应蓝字专用发票抵扣增值税销项税额情况： 　　　　1. 需要作进项税额转出□ 　　　　2. 不需要作进项税额转出□ 　　　　　　（1）无法认证□ 　　　　　　（2）纳税人识别号认证不符□ 　　　　　　（3）货运专票代码、号码认证不符□ 　　　　　　（4）所购服务不属于增值税扣税项目范围□ 　　对应蓝字货运专票的代码：_____号码：_____ 二、**承运人申请** □ 　　　　1. 因开票有误受票方拒收□ 　　　　2. 因开票有误等原因尚未交付□ 　　对应蓝字货运专票的代码：_____号码：_____ 　　开具红字货运专票理由：

经办人：　　　　负责人：　　　　主管税务机关名称（印章）：

注：

1. 本通知单一式三联：第一联由申请方主管税务机关留存；第二联由申请方送交对方留存；第三联由申请方留存。

2. 本通知单内容应与开具红字货运专票申请单内容一一对应。

　　一般纳税人提供铁路运输服务开具货运专票后，因开票有误且不符合发票作废条件，需要开具红字货运专票的，如同时符合下列条件，可不再向主管税务机关填报《开具红字货物运输业增值税专用发票申请单》，直接在货运专票税控系统中以销项负数开具红字货运专票。开具红字货运专票时应将对应的蓝字发票代码、号码打印在发票备注栏中。

　　1. 实际受票方拒收或者承运人尚未将货运专票交付实际受票方。

　　2. 发票联次齐全，实际受票方未认证发票。

　　除上述情形外，一般纳税人应按照《国家税务总局关于在全国开展营业税改征增值税试点有关征收管理问题的公告》（国家税务总局公告 2013 年第 39 号）第四条第（四）项规定的流程开具红字货运专票，并将《开具红字货物运输业增值税专用发票通知单》编号打印在发票备注栏中，不需打印对应的蓝字发票代码、号码。

　　铁路运输企业受托代征的印花税款信息，可填写在货运专票"运输货物信息"栏中。

　　（五）关于货运专票管理问题

　　1. 货运专票暂不纳入失控发票快速反应机制管理。

　　2. 货运专票的认证结果类型包括"认证相符"、"无法认证"、"认证不符"、"密文有误"和"重复认证"等类型（暂无失控发票类型），稽核结果类型包括"相符"、"不符"、"缺联"、"重号"、"属于作废"和"滞留"等类型。认证、稽核异常货运专票的处理按照专用发票的有关规定执行。

　　3. 稽核异常的货运专票的核查工作，按照《增值税专用发票审核检查操作规程（试行）》的有关规定执行。

　　4. 丢失货运专票的处理，按照专用发票的有关规定执行，承运方主管税务机关出具丢失货物运输业增值税专用发票已报税证明单（见表 2 - 6）。

表 2 - 6　　　　　　　丢失货物运输业增值税专用发票已报税证明单

No.

承运人	名称			实际受票方	名称	
	纳税人识别号				纳税人识别号	
丢失货物运输业增值税专用发票	发票代码	发票号码	费用项目	金额	税额	运输货物信息
报税及纳税申报情况	报税时间： 纳税申报时间： 经办人：　　　负责人：　　　主管税务机关名称（印章）： 　　　　　　　　　　　　　　　　　　　年　月　日					
备注						

注：本证明单一式三联：第一联由承运人主管税务机关留存；第二联由承运人留存；第三联由实际受票方主管税务机关留存。

十二、营业税改征增值税的纳税申报

中华人民共和国境内营业税改征增值税纳税人均应按照本规定进行增值税纳税申报。

（一）纳税申报资料

1. 增值税一般纳税人

增值税一般纳税人（以下简称"一般纳税人"）纳税申报表及其附列资料包括增值税纳税申报表（一般纳税人适用）（见表 2 - 7）、增值税纳税申报表附列资料（一）（本期销售情况明细）（见表 2 - 8）、增值税纳税申报表附列资料（二）（本期进项税额明细）（见表 2 - 9）、增值税纳税申报表附列资料（三）（应税服务扣除项目明细）（见表 2 - 10）。一般纳税人提供应税服务，在确定应税服务销售额时，按照有关规定可以从取得的全部价款和价外费用中扣除价款的，需填报增值税纳税申报表附列资料（三）。其他情况不填写该附列资料、增值税纳税申报表附列资料（四）（税收抵减情况表）（见表 2 - 11）固定资产进项税额抵扣情况表（见表 2 - 12）。

2. 增值税小规模纳税人

增值税小规模纳税人（以下简称"小规模纳税人"）纳税申报表及其附列资料包括增值税纳税申报表（小规模纳税人适用）（见表2-13）、增值税纳税申报表（小规模纳税人适用）附列资料（见表2-14）。小规模纳税人提供应税服务，在确定应税服务销售额时，按照有关规定可以从取得的全部价款和价外费用中扣除价款的，需填报增值税纳税申报表（小规模纳税人适用）附列资料，其他情况不填写该附列资料。

3. 纳税申报其他资料

（1）已开具的税控"机动车销售统一发票"和普通发票的存根联。

（2）符合抵扣条件且在本期申报抵扣的防伪税控"增值税专用发票"、"货物运输业增值税专用发票"、税控"机动车销售统一发票"的抵扣联。按规定仍可以抵扣且在本期申报抵扣的"公路、内河货物运输业统一发票"的抵扣联。

（3）符合抵扣条件且在本期申报抵扣的海关进口增值税专用缴款书、购进农产品取得的普通发票、铁路运输费用结算单据的复印件。

按规定仍可以抵扣且在本期申报抵扣的其他运输费用结算单据的复印件。

（4）符合抵扣条件且在本期申报抵扣的中华人民共和国税收缴款凭证及其清单，书面合同、付款证明和境外单位的对账单或者发票。

（5）已开具的农产品收购凭证的存根联或报查联。

（6）纳税人提供应税服务，在确定应税服务销售额时，按照有关规定从取得的全部价款和价外费用中扣除价款的合法凭证及其清单。

（7）主管税务机关规定的其他资料。

纳税申报表及其附列资料为必报资料。纳税申报其他资料的报备要求由各省、自治区、直辖市和计划单列市国家税务局确定。

（二）申报表及填写说明

1. 一般纳税人适用

一般纳税人适用的申报表及其附列资料见表2-7至表2-12。

表 2－7

增值税纳税申报表

（一般纳税人适用）

根据国家税收法律法规及增值税相关规定制定本表。纳税人不论有无销售额，均应按税务机关核定的纳税期限填写本表，并向当地税务机关申报。

税款所属时间：自　年　月　日 至　年　月　日　　填表日期：　年　月　日　　金额单位：元至角分

纳税人识别号				所属行业：	
纳税人名称		（公章）	注册地址		营业地址
开户银行及账号		法定代表人姓名	登记注册类型	电话号码	

	项　目	栏次	一般货物、劳务和应税服务		即征即退货物、劳务和应税服务	
			本月数	本年累计	本月数	本年累计
销售额	（一）按适用税率计税销售额	1				
	其中：应税货物销售额	2				
	应税劳务销售额	3				
	纳税检查调整的销售额	4				
	（二）按简易办法计税销售额	5				
	其中：纳税检查调整的销售额	6				
	（三）免、抵、退办法出口销售额	7		—	—	—
	（四）免税销售额	8		—	—	—
	其中：免税货物销售额	9		—	—	—
	免税劳务销售额	10		—	—	—

续表

项 目		栏次	一般货物、劳务和应税服务		即征即退货物、劳务和应税服务	
			本月数	本年累计	本月数	本年累计
税款计算	销项税额	11				
	进项税额	12				
	上期留抵税额	13		—		—
	进项税额转出	14				
	免抵退应退税额	15			—	
	按适用税率计算的纳税检查应补缴税额	16		—	—	
	应抵扣税额合计	17 = 12 + 13 - 14 - 15 + 16				
	实际抵扣税额	18（如17 < 11，则为17，否则为11）				
	应纳税额	19 = 11 - 18				
	期末留抵税额	20 = 17 - 18		—		—
	简易计税办法计算的应纳税额	21				
	按简易计税办法计算的纳税检查应补缴税额	22			—	
	应纳税额减征额	23				
	应纳税额合计	24 = 19 + 21 - 23				—

续表

项 目		栏次	一般货物、劳务和应税服务		即征即退货物、劳务和应税服务	
			本月数	本年累计	本月数	本年累计
税款缴纳	期初未缴税额（多缴为负数）	25			—	—
	实收出口开具专用缴款书退税额	26		—	—	—
	本期已缴税额	27＝28＋29＋30＋31				
	①分次预缴税额	28		—		
	②出口开具专用缴款书预缴税额	29		—		
	③本期缴纳上期应纳税额	30				
	④本期缴纳欠缴税额	31				
	期末未缴税额（多缴为负数）	32＝24＋25＋26－27			—	—
	其中：欠缴税额（≥0）	33＝25＋26－27		—	—	—
	本期应补（退）税额	34＝24－28－29				
	即征即退实际退税额	35	—		—	—
	期初未缴查补税额	36			—	—
	本期入库查补税额	37			—	—
	期末未缴查补税额	38＝16＋22＋36－37			—	—

授权声明	如果你已委托代理人申报，请填写下列资料： 为代理一切税务事宜，现授权（地址） 为本纳税人的代理申报人，任何与本申报表有关的往来文件，都可寄予此人。 授权人签字：	申报人声明	此纳税申报表是根据国家税收法律法规及相关规定填报的，我确定它是真实的、可靠的、完整的。 声明人签字：

以下由税务机关填写：

收到日期：   接收人：   主管税务机关盖章

增值税纳税申报表（一般纳税人适用）填写说明

（一）"税款所属时间"：指纳税人申报的增值税应纳税额的所属时间，应填写具体的起止年、月、日。

（二）"填表日期"：指纳税人填写本表的具体日期。

（三）"纳税人识别号"：填写纳税人的税务登记证号码。

（四）"所属行业"：按照国民经济行业分类与代码中的小类行业填写。

（五）"纳税人名称"：填写纳税人单位名称全称。

（六）"法定代表人姓名"：填写纳税人法定代表人的姓名。

（七）"注册地址"：填写纳税人税务登记证所注明的详细地址。

（八）"生产经营地址"：填写纳税人实际生产经营地的详细地址。

（九）"开户银行及账号"：填写纳税人开户银行的名称和纳税人在该银行的结算账户号码。

（十）"登记注册类型"：按纳税人税务登记证的栏目内容填写。

（十一）"电话号码"：填写可联系到纳税人的常用电话号码。

（十二）"即征即退货物、劳务和应税服务"列：填写纳税人按规定享受增值税即征即退政策的货物、劳务和应税服务的征（退）税数据。

（十三）"一般货物、劳务和应税服务"列：填写除享受增值税即征即退政策以外的货物、劳务和应税服务的征（免）税数据。

（十四）"本年累计"列：一般填写本年度内各月"本月数"之和。其中，第13、20、25、32、36、38栏及第18栏"实际抵扣税额"、"一般货物、劳务和应税服务"列的"本年累计"分别按本填写说明第（二十七）、（三十四）、（三十九）、（四十六）、（五十）、（五十二）、（三十二）条要求填写。

（十五）第1栏"（一）按适用税率计税销售额"：填写纳税人本期按一般计税方法计算缴纳增值税的销售额，包含：在财务上不作销售但按税法规定应缴纳增值税的视同销售和价外费用的销售额；外贸企业作价销售进料加工复出口货物的销售额；税务、财政、审计部门检查后按一般计税方法计算调整的销售额。

营业税改征增值税的纳税人，应税服务有扣除项目的，本栏应填写扣除之前的不含税销售额。

本栏"一般货物、劳务和应税服务"列"本月数"＝附列资料（一）第9列第1至5行之和－第9列第6、7行之和；本栏"即征即退货物、劳务和应税服务"列"本月数"＝附列资料（一）第9列第6、7行之和。

（十六）第2栏"其中：应税货物销售额"：填写纳税人本期按适用税率计算增值税的应税货物的销售额。包含在财务上不作销售但按税法规定应缴纳增值税的视同销售货物和价外费用销售额，以及外贸企业作价销售进料加工复出口货物的销售额。

（十七）第3栏"应税劳务销售额"：填写纳税人本期按适用税率计算增值税的应税劳务的销售额。

（十八）第4栏"纳税检查调整的销售额"：填写纳税人因税务、财政、审计部门检查，并按一般计税方法在本期计算调整的销售额。但享受增值税即征即退政策的货物、劳务和应税服务，经纳税检查发现偷税的，不填入"即征即退货物、劳务和应税服务"列，而应填入"一般货物、劳务和应税服务"列。

营业税改征增值税的纳税人，应税服务有扣除项目的，本栏应填写扣除之前的不含税销售额。

本栏"一般货物、劳务和应税服务"列"本月数" = 附列资料（一）第 7 列第 1 至 5 行之和。

（十九）第 5 栏"按简易办法计税销售额"：填写纳税人本期按简易计税方法计算增值税的销售额。包含纳税检查调整按简易计税方法计算增值税的销售额。

营业税改征增值税的纳税人，应税服务有扣除项目的，本栏应填写扣除之前的不含税销售额；应税服务按规定汇总计算缴纳增值税的分支机构，其当期按预征率计算缴纳增值税的销售额也填入本栏。

本栏"一般货物、劳务和应税服务"列"本月数" ≥ 附列资料（一）第 9 列第 8 至 13 行之和 – 第 9 列第 14、15 行之和；本栏"即征即退货物、劳务和应税服务"列"本月数" ≥ 附列资料（一）第 9 列第 14、15 行之和。

（二十）第 6 栏"其中：纳税检查调整的销售额"：填写纳税人因税务、财政、审计部门检查，并按简易计税方法在本期计算调整的销售额。但享受增值税即征即退政策的货物、劳务和应税服务，经纳税检查发现偷税的，不填入"即征即退货物、劳务和应税服务"列，而应填入"一般货物、劳务和应税服务"列。

营业税改征增值税的纳税人，应税服务有扣除项目的，本栏应填写扣除之前的不含税销售额。

（二十一）第 7 栏"免、抵、退办法出口销售额"：填写纳税人本期适用免、抵、退税办法的出口货物、劳务和应税服务的销售额。

营业税改征增值税的纳税人，应税服务有扣除项目的，本栏应填写扣除之前的销售额。

本栏"一般货物、劳务和应税服务"列"本月数" = 附列资料（一）第 9 列第 16、17 行之和。

（二十二）第 8 栏"免税销售额"：填写纳税人本期按照税法规定免征增值税的销售额和适用零税率的销售额，但零税率的销售额中不包括适用免、抵、退税办法的销售额。

营业税改征增值税的纳税人，应税服务有扣除项目的，本栏应填写扣除之前的免税销售额。

本栏"一般货物、劳务和应税服务"列"本月数" = 附列资料（一）第 9 列第 18、19 行之和。

（二十三）第 9 栏"其中：免税货物销售额"：填写纳税人本期按照税法规定免征增值税的货物销售额及适用零税率的货物销售额，但零税率的销售额中不包括适用免、抵、退税办法出口货物的销售额。

（二十四）第 10 栏"免税劳务销售额"：填写纳税人本期按照税法规定免征增值税的劳务销售额及适用零税率的劳务销售额，但零税率的销售额中不包括适用免、抵、退税办法的劳务的销售额。

（二十五）第 11 栏"销项税额"：填写纳税人本期按一般计税方法计税的货物、劳务和应税服务的销项税额。

营业税改征增值税的纳税人，应税服务有扣除项目的，本栏应填写扣除之后的销项税额。

本栏"一般货物、劳务和应税服务"列"本月数" = 附列资料（一）（第 10 列第 1、3 行之和 – 第 10 列第 6 行）+（第 14 列第 2、4、5 行之和 – 第 14 列第 7 行）；

本栏"即征即退货物、劳务和应税服务"列"本月数" = 附列资料（一）第 10 列第 6 行 + 第 14 列第 7 行。

（二十六）第 12 栏"进项税额"：填写纳税人本期申报抵扣的进项税额。

本栏"一般货物、劳务和应税服务"列"本月数"+"即征即退货物、劳务和应税服务"列"本月数" = 附列资料（二）第 12 栏"税额"。

（二十七）第 13 栏"上期留抵税额"。

1. 上期留抵税额按规定须挂账的纳税人，按以下要求填写本栏的"本月数"和"本年累计"。

上期留抵税额按规定须挂账的纳税人是指试点实施之日前一个税款所属期的申报表第 20 栏"期末留抵税额""一般货物及劳务"列"本月数"大于零，且兼有营业税改征增值税应税服务的纳税人（下同）。其试点实施之日前一个税款所属期的申报表第 20 栏"期末留抵税额"、"一般货物及劳务"列"本月数"，以下称为货物和劳务挂账留抵税额。

（1）本栏"一般货物、劳务和应税服务"列"本月数"：试点实施之日的税款所属期填写"0"；以后各期按上期申报表第 20 栏"期末留抵税额""一般货物、劳务和应税服务"列"本月数"填写。

（2）本栏"一般货物、劳务和应税服务"列"本年累计"：反映货物和劳务挂账留抵税额本期期初余额。试点实施之日的税款所属期按试点实施之日前一个税款所属期的申报表第 20 栏"期末留抵税额""一般货物及劳务"列"本月数"填写；以后各期按上期申报表第 20 栏"期末留抵税额""一般货物、劳务和应税服务"列"本年累计"填写。

（3）本栏"即征即退货物、劳务和应税服务"列"本月数"：按上期申报表第 20 栏"期末留抵税额"、"即征即退货物、劳务和应税服务"列"本月数"填写。

2. 其他纳税人，按以下要求填写本栏"本月数"和"本年累计"。

其他纳税人是指除上期留抵税额按规定须挂账的纳税人之外的纳税人（下同）。

（1）本栏"一般货物、劳务和应税服务"列"本月数"：按上期申报表第 20 栏"期末留抵税额"、"一般货物、劳务和应税服务"列"本月数"填写。

（2）本栏"一般货物、劳务和应税服务"列"本年累计"：填写"0"。

（3）本栏"即征即退货物、劳务和应税服务"列"本月数"：按上期申报表第 20 栏"期末留抵税额""即征即退货物、劳务和应税服务"列"本月数"填写。

（二十八）第 14 栏"进项税额转出"：填写纳税人已经抵扣，但按税法规定本期应转出的进项税额。

本栏"一般货物、劳务和应税服务"列"本月数" + "即征即退货物、劳务和应税服务"列"本月数" = 附列资料（二）第 13 栏"税额"。

（二十九）第 15 栏"免、抵、退应退税额"：反映税务机关退税部门按照出口货物、劳务和应税服务免、抵、退办法审批的增值税应退税额。

（三十）第16栏"按适用税率计算的纳税检查应补缴税额"：填写税务、财政、审计部门检查，按一般计税方法计算的纳税检查应补缴的增值税税额。

本栏"一般货物、劳务和应税服务"列"本月数"≤附列资料（一）第8列第1至5行之和＋附列资料（二）第19栏。

（三十一）第17栏"应抵扣税额合计"：填写纳税人本期应抵扣进项税额的合计数。按表中所列公式计算填写。

（三十二）第18栏"实际抵扣税额"。

1. 上期留抵税额按规定须挂账的纳税人，按以下要求填写本栏的"本月数"和"本年累计"。

（1）本栏"一般货物、劳务和应税服务"列"本月数"：按表中所列公式计算填写。

（2）本栏"一般货物、劳务和应税服务"列"本年累计"：填写货物和劳务挂账留抵税额本期实际抵减一般货物和劳务应纳税额的数额。将"货物和劳务挂账留抵税额本期期初余额"与"一般计税方法的一般货物及劳务应纳税额"两个数据相比较，取二者中小的数据。

其中：货物和劳务挂账留抵税额本期期初余额＝第13栏"上期留抵税额"、"一般货物、劳务和应税服务"列"本年累计"；

一般计税方法的一般货物及劳务应纳税额＝（第11栏"销项税额""一般货物、劳务和应税服务"列"本月数"－第18栏"实际抵扣税额"、"一般货物、劳务和应税服务"列"本月数"）×一般货物及劳务销项税额比例；

一般货物及劳务销项税额比例＝（附列资料（一）第10列第1、3行之和－第10列第6行）÷第11栏"销项税额"、"一般货物、劳务和应税服务"列"本月数"×100%。

（3）本栏"即征即退货物、劳务和应税服务"列"本月数"：按表中所列公式计算填写。

2. 其他纳税人，按以下要求填写本栏的"本月数"和"本年累计"：

（1）本栏"一般货物、劳务和应税服务"列"本月数"：按表中所列公式计算填写。

（2）本栏"一般货物、劳务和应税服务"列"本年累计"：填写"0"。

（3）本栏"即征即退货物、劳务和应税服务"列"本月数"：按表中所列公式计算填写。

（三十三）第19栏"应纳税额"：反映纳税人本期按一般计税方法计算并应缴纳的增值税额。按以下公式计算填写：

1. 本栏"一般货物、劳务和应税服务"列"本月数"＝第11栏"销项税额"、"一般货物、劳务和应税服务"列"本月数"－第18栏"实际抵扣税额""一般货物、劳务和应税服务"列"本月数"－第18栏"实际抵扣税额"、"一般货物、劳务和应税服务"列"本年累计"。

2. 本栏"即征即退货物、劳务和应税服务"列"本月数"＝第11栏"销项税额"、"即征即退货物、劳务和应税服务"列"本月数"－第18栏"实际抵扣税额"、"即征即退货物、劳务和应税服务"列"本月数"。

（三十四）第20栏"期末留抵税额"

1. 上期留抵税额按规定须挂账的纳税人，按以下要求填写本栏的"本月数"和"本年累计"：

（1）本栏"一般货物、劳务和应税服务"列"本月数"：反映试点实施以后，一般货物、劳务和应税服务共同形成的留抵税额。按表中所列公式计算填写。

（2）本栏"一般货物、劳务和应税服务"列"本年累计"：反映货物和劳务挂账留抵税额，在试点实施以后抵减一般货物和劳务应纳税额后的余额。按以下公式计算填写：

本栏"一般货物、劳务和应税服务"列"本年累计" = 第 13 栏"上期留抵税额"、"一般货物、劳务和应税服务"列"本年累计" – 第 18 栏"实际抵扣税额"、"一般货物、劳务和应税服务"列"本年累计"。

（3）本栏"即征即退货物、劳务和应税服务"列"本月数"：按表中所列公式计算填写。

2. 其他纳税人，按以下要求填写本栏"本月数"和"本年累计"：

（1）本栏"一般货物、劳务和应税服务"列"本月数"：按表中所列公式计算填写。

（2）本栏"一般货物、劳务和应税服务"列"本年累计"：填写"0"。

（3）本栏"即征即退货物、劳务和应税服务"列"本月数"：按表中所列公式计算填写。

（三十五）第 21 栏"简易计税办法计算的应纳税额"：反映纳税人本期按简易计税方法计算并应缴纳的增值税额，但不包括按简易计税方法计算的纳税检查应补缴税额。按以下公式计算填写：

本栏"一般货物、劳务和应税服务"列"本月数" = 附列资料（一）（第 10 列第 8 至 11 行之和 – 第 10 列第 14 行）+（第 14 列第 12 行至 13 行之和 – 第 14 列第 15 行）。

本栏"即征即退货物、劳务和应税服务"列"本月数" = 附列资料（一）第 10 列第 14 行 + 第 14 列第 15 行。

营业税改征增值税的纳税人，应税服务按规定汇总计算缴纳增值税的分支机构，应将预征增值税额填入本栏。预征增值税额 = 应预征增值税的销售额 × 预征率。

（三十六）第 22 栏"按简易计税办法计算的纳税检查应补缴税额"：填写纳税人本期因税务、财政、审计部门检查并按简易计税方法计算的纳税检查应补缴税额。

（三十七）第 23 栏"应纳税额减征额"：填写纳税人本期按照税法规定减征的增值税应纳税额。包含按照规定可在增值税应纳税额中全额抵减的增值税税控系统专用设备费用以及技术维护费。

当本期减征额小于或等于第 19 栏"应纳税额"与第 21 栏"简易计税办法计算的应纳税额"之和时，按本期减征额实际填写；当本期减征额大于第 19 栏"应纳税额"与第 21 栏"简易计税办法计算的应纳税额"之和时，按本期第 19 栏与第 21 栏之和填写。本期减征额不足抵减部分结转下期继续抵减。

（三十八）第 24 栏"应纳税额合计"：反映纳税人本期应缴增值税的合计数。按表中所列公式计算填写。

（三十九）第 25 栏"期初未缴税额（多缴为负数）"："本月数"按上一税款所属期申报表第 32 栏"期末未缴税额（多缴为负数）"、"本月数"填写。"本年累计"按上年度最后一个税款所属期申报表第 32 栏"期末未缴税额（多缴为负数）"、"本年累计"填写。

（四十）第 26 栏"实收出口开具专用缴款书退税额"：本栏不填写。

（四十一）第 27 栏"本期已缴税额"：反映纳税人本期实际缴纳的增值税额，但不包括本期入库的查补税款。按表中所列公式计算填写。

（四十二）第 28 栏"①分次预缴税额"：填写纳税人本期已缴纳的准予在本期增值税应纳税额中抵减的税额。

营业税改征增值税的纳税人，应税服务按规定汇总计算缴纳增值税的总机构，其可以从本期增值税应纳税额中抵减的分支机构已缴纳的税款，按当期实际可抵减数填入本栏，不足抵减部分结转下期继续抵减。

（四十三）第 29 栏"②出口开具专用缴款书预缴税额"：本栏不填写。

（四十四）第 30 栏"③本期缴纳上期应纳税额"：填写纳税人本期缴纳上一税款所属期应缴未缴的增值税额。

（四十五）第 31 栏"④本期缴纳欠缴税额"：反映纳税人本期实际缴纳和留抵税额抵减的增值税欠税额，但不包括缴纳入库的查补增值税额。

（四十六）第 32 栏"期末未缴税额（多缴为负数）"："本月数"反映纳税人本期期末应缴未缴的增值税额，但不包括纳税检查应缴未缴的税额。按表中所列公式计算填写。"本年累计"与"本月数"相同。

（四十七）第 33 栏"其中：欠缴税额（≥0）"：反映纳税人按照税法规定已形成欠税的增值税额。按表中所列公式计算填写。

（四十八）第 34 栏"本期应补（退）税额"：反映纳税人本期应纳税额中应补缴或应退回的数额。按表中所列公式计算填写。

（四十九）第 35 栏"即征即退实际退税额"：反映纳税人本期因符合增值税即征即退政策规定，而实际收到的税务机关退回的增值税额。

（五十）第 36 栏"期初未缴查补税额"："本月数"按上一税款所属期申报表第 38 栏"期末未缴查补税额""本月数"填写。"本年累计"按上年度最后一个税款所属期申报表第 38 栏"期末未缴查补税额""本年累计"填写。

（五十一）第 37 栏"本期入库查补税额"：反映纳税人本期因税务、财政、审计部门检查而实际入库的增值税额，包括按一般计税方法计算并实际缴纳的查补增值税额和按简易计税方法计算并实际缴纳的查补增值税额。

（五十二）第 38 栏"期末未缴查补税额"："本月数"反映纳税人接受纳税检查后应在本期期末缴纳而未缴纳的查补增值税额。按表中所列公式计算填写，"本年累计"与"本月数"相同。

表2-8

增值税纳税申报表附列资料(一)

(本期销售情况明细)

税款所属时间: 年 月 日至 年 月 日

纳税人名称:(公章)

金额单位:元至角分

项目及栏次			开具税控增值税专用发票		开具其他发票		未开具发票		纳税检查调整		合计		价税合计	应税服务扣除项目本期实际扣除金额	扣除后	
			销售额	销项(应纳)税额	销售额	销项(应纳)税额	销售额	销项(应纳)税额	销售额	销项(应纳)税额	销售额	销项(应纳)税额	价税合计		含税(免税)销售额	销项(应纳)税额
			1	2	3	4	5	6	7	8	9=1+3+5+7	10=2+4+6+8	11=9+10	12	13=11-12	14=13÷(100%+税率或征收率)×税率或征收率
一般计税方法计税	全部征税项目	17%税率的货物及加工修理修配劳务 1														
		17%税率的有形动产租赁服务 2														
		13%税率 3														
		11%税率 4														
		6%税率 5														
	其中:即征即退项目	即征即退货物及加工修理修配劳务 6	—	—	—	—	—	—	—	—	—	—	—	—	—	—
		即征即退应税服务 7	—	—	—	—	—	—	—	—	—	—	—	—	—	—

续表

项目及栏次		开具税控增值税专用发票		开具其他发票		未开具发票		纳税检查调整		合计		价税合计	应税服务扣除项目本期实际扣除金额	扣除后	
		销售额	销项（应纳）税额	销售额	销项（应纳）税额	销售额	销项（应纳）税额	销售额	销项（应纳）税额	销售额	销项（应纳）税额			含税（免税）销售额	销项（应纳）税额
		1	2	3	4	5	6	7	8	9=1+3+5+7	10=2+4+6+8	11=9+10	12	13=11-12	14=13÷（100%+税率）×税率或征收率
二、简易计税方法计税 全部征税项目	6%征收率	8													
	5%征收率	9													
	4%征收率	10													
	3%征收率的货物及加工修理修配劳务	11													
	3%征收率的应税服务	12													
	预征率（%）	13													
其中：即征即退项目	即征即退货物及加工修理修配劳务	14	—	—	—	—	—	—	—	—	—	—	—		—	—
	即征即退应税服务	15	—	—	—	—	—	—	—	—	—	—	—		—	—
三、免抵退税	货物及加工修理修配劳务	16	—	—	—	—	—	—	—	—	—	—	—		—	—
	应税服务	17	—	—	—	—	—	—	—	—	—	—	—		—	—
四、免税	货物及加工修理修配劳务	18	—	—	—	—	—	—	—	—	—	—	—		—	—
	应税服务	19	—	—	—	—	—	—	—	—	—	—	—		—	—

增值税纳税申报表附列资料（一）（本期销售情况明细）填写说明

（一）"税款所属时间"、"纳税人名称"的填写同主表。

（二）各列说明。

1. 第1至2列"开具税控增值税专用发票"：反映本期开具防伪税控"增值税专用发票"、"货物运输业增值税专用发票"和税控"机动车销售统一发票"的情况。

2. 第3至4列"开具其他发票"：反映除上述三种发票以外本期开具的其他发票的情况。

3. 第5至6列"未开具发票"：反映本期未开具发票的销售情况。

4. 第7至8列"纳税检查调整"：反映经税务、财政、审计部门检查并在本期调整的销售情况。

5. 第9至11列"合计"：按照表中所列公式填写。

营业税改征增值税的纳税人，应税服务有扣除项目的，第1至11列应填写扣除之前的征（免）税销售额、销项（应纳）税额和价税合计额。

6. 第12列"应税服务扣除项目本期实际扣除金额"：营业税改征增值税的纳税人，应税服务有扣除项目的，按附列资料（三）第5列对应各行次数据填写；应税服务无扣除项目的，本列填写"0"。其他纳税人不填写。

营业税改征增值税的纳税人，应税服务按规定汇总计算缴纳增值税的分支机构，当期应税服务有扣除项目的，填入本列第13行。

7. 第13列"扣除后""含税（免）销售额"：营业税改征增值税的纳税人，应税服务有扣除项目的，本列各行次 = 第11列对应各行次 − 第12列对应各行次。其他纳税人不填写。

8. 第14列"扣除后""销项（应纳）税额"：营业税改征增值税的纳税人，应税服务有扣除项目的，按以下要求填写本列，其他纳税人不填写。

（1）应税服务按照一般计税方法计税：本列各行次 = 第13列 ÷（100% + 对应行次税率）× 对应行次税率。

本列第7行"按一般计税方法计税的即征即退应税服务"不按本列的说明填写。具体填写要求见"各行说明"第2条第（2）项第③点的说明。

（2）应税服务按照简易计税方法计税：本列各行次 = 第13列 ÷（100% + 对应行次征收率）× 对应行次征收率。

本列第13行"预征率 %"不按本列的说明填写。具体填写要求见"各行说明"第4条第（2）项。

（3）应税服务实行免抵退税或免税的，本列不填写。

（三）各行说明。

1. 第1至5行"一、一般计税方法计税"、"全部征税项目"各行：按不同税率和项目分别填写按一般计税方法计算增值税的全部征税项目。有即征即退征税项目的纳税人，本部分数据中既包括即征即退征税项目，又包括不享受即征即退政策的一般征税项目。

2. 第6至7行"一、一般计税方法计税""其中：即征即退项目"各行：只反映按一般计税方法计算增值税的即征即退项目。按照税法规定不享受即征即退政策的纳税人，不填写本行。即征即退项目是全部征税项目的其中数。

（1）第6行"即征即退货物及加工修理修配劳务"：反映按一般计税方法计算增值税且享受即征即退政策的货物和加工修理修配劳务。本行不包括应税服务的内容。

①本行第9列"合计"、"销售额"栏：反映按一般计税方法计算增值税且享受即征即退政策的货物及加工修理修配劳务的不含税销售额。该栏不按第9列的公式计算，应按照税法规定据实填写。

②本行第10列"合计"、"销项（应纳）税额"栏：反映按一般计税方法计算增值税且享受即征即退政策的货物及加工修理修配劳务的销项税额。该栏不按第10列所列公式计算，应按照税法规定据实填写。

（2）第7行"即征即退应税服务"：反映按一般计税方法计算增值税且享受即征即退政策的应税服务。本行不包括货物及加工修理修配劳务的内容。

①本行第9列"合计"、"销售额"栏：反映按一般计税方法计算增值税且享受即征即退政策的应税服务的不含税销售额。应税服务有扣除项目的，按扣除之前的不含税销售额填写。该栏不按第9列所列公式计算，应按照税法规定据实填写。

②本行第10列"合计"、"销项（应纳）税额"栏：反映按一般计税方法计算增值税且享受即征即退政策的应税服务的销项税额。应税服务有扣除项目的，按扣除之前的销项税额填写。该栏不按第10列所列公式计算，应按照税法规定据实填写。

③本行第14列"扣除后"、"销项（应纳）税额"栏：反映按一般计税方法征收增值税且享受即征即退政策的应税服务实际应计提的销项税额。应税服务有扣除项目的，按扣除之后的销项税额填写；应税服务无扣除项目的，按本行第10列填写。该栏不按第14列所列公式计算，应按照税法规定据实填写。

3. 第8至12行"二、简易计税方法计税"、"全部征税项目"各行：按不同征收率和项目分别填写按简易计税方法计算增值税的全部征税项目。有即征即退征税项目的纳税人，本部分数据中既包括即征即退项目，也包括不享受即征即退政策的一般征税项目。

4. 第13行"二、简易计税方法计税"、"预征率 %"：反映营业税改征增值税的纳税人，应税服务按规定汇总计算缴纳增值税的分支机构预征增值税销售额、预征增值税应纳税额。

（1）本行第1至6列按照销售额和销项税额的实际发生数填写。

（2）本行第14列，纳税人按"应预征缴纳的增值税 = 应预征增值税销售额 × 预征率"公式计算后据实填写。

5. 第14至15行"二、简易计税方法计税"、"其中：即征即退项目"各行：只反映按简易计税方法计算增值税的即征即退项目。按照税法规定不享受即征即退政策的纳税人，不填写本行。即征即退项目是全部征税项目的其中数。

（1）第14行"即征即退货物及加工修理修配劳务"：反映按简易计税方法计算增值税且享受即征即退政策的货物及加工修理修配劳务。本行不包括应税服务的内容。

①本行第9列"合计"、"销售额"栏：反映按简易计税方法计算增值税且享受即征即退政策的货物及加工修理修配劳务的不含税销售额。该栏不按第9列所列公式计算，应按照税法规定据实填写。

②本行第10列"合计"、"销项（应纳）税额"栏：反映按简易计税方法计算增值税且享受即征即退政策的货物及加工修理修配劳务的应纳税额。该栏不按第10列所列公式计算，应按照税法规定据实填写。

（2）第15行"即征即退应税服务"：反映按简易计税方法计算增值税且享受即征即退政策的应税服务。本行不包括货物及加工修理修配劳务的内容。

①本行第9列"合计"、"销售额"栏：反映按简易计税方法计算增值税且享受即征即退政策的应税服务的不含税销售额。应税服务有扣除项目的，按扣除之前的不含税销售额填写。该栏不按第9列的公式计算，应按照税法规定据实填写。

②本行第10列"合计""销项（应纳）税额"栏：反映按简易计税方法计算增值税且享受即征即退政策的应税服务的应纳税额。应税服务有扣除项目的，按扣除之前的应纳税额填写。该栏不按第10列所列公式计算，应按照税法规定据实填写。

③本行第14列"扣除后"、"销项（应纳）税额"栏：反映按简易计税方法计算增值税且享受即征即退政策的应税服务实际应计提的应纳税额。应税服务有扣除项目的，按扣除之后的应纳税额填写；应税服务无扣除项目的，按本行第10列填写。

6. 第16行"三、免抵退税"、"货物及加工修理修配劳务"：反映适用免、抵、退税政策的出口货物、加工修理修配劳务。

7. 第17行"三、免抵退税"、"应税服务"：反映适用免、抵、退税政策的应税服务。

8. 第18行"四、免税"、"货物及加工修理修配劳务"：反映按照税法规定免征增值税的货物及劳务和适用零税率的出口货物及劳务，但零税率的销售额中不包括适用免、抵、退税办法的出口货物及劳务。

9. 第19行"四、免税"、"应税服务"：反映按照税法规定免征增值税的应税服务和适用零税率的应税服务，但零税率的销售额中不包括适用免、抵、退税办法的应税服务。

表2-9　　　　　　　　　　增值税纳税申报表附列资料（二）

（本期进项税额明细）

税款所属时间：　　年　月　日至　　年　月　日

纳税人名称：（公章）　　　　　　　　　　　　　　　　　　　金额单位：元至角分

一、申报抵扣的进项税额				
项目	栏次	份数	金额	税额
（一）认证相符的税控增值税专用发票	1 = 2 + 3			
其中：本期认证相符且本期申报抵扣	2			
前期认证相符且本期申报抵扣	3			
（二）其他扣税凭证	4 = 5 + 6 + 7 + 8			
其中：海关进口增值税专用缴款书	5			
农产品收购发票或者销售发票	6			
代扣代缴税收缴款凭证	7		—	
运输费用结算单据	8			
	9	—	—	—
	10	—	—	—
（三）外贸企业进项税额抵扣证明	11	—	—	
当期申报抵扣进项税额合计	12 = 1 + 4 + 11			

续表

二、进项税额转出额		
项目	栏次	税额
本期进项税转出额	13 = 14~23 之和	
其中：免税项目用	14	
非应税项目用、集体福利、个人消费	15	
非正常损失	16	
简易计税方法征税项目用	17	
免抵退税办法不得抵扣的进项税额	18	
纳税检查调减进项税额	19	
红字专用发票通知单注明的进项税额	20	
上期留抵税额抵减欠税	21	
上期留抵税额退税	22	
其他应作进项税额转出的情形	23	

三、待抵扣进项税额				
项目	栏次	份数	金额	税额
（一）认证相符的税控增值税专用发票	24	—	—	—
期初已认证相符但未申报抵扣	25			
本期认证相符且本期未申报抵扣	26			
期末已认证相符但未申报抵扣	27			
其中：按照税法规定不允许抵扣	28			
（二）其他扣税凭证	29 = 30~33 之和			
其中：海关进口增值税专用缴款书	30			
农产品收购发票或者销售发票	31			
代扣代缴税收缴款凭证	32		—	
运输费用结算单据	33			
	34			

四、其他				
项目	栏次	份数	金额	税额
本期认证相符的税控增值税专用发票	35			
代扣代缴税额	36	—	—	

增值税纳税申报表附列资料（二）（本期进项税额明细）填写说明

（一）"税款所属时间"、"纳税人名称"的填写同主表。

（二）第1至12栏"一、申报抵扣的进项税额"：分别反映纳税人按税法规定符合抵扣条件，在本期申报抵扣的进项税额。

1. 第1栏"（一）认证相符的税控增值税专用发票"：反映纳税人取得的认证相符本期申报抵扣的防伪税控"增值税专用发票"、"货物运输业增值税专用发票"和税控"机动车销售统一发票"的情况。该栏应等于第2栏"本期认证相符且本期申报抵扣"与第3栏"前期认证相符且本期申报抵扣"数据之和。

2. 第2栏"其中：本期认证相符且本期申报抵扣"：反映本期认证相符且本期申报抵扣的防伪税控"增值税专用发票"、"货物运输业增值税专用发票"和税控"机动车销售统一发票"的情况。本栏是第1栏的其中数，本栏只填写本期认证相符且本期申报抵扣的部分。

3. 第3栏"前期认证相符且本期申报抵扣"：反映前期认证相符且本期申报抵扣的防伪税控"增值税专用发票"、"货物运输业增值税专用发票"和税控"机动车销售统一发票"的情况。辅导期纳税人依据税务机关告知的稽核比对结果通知书及明细清单注明的稽核相符的税控增值税专用发票填写本栏。本栏是第1栏的其中数，只填写前期认证相符且本期申报抵扣的部分。

4. 第4栏"（二）其他扣税凭证"：反映本期申报抵扣的除税控增值税专用发票之外的其他扣税凭证的情况。具体包括：海关进口增值税专用缴款书、农产品收购发票或者销售发票（含农产品核定扣除的进项税额）、代扣代缴税收缴款凭证和运输费用结算单据。该栏应等于第5至8栏之和。

5. 第5栏"海关进口增值税专用缴款书"：反映本期申报抵扣的海关进口增值税专用缴款书的情况。按规定执行海关进口增值税专用缴款书先比对后抵扣的，纳税人需依据税务机关告知的稽核比对结果通知书及明细清单注明的稽核相符的海关进口增值税专用缴款书填写本栏。

6. 第6栏"农产品收购发票或者销售发票"：反映本期申报抵扣的农产品收购发票和农产品销售普通发票的情况。执行农产品增值税进项税额核定扣除办法的，填写当期允许抵扣的农产品增值税进项税额，不填写"份数"、"金额"。

7. 第7栏"代扣代缴税收缴款凭证"：填写本期按规定准予抵扣的中华人民共和国税收缴款凭证上注明的增值税额。

8. 第8栏"运输费用结算单据"：反映按规定本期可以申报抵扣的交通运输费用结算单据的情况。

9. 第11栏"（三）外贸企业进项税额抵扣证明"：填写本期申报抵扣的税务机关出口退税部门开具的出口货物转内销证明列明允许抵扣的进项税额。

10. 第12栏"当期申报抵扣进项税额合计"：反映本期申报抵扣进项税额的合计数。按表中所列公式计算填写。

（三）第13至23栏"二、进项税额转出额"各栏：分别反映纳税人已经抵扣但按规定应在本期转出的进项税额明细情况。

1. 第13栏"本期进项税额转出额"：反映已经抵扣但按规定应在本期转出的进项税额合计数。按表中所列公式计算填写。

2. 第14栏"免税项目用"：反映用于免征增值税项目，按规定应在本期转出的进项税额。

3. 第15栏"非应税项目、集体福利、个人消费用"：反映用于非增值税应税项目、集体福利或者个人消费，按规定应在本期转出的进项税额。

4. 第16栏"非正常损失"：反映纳税人发生非正常损失，按规定应在本期转出的进项税额。

5. 第17栏"简易计税方法征税项目"：反映用于按简易计税方法征税项目，按规定应在本期转出的进项税额。

营业税改征增值税的纳税人，应税服务按规定汇总计算缴纳增值税的分支机构，当期应由总机构汇总的进项税额也填入本栏。

6. 第18栏"免抵退税办法不得抵扣的进项税额"：反映按照免、抵、退税办法的规定，由于征税税率与退税税率存在税率差，在本期应转出的进项税额。

7. 第19栏"纳税检查调减进项税额"：反映税务、财政、审计部门检查后而调减的进项税额。

8. 第20栏"红字专用发票通知单注明的进项税额"：填写主管税务机关开具的红字增值税专用发票通知单、开具红字货物运输业增值税专用发票通知单等注明的在本期应转出的进项税额。

9. 第21栏"上期留抵税额抵减欠税"：填写本期经税务机关同意，使用上期留抵税额抵减欠税的数额。

10. 第22栏"上期留抵税额退税"：填写本期经税务机关批准的上期留抵税额退税额。

11. 第23栏"其他应作进项税额转出的情形"：反映除上述进项税额转出情形外，其他应在本期转出的进项税额。

（四）第24至34栏"三、待抵扣进项税额"各栏：分别反映纳税人已经取得，但按税法规定不符合抵扣条件，暂不予在本期申报抵扣的进项税额情况及按税法规定不允许抵扣的进项税额情况。

1. 第24至28栏均包括防伪税控"增值税专用发票"、"货物运输业增值税专用发票"和税控"机动车销售统一发票"的情况。

2. 第25栏"期初已认证相符但未申报抵扣"：反映前期认证相符，但按照税法规定暂不予抵扣及不允许抵扣，结存至本期的税控增值税专用发票情况。辅导期纳税人填写认证相符但未收到稽核比对结果的税控增值税专用发票期初情况。

3. 第26栏"本期认证相符且本期未申报抵扣"：反映本期认证相符，但按税法规定暂不予抵扣及不允许抵扣，而未申报抵扣的税控增值税专用发票情况。辅导期纳税人填写本期认证相符但未收到稽核比对结果的税控增值税专用发票情况。

4. 第27栏"期末已认证相符但未申报抵扣"：反映截至本期期末，按照税法规定仍暂不予抵扣及不允许抵扣且已认证相符的税控增值税专用发票情况。辅导期纳税人填写截至本期期末已认证相符但未收到稽核比对结果的税控增值税专用发票期末情况。

5. 第28栏"其中：按照税法规定不允许抵扣"：反映截至本期期末已认证相符但未申报抵扣的税控增值税专用发票中，按照税法规定不允许抵扣的税控增值税专用发票情况。

6. 第29栏"（二）其他扣税凭证"：反映截至本期期末仍未申报抵扣的除税控增值税专用发票之外的其他扣税凭证情况。具体包括：海关进口增值税专用缴款书、农产品收购发票或者销售发票、代扣代缴税收缴款凭证和运输费用结算单据。该栏应等于第30至33栏之和。

7. 第30栏"海关进口增值税专用缴款书"：反映已取得但截至本期期末仍未申报抵扣

的海关进口增值税专用缴款书情况，包括纳税人未收到稽核比对结果的海关进口增值税专用缴款书情况。

8. 第31栏"农产品收购发票或者销售发票"：反映已取得但截至本期期末仍未申报抵扣的农产品收购发票和农产品销售普通发票情况。

9. 第32栏"代扣代缴税收缴款凭证"：反映已取得但截至本期期末仍未申报抵扣的代扣代缴税收缴款凭证情况。

10. 第33栏"运输费用结算单据"：反映已取得但截至本期期末仍未申报抵扣的运输费用结算单据情况。

（五）第35至36栏"四、其他"各栏。

1. 第35栏"本期认证相符的税控增值税专用发票"：反映本期认证相符的防伪税控"增值税专用发票"、"货物运输业增值税专用发票"和税控"机动车销售统一发票"的情况。

2. 第36栏"代扣代缴税额"：填写纳税人根据《增值税暂行条例》第十八条扣缴的应税劳务增值税额与根据营业税改征增值税有关政策规定扣缴的应税服务增值税额之和。

表2-10　　　　　　　　增值税纳税申报表附列资料（三）
（应税服务扣除项目明细）

税款所属时间：　　年　月　日至　　年　月　日
纳税人名称：（公章）　　　　　　　　　　　　　金额单位：元至角分

项目及栏次	本期应税服务价税合计额（免税销售额）	应税服务扣除项目				
		期初余额	本期发生额	本期应扣除金额	本期实际扣除金额	期末余额
	1	2	3	4=2+3	5（5≤1且5≤4）	6=4-5
17%税率的有形动产租赁服务						
11%税率的应税服务						
6%税率的应税服务						
3%征收率的应税服务						
免抵退税的应税服务						
免税的应税服务						

增值税纳税申报表附列资料（三）（应税服务扣除项目明细）填写说明

（一）本表由营业税改征增值税应税服务有扣除项目的纳税人填写。其他纳税人不填写。

（二）"税款所属时间"、"纳税人名称"的填写同主表。

（三）第1列"本期应税服务价税合计额（免税销售额）"：营业税改征增值税的应税服务属于征税项目的，填写扣除之前的本期应税服务价税合计额；营业税改征增值税的应税服务属于免抵退税或免税项目的，填写扣除之前的本期应税服务免税销售额。本列各行次等于附列资料（一）第11列对应行次。

营业税改征增值税的纳税人，应税服务按规定汇总计算缴纳增值税的分支机构，本列各行次之和等于附列资料（一）第 11 列第 13 行。

（四）第 2 列"应税服务扣除项目"、"期初余额"：填写应税服务扣除项目上期期末结存的金额，试点实施之日的税款所属期填写"0"。本列各行次等于上期附列资料（三）第 6 列对应行次。

（五）第 3 列"应税服务扣除项目"、"本期发生额"：填写本期取得的按税法规定准予扣除的应税服务扣除项目金额。

（六）第 4 列"应税服务扣除项目"、"本期应扣除金额"：填写应税服务扣除项目本期应扣除的金额。

本列各行次 = 第 2 列对应各行次 + 第 3 列对应各行次。

（七）第 5 列"应税服务扣除项目"、"本期实际扣除金额"：填写应税服务扣除项目本期实际扣除的金额。

本列各行次 ≤ 第 4 列对应各行次且本列各行次 ≤ 第 1 列对应各行次。

（八）第 6 列"应税服务扣除项目"、"期末余额"：填写应税服务扣除项目本期期末结存的金额。

本列各行次 = 第 4 列对应各行次 − 第 5 列对应各行次。

表 2 −11　　　　　增值税纳税申报表附列资料（四）
（税额抵减情况表）

税款所属时间：　　年　月　日至　　年　月　日

纳税人名称：（公章）　　　　　　　　　　　　　　　　金额单位：元至角分

序号	抵减项目	期初余额	本期发生额	本期应抵减税额	本期实际抵减税额	期末余额
		1	2	3 = 1 + 2	4 ≤ 3	5 = 3 − 4
1	增值税税控系统专用设备费及技术维护费					
2	分支机构预征缴纳税款					
3						
4						
5						
6						

增值税纳税申报表附列资料（四）（税额抵减情况表）填写说明

本表第 1 行由发生增值税税控系统专用设备费用和技术维护费的纳税人填写，反映纳税人增值税税控系统专用设备费用和技术维护费按规定抵减增值税应纳税额的情况。本表第 2 行由营业税改征增值税纳税人，应税服务按规定汇总计算缴纳增值税的总机构填写，反映其分支机构预征缴纳税款抵减总机构应纳增值税税额的情况。其他纳税人不填写本表。

表 2 – 12   固定资产进项税额抵扣情况表

纳税人名称（公章）：   填表日期：   年 月 日   金额单位：元至角分

项目	当期申报抵扣的固定资产进项税额	申报抵扣的固定资产进项税额累计
增值税专用发票		
海关进口增值税专用缴款书		
合计		

固定资产进项税额抵扣情况表填写说明

本表反映纳税人在附列资料（二）"一、申报抵扣的进项税额"中固定资产的进项税额。本表按增值税专用发票、海关进口增值税专用缴款书分别填写。税控机动车销售统一发票填入增值税专用发票栏内。

2. 小规模纳税人适用

小规模纳税适用的增值税纳税申报表及其附列资料见表 2 – 13、表 2 – 14。

表 2 – 13   增值税纳税申报表

（小规模纳税人适用）

纳税人识别号：□□□□□□□□□□□□□□□□□□□□

纳税人名称（公章）：   金额单位：元至角分

税款所属期：   年 月 日至   年 月 日   填表日期：   年 月 日

项目		栏次	本期数		本年累计	
			应税货物及劳务	应税服务	应税货物及劳务	应税服务
一、计税依据	（一）应征增值税不含税销售额	1				
	税务机关代开的增值税专用发票不含税销售额	2				
	税控器具开具的普通发票不含税销售额	3				
	（二）销售使用过的应税固定资产不含税销售额	4 (4≥5)		—		—
	其中：税控器具开具的普通发票不含税销售额	5		—		—
	（三）免税销售额	6 (6≥7)				
	其中：税控器具开具的普通发票销售额	7				
	（四）出口免税销售额	8 (8≥9)				
	其中：税控器具开具的普通发票销售额	9				

续表

项目	栏次	本期数		本年累计	
		应税货物及劳务	应税服务	应税货物及劳务	应税服务
二、税款计算　本期应纳税额	10				
本期应纳税额减征额	11				
应纳税额合计	12 = 10 - 11				
本期预缴税额	13			—	—
本期应补（退）税额	14 = 12 - 13			—	—

纳税人或代理人声明： 　本纳税申报表是根据国家税收法律法规及相关规定填报的，我确定它是真实的、可靠的、完整的。	如纳税人填报，由纳税人填写以下各栏：	
	办税人员：　　　　　　财务负责人：	
	法定代表人：　　　　　联系电话：	
	如委托代理人填报，由代理人填写以下各栏：	
	代理人名称（公章）：　　　经办人：	
	联系电话：	

主管税务机关：　　　　　　接收人：　　　　　　接收日期：

增值税纳税申报表（小规模纳税人适用）填写说明

本表"应税货物及劳务"与"应税服务"各项目应分别填写。

（一）"税款所属期"是指纳税人申报的增值税应纳税额的所属时间，应填写具体的起止年、月、日。

（二）"纳税人识别号"栏，填写纳税人的税务登记证号码。

（三）"纳税人名称"栏，填写纳税人单位名称全称。

（四）第1栏"应征增值税不含税销售额"：填写应税货物及劳务、应税服务的不含税销售额，不包括销售使用过的应税固定资产和销售旧货的不含税销售额、免税销售额、出口免税销售额、查补销售额。

应税服务有扣除项目的纳税人，本栏填写扣除后的不含税销售额，与当期增值税纳税申报表（小规模纳税人适用）附列资料第8栏数据一致。

（五）第2栏"税务机关代开的增值税专用发票不含税销售额"：填写税务机关代开的增值税专用发票销售额合计。

（六）第3栏"税控器具开具的普通发票不含税销售额"：填写税控器具开具的应税货物及劳务、应税服务的普通发票注明的金额换算的不含税销售额。

（七）第4栏"销售使用过的应税固定资产不含税销售额"：填写销售自己使用过的应税固定资产和销售旧货的不含税销售额，销售额 = 含税销售额 ÷（1 + 3%）。

（八）第5栏"税控器具开具的普通发票不含税销售额"：填写税控器具开具的销售自己使用过的应税固定资产和销售旧货的普通发票金额换算的不含税销售额。

（九）第6栏"免税销售额"：填写销售免征增值税应税货物及劳务、免征增值税应税服务的销售额。

应税服务有扣除项目的纳税人，填写扣除之前的销售额。

（十）第7栏"税控器具开具的普通发票销售额"：填写税控器具开具的销售免征增值税应税货物及劳务、免征增值税应税服务的普通发票销售额。

（十一）第8栏"出口免税销售额"：填写出口免征增值税应税货物及劳务、出口免征增值税应税服务的销售额。

应税服务有扣除项目的纳税人，填写扣除之前的销售额。

（十二）第9栏"税控器具开具的普通发票销售额"：填写税控器具开具的出口免征增值税应税货物及劳务、出口免征增值税应税服务的普通发票销售额。

（十三）第10栏"本期应纳税额"：填写本期按征收率计算缴纳的应纳税额。

（十四）第11栏"本期应纳税额减征额"：填写纳税人本期按照税法规定减征的增值税应纳税额。包含可在增值税应纳税额中全额抵减的增值税税控系统专用设备费用以及技术维护费，可在增值税应纳税额中抵免的购置税控收款机的增值税税额。其抵减、抵免增值税应纳税额情况，需填报增值税纳税申报表附列资料（四）（税额抵减情况表）予以反映。无抵减、抵免情况的纳税人，不填报此表。

当本期减征额小于或等于第10栏"本期应纳税额"时，按本期减征额实际填写；当本期减征额大于第10栏"本期应纳税额"时，按本期第10栏填写，本期减征额不足抵减部分结转下期继续抵减。

（十五）第13栏"本期预缴税额"：填写纳税人本期预缴的增值税额，但不包括查补缴纳的增值税额。

表 2－14   增值税纳税申报表（小规模纳税人适用）附列资料

税款所属期：   年   月   日至   年   月   日

填表日期：   年   月   日

纳税人名称（公章）：   金额单位：元至角分

应税服务扣除额计算			
期初余额	本期发生额	本期扣除额	期末余额
1	2	3（3≤1＋2之和，且3≤5）	4＝1＋2－3
应税服务计税销售额计算			
全部含税收入	本期扣除额	含税销售额	不含税销售额
5	6＝3	7＝5－6	8＝7÷1.03

增值税纳税申报表（小规模纳税人适用）附列资料填写说明

本附列资料由应税服务有扣除项目的纳税人填写，各栏次均不包含免征增值税应税服务数额。

（一）"税款所属期"是指纳税人申报的增值税应纳税额的所属时间，应填写具体的起止年、月、日。

（二）"纳税人名称"栏，填写纳税人单位名称全称。

（三）第1栏"期初余额"：填写应税服务扣除项目上期期末结存的金额，试点实施之日的税款所属期填写"0"。

（四）第2栏"本期发生额"：填写本期取得的按税法规定准予扣除的应税服务扣除项目金额。

（五）第3栏"本期扣除额"：填写应税服务扣除项目本期实际扣除的金额。

第3栏"本期扣除额"≤第1栏"期初余额"＋第2栏"本期发生额"之和，且第3栏"本期扣除额"≤5栏"全部含税收入"。

（六）第4栏"期末余额"：填写应税服务扣除项目本期期末结存的金额。

（七）第5栏"全部含税收入"：填写纳税人提供应税服务取得的全部价款和价外费用数额。

（八）第6栏"本期扣除额"：填写本附列资料第3项"本期扣除额"栏数据。

第6栏"本期扣除额"＝第3栏"本期扣除额"。

（九）第7栏"含税销售额"：填写应税服务的含税销售额。

第7栏"含税销售额"＝第5栏"全部含税收入"－第6栏"本期扣除额"。

（十）第8栏"不含税销售额"：填写应税服务的不含税销售额。

第8栏"不含税销售额"＝第7栏"含税销售额"÷1.03，与增值税纳税申报表（小规模纳税人适用）第1栏"应征增值税不含税销售额"、"本期数"、"应税服务"栏数据一致。

第七节　增值税专用发票的使用和管理

增值税实行凭国家印发的增值税专用发票注明的税款进行抵扣的制度。增值税专用发票是增值税一般纳税人销售货物或者提供应税劳务开具的发票，是购买方支付增值税额并可按照增值税有关规定据以抵扣增值税进项税额的凭证。

一般纳税人应通过增值税防伪税控系统使用专用发票。使用，包括领购、开具、缴销、认证纸质专用发票及其相应的数据电文。防伪税控系统，是指经国务院同意推行的，使用专用设备和通用设备、运用数字密码和电子存储技术管理专用发票的计算机管理系统。专用设备，是指金税卡、IC卡、读卡器金税盘、报税盘和其他设备。通用设备，是指计算机、打印机、扫描器具和其他设备。

2012年1月1日起，开始使用货物运输业专用发票，由增值税一般纳税人提供货物运输服务时开具，其法律效力、基本用途、基本使用规定及安全管理要求等与现有专用发票一致。

一、增值税专用发票的构成

专用发票由基本联次或者基本联次附加其他联次构成，基本联次为三联：发票联、抵扣联和记账联。发票联，作为购买方核算采购成本和增值税进项税额的记账凭证；抵扣联，作为购买方报送主管税务机关认证和留存备查的凭证；记账联，作为销售方核算销售收入和增值税销项税额的记账凭证。其他联次用途，由一般纳税人自行确定。

二、增值税专用发票的限额管理及范围

（一）增值税专用发票开票限额管理

专用发票实行最高开票限额管理。最高开票限额，是指单份专用发票开具的销售额合计数不得达到的上限额度。

最高开票限额由一般纳税人申请，区县税务机关根据企业生产经营和产品销售的实际情况进行审批，地市税务机关对区县专用发票最高开票限额审批工作进行监督检查。一般纳税人申请最高开票限额时，需填报最高开票限额申请表。

此外，防伪税控系统的具体发行工作由主管税务机关负责。

（二）增值税专用发票的初始发行

一般纳税人领购专用设备后，凭最高开票限额申请表、发票领购簿到主管税务机关办理初始发行。初始发行，是指主管税务机关将一般纳税人的下列信息载入空白金税卡和 IC 卡的行为：（1）企业名称；（2）税务登记代码；（3）开票限额；（4）购票限量；（5）购票人员姓名、密码；（6）开票机数量；（7）国家税务总局规定的其他信息。

一般纳税人发生上述第（1）、（3）、（4）、（5）、（6）、（7）项信息变化，应向主管税务机关申请变更发行；发生第（2）项信息变化，应向主管税务机关申请注销发行。

一般纳税人有下列销售情形，不得开具专用发票：

（1）商业企业一般纳税人零售的烟、酒、食品、服装、鞋帽（不包括劳保专用部分）、化妆品等消费品不得开具专用发票。

（2）销售免税货物或提供免征增值税的应税服务不得开具专用发票，法律、法规及国家税务总局另有规定的除外。

（3）销售自己使用过的下列不得抵扣且未抵扣进项税额的固定资产：用于非增值税应税项目、免征增值税项目、集体福利或者个人消费的（包括纳税人的交际应酬消费）购进固定资产；非正常损失的购进固定资产；纳税人自用的应征消费税的摩托车、汽车、游艇；国务院财政、税务主管部门规定的纳税人自用消费品

（4）2008 年 12 月 31 日以前未纳入扩大增值税抵扣范围试点的纳税人，销售自己使用过的 2008 年 12 月 31 日以前购进或者自制的固定资产。

（5）2008 年 12 月 31 日以前已纳入扩大增值税抵扣范围试点的纳税人，销售自己使用过的在本地区扩大增值税抵扣范围试点以前购进或者自制的固定资产。

（6）销售旧货。

（7）向消费者个人销售货物或者应税劳务。

三、增值税专用发票的使用

（一）不得领购开具专用发票的情况

一般纳税人凭发票领购薄、IC 卡和经办人身份证明领购专用发票。一般纳税人有下列

情形之一的，不得领购开具专用发票。

1. 会计核算不健全，不能向税务机关准确提供增值税销项税额、进项税额、应纳税额数据及其他有关增值税税务资料的。上列其他有关增值税税务资料的内容，由省、自治区、直辖市和计划单列市国家税务局确定。

2. 有《税收征管法》规定的税收违法行为，拒不接受税务机关处理的。

3. 有下列行为之一，经税务机关责令限期改正而仍未改正的：

（1）虚开增值税专用发票；

（2）私自印制专用发票；

（3）向税务机关以外的单位和个人买取专用发票；

（4）借用他人专用发票；

（5）未按规定开具专用发票；

（6）未按规定保管专用发票和专用设备；

（7）未按规定申请办理防伪税控系统变更发行；

（8）未按规定接受税务机关检查。

有上述情形的，如已领购专用发票，主管税务机关应暂扣其结存的专用发票和 IC 卡。

上述第（6）项未按规定保管专用发票和专用设备是指：未设专人保管专用发票和专用设备；未按税务机关要求存放专用发票和专用设备；未将认证相符的专用发票抵扣联、认证结果通知书和认证结果清单装订成册；未经税务机关查验，擅自销毁专用发票基本联次。

（二）专用发票的开具要求

1. 项目齐全，与实际交易相符；

2. 字迹清楚，不得压线、错格；

3. 发票联和抵扣联加盖发票专用章；

4. 按照增值税纳税义务的发生时间开具。

对不符合上述要求的专用发票，购买方有权拒收。

一般纳税人销售货物或者提供应税劳务可汇总开具专用发票。汇总开具专用发票的，同时使用防伪税控系统开具销售货物或者提供应税劳务清单，并加盖发票专用章。

（三）专用发票的作废处理

专用发票的作废处理有即时作废和符合条件作废两种。即时作废是指开具时发现有误的；符合条件作废是指一般纳税人在开具专用发票当月，发生销货退回、开票有误等情形，收到退回的发票联、抵扣联符合作废条件的。符合作废条件是指同时具有下列情形；

1. 收到退回的发票联、抵扣联时间未超过销售方开票当月；

2. 销售方未抄税并且未记账；

3. 购买方未认证或者认证结果为"纳税人识别号认证不符"、"专用发票代码、号码认证不符"。

作废专用发票须在防伪税控系统中将相应的数据电文按"作废"处理，在纸质专用发票（含未打印的专用发票）各联次上注明"作废"字样，全联次留存。

（四）红字专用发票开具

增值税一般纳税人开具增值税专用发票后，发生销货退回、开票有误等情形但不符合作废条件，或者因销货部分退回及发生销售折让应按规定开具红字专用发票。纳税人销售货物并向购买方开具增值税专用发票后，由于购货方在一定时期内累计购买货物达到一定数量，或者由于市场价格下降等原因，销货方给予购货方相应的价格优惠或补偿等折扣、折让行为，销货方也可按规定开具红字增值税专用发票。

红字专用发票的开具，应视不同情况分别按以下办法处理：

1. 一般纳税人取得专用发票后，发生销货退回、开票有误等情形但不符合作废条件的，或者因销货部分退回及发生销售折让的，购买方应向主管税务机关填报开具红字增值税专用发票申请单（以下简称"申请单"）。

申请单所对应的蓝字专用发票应经税务机关认证。

经认证结果为"认证相符"并且已经抵扣增值税进项税额的，一般纳税人在填报申请单时不填写相对应的蓝字专用发票信息。

经认证结果为"纳税人识别号认证不符"、"专用发票代码、号码认证不符"的，一般纳税人在填报申请单时应填写相对应的蓝字专用发票信息。

主管税务机关对一般纳税人填报的申请单进行审核后，出具开具红字增值税专用发票通知单（以下简称"通知单"）。通知单应与申请单一一对应。

购买方必须依照通知单所列增值税税额从当期进项税额中转出，未抵扣增值税进项税额的可列入当期进项税额，待取得销售方开具的红字专用发票后，与留存的通知单一并作为记账凭证。属于经认证结果为"纳税人识别号认证不符"、"专用发票代码、号码认证不符"的，不作进项税额转出。

销售方凭购买方提供的通知单开具红字专用发票，在防伪税控系统中以销项负数开具。

若因发生销货退回或销售折让而开具红字专用发票，除按上述规定进行处理外，销售方还应在开具红字专用发票后将该笔业务的相应记账凭证复印件报送主管税务机关备案。

2. 因专用发票抵扣联、发票联均无法认证的，由购买方填报开具红字增值税专用发票申请单，并在申请单上填写具体原因以及相对应蓝字专用发票的信息，主管税务机关审核后出具开具红字增值税专用发票通知单。购买方不作进项税额转出处理。

3. 购买方所购货物不属于增值税扣税项目范围，取得的专用发票未经认证的，由购买方填报申请单，并在申请单上填写具体原因以及相对应蓝字专用发票的信息，主管税务机关审核后出具通知单。购买方不作进项税额转出处理。

4. 因开票有误购买方拒收专用发票的，销售方须在专用发票认证期限内向主管税务机关填报申请单，并在申请单上填写具体原因以及相对应蓝字专用发票的信息，同时提供由购买方出具的写明拒收理由、错误具体项目以及正确内容的书面材料，主管税务机关审核确认后出具通知单。销售方凭通知单开具红字专用发票。

5. 因开票有误等原因尚未将专用发票交付购买方的，销售方须在开具有误专用发票的次月内向主管税务机关填报申请单，并在申请单上填写具体原因以及相对应蓝字专用发票的信息，同时提供由销售方出具的写明具体理由、错误具体项目以及正确内容的书面材料，主管税务机关审核确认后出具通知单。销售方凭通知单开具红字专用发票。

开具红字专用发票相应的通知单应按月依次装订成册，并比照专用发票保管规定管理。红字专用发票应与通知单——对应。

四、专用发票数据采集

防伪税控报税子系统和防伪税控认证子系统采集的专用发票存根联数据（即纳入增值税防伪税控系统管理的一般纳税人，运用防伪税控开票子系统开具增值税专用发票存根联电子信息）和抵扣联数据（即购货方取得的由销货方运用防伪税控开票子系统开具增值税专用发票抵扣联电子信息），是增值税计算机稽核系统发票比对的唯一数据来源。因此，税务征收机关应要求纳税人抄税、报税和专用发票的认证来采集专用发票数据。

（一）抄税、报税

一般纳税人开具专用发票后，应进行抄税和报税，以便税务机关将专用发票存根联数据采集到防伪税控报税子系统。

1. 抄税

抄税是报税前用 IC 卡或者比卡和软盘抄取开票数据电文。

2. 报税

报税是纳税人持 IC 卡或者 IC 卡和软盘向税务机关报送开票数据电文。

（1）税务机关采集专用发票存根联数据时，对使用 DOS 版防伪税控开票子系统的企业，必须要求其报送专用发票存根联明细数据软盘和 IC 卡；对使用 Windows 版开票子系统的企业，只要求其报送 IC 卡。

（2）对有主、分开票机且使用 DOS 版开票子系统的企业，税务机关必须要求其报送汇总软盘和汇总的主开票机 IC 卡，或所有软盘（软盘数量不小于开票机数量）和汇总的主开票机 IC 卡；对使用 Windows 版开票子系统的企业，征收机关必须要求其报送所有主、分开票机 IC 卡。

（3）税务机关通过报税子系统，对使用 DOS 版开票子系统企业报送的软盘数据和 IC 卡数据进行核对；对使用 Windows 版企业报送的 IC 卡中明细数据和汇总数据进行核对，二者一致的，存入报税子系统。

3. 不能正常报税的处理

因 IC 卡、软盘质量等问题无法报税的，应更换 IC 卡、软盘。因硬盘损坏、更换金税卡等原因不能正常报税的，应提供已开具未向税务机关报税的专用发票记账联原件或者复印件，由主管税务机关补采开票数据。在具体处理时，又因开票子系统和产生原因不同，采取不同的处理方法。

（1）税务机关对使用 DOS 版开票子系统企业报送的软盘数据和 IC 卡数据，通过报税子系统核对不一致的，区别不同情况处理。

因企业硬盘损坏等原因造成软盘中专用发票存根联份数小于 IC 卡的，必须要求企业提供当月全部专用发票记账联（或其他联，下同），通过认证子系统进行扫描补录，并经过报税子系统中的"非常规报税/存根联补录补报"采集。

因企业更换金税卡等原因造成软盘中专用发票存根联份数大于 IC 卡（不含 IC 卡为零的

情况）的，其软盘中所含专用发票存根联明细数据可经过"非常规报税/软盘补报"采集，但当月必须查明产生此种不一致情况的原因并采取措施解决。

因企业计算机型号不匹配造成 IC 卡中专用发票存根联数据为零的，根据系统提示，其软盘数据存入报税子系统或要求企业持专用发票记账联到税务机关通过认证子系统进行扫描补录，并经过报税子系统中的"非常规报税/存根联补录补报"采集；税务机关因企业软盘质量问题致使无法采集专用发票存根联数据的，必须要求企业重新报送软盘。

（2）税务机关对使用 Windows 版开票子系统的企业因更换金税卡或硬盘损坏等原因，不能报税的，区别不同情况处理：因企业更换金税卡等原因造成企业实际开具专用发票存根联份数大于 IC 卡的，应要求企业提供当月全部专用发票记账联，通过认证子系统进行扫描补录，并经过报税子系统的"非常规报税/存根联补录补报"采集；如扫描补录有困难的，可以通过企业开票子系统传出报税软盘，并经过报税子系统的"非常规报税/软盘补报"采集；因企业硬盘、金税卡同时损坏等原因不能报税的，必须要求企业提供当月全部专用发票记账联，通过认证子系统进行扫描补录，并经过报税子系统的"非常规报税/存根联补录补报"采集。

（3）未申报、漏采及注销或取消的处理。纳税申报期结束后，税务机关必须运用报税子系统查询未申报企业，并要求其限期报税，以便采集专用发票存根联数据。在专用发票存根联数据传人稽核系统前，对逾期来报税的企业，可经过报税子系统中的"非常规报税/逾期报税"采集。税务机关对上月漏采的专用发票存根联数据，必须经过"非常规报税/逾期报税"采集。对注销或取消增值税一般纳税人资格的企业当月开具的专用发票存根联数据，必须经过"非常规报税/注销一般纳税人资格企业报税"采集。

（二）认证

1. 认证方法

认证，是税务机关通过防伪税控系统对专用发票所列数据的识别、确认。税务机关运用认证子系统对企业报送的专用发票抵扣联或专用发票抵扣联软盘数据进行识伪认证，认证相符（包括计算机自动认证相符和人工校正认证相符）的，读入认证子系统。税务机关应要求利用软盘认证的企业，认证时必须同时携带专用发票抵扣联原件。

用于抵扣增值税进项税额的专用发票应经税务机关认证相符（国家税务总局另有规定的除外）。认证相符的专用发票应作为购买方的记账凭证，不得退还销售方。认证相符，是指纳税人识别号无误，专用发票所列密文解译后与明文一致。

2. 认证结果异常处理

（1）经认证，有下列情形之一的，不得作为增值税进项税额的抵扣凭证，税务机关退还原件，购买方可要求销售方重新开具专用发票：无法认证，是指专用发票所列密文或者明文不能辨认，无法产生认证结果；纳税人识别号认证不符，是指专用发票所列购买方纳税人识别号有误；专用发票代码、号码认证不符，是指专用发票所列密文解译后与明文的代码或者号码不一致。

（2）经认证，有下列情形之一的，暂不得作为增值税进项税额的抵扣凭证，税务机关扣留原件，查明原因，分别情况进行处理：重复认证，指已经认证相符的同一张专用发票再次认证；密文有误，指专用发票所列密文无法解译；认证不符，指纳税人识别号有误，或者专用发票所列密文解译后与明文不一致，不包括"纳税人识别号认证不符"、"专用发票代码、号码认证不符"；列为失控专用发票，指认证时的专用发票已被登记为失控专用发票。

（3）专用发票抵扣联无法认证的，可使用专用发票联到主管税务机关认证。专用发票联复印件留存备查。

五、专用发票的缴销

一般纳税人注销税务登记或者转为小规模纳税人，应将专用设备和结存未用的纸质专用发票送交主管税务机关。

主管税务机关应缴销其专用发票，并按有关安全管理的要求处理专用设备。专用发票的缴销，是指主管税务机关在纸质专用发票监制章处按"V"字形剪角作废，同时作废相应的专用发票数据电文。被缴销的纸质专用发票应退还纳税人。

六、使用专用发票的若干具体问题

（一）丢失已开具专用发票

购买方一般纳税人丢失已开具的专用发票，应视丢失的专用发票联次及认证情况，分别按以下办法处理：

1. 一般纳税人丢失已开具专用发票的发票联和抵扣联，如果丢失前已认证相符，购买方凭销售方提供的相应专用发票记账联复印件及销售方所在地主管税务机关出具的丢失增值税专用发票已报税证明单，经购买方主管税务机关审核同意后，可作为增值税进项税额的抵扣凭证；如果丢失前未认证，购买方凭销售方提供的相应专用发票记账联复印件到主管税务机关进行认证，认证相符的凭该专用发票记账联复印件及销售方所在地主管税务机关出具的丢失增值税专用发票已报税证明单，经购买方主管税务机关审核同意后，可作为增值税进项税额的抵扣凭证。

2. 一般纳税人丢失已开具专用发票的抵扣联，如果丢失前已认证相符，可使用专用发票联复印件留存备查；如果丢失前未认证，可使用专用发票联到主管税务机关认证，专用发票联复印件留存备查。

3. 一般纳税人丢失已开具专用发票的发票联，可将专用发票抵扣联作为记账凭证，专用发票抵扣联复印机件备查。

（二）虚开专用发票

1. 虚开专用发票概述

虚开增值税专用发票是指有为他人虚开、为自己虚开、让他人为自己虚开、介绍他人虚开增值税专用发票行为之一的。虚开专用发票具体包括如下行为：

（1）没有货物购销或者没有提供或接受应税劳务而为他人、为自己、让他人为自己、介绍他人开具专用发票；

（2）有货物购销或者提供或接受了应税劳务但为他人、为自己、让他人为自己、介绍他人开具数量或者金额不实的专用发票；

（3）进行了实际经营活动，但让他人为自己代开专用发票。

2. 虚开专用发票的处理

虚开发票的行为都是严重的违法行为，既涉及专用发票开具方或销售方，也涉及专用发票接受方或购进方。

纳税人虚开增值税专用发票，未就其虚开金额申报并缴纳增值税的，应按照其虚开金额补缴增值税；已就其虚开金额申报并缴纳增值税的，不再按照其虚开金额补缴增值税。

税务机关对纳税人虚开增值税专用发票的行为，应按《税收征管法》及《发票管理办法》的有关规定给予处罚。

纳税人取得虚开的增值税专用发票，不得作为增值税合法有效的扣税凭证抵扣其进项税额。

受票方利用他人虚开的专用发票，向税务机关申报抵扣税款进行偷税的，应当依照《税收征管法》及有关法规追缴税款，处以偷税数额 5 倍以下的罚款；进项税额大于销项税额的，还应当调减其留抵的进项税额。利用虚开的专用发票进行骗取出口退税的，应当依法追缴税款，处以骗税数额 5 倍以下的罚款。

在货物交易中，购货方从销售方取得第三方开具的专用发票，或者从销货地以外的地区取得专用发票，向税务机关申报抵扣税款或者申请出口退税的，应当按偷税、骗取出口退税处理，依照《税收征管法》及有关法规追缴税款，处以偷税、骗税数额 5 倍以下的罚款。

纳税人取得虚开专用发票未申报抵扣税款，或者未申请出口退税的，应当依照《发票管理办法》及有关法规，按所取得专用发票的份数，分别处以 1 万元以下的罚款；但知道或者应当知道取得的是虚开的专用发票，或者让他人为自己提供虚开的专用发票的；应当从重处罚。

虚开专用发票或者利用虚开专用发票进行偷税、骗税，构成犯罪的，税务机关依法进行追缴税款等行政处理，并移送司法机关按全国人大常委会发布的《关于惩治虚开、伪造和非法出售增值税专用发票犯罪的决定》和《刑法》的有关规定追究刑事责任。

（三）善意取得虚开的专用发票

1. 善意取得虚开专用发票特征

购货方善意取得虚开专用发票，应同时具备如下特征：购货方与销售方存在真实的交易，销售方使用的是其所在省（自治区、直辖市和计划单列市）的专用发票，专用发票注明的销售方名称、印章、货物数量、金额及税额等全部内容与实际相符，且没有证据表明购货方知道销售方提供的专用发票是以非法手段获得的。

2. 善意取得虚开专用发票的处理

善意取得虚开专用发票，对购货方应作如下处理：

（1）不以偷税或者骗取出口退税论处。

（2）取得的虚开专用发票应按有关法规不予抵扣进项税款或者不予出口、退税；已经抵扣的进项税款或者取得的出口退税，应依法追缴。

（3）如能重新取得合法、有效的专用发票，准许其抵扣进项税款；如不能重新取得合法、有效的专用发票，不准其抵扣进项税款或追缴其已抵扣的进项税款。

（4）因善意取得虚开专用发票被依法追缴其已抵扣税款的，不再加收滞纳金。

3. 不属善意取得虚开专用发票及处理

有下列情形之一的，无论购货方（受票方）与销售方是否进行了实际的交易，专用发票所注明的数量、金额与实际交易是否相符，均不属于善意取得虚开专用发票：

（1）购货方取得的专用发票所注明的销售方名称、印章与其进行实际交易的销售方不符的，即"购货方从销售方取得第三方开具的专用发票"；

（2）购货方取得的专用发票为销售方所在省（自治区、直辖市和计划单列市）以外地区的，即"从销货地以外的地区取得专用发票"；

（3）其他有证据表明购货方明知取得的专用发票系销售方以非法手段获得的，即"受票方利用他人虚开的专用发票，向税务机关申报抵扣税款进行偷税"。

对于购货方不属善意取得虚开专用发票的，应按前述取得虚开专用发票有关情况作出相应处理。

（四）失控专用发票

在税务机关按非正常户登记失控专用发票后，增值税一般纳税人又向税务机关申请防伪税控报税的，可通过防伪税控报税子系统的逾期报税功能受理报税。购买方主管税务机关对认证发现的失控发票，属于销售方已申报纳税的，可由销售方主管税务机关出具书面证明并通过协查系统回复购买方主管税务机关后，作为购买方抵扣增值税进项税额的凭证。

七、辅导期一般纳税人使用专用发票

（一）限量限额发售

1. 辅导期纳税人专用发票的领购实行按次限量控制，主管税务机关可根据纳税人的经营情况核定每次专用发票的供应数量，但每次发售专用发票数量不得超过 25 份。

2. 辅导期纳税人领购的专用发票未使用完而再次领购的，主管税务机关发售专用发票的份数不得超过核定的每次领购专用发票份数与未使用完的专用发票份数的差额。

3. 实行纳税辅导期管理的小型商贸批发企业，领购专用发票的最高开票限额不得超过 10 万元；其他一般纳税人专用发票最高开票限额应根据企业实际经营情况重新核定。

（二）增购预征

辅导期纳税人一个月内多次领购专用发票的，应从当月第二次领购专用发票起，按照上一次已领购并开具的专用发票销售额的 3% 预缴增值税，未预缴增值税的，主管税务机关不得向其发售专用发票。

预缴增值税时，纳税人应提供已领购并开具的专用发票记账联，主管税务机关根据其提供的专用发票记账联计算应预缴的增值税。辅导期纳税人按规定预缴的增值税可在本期增值税应纳税额中抵减，抵减后预缴增值税仍有余额的，可抵减下期再次领购专用发票时应当预缴的增值税。

纳税辅导期结束后，纳税人因增购专用发票发生的预缴增值税有余额的，主管税务机关应在纳税辅导期结束后的第一个月内，一次性退还纳税人。

辅导期纳税人取得的增值税专用发票抵扣联、海关进口增值税专用缴款书以及运输费用结算单据应当在交叉稽核比对无误后，方可抵扣进项税额。

八、税务机关代开专用发票

（一）代开专用发票范围

代开专用发票是指主管税务机关为所辖范围内的已办理税务登记的小规模纳税人（包括个体经营者）以及国家税务总局确定的其他可予代开专用发票的纳税人，在发生增值税应税行为、需要开具专用发票时，向其主管税务机关申请代开专用发票，其他单位和个人不得代开。

小规模纳税人销售自己使用过的固定资产，应开具普通发票，不得由税务机关代开专用发票。

纳税人销售旧货，应开具普通发票，不得自行开具或者由税务机关代开专用发票。

（二）代开专用发票的要求

1. 凡税务机关代开增值税专用发票必须通过防伪税控系统开具，通过防伪税控报税子系统采集代开增值税专用发票开具信息。

2. 纳税人申请代开专用发票时，应填写代开增值税专用发票缴纳税款申报单，连同税务登记证副本，到主管税务机关税款征收岗位按专用发票上注明的税额全额申报缴纳税款，同时缴纳专用发票工本费。

3. 对实行定期定额征收方法的纳税人正常申报时，按以下方法进行清算：

（1）每月开票金额大于应征增值税税额的，以开票金额数为依据征收税款，并作为下一年度核定定期定额的依据。

（2）每月开票金额小于应征增值税税额的，按应征增值税税额数征收税款。

4. 税务机关代开专用发票时填写有误的，应及时在防伪税控代开票系统中作废，重新开具。代开专用发票后发生退票的，税务机关应按照增值税一般纳税人作废或开具负数专用发票的有关规定进行处理。对需要重新开票的，税务机关应同时进行新开票税额与原开票税额的清算，多退少补；对无须重新开票的，按有关规定退还增值税纳税人已缴的税款或抵顶下期正常申报税款。

5. 税务机关为小规模纳税人代开专用发票需要开具红字专用发票的，比照一般纳税人开具红字专用发票的处理办法。

第八节 增值税难点解析

一、关于视同销售的增值税税务处理的理解

视同销售行为大体上可以分为以下四种情况：

（一）货物在内部异地调拨

1. 在一般情况下，总分支机构间的货物调拨只是货物的内部调拨，没有发生货物所有权的转移，不应看做销售，也不应征收增值税。

2. 如果总机构和分支机构不在同一县（市），而将货物从一个机构移送到另一个机构并用于销售的内部调拨，应视同销售征收增值税。

（二）货物代销

1. 无论是委托代销还是受托代销，都应视同销售，缴纳增值税。

2. 如果不把这两种行为看做是货物销售，那么货物的买卖双方就会把正常的购销行为伪装成委托代销和受托代销行为，从而逃避应纳的增值税。

例如，下列行为属于视同销售货物，应征收增值税的是：

（1）某商店为服装厂代销儿童服装；

（2）某批发部门将外购的部分饮料用于集体福利；

（3）某企业将外购的水泥用于基建工程；

（4）某商场将外购的床单用于内部招待所。

税法规定，单位或个体经营者的下列行为，视同销售货物：（1）将货物交付他人代销；（2）销售代销货物；（3）设有两个以上机构并实行统一核算的纳税人，将货物从一个机构移送其他机构用于销售，但相关机构设在同一县（市）的除外；（4）将自产或委托加工的货物用于非应税项目；（5）将自产、委托加工或购买的货物作为投资，提供给其他单位或个体经营者；（6）将自产、委托加工或购买的货物分配给股东或投资者；（7）将自产、委托加工的货物用于集体福利或个人消费；（8）将自产、委托加工或购买的货物无偿赠送他人。上述（2）（3）（4）属于外购货物，其用途和上述规定相符，所以属于税法规定的视同销售项目。

（三）货物的外部使用

1. 这里的"货物"不仅包括纳税人自产、委托加工收回的产品，也包括纳税人接受捐赠、接受投资或购买的货物。

2. 当纳税人将这些货物外部使用时，都应该看做销售行为，缴纳增值税。

3. 所谓货物的外部使用包括：

（1）将货物提供给其他单位或个体经营者的对外投资行为；

（2）作为礼物赠送给他人的对外捐赠行为；

（3）作为股利分配给股东或投资者的对外分配行为。

总之，只要货物对外使用，无论货物原来是如何取得的，都应视同销售，征收增值税。

（四）产品的内部使用

这里的"产品"，是指纳税人自产或委托加工收回的货物，其特点是本身并未缴过税，因此无论其外部使用，还是内部使用，原则上均应纳税。但是，如果该产品在本企业用于连续生产增值税应税货物，因为这种内部自用的产品是作为中间产品而使用的，只要最终产品销售，这些中间产品就必然承担税负，因此在使用时就无须纳税。

总之，只要属于新生产出来的产品，无论是自产的产品还是委托他人生产的产品，无论内部使用（用于本企业连续生产的以外）还是外部使用，均应视同销售，缴纳增值税。

需要特别说明的是，如果纳税人将从外部取得的货物作为内部使用时，与增值税的视同销售无关。这是因为从外部取得的货物已经由转出方缴纳了增值税，当纳税人内部使用时，主要涉及其进项税额是否可以抵扣的问题，与视同销售无关。

视同销售不仅缴纳增值税，还会涉及会计处理和企业所得税问题（见表2-15）。

表2-15   视同销售处理

自产货物用途	在建工程总分机构	赠送	投资分配
增值税（货物）	√	√	√
企业所得税（法人）	×	√	√
会计处理	不确认收入	确认收入	确认收入

二、关于运费的增值税税务处理的理解

运费分为运输收入和运费支出两类，分别影响纳税人的销项税额和进项税额。

支付运费（出）
购货 / 销货 → 运输发票 → 进项税额＝（运输费用+建设基金）×7%

$$购货成本＝（运输费用+建设基金）×93\%$$

$$销售费用＝\frac{（运输费用+建设基金）×93\%}{保险费、装卸费、其他费用}$$

$$收取运费-销货（进）\xrightarrow[\text{费用}]{\text{价外}}销项税额[运输费÷(1+17\%)×17\%]$$

（一）销售方垫付的同时符合两个条件的运费

由于运费既涉及销售额，又涉及进项税额，很容易混淆，因此，要特别注意运费究竟是收取的还是支付的：如属于收取的运费，一般计入销售额，与销项税额有关；如属于支付或发生的运费，可能与进项税额有关。对于代为支付的运费，在收取时如符合规定条件的，不计入销售额；否则应计入销售额。关于运费增值税的税务处理问题如表2-16所示。

表2-16   运费增值税的税务处理

运费负担	运费的增值税税务处理		
	销方送货	购方提货	第三方运输
购货方负担	销货方发生混合销售收到的运费计入销货方的销售额	无	销货方代垫的运费，收取时不计入销售额
销货方负担	无	无	销货方支付的运费，可抵扣进项税额

（二）购进或者销售货物以及在生产经营过程中支付运输费用的

购进或者销售货物以及在生产经营过程中支付运输费用的，按照运输费用结算单据上注明的运输费用金额和扣除率计算的进项税额。

这里所称的准予抵扣的货物运费金额是指在运输单位开具的货运发票上注明的运费、建设基金，但不包括随同运费支付的装卸费、保险费等其他杂费。

准予计算进项税额扣除的货运发票种类，不包括增值税一般纳税人取得的货运定额发票。

一般纳税人取得的国际货物运输代理业发票和国际货物运输发票，不得计算抵扣进项税额。

运输费抵扣进项税的税务处理问题如表 2－17 所示。

表 2－17　　　　　　　　　　运输费抵扣进项税的税务处理

具体业务		能否抵扣进项税
纳税人购买原材料（非免税）支付的运输费		可以计算抵扣
纳税人销售产品（非免税）支付的运输费		可以计算抵扣
纳税人购买生产经营设备的运输费		可以计算抵扣
纳税人代垫运费	符合不计入销售额条件的代垫运费	不计销项税，不得计算抵扣进项

三、关于出口货物退（免）税的税务理解

（一）增值税退（免）税的计税依据

表 2－18 列示了增值税退（免）税的计税依据。

表 2－18　　　　　　　　　　增值税退（免）税的计税依据

企业类型	业务类型	退免税计税依据
生产企业（进料加工复出口货物除外）	出口货物劳务	实际离岸价
生产企业	进料加工复出口货物	离岸价－保税进口料件的金额
生产企业	国内购进免税原材料加工后出口的货物	离岸价－国内购进免税原材料的金额
外贸企业（委托加工修理修配货物除外）	购进货物出口	增值税专用发票注明的金额或海关进口增值税专用缴款书注明的完税价格
外贸企业	出口委托加工修理修配货物	增值税专用发票注明的金额

续表

企业类型	业务类型	退免税计税依据
进项税额未计算抵扣的已使用过的设备	国内购进价格或进口完税价格×已使用过的设备固定资产净值÷已使用过的设备原值	
免税品经营企业	购进货物的增值税专用发票注明的金额或海关进口增值税专用缴款书注明的完税价格	
中标机电产品	生产企业：销售机电产品的普通发票金额 外贸企业：购进货物的增值税专用发票注明的金额或海关进口增值税专用缴款书注明的完税价格	

（二）增值税免抵退税和免退税的计算

图2-1列示了生产企业出口货物劳务增值税免抵退税的计算思路。

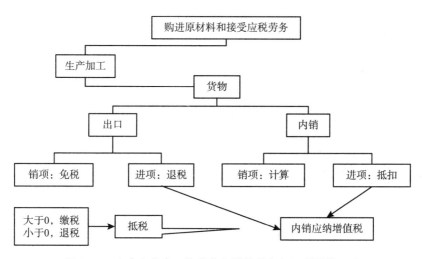

图2-1 生产企业出口货物劳务增值税免抵退税计算思路

"免"：增值税。

"剔"：调增出口产品成本。剔税主要体现在当期免抵退税不得免征和抵扣税额。

$$\begin{array}{l}当期免抵退税不得\\免征和抵扣税额\end{array} = \begin{array}{l}出口货物\\离岸价\end{array} \times \begin{array}{l}外汇\\人民币牌价\end{array} \times \left(\begin{array}{l}出口货物\\征税率\end{array} - \begin{array}{l}出口货物\\退税率\end{array}\right) - \begin{array}{l}免抵退税不得免征\\抵扣税额抵减额\end{array}$$

其中：

免抵退税不得免征和抵扣税额抵减额=免税购进原材料价格×（出口货物征税率－出口货物退税率）

免税购进原材料价格的确定：当期免税购进原材料价格包括当期国内购进的无进项税额且不计提进项税额的免税原材料的价格和当期进料加工保税进口料件的价格，其中当期进料加工保税进口料件的价格为组成计税价格。

$$\begin{array}{l}当期进料加工保税进口\\料件的组成计税价格\end{array} = \begin{array}{l}当期进口料件\\到岸价格\end{array} + \begin{array}{l}海关\\实征关税\end{array} + \begin{array}{l}海关实征\\消费税\end{array}$$

（1）采用"实耗法"的

$$当期进料加工保税进口料件的组成计税价格 = 当期进料加工出口货物离岸价 \times \frac{外汇人民币}{汇率} \times 计划分配率$$

$$计划分配率 = 计划进口总值 + 计划出口总值 \times 100\%$$

（2）采用"购进法"的

当期进料加工保税进口料件的组成计税价格为当期实际购进的进料加工进口料件的组成计税价格。

若当期实际不得免征和抵扣税额抵减额大于当期出口货物离岸价×外汇人民币折合率×（出口货物征税率−出口货物退税率）的，则：

$$当期不得免征和抵扣税额抵减额 = 当期出口货物离岸价 \times 外汇人民币折合率 \times \left(出口货物征税率 - 出口货物退税率 \right)$$

"抵"：全部进项税额减去"剔"的部分后的余额，抵减内销销项税额。

$$当期应纳税额 = 当期内销货物的销项税额 - \left(当期进项税额 - 当期免抵退税不得免征和抵扣税额 \right) - 上期留抵税额$$

当期应纳税额为正数时，缴纳增值税；当期应纳税额为负数称为当期期末留抵税额，需要和当期免抵退税额比较大小计算可退还的增值税。

"退"：当出现期末留抵税额时就会涉及退税额的计算。

当期应退税额和免抵税额的计算：

$$当期免抵退税额 = 出口货物离岸价 \times 外汇人民币折合率 \times 出口货物退税率 - 免抵退税额抵减额$$

其中：

$$免抵退税额抵减额 = 免税购进原材料价格 \times 出口货物退税率$$

（1）如当期期末留抵税额 ≤ 当期免抵退税额，则：

$$当期应退税额 = 当期期末留抵税额$$

$$当期免抵税额 = 当期免抵退税额 - 当期应退税额$$

（2）如当期期末留抵税额 > 当期免抵退税额，则：

$$当期应退税额 = 当期免抵退税额$$

$$当期免抵退税额 = 0$$

【例 2－10】某生产企业系增值税一般纳税人，有出口经营权，适用增值税税率 17%，退税率 15%。2013 年 1 月的生产经营情况如下：

（1）外购原材料、燃料取得增值税专用发票注明价款 850 万元，增值税额 144.5 万元，原材料、燃料已验收入库；

（2）外购动力取得增值税专用发票，注明价款 150 万元，增值税额 25.5 万元，其中 20% 用于企业基建工程；

（3）以外购原材料 80 万元委托某公司加工货物，支付加工费取得增值税专用发票，注明价款 30 万元、增值税额 5.1 万元，支付加工货物的运输费用 10 万元并取得运输公司开具的普通发票；

（4）内销货物取得不含税销售 300 万元，支付销售货物运输费用 18 万元并取得运输公司开具的普通发票；

（5）出口销售货物取得销售额 500 万元，假设上期无留抵税额。

请采用"免抵退"税办法计算该企业 2013 年 1 月应纳（或应退）的增值税。

[计算分析]

1. 进项税额 = 144.5 + 15.5 × 80% + 5.1 + (10 + 18) × 17% = 171.96（万元）

2. 免抵退税不得免征和抵扣税额 $= 500 \times (17\% - 15\%) = 10$（万元）

3. 应纳税额 $= 300 \times 17\% - (171.96 - 10) = 110.96$（万元）

4. 出口货物免抵退税额 $= 500 \times 15\% = 75$（万元）

5. 应退税额 $= 75$ 万元

6. 月末留抵结转下期继续抵扣税额 $= 110.96 - 75 = 35.96$（万元）

思 考 题

1. 甲企业为增值税一般纳税人，2011年6月发生以下业务：

（1）从农业生产者手中收购高粱40吨，每吨收购价3 000元，共计支付收购价款120 000元。企业将收购的高粱从收购地直接运往异地的某食品生产加工厂，加工罐装高粱粒。加工完毕，食品厂向甲企业开具增值税专用发票，注明加工费30 000元、增值税税额5 100元。本月内甲企业将收回的增值税专用发票经税务机关认证，收回的高粱罐头批发售出，取得不含税销售额260 000元。另外支付给运输单位的销货运输费用12 000元，取得运输企业普通发票。

（2）购进货物取得经税务机关认证的增值税专用发票，注明金额450 000元、增值税税额76 500元；支付给运输单位的购货运输费用22 500元，取得普通发票。本月将已验收入库货物的80%零售，取得含税销售额585 000元，20%用作本企业集体福利。

（3）购进原材料取得增值税专用发票，注明金额160 000元、增值税税额27 200元，材料验收入库。本月生产加工一批新产品450件，每件成本价380元（无同类产品市场价格），全部售给本企业职工，取得不含税销售额171 000元。月末盘存发现上月购进的原材料被盗，金额50 000元（其中含分摊的运输费用4 650元）。

（4）销售已使用5年的设备一台，取得含税销售额50 000元，设备账面原值45 000元，已提折旧5 000元。

要求：根据上述资料，计算加工厂和甲企业应缴纳的增值税。

2. 某酒厂为增值税一般纳税人，主要生产销售各类白酒，2011年2月经营情况如下：

（1）从某纸箱厂购进包装纸箱，取得专用发票，注明价款21.40万元；从农业生产者手中收购粮食600 000斤，支付收购价款30万元，支付运输费用2万元，装卸费0.5万元，运输途中非正常损失6 000斤；购入生产用液化气，取得增值税专用发票，注明价款10万元、增值税1.3万元，支付运输费用4万元；从生产性小规模纳税人购进劳保用品，取得税务机关代开的增值税专用发票，注明价款3万元。

（2）销售瓶装粮食白酒20 000斤，开具增值税专用发票，取得销售额31万元，收取包装物押金5.51万元（该批押金按约定在月底退还）；销售散装薯类白酒20 000斤，开具普通发票，取得销售收入24.57万元。

（3）将试制的新型号干红酒10 000斤发给职工作为福利，成本价1.4万元，该产品无同类产品市场价格。

（4）受托为某县城甲企业加工酒精4吨，甲企业提供的材料成本9万元，酒厂开具增值税专用发票，取得加工费1万元、增值税0.17万元。

（5）将闲置的一处仓库对外投资，仓库账面净值80万元，市场价格86万元，共同承担投资风险。

（6）生产车间领用上月购进的生产用粮食600吨，职工食堂及浴池领用外购居民用煤炭10吨，每吨不含税价格400元。

（7）本月取得上月的电费专用发票，注明价款24.58万元，其中家属宿舍耗用10%。

（8）月初库存外购已税酒精3吨，每吨不含增值税单价3 600元，月末库存外购已税酒精4吨。因为管理不善的原因，导致从农业生产者手中购进的粮食发生霉烂，成本6.09万元；丢失上月从一般纳税人购进的生产用粮食，账面成本 2 万元。有关票据均在当月通过税务机关的认证并抵扣，支付的运输费用均取得合法货运发票。相关成本利润率：粮食白酒 10%、薯类白酒 5%、其他酒 5%、酒精 5%。其他酒的消费税税率是 10%。

要求：根据上述资料计算该酒厂本月的应纳增值税。

3. 深圳市某家电厂为增值税一般纳税人，是有进出口经营权的企业，2011 年 1 月发生下列业务：

（1）向外地分支机构发运电视机 100 台用于销售，开出增值税专用发票，每台售价 2 500 元，并支付发货运杂费 30 000 元，运输单位开具的发票上注明运费 20 000 元，建设基金 5 000 元，装卸费 3 000 元，保险费 2 000 元；

（2）向外地一商贸销售电视机 100 台，每台售价 2 500 元，收取运费 24 570 元，为运送该商品支付汽油费 5 000 元，收到增值税专用发票；

（3）从库房领取一新型号 A 电视机 5 台，给本厂幼儿园使用，该型号电视机每台生产成本 2 000 元；

（4）采取以旧换新方式销售新型号 B 电视机 100 台，每台不含税售价 3 000 元，收回旧电视机已入库，每台折价 50 元；

（5）从外省购进电视机专用部件一批，取得防伪税控增值税专用发票上注明的销售金额 200 000 元，税额 34 000 元，货物已到达但尚未入库，取得运输单位开具的运输货票上注明运费金额 20 000 元，建设基金 1 000 元；

（6）购进生产用原材料一批，取得增值税专用发票上注明的销售金额 1 500 000 元，货物已入库；

（7）对外销售一台自用的旧设备账面原值 55 000 元，已提折旧 10 000 元，取得价款 60 000 元；

（8）出口电视机一批，离岸价格 100 万美元，外汇牌价 1：6.8；

（9）从国内某企业免税购进原材料 20 万元。

（上月有留抵税额 30 万元，电视机的退税率 13%，征税率 17%；假设当月计算的免抵退税额已经过审批）

要求：根据上述资料，计算该企业当期应纳或应退增值税。

第三章 消 费 税

现行消费税的基本规范是 2008 年 11 月 5 日经国务院第 34 次常务会议修订通过并颁布、同年 11 月 10 日以国务院令第 539 号公布的《中华人民共和国消费税暂行条例》。2008 年 12 月 15 日，财政部、国家税务总局制定了《中华人民共和国消费税暂行条例实施细则》，以财政部、国家税务总局第 51 号令发布。新修订的《消费税暂行条例》和《消费税暂行条例实施细则》自 2009 年 1 月 1 日起施行。

第一节 消费税概述

一、消费税的概念

消费税是对我国境内从事生产、委托加工和进口应税消费品的单位和个人，就其销售额或销售数量，在特定环节征收的一种税。简单地说，消费税是对特定的消费品和消费行为征收的一种税。

消费税是世界各国广泛实行的税种，根据荷兰克劳森教授收集的 129 个国家的资料，没有开征消费税的国家不到 10 个。消费税在开征国税收收入总额中占有相当比重，特别是发展中国家，大多以商品课税为主体，而消费税又是商品课税类中的一个主要税种，地位尤其重要。自 19 世纪以来，由于以所得税为主体的直接税制的发展，消费税占各国税收收入的比重有所下降，但因其具有独特的调节作用，仍然受到各国的普遍重视。我国解放初期征收的货物税，20 世纪 50 年代征收的商品流通税和从 1958 年 9 月开始至 1973 年征收的工商统一税以及 1973 ~ 1983 年征收的工商税中相当于货物税的部分，1983 ~ 1994 年前征收的产品税、增值税，实质上是相当于或其中部分相当于消费税性质的。

我国的消费税是 1994 年税制改革中新设置的税种。它是从原产品税脱离出来的，并与实行普遍调节的增值税配套，体现国家对某些产品进行特殊调节而设立的税种。我国 1994 年实行的税制中，消费税主要包括了特殊消费品、奢侈品、高能耗消费品、不可再生的资源消费品和税基宽广、消费普遍、不影响人民群众生活水平，但又具有一定财政意义的普通消费品，共计 11 个税目。为适应我国目前产业结构、消费水平和消费结构以及节能、环保等方面的要求，从 2006 年 4 月 1 日起，对消费税的征收范围进行了有增有减的调整，调整后的消费税税目共计 14 个。于 2008 年 11 月 5 日国务院第 34 次常务会议对《中华人民共和国消费税暂行条例》进一步修订，国务院令第 539 号予以颁布并于 2009 年 1 月 1 日起施行。

二、消费税的特点

一般来说，消费税的征税对象主要是与居民消费相关的最终消费品和消费行为。与其他税种比较，消费税具有如下几个特点：

（一）税收调节具有特殊性

消费税属于国家运用税收杠杆对某些消费品或消费行为特殊调节的税种。这一特殊性表现在两个方面：一是不同的征税项目税负差异较大，对需要限制或控制消费的消费品规定较高的税率，体现特殊的调节目的；二是消费税往往同有关税种配合实行加重或双重调节，通常采取增值税与消费税双重调节的办法。对某些需要特殊调节的消费品或消费行为在征收增值税的同时，再征收一道消费税，形成一种特殊的对消费品双层次调节的税收调节体系。

（二）以规定的特定产品为征税对象

国家根据宏观产业政策和消费政策的要求，有目的、有重点地选择一些消费品征收消费税，以适当地限制某些特殊消费品的消费需求。

（三）一次课征制

消费税是在生产（进口）、流通或消费的某一环节一次征收，征收环节单一。

（四）征收方法具有灵活性

消费税的计税方法比较灵活，为适应不同应税消费品的情况，有些产品采取从价定率的方式征收，有些产品则采取从量定额的方式征收，目前对有些产品在实行从价定率征收的同时，还对其实行从量定额征收。

（五）税负具有转嫁性

凡列入消费税征税范围的消费品，一般都是高价高税产品。因此，消费税无论采取价内税形式还是价外税形式，也无论在哪个环节征收，消费品所含的消费税税款最终都要转嫁到消费者身上，由消费者负担，税负具有转嫁性。

三、消费税的立法原则

消费税的立法主要集中体现国家的产业政策和消费政策，以及强化消费税作为国家对经济进行宏观调控手段的特征。具体表现在以下几个方面：

（一）稳定财政收入，保持原有负担

消费税是在原流转税制进行较大改革的背景下出台的。原流转税主要税种——增值税和产品税的收入主要集中在卷烟、酒、石化、化工等几类产品上，且税率档次多，税率较高。实行新的、规范化的增值税后，不可能设置多档次、相差悬殊的税率。所以，许多原高税率

产品改征增值税后，基本税率17%，税负下降过多，对财政收入的影响较大。为了确保税制改革后尽量不减少财政收入，同时不削弱税收对某些产品生产和消费的调控作用，需要通过征收消费税，把实行增值税后由于降低税负而可能减少的税收收入征收上来，基本保持原产品的税收负担，并随着应税消费品生产和消费的增长，使财政收入也保持稳定增长。

（二）调节支付能力，缓解分配不公

个人生活水平或贫富状况很大程度体现在其支付能力上。仅依靠个人所得税不可能完全实现税收的公平分配目标，也不可能有效缓解社会分配不公的问题。通过对某些奢侈品或特殊消费品征收消费税，立足于从调节个人支付能力的角度间接增加某些消费者的税收负担或增加消费支出的超额负担，使高收入者的高消费受到一定抑制。低收入者或消费基本生活用品的消费者则不负担消费税，支付能力不受影响。所以，开征消费税有利于配合个人所得税及其他有关税种进行调节，缓解目前存在的社会分配不公矛盾。

（三）体现消费政策，调整产业结构

消费税的立法要集中体现国家的产业政策和消费政策。例如，为了抑制对人体健康不利或者是过度消费会对人体有害的消费品的生产，将烟、酒及酒精、鞭炮、焰火列入征税范围；为了调节特殊消费，将摩托车、小汽车、贵重首饰及珠宝玉石列入征税范围；为了节约一次性能源，限制过量消费，将汽油、柴油等油品列入征税范围。

（四）正确引导消费，抑制超前消费

目前我国正处于社会主义初级阶段，总体财力还比较有限，个人的生活水平还不够宽裕，需要在政策上正确引导人们的消费方向。消费税中，对人们日常消费的基本生活用品和企业正常的生产消费物品不征收消费税，只对目前属于奢侈品或超前消费的物品以及其他非基本生产用品征收消费税，特别是对其中的某些消费品如烟、酒、高档次的汽车等适用较高的税率，加重调节，增加购买者（消费者）的负担，适当抑制高水平或超前的消费。

四、消费税的计税方法

消费税的计税方法无论是在我国还是在世界上征收消费税的其他国家基本相同，主要采用三种计税方法：

（一）从价定率征收

在从价定率征收情况下，根据不同的应税消费品确定不同的比例税率，以应税消费品的销售额为基数乘以比例税率计算应纳税额。不同的是，有的国家消费税实行的是价外税，应税消费品的销售额不含消费税税额；有的国家消费税实行价内税，应税消费品的销售额含消费税税额。在从价定率征收情况下，消费税税额会随应税消费品的价格上升而增加，相反，消费税税额会随应税消费品的价格下降而减少。

（二）从量定额征收

在从量定额征收情况下，根据不同的应税消费品确定不同的单位税额，以应税消费品的

数量为基数乘以单位税额计算应纳税额。在从量定额征收情况下,消费税税额不会随应税消费品的价格变化而变化,具有相对稳定性,一般适用于价格变化较小、批量较大的应税消费品。

(三) 从价定率和从量定额复合征收

在从价定率和从量定额复合征收情况下,基本与前两种征收方法相同,只不过是对同一应税消费品同时采用两种计税方法计算税额,以两种方法计算的应纳税额之和为该应税消费品的应纳税额。采用复合征收方法的应税消费品一般较少,如我国目前只对烟和酒采用复合征收方法。

第二节 消费税的纳税人与课税基础

一、消费税纳税人的基本规定

在中华人民共和国境内生产、委托加工和进口应税消费品的单位和个人,以及国务院确定的销售应税消费品的其他单位和个人,为消费税纳税人。

这里的单位是指企业、行政单位、事业单位、军事单位、社会团体及其他单位。个人是指个体工商户及其他个人。

中华人民共和国境内是指生产、委托加工和进口属于应当缴纳消费税的消费品的起运地或者所在地在境内。

二、消费税纳税人的划分

凡在我国境内从事下列五种经济业务之一的单位和个人(包括外商投资企业、外国企业和外籍个人),都是消费税的纳税义务人。

(一) 自产自销业务

凡从事应税消费品的生产和销售业务的单位或个人,为消费税的纳税人。

(二) 自产自用业务

凡从事应税消费品的生产并自我使用的,以生产单位或个人为消费税的纳税人。

(三) 委托加工业务

凡从事委托加工(委托他人生产)应税消费品业务的,由受托方于委托方提货时代扣代缴。

这里需要注意的是:对于委托加工应税消费品业务,委托方是消费税的纳税义务人,受托方既是增值税的纳税义务人,又是消费税的扣缴义务人。

（四）进口业务

凡从境外进口应税消费品的，进口报关单位或个人为消费税的纳税人。

（五）零售业务

凡从事金银首饰（自1995年1月1日起）、钻石及其饰品（自2002年1月1日起）生产经营业务的，以零售单位或个人为纳税人。生产、进口和批发上述消费品的，不征收消费税。

三、消费税的课税基础

我国现行消费税选择部分消费产品为课征对象，不涉及纯服务性消费的行为。应征消费税的产品，包括用于生活消费的商品和用于生产消费的商品。

根据《消费税暂行条例》的规定，消费税的征收范围是在中华人民共和国境内生产、委托加工和进口消费税的应税消费品。

我国在保证国家财政收入的稳定增长的同时，充分考虑人民的生活水平、消费水平和消费结构状况，立足于国内的经济发展水平、国家的消费政策和产业政策，并适当借鉴国外征收消费税的成功经验和国际通行做法，确定了消费税的征税范围。消费税的征税范围随着我国经济的发展，根据国家的政策和经济情况及消费结构的变化会随时做出适当的调整。我国消费税征收范围的确定主要体现了以下两个特点：

一是选择部分消费品列举品目征收。消费税的征税范围与增值税的部分征税范围是交叉的。也就是说，对消费税列举的税目的征税范围，既要征收消费税，同时又要征收增值税。

二是凡在我国境内生产和进口属于消费税税目税率表中列举的消费品都需要缴纳消费税。

（一）生产应税消费品

生产应税消费品销售是消费税征收的主要环节，因消费税具有单一环节征税的特点。在生产销售环节征税以后，货物在流通环节无论再转销多少次，不用再缴纳消费税。生产应税消费品除了直接对外销售应征收消费税外，纳税人将生产的应税消费品换取生产资料、消费资料、投资入股、偿还债务，以及用于继续生产应税消费品以外的其他方面都应缴纳消费税。

（二）委托加工应税消费品

委托加工应税消费品是指委托方提供原料和主要材料，受托方只收取加工费和代垫部分辅助材料加工的应税消费品。由受托方提供原材料或其他情形的一律不能视同加工应税消费品。委托加工的应税消费品收回后，再继续用于生产应税消费品销售的，其加工环节缴纳的消费税款可以扣除。

（三）进口应税消费品

单位和个人进口货物属于消费税征税范围的，在进口环节也要缴纳消费税。为了减少征税成本，进口环节缴纳的消费税由海关代征。

（四）零售应税消费品

经国务院批准，自 1995 年 1 月 1 日起，金银首饰消费税由生产销售环节征收改为零售环节征收。改在零售环节征收消费税的金银首饰仅限于金基、银基合金首饰以及金、银和金基、银基合金的镶嵌首饰。零售环节适用税率为 5%，在纳税人销售金银首饰、钻石及钻石饰品时征收。其计税依据是不含增值税的销售额。

对既销售金银首饰，又销售非金银首饰的生产、经营单位，应将两类商品划分清楚，分别核算销售额。

凡划分不清楚或不能分别核算的，在生产环节销售的，一律从高适用税率征收消费税；在零售环节销售的，一律按金银首饰征收消费税。金银首饰与其他产品组成成套消费品销售的，应按销售额全额征收消费税。

金银首饰连同包装物销售的，无论包装是否单独计价，也无论会计上如何核算，均应并入金银首饰的销售额，计征消费税。

带料加工的金银首饰，应按受托方销售同类金银首饰的销售价格确定计税依据征收消费税。没有同类金银首饰销售价格的，按照组成计税价格计算纳税。

纳税人采用以旧换新（含翻新改制）方式销售的金银首饰，应按实际收取的不含增值税的全部价款确定计税依据征收消费税。

第三节　消费税的税目、税率与税收优惠

一、消费税的税目

根据《消费税暂行条例》的规定，确定征收消费税的项目包括烟、酒、化妆品等 14 个税目，有的税目还进一步划分若干子目。其具体包括范围的规定如下：

（一）烟

即以烟叶为原料加工生产的特殊消费品。卷烟是指将各种烟叶切成烟丝并按照一定的配方辅之以糖、酒、香料加工而成的产品。凡是以烟叶为原料加工生产的产品，不论使用何种辅料，均属于本税目的征收范围，包括卷烟（进口卷烟、白包卷烟、手工卷烟和未经国务院批准纳入计划的企业及个人生产的卷烟）、雪茄烟和烟丝。

按照国税函〔2001〕955 号文件规定，从 2001 年 12 月 20 日起，对即有自产卷烟，同时又委托联营企业加工与自产卷烟牌号、规格相同卷烟的工业企业（以下简称"卷烟回购企业"），从联营企业购进后再直接销售的卷烟，对外销售时不论是否加价，凡是符合下述条件的，不再征收消费税；不符合下述条件的，则征收消费税。

1. 回购企业在委托联营企业加工卷烟时，除提供给联营企业所需加工卷烟牌号外，还须同时提供税务机关已公示的消费税计税价格。联营企业必须按照已公示的调拨价格申报

缴税。

2. 回购企业将联营企业加工卷烟回购后再销售的卷烟，其销售收入应与自产卷烟的销售收入分开核算，以备税务机关检查；如不分开核算，则一并计入自产卷烟销售收入征收消费税。在"烟"税目下分"卷烟"又分"甲类卷烟"和"乙类卷烟"。其中甲类卷烟，是指每标准条（200支，下同）调拨价格在70元（不含增值税）以上的卷烟，乙类卷烟是指每标准条调拨价格在70元（不含增值税）以下的卷烟。

自2009年5月1日起，在卷烟批发环节加征一道从价税，在我国境内从事卷烟批发业务的单位和个人，批发销售的所有牌号规格的卷烟，按其销售额（不含增值税）征收5%的消费税。纳税人应将卷烟销售额与其他商品粮销售额分开核算，未分开核算的，一并征收消费税，纳税人销售给纳税人以外的单位和个人的卷烟于销售时纳税。纳税人之间销售的卷烟不缴纳消费税。卷烟批发企业的机构所在地，总机构与分支机构不在同一地区的，由总机构申报纳税。卷烟消费税在生产和批发两个环节征收后，批发企业在计算纳税时不得扣除已含的生产环节的消费税税款。

（二）酒及酒精

酒是酒精度在1度以上的各种酒类饮料。酒精又名乙醇，是指用蒸馏或合成方法生产的酒精度在95度以上的无色透明液体。酒类包括粮食白酒、薯类白酒、黄酒、啤酒和其他酒。酒精包括各种工业酒精、医用酒精和食用酒精。

啤酒每吨出厂价（含包装物及包装物押金）在3 000元（含3 000元，不含增值税）以上的是甲类啤酒，每吨出厂价（含包装物及包装物押金）在3 000元（不含增值税）以下的是乙类啤酒，对饮食业、商业、娱乐业举办的啤酒屋（啤酒坊）利用啤酒生产设备生产的啤酒，应当征收消费税。配制酒（露酒）是指以发酵酒、蒸馏酒或食用酒精为酒基，加入可食用或药食两用的辅料或食品添加剂，进行调配或再加工制成的并改变了其原酒基风格的饮料酒。具体规定如下：

1. 以蒸馏酒或食用酒精为酒基，具有国家相关部门批准的国食健字或卫食健字文号并且酒精度低于38度（含）的配制酒，按消费税税目生产税率表"其他酒"10%适用税率征收消费税。

2. 以发酵酒为酒基，酒精度低于20度（含）的配制酒，按消费税税目税率表"其他酒"10%适用税率征收消费税。

3. 其他配制酒，按消费税税目税率表中"白酒"适用税率征收范围。

（三）化妆品

化妆品的征收范围包括各类美容、修饰类化妆品、高档护肤类化妆品和成套化妆品。

美容、修饰类化妆品是指香水、香水精、香粉、口红、指甲油、胭脂、眉笔、唇笔、蓝眼油、眼睫毛以及成套化妆品。

舞台、戏剧、影视演员化妆用的上妆油、卸装油、油彩，不属于本税目的征收范围。

高档护肤类化妆品征收范围另行制定。

（四）贵重首饰及珠宝玉石

1. 金银珠宝首饰包括凡以金、银、铂金、宝石、珍珠、钻石、翡翠、珊瑚、玛瑙等高贵稀有物质以及其他金属、人造宝石等制作的各种纯金银首饰及镶嵌首饰（含人造金银、合成金银首饰等）。

2. 珠宝玉石的种类包括：钻石、珍珠、松石、青金石、欧泊石、橄榄石、长石、玉、石英、玉髓、石榴石、锆石、尖晶石、黄玉、碧玺、金绿玉、绿柱石、刚玉、琥珀、珊瑚、煤玉、龟甲、合成刚玉、合成宝石、双合石、玻璃仿制品。

对出国人员免税商店销售的金银首饰征收消费税。

（五）鞭炮、焰火

本税目包括各种鞭炮、焰火。通常分为13类，即喷花类、旋转类、旋转升空类、火箭类、吐珠类、线香类、小礼花类、烟雾类、造型玩具类、爆竹类、摩擦炮类、组合烟花类、礼花弹类。

体育上用的发令纸、鞭炮药引线，不按本税目征收。

（六）成品油

本税目包括汽油、柴油、石脑油、溶剂油、航空煤油、润滑油、燃料油7个子目。

1. 汽油是轻质石油产品的一大类。由天然或人造原油经蒸馏所得的直馏汽油组分、二次加工汽油组分及其他高辛烷值组分按一定的比例调和而成。按生产装置可分为直馏汽油和裂化汽油等类。经调和后制成的各种汽油，主要用作汽油发动机燃料。汽油的质量标准为辛烷值不小于66。

本税目征收范围包括：原油或其他原料加工生产的辛烷值不小于66的可用作汽油发动机燃料的各种轻质油。含铅汽油是指铅含量每升超过0.013克的汽油。汽油分为车用汽油和航空汽油。用其他原料、工艺生产的汽油，也属于本税目的征收范围。

以汽油组分为主，辛烷值大于50，经调和可以用作汽油发动机燃料的非标油品，也属于汽油的征收范围。以汽油、汽油组分调和生产的甲醇汽油、乙醇汽油也属于本税目的征收范围。

2. 柴油是轻质石油产品的一大类。由天然或人造原油经减压蒸馏在一定温度下切割的馏分，或于二次加工柴油组分按一定比例调和而成。主要用作转速不低于960r/min的压燃式高速柴油发动机燃料。柴油的质量标准为倾点-50号至30号。本征税范围包括用原油或其他原料加工生产的倾点或凝点在-50号至30号的可用作柴油发动机燃料的各种轻质油和以柴油组分为主、经调和精制可用作柴油发动机燃料的非标油。以柴油、柴油组分调和生产的生物柴油也属于本税目征收范围。

3. 石脑油。石脑油又叫化工轻油，是以原油或其他原料加工生产的用于化工原料的轻质油。

石脑油的征收范围包括除汽油、柴油、航空煤油、溶剂油以外的各种轻质油。非标汽油、重整生成油、拔头油、戊烷原料油、轻裂解料（减压柴油VGO和常压柴油AGO）、重裂解料、加氢裂化尾油、芳烃抽余油均属轻质油，属于石脑油征收范围。

4. 溶剂油。溶剂油是用原油或其他原料加工生产的用于涂料、油漆、食用油、印刷油墨、皮革、农药、橡胶、化妆品生产和机械清洗、胶粘行业的轻质油。

橡胶填充油、溶剂油原料属于溶剂油征收范围。

5. 航空煤油。航空煤油也叫喷气燃料，是以石油加工生产的用于喷气发动机和喷气推进系统中作为能源的石油燃料。航空煤油的征收范围包括各种航空煤油。

6. 润滑油。润滑油是用原油或其他原料加工生产的用于内燃机、机械加工过程的润滑产品。润滑油分为矿物性润滑油、植物性润滑油、动物性润滑油和化工原料合成润滑油。

润滑油的征收范围包括矿物性润滑油、矿物性润滑油基础油、植物性润滑油、动物性润滑油和化工原料合成润滑油。以植物性、动物性和矿物性基础油（或矿物性润滑油）混合掺配而成的"混合性"润滑油，不论矿物性基础油（或矿物性润滑油）所占比例高低，均属润滑油的征收范围。

另外，用原油或其他原油加工生产的用于内燃机、机械加工过程的润滑产品均属润滑油征税范围。润滑脂是润滑产品，生产、加工润滑脂应当征收消费税。

7. 燃料油。燃料油也称重油、渣油，是用原油或其他原料加工生产，主要用作电厂发电、锅炉用燃料、加热炉燃料、冶金和其他工业炉燃料。蜡油、船用重油、常压重油、减压重油、180CTS 燃料油、7 号燃料油、糠醛油、工业燃料、4～6 号燃料油等油品的主要用途是作为燃料燃烧，属于燃料油征收范围。

（七）汽车轮胎

汽车轮胎是指用于各种汽车、挂车、专用车和其他机动车上的内、外轮胎。自 2001 年 1 月 1 日起，子午线外胎免征消费税，翻新轮胎停止征收消费税。

自 2010 年 12 月 1 日起，农用拖拉机、收割机、手扶拖拉机专用轮胎不属于《消费税暂行条例》规定的应征消费税的"汽车轮胎"范围，不征收消费税。

（八）小汽车

汽车是指由动力驱动，具有 4 个或 4 个以上车轮的非轨道承载的车辆。

本税目征收范围包括含驾驶员座位在内最多不超过 9 个座位（含）的，在设计和技术特性上用于载运乘客和货物的各类乘用车，含驾驶员座位在内的座位数在 10～23 座（含 23 座）的在设计和技术特性上用于载运乘客和货物的各类中轻型商用客车。

用排气量小于 1.5 升（含）的乘用车底盘（车架）改装、改制的车辆属于乘用车征收范围。用排气量大于 1.5 升的乘用车底盘（车架）或用中轻型商用客车底盘（车架）改装、改制的车辆属于中轻型商用客车征收范围。

对于购进乘用车或中轻型商用客车整车改装生产的汽车，应按规定征收消费税。

含驾驶员人数（额定载客）为区间值的（如 8～10 人、17～26 人）小汽车，按其区间值下限人数确定征收范围。

车身长度大于 7 米（含），并且座位在 10～23 座（含）以下的商用客车，不属于中轻型商用客车征税范围，不征收消费税。

电动汽车不属于本税目征收范围；货车或厢式货车改装生产的商务车、卫星通信车等专用汽车不征消费税；沙滩车、雪地车、卡丁车、高尔夫车也不征消费税。

（九）摩托车

1. 轻便摩托车。最大设计车速不超过 50 千米/小时、发动机气缸总工作容积不超过 50

毫升的两轮机动车。

2. 摩托车。最大设计车速超过 50 千米/小时、发动机气缸总工作容积超过 50 毫升、空车重量不超过 400 千克（带驾驶室的正三轮车及特种车的空车重量不受此限）的两轮和三轮机动车。

（十）高尔夫球及球具

高尔夫球及球具是指从事高尔夫球运动所需的各种专用装备，包括高尔夫球、高尔夫球杆及高尔夫球包（袋）等。

高尔夫球是指重量不超过 45.93 克、直径不超过 42.67 毫米的高尔夫球运动比赛、练习用球；高尔夫球杆是指被设计用来打高尔夫球的工具，由杆头、杆身和握把三部分组成；高尔夫球包（袋）是指专用于盛装高尔夫球及球杆的包（袋）。

本税目征收范围包括高尔夫球、高尔夫球杆、高尔夫球包（袋）。高尔夫球杆的杆头、杆身和握把属于本税目的征收范围。

（十一）高档手表

高档手表是指销售价格（不含增值税）每只在 10 000 元（含）以上的各类手表。本税目征收范围包括符合以上标准的各类手表。

（十二）游艇

游艇是指长度大于 8 米小于 90 米，船体由玻璃钢、钢、铝合金、塑料等多种材料制作，可以在水上移动的水上浮载体。按照动力划分，游艇分为无动力艇、帆艇和机动艇。

本税目征收范围包括艇身长度大于 8 米（含）小于 90 米（含），内置发动机，可以在水上移动，一般为私人或团体购置，主要用于水上运动和休闲娱乐等非谋利活动的各类机动艇。

（十三）木制一次性筷子

木制一次性筷子，又称卫生筷子，是指以木材为原料经过锯段、浸泡、旋切、刨切、烘干、筛选、打磨、倒角、包装等环节加工而成的各类一次性使用的筷子。

本税目征收范围包括各种规格的木制一次性筷子。未经打磨、倒角的木制一次性筷子属于本税目征税范围。

（十四）实木地板

实木地板是指以木材为原料，经锯割、干燥、刨光、截断、开榫、涂漆等工序加工而成的块状或条状的地面装饰材料。实木地板按生产工艺不同，可分为独板（块）实木地板、实木指接地板、实木复合地板三类；按表面处理状态不同，可分为未涂饰地板（白坯板、素板）和漆饰地板两类。

本税目征收范围包括各类规格的实木地板、实木指接地板、实木复合地板及用于装饰墙壁、天棚的侧端面为榫、槽的实木装饰板。未经涂饰的素板属于本税目征税范围。

二、消费税的税率

(一) 消费税税率的形式

消费税采用比例税率、定额税率和复合税率三种形式，以适应不同应税消费品的实际情况。

消费税税率形式的选择，主要是根据课税对象的具体情况来确定的，对一些供求基本平衡，价格差异不大，计量单位规范的消费品，选择计税简便的定额税率，如黄酒、啤酒、汽油、柴油等；对一些供求矛盾突出、价格差异较大，计量单位不规范的消费品，选择税价联动的比例税率，如烟、白酒、化妆品、护肤护发品、鞭炮、焰火、汽车轮胎、贵重首饰及珠宝玉石、摩托车、小汽车等。

一般情况下，对一种消费品只选择一种税率形式，但为了更有效地保全消费税税基，对一些应税消费品如卷烟、白酒，则采用了定额税率和比例税率双重征收即复合税率形式。

(二) 税率

消费税根据不同的税目或子目确定相应的税率或单位税额。例如，白酒税率为20%，摩托车税率为3%等；黄酒、啤酒、汽油、柴油等分别按单位重量或单位体积确定单位税额。经整理汇总的消费税税目税率（税额）见表3-1。

表3-1 消费税税目税率（税额）

税　　目	税　率（税额）
一、烟	
1. 卷烟	
（1）甲类卷烟	56%加0.003元/支
（2）乙类卷烟	36%加0.003元/支
（3）批发环节	5%
2. 雪茄烟	36%
3. 烟丝	30%
二、酒及酒精	
1. 白酒	20%加0.5元/500克（或者500毫升）
2. 黄酒	240元/吨
3. 啤酒	
（1）甲类啤酒	250元/吨
（2）乙类啤酒	220元/吨
4. 其他酒	10%
5. 酒精	5%

续表

税　目	税　率（税额）
三、化妆品	30%
四、贵重首饰和珠宝玉石	
1. 金、银、铂金首饰和钻石、钻石饰品	5%
2. 其他贵重首饰和珠宝玉石	10%
五、鞭炮、焰火	15%
六、成品油	
1. 汽油	
（1）无铅汽油	1.00 元/升
（2）含铅汽油	1.40 元/升
2. 柴油	0.80 元/升
3. 航空煤油	0.80 元/升
4. 石脑油	1.00 元/升
5. 溶剂油	1.00 元/升
6. 润滑油	1.00 元/升
7. 燃料油	0.80 元/升
七、汽车轮胎	3%
八、摩托车	
1. 气缸容量（排气量，下同）在 250 毫升（含）以下的	3%
2. 气缸容量在 250 毫升以上的	10%
九、小汽车	
1. 乘用车	
（1）气缸容量（排气量，下同）在 1.0 升（含 1.0 升）以下的	1%
（2）气缸容量在 1.0 升以上至 1.5 升（含 1.5 升）的	3%
（3）气缸容量在 1.5 升以上至 2.0 升（含 2.0 升）的	5%
（4）气缸容量在 2.0 升以上至 2.5 升（含 2.5 升）的	9%
（5）气缸容量在 2.5 升以上至 3.0 升（含 3.0 升）的	12%
（6）气缸容量在 3.0 升以上至 4.0 升（含 4.0 升）的	25%
（7）气缸容量在 4.0 升以上的	40%
2. 中轻型商用客车	5%
十、高尔夫球及球具	10%
十一、高档手表	20%
十二、游艇	10%
十三、木制一次性筷子	5%
十四、实木地板	5%

第四节 消费税应纳税额的计算

一、消费税计税依据的确定

按照现行消费税的有关规定，消费税应纳税额的计算主要分为从价计征、从量计征和从价从量复合计征三种方法。

（一）从价计征的计税依据

在从价定率计算方法下，应纳税额等于应税消费品的销售额乘以适用税率，应纳税额的多少取决于应税消费品的销售额和适用税率两个因素。

1. 销售额的确定

销售额为纳税人销售应税消费品向购买方收取的全部价款和价外费用。

销售是指有偿转让应税消费品的所有权；有偿是指从购买方取得货币、货物或者其他经济利益；价外费用是指价外向购买方收取的手续费、补贴、基金、集资费、返还利润、奖励费、违约金、滞纳金、延期付款利息、赔偿金、代收款项、代垫款项、包装费、包装费租金、储备费、优质费、运输装卸费以及其他各种性质的价外收费。但下列款项目不包括在内：

（1）同时符合以下条件的代垫运输费用：①承运部门的运输费用发票开具给购货方的；②纳税人将该项发票转交给购货方的。

（2）同时符合以下条件代为收取的政府性基金或者行政事业性收费：①由国务院或者财政部批准设立的政府性基金，由国务院或者省级人民政府及其财政、价格主管部门批准设立的行政事业性收费；②收取时开具省级以上财政部门印制的财政票据；③所收款项全额上缴财政。

其他价外费用，无论是否属于纳税人的收入，均应并入销售额计算纳税。

实行从价定率办法计算应纳税额的应税消费品连同包装销售的，无论包装是否单独计价，也不论在会计上如何核算，均应并入应税消费品的销售额中征收消费税。如果包装物不作价随同产品销售，而是收取押金，此项押金则不应并入应税消费品销售额中征税。但对因逾期未收回的包装物不再退还的或者已收取的时间超过 12 个月的押金，应并入应税消费品的销售额，按照应税消费品的适用税率征收消费税。

对既作价随同应税消费品销售，又另外收取的包装物的押金，凡纳税人在规定的期限内没有退还的，均应并入应税消费品的销售额，按照应税消费品的适用税率缴纳消费税。

纳税人销售的应税消费品，以外汇结算销售额的，其销售额的人民币折合率可以选择结算的当天或者当月 1 日的国家外汇牌价（原则上为中间价），纳税人应在事先确定采取何种折合率，确定后一年内不得变更。

2. 含增值税销售额的换算

应税消费品在缴纳消费税的同时，与一般货物一样，还应缴纳增值税。按照《消费税暂行条例实施细则》的规定，应税消费品的销售额，不包括应向购货方收取的增值税税款。如果纳税人应税消费品的销售额中未扣除增值税税款或者因不得开具增值税专用发票而发生价款和增值税税额合并收取的，在计算消费税时，应将含增值税的销售额换算为不含增值税税款的销售额。其换算公式为：

$$应税消费品的销售额 = 含增值税的销售额 \div (1 + 增值税税率或征收率)$$

在使用换算公式时，应根据纳税人的具体情况分别使用增值税税率或征收率。如果消费税的纳税人同时又是增值税一般纳税人的，应适用17%的增值税税率；如果消费税的纳税人是增值税小规模纳税人的，应适用3%的征收率。

（二）从量计征的计税依据

实行从量定额办法征税的应税消费品，应纳税额等于应税消费品的销售数量乘以单位税额，应纳税额的多少取决于应税消费品的销售数量和单位税额两个因素。

1. 从量定额销售数量的确定

销售数量是指纳税人生产、加工和进口应税消费品的数量。具体规定为：

（1）销售应税消费品的，为应税消费品的销售数量；

（2）自产自用应税消费品的，为应税消费品的移送使用数量；

（3）委托加工应税消费品的，为纳税人收回的应税消费品数量；

（4）进口的应税消费品，为海关核定的应税消费品进口征税数量。

2. 从量定额计量单位的换算标准

《消费税暂行条例》规定，黄酒、啤酒是以吨为税额单位的；汽油、柴油是以升为税额单位的。实际销售过程中，一些纳税人往往将计量单位混用。为了规范不同产品的计量单位，以准确计算应纳税额，《消费税暂行条例实施细则》中具体规定了吨与升两个计量单位的换算标准（见表3-2）。

表3-2　　　　　　　　　　　　　吨与升换算标准

序　号	名　称	计量单位的换算标准
1	啤酒	1吨=988升
2	黄酒	1吨=962升
3	汽油	1吨=1 388升
4	柴油	1吨=1 176升
5	航空煤油	1吨=1 246升
6	石脑油	1吨=1 385升
7	润滑油	1吨=1 126升
8	溶剂油	1吨=1 282升
9	燃料油	1吨=1 015升

（三）从价从量复合计征的计税依据

现行消费税的征税范围中，只有卷烟、粮食白酒、薯类白酒采用复合计征方法。应纳税额等于应税销售数量乘以定额税率再加上应税销售额乘以比例税率。

生产销售卷烟、粮食白酒、薯类白酒从量定额计税依据为实际销售数量。进口、委托加工、自产自用卷烟、粮食白酒、薯类白酒从量定额计税依据分别为海关核定的进口征税数量、委托方收回数量、移送使用数量。

（四）计税依据的特殊规定

由于消费税税源较为集中，税负相对较重，计税价格的核定成为确定计税依据的重要环节。税法规定：卷烟和粮食白酒的计税价格由国家税务总局核定。其他应税消费品的计税价格由各省、自治区、直辖市税务机关核定。进口的应税消费品的计税价格由海关核定。

1. 卷烟最低计税价格的核定

根据国家税务总局第 26 号令，自 2012 年 1 月 1 日起，卷烟消费税最低计税核定范围为卷烟生产企业在生产环节销售的所有牌号、规格的卷烟计税价格由国家税务总局按照卷烟批发环节销售价格扣除卷烟批发环节批发毛利核定并发布。计税价格的核定公式为：

$$某牌号、规格卷烟计税价格 = 批发环节销售价格 \times (1 - 适用批发毛利率)$$

卷烟批发环节销售价格，按照税务机关采集的所有卷烟批发企业在价格采集期内销售的该牌号、规格卷烟的数量、销售额进行加权平均计算。计算公式为：

$$批发环节销售价格 = \frac{\sum 该牌号、规格卷烟各采集点的销售额}{\sum 该牌号、规格卷烟各采集点的销售数量}$$

实际销售价格高于计税价格和核定价格的卷烟，按实际销售价格征收消费税；按计税价格或核定价格征收消费税。

2. 白酒消费税最低计税价格核定

根据国家税务总局《关于加强白酒消费税征收管理的通知》（国税函〔2009〕380 号），自 2009 年 8 月 1 日起对白酒消费税实行最低计税价格核定管理办法。

（1）白酒生产企业销售给销售单位的白酒，生产企业消费税计税价格高于销售单位对外销售价格 70%（含 70%）以上的，税务机关暂不核定消费税最低计税价格。

（2）白酒生产企业销售给销售单位的白酒，生产企业消费税计税价格低于销售单位对外销售价格 70% 以下的，消费税最低计税价格由税务机关根据生产规模、白酒品牌、利润水平等情况在销售单位对外销售价格 50%～70% 范围内自行核定。其中生产规模较大，利润水平较高的企业生产的需要核定消费税最低计税价格的白酒，税务机关核价幅度原则上应选择在销售单位对外销售价格 60%～70% 范围内。

根据《国家税务总局关于部分白酒消费税计税价格及相关管理事项的通知》（国税函〔2009〕416 号），国家税务总局选择核定消费税计税价格的白酒，核定比例统一确定为 60%。纳税人应按下列公式计算白酒消费税计税价格：

$$当月该品牌、规格白酒消费税计税价格 = 该品牌、规格白酒销售单位上月平均销售价格 \times 核定比例$$

已核定最低计税价格的白酒，生产企业实际销售价格高于消费税最低计税价格的，按实际销售价格申报纳税；实际销售价格低于消费税最低计税价格的，按最低计税价格申报纳税。已核定最低计税价格的白酒，销售单位对外销售价格持续上涨或下降时间达到 3 个月以上、累计上涨或下降幅度在 20%（含）以上的白酒，税务机关重新核定最低计税价格。

白酒生产企业未按规定上报销售单位销售价格的，主管国家税务局应按照销售单位销售价格征收消费税。

3. 自设非独立核算门市部计税的规定

纳税人通过自设非独立核算门市部销售的自产应税消费品，应当按照门市部对外销售额或者销售数量计算征收消费税。

4. 应税消费品用于其他方面的规定

纳税人自产的应税消费品用于换取生产资料和消费资料，投资入股和抵偿债务等方面，应当按纳税人同类应税消费品的最高销售价格作为计税依据。

5. 关于当期投入生产的原材料可抵扣的已纳消费税大于当期应纳消费税的不足抵扣部分的处理

采用按当期应纳消费税的申报抵扣，不足抵扣部分结转下一期申报抵扣的方式处理。

6. 计税价格的核定权限

卷烟白酒和小汽车的计税价格由国家税务总局核定，送财政部备案；其他征税消费品的计税价格由省、自治区和直辖市国家税务局核定；进口的应税消费品的计税价格由海关核定。

二、消费税应纳税额的计算

根据消费税应税业务的不同，消费税应纳税额的计算大概有以下几种类型：一是生产销售业务应纳税额的计算；二是委托加工业务应纳税额的计算；三是进口业务应纳税额的计算；四是出口业务应退税额的计算。其中，生产销售业务因销售业务的不同分为自产自销业务应纳税额的计算和自产自用应纳税额的计算。

（一）直接对外销售应纳税额的计算

直接对外销售应税消费品区分不同情况有三种计算方法：

1. 从价定率计算

在从价定率计算方法下，应纳消费税的计算公式为：

$$应纳税额 = 应税消费品的销售额 \times 适用税率$$

【例3－1】 某化妆品生产企业为增值税一般纳税人。2012年3月15日向某大型商场销售化妆品一批，开具增值税专用发票，取得不含增值税销售额50万元，增值税税额8.5万元；3月20日向某单位销售化妆品一批，开具普通发票，取得含增值税销售额4.68万元。计算该化妆品生产企业上述业务应缴纳的消费税额。假定该化妆品适用消费税税率30%。请计算该企业应纳消费税。

［计算分析］

（1）化妆品适用消费税税率30%

（2）化妆品的应税销售额 $= 50 + 4.68 \div (1 + 17\%) = 54$（万元）

（3）应缴纳的消费税额 $= 54 \times 30\% = 16.2$（万元）

2. 从量定额计算

在从量定额计算方法下，应纳税额等于应税消费品销售数量乘以单位税额。基本计算公式为：

$$应纳税额 = 应税消费品的销售数量 \times 单位税额$$

【例3－2】 某啤酒厂2012年4月销售甲类啤酒1 000吨，取得不含增值税销售额295万元，增值税税款 50.15 万元，另收取包装物押金 23.4 万元。请计算 4 月该厂应纳消费税税额。

[计算分析]

销售甲类啤酒，适用定额税率每吨 250 元

应纳税额 = 销售数量 × 定额税率 = 1 000 × 250 = 250 000（元）

3. 从价定率和从量定额复合计算

现行消费税的征税范围中，只有卷烟、白酒采用复合计算方法。基本计算公式为：

$$应纳税额 = 应税销售数量 × 定额税率 + 应税销售额 × 比例税率$$

【例 3 - 3】某白酒生产企业为增值税一般纳税人，2012 年 4 月销售粮食白酒 50 吨，取得不含增值税销售额 200 万元。请计算该企业 4 月应纳消费税额。

[计算分析]

（1）白酒适用比例税率 20%，定额税率每 500 克 0.5 元

（2）应纳税额 = 50 × 2 000 × 0.00005 + 200 × 20% = 45（万元）

（二）自产自用应纳消费税的计算

所谓自产自用，就是纳税人生产销售应税消费品后，不是用于直接对外销售，而是用于自己连续生产应税消费品或用于其他方面。这种自产自用应税消费品形式，在实际经济活动中是很常见的，但也是在是否纳税或如何纳税上最容易出现问题的。例如，有的企业把自己生产的应税消费品，以福利或奖励等形式发给本厂职工，以为不是对外销售，不必计入销售额，无须纳税。这样就出现了漏缴税款的现象。因此，很有必要认真理解税法对自产自用应税消费品的有关规定。

1. 用于连续生产应税消费品

按照《消费税暂行条例》的规定，纳税人自产自用的应税消费品，用于连续生产应税消费品的，不纳税。所谓"纳税人自产自用的应税消费品，用于连续生产应税消费品的"，是指作为生产最终应税消费品的直接材料并构成最终产品实体的应税消费品。如，卷烟厂生产出烟丝，烟丝已是应税消费品，卷烟厂再用生产出的烟丝连续生产卷烟，这样，用于连续生产卷烟的烟丝就不缴纳消费税。只对生产的卷烟征收消费税。当然，生产出的烟丝如果是直接销售，则烟丝还是要缴纳消费税的。税法规定对自产自用的应税消费品，用于连续生产应税消费品的不征税，体现了税不重征且计税简便的原则。

2. 用于其他方面的应税消费品

按照《消费税暂行条例》的规定，纳税人自产自用的应税消费品，不是用于连续生产应税消费品，而是用于其他方面的，于移送使用时纳税。所谓"用于其他方面的"，是指纳税人用于生产非应税消费品和在建工程、管理部门、非生产机构、提供劳务以及用于馈赠、赞助、集资、广告、样品、职工福利、奖励等方面的应税消费品。这里所说的"自产自用的应税消费品用于生产非应税消费品"，是指把自产的应税消费品用于生产消费税税目税率表所列 14 类产品以外的产品。纳税人把自产应税消费品用于本企业基本建设、专项工程、生活福利设施等其他方面，从形式上看，并没有取得销售收入，但却要视同对外销售，计征消费税。这是因为：企业如以外购的应税消费品用于本企业基本建设、专项工程、生活福利设施的，其外购价款包含有消费税税金。如果对自产应税消费品不征税，等于鼓励企业以不含税的应税消费品进行基本建设、专项工程和生活福利设施等项目的建设。对用于基本建

设、专项工程和生活福利设施的自产应税消费品征税，可以平衡外购应税消费品与自产应税消费品之间的税负，使企业无论使用外购应税消费品，还是自产应税消费品进行基本建设等项目的生产，其价款都含有税金，从而有利于公平税负，并保证财政收入。总之，企业自产的应税消费品虽然没有用于销售或连续生产应税消费品，但只要是用于税法所规定的范围都要视同销售，依法缴纳消费税。

3. 组成计税价格及税额的计算

纳税人自产自用的应税消费品，凡用于其他方面，应当纳税的，按照纳税人生产的同类消费品的销售价格计算纳税。同类消费品的销售价格是指纳税人当月销售的同类消费品的销售价格，如果当月同类消费品各期销售价格高低不同，应按销售数量加权平均计算。

但销售的应税消费品有下列情况之一的，不得列入加权平均计算：

（1）销售价格明显偏低又无正当理由的；

（2）无销售价格的，如果当月无销售或者当月未完结，应按照同类消费品上月或最近月份的销售价格计算纳税。

没有同类消费品销售价格的，应按照如下组成计税价格计算纳税：

①实行从价定率办法计算纳税的组成计税价格计算公式：

$$组成计税价格 = （成本 + 利润） \div （1 - 消费税比例税率）$$

$$应纳税额 = 组成计税价格 \times 适用税率$$

②实行复合计税办法计算纳税的组成计税价格计算公式：

$$组成计税价格 = （成本 + 利润 + 自产自用数量 \times 定额税率） \div （1 - 比例税率）$$

$$应纳税额 = 组成计税价格 \times 适用税率$$

这里所说的"成本"，是指应税消费品的产品生产成本。"利润"是指根据应税消费品的全国平均成本利润率计算的利润。应税消费品全国平均成本利润率由国家税务总局确定。

4. 应税消费品全国平均成本利润率

1993年12月28日和2006年3月，国家税务总局颁发的《消费税若干具体问题的规定》，确定了应税消费品全国平均成本利润率（见表3-3）。

表3-3　　　　　　　　　　　　　　平均成本利润率

货物名称	利润率（%）	货物名称	利润率（%）
1. 甲类卷烟	10	11. 贵重首饰及珠宝玉石	6
2. 乙类卷烟	5	12. 汽车轮胎	5
3. 雪茄烟	5	13. 摩托车	6
4. 烟丝	5	14. 高尔夫球及球具	10
5. 粮食白酒	10	15. 高档手表	20
6. 薯类白酒	5	16. 游艇	10
7. 其他酒	5	17. 木制一次性筷子	5
8. 酒精	5	18. 实木地板	5
9. 化妆品	5	19. 乘用车	8
10. 鞭炮、焰火	5	20. 中轻型商用客车	5

【例3-4】 某化妆品公司将一批自产的化妆品用作职工福利，化妆品的成本12 000元，

该化妆品无同类产品市场销售价格，但已知其成本利润率为5%，消费税税率为30%。计算该批化妆品应缴纳的消费税税额。

[计算分析]

（1）组成计税价格＝成本×（1＋成本利润率）÷（1－消费税税率）

$$= 12\,000 \times (1 + 5\%) \div (1 - 30\%)$$

$$= 12\,600 \div 0.7 = 18\,000（元）$$

（2）应纳税额＝$18\,000 \times 30\% = 5\,400$（元）

（三）委托加工业务消费税的计算

企业、单位或个人由于设备、技术、人力等方面的局限或其他方面的原因，常常要委托其他单位代为加工应税消费品，然后，将加工好的应税消费品收回，直接销售或自己使用。这是生产应税消费品的另一种形式，也需要纳入征收消费的范围。例如，某企业将购来的小客车底盘和零部件提供给某汽车改装厂，加工组装成小客车供自己使用，则加工、组装成的小客车就需要缴纳消费税。按照规定，委托加工的应税消费品，由受托方在向委托方交货时代收代缴税款。

委托加工应税消费品是生产应税消费品的另一种形式，也需要纳入消费税的计征范围。按照规定，委托加工的应税消费品，由受托方在向委托方交货时代收代缴税款。

1. 委托加工应税消费品的确定

委托加工的应税消费品是指由委托方提供原料和主要材料，受托方只收取加工费和代垫部分辅助材料加工的应税消费品。对于由受托方提供原材料生产的应税消费品，或者受托方先将原材料卖给委托方，然后再接受加工的应税消费品，以及由受托方以委托方名义购进原材料生产的应税消费品，不论纳税人在财务上是否作销售处理，都不得作为委托加工应税消费品，而应当按照销售自制应税消费品缴纳消费税。

2. 代收代缴税款的规定

对于确实属于委托方提供原料和主要材料，受托方只收取加工费和代垫部分辅助材料加工的应税消费品，税法规定，由受托方在向委托方交货时代收代缴消费税。这样，受托方就是法定的代收代缴义务人。如果受托方对委托加工的应税消费品没有代收代缴或少代收代缴消费税，应按照《税收征收管理法》的规定，承担代收代缴的法律责任。因此，受托方必须严格履行代收代缴义务，正确计算和按时代缴税款。为了加强对受托方代收代缴税款的管理，委托个人（含个体工商户）加工应税消费品，由委托方收回后缴纳消费税。

对于受托方没有按规定代收代缴税款的，不能因此免除委托方补缴税款的责任。在对委托方进行税务检查中，如果发现其委托加工的应税消费品受托方没有代收代缴税款，则应按照《税收征收管理法》的规定，对受托方处以应代收代缴税款50%以上3倍以下的罚款；委托方要补缴税款，对委托方补征税款的计税依据是：

如果在检查时，收回的应税消费品已经直接销售的，按销售额计税；收回的应税消费品尚未销售或不能直接销售的（如收回后用于连续生产等），按组成计税价格计税。

委托加工的应税消费品，受托方在交货时已代收代缴消费税，委托方将收回的应税消费品，以不高于受托方的计税价格出售的，为直接出售，不再缴纳消费税；委托方以高于受托方的计税价格出售的，不属于直接出售的，需按照规定申报缴纳消费税，在计税时准予扣除受托方已代收代缴的消费税。

3. 组成计税价格及应纳税额的计算

委托加工的应税消费品，按照受托方的同类消费品的销售价格计算纳税，同类消费品的销售价格是指受托方（即代收代缴义务人）当月销售的同类消费品的销售价格，如果当月同类消费品各期销售价格高低不同，应按销售数量加权平均计算。但销售的应税消费品有下列情况之一的，不得列入加权平均计算：

（1）销售价格明显偏低又无正当理由的；

（2）无销售价格的。

如果当月无销售或者当月未完结，应按照同类消费品上月或最近月份的销售价格计算纳税。

没有同类消费品销售价格的按照组成计税价格计算纳税，组成计税价格的计算应按实际应税情况分别如下：

（1）实行从价定率办法计算纳税的组成计税价格计算公式：

$$组成计税价格 = （材料成本 + 加工费）÷（1 - 消费税税率）$$

$$应纳税额 = 组成计税价格 × 适用税率$$

（2）实行复合计税办法计算纳税的组成计税价格计算公式：

$$组成计税价格 = （材料成本 + 加工费 + 委托加工数量 × 定额税率）÷（1 - 比例税率）$$

组成计税价格公式中的材料成本，按照《消费税暂行条例实施细则》的解释，"材料成本"是指委托方所提供加工材料的实际成本。委托加工应税消费品的纳税人，必须在委托加工合同上如实注明（或以其他方式提供）材料成本，凡未提供材料成本的，受托方所在地主管税务机关有权核定其材料成本。可见，税法对委托方提供原料和主要原料，必须如实提供材料成本作了严格的规定，其目的是防止假冒委托加工应税消费品或少报材料成本，逃避纳税的问题。

组成计税价格公式中的加工费，按照《消费税暂行条例实施细则》规定，"加工费"是指受托方加工应税消费品向委托方所收取的全部费用（包括代垫辅助材料的实际成本，不包括增值税税金），这是税法对受托方的要求。受托方必须如实提供向委托方收取的全部费用，这样才能既保证组成计税价格及代收代缴消费税准确地计算出来，也使受托方按加工费正确计算其应纳的增值税。

【例 3 - 5】某鞭炮企业 2013 年 4 月受托为某单位加工一批鞭炮，委托单位提供的原材料金额为 60 万元，收到委托单位不含增值税的加工费 8 万元，鞭炮企业无同类产品市场价格。计算鞭炮企业应代收代缴的消费税。

[计算分析]

（1）鞭炮的适用税率 15%

（2）组成计税价格 =（60 + 8）÷（1 - 15%）= 80（万元）

（3）应代收代缴消费税 = 80 × 15% = 12（万元）

（四）已纳消费税扣除的计算

为了避免重复征税，根据现行消费税有关规定，将外购应税消费品和委托加工收回的应税消费品继续生产应税消费品销售的，可以将外购应税消费品和委托加工收回应税消费品已缴纳的消费税给予扣除。

1. 外购应税消费品已纳税款的扣除

一是外购应税消费品连续生产应税消费品。由于某些应税消费品是用外购已缴纳消费税的应税消费品连续生产出来的，在对这些连续生产出来的应税消费品计算征税时，税法规定应按当期生产领用数量计算准予扣除外购的应税消费品已纳的消费税税款。扣除范围包括：

（1）外购已税烟丝生产的卷烟；

（2）外购已税化妆品生产的化妆品；

（3）外购已税珠宝玉石生产的贵重首饰及珠宝玉石；

（4）外购已税鞭炮焰火生产的鞭炮焰火；

（5）外购已税汽车轮胎（内胎和外胎）生产的汽车轮胎；

（6）外购已税摩托车生产的摩托车（如用外购两轮摩托车改装三轮摩托车）；

（7）外购已税杆头、杆身和握把为原料生产的高尔夫球杆；

（8）外购已税木制一次性筷子为原料生产的木制一次性筷子；

（9）外购已税实木地板为原料生产的实木地板；

（10）外购已税石脑油为原料生产的应税消费品；

（11）外购已税润滑油为原料生产的润滑油。

上述当期准予扣除外购应税消费品已纳消费税税款的计算公式为：

$$\begin{aligned}当期准予扣除的外购应税消费品已纳税款 &= 当期准予扣除的外购应税消费品买价 \times 外购应税消费品适用税率\\当期准予扣除的外购应税消费品买价 &= 期初库存的外购应税消费品的买价 + 当期购进的应税消费品的买价 - 期末库存的外购应税消费品的买价\end{aligned}$$

【例3-6】某卷烟生产企业，某月初库存外购应税烟丝金额50万元，当月又外购应税烟丝金额500万元（不含增值税），月末库存烟丝金额30万元，其余被当月生产卷烟领用。请计算卷烟厂当月准许扣除的外购烟丝已缴纳的消费税税额。

[计算分析]

（1）烟丝适用的消费税税率30%

（2）当期准予扣除的外购烟丝买价 = 50 + 500 - 30 = 520（万元）

（3）当期准予扣除的外购烟丝已缴纳的消费税税额 = 520 × 30% = 156（万元）

外购应税消费品的买价是指购货发票上注明的销售额（不包括增值税税款）。

从商业企业购进应税消费品连续生产应税消费品，符合抵扣条件的，准予扣除外购应税消费品已纳消费税税款。

需要说明的是，纳税人用外购的已税珠宝玉石生产的改在零售环节征收消费税的金银首饰（镶嵌）首饰，在计税时一律不得扣除外购珠宝玉石的已纳税款。

二是外购应税消费品后销售。对自己不生产应税消费品，而只是购进后再销售应税消费品的工业企业，凡不能构成最终消费品直接进入消费品市场，而需进一步生产加工的，应当征收消费税，如属于上述可抵扣范围，同时允许扣除上述外购应税消费品的已纳税款。

允许扣除已纳税款的应税消费品只限于从工业企业购进的应税消费品和进口环节已缴纳消费品的应税消费品，对从境内商业企业购进应税消费品已纳税款一律不得扣除。

2. 委托加工收回的应税消费品已纳税款的扣除

委托加工的应税消费品因为已由受托方代收代缴消费税，因此，委托方收回货物后用于连续生产应税消费品的，其已纳税款准予按照规定从连续生产的应税消费品应纳消费税税额中抵扣。按照国家税务总局的规定，从 1995 年 6 月 1 日起，下列连续生产的应税消费品准予从应纳消费税税额中按当期生产领用数量计算扣除委托加工收回的应税消费品已纳消费税税款：

（1）以委托加工收回的已税烟丝为原料生产的卷烟；

（2）以委托加工收回的已税化妆品为原料生产的化妆品；

（3）以委托加工收回的已税珠宝玉石为原料生产的贵重首饰及珠宝玉石；

（4）以委托加工收回的已税鞭炮、焰火为原料生产的鞭炮、焰火；

（5）以委托加工收回的已税汽车轮胎生产的汽车轮胎；

（6）以委托加工收回的已税摩托车生产的摩托车；

（7）以委托加工收回的已税杆头、杆身和握把为原料生产的高尔夫球杆；

（8）以委托加工收回的已税木制一次性筷子为原料生产的木制一次性筷子；

（9）以委托加工收回的已税实木地板为原料生产的实木地板；

（10）以委托加工收回的已税石脑油为原料生产的应税消费品；

（11）以委托加工收回的已税润滑油为原料生产的润滑油。

上述当期准予扣除委托加工收回的应税消费品已纳消费税税款的计算公式是：

$$\text{当期准予扣除的委托加工应税消费品已纳税款} = \text{期初库存的委托加工应税消费品已纳税款} + \text{当期收回的委托加工应税消费品已纳税款} - \text{期末库存的委托加工应税消费品已纳税款}$$

需要说明的是，纳税人用委托加工收回的已税珠宝玉石生产的改在零售环节征收消费税的金银首饰，在计税时一律不得扣除委托加工收回的珠宝玉石的已纳消费税税款。

以外购或委托加工收回石脑油为原料生产乙烯或其他化工产品，在同一生产过程中既可以生产出乙烯或其他化工产品等非应税消费品同时又生产出裂解汽油等应税消费品的，外购或委托加工收回石脑油允许抵扣的已纳税款计算公式如下：

（1）外购石脑油。

当期准予扣除外购石脑油已纳税款 = 当期准予扣除外购石脑油数量 × 收率 × 单位税额 × 30%

收率 = 当期应税消费品产出量 ÷ 生产当期应税消费品所有原料投入数量 × 100%

（2）委托加工收回的石脑油。

当期准予扣除的委托加工石脑油已纳税款 = 当期准予扣除的委托加工石脑油已纳税款 × 收率

收率 = 当期应税消费品产出量 ÷ 生产当期应税消费品所有原料投入数量 × 100%

以外购或委托加工收回石脑油为原料生产乙烯或其他化工产品的生产企业，应按照上述计算公司分别计算 2003 年、2004 年、2005 年年平均收率，将计算出的年平均收率报主管税务机关备案。

（五）进口环节应纳消费税的计算

进口的应税消费品，于报关进口时缴纳消费税，进口的应税消费品由海关代征；进口的应税消费品，由进口人或者其代理人向报关地海关申报纳税；纳税人进口应税消费品，按照关税征收管理的相关规定，应当自海关填发海关进口消费税专用缴款书之日起 15 天内缴纳税款。

1993 年 12 月，国家税务总局、海关总署联合颁发的《关于进口货物征收增值税、消费税有关问题的通知》规定，进口应税消费品的收货人或办理报关手续的单位和个人，为进口的应税消费品消费税的纳税义务人。进口应税消费品消费税的税目、税率（税额），依照《消费税暂行条例》所附的消费税税目税率（税额）表执行。

纳税人进口应税消费品，按照组成计税价格和规定的税率计算应纳税额。如下：

（1）从价定率计征应纳税额的计算。

对于实行从价定率征税的进口应税消费品，其计算增值税和消费税的依据是相同的，均为进口时所支付的不含增值税税额的金额，即组成计税价格。由于从价征税的消费品计算增值税和消费税的依据相同，因此，不存在先算后算的问题。

$$组成计税价格 = （关税完税价格 + 关税）÷ （1 - 消费税比例税率）$$
$$应纳消费税 = 组成计税价格 × 消费税比例税率$$

【例 3 - 7】 某商贸公司，2013 年 5 月从国外进口一批应税消费品，已知该批应税消费品的关税完税价格为 90 万元，按规定应缴纳关税 18 万元，假定进口的应税消费品的消费税税率为 10%，请计算该批消费品进口环节应缴纳的消费税税额。

[计算分析]

$$组成计税价格 = （90 + 18）÷ （1 - 10\%）= 120 （万元）$$
$$应缴纳消费税税额 = 120 × 10\% = 12 （万元）$$

公式中所称"关税完税价格"，是指海关核定的关税计税价格。

（2）从量定额计征应纳税额的计算。

$$应纳税额 = 应税消费品数量 × 消费税定额税率$$

（3）实行从价定率和从量定额的复合计税办法应纳税额的计算。

$$组成计税价格 = （关税完税价格 + 关税 + 进口数量 × 消费税定额税率）÷ （1 - 消费税比例税率）$$
$$应纳税额 = 组成计税价格 × 消费税税率 + 应税消费品进口数量 × 消费税定额税率$$

进口环节消费税除国务院另有规定者外，一律不得给予减税、免税。

（六）出口业务消费税的计算

1. 出口免税但不退税

有出口经营权的生产性企业自营出口或生产企业委托外贸企业代理出口自产的应税消费品，依据其实际出口数量免征消费税，不予办理退还消费税。这里的免征消费税是指因已免征生产环节的消费税，该应税消费品出口时，已不含有消费税，也就不存在退税的问题了。

2. 出口免税并退税

此项政策适用于经营应税消费品出口的外贸企业，无论其自营出口还是受其他外贸企业委托代理出口，都可以获得退税。因为外贸企业从生产企业购进应税消费品所支付的款项中已包含消费税了，因此把此消费税退还给外贸企业后，该出口消费品就能以不含税的价格进入国际市场。

这里外贸企业在受托出口时，要注意一点：外贸企业只有受其他外贸企业委托代理出口应税消费品，才可以办理退税；如外贸企业受其他非外贸企业（非生产性的商贸企业）委托代理出口的应税消费品，不得退税。

属于从价定率计征消费税的，为已征且未在内销应税消费品应纳税额中抵扣的购进出口货物金额；属于从量定额计征消费税的，为已征且未在内销应税消费品应纳税额中抵扣的购进出口货物数量；属于复合计征消费税的，按从价定率和从量定额的计税依据分别确定。

$$\text{消费税应退税额} = \text{从价定率计征消费税的退税计税依据} \times \text{比例税率} + \text{从量定额计征消费税的退税计税依据} \times \text{定额税率}$$

3. 出口不免税也不退税

除生产性企业、外贸企业以外的其他企业，具体是指一般商贸企业，这类企业委托外贸企业代理出口应税消费品一律不予退（免）税。出口货物的消费税应退税额的计税依据，按购进出口货物的消费税专用缴款书和海关进口消费税专用缴款书确定。

第五节　消费税难点解析

一、包装物押金的计税问题

应税消费品连同包装物销售的，无论包装物是否单独计价以及在会计上如何核算，均应并入应税消费品的销售额中缴纳增值税和消费税。

包装物不作价随同产品销售，而是收取押金（收取酒类产品的包装物押金除外），并且单独核算又未过期的，则此项押金不应并入应税消费品的销售额中征税。但对因逾期未收回的包装物不再退还的或者已收取的时间超过 12 个月的押金，应并入应税消费品的销售额，按照应税消费品的适用税率缴纳消费税。

对酒类产品生产企业销售酒类产品（黄酒、啤酒除外）而收取的包装物押金，无论押金是否返还以及会计上如何处理，均需并入酒类产品销售额中，依酒类产品的适用税率征收消费税。

包装物押金的税务处理如表 3-4 所示。

表 3-4　　　　　　　　　　包装物押金的税务处理

押金种类	收取未逾期	逾期时
酒类产品以外的应税消费品包装物押金	不缴纳增值税和消费税	缴纳增值税和消费税，同时换算为不含税价计缴
酒类（除啤酒、黄酒外）产品包装物押金	缴纳增值税和消费税，同时换算为不含税价计缴	不再缴纳增值税和消费税
啤酒、黄酒包装物押金	不缴纳增值税和消费税	缴纳增值税，不缴纳消费税

二、委托加工应税消费品的计税规则

（一）委托加工的界定

委托加工的应税消费品的界定标准是：原料和主要材料的提供方是委托方，以下情况不属于委托加工应税消费品：

1. 由受托方提供原材料生产的应税消费品；

2. 受托方先将原材料卖给委托方，再接受加工的应税消费品；

3. 由受托方以委托方名义购进原材料生产的应税消费品。

上述三种情况，不论在财务上是否作销售处理，都不得作为委托加工应税消费品，受托方应当按照销售自制应税消费品缴纳消费税。

（二）双方义务

委托方：消费税纳税人。

受托方：增值税纳税和消费税代收代缴义务人。

委托加工的应税消费品是指由委托提供原料和主要材料，受托方只收取加工费和代垫部分辅助材料加工的应税消费品。

（三）委托加工应税消费品消费税的缴纳

1. 纳税环节

委托加工应税消费品收回时受托方代收代缴消费税（受托方是个体经营者的除外）。

2. 未代收代缴消费税的处理

对委托方：如果委托方已经直接销售的，按销售额计税，进行补缴税款，如果委托方还没有销售或者不能直接销售的，按组成计税价格计税补缴税款。

对受托方：处以应代收代缴消费税税款50%以上3倍以下罚款。

（四）委托加工的应税消费品收回

委托方以不高于受托方计税价格出售的，属于直接销售，不再缴纳消费税；委托方以高于受托方的计税价格出售时，不属于直接销售，需按照规定申报缴纳消费税，在计税时准予扣除受托方已代收代缴的消费税。

委托方用于连续生产应税消费品的，符合条件的已纳消费税税款准予按规定抵扣（见表3-5）。

表3-5 委托加工应税消费品收回后的税务处理

收回后的使用情况		增值税	消费税
用于对外直接销售	已被代收代缴消费税	征收	不征
	未被代收代缴消费税	征收	补税
用于生产	应税消费品	不征	销售时征收，符合条件的按生产信用量抵扣已代收代缴的消费税
	非应税消费品	不征	不征

思 考 题

1. 某酒厂为增值税一般纳税人，主要生产销售各类白酒，2011年3月经营情况如下：

（1）从某酒厂购进60吨酒精，取得普通发票，注明价款21.40万元；从农业生产者手中收购粮食600 000斤，收购凭证上注明支付金额30万元，支付运输费用2万元、装卸费0.5万元，运输途中损失

4 000 斤（运输途中管理不善造成）；购入生产用煤，取得增值税专用发票，注明价款 10 万元、增值税 1.7 万元，支付运输费用 4 万元，取得合法货运发票；从生产性小规模纳税人购进劳保用品，取得税务机关代开的增值税专用发票，注明价款 1.5 万元。

（2）销售瓶装粮食白酒 20 000 斤，开具增值税专用发票，取得销售额 31 万元，收取包装物押金 3.51 万元；销售散装薯类白酒 20 000 斤，开具普通发票，取得销售收入 24.57 万元；向当地白酒节捐赠特制粮食白酒 500 斤；用 5 吨特制粮食白酒与供货方换取原材料，合同规定，该特制粮食白酒按平均售价计价，供货方提供的原材料价款 20 万元，供货方开具了税款为 3.4 万元的增值税专用发票，酒厂开具了税款为 3.74 万元的增值税专用发票。特制粮食白酒最高售价 25 元/斤，平均售价 22 元/斤（售价为不含增值税售价）。

（3）将试制的新型号干红酒 10 000 斤发给职工作为福利，成本价 1.4 万元，该产品无同类产品市场价格。

（4）受托为甲企业加工酒精 4 吨，甲企业提供的材料成本 9 万元，酒厂开具增值税专用发票，取得加工费 0.5 万元、增值税 0.085 万元。

（5）将当月购买的一台设备对外投资，购进设备尚未取得增值税专用发票，但已支付价款 32 万元、增值税 5.44 万元。

（6）生产车间领用煤炭 600 吨，职工食堂及浴池领用外购煤炭 10 吨，每吨不含税价格 400 元。

（7）经批准进口一台小轿车自用，成交价格为境外离岸价格（FOB）2.6 万美元，境外运费及保险费共计 0.4 万美元。

（8）月初库存外购已税酒精 3 吨，每吨不含增值税单价 3 600 元，月末库存外购已税酒精 4 吨。因为水灾库存从农民手中收购的粮食因管理不善发生霉烂，成本 5.28 万元（其中包括 0.93 万元的运费）；丢失上月从一般纳税人购进的煤炭，账面成本 2 万元。

有关票据均在当月通过税务机关的认证并抵扣，小轿车关税税率 50%，消费税率 9%，汇率 1 美元 = 8.2 元人民币。粮食白酒和薯类白酒的比例消费税率为 20%，其他酒类产品的消费税税率为 10%，其他酒类产品的成本利润率为 5%，设备的成本利润率为 10%。

请根据上述资料，计算该酒厂本月应纳增值税额和消费税额（不包括进口环节）。

应代收代缴消费税额以及该酒厂进口小轿车应缴纳的各种税金。

2. 江南汽车制造厂为一般纳税人，生产制造和销售小汽车。2011 年 5 月发生如下业务：

（1）购进生产用钢材，取得税控防伪增值税专用发票注明价款 600 万元，增值税 102 万元，专用发票通过税务机关的认证；

（2）委托建新加工厂加工汽车轮胎 20 件，委托合同注明成本为每件 200 元，取得税控防伪增值税专用发票上注明支付加工费 3 000 元，税款 510 元（专用发票通过税务机关的认证）；收回后，有 12 件对外销售，每件不含税价格为 300 元，其余 8 件用于本企业小汽车的装配；

（3）本月制造普通小汽车 150 辆，其中 10 辆转作固定资产自用，20 辆偿还贷款，其余全部销售；

（4）本月还特制 5 辆小汽车用于奖励对企业做出特殊贡献的技术人才。

假定普通小汽车不含税销售价格为每辆 12 万元，特制小汽车生产成本为每辆 7 万元，小汽车的成本利润率为 8%，小汽车的适用消费税税率为 3%，汽车轮胎消费税税率为 3%。

要求：请根据上述资料，计算当月应纳消费税额增值税额；加工厂代收代缴的消费税以及销售汽车轮胎应纳消费税。

3. 北京市区的某大型百货商场为增值税一般纳税人，2011 年 2 月发生如下几项业务（题中的收入均为零售收入）：

（1）食品商场销售奶粉取得销售收入 73.71 万元，销售食用植物油取得销售收入 12.43 万元。

（2）珠宝首饰商场实现销售收入共计 353.69 万元，具体收入情况如下：销售纯金银首饰取得收入 165.6 万元，其中包括金银首饰与其他饰品组成套装礼品盒收入 26.5 万元；销售铂金首饰取得收入 116.53 万元；销售珍珠首饰取得收入 71.56 万元。另将从生产企业购进的成本为 4 万元的金银镶嵌首饰（无同类金银镶嵌首饰的市场售价）发给先进工作者作为奖励（已抵扣进项税额）。

（3）家电商场以分期收款方式批发销售一批进口家电，合同规定不含税销售额300万元，约定本月15日收回货款的70%，剩余款项6月15日收回，商场本月15日收到约定款项后，按全额开具了防伪税控系统增值税专用发票；销售微波炉350台，每台零售价585元；销售其他电器取得销售收入58.5万元。

（4）销售其他商品取得零售收入468万元。

（5）商场品牌区受托代销（符合税法规定条件）小家电，按本月代销零售收入的3%向委托方收取手续费1.8万元。

（6）因质量问题，上月销售的两台空调被顾客退货，商场按原零售价2 457元/台给予退款后向厂家退货（退货手续符合规定），该空调不含税购进价1 800元/台。

（7）本月分期付款购进家电，合同规定：不含税价款360万元，货款分三个月等额支付，每月20日付款，每次按付款金额取得防伪税控系统增值税专用发票，若不按期足额付款，按未付货款的5%支付违约金。由于本月商场资金紧张，20日仅支付部分款项，并按合同规定取得了防伪税控系统增值税专用发票，发票注明销售额80万元，另支付违约金2万元。

（8）从国外进口一批化妆品，到岸价格为65万美元，其中含境外运费3万美元，保险费0.13万美元，缴纳进口环节各项税金后海关放行，支付境内运输费0.3万元，取得运输企业开具的货运发票。

（9）购进日用品取得防伪税控系统增值税专用发票，注明销售额60万元、增值税税额10.2万元。

（10）月末盘点时发现，上月购进已抵扣进项税的玉米因管理不善，被水浸泡发生霉烂，无法销售，按账面成本25万元计入营业外支出。

本月取得的抵扣凭证均在当月申请并通过认证。根据以上资料计算该商场本月应纳国内销售环节增值税税额和消费税税额。（汇率按1美元=8.2元人民币计算，化妆品关税税率20%，金银首饰的成本利润率6%）

第四章 营 业 税

现行营业税的基本规范是 2008 年 11 月 10 日国务院颁布的《中华人民共和国营业税暂行条例》（国务院令 2008 年 540 号）。2008 年 12 月 15 日，财政部、国家税务总局制定了《中华人民共和国营业税暂行条例实施细则》（财政部、国家税务总局 2008 年第 52 号令）。新修订的《营业税暂行条例》和《营业税暂行条例实施细则》自 2009 年 1 月 1 日起施行。

第一节 营业税概述

一、营业税的概念

营业税是对在我国境内提供应税劳务、转让无形资产或销售不动产的单位和个人所取得的营业额为课税对象而征收的一种商品劳务税。营业税属于传统商品劳务税，实行普遍征收，税额不受成本、费用高低影响。

我国于 1950 年公布了《工商业税暂行条例》，将固定工商业应纳的营业税和所得税合称为工商业税。规定凡在我国境内的工商营利事业，无论本国人或外国人经营，一律依法缴纳工商税。1958 年税制改革，将当时实行的货物税、商品流通税、印花税以及工商业税中的营业税部分，合并为工商统一税，不再征收营业税，于 1973 年在全国开始试行工商税，将工商统一税并入其中。

为了适应经济发展的要求，充分发挥不同税种的特定作用，1984 年第二步利改税将工商税中的商业和服务业等行业划分出来单独征收营业税。1993 年进行的税制改革中，根据社会主义市场经济要求，以建立规范的税制为基本目标，将商品批发、零售改征增值税，同时也将加工、修理修配行为改征增值税，重新修订、颁布了《营业税暂行条例》，将营业税的课税范围限定为提供应税劳务和转让无形资产以及销售不动产，而且适用于内、外资企业，建立了统一、规范的营业税制。2008 年 11 月 5 日国务院第 34 次常务会议进一步修订《营业税暂行条例》，通过以国务院令第 540 号的形式颁布并于 2009 年 1 月 1 日起执行。

为进一步解决货物和劳务税中的重复征税问题，完善税收制度，国务院决定，自 2012 年 1 月 1 日起，在交通运输业和部分现代服务业等行业开展营业税改征增值税试点，并自上海市分批扩大试点范围至北京市等 8 个省（市），自 2013 年 8 月 1 日起扩大至全国。

二、营业税的特点

(一) 征税范围广、税源普遍

营业税的征税范围包括在我国境内提供应税劳务、转让无形资产和销售不动产的经营行为，涉及国民经济中第三产业这一广泛的领域。第三产业直接关系着城乡人民群众的日常生活，因而营业税的征税范围具有广泛性和普遍性。随着第三产业的不断发展，营业税的收入也将逐步增长。

(二) 以营业额为计税依据，计算方法简便

营业税的计税依据为各种应税劳务收入的营业额、转让无形资产的转让额、销售不动产的销售额（三者统称为营业额），税收收入不受成本、费用高低影响，收入比较稳定。营业税实行比例税率，计征方法简便。

(三) 按行业设计税目税率

营业税与其他流转税税种不同，它不按商品或征税项目的种类、品种设置税目、税率，而是从应税劳务的综合性经营特点出发，按照不同经营行业设计不同的税目、税率，即行业相同，税目、税率相同；行业不同，税目、税率不同。营业税税率设计的总体水平较低。

三、营业税的立法原则

营业税是我国地方税体系中的主体税种。营业税的立法原则主要体现在：

(一) 广泛筹集财政资金，促进地方经济发展

营业税的征收范围广，不论是城市还是乡村，不论是内资企业还是外资企业，只要发生应税行为，并取得营业额，就要缴纳营业税。随着我国第三产业的不断发展，营业税的收入也将逐步增长，为国家筹集财政资金、促进地方经济发展等发挥重要作用。

(二) 促进各行业协调发展

营业税按不同行业的经营业务及其盈利水平，设计差别税率，并对一些有利于社会稳定、发展的福利单位和教育、卫生部门给予免税，对营业收入较高的行业适用较高的税率，充分体现营业税既保证财政收入，又促进与人民生活密切相关行业健康发展的立法精神，较好地发挥了税收对第三产业的调节作用。

(三) 提升企业的经营管理能力

营业税按行业设计税率，同一行业同一税率。由于对同一行业采用相同税率，所以企业

取得的营业额相同，所缴纳的税金也相同。如果企业加强经营管理，降低成本费用，企业利润就会增加；反之，成本费用上升，企业利润就会下降。因此，经营管理好的企业，税负不提高，有利于激励企业不断开拓进取；经营管理欠佳的企业，税负也不降低，有利于鞭策落后企业改善经营管理。

第二节　营业税的纳税人与课税基础

一、营业税的纳税人

（一）营业税纳税人的一般规定

在中华人民共和国境内提供应税劳务、转让无形资产或者销售不动产的单位和个人，为营业税的纳税义务人。

这里的单位是指企业、行政单位、事业单位、军事单位、社会团体、其他单位；个人是指个体工商户及其他有经营行为的个人。

（二）营业税纳税人的特殊规定

1. 单位以承包、承租、挂靠方式经营的，承包人、承租人、挂靠人（以下统称承包人）发生的应税行为，承包人以发包人、出租人、被挂靠人（以下统称发包人）名义对外经营并由发包人承担相关法律责任的，以发包人为纳税人；否则以承包人为纳税人。

2. 建筑安装业务实行分包或转包的，分包者或转包者为纳税人。

3. 金融保险业纳税人包括：（1）银行，包括中国人民银行、商业银行、政策性银行。（2）信用合作社。（3）证券公司。（4）金融租赁公司、证券基金管理公司、财务公司、信托投资公司、证券投资基金。（5）保险公司。（6）其他经中国人民银行、证监会、保监会批准成立且经营金融保险业务的机构等。

（三）营业税的扣缴义务人

为了加强税收的源泉控制、简化征税手续、减少税款损失，《营业税暂行条例》及实施细则规定了扣缴义务人，这些单位和个人直接负有代扣代缴税款的义务。营业税的扣缴义务人主要有以下两种：

1. 境外单位或者个人在境内发生应税劳务、转让无形资产或者销售不动产；在境内未设有经营机构的，以其境内代理人为扣缴义务人；在境内没有代理人的，以受让者或者购买者为扣缴义务人。

2. 国务院财政、税务主管部门规定的其他扣缴义务人。

二、营业税的课税基础

(一) 营业税征税范围的基本规定

营业税确定的基本征税范围为在中华人民共和国境内提供的应税劳务、转让的无形资产或销售的不动产。

这里的"境内"是强调提供的应税劳务、转让无形资产或销售不动产是在中华人民共和国境内发生的。具体来说:

1. 提供或接受税法规定劳务的单位和个人在境内。

2. 所转让的无形资产(不含土地使用权)的接受单位或个人在境内。

3. 所转让或出租土地使用权的土地在境内。

4. 销售或出租的不动产在境内。

境外单位或者个人在境外向境内单位或者个人提供的完全发生在境外的《营业税暂行条例》规定的劳务,不属于在境内提供条例规定的劳务,不征收营业税。上述劳务的具体范围由财政部、国家税务总局规定。

根据上述原则,对境外单位或者个人在境外向境内单位或者个人提供的文化体育业(除播映外),娱乐业、服务业中的旅店业、饮食业、仓储业,以及其他服务业中的沐浴、理发、洗染、裱画、誊写、镌刻、复印、打包劳务,不征营业税。

这里的应税行为是指有偿提供应税劳务、有偿转让无形资产所有权或使用权、有偿转让不动产所有权的行为。

这里的有偿是指从受让方(购买方)取得货币、货物或其他经济利益。但是,单位和个人发生下列情形之一的,视同发生应税行为,照常征收营业税:

1. 单位和个人自己新建建筑物所发生的自建建筑物的销售行为;

2. 单位或个人将不动产或者土地使用权无偿赠与个人的行为;

3. 财政部、国家税务总局规定的其他情形。

另外,单位和个人提供的垃圾处置劳务目前未纳入营业税纳税范围,对其处置垃圾取得的垃圾处置费,不征收营业税。

对房地产主管部门或其指定机构公积金管理中心开发企业以及物业管理单位住房专项维修基金,不计征营业税。

以发行基金方式募集资金不属于营业税的征税范围,不征收营业税。

(二) 营业税与增值税征税范围的划分

按照现行税法,对货物销售及工业性加工、修理修配行为一律征收增值税,对提供应税劳务、转让无形资产或销售不动产行为一律征收营业税。但是,对于纳税人既涉及货物销售,又涉及提供营业税劳务的,则容易出现征税范围的交叉或界限不清问题。为此,需要通过界定混合销售与兼营来进一步明确增值税与营业税的征税范围。

1. 混合销售行为的划分

对于纳税人的一项销售行为中既涉及应纳营业税的应税劳务,又涉及应纳增值税货物销售，称为混合销售行为。

税法对混合销售规定划分方法如下：

（1）从事货物生产、批发或零售的企业、企业性单位及个体经营者的混合销售行为，一律视为销售货物，不征营业税；其他单位和个人的混合销售行为，则视为提供应税劳务，应当征收营业税。

所谓"从事货物生产、批发或零售的企业、企业性单位及个体经营者"包括以从事货物的生产、批发或零售为主，并兼营应税劳务的企业、企业性单位及个体经营者在内。

（2）纳税人提供建筑业劳务的同时销售自产货物的行为以及财政部、国家税务总局规定的其他情形，应当分别核算应税劳务营业额和货物的销售额，其应税劳务的营业缴纳营业税，货物的销售额缴纳增值税；未分别核算的，由主管税务机关核定其应税劳务的营业额。

2. 销售自产货物并同时提供建筑业劳务的征税问题

（1）自 2011 年 5 月 1 日起，纳税人销售自产货物同时提供建筑业劳务，应按照《增值税暂行条例实施细则》第六条及《营业税暂行条例实施细则》第七条规定，分别核算其货物的销售额和建筑业劳务的营业额，并根据其货物的销售额计算缴纳增值税，根据其建筑业劳务的营业额计算缴纳营业税。未分别核算的，由主管税务机关分别核定其销售额和建筑业劳务的营业额。该规定施行前已征收增值税、营业税的不再做纳税调整，未征收增值税或营业税的按该规定执行。

（2）纳税人的认定。规定中所称纳税人是指从事货物生产的单位或个人。

纳税人销售自产货物同时提供建筑业劳务，须向建筑业劳务发生地主管地方税务机关提供其机构所在地主管国家税务机关出具的本纳税人属于从事货物生产的单位或个人的证明。建筑业劳务发生地主管税务机关根据纳税人持有的证明，按本规定计算征收营业税。

（3）纳税人按照客户的要求，为钻井作业提供泥浆和工程技术服务的行为，应按提供泥浆工程劳务项目，照章征收营业税，不征收增值税。

3. 兼营业务

对于纳税人既经营货物销售，又提供营业税应税劳务的称为兼营行为。税法对兼营规定的划分如下：

（1）对于纳税人兼营行为，应当将不同税种征税范围的经营项目分别核算、分别申报纳税。即纳税人兼营的销售货物或提供非应税劳务（"非应税劳务"是指属于增值税征税范围的加工、修理修配、缝纫劳务。"应税劳务"与"非应税劳务"只是一个相对的提法。在这里，我们站在营业税角度所讲的"应税劳务"，站在增值税的角度则应称为"非应税劳务"；反过来，我们站在营业税角度讲的"非应税劳务"，到了增值税那里，则习惯称为"应税劳务"），与属于营业税征收范围的应税劳务，分别核算，分别就不同项目的营业额（或销售额）按营业税或增值税有关规定申报纳税。如旅馆的餐饮和住宿收入单独核算征营业税、商品部的收入单独核算征增值税等。

（2）纳税人有兼营行为但未分别核算的，由主管税务机关核定其应税营业额。

4. 燃气公司销售货物的同时发生的代收款业务

燃气公司和生产、销售货物或提供增值税应税劳务的单位，在销售货物或提供增值税应税劳务时，代有关部门向购买方收取集资费［包括管道煤气集资款（初装费）］、手续费、代收款等，属于增值税价外收费，应征收增值税，不征收营业税。

5. 汽车按揭服务和代办业务

随汽车销售提供的汽车按揭服务和代办服务业务征收增值税；单独提供按揭、代办服务业务并不销售汽车的，应征收营业税。

第三节 营业税的税目、税率与税收优惠

一、营业税的税目

（一）建筑业

建筑业是指建筑安装工程作业。具体包括土木工程建筑业、线路、管道和设备安装业、装修装饰业。征税范围是建筑、安装、修缮、装饰和其他工程作业的业务。自建自用房屋，不征收营业税，但将自建的房屋对外销售，涉及建筑与销售不动产两个应税行为，所以应先按建筑业缴纳营业税，再按销售不动产征收营业税。

1. 土木工程建筑业

土木工程建筑业既包括从事矿山、铁路、公路、隧道、桥梁、堤坝、电站、码头、飞机场、运动场、房屋（如场房、剧院、旅馆、商店、学校和住宅）等建筑活动，也包括专门从事土木建筑物的修缮和爆破活动。该子目可分为房屋建筑业，矿山建筑业，铁路、公路、隧道、桥梁建筑业，堤坝、电站、码头建筑业，其他土木工程建筑业。

2. 线路、管道和设备安装业

线路、管道和设备安装业包括电力、通信线路、石油、燃气、给水、排水、供热等系统和各类机械设备、装置的安装活动。一个施工单位从事土木工程时，在工程内部敷设电路、管道和安装一些设备的，应列入土木工程建筑业内，不列入本子目。该子目可分为线路、管道安装业和设备安装业。

3. 装修装饰业

装修装饰业包括对建筑物的内、外装修和装饰的施工和安装活动，车、船、飞机等的装饰、装潢活动。

4. 其他工程作业

其他工程作业指建筑、修缮、安装、装饰以外的各种工程作业，如代办电信工程、疏浚、钻井（打井）、拆除建筑物、平整土地、搭脚手架等工程作业。

纳税人按照客户要求，为钻井提供泥浆和工程技术服务的行为，应按提供泥浆工程劳务项目，照章征收营业税。例如，建筑安装企业将其承包的某一工程项目的纯劳务部分分包给若干个施工企业，由该建筑安装企业提供施工技术、施工材料并负责工程质量监督，施工劳务由施工企业的职工提供，施工企业按照其提供的工程量与该建筑安装企业统一结算价款属于提供建筑业应税劳务，对其取得的收入应按照"建筑业"税目征收营业税。

（二）金融保险业

金融保险业是指经营金融、保险的业务。

金融是指经营货币资金融通活动的业务，包括贷款、融资租赁、金融商品转让、信托业和其他金融业务。

1. 贷款指将资金有偿贷予他人使用（包括以贴现、押汇方式）的业务。以货币资金投资但收取固定利润或保底利润的行为，也属于这里所称的贷款业务。按资金来源不同，贷款分为外汇转贷业务和一般贷款业务两种。

2. 金融商品转让，是指转让外汇、有价证券或非货物期货所有权的行为，包括股票转让、债券转让、外汇转让、其他金融商品转让。

3. 金融经纪业务和其他金融业务，指受托代他人经营金融活动的中间业务，如委托业务、代理业务等。

保险是指将通过契约形式集中起来的资金，用以补偿被保险人的经济利益的活动。

对我国境内外资金融机构从事离岸银行业务，属于在我国境内提供应税劳务的，征收营业税。离岸银行业务是指银行吸收非居民的资金服务于非居民的金融活动，包括外汇存款、外汇贷款、同业外汇拆借、国际结算、发行大额可转让存款证、外汇担保业务以及国家外汇管理局批准的其他业务。

（三）文化体育业

文化体育业是指经营文化、体育活动的业务，包括文化业和体育业。

1. 文化业，指从事文化活动的业务，包括表演、经营游览场所和各种展览、培训活动，举办文学、艺术、科技讲座、讲演、报告会、图书馆的图书和资料的借阅业务等。

2. 体育业，指举办各种体育比赛和为体育比赛或体育活动提供场所的业务。

（四）娱乐业

娱乐业是指为娱乐活动提供场所和服务的业务，包括娱乐场所为顾客提供的饮食及其他服务，如歌厅、舞厅、卡拉 OK 歌舞厅、音乐茶座、台（桌）球、高尔夫球、保龄球、游艺、网吧。

1. 歌厅，指在乐队的伴奏下，顾客进行自娱自乐形式的演唱活动的场所。

2. 舞厅，指供顾客进行跳舞活动的场所。

3. 卡拉 OK 歌舞厅，指在唱片、磁带、录像带、视盘等播放的音乐伴奏下，顾客自娱自乐进行的歌唱、跳舞活动的场所。

4. 音乐茶座，指为顾客同时提供音乐欣赏和茶水、咖啡、酒及其他饮料消费的场所。

5. 台（桌）球、高尔夫球、保龄球，指为顾客进行台（桌）球、高尔夫球、保龄球活动提供场所的业务。

6. 游艺。

7. 网吧。

（五）服务业

服务业，指利用设备、工具、场所、信息或技能为社会提供服务的业务，包括代理业、旅店业、饮食业、旅游业、仓储业、租赁业和其他服务业。

1. 旅店业，指提供住宿服务的业务。

2. 饮食业，指经营饮食服务的业务。

3. 旅游业，指为旅游者安排食宿、交通工具和提供导游等旅游服务的业务，包括对单位和个人在旅游景区经营旅游游船、观光电梯、观光电车、景区环保客运车所取得的收入。

4. 其他服务业，指除上列业务以外的服务业务。如沐浴、理发、洗染、照相、美术、裱画、誊写、打字、镌刻、计算、测试、试验、化验、录音、录像、复印、晒图、设计、制图、测绘、勘探等。

航空勘探、钻井（打井）勘探、爆破勘探，不按本税目征税，属于"建筑业"征税范围。

纳税人单独提供林木管护劳务行为属于营业税征税范围，其取得的收入中，属于提供农业机耕、排灌、病虫害防治、植保劳务取得的收入免征营业税，属于其他收入的，应照章征收营业税。

水利工程单位向用户收取的水利工程水费，属于其向用户提供天然水供应服务取得的收入，按"服务业"征收营业税。

自2012年1月1日起，旅店业和饮食业纳税人销售非现场消费食品应当缴纳增值税，不缴纳营业税。

（六）转让无形资产

转让无形资产指纳税人以取得货币、货物或其他经济利益为前提，转让无形资产的所有权或使用权的行为。无形资产是指不具备实物形态，能长期使用并能带来经济利益的权利、技术。包括转让土地使用权、商誉等。

（七）销售不动产

销售不动产，是指有偿转让不动产所有权的行为。这里的不动产，是指不能移动，移动后会引起性质、形状改变的财产，包括销售建筑物或构筑物、销售其他土地附着物。在销售不动产时连同不动产所占土地使用权一并转让的行为，比照销售不动产征收营业税。

自2013年1月1日起，以不动产所有权投资入股，参与接受投资方利润分配，共同承担投资风险的行为，不征营业税。在投资后转让其股权的也不征收营业税。

单位和个人将不动产或者土地使用权无偿赠送其他单位或者个人，视同发生应税行为按规定征收营业税；单位或者个人自己新建建筑物后销售，其所发生的自建行为，视同发生应税行为按规定征收营业税。

二、营业税的税率

营业税按行业设计税目税率，对大多数应税劳务，实行较低的比例税率，对少数应税劳务（指娱乐业）适用有上下限规定的幅度比例税率，并由省、自治区、直辖市人民政府具体决定实际的适用税率。

此外，纳税人兼营不同税率的应税项目的，应当分别核算不同税目的营业额、转让额、销售额；未分别核算营业额、转让额和销售额的，从高适用税率。

具体税率如表4-1所示。

表4-1   营业税税率

	税目	税率（%）
1	建筑业	3
2	金融保险业	5
3	文化体育业	3
4	娱乐业	5~20
5	服务业	5
6	转让无形资产	5
7	销售不动产	5

三、营业税的税收优惠

营业税的减免税，除税法规定外，其决定权集中于国务院，任何地方不得规定营业税的免税、减税项目。

（一）文化体育业的营业税优惠

1. 纪念馆、博物馆、文化馆（站）、美术馆、展览馆、书画院、图书馆、文物保护单位举办文化活动的售票收入，宗教场所举办文化、宗教活动的售票收入。

这里所说的纪念馆、博物馆、文化馆（站）、美术馆、展览馆、书画院、图书馆、文物保护单位举办文化活动，是指这些单位在自己的场所举办的属于文化体育业税目征税范围的文化活动。其售票收入，是指销售第一道门票的收入。

宗教场所举办文化、宗教活动的售票收入是指寺庙、宫殿、清真寺和教堂举办文化、宗教活动销售门票的收入。

2. 对政府举办的高等、中等和初等学校（不含下属单位）举办进修班、培训班取得的收入，收入全部归学校所有的，免征营业税。

3. 对科技馆、自然博物馆、对公众开放的天文馆（站、台）和气象台（站）、地震台（站）、高校和科研机构对公众开放的科普基地的门票收入，以及县及县以上（包括县级市、区、旗等）党政部门和科协开展科普活动的门票收入免征营业税。

4. 在有线数字电视整体转换试点工作中，对有关单位根据省级物价部门有关文件规定标准收到的有线数字电视基本收视维护费，从2010年1月1日起前3年内免征营业税。

5. 学校及其他教育机构提供的教育服务、学生勤工俭学所提供的劳务服务免征营业税。这里所说的学校及其他教育机构是指普通学校以及经地市级以上人民政府或同级教育行政主管部门批准成立、国家承认其学员学历的各类学校。驾校收入应按"文化体育业"缴纳营业税，不符合免税条件。

6. 对中华人民共和国境内单位或者个人在境外提供建筑业、文化体育业（除播映外）劳务暂免征收营业税。

7. 文化企业在境外演出从境外取得的收入免征营业税。

8. 在农村取得的电影放映收入免征营业税。

（二）金融保险业的税收优惠

1. 对1998年以后年度专项国债转贷取得的利息收入免征营业税。

2. 对中国人民银行提供给地方商业银行，由地方商业银行转贷给地方政府用于清偿农村合作基金债务的专项贷款，利息收入免征营业税。

3. 对社保基金理事会、社保基金投资管理人运用社保基金买卖证券投资基金、股票、债券的差价收入暂免征营业税。

4. 对保险公司开展的一年期限以上的返还人身保险业务，免征营业税。

5. 自2009年1月1日起，境内保险机构为出口货物提供的保险产品，免税。

6. 对信达、华融、长城和东方资产管理公司接受相关国有银行的不良债权，免征销售、转让不动产、无形资产以及利用不动产从事融资租赁业务应缴营业税。

7. 合格境外机构投资者委托境内公司在我国从事债券买卖业务取得的差价收入免征营业税。

8. 自2009年1月1日至2013年12月31日，对金融机构小额贷款的利息收入免征营业税；对农村信用社、村镇银行、农村资金互助社、由银行业机构全资发起设立的贷款公司、法人机构所在地在县（含县级市、区、镇）及县以下地区的农村合作银行和农村商业银行的金融保险业收入减按3%的税率征收营业税。其中，小额贷款是指单笔且该户贷款余额总额在5万元以下（含5万元）的贷款。上述金融机构自2009年1月1日至发文之日（2010年5月13日）应予免征或减征的营业税税款，在以后的应纳营业税税额中抵减或者予以退税。

根据财税〔2011〕101号文件，上述减按3%的税率征收营业税政策的执行期限延长至2015年12月31日。

自2009年1月1日至2013年12月31日，中和农信项目管理有限公司和中国扶贫基金会举办的农户自立服务社（中心）从事农户小额贷款取得的利息收入单独核算的，免征营业税；已征的应予免征的营业税税款，在以后的应纳营业税税额中抵减或者予以退税。

9. 中国人民银行贷款业务免税。中国人民银行对金融机构的贷款业务，不征收营业税。

10. 金融机构往来业务不征收营业税。

11. 出纳长款收入不征收营业税。

12. 对个人（含个体工商户及其他个人）从事外汇、有价证券、非货物期货和其他金融商品买卖业务取得的收入暂免征收营业税。

13. 自2009年1月1日至2011年12月31日止，对保险保障基金公司根据《保险保障管理办法》取得的下列收入，免征营业税：

（1）境内保险公司依法缴纳的保险保障基金；

（2）依法从撤销或破产保险公司清算财产中获得的受偿收入和向有关责任方追偿所得。

14. 自2011年1月1日起对注册在深圳市的保险企业为前海深港现代服务业合作区的企业提供国际航运保险业务取得的收入免征营业税。

15. 自2011年8月1日起，对注册在天津的保险企业从事国际航运保险业务取得的收入免征营业税。

16. 北京中关村科技担保有限公司等141家中小企业信用担保机构，按其机构所在地地市级（含）以上人民政府规定标准取得的担保业务收入，自主管税务机关办理免税手续之日起 3 年内免征营业税。

17. 北京市农业担保有限责任公司等 179 家中小企业信用担保机构，按照其机构所在地地市级（含）以上人民政府规定标准取得的担保业务收入，自主管税务机关办理免税手续之日起 3 年内免征营业税。

对中国投资担保有限公司（注册地在北京）、东北中小企业信用再担保股份有限公司（注册地在吉林）和富登投资信用担保有限公司（注册地在江苏）所属分公司，按照其分公司机构所在地地市级（含）以上人民政府规定标准取得的担保业务收入 3 年内免征营业税。

18. 自 2011 年 12 月 1 日起，注册在福建省平潭综合实验区的保险企业向注册在平潭的企业提供国际航运保险服务取得的收入免征营业税。

（三）其他服务业的税收优惠

1. 托儿所、幼儿园、养老院、残疾人福利机构提供的育养服务，婚姻介绍，殡葬服务。
2. 残疾人员个人提供的劳务。这里所说的残疾人员个人提供的劳务，是指残疾人员本人为社会提供的劳务。
3. 医院、诊所和其他医疗机构提供的医疗服务。
4. 农业机耕、排灌、病虫害防治、农牧以及相关技术培训、家禽、牲畜、水生动物的配种和疾病防治业务。

农业机耕，指在农业、林业、牧业中使用农业机械进行耕作（包括耕耘、种植、收割、植保等）的业务。

排灌，是指对农田进行灌溉或排涝的业务。

病虫害防治，是指从事农业、林业、牧业、渔业的病虫害测报和防治的业务。

农牧保险，是指为种植业、养殖业、牧业种植和饲养的动植物提供的保险业务。

相关技术培训，是指与农业机耕、排灌、病虫害防治、植保业务相关以及为使农民获得农牧保险知识的技术培训业务。

家禽、牲畜、水生动物的配种和疾病防治业务免税范围，包括与该项劳务有关的提供药品和医疗用具的业务。

5. 自 2004 年 1 月 1 日起，对为安置自谋职业的城镇退役士兵就业而新办的服务型企业（除广告业、桑拿、按摩、网吧、氧吧外）当年新安置自谋职业的城镇退役士兵达到职工总数 30% 以上，并与其签订 1 年以上期限劳动合同的，经县级以上民政部门认定，税务机关审核，3 年内免征营业税。

对自谋职业的城镇退役士兵在国办发〔2004〕10 号文件下发后从事个体经营（除建筑业、娱乐业以及广告业、桑拿、按摩、网吧、氧吧外）的，自领取税务登记证之日起，3 年内免征营业税。

6. 对政府举办的职业学校设立的主要为在校学生提供实习场所并由学校出资自办、由学校负责经营管理、营业收入归学校所有的企业，对其从事《营业税暂行条例》"服务业"税目规定的服务项目（广告业、桑拿、按摩等除外）取得的收入免征营业税。

7. 自 2011 年 10 月 1 日至 2014 年 9 月 30 日，对家政服务企业由员工制家政服务员提供的家政服务取得的收入免征营业税。

家政服务企业，是指在企业营业执照的规定经营范围中包括家政服务内容的企业。

员工制家政服务员，是指同时符合下列三个条件的家政服务员：

（1）依法与家政服务企业签订半年以上的劳动合同或服务协议，且在该企业实际上岗工作。

（2）家政服务企业为其按月足额缴纳了企业所在地人民政府根据国家政策规定的基本养老保险、基本医疗保险、工伤保险、失业保险等社会保险。

对已享受新型农村养老保险和新型农村合作医疗等社会保险或者下岗职工原单位继续为其缴纳社会保险的家政服务员，如果本人书面提出不再缴纳企业所在地人民政府根据国家政策规定的相应的社会保险，并出具其所在乡镇或原单位开具的已缴纳相关保险的证明，可视同家政服务企业已为其按月足额缴纳了相应的社会保险。

（3）家政服务企业通过金融机构向其实际支付不低于企业所在地适用的经省级人民政府批准的最低工资标准的工资。

家政服务，是指婴幼儿及小学生看护、老人和病人护理、家庭保洁（不含产品售后服务）、家庭烹饪。

家政服务企业应将员工制家政服务员提供的家政服务收入按照《营业税暂行条例》（国务院令第540号）第九条的规定，与其他收入分别核算，未分别核算的，不得享受上述规定的免征营业税优惠政策。

家政服务企业依法与员工制家政服务员签订半年以上的劳动合同或服务协议，应当在合同签订后3个月内到当地营业税主管税务机关进行备案，经过备案的企业方可申请上述规定的营业税优惠政策。

家政服务企业凡弄虚作假骗取上述规定的营业税优惠政策的，除根据现行规定进行处罚外，自发生上述违法违规行为年度起取消其享受上述规定的营业税优惠政策的资格，3年内不得再次申请。

8. 对符合条件的国家大学科技园和科技孵化器向孵化企业出租场地、房屋以及提供孵化服务取得的收入，免征营业税。

9. 对廉租住房经营管理单位按照政府规定价格，向规定保障对象出租廉价住房的租金收入，免征营业税。

10. 自2005年6月1日起，对公路经营企业收取的高速公路车辆通行费收入统一减按3%的税率征收营业税。

11. 自2008年3月起，对个人出租住房，不区分用途，在3%税率的基础上，减半征收营业税。

12. 对中国境外单位或者个人在境外向境内单位或者个人提供的服务业中的旅店业、饮食业、仓储业，以及其他服务业中的沐浴、理发、洗染、裱画、誊写、镂刻、复印、打包劳务，不征收营业税。

13. 同时满足以下条件的行政事业性收费和政府性基金免征营业税。

（1）由国务院或者财政部批准设立的政府性基金，由国务院或者省级人民政府及其财政、价格主管部门批准设立的行政事业性收费和政府性基金。

（2）收取时开具省级以上（含省级）财政部门统一印制或监制的财政票据。

（3）所收款项全额上缴财政。

上述政府性基金是指各级人民政府及其所属部门根据法律、国家行政法规和中共中央、国务院有关文件的规定，为支持某项事业发展，按照国家规定程序批准，向公民、法人和其他组织征收的具有专项用途的资金。包括各种基金、资金、附加和专项收费。

上述行政事业收费是指国家机关、事业单位、代行政府职能的社会团体及其他组织根据法律、行政法规、地方性法规等有关规定，依照国务院规定程序批准，在向公民、法人提供特定服务的过程中，按照成本补偿和非营利原则向特定服务对象收取的费用。

14. 2010 年 7 月 1 日至 2013 年 12 月 31 日，对注册在北京、天津、大连、哈尔滨、大庆、上海、南京、苏州、无锡、杭州、合肥、南昌、厦门、济南、武汉、长沙、广州、深圳、重庆、成都、西安 21 个中国服务外包示范城市的企业从事离岸服务外包业务取得的收入免征营业税。从事离岸服务外包业务取得的收入，是指上述示范城市中符合规定的企业根据境外单位与其签订的委托合同，由本企业或其直接转包的企业为境外提供文件规定的信息技术外包服务（ITO）、技术性业务流程外包服务（BPO）或技术性知识流程外包服务（KPO），从上述境外单位取得的收入。2010 年 7 月 1 日至文件到达之日已征应予免征的营业税税额，在纳税人以后的应纳营业税税额中抵减，在 2010 年内抵减不完的予以退税。

15. 对按照国家规定的收费标准向学生收取的高等学生公寓住宿费收入，免征营业税；对高校学生食堂为高校师生提供餐饮服务取得的收入，免征营业税。

16. 对符合条件的节能服务公司实施合同能源管理项目，取得的营业税应税收入，暂免征营业税。

17. 对 2008 年 12 月 31 日前签订，并在此前尚未执行完毕的境外向境内出租设备合同的，自 2010 年 1 月 1 日起至合同到期日，对境外单位或个人执行跨境设备租赁老合同取得的收入，继续实行免征营业税的过渡政策。自 2010 年 1 月 1 日至发文之日，纳税人已缴、多缴或扣缴义务人已扣缴、多扣缴的上述应予免征的营业税税款，允许其从以后应缴或应扣缴的营业税税款中抵减，2011 年年底前抵减不完的予以退税。

跨境设备租赁老合同是指同时符合以下条件的合同：

（1）2008 年 12 月 31 日前（含）以书面形式订立，且租赁期限超过 365 天。

（2）合同标的物为飞机、船舶、发动机、大型发电设备、机械设备、大型环保设备、大型建筑施工机械、大型石油化工成套设备、集装箱及其他设备，且合同约定的年均租赁费不低于 50 万元人民币。

（3）合同标的物、租赁期限、租金条款不发生变更。

合同标的物、租赁期限、租金条款未变更而出租人发生变更的，仍属于本通知所称跨境设备租赁老合同。

（4）2009 年 12 月 31 日前（含）境内承租人（或通过其境外所属公司）按合同约定的金额已通过金融机构向境外出租人以外汇形式支付了租金（包括保证金或押金）。

18. 对持就业失业登记证（注明"自主创业税收政策"或附着高校毕业生自主创业证）人员从事个体经营（除建筑业、娱乐业以及销售不动产、转让土地使用权、广告业、房屋中介、桑拿、按摩、网吧、氧吧外）的，在 3 年内按每户每年 8 000 元为限额依次扣减其当年实际应缴纳的营业税、城市维护建设税、教育费附加和个人所得税。纳税人年度应纳税额小于上述扣减限额的，以其实际缴纳的税额为限；大于上述扣减限额的，应以上述扣减额为限。对商贸企业、服务型企业（除广告业、房屋中介、典当、桑拿、按摩、氧吧外）劳动就业服务企业中的加工型企业和街道社区具有加工性质的小型企业实体，在新增的岗位中，当年新招用持就业失业登记证（注明"企业吸纳税收政策"）人员，与其签订1年以上期限劳动合同并依法缴纳社会保障费的，在3年内按实际招用人数予以定额依次扣减营业税、城市维护建设税、教育费附加和企业所得税优惠。定额标准为每人每年4 000元，可上下浮动20%，由各省、自治区、直辖市人民政府根据本地区实际情况在此幅度内确定具体定额标准，并报财政部和国家税务总局备案，按上述标准计算的税收扣减额应在企业当年实际缴纳的营业税、城市维护建设税、教育费附加和企业所得税税额中扣减，当年扣减不足的，不得结转下年使用。

（四）转让无形资产的营业税优惠

1. 将土地使用权转让给农业生产者用于农业生产的免征营业税。这里讲的农业，包括农业、林业、牧业、水产业。

2. 为支持技术创新和高新技术企业的发展，自1999年10月1日起，对单位和个人（包括外商投资企业、外商投资设立的研究开发中心、外国企业和外籍个人）从事技术转让、技术开发业务和与之相关的技术咨询、技术服务业务取得的收入，免征营业税。

所谓技术转让是指转让者将其拥有的专利技术和非专利技术的所有权和使用权有偿转让他人的行为；技术开发是指开发者接受他人委托，就新技术、新产品、新工艺或者新材料及其系统进行研究开发的行为；技术咨询是指就特定技术项目提供可行性论证、技术预测、专题技术调查、分析评价技术报告等；与技术转让、技术开发相关的技术咨询、技术服务业务是指转让方（或委托方）掌握所转让（或委托开发）的技术，而提供的技术咨询、技术服务业务，且这部分技术咨询、服务的价款与技术转让（或开发）价款是在同一张发票上体现的。

以图纸、资料等为载体提供已有技术或开发成果的，可对其取得的全部价款和价外费用免征营业税；以样品、样机、设备等货物为载体提供已有技术或开发成果的，可对其除货物以外的部分免征营业税，货物（样品、样机、设备等）则应按规定征收增值税。提供生物技术时附带提供的微生物菌种母本和动、植物新品种，可对其包括这些母本等样品价值的全部收入免征营业税，但批量销售微生物菌种母本和动、植物新品种，应当征收增值税。

3. 自2011年10月1日起，纳税人在资产重组过程中，通过合并、分立、出售、置换等方式，将全部或者部分实物资产以及与其相关联的债权、债务和劳动力一并转让给其他单位和个人的企业，不属于营业税征收范围，其中涉及的土地使用权转让，不征收营业税。

（五）销售不动产的营业税优惠

自2010年1月1日起，个人将购买不足5年的非普通住房对外销售的，全额征收营业税；个人将购买超过5年（含5年）的非普通住房对外销售的，按照其销售收入减去购买房屋的价款后的差额征收营业税；个人将购买超过5年（含5年）的普通住房对外销售的，免征营业税。

个人（含个体工商户及其他个人）无偿赠与不动产、土地使用权，属于下列情形之一的暂免征收营业税：一是离婚财产分割；二是无偿赠与配偶、父母、子女、祖父母、外祖父母、孙子女、外孙子女、兄弟姐妹；三是无偿赠与对其承担直接抚养或者赡养义务的抚养人或赡养人；四是房屋产权所有人死亡，依法取得房屋产权的法定继承人、遗嘱继承人或者受遗赠人。

（六）营业税起征点的税收优惠

纳税人营业额未达到国务院财政、税务主管部门规定的营业税起征点，免征营业税；达到起征点的，依照条例规定全额计算营业税。

营业税起征点，是指纳税人营业额合计达到起征点。

营业税起征点的适用范围限于个人。自2011年11月1日起，将按期纳税的起征点幅度由现行月销售额1 000～5 000元提高到5 000～20 000元，将按次纳税的起征点幅度由每次（日）营业额100元提高到300～500元。

省、自治区、直辖市财政厅（局）、税务局应当在规定的幅度内，根据实际情况确定本地适用的起征点，并报财政部、国家税务总局备案。

第四节　营业税应纳税额的计算

一、营业税计税依据的确定原则

营业税的计税依据是营业额，营业额是指纳税人提供应税劳务、转让无形资产或者销售不动产而向对方收取的全部价款和价外费用。

这里的价外费用，包括收取的手续费、补贴、基金、集资费、返还利润、奖励费、违约金、滞纳金、延期付款利息、赔偿金、代收款项、代垫款项、罚息及其他各种性质的价外收费，但不包括同时符合以下条件代为收取的政府性基金或者行政事业性收费：

1. 由国务院或者财政部批准设立的政府性基金，由国务院或者省级人民政府及其财政、价格主管部门批准设立的行政事业性收费；

2. 收取时开具省级以上财政部门印制的财政票据；

3. 所收款项全额上缴财政。

二、营业税的计税依据

（一）建筑业的计税依据

1. 纳税人提供建筑业劳务（不含装饰劳务）的，其营业额应当包括工程所用原材料、设备及其他物资和动力价款在内，但不包括建设方提供的设备的价款。从事安装工程作业，安装设备价值作为安装工程产值的，营业额包括设备的价值。

2. 建筑业的总承包人将工程分包或转包给他人的，以工程全部承包额减去付给分包人或转包人的价款后的余额为营业额。

3. 单位或个人自己新建建筑物后销售或无偿赠与他人，其自建行为视为提供应税劳务，应当按"建筑业"税目征收3%的营业税,同时按"销售不动产"税目征收5%的营业税。这里的自建行为是指纳税人自己建造房屋的行为。纳税人自建自用的房屋不纳税;如果纳税人(包括个人自建自用住房销售)将自建的房屋对外销售,其自建行为要按上述方法纳税。例如,A建筑安装公司自建一幢商住办公楼,已全部销售,取得销售额1 500万元,建筑安装工程成本为1 000万元,假定当地税务机关规定的建筑工程成本利润率为15%。该公司发生自建建筑物和销售不动产两项应税行为,应分别按3%和5%的营业税税率计算应纳税额。自建行为应按组成计税价格计税,则该公司应纳的营业税税额 = [1 000 × (1 + 15%) ÷ (1 - 3%)] × 3% + 1 500 × 5% = 110.57(万元)。

4. 纳税人受托进行建筑物拆除、平整土地并代委托方向原土地使用权人支付拆迁补偿费的过程中,其提供建筑物拆除、平整土地劳务取得的收入应按照"建筑业"税目缴纳营业税;其代委托方向原土地使用权支付拆迁补偿费的行为属于"服务业——代理业"行为,应以提供代理劳务取得的全部收入减去其代委托方支付的拆迁补偿费后的余额为营业额计算缴纳营业税。

(二)金融保险业的计税依据

1. 一般贷款业务的营业额为贷款利息收入(包括各种加息、罚息等)。

2. 外汇、有价证券、期货等金融商品买卖业务,应以其卖出价减去买入价后的余额为营业额,即营业额 = 卖出价 - 买入价。

卖出价是指卖出原价,不得扣除卖出过程中支付的各种费用和税金。买入价是指购进原价,不包括购进过程中支付的各种税金和费用,但买入价应依照财务会计制度规定,以股票、债券的购入价减去股票、债券持有期间取得的股票、债券红利收入。

这里的外汇、有价证券、期货等金融商品买卖业务是指纳税人从事的外汇、有价证券、非货物期货和其他金融商品买卖业务。货物期货不缴纳营业税。

买卖金融商品(包括股票、债券、外汇及其金融商品,下同)可在同一会计年度末,将不同纳税期出现的正差和负差按同一年度汇总的方式计算并缴纳营业税。如果汇总计算应缴的营业税税额小于本年已缴纳的营业税税额,可以向税务机关申请办理退税,但不得将一个会计年度内汇总后仍为负差的部分结转下一会计年度。

3. 金融经济业务和其他金融业务(中间业务)营业额为手续费(佣金)类的全部收入。

金融企业从事受托收款业务,如代收电话费、水电煤气费、信息费、学杂费、寻呼费、社保统筹费、交通违章罚款、税款等,以全部收入减支付经委托方价款后的余额为营业额。

4. 保险业务营业额。

(1)办理初保业务。营业额为纳税人经营保险业务向对方收取的全部价款,即向保险人收取的全部保险费。

(2)储金业务。保险公司如采用收取储金方式取得经济利益的(即以被保险人所缴保险资金的利息收入作为保费收入,保险期满后将保险资金本金返还被保险人),其储金业务的营业额,为纳税人在纳税期内的储金平均余额乘以中国人民银行公布的1年期存款利率折算的月利率。储金平均余额为纳税期期初储金余额与期末储金余额之和乘以50%。

(3)保险企业已征收过营业税的应收未收保费,凡在财务会计制度规定的核算期限内未收回的,允许从营业额中减除。在会计核算期限以后收回的已冲减的应收未收保费,应并入当期营业额中。

（4）保险企业开展无赔偿奖励业务的，以向投保人实际收取的保费为营业额。

（5）境内保险人将其承保的以境内标的物为保险标的的保险业务向境外再保险人办理分保的，以全部保费收入减去分保保费后的余额为营业额。

境外再保险人应就其分保收入承担营业税纳税义务，并由境内保险人扣缴境外再保险人应缴纳的营业税税款。

（6）金融企业贷款利息征收营业税的具体规定。自 2003 年 1 月 1 日起，对金融企业（包括国有、集体、股份制、合资、外资银行以及其他所有制形式的银行，城市信用社和农村信用社、信托投资公司和财务公司），按以下规定征收营业税：

金融企业发放贷款（包括自营贷款和委托贷款，下同）后，凡在规定的应收未收利息核算期内发生的应收利息，均应按规定申报缴纳营业税；贷款应收利息自结息之日起，超过应收未收利息核算期限或贷款本金到期（含展期）超过 90 天后尚未收回的，按照实际收到的利息申报缴纳营业税。

5. 外币折合成人民币。金融保险业以外结算营业额的，应将外币折合成人民币后计算营业税。原则上金融业按其收到的外汇的当天或当季季末中国人民银行公布的基准汇价折合成营业额，保险业按其收到的外汇的当天或当月最后一天中国人民银行公布的基准汇价折合营业额，报经省级税务机关批准后，允许按照财务制度规定的基准汇价折合营业额。

（三）文化体育业的计税依据

文化体育业的计税依据为从事文化体育业的单位和个人所取得的营业额。

单位和个人进行的演出业务，应以全部票价收入或者包场收入减去付给提供演出场所的单位、演出公司或者经纪人的费用后的余额为应税营业额。

（四）娱乐业的计税依据

娱乐业的营业额经营娱乐业收取的全部价款和价外费用。包括门票收费、台位费、点歌费、烟酒、饮料、茶水、鲜花、小吃等收费及经营娱乐业的其他各项收费。

（五）服务业的计税依据

1. 旅游业的营业额

（1）旅游企业组织旅游团在中国境内旅游的，以收取的旅游费减去替旅游者支付给其他单位的房费、餐费、交通、门票和其他代付费用后的余额为应税营业额。

（2）单位和个人在旅游景点经营索道取得的收入按"服务业"税目"旅游业"项目征收营业税。对单位和个人在旅游景区经营旅游游船、观光电梯、观光电车、景区环保客运车所取得的收入应按"服务业——旅游业"征收营业税。

单位和个人在旅游景区兼有不同税目应税行为并采取"一票制"收费方式的，应当分别核算不同税目的营业额；未分别核算或核算不清的，从高适用税率。

2. 代理业的营业额

代理业以纳税人从事代理业务向委托方实际收取的报酬为营业额。

（1）电脑福利彩票投注点代销福利彩票取得的任何形式的手续费收入，应照章征收营业税。

（2）对拍卖行向委托方收取的手续费，应当征收营业税。

（3）教育部考试中心及其直属单位与行业主管部门（或协会）、海外教育考试机构和各省级教育机构（以下简称"合作单位"）合作开展考试的业务，实质是从事代理业务，按照现行营业税政策规定，教育部考试中心及其直属单位应以其全部收入减去支付给合作单位的合作费后的余额为营业额，按照"服务业——代理业"依5%的税率计算缴纳营业税。

（4）从事物业管理的单位，以与物业管理有关的全部收入减去代业主支付的水、电、燃气、房屋租金的价款后的余额为营业额。

（八）销售不动产或受让土地使用权的计税依据

1. 单位和个人销售或转让其购置的不动产或受让的土地使用权，以全部收入减去不动产或土地使用权的购置或受让原价后的余额为营业额。

2. 单位和个人销售或转让抵债所得的不动产、土地使用权的，以全部收入减去抵债时该项不动产或土地使用权作价后的余额为营业额。

3. 自2011年1月28日起，个人将购买不足5年的住房对外销售的，全额征收营业税。个人将购买超过5年（含5年）的非普通住房对外销售的，按照其销售收入减去购买房屋的价款后的差额征收营业税。

4. 自2011年9月1日起，纳税人转让土地使用权或者销售不动产的同时一并销售的附着于土地或者不动产上的固定资产中，凡属于增值税应税货物的，应按照《财政部、国家税务总局关于部分货物适用增值税低税率和简易办法征收增值税政策的通知》（财税〔2009〕9号）第二条有关规定，计算缴纳增值税；凡属于不动产的，应按照《营业税暂行条例》"销售不动产"税目计算缴纳营业税。

纳税人应分别核算增值税应税货物和不动产的销售额，未分别核算或核算不清的，由主管税务机关核定其增值税应税货物的销售额和不动产的销售额。

（九）营业税计税依据的其他特别规定

1. 单位和个人提供营业税应税劳务、转让无形资产和销售不动产发生退款，凡该项退款已征收过营业税的，允许退还已征税款，也可以从纳税人以后的营业额中减除。

2. 单位和个人在提供营业税应税劳务、转让无形资产、销售不动产时，如果将价款与折扣额在同一张发票上注明的，以折扣后的价款为营业额；如果将折扣额另开发票的，不论其在财务上如何处理，均不得从营业额中减除。

电信单位销售的各种有价电话卡，由于其计费系统只能按有价电话卡面值出账并按有价电话卡面值确认收入，不能直接在销售发票上注明折扣折让额，以按面值确认的收入减去当期财务会计上体现的销售折扣后的余额为营业额。

3. 单位和个人提供应税劳务、转让无形资产和销售不动产时，因受让方违约而从受让方取得的赔偿金收入，应并入营业额中征收营业税。

4. 单位和个人因财务会计核算办法改变将已缴纳过营业税的预收性质的价款逐期转为营业收入时，允许从营业额中减除。

5. 劳务公司接受用工单位的委托，为其安排劳动力，凡用工单位将其应支付给劳动力的工资和为劳动力上缴的社会保险（包括养老保险金、医疗保险、失业保险、工伤保险等）以及住房公积金统一交给劳务公司代为发放或办理的，以劳务公司从用工单位收取的全部价款减去代收转付给劳动力的工资和为劳动力办理社会保险及住房公积金后的余额为营业额。

6. 营业税纳税人购置税控收款机，经主管税务机关审核批准后，可凭购进税控收款机取得的增值税专用发票，按照发票上注明的增值税税额，抵免当期应纳营业税税额，或者按照购进税控收款机取得的普通发票上注明的价款，依下列公式计算可抵免税额：

$$可抵免税额 = 价款 \div (1 + 17\%) \times 17\%$$

当期应纳税额不足抵免的，未抵免部分可在下期继续抵免。

7. 通信线路工程和输送管道工程所使用的电缆、光缆和构成管道工程主体的防腐管段、管件（弯头、三通、冷弯管、绝缘接头）、清管器、收发球筒、机泵、加热炉、金属容器等物品均属于设备，其价值不包括在工程的计税营业额。

其他建筑安装工程的计税营业额也不应包括设备价值，具体设备名单可由省级地方税务机关根据各自实际情况列举。

8. 纳税人提供应税劳务向对方收取的全部价款和价外费用按相关规定可以扣除部分金额后确定营业额的，其扣除的金额应提供下列相关的合法有效凭证：

（1）支付给境内单位或者个人款项，且该单位或者个人发生的行为属于营业税或者增值税征收范围的，以该单位或者个人开具的发票为合法有效凭证；

（2）支付的行政事业性收费或者政府性基金，以开具的财政票据为合法有效凭证；

（3）支付给境外单位或者个人的款项，以该单位或者个人的签收单据为合法有效凭证，税务机关对签收单据有疑义的，可以要求其提供境外公证机构的确认证明；

（4）国家税务总局规定的其他合法有效凭证。

三、营业税计税依据的税务调整

（一）无营业额或营业额偏低时的税务调整

1. 税务调整的情形

（1）纳税人提供应税劳务、转让无形资产或者销售不动产的价格明显偏低而无正当理由的；

（2）纳税人将不动产无偿赠送他人，无营业额。

2. 税务调整方法

对上述情形主管税务机关有权按下列顺序核定其营业额：

（1）按纳税人当月发生同类应税行为的平均价格核定；

（2）按纳税人最近时期发生同类应税行为的平均价格核定；

（3）按计税价格＝营业成本或工程成本×（1＋成本利润率）÷（1－营业税税率）核定。公式中的成本利润率，由省、自治区、直辖市税务局确定。

（二）以外汇结算的营业额的税务调整

1. 计算基准货币的确定。纳税人以外汇结算营业额，应按外汇市场价格折合成人民币计算。

2. 人民币折合率的确定。一般而言，纳税人取得的外汇收入，其营业额的人民币折合率可以选择营业额发生的当天或当月 1 日的国家外汇牌价（原则上为中间价）。

四、营业税应纳税额的计算

营业税税款的计算比较简单，纳税人提供应税劳务、转让无形资产或者销售不动产，按照其计税依据确定的营业额和规定的税率计算应纳税额。应纳税额的计算公式：

$$应纳税额 = 营业额 \times 税率$$

【例 4 - 1】 华中建筑公司具备主管部门批准的建筑企业资质，该公司签订的一项建筑工程施工承包合同注明的建筑业劳务价款为 9 000 万元（其中安装的设备价款为 3 000 万元，建设方提供设备），同时提供建筑材料 1 000 万元。华中公司将 1 500 万元的安装工程分包给三一建筑公司。工程竣工后，建设单位支付给华中公司材料差价款 600 万元，提前竣工奖 150 万元。请计算华中公司应纳营业税额。

[计算分析]

华中公司具备建筑施工企业资质，按规定提供建筑业劳务的所有材料、工资均作为计税依据，因此华中公司提供的材料费 1 000 万元应并入计税营业额。建设方提供的设备价款按规定不计入营业额；材料差价款和提前竣工奖应包含在营业额内，但华中公司将工程分包给三一公司的价款应准予扣除。分包收入应由分包人自行计算缴纳营业税。

应纳营业税额 = （9 000 + 1 000 - 3 000 - 1 500 + 600 + 150）× 3% = 6 250 × 3% = 187.5（万元）

【例 4 - 2】 某旅行社本月组织团体旅游，境内组团旅游收入 20 万元，替旅游者支付给其他单位餐费、住宿费、交通费、门票共计 12 万元，后为应对其他旅行社的竞争，该旅行社同意给予旅游者 5% 的折扣，并将价款与折扣额在同一张发票上注明；组团境外旅游收入 30 万元，付给境外接团企业费用 18 万元；另外为散客代购火车票、机票、船票取得手续费收入 1 万元，为游客提供打字、复印、洗相服务收入 2 万元。请计算该旅行社当月应纳营业税额。

[计算分析]

按规定，旅游企业组团境内旅游，以收取的全部旅游费减去替旅游者支付给其他单位的餐费、住宿费、交通费、门票或支付给其他接团旅游企业的旅游费后的余额为营业额；旅游企业组团境外旅游，在境外由其他旅游企业接团的，以全程旅游费减去付给接团企业的旅游费的余额为营业额；将价款与折扣额在同一发票上注明的，以折扣后的价款为营业额；其他业务按"服务业——代理业"和"服务业——其他代理业"征收营业税。

应纳营业税额 = （20 × 95% - 12）× 5% + （30 - 18）× 5% + （1 + 2）× 5% = 1.10（万元）

【例 4 - 3】 经民政部门批准成立的某非营利性社会团体 2012 年 7 月发生如下业务：

（1）按规定标准收取会费共 3 万元；（2）出租房屋取得收入 15 万元；（3）举办科技讲座取得收入 1 万元；（4）经营的打字社取得收入 2 万元，代售福利彩票取得手续费收入 0.7 万元。请计算该单位应纳营业税额。

[计算分析]

根据税法规定，按规定收取的会费收入免征营业税；出租房屋收入应按"服务业——租赁业"征收营业税；打字收入按"服务业——其他服务业"征收营业税；科技讲座按"文化业——其他文化业"征收营业税；代售福利彩票以手续费为营业额，按"服务业——

代理业"征收营业税。

应纳营业税额 = $15 \times 5\% + 1 \times 3\% + 2 \times 5\% + 0.7 \times 5\% = 0.92$（万元）

【例4-4】某房地产开发公司2012年发生如下业务：

（1）开发部自建统一规格和标准的楼房4栋，建筑安装总成本为6 000万元（核定的成本利润率为15%）。该公司将其中一栋留作自用；一栋对外销售，取得销售收入2 500万元；另有一栋投资入股某企业，现将其股权的60%出让，取得收入1 500万元；最后一栋抵押给某银行以取得贷款，抵减应付银行利息100万元。该公司还转让一处正在进行土地开发但尚未进入施工阶段的在建项目，取得收入2 000万元。

（2）该公司物业部收取的物业费为220万元，其中代业主支付的水、电、燃气费共110万元。

（3）该公司下设非独立核算的汽车队取得运营收入300万元，支付给其他单位的承运费150万元；销售货物并负责运输取得的收入为100万元。

请计算该公司应纳营业税额。

[计算分析]

（1）按照税法规定，自建自用行为不征营业税，自建自售则要按"建筑业"和"销售不动产"各征一道营业税，其中，自建部分须按组成计税价格计税；按照规定，自2003年1月1日起，以不动产投资入股不征营业税，投资后转让其股权的也不征营业税；将不动产抵押给银行使用，是以不动产租金抵充贷款利息，故应按"服务业"税目对借款人征税；转让正在进行土地开发但尚未进入施工阶段的在建项目，按照"转让无形资产——转让土地使用权"征收营业税。

（2）物业管理单位应以与物业管理有关的全部收入减去代业主支付的水、电、燃气价款后的余额为营业额。

（3）联运业务以纳税人实际取得的收入为营业额，支付给以后承运者的运费可以从计税营业额中扣除；销售货物并负责运输，在2008年年底前属于应征增值税的混合销售，自2009年1月1日起，应全额按"交通运输业"计算缴纳营业税。

开发部应纳营业税 = $6\,000 \times 2 \div 4 \times (1 + 15\%) \times 3\% \div (1 - 3\%) + 2\,500 \times 5\% + 100 \times 5\% + 2\,000 \times 5\% = 106.70 + 125 + 5 + 100 = 336.70$（万元）

物业部应纳营业税 = $(220 - 110) \times 5\% = 5.5$（万元）

汽车队应纳营业税 = $(300 - 150 + 100) \times 3\% = 7.5$（万元）

该公司共应缴纳营业税 = $336.70 + 5.5 + 7.5 = 349.70$（万元）

第五节　营业税难点解析

一、建筑业的计税依据

（一）全额计税

纳税人从事建筑业劳务（不含装饰劳务）的，其营业额应包括工程所用原材料、设备及其他物资和动力价款在内，但不包括建设方提供的设备的价款。纳税人从事安装工程作业，凡所安装的设备的价值作为安装工程产值的，其营业额应包括设备的价款在内。

（二）差额计税

建筑业的总承包人，将工程分包或转包给他人的，以工程的全部承包额减去付给分包人或者转包人的价款后的余额为营业额。

通信电路工程和输送管道工程所使用的电缆、光缆和构成管道工程主体的防腐管段、管件（弯头、三通、冷弯管、绝缘接头），清管器、收发球筒、机泵、加热炉、金属容器等物品均属于设备，其价值不包括在工程的计税营业额中。

（三）自建行为的营业税处理

1. 不缴纳建筑业营业税。纳税人自建建筑物后自用、出租，不缴纳建筑业营业税，自建后出租的，取得的租金收入应按照"服务业"科目缴纳营业税。

2. 分别按照"建筑业"和"销售不动产"税目缴纳营业税。纳税人将自建房屋对外销售或无偿赠送，自建行为应按建筑业缴纳营业税，再按销售不动产缴纳营业税（见表4－2）。

表4－2　　　　　　　　　　　　　　　　　建筑业的计税依据

劳务类型		计税依据
建筑劳务		以工程所用的原材料、设备及其他物资和动力全部在内的价款为营业额（不包括建设方提供的设备价款）
装饰劳务		向客户实际收取的人工费、管理费和材料等收入为营业额（不包括客户自行采购的材料价款和设备价款）
分包业务		全部价款和价外费用减去支付给其他单位的分包款后的余额为营业额
安装工程		凡所安装的设备价值作为安装工程产值的，营业额包括设备价款；通信线路工程和输送管道工程使用的设备价值不计入计税营业额
自建行为	自用	不缴纳建筑业营业税
	出租	
	销售	两道营业税：（1）按建筑业缴纳营业税；（2）按销售不动产缴纳营业税
	赠送	
销售自产货物并同时提供建筑业劳务	分别核算	货物销售额缴纳增值税，建筑业劳务营业额缴纳营业税
	未分别核算	由主管税务机关核定其应税劳务的营业额及货物的销售额，分别缴纳营业税、增值税

二、销售不动产或转让土地使用权的计税依据

1. 全额计税：适用于自建或委托建造房屋后销售或发生视同销售行为。计税依据＝全部收入。

2. 差额计税：适用于购置、抵债得来的不动产和土地使用权。计税依据：

（1）全部收入 – 不动产或土地使用权购置或受让原价；

（2）全部收入 – 抵债时该项不动产或土地使用权作价。

3. 个人销售外购住房区别不同情况，分为全额、差额或免税，时间界限为 5 年，住房区别为普通和非普通。

三、转让房产的计税依据

1. 全额计税：适用于房产第一次流通，以转让房产取得的全部价款和价外费用计税，不得扣除建筑成本。

2. 差额计税：适用于房产第二次及以后流通，以转让房产取得的全部价款和价外费用减去买价或作价后的差额计税，但不得扣除房产交易过程中其他税费。

思 考 题

1. 甲建筑工程公司（具备建筑行政部门批准的建筑业施工资质，且为增值税一般纳税人）下辖 3 个施工队、1 个金属结构件工厂、1 个招待所（均为非独立核算单位），2012 年经营业务如下：

（1）承包某建筑工程项目，并与建设方签订建筑工程施工总包合同，总包合同明确工程总造价 3 000 万元，其中，建筑业劳务费价款 1 000 万元，由甲建筑工程公司提供并按市场价确定的金属结构件金额 500 万元（该金属结构件由其下属金属结构件工厂加工生产，为生产此构件购进原料并取得增值税专用发票，发票金额 300 万元），建设方采购建筑材料等 1 500 万元。工程当年完工并进行了价款结算。

（2）甲建筑工程公司将其中 200 万元的建筑工程项目分包给 B 建筑工程公司（B 建筑工程公司为只提供建筑业劳务的单位）。

（3）甲建筑工程公司向 C 建筑工程公司转让闲置办公用房一幢（购置原价 700 万元），取得转让收入 1 300 万元。

（4）甲建筑工程公司招待所取得客房收入 30 万元，餐厅、歌厅、舞厅收入共 55 万元。

要求：根据上述资料，计算甲建筑工程公司应缴纳的营业税、增值税、应代扣代缴的营业税。

2. 某旅游开发有限公司 2012 年 8 月发生有关业务及收入如下：

（1）旅游景点门票收入 650 万元；

（2）景区索道客运收入 380 万元；

（3）民俗文化村项目表演收入 120 万元；

（4）与甲企业签订合作经营协议：以景区内价值 2 000 万元的房产使用权与甲企业合作经营景区酒店（房屋产权仍属公司所有），按照约定旅游公司每月收取 20 万元的固定收入；

（5）与乙企业签订协议，准予其生产的旅游产品进入公司非独立核算的商店（增值税小规模纳税人）销售，一次性收取进场费 10 万元。当月该产品销售收入 30 万元，开具旅游公司普通发票。

要求：根据上述资料，计算该旅游开发有限公司应缴纳的各种税金。

3. 某市商业银行 2012 年第三季度有关业务资料如下：

（1）向生产企业贷款取得利息收入 600 万元，逾期贷款的罚息收入 8 万元；

（2）为电信部门代收电话费取得手续费收入 14 万元；

（3）7 月 10 日购进有价证券 800 万元，8 月 25 日以 860 万元的价格卖出；

（4）受某公司委托发放贷款，金额 5 000 万元，贷款期限 2 个月，年利息率 4.8%，银行按贷款利息收入的10%收取手续费；

（5）销售支票、账单凭证收入15万元；

（6）结算罚息、加息2万元，出纳长款0.5万元。

要求：计算该银行2012年第三季度应缴纳金融业各项目的营业税及应代扣代缴的营业税。

第五章 关 税

我国现行关税法律规范以全国人民代表大会于 2000 年 7 月修正颁布的《中华人民共和国海关法》为法律依据，以国务院 2003 年 11 月发布的《中华人民共和国进出口关税条例》，以由国务院关税税则委员会审定并报国务院批准、作为条例组成部分的《中华人民共和国海关进出口税则》和《中华人民共和国海关入境旅客行李物品和个人邮递物品征收进口税办法》为基本法规，由负责关税政策制定和征收管理的主管部门依据基本法规拟定的管理办法和实施细则为主要内容。

第一节 关税概述

一、关税的概念

关税是由海关根据国家制定的有关法律，以进出关境的货物和物品为征税对象而征收的一种商品税。

关税是我国税收的一种形式。征税主体是国家，但关税税收主要是由海关征收。关税明确规定，其征税对象是货物和物品，而且它是对有形的货物和物品征税，对无形的货物和物品不征税。

关税是海关依法对进出境货物、物品征收的一种税。所谓"境"指关境，又称"海关境域"或"关税领域"，是国家《海关法》全面实施的领域。在通常情况下，一国关境与国境是一致的，包括国家全部的领土、领海、领空。但当某一国家在国境内设立了自由港、自由贸易区等，这些区域就进出口关税而言处在关境之外，这时，该国家的关境小于国境，如我国。根据《中华人民共和国香港特别行政区基本法》和《中华人民共和国澳门特别行政区基本法》，香港和澳门保持自由港地位，为我国单独的关税地区，即单独关境区。单独关境区是不适用该国海关法律、法规或实施单独海关管理制度的区域。当几个国家结成关税同盟，组成一个共同的关境，实施统一的关税法令和统一的对外税则，这些国家彼此之间货物进出国境不征收关税，只对来自或运往其他国家的货物进出共同关境进征收关税，这些国家的关境大于国境，如欧洲联盟。

二、关税的分类

（一）按关税的征税性质分类

按征税性质，关税可分为普通关税、优惠关税和差别关税三种。它们主要适用于进口关税。

1. 普通关税

普通关税又称一般关税，是对与本国没有签署贸易或经济互惠等友好协定的国家原产的货物征收的非优惠性关税。普通关税与优惠关税的税率差别一般较大。

2. 优惠关税

优惠关税一般是互惠关税，即优惠协定的双方互相给对方优惠关税待遇，但也有单向优惠关税，就是只对受惠国给予优惠待遇，而没有反向优惠。优惠关税一般有特定优惠关税、普遍优惠关税和最惠国待遇三种。

（1）特定优惠关税又称特惠税，是指某一国家对另一国家或某些国家对另外一些国家的某些方面予以特定优惠关税待遇，而他国不得享受的一种关税制度。特定优惠关税实际上是殖民主义的产物，最早始于宗主国与殖民地附属国之间的贸易交往中，具有排他性，因此税率低于协定优惠关税税率。

目前，在国际最有影响的特定优惠关税是《洛美协定》[全称为《欧洲经济共同体——非洲、加勒比和太平洋（国家）洛美协定》]国家之间的特惠关税。

（2）普遍优惠关税，简称为普惠制，是指发达国家对从发展国家或地区输入的产品，特别是制成品和半制成品普遍给予优惠关税待遇的一种制度，因此普惠制还可称为普税制。

普惠制的目的是扩大发展中国家向经济发达国家出口其制成品，增加财政收入，促使发展中国家工业化，加速发展中国家经济增长速度。

普惠制有三条基本原则：①普遍原则。即经济发达国家应对发展中国家出口的制成品和半制成品给予普遍优惠待遇。②非歧视原则。即发达国家应使所有发展中国家都不受歧视。无例外地享受普遍优惠制待遇。③非互惠原则，即对等原则。经济发达国家应单方面给予发展中国家关税上的优惠，而不应要求发展中国家给予同等的优惠待遇。

虽然普惠制规定了若干项原则，但在执行过程中，发达国家为维护自己的经济及政治利益，在提供关税优惠待遇的同时，各自又规定了一些限制措施：

①对受惠国家或地区的限制规定。如美国公布的受惠国名单中，不包括石油输出国组织的成员国。

②对受惠商品范围的限制规定。如许多发达国家将纺织品、鞋类、皮革制品及儿童玩具等轻工业制成品、半成品排除在受惠商品之外。

③对受惠商品减税幅度的限制规定。给惠国对受惠国受惠商品的减税幅度要根据最惠国税率和普惠制税率之间的差额确定，而且商品不同，减税程度也不同。一般来说，农产品减税幅度小，工业产品减税幅度大。

④对给惠国保护措施的限制规定。给惠国一般都规定一些保护措施，以保护本国某些产品的生产和销售。这些措施主要包括：免责条款，即当受惠国的受惠商品输入给惠国的数量增加到使给惠国国内同类产品或有竞争关系的产品的生产厂家造成或将要造成重大损害时，给惠国保留完全取消或部分取消关税优惠待遇的权利；预定限额，即受惠国受惠商品输入到给惠国的数量不得超过预先规定的限额，超过部分按最惠国税率征收关税。

⑤对原产地的限制规定。这项规定是指受惠产品必须全部产自并直接运自受惠国家或地区，受惠产品所包含的进口原料及零件须经过加工并产生实质性变化后，才能享受关税优惠待遇。

（3）最惠国待遇。

最惠国待遇是国际贸易协定一项重要内容，它规定缔约国双方相互间现在和将来所给予任何第三国的优惠待遇，同样适用于对方。最惠国待遇最初只限于关税待遇。随后范围日益扩大，目前已适用于通商及航海的各个方面，如关税、配额、航运、港口使用、仓储、移民、投资、专利权等。但最惠国待遇仍以关税为主。凡贸易协定或航海条约中最惠国待遇的条文都称为最惠国条款。由于最惠国待遇的适用范围很广，因此，在签订条约或协定时，多对最惠国待遇的范围加以列举或限定，在列举或限定以外的产品，不适用最惠国待遇。

最惠国待遇有无条件和有条件两种：无条件的最惠国待遇是缔约国一方现在和将来所给予任何第三国的一切优惠待遇，应立即无条件地、无偿地、自动地适用于缔约国另一方。有条件的最惠国待遇是缔约国一方现在和将来所给予第三国的优惠待遇有条件给予缔约国另一方。而缔约国另一方必须提供同样的条件，才能享受这些优惠待遇。目前国际间采用无条件最惠国待遇的国家比较多，采用有条件最惠国待遇的国家比较少。发达国家往往利用最惠国待遇，使发展中国家单方面享受优惠待遇，并以此进行经济扩张，使发展中国家经济具有依附性。

最惠国待遇往往不是最优惠的关税待遇，它只是一种非歧视性的关税待遇，并不需给予特别的关税照顾或优待，在最惠国待遇的优惠税率之外还有更低的优惠税率。为了不影响实施更低的关税税率，国与国之间签订最惠国协定时往往附加一些例外条款，例如，在一定边境地区内实施某些促进贸易措施等。由此可见，优惠关税仅是相对而言，一般意义上的优惠关税是相对于普通关税而言。优惠关税内部不同含义的优惠和不同程度的优惠也是相对于它们各自情况而言的。

3. 差别关税

差别关税是保护一国产业所采取的特别手段。差别关税最早产生并运用于欧洲。在重商主义全盛时代曾广为流行，直至近代。由于新重商主义的出现和贸易保护主义的抬头，差别关税又复出现，并得到进一步发展。

一般意义上的差别关税主要分为加重关税、抵消关税、报复关税、反倾销关税等。

（1）加重关税。加重关税是出于某种原因或为达到某种目的，而对某国货物或某种货物的输入加重征收的关税，如间接输入货物加重税等。

（2）反补贴关税。反补贴关税又称抵消关税，它是对接受任何津贴或补贴的外国进口货物所附加征收的一种关税，是差别关税的重要形式之一。货物输出国为了加强本国输出产品在国际市场的竞争能力，往往对输出产品予以津贴、补贴或奖励，以降低成本，廉价销售于国外市场。输入国为防止他国补贴货物进入本国市场，威胁本国产业正常发展，对凡接受政府、垄断财团补贴、津贴或奖励的他国输入产品，课征与补贴、津贴或奖励额相等的反补贴关税，以抵销别国输入货物因接受补贴、津贴或奖励所形成的竞争优势。

目前许多国家对出口产品采取退还国内税的方法予以鼓励，对这种属于已退还国内税（国内间接税）的出口货物一般不作为接受补贴产品来看待，因为退税产品属于国内税种调整范畴，与他国没有直接利益关系。

（3）反倾销关税。反倾销关税即对外国的倾销商品，在征收正常进口关税的同时附加征收的一种关税，它是差别关税的又一种重要形式。

商品倾销就其动机和表现而言可分为偶然倾销、短期或间断式的倾销、经常和长期的倾销三种。偶然倾销又可分为清偿债务而进行的倾销和无意识倾销两种，这两种倾销一般来说，没有一般意义上的倾销目的，它不是想占领他国市场，也不是为转嫁经济危机。从政治上讲，不应该对这种倾销征收反倾销关税。短期的或间断式的商品倾销分为：①为保护或扩大国际市场而实行的倾销；②为消除同业竞争者而进行的倾销；③为报复他国在本国市场上的倾销而实行的反倾销。经常和长期性的商品倾销可分为：①为扩大产业规模和充分利用现有人力、物力、财力而进行的倾销；②以重商主义理论为基本指导思想而进行的倾销；③为打破外国市场保护关税而进行的倾销。后两种倾销因有明确的扩充市场及实行报复的含义，因而，有必要征收反倾销关税。我国自 2004 年 6 月 30 日起，海关对申报进口原产于加拿大、韩国、美国的新闻纸继续征收反倾销税，实施期限为 5 年。

中华人民共和国海关总署公告（2005 年第 35 号）称，根据《中华人民共和国反倾销条例》的规定，国务院关税税则委员会决定对原产于俄罗斯和日本的进口三氯乙烯征收反倾销税，征税时间从 2005 年 7 月 22 日起，期限为 5 年。

（4）报复关税。报复关税是指他国政府以不公正、不平等、不友好的态度对待本国输出的货物时，为维护本国利益，报复该国对本国输出货物的不公正、不平等、不友好，对该国输入本国的货物加重征收的关税。

（二）按征税对象进行分类

按征税对象进行分类，可将关税分为进口税、出口税和过境税

1. 进口税

进口税是海关对进口货物和物品所征收的关税。

它是关税中最主要的一种征税形式。目前，许多国家已不使用出口税和过境税，因此，经常所提到的关税，一般都指进口税而言。进口税是保护关税政策的主要手段，在各国财政收入中占一定地位。

进口税有正税和附税之分。正税是按照税则中法定税率征收的进口税；附加税则是在征收进口正税的基础上额外加征关税，主要为了在保护本国生产和增加财政收入两个方面，用以补充正税的不足，通常属于临时性的限制进口措施。

附加税的目的和名称繁多，如反倾销税、反补贴税、报复关税、紧急进口税等。附加税不是一个独立的税种，是从属于进口正税的。

2. 出口税

出口税是海关对出口货物和物品所征收的关税。

欧洲国家在 18 世纪以前曾以出口税作为重要财源，后来各国重视了关税的经济作用，认识到征收出口税不利于本国的生产和经济发展。因为征收出口税增加了出口货物的成本。会提高本国产品在国外的售价，因此降低了同别国产品的市场竞争能力，不利于扩大出口。

目前，各发达国家一般都取消了出口税。也有部分国家基于限制本国某些产品或自然资源的输出等原因，对部分出口货物征收出口税。

3. 过境税

过境税是指对过境货物所征的关税。所谓过境货物是指由境外启运，通过境内继续运往境外的货物。

过境税的前身是使用费，在重商主义时代曾盛行一时，征收过境税主要是为了增加财政收入。过境货物在海关监管下进出境，不准流入本国市场，对本国生产没有影响。但如果允许过境货物自由通过本国，则不仅有利于国际贸易的开展，而且可以增加本国港口、仓储、

运输等部门的收入。因此，19 世纪后半期，各国相继取消过境税，仅在外国货物通过时征收少量的签证费、印花税、统计费等。

中国海关对过境货物过境运输有具体要求：

（1）对同我国签有过境货物协定的国家的过境货物，或属于同我国签有铁路联运协定的国家收、发货的，按有关协定准予过境；

（2）对于未同我国签有协定国家的过境货物，应当经国家运输主管部门批准并向入境地海关备案后准予过境。

（三）按关税的征税标准分类

按关税的征税标准分类，可将关税分为从价税、从量税。此外各国常用的征税标准还有复合税、选择税、差价税、滑动税。

1. 从价税

以货物的价格作为征税标准而征收的税称为从价税。

从价税的税率表现为货物价格的百分值。经海关审定作为计征关税依据的价格称为完税价格。目前多数国家以到岸价格作为完税价格。以完税价格乘以税则中规定的税率，就可得出应纳的税额。

从价税具有以下一些优点：（1）税负公平。从价税按照货物贵贱确定应纳税额，对质优价高的产品课征较多的税额，对质劣价低的产品征收较少的税额，体现了税负公平的原则。此外，从价税还可以使关税负担随价格变动而增减，有助于实现纳税负担公平合理，容易体现和贯彻关税政策。（2）税负明确。从价税的税率以百分数表示，便于国际间的关税比较。

从价税虽优点较为明显，但是其完税价格难以审定，由于产品的真实价格信息难以获得，因而价格的准确程度较小。价格倘若完全由海关审定，往往与实际价格不相符合，使纳税人与其应有的纳税义务和纳税能力不吻合。倘若完全凭纳税人申报，因商人多是唯利是图，纳税人常常伪造票据，低报货价，以图减轻税负。加之国际贸易条件千变万化，例外情况层出不穷。因此，海关要确定进出口货物的真实确切的价格十分困难。通关缓慢，由于货物价格难以审定，海关多采用各种方法防止低报、瞒报价格。征纳双方由此而容易发生摩擦，延缓货物通关进程，增加关税稽征费用。

2. 从量税

从量税是以进口商品的重量、长度、容量、面积等计量单位为计税依据。从量税是每一种进口商品的单位应税额固定，不受该商品进口价格的影响。世界各国多以货物重量为标准计征关税。在确定重量时，又有总量（即毛重量）或半总量（即净重或净重加内包装）两个标准。

从量税最大的优点在于对数量众多、体积庞大、价值低廉的产品征税手续简便，可以节省大量征收费用。这是因为对宜于从量征收关税的货物仅就其数量做征税调查，一般不考虑物品的质量与价格。因此，货物可快速通关，避免因通关手续繁杂、时间拖长所带来的损失。此外，进口货物价格变动时，从量税可以发挥适度保护作用。尤其是在进口产品价格低落或外国生产者利用特别廉价方式倾销商品时，从量税因其与进口货物价格不发生关系而使国内产业得到较好的保护。

从量税的缺点在于：（1）税负不合理。从量税不能适应物价变动作出及时调整，因此，呈现出物价上涨则税负轻、物价下跌则税负反而重这一不合理现象。这不仅影响财政收入，而且影响关税发挥作用。（2）从量税难以普遍采用。特别是对一些无法以量定值的物品，如艺术品和贵重物品（古玩、字画、雕刻、宝石等），若以重量为课税标准，税负几乎等于零。（3）从量税难以发挥关税保护国内产业的作用。由于物价在上涨时期，从量税难以及时提高税率，进口货物税负减轻，难以发挥保护国内产业作用。

3. 复合税

复合税又称混合税，复合税是对某种进口商品同时使用从价和从量计征的一种计征关税的方法，在税则的同一税目中，有从价和从量两种税率，征税时既采用从量又采用从价两种税率计征税款的，被称为复合税。如现行进口税则中"广播级录像机"的最惠国税率：当每台价格不高于2 000美元时，执行36%的单一从价税。当每台价格高于2 000美元时，每台征收5 480元的从量税，再加上3%的从价税。复合税既可发挥从量税抑制低价商品进口的特点又可发挥从价税税负合理、稳定的特点，从理论上讲，复合税使税负适度、公正、科学。当物价上涨时，所征税额比单纯征收从量税多，而比单纯征收从价税少；当物价下跌时，所征税额则刚好相反。因此，复合税有较好的相互补偿作用，特别是在物价波动时可以减少对财政收入的影响，又能保持一定的保护作用。复合税的缺点是，在实际中，货物的从量税额和从价税税额比较难以确定，而且征收手续复杂。我国目前继续对感光材料、冻鸡产品等51个税目的商品实行复合税征收方式。

4. 选择税

在税则的同一税目，定有从价和从量两种税率，征税时由海关选择其中一种计征的称为选择税。

海关一般是选择税额较高的一种，也有选择税额较低的一种。实行选择税多根据产品价格高低而定。当物价上涨时，使用从价税；在物价下跌时，使用从量税。这样，不仅能保证国家的财政收入，还可较好地发挥保护本国产业的作用。但由于选择税通常是就高不就低，征税标准摇摆不定，海关计税手续繁杂。同时，纳税人也不能预知缴纳多少税额。容易与海关发生摩擦，阻碍国际贸易顺利地进行。

5. 滑动税

滑动税又称滑准税。滑准税是一种关税税率随进口商品价格由高到低而由低至高设置计征关税的方法，可以使进口商品价格越高，其进口关税税率越低；进口商品的价格越低，其进口关税税率越高。

当商品价格上涨，采用较低税率，而商品价格下跌则采用较高税率，其目的是使该种商品的国内市场价格保持稳定，免受或少受国际市场价格波动的影响。其主要特点是可保持滑准税商品的国内市场价格的相对稳定，尽可能减少国际市场价格波动的影响。我国对新闻纸实行过滑动关税。

（四）按保护形式和程度分类

关税按保护形式和程度分类，可分为关税壁垒和非关税壁垒。

1. 关税壁垒

关税壁垒是指一国政府以提高关税的办法限制外国商品进口的措施。关税壁垒的目的是抵制外国商品进入本国市场，最大限度地削弱外国商品在本国市场上的竞争能力，保护本国商品竞争优势，垄断国内市场。高额关税就像高墙一样阻止或限制外国商品输入，因此称为关税壁垒。

关税壁垒与保护关税政策相比具有更为强烈的贸易保护特色，但它只表示了一种抽象的概念。无论从理论上，还是从实际生活中，关税壁垒都有其质和量上的界限，从而区别于一般保护关税政策。

衡量关税壁垒的强弱程度及其对国内经济的保护作用和抵制他国商品倾销作用是一个十分复杂的问题。因此，只能用关税水平比较不同国家之间关税高低，或用名义保护率和实际保护率表示对某种或某类商品的保护程度并以此作为确定是否存在关税壁垒的基本标准。

2. 非关税壁垒

非关税壁垒是指除关税以外的一切限制进口的措施，有直接非关税壁垒和间接非关税壁垒之分。直接非关税壁垒是通过对本国产品和进口商品的差别待遇或迫使出口国限制商品出口等措施，以直接限制进口。其措施有政府采购、海关估价、进口许可制度、进口配额制、关税配额制等。间接非关税壁垒是指并非对商品进口进行直接限制，而是为了其他目的所采取的、同样能起到限制商品进口效果的各种措施。例如外汇管制、进出口国家垄断、复杂的海关手续、苛刻的卫生安全和技术标准等。

三、关税的计税方法

关税的计税方法多样，可以根据进口货物的类别、原产地以及国家的关税政策，分别采用从价定率征收、从量定额征收和复合关税征税等的方法，具体采用比例税率、定额税率、复合税率和滑准税率等形式。

四、关税的作用

（一）维护国家主权和经济利益

对进出口货物征收关税，表面上看似乎只是一个与对外贸易相联系的税收问题，其实一国采取什么样的关税政策直接关系到国与国之间的主权和经济利益。我国根据平等互利和对等原则，通过关税复式税则的运用等方式，争取国际间的关税互惠并反对他国对我国进行关税歧视，促进对外经济技术交往，扩大对外经济合作。

（二）保护和促进本国工农业生产的发展

一个国家采取什么样的关税政策，是实行自由贸易，还是采用保护关税政策，是由该国的经济发展水平、产业结构状况、国际贸易收支状况以及参与国际经济竞争的能力等多种因素决定的。国际上许多发展经济学家认为，自由贸易政策不适合发展中国家的情况。相反，这些国家为了顺利地发展民族经济，实现工业化，必须实行保护关税政策。我国作为发展中国家，一直十分重视利用关税保护本国的"幼稚工业"，促进进口替代工业发展，关税在保护和促进本国工农业生产的发展方面发挥了重要作用。

（三）筹集国家财政收入

我国关税收入是财政收入的重要组成部分，新中国成立以来，关税为经济建设提供了可观的财政资金。目前，发挥关税在筹集建设资金方面的作用，仍然是我国关税政策的一项重要内容。

（四）调节国民经济和对外贸易

关税是国家的重要经济杠杆，通过税率的高低和关税的减免，可以影响进出口规模，调节国民经济活动。如调节出口产品和出口产品生产企业的利润水平，有意识地引导各类产品的生产，调节进出口商品数量和结构，可促进国内市场商品的供需平衡，保护国内市场的物价稳定等。

第二节　关税的纳税人与课税基础

一、关税的纳税人

进口货物的收货人、出口货物的发货人、进出境物品的所有人，是关税的纳税义务人。

进出口货物的收、发货人是依法取得对外贸易经营权，并进口或者出口货物的法人或者其他社会团体。进出境物品的所有人包括该物品的所有人和推定为所有人的人。

一般情况下，对于携带进境的物品，推定其携带人为所有人；对分离运输的行李，推定相应的进出境旅客为所有人；对以邮递方式进境的物品，推定其收件人为所有人；以邮递或其他运输方式出境的物品，推定其寄件人或托运人为所有人。

二、关税的征税对象

关税的征税对象是准许进出境的货物和物品。

这里的货物是指贸易性商品；物品指入境旅客随身携带的行李物品、个人邮递物品、各种运输工具上的服务人员携带进口的自用物品、馈赠物品以及其他方式进境的个人物品。

关税中对禁止和限制进出境物品做了详细的规定，如下：

1. 禁止进境物品

（1）各种武器、仿真武器、弹药及爆炸物品；

（2）伪造的货币及伪造的有价证券；

（3）对中国政治、经济、文化、道德有害的印刷品、胶卷、照片、唱片、影片、录音带、录像带、激光视盘、计算机存储介质及其他物品；

（4）各种烈性毒药；

（5）鸦片、吗啡、海洛因、大麻以及其他能使人成瘾的麻醉品、精神药物；

（6）带有危险性病菌、害虫及其他有害生物的动物、植物及其产品；

（7）有碍人畜健康的、来自疫区的以及其他能传播疾病的食品、药品或其他物品。

2. 禁止出境物品

（1）列入禁止进境范围的所有物品；

（2）内容涉及国家秘密的手稿、印刷品、胶卷、照片、唱片、影片、录音带、录像带、激光视盘、计算机存储介质及其他物品；

（3）珍贵文物及其他禁止出境的文物；

（4）濒危的和珍贵的动物、植物（均含标本）及其种子和繁殖材料。

3. 限制进境物品

（1）无线电收发信机、通信保密机；

（2）烟、酒；

（3）濒危的和珍贵的动物、植物（均含标本）及其种子和繁殖材料；

（4）国家货币；

（5）海关限制进境的其他物品。

4. 限制出境物品

（1）金银等贵重金属及其制品；

（2）国家货币；

（3）外币及其有价证券；

（4）无线电收发信机、通信保密机；

（5）贵重中药材；

（6）一般文物；

（7）海关限制出境的其他物品。

第三节 关税的税率与税收优惠

一、关税的税率

（一）进口关税税率

我国加入 WTO 之后，为履行我国在加入 WTO 关税减让谈判中承诺的有关义务，享有 WTO 成员应有的权利，自 2002 年 1 月 1 日起，我国进口税则设有最惠国税率、协定税率、特惠税率、普通税率、关税配额税率等税率。对进口货物在一定期限内可以实行暂定税率。经过调整后我国 2009 年进出口税则税目总数由 2008 年的 7 758 个增至 7 868 个。

最惠国税率适用原产于与我国共同适用最惠国待遇条款的 WTO 成员国或地区的进口货物，或原产于与我国签订有相互给予最惠国待遇条款的双边贸易协定的国家或地区进口的货物，以及原产于我国境内的进口货物。

协定税率适用原产于我国参加的含有关税优惠条款的区域性贸易协定有关缔约方的进口

货物，目前对原产于韩国、斯里兰卡和孟加拉国3个曼谷协定成员的739个税目进口商品实行协定税率（即曼谷协定税率）。

特惠税率适用原产于与我国签订有特殊优惠关税协定的国家或地区的进口货物，目前对原产于孟加拉国的18个税目进口商品实行特惠税率（即曼谷协定特惠税率）。

普通税率适用于原产于上述国家或地区以外的其他国家或地区的进口货物。按照普通税率征税的进口货物，经国务院关税税则委员会特别批准，可以适用最惠国税率。

适用最惠国税率、协定税率、特惠税率的国家或者地区名单，由国务院关税税则委员会决定。

适用最惠国税率的进口货物有暂定税率的，应当适用暂定税率；适用协定税率、特惠税率的进口货物有暂定税率的，应当从低适用税率；适用普通税率的进口货物，不适用暂定税率。按照国家规定实行关税配额管理的进口货物，关税配额内的，适用关税配额税率；关税配额外的，按其适用税率的规定执行。

按照有关法律、行政法规的规定对进口货物采取反倾销、反补贴、保障措施的，其生产方式的适用按照《反倾销条例》、《反补贴条例》和《保障措施条例》的有关规定执行。

任何国家或者地区违反与中华人民共和国签订或者共同参加的贸易协定及相关协定，对中华人民共和国在贸易方面采取禁止、限制、加征关税或者其他影响正常贸易的措施的，对原产于该国家或者地区的进口货物可以征收报复性关税，适用报复性关税税率。

征收报复性关税的货物、适用国别、税率、期限和征收办法，由国务院关税税则委员会决定并公布。

根据税委会〔2011〕3号文件，进境物品税调方案自2011年1月27日起开始实施。调整后的进境物品进口税率表见表5－1。

表5－1　　　　　　　　　　　中华人民共和国进境物品进口税率

税号	税率（%）	物品名称
1	10	书报、刊物、教育专用电影片、幻灯片、原版录音带、录像带、金、银及其制品、计算机，视频摄录一体机、数字照相机等信息技术产品、照相机、食品、饮料、本表税号2、3、4及备注不包含的其他商品
2	20	纺织品及其制成品、电视摄像机及其他电器用具、自行车、手表、钟表（含配件、附件）
3	30	高尔夫球及球具、高档手表
4	50	烟、酒、化妆品

（二）出口关税税率

我国出口税则为一栏税率，即出口税率。国家仅对少数资源性产品及易于竞相杀价、盲目出口、需要规范出口秩序的半制成品征收出口关税。1992年对47种商品计征出口关税，税率为2%~40%。现行税则对36种商品计征出口关税，主要是鳗鱼苗、部分有色金属矿砂及其精矿、生锑、磷、氟钽酸钾、苯、山羊板皮、部分铁合金、钢铁废碎料、铜和铝原料及其制品、镍锭、锌锭、锑锭。出口商品税则税率一直未予调整，但对上述范围内的23种商品实行0~20%的暂定税率，其中16种商品为零关税，6种商品税率为1%及以下。与进口暂定税率一样，出口暂定税率优先适用于出口税则中规定的出口税率。因此，我国真正征收出口关税的商品只有 20 种，税率也较低。

（三）特别关税

特别关税包括报复性关税、反倾销税与反补贴税、保障性关税。征收特别关税的货物、适用国别、税率、期限和征收办法，由国务院关税税则委员会决定，海关总署负责实施。

1. 报复性关税

报复性关税是指为报复他国对本国出口货物的关税歧视，而对相关国家的进口货物征收的一种进口附加税。任何国家或者地区对其进口的原产于我国的货物征收歧视性关税或者给予其他歧视性待遇的，我国对原产于该国家或者地区的进口货物征收报复性关税。

2. 反倾销税与反补贴税

反倾销税与反补贴税是指进口国海关对外国的倾销商品，在征收关税的同时附加征收的一种特别关税，其目的在于抵销他国补贴。为保护我国产业，根据《反倾销条例》和《反补贴条例》规定，进口产品经初裁确定倾销或者补贴成立，并由此对国内产业造成损害的，可以采取临时反倾销或反补贴措施，实施期限为自决定公告规定实施之日起，不超过 4 个月。采取临时反补贴措施在特殊情形下，可以延长至 9 个月。经终裁确定倾销或者补贴成立，并由此对国内产业造成损害的，可以征收反倾销税和反补贴税，征收期限一般不超过 5 年，但经复审确定终止征收反倾销税或反补贴税，有可能导致倾销或补贴以及损害的继续或再度发生的，征收期限可以适当延长。反倾销税和反补贴税的纳税人为倾销或补贴产品的进口经营者。

采取以上措施，由商务部提出建议，国务院关税税则委员会根据商务部的建议作出决定，由商务部予以公告。采取临时反补贴措施要求提供现金保证金、保函或者其他形式的担保，由商务部作出决定并予以公告，海关自公告规定实施之日起执行。

3. 保障性关税

当某类商品进口量剧增，对我国相关产业带来巨大威胁或损害时，按照 WTO 有关规则，可以启动一般保障措施，即在与有实质利益的国家或地区进行磋商后，在一定时期内提高该项商品的进口关税或采取数量限制措施，以保护国内相关产业不受损害。根据《保障措施条例》规定，有明确证据表明进口产品数量增加，在不采取临时保障措施将对国内产业造成难以补救的损害的紧急情况下，可以作出初裁决定，并采取临时保障措施。临时保障措施采取提高关税的形式。终裁决定确定进口产品数量增加，并由此对国内产业造成损害的，可以采取保障措施。保障措施可以提高关税、数量限制等形式，针对正在进口的产品实施，不区分产品来源国家或地区。其中采取提高关税形式的，由商务部提出建议，国务院关税税则委员会根据建议作出决定，由商务部予以公告。

（四）税率的运用

《进出口关税条例》规定，进出口货物，应当依照税则规定的归类原则归入合适的税号，并按照适用的税率征税。其中：

1. 进出口货物，应当按照纳税义务人申报进口或者出口之日实施的税率征税。

2. 进口货物到达前，经海关核准先行申报的，应当按照装载此货物的运输工具申报进境之日实施的税率征税。

3. 进出口货物的补税和退税，适用该进出口货物原申报进口或者出口之日所实施的税率，但下列情况除外：

（1）按照特定减免税办法批准予以减免税的进口货物，后因情况改变经海关批准转让或出售或移作他用需予补税的，适用海关接受纳税人再次填写报关单申报办理纳税及有关手续之日实施的税率征税。

（2）加工贸易进口料、件等属于保税性质的进口货物，如经批准转为内销，应按向海关申报转为内销之日实施的税率征税；如未经批准擅自转为内销的，则按海关查获日期所施行的税率征税。

（3）暂时进口货物转为正式进口需予补税时，应按其申报正式进口之日实施的税率征税。

（4）分期支付租金的租赁进口货物，分期付税时，适用海关接受纳税人再次填写报关单申报办理纳税及有关手续之日实施的税率征税。

（5）溢卸、误卸货物事后确定需征税时，应按其原运输工具申报进口日期所实施的税率征税。如原进口日期无法查明的，可按确定补税当天实施的税率征税。

（6）对由于税则归类的改变、完税价格的审定或其他工作差错而需补税的，应按原征税日期实施的税率征税。

（7）对经批准缓税进口的货物以后交税时，不论是分期或一次交清税款，都应按货物原进口之日实施的税率征税。

（8）查获的走私进口货物需补税时，应按查获日期实施的税率征税。

二、关税的税收优惠

关税减免是对某些纳税人和征税对象给予鼓励和照顾的一种特殊调节手段。关税减免分为法定减免税、特定减免税和临时减免税。根据《海关法》规定，除法定减免税外的其他减免税均由国务院决定。减征关税在我国加入世界贸易组织之前以税则规定税率为基准，在我国加入世界贸易组织之后以最惠国税率或者普通税率为基准。

（一）法定减免税收优惠政策

法定减免税是《海关法》和《进出口条例》明确列出的减税或免税。

符合税法规定可予减免税的进出口货物，纳税义务人无须提出申请，海关可按规定直接予以减免税，海关对法定减免税货物一般不进行后续管理。

1. 法定免税货物

（1）关税税额在人民币50元以下的一票货物。

（2）无商业价值的广告品和货样。

（3）外国政府、国际组织无偿赠送的物资。

（4）进出境运输工具装载的途中必需的燃料、物料和饮食用品。

（5）经海关核准暂时进境或者暂时出境，并在6个月内复运出境或者复运进境的货样、展览品、施工机械、工程车辆、工程船舶、供安装设备时使用的仪器和工具、电视或者电影摄制器械、盛装货物的容器以及剧团服装道具，在收发货人向海关缴纳相当于税款的保证金或者提供担保后，可予暂时免税。

（6）为境外厂商加工、装配成品和为制造外销产品而进口的原材料、辅料、零件、部件、配套件和包装物料，海关按照实际加工出口的成品数量免征进口关税；或者对进口料、件先征进口关税，再按照实际加工出口的成品数量予以退税。

（7）无代价抵偿的进口货物，即进口货物在征税放行后，发现货物残损、短少或品质不良，而由国外承运人、发货人或保险公司免费补偿或更换的同类货物，可以免税。但有残损或质量问题的原进口货物如未退运国外，其进口的无代价抵偿货物应照章征税。

2. 酌情减免税货物

进口货物如有以下情形，经海关查明属实，可酌情减免进口关税：

（1）在境外运输途中或者在起卸时，遭受损坏或者损失的；

（2）起卸后海关放行前，因不可抗力遭受损坏或者损失的；

（3）海关查验时已经破漏、损坏或者腐烂，经证明不是保管不慎造成的；

（4）我国缔结或者参加的国际条约规定减征、免征关税的货物、物品，按照规定予以减免关税；

（5）法律规定减征、免征的其他货物。

3. 退货减免税货物

（1）因故退还的中国出口货物，经海关审查属实，可予免征进口关税，但已征收的出口关税不予退还；

（2）因故退还的境外进口货物，经海关审查属实，可予免征出口关税，但已征收的进口关税不予退还。

（二）特定减免税

特定减免税也称政策性减免税。特定减免税货物一般有地区、企业和用途的限制，海关需要进行后续管理，进行减免税统计。

1. 科教用品

对科学研究机构和学校，不以营利为目的，在合理数量范围内进口国内不能生产的科学研究和教学用品，直接用于科学研究或者教学的，免征进口关税和进口环节增值税、消费税。

2. 残疾人专用品

对规定的残疾人个人专用品，免征进口关税和进口环节增值税、消费税；对康复、福利机构、假肢厂和荣誉军人康复医院进口国内不能生产的、明确规定的残疾人专用品，免征进口关税和进口环节增值税。

3. 扶贫、慈善性捐赠物资

对境外自然人、法人或者其他组织等境外捐赠人，无偿向经国务院主管部门依法批准成立的，以人道救助和发展扶贫、慈善事业为宗旨的社会团体以及国务院有关部门和各省、自治区、直辖市人民政府捐赠的，直接用于扶贫、慈善事业的物资，免征进口关税和进口环节增值税。

4. 加工贸易产品

（1）加工装配和补偿贸易。进境料件不予征税，准许在境内保税加工为成品后返销出口；进口外商的不作价设备和作价设备，分别比照外商投资项目和国内投资项目的免税规定执行；剩余料件或增产的产品，经批准转内销时，价值在进口料件总值2%以内，且总价值在3 000元以下的，可予免税。

（2）进料加工。对专为加工出口商品而进口的料件，海关按实际加工复出口的数量，免征进口税；加工的成品出口，免征出口税，但内销料件及成品照章征税；对加工过程中产生的副产品、次品、边角料，海关根据其使用价值分析估价征税或者酌情减免税；剩余料件或增产的产品，经批准转内销时，价值在进口料件总值2%以内，且总价值在5 000元以下的，可予免税。

5. 边境贸易进口物资

（1）边民个人通过互市贸易进口的商品，每人每日价值在8 000元以下的，免征进口关税和进口环节增值税；

（2）边境小额贸易企业通过指定边境口岸进口原产于毗邻国家的商品，除烟、酒、化妆品以及国家规定必须照章征税的其他商品外，进口关税和进口环节增值税减半征收。

6. 保税区进出口货物

（1）进口供保税区使用的机器、设备、基建物资、生产用车辆，为加工出口产品进口的原材料、零部件、元器件、包装物料，供储存的转口货物以及在保税区内加工运输出境的产品免征进口关税和进口环节税。

（2）保税区内企业进口专为生产加工出口产品所需的原材料、零部件、包装物料，以及转口货物予以保税。

这里需注意，"保税"是"保留征税权"，即进口时暂时不征税，如果出口了，就不再补税；如果不出口，就要依法补征进口税。

（3）从保税区运往境外的货物，一般免征出口关税。

7. 出口加工区进出口货物

（1）从境外进入区内生产性的基础设施建设项目所需的机器、设备和建设生产厂房、仓储设施所需的基建物资，区内企业生产所需的机器、设备、模具及其维修用零配件，区内企业和行政管理机构自用合理数量的办公用品，予以免征进口关税和进口环节税；

（2）区内企业为加工出口产品所需的原材料、零部件、元器件、包装物料及消耗性材料，予以保税；

（3）对加工区运往区外的货物，海关按照对进口货物的有关规定办理报关手续，并按照制成品征税；

（4）对从区外进入加工区的货物视同出口，可按规定办理出口退税。

8. 进口设备

国务院决定自1998年1月1日起，对国家鼓励发展的国内投资项目和外商投资项目进口设备，在规定范围内免征进口关税和进口环节增值税。具体为：

（1）外商投资项目。对符合《外商投资产业指导目录》鼓励类和限制乙类，并转让技术的外商投资项目，在投资总额内进口的自用设备，以及外国政府贷款和国际金融组织贷款项目进口的自用设备、加工贸易外商提供的不作价进口设备，除另有规定外，免征进口关税和进口环节增值税。

（2）国内投资项目。对符合《当前国家重点鼓励发展的产业、产品和技术目录》的国内投资项目，在投资总额内进口的自用设备，除另有规定外，免征进口关税和进口环节增值税。

（3）对符合上述规定的项目，按照合同随设备进口的技术及配套件、备件，也免征进口关税和进口环节增值税。

9. 特定行业或用途的减免税政策

为鼓励、支持部分行业或特定产品的发展，国家制定了部分特定行业或用途的减免税政策，这类政策一般对可以减免税的商品列有具体清单。如，为支持我国海洋和路上特定地区石油、天然气开采作业，对相关项目进口国内不能生产或性能不能满足要求的，直接用于开采作业的设备、仪器、零附件、专用工具，免征进口关税和进口环节增值税；为支持纺织品出口，经国务院批准，决定自 2005 年 8 月 1 日起对 17 种 8 位税目项下的纺织品（61021000 税号的毛制针织女式大衣、防风衣等）停止征收出口关税。

（三）临时减免税收优惠政策

临时减免税是指以上法定和特定减免税以外的其他减免税，即由国务院根据《海关法》对某个单位、某类商品、某个项目或某批进出口货物的特殊情况，给予特别照顾，一案一批，专文下达的减免税。一般有单位、品种、期限、金额或数量等限制，不能比照执行。

我国已经加入世界贸易组织，为遵循统一、规范、公平、公开的原则，有利于统一税法、公平税负、平等竞争，国家严格控制减免税，一般不办理个案临时性减免税，对特定减免税也在逐步规范、清理，对不符合国际惯例的税收优惠政策将逐步予以废止。

第四节　关税应纳税额的计算

世界各国海关大多采用以课税对象的价格（或价值）为课税标准对进出境货物征收关税。《海关进出口货物征税管理办法》要求，海关应当按照《进出口关税条例》的规定，以从价、从量或者国家规定的其他方式对进出口货物征收关税。海关应当按照有关法律、行政规定的适用税种、税目、税率和计算公式对进口货物计征进口环节海关代征税。

一、有关原产地的规定

确定进境货物原产国的主要原因之一，是便于正确运用进口税则的各栏税率，对产自不同国家或地区的进口货物适用不同的关税税率。我国原产地规定基本上采用了"全部产地生产标准"、"实质性加工标准"两种国际上通用的原产地标准。

（一）全部产地生产标准

全部产地生产标准是指进口货物"完全在一个国家内生产或制造"，生产或制造国即为该货物的原产国。完全在一国生产或制造的进口货物包括：

1. 在该国领土或领海内开采的矿产品；
2. 在该国领土上收获或采集的植物产品；
3. 在该国领土上出生或由该国饲养的活动物及其所得产品；

4. 在该国领土上狩猎或捕捞所得的产品；

5. 在该国的船只上卸下的海洋捕捞物，以及由该国船只在海上取得的其他产品；

6. 在该国加工船加工上述第 5 项所列物品所得的产品；

7. 在该国收集的只适用于做再加工制造的废碎料和废旧物品；

8. 在该国完全使用上述 1～7 项所列新产品加工成的制成品。

（二）实质性加工标准

实质性加工标准是适用于确定有两个或两个以上国家参与生产的产品的原产国的标准，其基本含义是：经过几个国家加工、制造的进口货物，以最后一个对货物进行经济上可以视为实质性加工的国家作为有关货物的原产国。"实质性加工"是指产品加工后，在进出口税则中四位数税号一级的税则归类已经有了改变，或者加工增值占新产品总值的比例已超过30% 及以上的。

（三）其他

对机器、仪器、器材或车辆所用零件、部件、配件、备件及工具，如与主件同时进口且数量合理的，其原产地按主件的原产地确定，分别进口的则按各自的原产地确定。

二、进出口关税应纳税额的计算方法

我国进口关税 7 868 个税目中采用从价关税的为 7 813 个，占税目总量的大约 99.3%。征收出口关税的 373 个税目全部采用从价关税。除另有规定外，关税和进口环节海关代征税按照下述计算公式计征：

（一）从价税应纳税额的计算

从价关税以完税价格为计税依据，乘以按进出口税则规定该进口货物适用的进口关税税率，计算公式为：

$$应纳进出口关税税额 = 应税进（出）口货物数量 \times 单位完税价格 \times 关税税率$$

进口货物的成交价格，因有不同的成交条件而有不同的价格形式，常用的价格条款，有 FOB、CFR、CIF 三种。"FOB"的含义是"船上交货"的价格术语简称。这一价格术语是指卖方在合同规定的装运港把货物装上买方指定的船上，并负责货物装上船为止的一切费用和风险。又称"离岸价格"。"CFR"的含义是"成本加运费"的价格术语简称，又称"离岸加运费价格"。这一价格术语是指卖方负责将合同规定的货物装上买方指定运往目的港的船上，负责货物装上船为止的一切费用和风险，并支付运费。"CIF"的含义是"成本加运费、保险费"的价格术语简称，习惯上又称"到岸价格"。这一价格术语是指卖方负责将合同规定的货物装上买方指定运往目的港的船上，办理保险手续，并负责支付运费和保险费。

进口货物关税税额是进一步计算货物进口环节应缴增值税或消费税的基础，也是纳税人进口货物成本的组成办法，所以，正确计算关税完税价格和确定进口税率，直接影响着纳税人的纳税义务。

（二）从量税应纳税额的计算

从量关税的纳税额只与进出口货物的数量、重量、体积、面积以及长度有关，不受国际市场价格变化的影响，计税方法简单，但海关不易实施税收调控。计算公式为：

$$关税税额 = 应税进（出）口货物数量 × 单位关税税额$$

从量关税的正确计算不涉及关税完税价格，仅涉及海关核定的进口数量和该税目货物在税率表中所对应的单位税额标准，是比较简单的关税计算方法。

（三）复合税应纳税额的计算

我国目前实行的复合税都是先计征从量税，再计征从价税。计算公式为：

$$\frac{关税}{税额} = \frac{应税进（出）}{口货物数量} × \frac{单位关}{税税额} + \frac{应税进（出）}{口货物数量} × \frac{单位完}{税价格} × \frac{关税}{税率}$$

（四）滑准税应纳税额的计算

滑准关税也是从价计税的一种，所不同的是其关税税率随关税完税价格的变动而变动。

$$关税税额 = 应税进（出）口货物数量 × 单位完税价格 × 滑准税税率$$

现行税则《进（出）口商品从量税、复合税、滑准税税目税率表》后注明了滑准税税率的计算公式，该公式是一个与应税进（出）口货物完税价格相关的取整函数。

三、进口货物关税税额的计算

进口货物关税税额的计算分三步，即：第一步要确定该进口货物属于一般贸易方式进口的货物还是特殊贸易方式进口的货物；第二步分别按不同的方法确定完税价格；第三步根据进口货物的原产地确定其适用的税率，计算出关税应纳税额。

（一）一般进口货物的完税价格

一般贸易方式进口的货物，根据海关是否能够审查确定成交价格为依据分别采取不同的完税价格的认定办法。如果海关能够审定进口货物成交价格的，则应采用"以成交价格为基础的完税价格"；如果海关不能审定进口货物到岸价格的，则应当采用"进口货物海关估价方法"。

1. 以成交价格为基础的完税价格

根据《海关法》规定，进口货物的完税价格包括货物的货价货物运抵我国境内输入地点起卸前的运输及其相关费用、保险费。我国境内输入地为入境海关地，包括内陆河、江口岸，一般为第一口岸。货物的货价以成交价格为基础。进口货物的成交价格是指卖方向中华人民共和国境内销售该货物时，买方为进口该货物向卖方实付、应付的并按照规定调整后的价款总额，包括直接支付的价款和间接支付的价款。

（1）对进口货物成交价格的要求

进口货物成交价格应当符合下列要求：

第一，买方对进口货物的处置或使用不受限制，但国内法律、行政法规规定的限制和对货物转售地域的限制，以及对货物价格无实质影响的限制除外；

第二，货物的价格不得受到使该货物成交价格无法确定的条件或因素的影响；

第三，卖方不得直接或间接获得因买方转售、处置或使用进口货物而产生的任何收益，能够按照《完税价格办法》有关规定作出调整的除外；

第四，买卖双方之间没有特殊关系，或者虽有特殊关系但未对成交价格产生影响。

（2）对实付或应付价格调整的有关规定

"实付或应付价格"指买方为购买进口货物直接或间接支付的总额，即作为卖方销售进口货物的条件，由买方向卖方或为履行卖方义务向第三方已经支付或将要支付的全部款项。

如下列费用或者价值未包括在进口货物的实付或者应付价格中，应当计入完税价格：

①由买方负担的除购货佣金以外的佣金和经纪费。"购货佣金"指买方为购买进口货物向自己的采购代理人支付的劳务费用。"经纪费"指买方为购买进口货物向代表买卖双方利益的经纪人支付的劳务费用。

②由买方负担的与该货物视为一体的容器费用。

③由买方负担的包装材料和包装劳务费用。

④与该货物的生产和向中华人民共和国境内销售有关的，由买方以免费或者以低于成本的方式提供并可以按适当比例分摊的料件、工具、模具、消耗材料及类似货物的价款，以及在境外开发、设计等相关服务的费用。

⑤买方直接或间接支付的特许权使用费。

特许权使用费指买方为获得与进口货物相关的、受著作权保护的作品、专利、商标、专有技术和其他权利的使用许可而支付的费用。但是符合下列情形之一的除外：即特许权使用费与该货物无关；特许权使用费的支付不构成该货物向中华人民共和国境内销售的条件。

与进口货物有关的特许权使用费的确定，符合下列条件之一的应当视为与进口货物有关：

第一，特许权使用费是用于支付专利权或者专有技术使用权，且进口货物属于下列情形之一的：含有专利或者专有技术的；用专利方法或者专有技术生产的；为实施专利或者专有技术而专门设计或者制造的。

第二，特许权使用费是用于支付商标权，且进口货物属于下列情形之一的：附有商标的；进口后附上商标直接可以销售的；进口时已含有商标权，经过轻度加工后附上商标即可以销售的。

第三，特许权使用费是用于支付著作权，且进口货物属于下列情形之一的：含有软件、文字、乐曲、图片、图像或者其他类似内容的进口货物，包括磁带、磁盘、光盘或者其他类似介质的形式；含有其他享有著作权内容的进口货物。

第四，特许权使用费是用于支付分销权、销售权或者其他类似权利，且进口货物属于下列情形之一的：进口后可以直接销售的；经过轻度加工即可以销售的。

买方不支付特许权使用费则不能购得进口货物，或者买方不支付特许权使用费则该货物不能以合同议定的条件成交的，应当视为特许权使用费的支付构成进口货物向中华人民共和国境内销售的条件。

⑥卖方直接或间接从买方对该货物进口后转售、处置或使用所得中获得的收益。

上列所述的费用或价值，应当由进口货物的收货人向海关提供客观量化的数据资料。如果没有客观量化的数据资料，完税价格由海关按《完税价格办法》规定的方法进行估定。

下列费用，如能与该货物实付或者应付价格区分，则不得计入完税价格：

①厂房、机械、设备等货物进口后的基建、安装、装配、维修和技术服务的费用，但是保修费用除外；

②进口货物运抵中华人民共和国境内输入地点起卸后发生的运输及其相关费用、保险费；

③进口关税、进口环节海关代征税及其他国内税；

④为在境内复制进口货物而支付的费用；

⑤境内外技术培训及境外考察费用。

同时符合下列条件的利息费用不计入完税价格：

①利息费用是买方为购买进口货物而融资所产生的；

②有书面的融资协议的；

③利息费用单独列明的；

④纳税义务人可以证明有关利率不高于在融资当时当地此类交易通常应当具有的利率水平，且没有融资安排的相同或者类似进口货物的价格与进口货物的实付、应付价格非常接近的。

买卖双方之间有特殊关系的，经海关审定其特殊关系未对成交价格产生影响，或进口货物的收货人能证明其成交价格与同时或大约同时发生的下列任一价格相近，该成交价格海关应当接受：

①向境内无特殊关系的买方出售的相同或类似货物的成交价格；

②按照使用倒扣价格有关规定所确定的相同或类似货物的完税价格；

③按照使用计算价格有关规定所确定的相同或类似货物的完税价格。

海关在使用上述价格做比较时，应当考虑商业水平和进口数量的不同，以及实付或者应付价格的调整规定所列各项目和交易中买卖双方有无特殊关系造成的费用差异。

有下列情形之一的，应当认定买卖双方有特殊关系：买卖双方为同一家族成员；买卖双方互为商业上的高级职员或董事；一方直接或间接地受另一方控制；买卖双方都直接或间接地受第三方控制；买卖双方共同直接或间接地控制第三方；一方直接或间接地拥有、控制或持有对方 5% 或以上公开发行的有表决权的股票或股份；一方是另一方的雇员、高级职员或董事；买卖双方是同一合伙的成员。买卖双方在经营上相互有联系，一方是另一方的独家代理、经销或受让人，如果有上述关系的，也应当视为有特殊关系。

2. 进口货物海关估价方法

进口货物的价格不符合成交价格条件或者成交价格不能确定的，海关应当依次以相同货物成交价格方法、类似货物成交价格方法、倒扣价格方法、计算价格方法及其他合理方法确定的价格为基础，估定完税价格。如果进口货物的收货人提出要求，并提供相关资料，经海关同意，可以选择倒扣价格方法和计算价格方法的适用次序。

（1）相同或类似货物成交价格方法。

相同或类似货物成交价格方法，即以与被估的进口货物同时或大约同时（在海关接受申报进口之日的前后各 45 天以内）进口的相同或类似货物的成交价格为基础，估定完税价格。

以该方法估定完税价格时，应使用与该货物相同商业水平且进口数量基本一致的相同或类似货物的成交价格，但对因运输距离和运输方式不同，在成本和其他费用方面产生的差异应当进行调整。在没有上述相同或类似货物的成交价格的情况下，可以使用不同商业水平或不同进口数量的相同或类似货物的成交价格，但对因商业水平、进口数量、运输距离和运输方式不同，在价格、成本和其他费用方面产生的差异应当作出调整。

以该方法估定完税价格时，应当首先使用同一生产商生产的相同或类似货物的成交价格，只有在没有这一成交价格的情况下，才可以使用同一生产国或地区生产的相同或类似货物的成交价格。如果有多个相同或类似货物的成交价格，应当以最低的成交价格为基础，估定进口货物的完税价格。

上述"相同货物"指与进口货物在同一国家或地区生产的，在物理性质、质量和信誉等所有方面都相同的货物，但表面的微小差异允许存在；"类似货物"指与进口货物在同一国家或地区生产的，虽然不是在所有方面都相同，但却具有相似的特征、相似的组成材料、同样的功能，并且在商业中可以互换的货物。

（2）倒扣价格方法。

倒扣价格方法即以被估的进口货物、相同或类似进口货物在境内销售的价格为基础估定完税价格。按该价格销售的货物应当同时符合五个条件，即在被估货物进口时或大约同时销售；按照进口时的状态销售；在境内第一环节销售；合计的货物销售总量最大；向境内无特殊关系方的销售。

这种方法估定完税价格时，下列各项应当扣除：

①该货物的同等级或同种类货物，在境内销售时的利润和一般费用及通常支付的佣金。

②货物运抵境内输入地点之后的运费、保险费、装卸费及其他相关费用。

③进口关税、进口环节税和其他与进口或销售上述货物有关的国内税。

（3）计算价格方法。

计算价格方法即按下列各项的总和计算出的价格估定完税价格。有关项为：

①生产该货物所使用的原材料价值和进行装配或其他加工的费用；

②与向境内出口销售同等级或同种类货物的利润、一般费用相符的利润和一般费用；

③货物运抵境内输入地点起卸前的运输及相关费用、保险费。

（4）其他合理方法。

其他合理方法实际上是对海关估价的一项补救方法，即是在使用上述任何一种估价方法都无法确定海关估价时，海关可以灵活地采用上述方法中任何一个最便于计算海关价格的方法。

使用其他合理方法时，应当根据《完税价格办法》规定的估价原则，以在境内获得的数据资料为基础估定完税价格。但不得使用以下价格：

①境内生产的货物在境内的销售价格；

②可供选择的价格中较高的价格；

③货物在出口地市场的销售价格；

④以计算价格方法规定的有关各项之外的价值或费用计算的价格；

⑤出口到第三国或地区的货物的销售价格；

⑥最低限价或武断虚构的价格。

（二）特殊进口货物的完税价格

1. 加工贸易进口料件及其制成品

加工贸易进口料件或者其制成品需征税或内销补税的，海关按照一般进口货物的完税价格规定，审定完税价格。其中：

（1）进料加工进口料件或其制成品（包括残次品）申报内销时，海关以料件的原进口成交价格为基础审查确定完税价格。料件的原进口成交价格不能确定的，海关按照接受内销申报的同时或大约同时进口的，与料件相同或类似的货物的进口成交价格为基础审查确定完税价格。

（2）来料加工进口料件或其制成品（包括残次品）申报内销时，海关按照接受内销申报的同时或大约同时进口的，与料件相同或类似的货物的进口成交价格为基础审查确定完税价格。

（3）加工贸易企业加工过程中产生的边角料或副产品申报内销时，海关以其内销价格为基础审查确定完税价格。

（4）海关总署或直属海关可以根据市场行情，定期公布有关边角料和副产品的内销计税参考价格（以下简称"计税参考价格"）。

加工贸易企业可以选择按照内销价格或者计税参考价格向海关申报。加工贸易企业按照计税参考价格申报时。海关按照计税参考价格确定完税价格。

（5）保税区、出口加工区内的加工贸易企业申报内销加工贸易制成品时，海关按照接受内销申报的同时或大约同时进口的，与制成品相同或类似的货物的进口成交价格为基础审查确定完税价格。

保税区内的加工贸易企业内销的进料加工制成品中，如果含有从境内采购的料件，海关以制成品所含从境外购入料件的原进口成交价格为基础审查确定完税价格。料件的原进口成交价格不能确定的，海关按照接受内销申报的同时或大约同时进口的，与料件相同或类似的货物的进口成交价格为基础审查确定完税价格。

保税区内的加工贸易企业内销的来料加工制成品中，如果含有从境内采购的料件，海关按照接受内销申报的同时或大约同时进口的，与制成品所含从境外购入的料件相同或类似的货物的进口成交价格为基础审查确定完税价格。

（6）加工贸易内销货物的完税价格按照上述规定仍不能确定的，由海关按合理的方法审查确定。

（7）加工贸易企业向海关申报内销时，应当提交原进口报关单或备案清单复印件海关认为必要时，还应提供与成交价格或内销价格有关的资料。

2. 运往境外修理的货物

运往境外修理的机械器具、运输工具或其他货物，出境时已向海关报明，并在海关规定期限内复运进境的，应当以海关审定的境外修理费和料件费为完税价格。

3. 运往境外加工的货物

运往境外加工的货物，出境时已向海关报明，并在海关规定期限内复运进境的，应当以海关审定的境外加工费和料件费，以及该货物复运进境的运输及其相关费用、保险费估定完税价格。

4. 暂时进境货物

对于经海关批准的暂时进境的货物，应当按照一般进口货物估价办法的规定，估定完税价格。

5. 租赁方式进口货物

租赁方式进口的货物中，以租金方式对外支付的租赁货物，在租赁期间以海关审定的租金作为完税价格；留购的租赁货物，以海关审定的留购价格作为完税价格；承租人申请一次性缴纳税款的，经海关同意，按照一般进口货物估价办法的规定估定完税价格。

6. 留购的进口货样等

对于境内留购的进口货样、展览品和广告陈列品，以海关审定的留购价格作为完税价格。

7. 予以补税的减免税货物

减税或免税进口的货物需予补税时，应当以海关审定的该货物原进口时的价格，扣除折旧部分价值作为完税价格，计算公式为：

$$完税价格 = 海关审定的该货物原进口时的价格$$
$$\times [1 - 申请补税时实际已使用的时间（月）÷（监管年限 \times 12）]$$

8. 以其他方式进口的货物

以易货贸易、寄售、捐赠、赠送等其他方式进口的货物，应当按照一般进口货物估价办法的规定，估定完税价格。

四、出口货物的完税价格

出口货物的完税价格由海关以该货物的成交价格为基础审查确定，并应当包括货物运至中华人民共和国境内输出地点装载前的运输及其相关费用、保险费。

（一）以成交价格为基础的完税价格

出口货物的成交价格，是指该货物出口销售时，卖方为出口该货物应当向买方直接收取和间接收取的价款总额。

下列税收、费用不计入出口货物的完税价格：

1. 出口关税；

2. 在货物价款中单独列明的货物运至中华人民共和国境内输出地点装载后的运输及其相关费用、保险费；

3. 在货物价款中单独列明由卖方承担的佣金。

（二）出口货物海关估定方法

出口货物的成交价格不能确定的，海关经了解有关情况，并与纳税义务人进行价格磋商后，依次以下列价格审查确定该货物的完税价格：

1. 同时或者大约同时向同一国家或者地区出口的相同货物的成交价格；

2. 同时或者大约同时向同一国家或者地区出口的类似货物的成交价格；

3. 根据境内生产相同或者类似货物的成本、利润和一般费用（包括直接费用和间接费用）、境内发生的运输及其相关费用、保险费计算所得的价格；

4. 按照合理方法估定的价格。

五、进出口货物相关费用的确定

1. 以一般陆运、空运、海运方式进口货物的运费

在进口货物的运输及相关费用、保险费计算中：

（1）海运进口货物，计算至该货物运抵境内的卸货口岸；如果该货物的卸货口岸是内河（江）口岸，则应当计算至内河（江）口岸。

（2）陆运进口货物，计算至该货物运抵境内的第一口岸；如果运输及其相关费用、保险费支付至目的地口岸，则计算至目的地口岸。

（3）空运进口货物，计算至该货物运抵境内的第一口岸；如果该货物的目的地为境内的第一口岸外的其他口岸，则计算至目的地口岸。

陆运、空运和海运进口货物的运费和保险费，应当按照实际支付的费用计算。如果进口货物的运费无法确定或未实际发生，海关应当按照该货物进口同期运输行业公布的运费率（额）计算运费；按照"货价加运费"两者总额的3%计算保险费，其计算公式如下：

$$保险费 = （货价 + 运费） \times 3\%$$

2. 以其他方式进口的货物

邮运进口的货物，应当以邮费作为运输及其相关费用、保险费。以境外边境口岸价格条件成交的铁路或公路运输进口货物，海关应当按照货价的1%计算运输及其相关费用、保险费；作为进口货物的自驾进口的运输工具，海关在审定完税价格时，可以不另计入运费。

出口货物的销售价格如果包括离境口岸至境外口岸之间的运输、保险费的该运费、保险费应当扣除。

【例5-1】 某外贸公司9月份空运进口一批化妆品，实际成交价格（货价）50万美元，未含从境外起运地至境内口岸运费5万美元，保险费无法确定。另外，从甲企业购进应纳消费税的化妆品一批，进价1 000万元，支付增值税170万元，该产品现全部出口，出境口岸成交价格1 500万元（含出口关税）。

（进口关税率假定20%，增值税退税率15%，消费税税率30%，出口关税税率40%，汇率1美元 = 7元）

要求：根据上述资料，计算该公司8月份的关税税额进口环节关税额、进口环节消费税额、进口环节增值税额、应退消费税额、应退增值税额、应纳出口环节关税额。

[计算分析]

（1）应纳进口环节关税 = （55 × 7 + 55 × 7 × 3 500） × 20% = （385 + 1.16） × 20% = 386.16 × 20% = 77.23（万元）

（2）应纳进口环节消费税 = （386.16 + 77.23） ÷ （1 - 30%） × 30% = 198.60（万元）

（3）应纳进口环节增值税 = （386.16 + 77.23） ÷ （1 - 30%） × 17% = 112.54（万元）

（4）应退消费税 = 1 000 × 30% = 300（万元）

（5）应退增值税 = 1 000 × 15% = 150（万元）

（6）应纳出口关税 = 1 500 ÷ （1 + 40%） × 40% = 428.57（万元）

第五节　关税难点解析

一、一般进口货物的完税价格

正常情况下，进口货物采用以成交价格为基础的完税价格。进口货物的完税价格包括货物的货价、货物运抵我国输入地点起卸前的运输及相关费用、保险费。

一般进口货物完税价格的内容组成如图 5－1 所示。

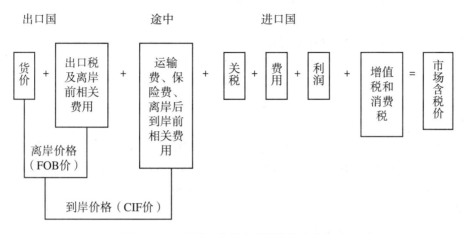

图 5－1 一般进口货物完税价格的内容组成

为了方便起见，我们可以把进口货物的完税价格简单归纳为正常的 CIF，其中 C 是完整的购货成本，包含支付的佣金（支付给自己采购代理人的购货佣金除外）；I 是保险费，包含在出口国和进口途中的保险费；F 是运费和其他费用，包含在出口国和进口途中的运费和其他费用。计算进口货物关税的完税价格，CIF 三项缺一不可，如果价格不正常或不完整，则需要进行调整。

【例 5－2】上海某进出口公司从美国进口货物一批，货物以离岸价格成交，成交价折合人民币为 1 410 万元（包括单独计价并经海关审查属实的向境外采购代理人支付的买方佣金 10 万元，但不包括使用该货物而向境外支付的软件费 50 万元、向卖方支付的佣金 15 万元），另支付货物运抵我国上海港的运费、保险费等 35 万元。假设该货物适用关税税率为 20%、增值税税率为 17%、消费税税率为 10%。

要求：计算该公司应纳关税、消费税和增值税。

[计算分析]

首先判断进口货物完税价格为离岸价＋软件费＋卖方佣金－买方佣金＋运保费，这是该企业确定的核心问题。

关税完税价格 ＝ 1 410＋50＋15－10＋35 ＝ 1 500（万元）

进口环节关税 ＝ 1 500×20% ＝ 300（万元）

消费税计算注意组成计税价格公式：

进口消费税组成计税价格 ＝（1 500＋300）÷（1－10%）＝ 2 000（万元）

进口环节海关代征消费税 ＝ 2 000×10% ＝ 200（万元）

进口增值税组成计税价格 ＝ 1 500＋300＋200 ＝ 2 000（万元）

进口环节海关代征增值税 ＝ 2 000×17% ＝ 340（万元）

【例 5－3】某商贸公司为增值税一般纳税人，并具有进出口经营权。3 月发生相关经营业务如下：

（1）从国外进口小轿车一辆，支付买价 400 000 元、相关税金 30 000 元，支付到达我国海关前的运输费用 40 000 元、保险费用 20 000 元；

（2）将生产中的价值 500 000 元的旧设备运往国外修理，出境时已向海关报明，支付给境外的修理费用 50 000 元、料件费用 100 000 元，并在海关规定的期限内收回了修理设备；

（3）从国外进口卷烟 80 000 条（每条 200 支），支付买价 2 000 000 元，支付到达我国海关前的运输费用 120 000 元、保险费用 80 000 元。

（注：进口关税税率均为 20%，小轿车消费税税率为 8%，单位金额为元）

要求：计算该商贸公司应纳关税、消费税和增值税。

[计算分析]

（1）进口小轿车、修理旧设备和进口卷烟应缴纳的进口关税 =（400 000 + 30 000 + 40 000 + 20 000 + 50 000 + 100 000 + 2 000 000 + 120 000 + 80 000）× 20% = 568 000（元）

（2）小轿车在进口环节应缴纳的消费税 =（400 000 + 30 000 + 40 000 + 20 000）×（1 + 20%）÷（1 - 8%）× 8% = 51 130.43（元）

（3）进口卷烟应缴纳的消费税：

每条进口卷烟消费税适用比例税率的价格 = [（2 000 000 + 120 000 + 80 000）÷ 80 000 ×（1 + 20%）+ 0.6] ÷（1 - 30%）= 48（元）

进口卷烟应缴纳的消费税 = 80 000 × 0.6 + 80 000 × 48 × 30% = 1 200 000（元）

（4）小轿车、修理旧设备和卷烟在进口环节应缴纳的增值税 =（400 000 + 30 000 + 40 000 + 20 000 + 50 000 + 100 000 + 2 000 000 + 120 000 + 80 000 + 568 000 + 51 130.43 + 1 200 000）× 17% = 792 052.17（元）

二、特殊进口货物的完税价格

（一）加工贸易进口料件及其制成品（见表 5 - 2）

表 5 - 2 加工贸易进口料件及其制成品

具体情况	完税价格的审定和估定
进口时需征税的进料加工进口料件	料件申报进口时的价格估定
内销进料加工进口料件或其制成品	料件原进口时的价格估定
内销来料加工进口料件或其制成品	料件申报内销时的价格估定
出口加工区内企业内销的制成品	制成品申报内销时的价格估定
保税区内的加工企业内销进口料件或其制成品	分别以料件或制成品申报内销时的价格估定（制成品中扣除境内采购料件价格）
加工贸易过程中产生的边角料	申报内销时的价格估定

（二）其他特殊进口货物的完税价格（见表5－3）

表5－3   其他特殊进口货物的完税价格

具体情况		完税价格的审定和估定
运往境外修理的货物，规定期限内复运进境		海关审定的境外修理费、料件费估定价格
运往境外加工的货物		海关审定的境外加工费、料件费、复运进境运输及相关费用、保险费估定价格
暂时进境的货物		按一般进口货物估价办法
租赁方式进口货物	租金方式支付	海关审定的租金
	留购的租赁货物	海关审定的留购价格
	承租人申请一次性缴纳税款	按一般进口货物估价办法
留购进口货样		海关审定的留购价格
予以补税的免税货物		原进口时价格扣除折旧（有特殊公式计算）
其他方式进口货物		按一般进口货物估价办法

例如，2004年9月1日某公司由于承担国家重要工程项目，经批准进口了一套电子设备。使用2年后项目完工，2006年8月31日公司将该设备出售给了国内另一家企业。该电子设备的到岸价格为300万元，2004年进口时该设备关税税率为14%，2006年转售时该设备关税税率为10%，海关规定的监管年限为5年，按规定公司应补交多少关税？

应补税额 = 300 × [1 − (2×12) ÷ (5×12)] × 10% = 18（万元）

这里需要扣除的折旧不是该设备的账面折旧，而是按照该设备使用期占监管期的比例计算分摊的设备完税价格。补税时使用的税率不是原进口时的税率，而是转售设备申报之日实施的税率。

思 考 题

1. 某进出口公司本年3月从国外进口一批施工设备共20台，每台价格3000元人民币，该批设备运抵我国大连港起卸前的包装、运输、保险和其他劳务费用共计5000元，海关于3月15日填发税款缴款书，由于该公司发生暂时经济困难，于4月3日才缴清税款，假设该类设备进口关税税率为40%。

根据上述业务，计算该公司应缴纳的关税和滞纳金以及进口环节应缴纳的税金。

2. 某商贸公司为增值税一般纳税人，并具有进出口经营权。2011年3月发生相关经营业务如下：

（注：进口关税税率均为20%，小轿车消费税税率为8%，单位金额为元）

（1）从国外进口小轿车1辆，支付买价40万元、相关费用3万元，支付到达我国海关前的运输费用4万元、保险费用2万元；

（2）将生产中使用的价值50万元设备运往国外修理，出境时已向海关报明，支付给境外的修理费5万元、料件费10万元，并在海关规定的期限内收回了设备；

（3）从国外进口卷烟80000条（每条200支），支付买价200万元，支付到达我国海关前的运输费用12万元、保险费用8万元。

根据上述业务，计算该企业应缴纳的各项税金。

3. 某进出口公司2011年4月发生如下进口业务（假定货物的关税税率均为10%）：

（1）免税进口一台设备，海关审定的完税价格为50万元，海关规定的监管期限为3年，该设备使用

18 个月后出售给某内资企业；

（2）以租赁方式进口一台机械，海关审定的租金价格为 100 万元，分 5 次平均支付租金，经海关同意，承租人一次性缴纳税款；

（3）运往境外加工的货物复运进境，海关审定的境外加工费为 5 万元，料件费为 8 万元，运输费及其相关费用 1.2 万元，保险费 0.5 万元；

（4）进口原材料一批，成交价格为 150 万元，运输费及其相关费用 2 万元，保险费 1.5 万元；另外按合同规定在 3 年内每年支付该材料的技术专利费用 5 万元。

根据上述资料，计算该公司应纳关税总额。

第六章　企业所得税法

现行企业所得税法的基本规范，是 2007 年 3 月 16 日第十届全国人民代表大会第五次全体会议通过的《中华人民共和国企业所得税法》和 2007 年 11 月 28 日国务院第 197 次常务会议通过的《中华人民共和国企业所得税法实施条例》。

第一节　企业所得税概述

一、企业所得税的概念

企业所得税是对我国境内企业和其他取得收入的组织的生产经营所得和其他所得所征收的一种税，它是国家参与企业利润分配的重要手段。

中华人民共和国成立后的 30 多年时间里，国家对国营企业实现的利润一直不征所得税，而实行利润上缴的制度。企业生产经营所需的资金由国家拨给，发生的亏损由财政弥补。这种"统收统支"的分配制度，束缚了企业和职工的积极性、主动性和创造性。党的十一届三中全会后，我国对国营企业上缴利润制度进行了多次改革，先后试行过企业基金、利润留成、盈亏包干等制度。这些改革，对扩大企业自主权、搞活企业生产经营、促进经济发展起到了一定的作用。但是，未能从根本上解决国家与国营企业分配制度中的积弊。为了理顺国家与国营企业的分配关系，进一步扩大企业自主权，1983 年，国务院决定在全国推行第一步"利改税"，即将国营企业向国家上缴利润的形式改为征收所得税。1984 年 9 月，在第二步"利改税"的基础上，国务院发布《中华人民共和国国营企业所得税条例（草案）》，标志着国家与国营企业的分配关系以法律的形式初步规范。随着改革开放的加快，经济形式的变化，我国于 1991 年 4 月 9 日和 1993 年 12 月 13 日，分别由第七届全国人民代表大会第四次会议通过了《中华人民共和国外商投资企业和外国企业所得税法》和国务院发布的《中华人民共和国企业所得税暂行条例》。

十多年来，内资企业所得税和外资企业所得税并行于国内，对我国经济的快速发展发挥了重要的作用。但随着我国市场经济的不断完善和世界经济一体化的快速发展，内、外资企业再分别实施不同的税收法规已不适应。为了理顺国家与企业的分配关系和内、外资企业的税负公平，以及有利于促进我国经济的稳定发展，2007 年 3 月 16 日第十届全国人民代表大会第五次全体会议通过了《中华人民共和国企业所得税法》，合并了内、外资企业所得税法，并于 2008 年 1 月 1 日起施行。

二、企业所得税的特点

企业所得税是规范和处理国家与企业分配关系的重要形式。具有与商品劳务税不同的性质，其特点主要有以下四个方面：

（一）将企业划分为居民企业和非居民企业

企业所得税法的制定与国际并行，现行企业所得税将企业划分为居民企业和非居民企业两大类。居民企业负无限纳税义务，即来源于我国境内、外的所得都要向中国政府缴纳所得税。非居民企业负有限纳税义务，即就中国境内的所得向中国政府缴纳所得税。

（二）计税依据为应纳税所得额

企业所得税的计税依据，按照企业所得税法规的规定，为企业在一个纳税年度内的应税收入总额扣除各项成本、费用、税金和损失后的余额，不是企业的增值额，更非销售额或营业额。因此，企业所得税是一种不同于商品劳务税的税种。

（三）实行按年计征、分期预缴的办法

通过利润所得来综合反映企业的经营业绩，通常是按年度计算、衡量的。所以，企业所得税以全年的应纳税所得额作为计税依据。分月或分季预缴，年终汇算清缴，与会计年度及核算期限一致，有利于税收的征收管理和企业核算期限的一致性。

（四）以量能负担为原则

企业所得税以企业的生产、经营所得和其他所得为征税对象，所得多的多缴税，所得少的少缴税，没有所得的不缴税，充分体现税收的公平负担原则，而不是像流转税那样只要取得收入就应缴税，不管盈利还是亏损。

三、企业所得税的计税原理

所得税的计税依据是应纳税所得即所得额，它以利润为主要依据，但不是直接意义上的会计利润，更不是收入总额。

在计算所得税时，计税依据即应纳税所得额的计算涉及纳税人的成本、费用、税金和损失等各个方面，使得所得税计税依据的计算较为复杂。而且企业所得税在征收过程中，为了发挥对经济的调控作用、对产业结构的调整作用等，会根据调控目的和需要，在税制中采用各种税收激励或限制措施。

四、企业所得税的立法原则

企业所得税是处理国家和企业分配关系的重要形式。税收制度设计得合理与否，不仅只是影响企业负担和国家财政收入，更重要的是还关系到国家整体经济的持续发展。因此，企

业所得税法规在制定过程中，应遵循以下原则：

（一）税负公平原则

企业所得税是处理政府与企业分配关系的主要税种之一，如何分配企业创造的新价值，税负公平就显得十分重要。从宏观而言，既要保证政府财政收入的必要，又要适应政府利用税收调节经济的必要，也就是说，既要保证政府的财政收入，又不影响企业生产经营的积极性。从微观而言，企业与企业要公平，行业与行业要公平，除特殊规定外，所有的企业税负都要相等。因此，新企业所得税法统一了税率、统一了税前扣除标准、统一了税收优惠政策。

（二）科学发展观原则

按照科学发展观的要求，统筹经济社会和区域协调发展，促进环境保护和社会全面进步，实现国民经济的可持续发展。科学发展观关系到人类生存的大计，征收企业所得税不仅要理顺政府与企业的分配关系，更重要的是要有利于国家整体经济长时期地持续发展。

（三）发挥调控作用原则

税收是调节经济的重要杠杆之一，积极发挥企业所得税的调控作用，由于我国地域广阔，经济发展很不平衡，地区间差距大，行业间差距大，经济结构不合理，技术进步迟缓等，都需要企业所得税法规给予调节，以优化国民经济结构，推动主业升级和技术进步。

（四）参照国际惯例原则

参照国际通行做法，吸收世界各国税制改革最新成果，进一步充实和完善企业所得税制度，体现税法的科学性、完备性和前瞻性。随着我国对外开放政策的不断扩大和世界经济一体化的快速发展，向我国政府缴纳企业所得税的主体就不仅仅是国内企业，它将涉及诸多外国企业。因此，制定企业所得税法规时，就必须考虑国际上的普遍做法。

（五）有利于征管原则

企业所得税是所有税种中计算最复杂的税种，它涉及企业一个纳税年度内的所有收入、成本和费用，以及除企业缴纳的企业所得税和准许抵扣的增值税以外的所有税金的扣除。在征管过程中，稍有不慎就可能发生错误。因此，在制定企业所得税法规时，要尽量做到简单、易懂、利于操作和执行。

第二节 企业所得税的纳税人与课税基础

一、企业所得税的纳税人

企业所得税的纳税人是指在中华人民共和国境内的企业和其他取得收入的组织。《企业所得税法》规定，除个人独资企业、合伙企业不适用企业所得税法外，凡在我国境内，企业和其他取得收入的组织为企业所得税的纳税人，依照本法规定缴纳企业所得税。

企业所得税的纳税人分为居民企业和非居民企业，这是根据企业纳税义务范围进行分类，不同的企业在向中国政府缴纳所得税时，根据其纳税义务的不同，把企业分为居民企业和非居民企业，这样的分类主要是为了更好地保障我国税收管辖权的有效行使。税收管辖权是一国政府在征税方面的主权，是国家主权的重要组成部分。根据国际上的通行做法，我国选择了地域管辖权和居民管辖权的双重管辖权标准，最大限度地维护我国的税收利益。

（一）企业所得税的居民企业

居民企业是指依法在中国境内成立，或者依照外国（地区）法律成立但实际管理机构在中国境内的企业。

依法在中国境内成立的企业，包括依照中国法律、行政法规在中国境内成立的企业、事业单位、社会团体以及其他取得收入的组织。

依照外国（地区）法律成立的企业，包括依照外国（地区）法律成立的企业和其他取得收入的组织。其中，有生产、经营所得和其他所得的其他组织，是指经国家有关部门批准，依法注册、登记的事业单位、社会团体等组织。

由于我国的一些社会团体组织、事业单位在完成国家事业计划的过程中，开展多种经营和有偿服务活动，取得除财政部门各项拨款、财政部和国家价格主管部门批准的各项规费收入以外的经营收入，具有了经营的特点，应当视同企业纳入征税范围。其中，实际管理机构是指对企业的生产经营、人员、账务、财产等实施实质性全面管理和控制的机构。

（二）企业所得税的非居民企业

非居民企业是指依照外国（地区）法律成立且实际管理机构不在中国境内，但在中国境内设立机构、场所的，或者在中国境内未设立机构、场所，但有来源于中国境内所得的企业。

上述所称机构、场所是指在中国境内从事生产经营活动的机构、场所，包括：

1. 管理机构、营业机构、办事机构。
2. 工厂、农场、开采自然资源的场所。
3. 提供劳务的场所。
4. 从事建筑、安装、装配、修理、勘探等工程作业的场所。
5. 其他从事生产经营活动的机构、场所。

非居民企业委托营业代理人在中国境内从事生产经营活动的，包括委托单位或者个人经常代其签订合同，或者储存、交付货物等，该营业代理人视为非居民企业在中国境内设立的机构、场所。

二、企业所得税的课税基础

企业所得税的征税对象是指企业的生产经营所得、其他所得和清算所得。

（一）居民企业的征税对象

居民企业应就来源于中国境内、境外的所得作为征税对象。

这里的所得包括销售货物所得、提供劳务所得、转让财产所得、股息红利等权益性投资所得，以及利息所得、租金所得、特许权使用费所得、接受捐赠所得和其他所得。

（二）非居民企业的征税对象

非居民企业的征税对象要视其是否在中国境内设立机构、场所的不同而不同：

1. 非居民企业在中国境内设立机构、场所的，应当就其所设机构、场所取得的来源于中国境内的所得，以及发生在中国境外但与其所设机构、场所有实际联系的所得，缴纳企业所得税。

2. 非居民企业在中国境内未设立机构、场所的，或者虽设立机构、场所但取得的所得与其所设机构、场所没有实际联系的，应当就其来源于中国境内的所得缴纳企业所得税。

上述所说的实际联系，是指非居民企业在中国境内设立的机构、场所拥有的据以取得所得的股权、债权，以及拥有、管理、控制据以取得所得的财产。

（三）企业所得税所得来源地的确定

1. 销售货物所得，按照交易活动发生地确定。

2. 提供劳务所得，按照劳务发生地确定。

3. 转让财产所得，应区分其财产的不同情况确定：

（1）不动产转让所得按照不动产所在地确定；

（2）动产转让所得按照转让动产的企业或者机构、场所所在地确定；

（3）权益性投资资产转让所得按照被投资企业所在地确定。

4. 股息、红利等权益性投资所得，按照分配所得的企业所在地确定。

5. 利息所得、租金所得、特许权使用费所得，按照负担、支付所得的企业或者机构、场所所在地确定，或者按照负担、支付所得的个人的住所地确定。

6. 其他所得，由国务院财政、税务主管部门确定。

第三节　企业所得税的税率与税收优惠

一、企业所得税的税率

企业所得税税率是体现国家与企业分配关系的核心要素。税率设计的原则是兼顾国家、企业、职工个人三者利益，既要保证财政收入的稳定增长，又要使企业在发展生产、经营方面有一定的财力保证；既要考虑到企业的实际情况和负担能力，又要维护税率的统一性。

企业所得税实行比例税率。比例税率简便易行，透明度高，不会因征税而改变企业间收入分配比例，有利于促进效率的提高。

我国现行企业所得税法规定：

1. 基本税率为25%。适用于居民企业和在中国境内设有机构、场所且所得与机构、场所有关联的非居民企业。

2. 低税率为20%。适用于在中国境内未设立机构、场所的，或者虽设立机构、场所但取得的所得与其所设机构、场所没有实际联系的非居民企业，实际征税时减征 50%。

现行企业所得税基本税率设定为 25%，从世界各国比较而言还是偏低的。据有关资料介绍，全世界近 160 个实行企业所得税的国家（地区）平均税率为 28.6%，我国周边 18 个国家（地区）的平均税率为 26.7%。从历史上看，我国原企业所得税的名义税负为 33%，但根据多年的实际征收情况，其实际税负在 25% 左右。现行税率的确定，既考虑了我国财政承受能力，又考虑了企业负担水平。从税收负担的基本原理而言，设立 25% 的企业所得税税率，国家对企业的经营成果分配 1/4，企业自己占 3/4，但由于计算企业经营成果的方法与企业所得税应纳税所得额的计算方法不完全一致，有可能存在经营成果的实际分配比例与基本原理的分配比例的差异。

二、企业所得税的税收优惠

税收优惠是指国家运用税收政策在税收法律、行政法规中规定对某一部分特定企业和课税对象给予减轻或免除税收负担的一种措施。税法规定的企业所得税的税收优惠措施包括免税、减税、加计扣除、加速折旧、减计收入、税额抵免等几大类。

（一）免征、减征企业所得税的税收优惠措施

企业如果从事国家限制和禁止发展的项目，不得享受企业所得税优惠：

1. 从事农、林、牧、渔业项目的所得

企业从事农、林、牧、渔业项目的所得，包括免征和减征两部分。

（1）企业从事下列项目的所得，免征企业所得税：

①蔬菜、谷物、薯类、油料、豆类、棉花、麻类、糖料、水果、坚果的种植；

②农作物新品种的选育；

③中药材的种植；

④林木的培育和种植；

⑤牲畜、家禽的饲养；

⑥林产品的采集；

⑦灌溉、农产品初加工、兽医、农技推广、农机作业和维修等农、林、牧、渔服务业项目；

⑧远洋捕捞。

（2）企业从事下列项目的所得，减半征收企业所得税：

①花卉、茶以及其他饮料作物和香料作物的种植；

②海水养殖、内陆养殖。

2. 从事国家重点扶持的公共基础设施项目投资经营的所得

税法所称国家重点扶持的公共基础设施项目，是指《公共基础设施项目企业所得税优惠目录》规定的港口码头、机场、铁路、公路、电力、水利等项目。

企业从事国家重点扶持的公共基础设施项目的投资经营的所得，自项目取得第一笔生产经营收入所属纳税年度起，第一年至第三年免征企业所得税，第四年至第六年减半征收企业所得税。

企业承包经营、承包建设和内部自建自用上述规定的项目，不得享受上述企业所得税优惠。

根据《国家税务总局关于电网企业电网新建项目享受所得税优惠政策问题的公告》（国家税务总局公告 2013 年第 26 号）规定，自 2013 年 1 月 1 日起，居民企业从事符合《公共基础设施工项目企业所得税优惠目录（2008 年版）规定条件和标准电网（输变电设施）的新建项日，可依法享受"三免三减半"的企业所得税优惠政策。基于企业电网新建项目的核算特点，暂以资产比例法即以企业新增输变电固定资产原值占企业总输变电固定资产原值的比例，合理计算电网新建项目的应纳税所得额，并据此享受"三免三减半"的企业所得税优惠政策。电网企业新建项目享受优惠的具体计算方法如下：

（1）对于企业能独立核算收入的 330kV 以上跨省及长度超过 200km 的交流输变电新建项目和 500kV 以上直流输变电新建项目，应在项目投运后，按该项目营业收入、营业成本等单项计算其应纳税所得额，该项目应分摊的期间费用，可按照企业期间费用与分摊比例计算确定，计算公式为：

应分摊的期间费用 = 企业期间费用 × 分摊比例

第一年分摊比例 = 该项目输变电资产原值 ÷ [（当年企业期初总输变电资产原值 + 当年企业期末总输变电资产原值）÷ 2] × （当年取得第一笔生产经营收入至当年底的月份数 ÷ 12）

第二年及以后年度分摊比例 = 该项目输变电资产原值 ÷ [（当年企业期初总输变电资产原值 + 当年企业期末总输变电资产原值）÷ 2]

（2）对于企业符合优惠条件但不能独立核算收入的其他新建输变电项目，可先依照企业所得税法及相关规定计算出企业的应纳税所得额，再按照项目投运后的新增输变电固定资产原值占企业总输变电固定资产原值的比例，计算得出该新建项目减免的应纳税所得额。

享受减免的应纳税所得额计算公式为：

当年减免的应纳税所得额 = 当年企业应纳税所得额 × 减免比例

减免比例 = [当年新增输变电资产原值 ÷（当年企业期初总输变电资产原值 + 当年企业期末总输变电资产原值）12] × 1/2 +（符合税法规定、享受到第二年和第三年输变电资产原值之和）÷ [（当年企业期初总输变电资产原值 + 当年企业期末总输变电资产原值）÷ 2] + [（符合税法规定、享受到第四年至第六年输变电资产原值之和）÷（当年企业期初总输变电资产原值 + 当年企业期末总输变电资产原值）÷ 2] × 1/2

（3）依照规定享受有关企业所得税优惠的电网企业，应对其符合税法规定的电网新增输变电资产按年建立台账，并将相关资产的竣工决算报告初相关项目政府核准文件的复印件于次年 3 月 31 日前报当地主管税务机关备案。

（4）居民企业符合条件的 2013 年 1 月 1 日前的电网新建项目，已经享受企业所得税优惠的不再调整，未享受企业所得税优惠的可依照上述规定享受剩余年限的企业所得税优惠政策。

3. 从事符合条件的环境保护、节能节水项目的所得

环境保护、节能节水项目的所得，自项目取得第一笔生产经营收入所属纳税年度起，第一年至第三年免征企业所得税，第四年至第六年减半征收企业所得税。

符合条件的环境保护、节能节水项目，包括公共污水处理、公共垃圾处理、沼气综合开发利用、节能减排技术改造、海水淡化等。项目的具体条件和范围由国务院财政、税务主管部门商国务院有关部门制定，报国务院批准后公布施行。

但是以上规定享受减免税优惠的项目，在减免税期限内转让的，受让方自受让之日起，可以在剩余期限内享受规定的减免税优惠；减免税期限届满后转让的，受让方不得就该项目重复享受减免税优惠。

4. 符合条件的技术转让所得

符合条件的技术转让所得免征、减征企业所得税，是指一个纳税年度内，符合条件的环境保护、节能节水项目，包括公共污水处理、公共垃圾处理、沼气综合开发利用、节能减排技术改造、海水淡化等。项目的具体条件和范围由国务院财政、税务主管部门商国务院有关部门制定，报国务院批准后公布施行。

如果以上规定享受减免优惠的项目，在减免税期限内转让的，受让方自受让之日起可以在剩余期限内享受规定的减免税优惠；减免税期限届满后转让的，受让方不得就该项目重复享受减免税优惠。

居民企业转让技术所有权所得不超过500万元的部分，免征企业所得税；超过500万元的部分，减半征收企业所得税。

（1）享受减免企业所得税优惠的技术转让应符合以下条件：

①享受优惠的技术转让主体是《企业所得税法》规定的居民企业；

②技术转让属于财政部、国家税务总局规定的范围；

③境内技术转让经省级以上科技部门认定；

④向境外转让技术经省级以上商务部门认定；

⑤国务院税务主管部门规定的其他条件。

（2）符合条件的技术转让所得应按以下方法计算：

$$技术转让所得 = 技术转让收入 - 技术转让成本 - 相关税费$$

技术转让收入是指当事人履行技术转让合同后获得的价款，不包括销售或转让设备、仪器、零部件、原材料等非技术性收入。不属于与技术转让项目密不可分的技术咨询、技术服务、技术培训等收入，不得计入技术转让收入。

可以计入技术转让收入的技术咨询、技术服务、技术培训收入，是指转让方为使受让方掌握所转让的技术投入使用、实现产业化而提供的必要的技术咨询、技术服务、技术培训所产生的收入，并应同时符合以下条件：①在技术转让合同中约定的与该技术转让相关的技术咨询、技术服务、技术培训；②技术咨询、技术服务、技术培训收入与该技术转让项目收入一并收取价款。

技术转让成本是指转让的无形资产的净值，即该无形资产的计税基础减除在资产使用期间按照规定计算的摊销扣除额后的余额。

相关税费是指技术转让过程中实际发生的有关税费，包括除企业所得税和允许抵扣的增值税以外的各项税金及其附加、合同签订费用、律师费等相关费用及其他支出。

（3）享受技术转让所得减免企业所得税优惠的企业，应单独计算技术转让所得，并合理分摊企业的期间费用；没有单独计算的，不得享受技术转让所得企业所得税优惠。

（4）企业发生技术转让，应在纳税年度终了后至报送年度纳税申报表以前，向主管税务机关办理减免税备案手续。

①企业发生境内技术转让，向主管税务机关备案时应报送以下资料：技术转让合同（副本）；省级以上科技部门出具的技术合同登记证明；技术转让所得归集、分摊、计算的

相关资料；实际缴纳相关税费的证明资料；主管税务机关要求提供的其他资料。

②企业向境外转让技术、向主管税务机关备案时应报送以下资料：技术出口合同（副本）；省级以上商务部门出具的技术出口合同登记证书或技术出口许可证；技术出口合同数据表；技术转让所得归集、分摊、计算的相关资料；实际缴纳相关税费的证明资料；主管税务机关要求提供的其他资料。

居民企业从直接或间接持有股权之和达到100%的关联方取得的技术转让所得，不享受技术转让减免企业所得税优惠政策。

（二）加计扣除的税收优惠措施

企业所得税税收优惠中的加计扣除优惠包括两项内容。

1. 研究开发费的加计扣除

研究开发费是指企业为开发新技术、新产品、新工艺发生的研究开发费用，未形成无形资产计入当期损益的，在按照规定据实扣除的基础上，按照研究开发费用的50%加计扣除；形成无形资产的，按照无形资产成本的150%摊销。

（1）研究开发费是指从事规定范围内的研究开发活动发生的相关费用。研究开发活动是指企业为获得科学与技术（不包括人文、社会科学）新知识，创造性运用科学技术新知识，或实质性改进技术、工艺、产品（服务）而持续进行的具有明确目标的研究开发活动。

创造性运用科学技术新知识，或实质性改进技术、工艺、产品（服务），是指企业通过研究开发活动在技术、工艺、产品（服务）方面的创新取得了有价值的成果，对本地区（省、自治区、直辖市或计划单列市）相关行业的技术、工艺领先具有推动作用，不包括企业产品（服务）的常规性升级或对公开的科研成果直接应用等活动（如直接采用公开的新工艺、材料、装置、产品、服务或知识等）。

（2）企业从事《国家重点支持的高新技术领域》和国家发展改革委员会等部门公布的《当前优先发展的高技术产业化重点领域指南（2007年度）》规定项目的研究开发活动，其在一个纳税年度中实际发生的下列费用支出，允许在计算应纳税所得额时按照规定实行加计扣除：

①新产品设计费、新工艺规程制定费以及与研发活动直接相关的技术图书资料费、资料翻译费。

②从事研发活动直接消耗的材料、燃料和动力费用。

③在职直接从事研发活动人员的工资、薪金、奖金、津贴、补贴。

④专门用于研发活动的仪器、设备的折旧费或租赁费。

⑤专门用于研发活动的软件、专利权、非专利技术等无形资产的摊销费用。

⑥专门用于中间试验和产品试制的模具、工艺装备开发及制造费。

⑦勘探开发技术的现场试验费。

⑧研发成果的论证、评审、验收费用。

（3）对企业共同合作开发的项目，凡符合上述条件的，由合作各方就自身承担的研发费用分别按照规定计算加计扣除。

（4）对企业委托给外单位进行开发的研发费用，凡符合上述条件的，由委托方按照规定计算加计扣除，受托方不得再进行加计扣除。

对委托开发的项目，受托方应向委托方提供该研发项目的费用支出明细情况，否则，该委托开发项目的费用支出不得实行加计扣除。

（5）企业根据财务会计核算和研发项目的实际情况，对发生的研发费用进行收益化或资本化处理的，可按下述规定计算加计扣除：

①研发费用计入当期损益未形成无形资产的，允许再按其当年研发费用实际发生额的50%，直接抵扣当年的应纳税所得额。

②研发费用形成无形资产的，按照该无形资产成本的150%在税前摊销。除法律另有规定外，摊销年限不得低于10年。

（6）法律、行政法规和国家税务总局规定不允许企业所得税前扣除的费用和支出项目，均不允许计入研究开发费用。

（7）企业未设立专门的研发机构或企业研发机构同时承担生产经营任务的，应对研发费用和生产经营费用分开进行核算，准确、合理地计算各项研究开发费用支出，对划分不清的，不得实行加计扣除。

（8）企业必须对研究开发费用实行专账管理，同时必须按照规定项目，准确归集填写年度可加计扣除的各项研究开发费用实际发生金额。企业应于年度汇算清缴所得税申报时向主管税务机关报送规定的相应资料。申报的研究开发费用不真实或者资料不齐全的，不得享受研究开发费用加计扣除，主管税务机关有权对企业申报的结果进行合理调整。

企业在一个纳税年度内进行多个研究开发活动的，应按照不同开发项目分别归集可加计扣除的研究开发费用额。

（9）企业申请研究开发费加计扣除时，应向主管税务机关报送如下资料：

①自主、委托、合作研究开发项目计划书和研究开发费预算。

②自主、委托、合作研究开发专门机构或项目组的编制情况和专业人员名单。

③自主、委托、合作研究开发项目当年研究开发费用发生情况归集表。

④企业总经理办公会或董事会关于自主、委托、合作研究开发项目立项的决议文件。

⑤委托、合作研究开发项目的合同或协议。

⑥研究开发项目的效用情况说明、研究成果报告等资料。

（10）企业实际发生的研究开发费，在年度中间预缴所得税时，允许据实计算扣除，在年度终了进行所得税年度申报和汇算清缴时，再依照上述规定计算加计扣除。

（11）主管税务机关对企业申报的研究开发项目有异议的，可要求企业提供政府科技部门的鉴定意见书。

（12）企业研究开发费各项目的实际发生额归集不准确、汇总额计算不准确的，主管税务机关有权调整其税前扣除额或加计扣除额。

（13）企业集团研究开发费用按下列规定处理：

①企业集团根据生产经营和科技开发的实际情况，对技术要求高、投资数额大，需要由集团公司进行集中开发的研究开发项目，其实际发生的研究开发费，可以按照合理的分摊方法在受益集团成员公司间进行分摊。

②企业集团采取合理分摊研究开发费办法的，企业集团应提供集中研究开发项目的协议或合同，该协议或合同应明确规定参与各方在该研究开发项目中的权利和义务、费用分摊方法等内容。如不提供协议或合同，研究开发费不得加计扣除。

③企业集团采取合理分摊研究开发费办法的，企业集团集中研究开发项目实际发生的研究开发费，应当按照权利和义务、费用支出和收益分享一致的原则，合理确定研究开发费用的分摊方法。

④企业集团采取合理分摊研究开发费办法的，企业集团母公司负责编制集中研究开发项目的立项书、研究开发费用预算表、决算表和决算分摊表。

⑤税企双方对企业集团集中研究开发费的分摊方法和金额有争议的，如企业集团成员公司设在不同省、自治区、直辖市和计划单列市的，企业按照国家税务总局的裁决意见扣除实际分摊的研究开发费；企业集团成员公司在同一省、自治区、直辖市和计划单列市的，企业按照省级税务机关的裁决意见扣除实际分摊的研究开发费。

（14）自 2013 年 1 月 1 日起企业从事研发活动发生的下列费用支出，可纳入税前加计扣除的研究开发费用范围：

①企业依照国务院有关主管部门或者省级人民政府规定的范围和标准为在职直接从事研发活动人员缴纳的基本养老保险费、基本医疗保险费、失业保险费、工伤保险费、生育保险费和住房公积金。

①专门用于研发活动的仪器、设备的运行维护、调整、检验、维修等费用。

②不构成固定资产的样品、样机及一般测试手段购置费。

③新药研制的临床试验费。

④研发成果的鉴定费用。

企业可以聘请具有资质的会计师事务所或税务师事务所，出具当年可加计扣除研发费用专项审计报告或鉴证报告。主管税务机关对企业申报的研究开发项目有异议的，可要求企业提供地市级（含）以上政府科技部门出具的研究开发项目鉴定意见书。

2. 企业安置残疾人员所支付工资的加计扣除

企业安置残疾人员所支付工资费用的加计扣除，是指企业安置残疾人员的，在按照支付给残疾职工工资据实扣除的基础上，按照支付给残疾职工工资的100%加计扣除，残疾人员的范围适用《残疾人保障法》的有关规定。企业安置国家鼓励安置的其他就业人员所支付的工资的加计扣除办法，由国务院另行规定。

依据财税［2009］70 号文件，企业安置残疾人员所支付工资费用的加计扣除有以下具体规定：

（1）企业享受安置残疾职工工资100%加计扣除应同时具备如下条件：

①依法与安置的每位残疾人签订了 1 年以上（含 1 年）的劳动合同或服务协议，并且安置的每位残疾人在企业实际上岗工作。

②为安置的每位残疾人按月足额缴纳了企业所在区县人民政府根据国家政策规定的基本养老保险、基本医疗保险、失业保险和工伤保险等社会保险。

②定期通过银行等金融机构向安置的每位残疾人实际支付了不低于企业所在区县适用的经省级人民政府批准的最低工资标准的工资。

③具备安置残疾人上岗工作的基本设施。

（2）企业应在年度终了进行企业所得税年度申报和汇算清缴时，向主管税务机关报送已安置残疾职工名单及其《中华人民共和国残疾人证》或《中华人民共和国残疾军人证（1至 8 级）》复印件和主管税务机关要求提供的其他资料，办理享受企业所得税加计扣除优惠的备案手续。

(3) 在企业汇算清缴结束后,主管税务机关在对企业进行日常管理、纳税评估和纳税检查时,应对安置残疾人员企业所得税加计扣除优惠的情况进行核实。

(三) 加速折旧的税收优惠措施

企业的固定资产由于技术进步等原因,确需加速折旧的,可以缩短折旧年限或者采取加速折旧的方法。可采用以上折旧方法的固定资产是指:

(1) 由于技术进步产品更新换代较快的固定资产;

(2) 常年处于强震动、高腐蚀状态的固定资产。

采取缩短折旧年限方法的最低折旧年限不得低于规定折旧年限的60%;采取加速折方法的,可以采取双倍余额递减法或者年数总和法。

(四) 减计收入的所得税优惠措施

减计收入优惠企业综合利用资源,生产符合国家产业政策规定的产品所取得的收入,可以在计算应纳税所得额时减计收入。

综合利用资源指企业以《资源综合利用企业所得税优惠目录》规定的资源作为主要原材料,生产国家非限制和禁止并符合国家和行业相关标准的产品取得的收入,减按90%计入收入总额。

上述所称原材料占生产产品材料的比例不得低于《资源综合利用企业所得税优惠目录》规定的标准。

(五) 税额抵免的所得税优惠措施

税额抵免是指企业购置并实际使用《环境保护专用设备企业所得税优惠目录》、《节能节水专用设备企业所得税优惠目录》和《安全生产专用设备企业所得税优惠目录》规定的环境保护、节能节水、安全生产等专用设备的,该专用设备投资额的10%可以从企业当年的应纳税额中抵免;当年不足抵免的,可以在以后5个纳税年度结转抵免。

享受优惠的企业,应当实际购置并自身实际投入使用规定的专用设备;企业购置上述专用设备在5年内转让、出租的,应当停止享受企业所得税优惠,并补缴已经抵免的企业所得税税款。转让的受让方可以按照该专用设备投资额的10%抵免当年企业所得税应纳税额;当年应纳税额不足抵免的,可以在以后5个纳税年度结转抵免。

企业所得税优惠目录,由国务院财政、税务主管部门商国务院有关部门制定,报国务院批准后公布施行。

企业同时从事适用不同企业所得税待遇的项目的,其优惠项目应当单独计算所得,并合理分摊企业的期间费用;没有单独计算的,不得享受企业所得税优惠。

从2008年1月1日起停止执行企业购买国产设备投资抵免企业所得税的政策。

(六) 高新技术企业所得税的税收优惠措施

1. 国家需要重点扶持的高新技术企业减按15%的税率征收企业所得税

国家需要重点扶持的高新技术企业,是指拥有核心自主知识产权,并同时符合下列条件的企业：

（1）拥有核心自主知识产权。

拥有核心自主知识产权是指在中国境内（不含港、澳、台地区）注册企业，近3年内通过自主研发、受让、受赠、并购等方式，或通过五年以上的独占许可方式，对其主要产品（服务）的核心技术拥有自主知识产权。

（2）产品（服务）属于《国家重点支持的高新技术领域》规定的范围。

（3）研究开发费用占销售收入的比例不低于规定比例，这主要是指企业为获得科学技术（不包括人文、社会科学）新知识，创造性运用科学技术新知识，或实质性改进技术、产品（服务）而持续进行了研究开发活动，且近3个会计年度的研究开发费用总额占销售收入总额的比例符合如下要求：

①最近一年销售收入小于5 000万元的企业，比例不低于6%；

②最近一年销售收入在5 000万元至20 000万元的企业，比例不低于4%；

③最近一年销售收入在20 000万元以上的企业，比例不低于3%。

其中，企业在中国境内发生的研究开发费用总额占全部研究开发费用总额的比例不低于60%。企业注册成立时间不足3年的，按实际经营年限计算。

（4）高新技术产品（服务）收入占企业总收入的比例不低于规定比例，即高新技术产品（服务）收入占企业当年总收入的60%以上。

（5）科技人员占企业职工总数的比例不低于规定比例，这里是指具有大学专科以上学历的科技人员占企业当年职工总数的30%以上，其中研发人员占企业当年职工总数的10%以上。

（6）高新技术企业认定管理办法规定的其他条件。

《国家重点支持的高新技术领域》和高新技术企业认定管理办法由国务院科技、财政、税务主管部门商国务院有关部门制定，报国务院批准后公布施行。

2. 经济特区和上海浦东新区新设立高新技术企业过渡性税收优惠

（1）对经济特区和上海浦东新区内在2008年1月1日（含）之后完成登记注册的国家需要重点扶持的高新技术企业（以下简称"新设高新技术企业"），在经济特区和上海浦东新区内取得的所得，自取得第一笔生产经营收入所属纳税年度起，第一年至第二年免征企业所得税，第三年至第五年按照25%的法定税率减半征收企业所得税。

（2）经济特区和上海浦东新区内新设高新技术企业同时在经济特区和上海浦东新区以外的地区从事生产经营的，应当单独计算其在经济特区和上海浦东新区内取得的所得，并合理分摊企业的期间费用；没有单独计算的，不得享受企业所得税优惠。

（3）经济特区和上海浦东新区内新设高新技术企业在按照规定享受过渡性税收优惠期间，由于复审或抽查不合格而不再具有高新技术企业资格的从其不再具有高新技术企业资格年度起，停止享受过渡性税收优惠；以后再次被认定为高新技术企业的，不得继续享受或者重新享受过渡性税收优惠。

3. 高新技术企业境外所得适用税率及税收抵免规定

根据财税〔2011〕47号文件规定，自2010年1月1日起，高新技术企业境外所得适用税率及税收抵免有关问题按以下规定执行：

（1）以境内、境外全部生产经营活动有关的研究开发费用总额、总收入、销售收入总额、高新技术产品（服务）收入等指标申请并经认定的高新技术企业，其来源于境外的所得可以享受高新技术企业所得税优惠政策，即对其来源于境外所得要以按照15%的优惠税率计算境内外应纳税总额。

（2）上述高新技术企业境外所得税收抵免的其他事项，仍按照财税〔2009〕125号文件的有关规定执行。

（3）此处所称高新技术企业，是指依照《企业所得税法》及其实施条例规定，经认定机构按照《高新技术企业认定管理办法》（国科发火〔2008〕172号）和《高新技术企业认定管理工作指引》（国科发火〔2008〕362号）认定取得高新技术企业证书并正在享受企业的所得税15%税率优惠的企业。

4. 高新技术企业资格复审期间企业所得税预缴规定

根据国家税务总局公告2011年第4号规定，高新技术企业资格复审结果公示之前企业所得税预缴按以下规定执行：

高新技术企业应在资格期满前三个月内提出复审申请，在通过复审之前，在其高新企业资格有效期内，其当年企业所得税暂按15%的税率预缴。

（七）小型微利企业所得税的税收优惠措施

小型微利企业减按20%的税率征收企业所得税。小型微利企业的条件如下：

（1）工业企业，年度应纳税所得额不超过30万元，从业人数不超过100人，资产总额不超过3 000万元。

（2）其他企业，年度应纳税所得额不超过30万元，从业人数不超过80人，资产总额不超过1 000万元。

上述"从业人数"按企业全年平均从业人数计算，"资产总额"按企业年初和年末的资产总额平均计算。

小型微利企业是指企业的全部生产经营活动产生的所得均负有我国企业所得税纳税义务的企业。仅就来源于我国所得负有我国纳税义务的非居民企业，不适用上述规定。

（3）自2010年1月1日至2012年12月31日，对年应纳税所得额低于3万元（含3万元）的小型微利企业，其所得减按50%计入应纳税所得额，按20%的税率缴纳企业所得税。

自2012年1月1日至2015年12月31日，上述享受税收优惠的小型微利企业年应纳税所得额低于3万元（含3万元）调整为低于6万元（含6万元）

自2014年1月1日至2016年12月31日，对年应纳税所得额低于10万元（含）的小型微利企业，其所得减按50%计入应纳税所得额，按20%的税率缴纳企业所得税。

符合条件的小型微利企业在当年预缴申报企业所得税时，须向主管税务机关提供上一纳税年度符合小型微利企业相关证明材料。

（八）创投企业的所得税税收优惠措施

创业投资企业从事国家需要重点扶持和鼓励的创业投资，可以按投资额的一定比例抵扣应纳税所得额。

创投企业优惠是指创业投资企业采取股权投资方式投资于未上市的中小高新技术企业2年以上的，可以按照其投资额的70%在股权持有满2年的当年抵扣该创业投资企业的应纳税所得额；当年不足抵扣的，可以在以后纳税年度结转抵扣。

例如，A企业2008年1月1日向B企业（未上市的中小高新技术企业）投资100万元，股权持有到2009年12月31日。A企业2009年度可抵扣的应纳税所得额为70万元。

国税发〔2009〕87号文件，创业投资企业所得税优惠的有关问题如下：

1. 创业投资企业是指依照《创业投资企业管理暂行办法》（国家发展和改革委员会等十部委令2005年第39号，以下简称《暂行办法》）和《外商投资创业投资企业管理规定》（商务部等五部委令2003年第2号）在中华人民共和国境内设立的专门从事创业投资活动的企业或其他经济组织。

2. 创业投资企业采取股权投资方式投资于未上市的中小高新技术企业2年（24个月）以上，凡符合以下条件的，可以按照其对中小高新技术企业投资额的70%，在股权持有满2年的当年抵扣该创业投资企业的应纳税所得额；当年不足抵扣的，可以在以后纳税年度结转抵扣：

（1）经营范围符合《暂行办法》规定，且工商登记为"创业投资有限责任公司"、"创业投资股份有限公司"等专业性法人创业投资企业。

（2）按照《暂行办法》规定的条件和程序完成备案，经备案管理部门年度检查核实，投资运作符合《暂行办法》的有关规定。

（3）创业投资企业投资的中小高新技术企业，除应按照《科技部、财政部、国家税务总局关于印发〈高新技术企业认定管理办法〉的通知》（国科发火〔2008〕172号）和《关于印发〈高新技术企业认定管理工作指引〉的通知》（国科发火〔2008〕362号）的规定，通过高新技术企业认定以外，还应符合职工人数不超过500人、年销售（营业）额不超过2亿元、资产总额不超过2亿元的条件。

2007年底前按原有规定取得高新技术企业资格的中小高新技术企业，且在2008年继续符合新的高新技术企业标准的，向其投资满24个月的计算，可自创业投资企业实际向其投资的时间起计算。

（4）财政部、国家税务总局规定的其他条件。

3. 中小企业接受创业投资之后，经认定符合高新技术企业标准的，应自其被认定为高新技术企业的年度起，计算创业投资企业的投资期限。该期限内中小企业接受创业投资后，企业规模超过中小企业标准，但仍符合高新技术企业标准的，不影响创业投资企业享受有关税收优惠。

4. 创业投资企业申请享受投资抵扣应纳税所得额，应在其报送申请投资抵扣应纳税所得额年度纳税申报表以前，向主管税务机关报送以下资料备案：

（1）经备案管理部门核实后出具的年检合格通知书（副本）；

（2）关于创业投资企业投资运作情况的说明；

（3）中小高新技术企业投资合同或章程的复印件、实际所投资金验资报告等相关材料；

（4）中小高新技术企业基本情况〔包括企业职工人数、年销售（营业）额、资产总额等〕说明；

（5）由省、自治区、直辖市和计划单列市高新技术企业认定管理机构出具的中小高新技术企业有效的高新技术企业证书（复印件）。

（九）民族自治地方企业所得税的优惠措施

民族自治地方的自治机关对本民族自治地方的企业应缴纳的企业所得税中属于地方分享的部分，可以决定减征或者免征。自治州、自治县决定减征或者免征的，须报省、自治区、直辖市人民政府批准。

《企业所得税法》所称民族自治地方，是指依照《民族区域自治法》的规定，实行民族区域自治的自治区、自治州、自治县。

对民族自治地方内国家限制和禁止行业的企业，不得减征或者免征企业所得税。

民族自治地方在新税法实施前已经按照《财政部、国家税务总局、海关总署关于西部大开发税收优惠政策问题的通知》（财税〔2001〕202号）第二条第二款有关减免税规定批准享受减免企业所得税（包括减免中央分享企业所得税的部分）的，自2008年1月1日起计算，对减免税期限在5年以内（含5年）的，继续执行至期满后停止；对减免税期限超过5年的，从第六年起按新税法第二十九条规定执行。

（十）其他有关行业企业所得税的税收优惠措施

1. 关于鼓励软件产业和集成电路产业发展的优惠政策

根据财税〔2012〕27号，进一步鼓励软件产业和集成电路产业发展企业所得税政策的通知精神，相关规定如下：

（1）我国境内新办的集成电路设计企业和符合条件的软件企业，经认定后，在2017年12月31前自获利年度起计算优惠期，第一年至第二年免征企业年得税，第三年至第五年按照25%的法定税率减半征收企业所得税，并享受至期满为止。

（2）国家规划布局内的重点软件生产企业，当年未享受免税优惠的，减按10%的税率征收企业所得税。

（3）符合条件的软件企业按照《财政部、国家税务总局关于软件产品增值税政策的通知》（财税〔2011〕100号）规定取得的即征即退增值税款，由企业专项用于软件产品研发和扩大再生产并单独进行核算，可以作为不征税收入，在计算应纳税年得额时从收入总额中减除。

（4）软件生产企业的职工培训费用，应单独进行核算并按实际发生额在计算应纳税所得额时扣除。

（5）企事业单位购进软件，凡符合固定资产或无形资产确认条件的，可以按照固定资产或无形资产进行核算，经主管税务机关核准，其折旧或摊销年限可以适当缩短，最短可为2年。

（6）集成电路生产企业的生产性设备，经主管税务机关核准，其折旧年限可以适当缩短，最短可为3年。

（7）投资额超过80亿元人民币或集成电路线宽小于0.25m的集成电路生产企业，可以减按15%的税率缴纳企业所得税，其中，经营期在15年以上的，从2017年12月31前开始获利的年度起，第一年至第五年免征企业所得税，第六年至第十年减半征收企业所得税。

（8）对生产线宽小于0.8微米（含）集成电路产品的生产企业，经认定后，从2017年12月31日前自获利年度起，第一年和第二年免征企业所得税，第三年至第五年减半征收企业所得税。

（9）上述所称集成电路生产企业，是指以单片集成电路、多芯片集成电路、混合集成电路制造为主营业务并同时符合下列条件的企业：

依法在中国境内成立并经认定取得集成电路生产企业资质的法人企业。

签订劳动合同关系且具有大专以上学历的职工人数占企业当年月平均职工总人数的比例不低于40%，其中研究开发人员占企业当年月平均职工总数的比例不低于20%。

拥有核心关键技术，并以此为基础开展经营活动，且当年度的研究开发费用总额占企业销售（营业）收入（主营业务收入与其他业务收入之和，下同）总额的比例不低于5%。其中，企业在中国境内发生的研究开发费用金额占研究开发费用总额的比例不低于60%。

集成电路制造销售（营业）收入占企业收总额的比例不低于60%。

具有保证产品生产的手段和能力，并获得有关资质认证（包括ISO质量体系认证、人力资源能力认证等）。

具有与集成电路生产相适应的经营场所，软硬件设施等基本条件。

《集成电路生产企业认定管理办法》由国家发展改革委、工业和信息化部、财政部、税务总局会同有关部门制定。

（10）上述所称集成电路设计企业或符合条件的软件企业，是指以集成电路设计或软件产品开发为主营业务并同时符合下列条件的企业：

2011年1月1日后依法在中国境内成立并经认定取得集成电路设计企业资质或软件企业资质的法人企业；

签订劳动合同关系且具有大学专科以上学历的职工人数占企业当年月平均职工总人数的比例不低于40%，其中研究开发人员占企业当年月平均职工总数的比例不低于20%；

拥有核心关键技术，并以此为基础开展经营活动，且当年度的研究开发费用总额占企业销售（营业）收入总额的比例不低于6%，其中，企业在中国境内发生的研究开发费用金额占研究开发费用总额的比例不低于60%；

集成电路设计企业的集成电路设计销售（营业）收入占企业收入总额的比例不低于60%，其中集成电路自主设计销售（营业）收入占企业收入总额的比例不低于50%，软件企业的软件产品开发销售（营业）收入占企业收入总额的比例一般不低于50%，嵌入式软件产品和信息系统集成产品开发销售（营业）收入占企业收入总额的比例不低于40%，其中软件产品自主开发销售（营业）收占企业收入总额的比例不低于40%，嵌入式软件产品和信息系统集成产品开发销售（营业）收入占企业收入总额的比例不低于30%；

主营业务拥有自主知识产权，其中软件产品拥有省级软件产业主管部门认可的软件检测机构出具的检测证明材料和软件产业主管部门颁发的《软件产品登记证书》；

具有保证设计产品质量的手段和能力，并建立符合集成电路或软件工程要求的质量管理体系并提供有效运行的过程文档记录；

具有与集成电路设计或者软件开发相适应的生产经营场所、软硬件设施等开发环境（如EDA工具、合法的开发工具等），以及与所提供服务相关的支撑环境。

《集成电路设计企业认定管理办法》、《软件企业认定管理办法》由国家发展改革委、工业和信息化部、财政部、税务总局会同有关部门另行制定。

（11）国家规划布局内重点软件企业和集成电路设计企业在满足本通知第十条规定条件

的基础上，由国家发展改革委、工业和信息化部、财政部、税务总局等部门根据国家规划布局支持领域的要求，结合企业年度集成电路设计销售（营业）收入或软件产品开发销售（营业）收入、盈利等情况进行综合评比，实行总量控制、择优认定。

《国家规划布局内重点软件企业和集成电路设计企业认定管理办法》由国家发展改革委、工业和信息化部、财政部、国家税务总局等会同有关部门另行制定。

(12) 上述所称新办的企业认定标准按照《财政部、国家税务总局关于享受企业所得税优惠政策的新办企业认定标准的通知》（财税〔2006〕1号）规定执行。

(13) 上述所称研究开发费用政策口径按照《国家税务总局关于印发〈企业研究开发费用税前扣除管理办法（试行）〉的通知》（国税发〔2008〕116号）规定执行。

(14) 上述所称获利年度，是指该企业当年应纳税所得额大于零的纳税年度。

(15) 上述所称集成电路设计销售（营业）收入，是指集成电路企业从事集成电路（IC）功能研发、设计并销售的收入。

(16) 上述所称软件产品开发销售（营业）收入，是指软件企业从事计算机软件、信息系统或嵌入式软件等软件产品开发并销售的收入，以及信息系统集成服务、信息技术咨询服务、数据处理和存储服务等技术服务收入。

(17) 符合上述规定须经认定后享受税收优惠的企业，应在获利年度当年或次年的企业所得税汇算清算之前取得相关认定资质。如果在获利年度次年的企业所得税汇算清算之前取得相关认定资质，该企业可从获利年度起享受相应的定期减免税优惠；如果在获利年度次年的企业所得税汇算清算之后取得相关认定资质，该企业应在取得相关认定资质起，就其从获利年度起计算的优惠期的剩余年限享受相应的定期减免优惠。

(18) 符合上述规定条件的企业，应在年度终了之日起4个月内，按照本通知及《国家税务总局关于企业所得税减免税管理问题的通知》（国税发〔2008〕111号）的规定，向主管税务机关。

办理减免税手续。在办理减免税手续时，企业应提供具有法律效力的证明材料。

(19) 享受上述税收优惠的企业有下述情况之一的，应取消其享受税收优惠的资格，并补缴已减免的企业所得税税款：

①在申请认定过程中提供虚假信息的；

②有偷、骗税等行为的；

③发生重大安全、质量事故的；

④有环境等违法、违规行为，受到有关部门处罚的。

(20) 享受税收优惠的企业，其税收优惠条件发生变化的，应当自发生变化之日起15日内向主管税务机关报告；不再符合税收优惠条件的，应当依法履行纳税义务；未依法纳税的，主管税务机关应当予以追缴。同时主管税务机关在执行税收优惠政策过程中，发现企业不符合享受税收优惠条件的，可暂停企业享受的相关税收优惠。

(21) 在2010年12月31日前，依照《财政部、国家税务总局关于企业所得税若干优惠政策的通知》（财税〔2008〕1号）第一条规定，经认定并可享受原定期减免税优惠的企业，可在本通知施行后继续享受到期满为止。

(22) 集成电路生产企业、集成电路设计企业、软件企业等依照本通知规定可以享受的企业所得税优惠政策与企业所得税其他相同方式优惠政策存在交叉的，由企业选择一项最优惠政策招待，不叠加享受。

（23）自 2008 年 1 月 1 日起至 2010 年底，对集成电路生产企业、封装企业的投资者，以其取得的缴纳企业所得税后的利润，直接投资于本企业增加注册资本，或作为资本投资开办其他集成电路生产企业、封装企业，经营期不少于 5 年的，按 40% 的比例退还其再投资部分已缴纳的企业所得税税款。再投资不满 5 年撤出该项投资的，追缴已退的企业所得税税款。

自 2008 年 1 月 1 日起至 2010 年底，对国内外经济组织作为投资者，以其在境内取得的缴纳企业所得税后的利润，作为资本投资于西部地区开办集成电路生产企业、封装企业或软件产品生产企业，经营期不少于 5 年的，按 80% 的比例退还其再投资部分已缴纳的企业所得税税款。再投资不满 5 年撤出该项投资的，追缴已退的企业所得税税款。

2. 关于鼓励证券投资基金发展的优惠政策

（1）对证券投资基金从证券市场中取得的收入，包括买卖股票、债券的差价收入，股权的股息、红利收入，债券的利息收入及其他收入，暂不征收企业所得税。

（2）对投资者从证券投资基金分配中取得的收入，暂不征收企业所得税。

（3）对证券投资基金管理人运用基金买卖股票、债券的差价收入，暂不征收企业所得税。

3. 节能服务公司的优惠政策

自 2011 年 1 月 1 日起，对符合条件的节能服务公司的所得税按以下规定执行：

对符合条件的节能服务公司实施合同能源管理项目，符合企业所得税法有关规定的，自项目取得第一笔生产经营收入所属纳税年度起，第一年至第三年免征企业所得税，第四年至第六年按照 25% 的法定税率减半征收企业所得税。

对符合条件的节能服务公司，以及与其签订节能效益分享型合同的用能企业，实施合同能源管理项目有关资产的企业所得税税务处理按以下规定执行：

用能企业按照能源管理合同实际支付给节能服务公司的合理支出，均可以在计算当期应纳税所得额时扣除，不再区分服务费用和资产价款进行税务处理。

能源管理合同期满后，节能服务公司转让给用能企业的因实施合同能源管理项目形成的资产，按折旧或摊销期满的资产进行税务处理，用能企业从节能服务公司接受有关资产的计税基础也应按折旧或摊销期满的资产进行税务处理。

能源管理合同期满后，节能服务公司与用能企业办理有关资产的权属转移时，用能企业已支付的资产价款，不再计入节能服务公司的收入。

节能服务企业享受税收优惠应具备以下条件：

（1）具有独立法人资格，注册资金不低于 100 万元，且能够单独提供用能状况诊断、节能项目设计、融资、改造（包括施工、设备安装、调试、验收等）、运行管理、人员培训等服务的节能服务公司。

（2）节能服务企业实施合同能源管理项目相关技术应符合国家质量监督检验检疫总局和国家标准化管理委员会发布的《合同能源管理技术通则》（GB/T24915－2010）规定的技术要求。

（3）节能服务企业与用能企业签订《节能效益分享型》合同，其合同格式和内容，符合《合同法》和国家质量监督检验检疫总局和国家标准化管理委员会发布的《合同能源管理技术通则》（GB/T24915－2010）等规定。

（4）节能服务公司实施合同能源管理的项目符合《财政部、国家税务总局、国家发展改革委关于公布环境保护节能节水项目企业所得税优惠目录（试行）的通知》（财税〔2009〕166号）"4. 节能减排技术改造"类中第一项到第八项规定的项目和条件。

（5）节能服务企业投资额不低于实施合同能源管理项目投资总额的70%。

（6）节能服务企业拥有匹配的专职技术人员和合同管理人才，具有保障项目顺利实施和稳定运行的能力。

节能服务企业与用能企业之间的业务往来，应当按照独立企业之间的业务往来收取或者支付价款、费用。不按照独立企业之间的业务往来收取或者支付价款、费用，而减少其应纳税所得额的，税务机关有权进行合理调整。

用能企业对从节能服务公司取得的与实施合同能源管理项目有关的资产，应与企业其他资产分开核算，并建立辅助账或明细账。

节能服务公司同时从事适用不同税收政策待遇项目的，其享受税收优惠项目应当单独计算收入、扣除，并合理分摊企业的期间费用；没有单独计算的，不得享受税收优惠政策。

（十一）企业所得税过渡政策

《企业所得税法》公布前（2007年3月16日）已经批准设立（已经完成工商登记注册）的企业，依照当时的税收法律、行政法规规定，享受低税率优惠的，按照国务院规定，可以在《企业所得税法》施行后5年内，逐步过渡到税法规定的税率；享受定期减免税优惠的，可以在《企业所得税法》施行后继续享受到期满为止，但因未获利而尚未享受优惠的，优惠期限从税法施行年度起计算。具体规定如下：

1. 低税率优惠过渡政策

自2008年1月1日起，原享受低税率优惠政策的企业，在新税法施行后5年内逐步过渡到法定税率。其中：享受企业所得税15%税率的企业，2008年按18%税率执行；2009年按20%税率执行；2010年按22%税率执行；2011年按24%税率执行；2012年按25%税率执行。原执行24%税率的企业2008年起按25%税率执行。

2. "两免三减半"、"五免五减半"过渡政策

自2008年1月1日起原享受企业所得税"两免三减半"、"五免五减半"等定期减免税优惠的企业，新税法施行后继续按原税收法律、行政法规及相关文件规定的优惠办法及年限享受至期满为止。

但因未获利而尚未享受税收优惠的其优惠期限从2008年度起计算。

适用15%企业所得税率并享受企业所得税定期减半优惠过渡的企业，应一律按照规定的过渡税率计算的应纳税额实行减半征税，即2008年按18%税率计算的应纳税额实行减半征税，2009年按20%税率计算的应纳税额实行减半征税，2010年按22%税率计算的应纳税额实行减半征税，2011年按24%税率计算的应纳税额实行减半征税，2012年及以后年度按25%税率计算的应纳税额实行减半征税。

对原适用24%或33%企业所得税率并享受国发〔2007〕39号文件规定的企业所得税定期减半优惠过渡的企业，2008年及以后年度一律按25%税率计算的应纳税额实行减半征税。

3. 原外商投资企业税收优惠的处理

（1）2008年1月1日之前外商投资企业形成的累积未分配利润，在2008年以后分配给外国投资者的，免征企业所得税；2008 年及以后年度外商投资企业新增利润分配给外国投资者的，依法缴纳企业所得税。

（2）外国投资者从外商投资企业取得的税后利润直接再投资本企业增加注册资本，或者作为资本投资开办其他外商投资企业，凡在 2007 年底以前完成再投资事项，并在国家工商管理部门完成变更或注册登记的，可以按照原《外商投资企业和外国企业所得税法》及其有关规定，给予办理再投资退税。对在 2007 年底以前用 2007 年度预分配利润进行再投资的，不给予退税。

（3）外国企业向我国转让专有技术或提供贷款等取得所得，凡上述事项所涉及的合同是在 2007 年底以前签订，且符合《外商投资企业和外国企业所得税法》规定免税条件，经税务机关批准给予免税的，在合同有效期内可继续给予免税，但不包括延期、补充合同或扩大的条款。各主管税务机关应做好合同执行跟踪管理工作，及时开具完税证明。

（4）外商投资企业按照《外商投资企业和外国企业所得税法》规定享受定期减免税优惠，2008 年后，企业生产经营业务性质或经营期发生变化，导致其不符合《外商投资企业和外国企业所得税法》规定条件的，仍应依据该法规定补缴其此前（包括在优惠过渡期内）已经享受的定期减免税税款。各主管税务机关在每年对这类企业进行汇算清缴时，应对其经营业务内容和经营期限等变化情况进行审核。

4. 西部大开发的税收优惠

（1）西部大开发税收优惠措施的适用范围。

本政策的适用范围包括重庆、四川、贵州、云南、西藏、陕西、甘肃、宁夏、青海、新疆、新疆生产建设兵团、内蒙古和广西（上述地区统称"西部地区"）。湖南省湘西土家族苗族自治州、湖北省恩施土家族苗族自治州、吉林省延边朝鲜族自治州，可以比照西部地区的税收优惠政策执行。

（2）西部大开发税收优惠措施的具体内容。

①对设在西部地区国家鼓励类产业的内资企业，2001～2010 年期间，减按 15% 的税率征收企业所得税。

国家鼓励类产业的内资企业是指以《当前国家重点鼓励发展的产业、产品和技术目录（2000 年修订）》中规定的产业项目为主营业务，其主营业务收入占企业总收入 70% 以上的企业。

收入达到比例的，实行企业自行申请，税务机关审核的管理办法。经税务机关审核确认后，企业方可减按 15% 税率缴纳企业所得税。企业未按规定提出申请或未经税务机关审核确认的，不得享受上述税收优惠政策。

②经省级人民政府批准，民族自治地方的内资企业可以定期减征或免征企业所得税；凡减免税款涉及中央收入 100 万元（含 100 万元）以上的，需报国家税务总局批准。

③对在西部地区新办交通、电力、水利、邮政、广播电视企业，上述项目业务收入占企业总收入 70% 以上的，可以享受企业所得税如下优惠政策：内资企业自开始生产经营之日起，第一年至第二年免征企业所得税，第三年至第五年减半征收企业所得税。

新办交通企业是指投资新办从事公路、铁路、航空、港口、码头运营和管道运输的企业。新办电力企业是指投资新办从事电力运营的企业。新办水利企业是指投资新办从事江河湖泊综合治理、防洪除涝、灌溉、供水、水资源保护、水力发电、水土保持、河道疏浚、河海堤防建设等开发水利、防治水害的企业。新办邮政企业是指投资新办从事邮政运营的企业。新办广播电视企业是指投资新办从事广播电视运营的企业。

上述企业同时符合规定条件的，第三年至第五年减半征收企业所得税时，按15%税率计算出应纳所得税额后减半执行。

上述所称企业，是指投资主体自建、运营上述项目的企业，单纯承揽上述项目建设的施工企业不得享受两年免征、三年减半征收企业所得税的政策。

（3）对实行汇总（合并）纳税的企业，应当将西部地区的成员企业与西部地区以外的成员企业分开，分别汇总（合并）申报纳税，分别适用税率。

5. 其他相关事项

（1）享受企业所得税过渡优惠政策的企业，应按照新税法和实施条例中有关收入和扣除的规定计算应纳税所得额。

（2）企业所得税过渡优惠政策与新税法及实施条例规定的优惠政策存在交叉的，由企业选择最优惠的政策执行，不得叠加享受，且一经选择，不得改变。

（3）法律设置的发展对外经济合作和技术交流的特定地区内，以及国务院已规定执行上述地区特殊政策的地区内新设立的国家需要重点扶持的高新技术企业，可以享受过渡性税收优惠，具体办法由国务院规定。

（4）国家已确定的其他鼓励类企业，可以按照国务院规定享受减免税优惠。

（5）对企业取得的2009年、2010年和2011年发行的地方政府债券利息所得，免征企业所得税。地方政府债券是指经国务院批准，以省、自治区、直辖市和计划单列市政府为发行和偿还主体的债券。

（6）对企业持有2011~2013年发行的中国铁路建设债券取得的利息收入，减半征收企业所得税。

（十二）非居民企业所得税的税收优惠措施

非居民企业减按10%的税率征收企业所得税。

这里的非居民企业是指在中国境内未设立机构、场所，或者虽设立机构、场所但取得的所得与其所设机构、场所没有实际联系的企业。

该类非居民企业取得下列所得免征企业所得税：

1. 外国政府向中国政府提供贷款取得的利息所得；

2. 国际金融组织向中国政府和居民企业提供优惠贷款取得的利息所得；

3. 经国务院批准的其他所得。

第四节　企业所得税应纳税额的计算

应纳税所得额是企业所得税的计税依据，按照企业所得税法的规定，应纳税所得额为企业每一个纳税年度的收入总额，减除不征税收入、免税收入、各项扣除，以及允许弥补的以前年度亏损后的余额。基本公式为：

应纳税所得额＝收入总额－不征税收入－免税收入－各项扣除－以前年度亏损

企业应纳税所得额的计算以权责发生制为原则，属于当期的收入和费用，不论款项是否收付，均作为当期的收入和费用；不属于当期的收入和费用，即使款项已经在当期收付，均不作为当期的收入和费用。应纳税所得额的正确计算直接关系到国家财政收入和企业的税收负担，并且同成本、费用核算关系密切。因此，企业所得税法对应纳税所得额计算做了明确规定。主要内容包括收入总额、扣除范围和标准、资产的税务处理、亏损弥补等。

一、企业所得税收入的确认

企业的收入总额包括以货币形式和非货币形式从各种来源取得的收入，具体包括销售货物收入、提供劳务收入、转让财产收入、股息、红利等权益性投资收益，以及利息收入、租金收入、特许权使用费收入、接受捐赠收入、其他收入。

（一）一般计税收入的确认

纳税人取得收入的货币形式，包括现金、存款、应收账款、应收票据、准备持有至到期的债券投资以及债务的豁免等；纳税人以非货币形式取得的收入，包括固定资产、生物资产、无形资产、股权投资、存货、不准备持有至到期的债券投资、劳务以及有关权益等，这些非货币资产应当按照公允价值确定收入额，公允价值是指按照市场价格确定的价值。收入的具体构成为：

1. 销售货物收入，是指企业销售商品、产品、原材料、包装物、低值易耗品以及其他存货取得的收入。

2. 劳务收入，是指企业从事建筑安装、修理修配、交通运输、仓储租赁、金融保险、邮电通信、咨询经纪、文化体育、科学研究、技术服务、教育培训、餐饮住宿、中介代理、卫生保健、社区服务、旅游、娱乐、加工以及其他劳务服务活动取得的收入。

3. 财产转让收入，是指企业转让固定资产、生物资产、无形资产、股权、债权等财产取得的收入。

4. 股息、红利等权益性投资收益，是指企业因权益性投资从被投资方取得的收入。股息、红利等权益性投资收益，除国务院财政、税务主管部门另有规定外，按照被投资方做出利润分配决定的日期确认收入的实现。

5. 利息收入，是指企业将资金提供他人使用但不构成权益性投资，或者因他人占用企业资金取得的收入，包括存款利息、贷款利息、债券利息、欠款利息等收入。利息收入，按照合同约定的债务人应付利息的日期确认收入的实现。

根据《关于企业混合性投资业务企业所得税处理问题的公告》（国家税务总局公告2013年第41号）规定，企业混合性投资业务企业所得税处理如下：

（1）企业混合性投资业务，是指兼具权益和债权双重特性的投资业务。同时符合下列条件的混合性投资业务，按下列（2）进行企业所得税处理：

①被投资企业接受投资后，需要按投资合同或协议约定的利率定期支付利息（或定期支付保底利息、固定利润、固定股息，下同）；

②有明确的投资期限或特定的投资条件，并在投资期满或者满足特定投资条件后，被投

资企业需要赎回投资或偿还本金；

③投资企业对被投资企业净资产不拥有所有权；

④投资企业不具有选举权和被选举权；

⑤投资企业不参与被投资企业日常生产经营活动。

（2）符合第一条规定的混合性投资业务，按下列规定进行企业所得税处理：

①对于被投资企业支付的利息，投资企业应于被投资企业应付利息的日期，确认收入的实现并计入当期应纳税所得额；被投资企业应于应付利息的日期，确认利息支出，并按税法和《国家税务总局关于企业所得税若干问题的公告》（国家税务总局公告2013第34号）第一条的规定，即"非金融企业向非金融企业借款利息支出"的规定进行税前扣除。

②对于被投资企业赎回的投资，投资双方应于赎回时将赎回价与投资成本之间的差额确认为债务重组损益，分别计入当期应纳税所得额。

（3）该规定自2013年9月1日起执行，此前发生的已进行税务处理的混合性投资业务，不再进行纳税调整。

6. 租金收入，是指企业提供固定资产、包装物以及其他有形财产使用权取得的收入。租金收入，按照合同约定的承租人应付租金的日期确认收入的实现。

7. 特许权使用费收入，是指企业提供专利权、非专利技术、商标权、著作权以及其他特许权的使用权而取得的收入。特许权使用费收入，按照合同约定的特许权使用人应付特许权使用费的日期确认收入的实现。

8. 接受捐赠收入，是指企业接受的来自其他企业、组织或者个人无偿给予的货币性资产、非货币性资产。接受捐赠收入，按照实际收到的捐赠资产的日期确认收入的实现。

9. 其他收入，是指企业取得的除以上收入外的其他收入，包括企业资产溢余收入、逾期未退包装物押金收入、确实无法偿付的应付款项、已做坏账损失处理后又收回的应收款项、债务重组收入、补贴收入、违约金收入、汇兑收益等。

（二）特殊计税收入的确认

1. 以分期收款方式销售货物的，按照合同约定的收款日期确认收入的实现。

2. 企业受托加工制造大型机械设备、船舶、飞机，以及从事建筑、安装、装配工程业务或者提供其他劳务等，持续时间超过12个月的，按照纳税年度内完工进度或者完成的工作量确认收入的实现。

3. 采取产品分成方式取得收入的，按照企业分得产品的日期确认收入的实现，其收入额按照产品的公允价值确定。

4. 企业发生非货币性资产交换，以及将货物、财产、劳务用于捐赠、偿债、赞助、集资、广告、样品、职工福利或者利润分配等用途的，应当视同销售货物、转让财产或者提供劳务，但国务院财政、税务主管部门另有规定的除外。

（三）资产处置收入的确认

1. 企业发生下列情形的处置资产，除将资产转移至境外，由于资产所有权属在形式和实质上均不发生改变，可作为内部处置资产，不视同销售确认收入，相关资产的计税基础延续计算：

（1）将资产用于生产、制造、加工另一产品；

（2）改变资产形状、结构或性能；

（3）改变资产用途（如自建商品房转为自用或经营）；

（4）将资产在总机构及其分支机构之间转移；

（5）上述两种或两种以上情形的混合；

（6）其他不改变资产所有权属的用途。

2. 企业将资产移送他人的下列情形，因资产所有权属已发生改变而不属于内部处置资产，应按规定视同销售确定收入：

（1）用于市场推广或销售；

（2）用于交际应酬；

（3）用于职工奖励或福利；

（4）用于股息分配；

（5）用于对外捐赠；

（6）其他改变资产所有权属的用途。

企业发生上述情形时，属于企业自制的资产，应按企业同类资产同期对外销售价格确定销售收入；属于外购的资产，不以销售为目的，具有替代职工福利等费用支出性质，且购买后在一个纳税年度处置的，可按购入时的价格确定销售收入。

（四）相关计税收入实现的确认

除《企业所得税法》及实施条例前述关于收入的规定外，企业销售收入的确认，必须遵循权责发生制原则和实质重于形式原则。

1. 企业销售商品同时满足下列条件的，应确认收入的实现：

（1）商品销售合同已经签订，企业已将与商品所有权相关的主要风险和报酬转移给购货方；

（2）企业对已售出的商品既没有保留通常与所有权相联系的继续管理权，也没有实施有效控制；

（3）收入的金额能够可靠地计量；

（4）已发生或将发生的销售方的成本能够可靠地核算。

2. 符合上款收入确认条件，采取下列商品销售方式的，应按以下规定确认收入实现时间：

（1）销售商品采用托收承付方式的，在办妥托收手续时确认收入。

（2）销售商品采取预收款方式的，在发出商品时确认收入。

（3）销售商品需要安装和检验的，在购买方接受商品以及安装和检验完毕时确认收入，如果安装程序比较简单，可在发出商品时确认收入。

（4）销售商品采用支付手续费方式委托代销的，在收到代销清单时确认收入。

3. 采用售后回购方式销售商品的，销售的商品按售价确认收入，回购的商品作为购进商品处理。有证据表明不符合销售收入确认条件的，如以销售商品方式进行融资，收到的款项应确认为负债，回购价格大于原售价的，差额应在回购期间确认为利息费用。

4. 销售商品以旧换新的，销售商品应当按照销售商品收入确认条件确认收入，回收的商品作为购进商品处理。

5. 企业为促进商品销售而在商品价格上给予的价格扣除属于商业折扣，商品销售涉及商业折扣的，应当按照扣除商业折扣后的金额确定销售商品收入金额。

债权人为鼓励债务人在规定的期限内付款而向债务人提供的债务扣除属于现金折扣，销售商品涉及现金折扣的，应当按扣除现金折扣前的金额确定销售商品收入金额，现金折扣在实际发生时作为财务费用扣除。

企业因售出商品的质量不合格等原因而在售价上给予的减让属于销售折让；企业因售出商品质量、品种不符合要求等原因而发生的退货属于销售退回。企业已经确认销售收入的售出商品发生销售折让和销售退回，应当在发生当期冲减当期销售商品收入。

6. 企业在各个纳税期末，提供劳务交易的结果能够可靠估计的，应采用完工进度（完工百分比）法确认提供劳务收入。

（1）提供劳务交易的结果能够可靠估计，是指同时满足下列条件：

①收入的金额能够可靠地计量；

②交易的完工进度能够可靠地确定；

③交易中已发生和将发生的成本能够可靠地核算。

（2）企业提供劳务完工进度的确定，可选用下列方法：

①已完工作的测量；

②已提供劳务占劳务总量的比例；

③发生成本占总成本的比例。

（3）企业应按照从接受劳务方已收或应收的合同或协议价款确定劳务收入总额，根据纳税期末提供劳务收入总额乘以完工进度扣除以前纳税年度累计已确认提供劳务收入后的金额，确认为当期劳务收入；同时，按照提供劳务估计总成本乘以完工进度扣除以前纳税期间累计已确认劳务成本后的金额，结转为当期劳务成本。

（4）下列提供劳务满足收入确认条件的，应按规定确认收入：

①安装费。应根据安装完工进度确认收入。安装工作是商品销售附带条件的，安装费在确认商品销售实现时确认收入。

②宣传媒介的收费。应在相关的广告或商业行为出现于公众面前时确认收入。广告的制作费，应根据制作广告的完工进度确认收入。

③软件费。为特定客户开发软件的收费，应根据开发的完工进度确认收入。

④服务费。包含在商品售价内可区分的服务费，在提供服务的期间分期确认收入。

⑤艺术表演、招待宴会和其他特殊活动的收费。在相关活动发生时确认收入。收费涉及几项活动的，预收的款项应合理分配给每项活动，分别确认收入。

⑥会员费。申请入会或加入会员，只允许取得会籍，所有其他服务或商品都要另行收费的，在取得该会员费时确认收入。申请入会或加入会员后，会员在会员期内不再付费就可得到各种服务或商品，或者以低于非会员的价格销售商品或提供服务的，该会员费应在整个受益期内分期确认收入。

⑦特许权费。属于提供设备和其他有形资产的特许权费，在交付资产或转移资产所有权时确认收入；属于提供初始及后续服务的特许权费，在提供服务时确认收入。

⑧劳务费。长期为客户提供重复的劳务收取的劳务费在相关劳务活动发生时确认收入。

7. 企业以买一赠一等方式组合销售本企业商品的，不属于捐赠，应将总的销售金额按各项商品的公允价值的比例来分摊确认各项的销售收入。

（五）企业所得税的不征税收入和免税收入

国家为了扶持和鼓励某些特殊的纳税人和特定的项目，或者避免因征税影响企业的正常经营，对企业取得的某些收入予以不征税或免税的特殊政策，以减轻企业的负担，促进经济的协调发展。或准予抵扣应纳税所得额，或者是对专项用途的资金作为非税收入处理，减轻企业的税负，增加企业可用资金。

1. 不征税收入

（1）财政拨款，是指各级人民政府对纳入预算管理的事业单位、社会团体等组织拨付的财政资金。

（2）依法收取并纳入财政管理的行政事业性收费、政府性基金，是指依照法律法规等有关规定，按照国务院规定程序批准，在实施社会公共管理，以及在向公民、法人或者其他组织提供特定公共服务过程中，向特定对象收取并纳入财政管理的费用。政府性基金，是指企业依照法律、行政法规等有关规定，代政府收取的具有专项用途的财政资金。

企业按照规定缴纳的、由国务院或财政部批准设立的政府性基金以及由国务院和省、自治区、直辖市人民政府及其财政、价格主管部门批准设立的行政事业性收费，准予在计算应纳税所得额时扣除。

企业缴纳的不符合上述审批管理权限设立的基金、收费，不得在计算应纳税所得额时扣除。

企业收取的各种基金、收费，应计入企业当年收入总额。

对企业依照法律、法规及国务院有关规定收取并上缴财政的政府性基金和行政事业性收费，准予作为不征税收入，于上缴财政的当年在计算应纳税所得额时从收入总额中减除；未上缴财政的部分，不得从收入总额中减除。

（3）国务院规定的其他不征税收入，是指企业取得的，由国务院财政、税务主管部门规定专项用途并经国务院批准的财政性资金。

财政性资金，是指企业取得的来源于政府及其有关部门的财政补助、补贴、贷款贴息，以及其他各类财政专项资金，包括增值税即征即退、先征后退、先征后返的各种税收，但不包括企业按规定取得出口退税款。

①企业取得的各类财政性资金，除属于国家投资和资金使用后要求归还本金的以外，均应计入企业当年收入总额。国家投资是指国家以投资者身份投入企业并按有关规定相应增加企业实收资本（股本）的直接投资。

②对企业取得的由国务院财政、税务主管部门规定专项用途并经国务院批准的财政性资金，准予作为不征税收入，在计算应纳税所得额时从收入总额中减除。

企业取得的专项用途的财政性资金，在进行企业所得税处理时一般应按以下规定执行；

A. 企业从县级以上各级人民政府财政部门及其他部门取得应计入收入总额的财政性资金，凡同时符合以下条件的，可以作为不征税收入，在计算应纳税所得额时从收入总额中减除；

企业能够提供规定资金专项用途的资金拨付文件；

财政部门或其他拨付金的政府部门对该资金有专门的资金管理办法或具体管理要求；

企业对该资金以及以该资金发生的支出单独进行核算。

B. 企业将符合规定条件的财政性资金作不征税收入处理后，在 5 年（60 个月）内未发生支出且未缴回财政部门或其他拨付资金的政府部门的部分，应计入取得奖金第 6 年的应税收入总额；计入应税收入总额的财政性奖金发生的支出，允许在计算应纳税所得额时扣除。

纳入预算管理的事业单位、社会团体等组织按照核定的预算和经费报领关系收到的由财政部门或上级单位拨入的财政补助收入，准予作为不征税收入，在计算应纳税所得额时从收入总额中减除，但国务院和国务院财政、税务主管部门另有规定的除外。

值得注意的是，企业的不征税收入用于支出所形成的费用，不得在计算应纳税所得额时扣除；企业的不征税收用于支出所形成的资产，其计算的折旧、摊销不得在计算应纳税所得额时扣除。

企业取得的不征税收入，应按照《财政部、国家税务总局关于专项用途财政性资金企业所得税处理问题的通知》（财税［2011］70 号）的规定进行处理。凡未按照文件规定进行管理的，应作为企业应税收入计入应纳税所得额，依法缴纳企业所得税。

2. 免税收入

（1）国债利息收入。为鼓励企业积极购买国债，支援国家建设项目，税法规定，企业因购买国债所得的利息收入，免征企业所得税。

（2）符合条件的居民企业之间的股息、红利等权益性收益。是指居民企业直接投资于其他居民企业取得的投资收益。

（3）在中国境内设立机构、场所的非居民企业从居民企业取得与该机构、场所有实际联系的股息、红利等权益性投资收益。该收益不包括连续持有居民企业公开发行并上市流通的股票不足 12 个月取得的投资收益。

（4）符合条件的非营利组织的收入。符合条件的非营利组织是指：

①依法履行非营利组织登记手续。

②从事公益性或者非营利性活动。

③取得的收入除用于与该组织有关的、合理的支出外，全部用于登记核定或者章程规定的公益性或者非营利性事业。

④财产及其孳生利息不用于分配。

⑤按照登记核定或者章程规定，该组织注销后的剩余财产用于公益性或者非营利性目的，或者由登记管理机关转赠给与该组织性质、宗旨相同的组织，并向社会公告。

⑥投入人对投入该组织的财产不保留或者享有任何财产权利。

⑦工作人员工资福利开支控制在规定的比例内，不变相分配该组织的财产。

⑧国务院财政、税务主管部门规定的其他条件。

《企业所得税法》第二十六条第四项所称符合条件的非营利组织的收入，不包括非营利组织从事营利性活动取得的收入，但国务院财政、税务主管部门另有规定的除外。

非营利组织的下列收入为免税收入：

①接受其他单位或者个人捐赠的收入；

②除《企业所得税法》第七条规定的财政拨款以外的其他政府补助收入，但不包括因政府购买服务而取得的收入；

③按照省级以上民政、财政部门规定收取的会费；

④不征税收入和免税收入孳生的银行存款利息收入；

⑤财政部、国家税务总局规定的其他收入。

（5）对企业取得的 2009 年、2010 年和 2011 年发行的地方政府债券利息所得，免征企业所得税。地方政府债券是指经国务院批准，以省、自治区、直辖市和计划单列市政府为发行和偿还主体的债券。

二、企业所得税税前扣除项目的规定

（一）企业所得税税前扣除项目的原则

在计算所得税时准予从计税收入中扣除的项目是指与纳税人取得收入有关的成本、费用、税金和损失。纳税人的财务会计处理与税法规定不一致的，应按照税法规定予以调整。企业申报的扣除项目和金额要真实、合法。所谓真实是指能提供证明有关支出确属已经实际发生；合法是指符合国家税法的规定，若其他法规规定与税收法规规定不一致，应以税收法规的规定为标准。除税收法规另有规定外，税前扣除一般应遵循以下原则：

1. 权责发生制原则。是指企业费用应在发生的所属期扣除，而不是在实际支付时确认扣除。

2. 配比原则。是指企业发生的费用应当与收入配比扣除。除特殊规定外，企业发生的费用不得提前或滞后申报扣除。

3. 相关性原则。企业可扣除的费用从性质和根源上必须与取得应税收入直接相关。

4. 确定性原则。即企业可扣除的费用不论何时支付，其金额必须是确定的。

5. 合理性原则。符合生产经营活动常规，应当计入当期损益或者有关资产成本的必要和正常的支出。

（二）企业所得税税前扣除项目的范围

企业所得税法规定，企业实际发生的与取得收入有关的、合理的支出，包括成本、费用、税金、损失其他支出，准予在计算应纳税所得额时扣除。在实际中，计算应纳税所得额时还应注意三方面的内容：（1）企业发生的支出应当区分收益性支出和资本性支出。收益性支出在发生当期直接扣除；资本性支出应当分期扣除或者计入有关资产成本，不得在发生当期直接扣除。（2）企业的不征税收入用于支出所形成的费用或者财产，不得扣除或者计算对应的折旧、摊销扣除。（3）除企业所得税法和本条例另有规定外，企业实际发生的成本、费用、税金、损失和其他支出，不得重复扣除。

1. 成本。是指企业在生产经营活动中发生的销售成本、销货成本、业务支出，以及其他耗费，即企业销售商品（产品、材料、下脚料、废料、废旧物资等）、提供劳务、转让固定资产、无形资产（包括技术转让）的成本。

企业必须将经营活动中发生的成本合理划分为直接成本和间接成本。直接成本是指可直接计入有关成本计算对象或劳务的经营成本中的直接材料、直接人工等。间接成本是指多个部门为同一成本对象提供服务的共同成本，或者同一种投入可以制造、提供两种或两种以上的产品或劳务的联合成本。

直接成本可根据有关会计凭证、记录直接计入有关成本计算对象或劳务的经营成本中。间接成本必须根据与成本计算对象之间的因果关系、成本计算对象的产量等，以合理的方法分配计入有关成本计算对象中。

2. 费用。是指企业每一个纳税年度为生产、经营商品和提供劳务等所发生的销售（经营）费用、管理费用和财务费用。已计入成本的有关费用除外。

销售费用是指应由企业负担的为销售商品而发生的费用，包括广告费、运输费、装卸费、包装费、展览费、保险费、销售佣金（能直接认定的进口佣金调整商品进价成本）、代销手续费、经营性租赁费及销售部门发生的差旅费、工资、福利费等费用。

管理费用是指企业的行政管理部门为管理组织经营活动提供各项支援性服务而发生的费用。

财务费用是指企业筹集经营性资金而发生的费用，包括利息净支出、汇兑净损失、金融机构手续费以及其他非资本化支出。

3. 税金。是指企业发生的除企业所得税和允许抵扣的增值税以外的企业缴纳的各项税金及其附加，即企业按规定缴纳的消费税、营业税、城市维护建设税、关税、资源税、土地增值税、房产税、车船税、土地使用税、印花税、教育费附加等产品销售税金及附加。这些已纳税金准予税前扣除。准许扣除的税金有两种方式：一是在发生当期扣除；二是在发生当期计入相关资产的成本，在以后各期分摊扣除。

4. 损失。是指企业在生产经营活动中发生的固定资产和存货的盘亏、毁损、报废损失，转让财产损失，呆账损失，坏账损失，自然灾害等不可抗力因素造成的损失以及其他损失。

企业发生的损失减除责任人赔偿和保险赔款后的余额，依照国务院财政、税务主管部门的规定扣除。

企业已经作为损失处理的资产，在以后纳税年度又全部收回或者部分收回时，应当计入当期收入。

5. 扣除的其他支出。是指除成本、费用、税金、损失外，企业在生产经营活动中发生的与生产经营活动有关的、合理的支出。

（三）企业所得税税前扣除项目的标准

在计算应纳税所得额时，下列项目可按照实际发生额或规定的标准扣除。

1. 工资、薪金支出

企业发生的合理的工资、薪金支出准予据实扣除。工资薪金总额是指企业每一纳税年度支付给本企业任职或与其有雇用关系的员工的所有现金或非现金形式的劳务报酬。不包括企业的职工福利费、职工教育经费、工会经费以及养老保险费、医疗保险费、失业保险费、工伤保险费、生育保险费等社会保险费和住房公积金。属于国有性质的企业，其工资薪金，不得超过政府有关部门给予的限定数额；超过部分，不得计入企业工资薪金总额，也不得在计算企业应纳税所得额时扣除。

"合理工资薪金"，是指企业按照股东大会、董事会、薪酬委员会或相关管理机构制定的工资薪金制度规定实际发放给员工的工资薪金。具体是指符合下列条件：

（1）企业制定了较为规范的员工工资薪金制度；

（2）企业所制定的工资薪金制度符合行业及地区水平；

（3）企业在一定时期所发放的工资薪金是相对固定的，工资薪金的调整是有序进行的；

（4）企业对实际发放的工资薪金，已依法履行了代扣代缴个人所得税义务；

（5）有关工资薪金的安排，不以减少或逃避税款为目的。

（6）属于国有性质的企业，其工资、薪金，不得超过政府有关部门给予的限定数额；超过部分，不得计入企业工资、薪金总额，也不得在计算企业应纳税所得额时扣除。

（7）企业因雇用季节工、临时工、实习生、返聘离休退休人员以及接受外部劳务派遣用工所实际发生的费用，应区分为工资薪金支出和职工福利费支出，并按《企业所得税法》规定在企业所得税税前扣除。其中属于工资薪金支出的，准予计入企业工资薪金总额的基数，作为计算其他各项相关费用扣除的依据。

2. 职工福利费、工会经费、职工教育经费

企业发生的职工福利费、工会经费、职工教育经费按标准扣除，未超过标准的按实际数扣除，超过标准的只能按标准扣除。

（1）企业发生的职工福利费支出，不超过工资薪金总额14%的部分准予扣除。

（2）企业拨缴的工会经费，不超过工资薪金总额2%的部分准予扣除。

（3）除国务院财政、税务主管部门另有规定外，企业发生的职工教育经费支出，不超过工资薪金总额2.5%的部分准予扣除，超过部分准予结转以后纳税年度扣除。

上述企业职工福利费，包括以下内容：

（1）尚未实行分离办社会职能的企业，其内设福利部门所发生的设备、设施和人员费用，包括职工食堂、职工浴室、理发室、医务所、托儿所、疗养院等集体福利部门的设备、设施及维修保养费用和福利部门工作人员的工资薪金、社会保险费、住房公积金、劳务费等。

（2）为职工卫生保健、生活、住房、交通等所发放的各项补贴和非货币性福利，包括企业向职工发放的因公外地就医费用、未实行医疗统筹企业职工医疗费用、职工供养直系亲属医疗补贴、供暖费补贴、职工防暑降温费、职工困难补贴、救济费、职工食堂经费补贴、职工交通补贴等。

（3）按照其他规定发生的其他职工福利费，包括丧葬补助费、抚恤费、安家费、探亲假路费等。

企业发生的职工福利费，应该单独设置账册，进行准确核算。没有单独设置账册准确核算的，税务机关应责令企业在规定的期限内进行改正。逾期仍未改正的，税务机关可对企业发生的职工福利费进行合理的核定。

3. 社会保险费

（1）企业依照国务院有关主管部门或者省级人民政府规定的范围和标准为职工缴纳的"五险一金"，即基本养老保险费、基本医疗保险费、失业保险费、工伤保险费、生育保险费等基本社会保险费和住房公积金，准予扣除。

（2）企业为投资者或者职工支付的补充养老保险费、补充医疗保险费，在国务院财政、税务主管部门规定的范围和标准内，准予扣除。企业依照国家有关规定为特殊工种职工支付的人身安全保险费和符合国务院财政、税务主管部门规定可以扣除的商业保险费准予扣除。

（3）企业参加财产保险，按照规定缴纳的保险费，准予扣除。企业为投资者或者职工支付的商业保险费，不得扣除。

4. 利息费用

企业在生产、经营活动中发生的利息费用，按下列规定扣除：

（1）非金融企业向金融机构借款的利息支出、金融企业的各项存款利息支出和同业拆借利息支出、企业经批准发生债券的利息支出可据实扣除。

（2）非金融企业向非金融机构借款的利息支出，不超过按照金融企业同期同类贷款利率计算的数额的部分可据实扣除，超过部分不许扣除。

其中，所称金融机构，是指各类银行、保险公司及经中国人民银行批准从事金融业务的非银行金融机构。包括国家专业银行、区域性银行、股份制银行、外资银行、中外合资银行以及其他综合性银行；还包括全国性保险企业、区域性保险企业、股份制保险企业、中外合资保险企业以及其他专业性保险企业；城市、农村信用社、各类财务公司，以及其他从事信托投资、租赁等业务的专业和综合性非银行金融机构。非金融机构，是指除上述金融机构以外的所有企业、事业单位以及社会团体等企业或组织。

企业接受的关联方债权性投资利息支出在计算应纳税所得额时，企业实际支付给关联方的利息支出，不超过以下规定比例和税法及其实施条例有关规定计算的部分，准予扣除，超过的部分不得在发生当期和以后年度扣除。

企业实际支付给关联方的利息支出，其接受关联方债权性投资与其权益性投资比例为：金融企业为5:1；其他企业为2:1。企业如果能够按照税法及其实施条例的有关规定提供相关资料，并证明相关交易活动符合独立交易原则的；或者该企业的实际税负不高于境内关联方的，其实际支付给境内关联方的利息支出，在计算应纳税所得额时准予扣除。企业同时从事金融业务和非金融业务，其实际支付给关联方的利息支出，应按照合理方法分开计算；没有按照合理方法分开计算的，一律按有关其他企业的比例计算准予税前扣除的利息支出。企业自关联方取得的不符合规定的利息收入应按照有关规定缴纳企业所得税。

（3）企业向自然人借款的利息支出在企业所得税税前的扣除。

①企业向股东或其他与企业有关联关系的自然人借款的利息支出，应根据《企业所得税法》第四十六条及《财政部、国家税务总局关于企业关联方利息支出税前扣除标准有关税收政策问题的通知》（财税［2008］121号）规定的条件，计算企业所得税扣除额。

②企业向除①规定以外的内部职工或其他人员借款的利息支出，其借款情况同时符合以下条件的，其利息支出在不超过按照金融企业同期同类贷款利率计算的数额的部分，准予扣除：企业与个人之间的真实、合法、有效的，并且不具有非法集资目的或其他违反法律、法规的行为；企业与个人之间签订了借款合同。

（4）企业投资者投资未到位发生利息支出的扣除问题。根据《国家税务总局关于企业投资者投资未到位而发生的利息支出企业所得税前扣除问题的批复》（国税函［2009］312号），企业投资者在规定期限内未缴足其应缴资本额的，该企业对外借款所发生的利息，相当于投资者实缴资本额与在规定期限内应缴资本额的差额应计付的利息，其不属于企业合理的支出，应由企业投资者负担，不得在计算企业应纳税所得额时扣除。

具体计算不得扣除的利息，应以企业一个年度内每一账面实收资本与借款余额保持不变的期间作为一个计算期，每一计算期内不得扣除的借款利息按该期间借款利息发生额乘以该期间企业未缴足的注册资本占借款总额的比例计算，公式为：

企业每一计算期不得扣除的借款利息＝该期间借款利息额×该期间未缴中注册资本额÷该期间借款额

企业一个年度内不得扣除的借款利息总额为该年度内每一计算期不得扣除的借款利息额之和。

5. 借款费用

（1）企业在生产经营活动中发生的合理的不需要资本化的借款费用，准予扣除。

（2）企业为购置、建造固定资产、无形资产和经过 12 个月以上的建造才能达到预定可销售状态的存货发生的借款，在有关资产购置、建造期间发生的合理的借款费用，应予以资本化，作为资本性支出计入有关资产的成本；有关资产交付使用后发生的借款利息，可在发生当期扣除。

6. 汇兑损失

企业在货币交易中，以及纳税年度终了时将人民币以外的货币性资产、负债按照期末即期人民币汇率中间价折算为人民币时产生的汇兑损失，除已经计入有关资产成本以及与向所有者进行利润分配相关的部分外，准予扣除。

7. 业务招待费

（1）企业发生的与其生产、经营业务有关的业务招待费支出，按照发生额的 60% 扣除，但最高不得超过当年销售（营业）收入的 5‰。这里的当年销售（营业）收入包括视同销售（营业）收入额。

（2）对从事股权投资业务的企业（包括集团公司总部、创业投资企业等），其从被投资企业所分配的股息、红利以及股权转让收入，可以按规定的比例计算业务招待费扣除限额。

（3）企业通过发行债券、取得贷款、吸收保户储金等方式融资而发生的合理的费用支出，符合资本化条件的，应计入相关资产成本；不符合资本化条件的，应作为财务费用，准予在企业所得税前据实扣除。

8. 广告费和业务宣传费

企业发生的符合条件的广告费和业务宣传费支出，除国务院财政、税务主管部门另有规定外，不超过当年销售（营业）收入 15% 的部分，准予扣除；超过部分，准予结转以后纳税年度扣除。这里的当年销售（营业）收入包括视同销售（营业）收入额。

企业申报扣除的广告费支出应与赞助支出严格区分。企业申报扣除的广告费支出，必须符合下列条件：广告是通过工商部门批准的专门机构制作的；已实际支付费用，并已取得相应发票；通过一定的媒体传播。

自 2011 年 1 月 1 日起至 2015 年 12 月 31 日，对部分行业广告费和业务宣传费税前扣除的特殊规定：

（1）对化妆品制造、医药制造和饮料制造（不含酒类制造，下同）企业发生的广告费和业务宣传费支出，不超过当年销售（营业）收入 30% 的部分，准予扣除；超过部分，准予在以后纳税年度结转扣除。

（2）对采取特许经营模式的饮料制造企业，饮料品牌使用方发生的不超过当年销售（营业）收入 30% 的广告费和业务宣传费支出可以在本企业扣除，也可以将其中的部分或全部归集至饮料品牌持有方或管理方，由饮料品牌持有方或管理方作为销售费用据实在企业所得税前扣除。饮料品牌持有方或管理方在计算本企业广告费和业务宣传费支出企业所得税税前扣除限额时，可将饮料品牌使用方归集至本企业的广告费和业务宣传费剔除。饮料品牌持有方或管理方应当将上述广告费和业务宣传费单独核算，并将品牌使用方当年销售（营业）

收入数据资料以及广告费和业务宣传费支出的证明材料专案保存以备检查。

这里所称饮料企业特许经营模式，指由饮料品牌持有方或管理方授权品牌使用方在指定地区生产及销售其产成品，并将可以由双方共同为该品牌产品承担的广告费及业务宣传费用统一归集至品牌持有方或管理方承担的营业模式。

（3）烟草企业的烟草广告费和业务宣传费支出，一律不得在计算应纳税所得额时扣除。

（4）企业在筹建期间，发生的广告费和业务宣传费，可按实际发生额计入企业筹办费，并按有关规定在税前扣除。

9. 环境保护专项资金

企业依照法律、行政法规有关规定提取的用于环境保护、生态恢复等方面的专项资金，准予扣除。上述专项资金提取后改变用途的，不得扣除。

10. 租赁费

企业根据生产经营需要租入固定资产支付的租赁费，按照以下方法扣除：

（1）以融资租赁方式租入固定资产发生的租赁费支出，按照规定构成融资租入固定资产价值的部分应当提取折旧费用，分期扣除。融资租赁是指在实质上转移与一项资产所有权有关的全部风险和报酬的一种租赁。

（2）以经营租赁方式租入固定资产发生的租赁费支出，按照租赁期限均匀扣除。经营性租赁是指所有权不转移的租赁。

11. 劳动保护费

企业发生的合理的劳动保护支出，准予扣除。

12. 企业维简费支出

自2013年1月1日起，除煤矿企业以外的企业实际发生的维简费支出，属于收益性支出的，可作为当期费用税前扣除；属于资本性支出的，应计入有关资产成本，并按企业所得税法规定计提折旧或摊销费用在税前扣除。

企业按照有关规定预提的维简费，不得在当期税前扣除。

在2013年以前，企业按照有关规定提取且已在当期税前扣除的维简费，按以下规定处理：

（1）尚未使用的维简费，并未作纳税调整的，可不作纳税调整，应首先抵减2013年实际发生的维简费，仍有余额的，继续抵减以后年度实际发生的维简费，至余额为零时，企业方可按照本公告第一条规定执行；已作纳税调整的，不再调回，直接按照上述规定执行。

（2）已用于资产投资并形成相关资产全部成本的，该资产提取的折旧或费用摊销额，不得税前扣除；已用于资产投资并形成相关资产部分成本的，该资产提取的折旧或费用摊销额中与该部分成本对应的部分，不得税前扣除；已税前扣除的，应调整作为2013年度应纳税所得额。

13. 公益性捐赠支出

公益性捐赠，是指企业通过公益性社会团体或者县级以上人民政府及其部门，用于《公益事业捐赠法》内定的公益事业的捐赠。

企业通过公益性社会团体或者县级以上人民政府及其部门，用于公益事业的捐赠支出，在年度利润总额12%以内的部分，准予在计算应纳税所得额时扣除。年度利润总额，是指企业依照国家统一会计制度的规定计算的大于零的数额。

（1）用于公益事业的捐赠支出，是指《公益事业捐赠法》规定的向公益事业的捐赠支出，具体范围包括：救助灾害、救济贫困、扶助残疾人等困难的社会群体和个人的活动；教育、科学、文化、卫生、体育事业；环境保护、社会公共设施建设；促进社会发展和进步的其他社会公共和福利事业。

企事业单位、社会团体以及其他组织捐赠住房作为廉租住房的，视同公益性捐赠，按上述规定执行。

（2）公益性社会团体，是指同时符合下列条件的基金会、慈善组织等社会团体：依法登记，具有法人资格；以发展公益事业为宗旨，且不以营利为目的；全部资产及其增值为该法人所有；收益和劳动结余主要用于符合该法人设立目的的事业；终止后的剩余财产不归属任何个人或者营利组织；不经营与其设立目的无关的业务；有健全的财务会计制度；捐赠者不以任何形式参与社会团体财产的分配。

（3）公益性社会团体和县级以上人民政府及其组成部门和直属机构在接受捐赠时，捐赠资产的价值，按以下原则确认：

①接受捐赠的货币性资产，应当按照实际收到的金额计算；

②接受捐赠的非货币性资产，应当以其公允价值计算。捐赠方在向公益性社会团体和县级以上人民政府及其组成部门和直属机构捐赠时，应当提供注明捐赠非货币性资产公允价值的证明，如果不能提供上述证明，公益性社会团体和县级以上人民政府及其组成部门和直属机构不得向其开具公益性捐赠票据。

公益性社会团体和县级以上人民政府及其组成部门和直属机构在接受捐赠时，应按照行政管理级次分别使用由财政部或省、自治区、直辖市财政部门印制的公益性捐赠票据，并加盖本单位的印章；对个人索取捐赠票据的，应予以开具。

新设立的基金会在申请获得捐赠税前扣除资格后，原始基金的捐赠人可凭捐赠票据依法享受税前扣除。

另外，依据国税函〔2009〕202号等文件，企业为汶川地震、玉树地震灾后重建、举办北京奥运会和上海世博会等特定事项的捐赠，按照《财政部、海关总署、国家税务总局关于支持玉树地震灾后恢复重建有关税收政策问题的通知》（财税〔2010〕59号）、《财政部、海关总署、国家税务总局关于支持汶川地震灾后恢复重建有关税收政策问题的通知》（财税〔2008〕104号）、《财政部、国家税务总局、海关总署关于29届奥运会税收政策问题的通知》（财税〔2003〕10号）、《财政部、国家税务总局关于2010年上海世博会有关税收政策问题的通知》（财税〔2005〕180号）等相关规定，可以据实全额扣除。企业发生的其他捐赠，应按《企业所得税法》第九条及其实施条例第五十一条至第五十三条的规定计算扣除。

根据《财政部、国家税务总局、海关总署关于支持舟曲灾后恢复重建有关税收政策问题的通过》（财税〔2010〕107号）规定，自2010年8月至2012年底，企业通过公益性社会团体、县级以上人民政府及其部门向灾后的捐赠，允许在当年企业所得税前全额扣除。

（4）对符合条件的公益性群众团体，应按照管理权限，由财政部、国家税务总局和省、自治区、直辖市、计划单列市财政、税务部门分别每年联合公布名单。名单应当包括继续获得公益性捐赠税前扣除资格和新获得公益性捐赠税前扣除资格的群众团体，企业和个人在名单所属年度内向名单内的群众团体进行的公益性捐赠支出，可以按规定进行税前扣除。

对存在以下情形之一的公益性群众团体，应取消其公益性捐赠税前扣除资格：

①前3年接受捐赠的总收入中用于公益事业的支出比例低于70%的；

②在申请公益性捐赠税前扣除资格时有弄虚作假行为的；

③存在逃避缴纳税款行为或为他人逃避缴纳税款提供便利的；

④存在违反该组织章程的活动，或者接受的捐赠款项用于组织章程规定用途之外的支出等情况的；

⑤受到行政处罚的。

被取消公益性捐赠税前扣除资格的公益性群众团体，3年内不得重新申请公益性捐赠税前扣除资格。

（5）对于通过公益性群众团体发生的公益性捐赠支出，主管税务机关应对照财政、税务部门联合发布的名单，接受捐赠的群众团体位于名单内，则企业或个人在名单所属年度发生的公益性捐赠支出可按规定进行税前扣除；接受捐赠的群众团体不在名单内，或虽在名单内但企业或个人发生的公益性捐赠支出不属于名单所属年度的，不得扣除。

14. 总机构分摊的费用

非居民企业在中国境内设立的机构、场所，就其中国境外总机构发生的与该机构、场所生产经营有关的费用，能够提供总机构出具的费用汇集范围、定额、分配依据和方法等证明文件，并合理分摊的，准予扣除。

15. 资产损失

企业当期发生的固定资产和流动资产盘亏、毁损净损失，由其提供清查盘存资料经主管理税务机关审核后，准予扣除；企业因存货盘亏、毁损、报废等原因不得从销项税金中抵扣的进项税金，应视同企业财产损失，准予与存货损失一起在所得税前按规定扣除。

16. 手续费及佣金支出

（1）企业发生与生产经营有关的手续费及佣金支出，不超过以下规定计算限额以内的部分，准予扣除，超过部分，不得扣除：

①保险企业：财产保险企业按当年全部保费收入扣除退保金等后余额的15%（含本数，下同）计算限额；人身保险企业按当年全部保费收入扣除退保金等后余额的10%计算限额。

②其他企业：按与具有合法经营资格中介服务机构或个人（不含交易双方及其雇员、代理人和代表人等）所签订服务协议或合同确认的收入金额的5%计算限额。

（2）企业应与具有合法经营资格中介服务企业或个人签订代办协议或合同，并按国家有关规定支付手续费及佣金。除委托个人代理外，企业以现金等非转账方式支付的手续费及佣金不得在税前扣除。企业为发行权益性证券支付给有关证券承销机构的手续费及佣金不得在税前扣除。

（3）企业不得将手续费及佣金支出计入回扣、业务提成、返利、进场费等费用。

（4）企业已计入固定资产、无形资产等相关资产的手续费及佣金支出，应当通过折旧、摊销等方式分期扣除，不得在发生当期直接扣除。

（5）企业支付的手续费及佣金不得直接冲减服务协议或合同金额，并如实入账。

（6）企业应当如实向当地主管税务机关提供当年手续费及佣金计算分配表和其他相关资料，并依法取得合法真实凭证。

17. 投资企业撤回或减少投资

投资企业从被投资企业撤回或减少投资，其取得的资产中，相当于初始出资的部分，应确认为投资收回；相当于被投资企业累计未分配利润和累计盈余公积按减少实收资本比例计算的部分，应确认为股息所得；其余部分确认为投资资产转让所得。

被投资企业发生的经营亏损，由被投资企业按规定结转弥补；投资企业不得调整减低其投资成本，也不得将其确认为投资损失。

18. 保险公司缴纳的保险保障基金

保险保障基金，是指按照《保险法》和《保险保障基金管理办法》（保监会、财政部、中国人民银行令2008年第2号）规定缴纳形成的，在规定情形下用于救助保单持有人、保单受让公司或者处置保险业风险的非政府行业风险求助基金。自2011年1月1日至2015年12月31日，按下列规定执行：

（1）保险公司按下列规定缴纳的保险保障基金，准予据实税前扣除；

①非投资型财产保险业务，不得超过保费收入的0.8%；投资型财产保险业务，有保证收益的，不得超过业务收入的0.08%，无保证收益的，不得超过业务收入的0.05%。

非投资型财产保险业务，是指仅具有保险保障功能而不具有投资理财功能的财产保险业务。

投资型财产保险业务，是指兼具有保险保障与投资理财功能的财产保险业务。

有保证收益，是指保险产品在投资收益方面提供固定收益或最低收益保障。

无保证收益，是指保险产品在投资收益方面不提供收益保证，投保人承担全部投资风险。

②有保证收益的人寿保险业务，不得超过业务收入的0.15%；无保证收益的人寿保险业务，不得超过业务收入的0.05%。

③短期健康保险业务，不得超过保费收入的0.8%；长期健康保险业务，不得超过保费收入的0.15%。

④非投资型意外伤害保险业务，不得超过保费收入的0.8%；投资型意外伤害保险业务，有保证收益的，不得超过业务收入的0.08%，无保证收益的，不得超过业务收入的0.05%。

上述保费收入，是指投保人按照保险合同约定，向保险公司支付的保险费。上述业务收入，是指投保人按照保险合同约定，为购买相应的保险产品支付给保险公司的全部金额。

（2）保险公司有下列情形之一的，其缴纳的保险保障基金不得在税前扣除：

①财产保险公司的保险保障基金余额达到公司总资产6%。

②人身保险公司的保险保障基金余额达到公司总资产1%。

（3）保险公司按国务院财政部门的相关规定提取的未到期责任准备金、寿险责任准备金、长期健康险责任准备金、已发生已报案未决赔款准备金和已发生未报案未决赔款准备金，准予在税前扣除。

①未到期责任准备金、寿险责任准备金、长期健康险责任准备金依据经中国保监会核准任职资格的精算师或出具专项审计报告的中介机构确定的金额提取。

未到期责任准备金，是指保险人为尚未终止的非寿险保险责任提取的准备金。

寿险责任准备金，是指保险人为尚未终止的人寿保险责任提取的准备金。

长期健康险责任准备金，是指保险人为尚未终止的长期健康保险责任提取的准备金。

②已发生已报案未决赔款准备金，按最高不超过当期已经提出的保险赔款或者给付金额的100%提取；已发生未报案未决赔款准备金按不超过当年实际赔款支出额的8%提取。

已发生已报案未决赔款准备金，是指保险人为非寿险保险事故已经发生并已向保险人提出索赔、尚未结案的赔案提取的准备金。

已发生未报案未决赔款准备金，是指保险人为非寿险保险事故已经发生、尚未向保险人提出索赔的赔案提取的准备金。

（4）保险公司实际发生的各种保险赔款给付，应首先冲抵按规定提取的准备金，不足冲抵部分，准予在当年税前扣除。

19. 关于我国居民企业实行股权激励计划有关企业所得税的税务处理

为推进我国资本市场改革，促进企业建立健全激励与约束机制，根据国务院证券管理委员会发布的《上市公司股权激励管理办法（试行）》（证监公司字〔2005〕151号，以下简称《管理办法》）的规定，一些在我国境内上市的居民企业（以下简称"上市公司"），为其职工建立了股权激励计划。根据《企业所得税法》及其实施条例的有关规定，对上市公司实施股权激励计划有关企业所得税处理规定如下，自2012年7月1日起施行：

（1）股权激励是指《管理办法》中规定的上市公司以本公司股票为标的，对其董事、监事、高级管理人员及其他员工（以下简称"激励对象"）进行的长期性激励。股权激励实行方式包括授予限制性股票、股票期权以及其他法律法规规定的方式。

限制性股票，是指《管理办法》中规定的激励对象按照股权激励计划规定的条件，从上市公司获得的一定数量的本公司股票。

股票期权，是指《管理办法》中规定的上市公司按照股权激励计划授予激励对象在未来一定期限内，以预先确定的价格和条件购买本公司一定数量股票的权利。

（2）上市公司依照《管理办法》要求建立职工股权激励计划，并按我国企业会计准则的有关规定，在股权激励计划授予激励对象时，按照该股票的公允价格及数量，计算确定作为上市公司相关年度的成本或费用，作为换取激励对象提供服务的对价。上述企业建立的职工股权激励计划，其企业所得税的处理，按以下规定执行：

①对股权激励、计划实行后立即可以行权的，上市公司可以根据实际行权时该股票的公允价格与激励对象实际行权支付价格的差额和数量，计算确定作为当年上市公司工资薪金支出，依照税法规定进行税前扣除。

②对股权激励计划实行后，需待一定服务年限或者达到规定业绩条件（以下简称"等待期"）方可行权的。上市公司等待期限内会计上计算确认的相关成本费用，不得在对应年度计算缴纳企业所得税时扣除。在股权激励计划可行权后，上市公司方可根据该股票实际行权时的公允价格与当年激励对象实际支付价格的差额及数量，计算确定作为当年上市公司工资薪金支出，依照税法规定进行税前扣除。

③股票实际行权时的公允价格，以实际行权日该股票的收盘价格确定。

（3）在我国境外上市的居民企业和非上市公司，凡比照《管理办法》的规定建立职工股权激励计划，且在企业会计处理上，也按我国会计准则的有关规定处理的，其股权激励计划有关企业所得税处理，可以按照上述规定执行。

20. 关于以前年度发生应扣未扣支出的税务处理

根据《税收征管法》的有关规定，对企业发现以前年度实际发生的、按照税收规定应在企业所得税前扣除而未扣除或者少扣除的支出，企业做出专项申报及说明后，准予追补至该项目发生年度计算扣除，但追补确认期限不得超过5年。

企业由于上述原因多缴的企业所得税税款，可以在追补确认年度企业所得税应纳税款中抵扣,不足抵扣的,可以向以后年度递延抵扣或申请退税。

亏损企业追补确认以前年度未在企业所得税前扣除的支出,或盈利企业经过追补确认后出现亏损的,应首先调整该项支出所属年度的亏损额,然后再按照弥补亏损原则计算以后年度多缴的企业所得税款,并按前款规定处理。

21. 关于税前扣除规定与企业实际会计处理之间的税务处理

根据《企业所得税法》第二十一条规定,对企业依据财务会计制度规定,并实际在财务会计处理上已确认支出,凡没有超过《企业所得税法》和有关税收法规规定的税前扣除范围和标准的,可按企业实际会计处理确认的支出,在企业所得税前扣除,计算其应纳税所得额。

(四)企业所得税不得扣除的项目

在计算应纳税所得额时,下列支出不得扣除:

1. 向投资者支付的股息、红利等权益性制冷收益款项。

2. 企业所得税税款。

3. 税收滞纳金,是指纳税人违反税收法规,被税务机关处以的滞纳金。

4. 罚金、罚款和被没收财物的损失,是指纳税人违反国家有关法律、法规规定,被有关部门处以的罚款,以及被司法机关处以的罚金和被没收财物。

5. 超过规定标准的捐赠支出。

6. 赞助支出,是指企业发生的与生产经营活动无关的各种非广告性质支出。

7. 未经核定的准备金支出,是指不符合国务院财政、税务主管部门规定的各项资产减值准备、风险准备等准备金支出。

除财政部和国家税务总局核准计提的准备金可以税前扣除外,其他行业,企业计提的各项资产减值准备,风险准备等准备金均不得税前扣除。

2008 年 1 月 1 日前按照原企业所得税法规定计提的各类准备金,2008 年 1 月 1 日以后,未经财政部和国家税务总核准的,企业以后年度实际发生的相应损失,应先冲减各项准备金余额。

8. 企业之间支付的管理费、企业内营业机构之间支付的租金和特许权使用费,以及非银行企业内营业机构之间支付的利息,不得扣除。

9. 与取得收入无关的其他支出。

三、资产的税务处理

资产是由于资本投资而形成的财产,对于资本性支出以及无形资产受让、开办、开发费用,不允许作为成本、费用从纳税人的收入总额中做一次性扣除,只能采取分次计提折旧或分次返销的方式予以扣除。即纳税人经营活动中使用的固定资产的折旧费用、无形资产和长期待摊费用的摊销费用可以扣除。税法规定,纳入税务处理范围的资产形式主要有固定资产、生物资产、无形资产、长期待摊费用、投资资产、存货等,均以历史成本为计税基础。历史成本是指企业取得该项资产时实际发生的支出。企业持有各项资产期间资产增值或者减值,除国务院财政、税务主管部门规定可以确认损益外,不得调整该资产的计税基础。

（一）固定资产的税务处理

固定资产是指企业为生产产品、提供劳务、出租或者经营管理而持有的、使用期限超过12个月的非货币性资产，包括房屋、建筑物、机器、机械、运输工具，以及其他与生产经营活动有关的设备、器具、工具等。

1. 固定资产计税基础

（1）外购的固定资产，以购买价款和支付的相关税费以及直接归属于使该资产达到预定用途发生的其他支出为计税基础。

（2）自行建造的固定资产，以竣工结算前发生的支出为计税基础。

（3）融资租入的固定资产，以租赁合同约定的付款总额和承租人在签订租赁合同过程中发生的相关费用为计税基础，租赁合同未约定付款总额的，以该资产的公允价值和承租人在签订租赁合同过程中发生的相关费用为计税基础。

（4）盘盈的固定资产，以同类固定资产的重置完全价值为计税基础。

（5）通过捐赠、投资、非货币性资产交换、债务重组等方式取得的固定资产，以该资产的公允价值和支付的相关费用为计税基础。

（6）改建的固定资产，除已足额提取折旧的固定资产和租入的固定资产以外的其他固定资产，以改建过程中发生的改建支出增加计税基础。

2. 固定资产折旧的范围

在计算应纳税所得额时，企业按照规定计算的固定资产折旧，准予扣除。下列固定资产不得计算折旧扣除：

（1）房屋、建筑物以外未投入使用的固定资产；

（2）以经营租赁方式租入的固定资产；

（3）以融资租赁方式租出的固定资产；

（4）已提足折旧继续使用的固定资产；

（5）与经营活动无关的固定资产；

（6）单独估价作为固定资产入账的土地；

（7）其他不得计提折旧扣除的固定资产。

3. 固定资产折旧的计提方法

（1）企业应当自固定资产投入使用月份的次月起计提折旧；停止使用的固定资产，应当从停止使用月份的次月起停止计提折旧。

（2）企业应当根据固定资产的性质和使用情况，合理确定固定资产的预计净残值。固定资产的预计净残值一经确定，不得变更。

（3）固定资产按照直线法计算的折旧，准予扣除。

4. 固定资产折旧的计提年限

除国务院财政、税务主管部门另有规定外，固定资产计算折旧的最低年限如下：

（1）房屋、建筑物，为20年。

（2）飞机、火车、轮船、机器、机械和其他生产设备，为10年。

（3）与生产经营活动有关的器具、工具、家具等，为5年。

（4）飞机、火车、轮船以外的运输工具，为4年。

（5）电子设备，为3年。

从事开采石油、天然气等矿产资源的企业，在开始商业性生产前发生的费用和有关固定资产的折耗、折旧方法，由国务院财政、税务主管部门另行规定。

（二）生物资产的税务处理

生物资产是指有生命的动物和植物。生物资产分为消耗性生物资产、生产性生物资产和公益性生物资产。消耗性生物资产，是指为出售而持有的、或在将来收获为农产品的生物资产，包括生长中的农田作物、蔬菜、用材林以及存栏待售的牲畜等。生产性生物资产，是指为产出农产品、提供劳务或出租等目的而持有的生物资产，包括经济林、薪炭林、产畜和役畜等。公益性生物资产，是指以防护、环境保护为主要目的的生物资产，包括防风固沙林、水土保持林和水源涵养林等。

1. 生物资产的计税基础

生产性生物资产按照以下方法确定计税基础：

（1）外购的生产性生物资产，以购买价款和支付的相关税费为计税基础。

（2）通过捐赠、投资、非货币性资产交换、债务重组等方式取得的生产性生物资产，以该资产的公允价值和支付的相关税费为计税基础。

2. 生物资产的折旧方法和折旧年限

生产性生物资产按照直线法计算的折旧，准予扣除。企业应当自生产性生物资产投入使用月份的次月起计算折旧；停止使用的生产性生物资产应当自停止使用月份的次月起停止计算折旧。

企业应当根据生产性生物资产的性质和使用情况，合理确定生产性生物资产的预计净残值。生产性生物资产的预计净残值一经确定，不得变更。

生产性生物资产计算折旧的最低年限如下：

（1）林木类生产性生物资产，为10年。

（2）畜类生产性生物资产，为3年。

（三）无形资产的税务处理

无形资产是指企业长期使用、但没有实物形态的资产，包括专利权、商标权、著作权、土地使用权、非专利技术、商誉等。

1. 无形资产的计税基础

无形资产按照以下方法确定计税基础：

（1）外购的无形资产，以购买价款和支付的相关税费，以及直接归属于使该资产达到预定用途发生的其他支出为计税基础。

（2）自行开发的无形资产，以开发过程中该资产符合资本化条件后至达到预定用途前发生的支出为计税基础。

（3）通过捐赠、投资、非货币性资产交换、债务重组等方式取得的无形资产，以该资产的公允价值和支付的相关税费为计算基础。

2. 无形资产摊销的范围

在计算应纳税所得额时，企业按照规定计算的无形资产摊销费用，准予扣除。

下列无形资产不得计算摊销费用扣除：

（1）自行开发的支出已在计算应纳税所得额时扣除的无形资产。

（2）自创商誉。

（3）与经营活动无关的无形资产。

（4）其他不得计算摊销费用扣除的无形资产。

3. 无形资产的摊销方法及年限

无形资产的摊销采取直线法计算，摊销年限不得低于 10 年。作为投资或者受让的无形资产，有关法律规定或者合同约定了使用年限的，可以按照规定或者约定的使用年限分期摊销。外购商誉的支出，在企业整体转让或者清算时准予扣除。

（四）长期待摊费用的税务处理

长期待摊费用，是指企业发生的应一个年度以上或几个年度进行摊销的费用。在计算应纳税所得额时，企业发生的下列支出作为长期待摊费用，按照规定摊销的，准予扣除：

1. 已足额提取折旧的固定资产的改建支出。

2. 租入固定资产的改建支出。

3. 固定资产的大修理支出。

4. 其他应当作为长期待摊费用的支出。

企业的固定资产修理支出可在发生当期直接扣除。企业的固定资产改良支出，如果有关固定资产尚未提足折旧，可增加固定资产价值；如有关固定资产已提足折旧，可作为长期待摊费用，在规定的期间内平均摊销。

固定资产的改建支出，是指改变房屋或者建筑物结构、延长使用年限等发生的支出。已足额提取折旧的固定资产的改建支出，按照固定资产预计尚可使用年限分期摊销；租入固定资产的改建支出，按照合同约定的剩余租赁期限分期摊销；改建的固定资产延长使用年限的，除已足额提取折旧的固定资产、租入固定资产的改建支出外，其他的固定资产发生改建支出，应当适当延长折旧年限。

大修理支出，按照固定资产尚可使用年限分期摊销。

企业所得税法所指固定资产的大修理支出，是指同时符合下列条件的支出：

（1）修理支出达到取得固定资产时的计税基础 50% 以上。

（2）修理后固定资产的使用年限延长 2 年以上。

其他应当作为长期待摊费用的支出，自支出发生月份的次月起，分期摊销，摊销年限不得低于 3 年。

（五）存货的税务处理

存货，是指企业持有以备出售的产品或者商品、处在生产过程中的在产品、在生产或者提供劳务过程中耗用的材料和物料等。

1. 存货的计税基础

存货按照以下方法确定成本：

（1）通过支付现金方式取得的存货，以购买价款和支付的相关税费为成本。

（2）通过支付现金以外的方式取得的存货，以该存货的公允价值和支付的相关税费为成本。

（3）生产性生物资产收获的农产品，以产出或者采收过程中发生的材料费、人工费和分摊的间接费用等必要支出为成本。

2. 存货的成本计算方法

企业使用或者销售的存货的成本计算方法，可以在先进先出法、加权平均法、个别计价法中选用一种。计价方法一经选用，不得随意变更。

企业转让以上资产，在计算企业应纳税所得额时，资产的净值允许扣除。其中，资产的净值是指有关资产、财产的计税基础减除已经按照规定扣除的折旧、折耗、摊销、准备金等后的余额。

除国务院财政、税务主管部门另有规定外，企业在重组过程中，应当在交易发生时确认有关资产的转让所得或者损失，相关资产应当按照交易价格重新确定计税基础。

（六）投资资产的税务处理

投资资产，是指企业对外进行权益性投资和债权性投资而形成的资产。

1. 投资资产的成本

投资资产按以下方法确定投资成本：

（1）通过支付现金方式取得的投资资产，以购买价款为成本。

（2）通过支付现金以外的方式取得的投资资产，以该资产的公允价值和支付的相关税费为成本。

2. 投资资产成本的扣除方法

企业对外投资期间，投资资产的成本在计算应纳税所得额时不得扣除，企业在转让或者处置投资资产时，投资资产的成本准予扣除。

（七）资产损失税前扣除的税务处理

资产损失是指企业在生产经营活动中实际发生的、与取得应税收入有关的资产损失，包括现金损失，存款损失，坏账损失，贷款损失，股权投资损失，固定资产和存货的盘亏、毁损、报废、被盗损失，自然灾害等不可抗力因素造成的损失以及其他损失。

这里所指的资产是指企业拥有或者控制的、用于经营管理活动且与取得应税收入有关的资产，包括现金、银行存款、应收及预付款项（包括应收票据）等货币资产，存货、固定资产、在建工程、生产性生物资产等非货币资产，以及债权性投资和股权（权益）性投资。

依据财税〔2009〕57号文件，企业资产损失税前扣除政策如下：

1. 企业清查出的现金短缺减除责任人赔偿后的余额，作为现金损失在计算应纳税所得额时扣除。

2. 企业将货币性资金存入法定具有吸收存款职能的机构，因该机构依法破产、清算，或者政府责令停业、关闭等原因，确实不能收回的部分，作为存款损失在计算应纳税所得额时扣除。

3. 企业除贷款类债权外的应收、预付账款符合下列条件之一的，减除可收回金额后确认的无法收回的应收、预付款项，可以作为坏账损失在计算应纳税所得额时扣除：

（1）债务人依法宣告破产、关闭、解散、被撤销，或者被依法注销、吊销营业执照，其清算财产不足清偿的；

（2）债务人死亡，或者依法被宣告失踪、死亡，其财产或者遗产不足清偿的；

（3）债务人逾期3年以上未清偿，且有确凿证据证明已无力清偿债务的；

（4）与债务人达成债务重组协议或法院批准破产重整计划后，无法追偿的；

（5）因自然灾害、战争等不可抗力导致无法收回的；

（6）国务院财政、税务主管部门规定的其他条件。

4. 企业经采取所有可能的措施和实施必要的程序之后，符合下列条件之一的贷款类债权，可以作为贷款损失在计算应纳税所得额时扣除：

（1）借款人和担保人依法宣告破产、关闭、解散、被撤销，并终止法人资格，或者已完全停止经营活动，被依法注销、吊销营业执照，对借款人和担保人进行追偿后，未能收回的债权；

（2）借款人死亡，或者依法被宣告失踪、死亡，依法对其财产或者遗产进行清偿，并对担保人进行追偿后，未能收回的债权；

（3）借款人遭受重大自然灾害或者意外事故，损失巨大且不能获得保险补偿，或者以保险赔偿后，确实无力偿还部分或者全部债务，对借款人财产进行清偿和对担保人进行追偿后，未能收回的债权；

（4）借款人触犯刑律，依法受到制裁，其财产不足归还所借债务，又无其他债务承担者，经追偿后确实无法收回的债权；

（5）由于借款人和担保人不能偿还到期债务，企业诉诸法律，经法院对借款人和担保人强制执行，借款人和担保人均无财产可执行，法院裁定执行程序终结或终止（中止）后，仍无法收回的债权；

（6）由于借款人和担保人不能偿还到期债务，企业诉诸法律后，经法院调解或经债权人会议通过，与借款人和担保人达成和解协议或重整协议，在借款人和担保人履行完还款义务后，无法追偿的剩余债权；

（7）由于上述（1）~（6）项原因借款人不能偿还到期债务，企业依法取得抵债资产，抵债金额小于贷款本息的差额，经追偿后仍无法收回的债权；

（8）开立信用证、办理承兑汇票、开具保函等发生垫款时，凡开证申请人和保证人由于上述（1）~（7）项原因，无法偿还垫款，金融企业经追偿后仍无法收回的垫款；

（9）银行卡持卡人和担保人由于上述（1）~（7）项原因，未能还清透支款项，金融企业经追偿后仍无法收回的透支款项；

（10）助学贷款逾期后，在金融企业确定的有效追索期限内，依法处置助学贷款抵押物（质押物），并向担保人追索连带责任后，仍无法收回的贷款；

（11）经国务院专案批准核销的贷款类债权；

（12）国务院财政、税务主管部门规定的其他条件。

5. 企业的股权投资符合下列条件之一的，减除可收回金额后确认的无法收回的股权投资，可以作为股权投资损失在计算应纳税所得额时扣除：

（1）被投资方依法宣告破产、关闭、解散、被撤销，或者被依法注销、吊销营业执照的；

（2）被投资方财务状况严重恶化，累计发生巨额亏损，已连续停止经营3年以上，且无重新恢复经营改组计划的；

（3）对被投资方不具有控制权，投资期限届满或者投资期限已超过 10 年，且被投资单位因连续 3 年经营亏损导致资不抵债的；

（4）被投资方财务状况严重恶化，累计发生巨额亏损，已完成清算或清算期超过 3 年以上的；

（5）国务院财政、税务主管部门规定的其他条件。

6. 对企业盘亏的固定资产或存货，以该固定资产的账面净值或存货的成本减除责任人赔偿后的余额，作为固定资产或存货盘亏损失在计算应纳税所得额时扣除。

7. 对企业毁损、报废的固定资产或存货，以该固定资产的账面净值或存货的成本减除残值、保险赔款和责任人赔偿后的余额，作为固定资产或存货毁损、报废损失在计算应纳税所得额时扣除。

8. 对企业被盗的固定资产或存货，以该固定资产的账面净值或存货的成本减除保险赔款和责任人赔偿后的余额，作为固定资产或存货被盗损失在计算应纳税所得额时扣除。

9. 企业因存货盘亏、毁损、报废、被盗等原因不得从增值税销项税额中抵扣的进项税额，可以与存货损失一起在计算应纳税所得额时扣除。

10. 企业在计算应纳税所得额时已经扣除的资产损失，在以后纳税年度全部或者部分收回时，其收回部分应当作为收入计入收回当期的应纳税所得额。

11. 企业境内、境外营业机构发生的资产损失应分开核算，对境外营业机构由于发生资产损失而产生的亏损，不得在计算境内应纳税所得额时扣除。

12. 企业对其扣除的各项资产损失，应当提供能够证明资产损失确属已实际发生的合法证据，包括具有法律效力的外部证据、具有法定资质的中介机构的经济鉴证证明、具有法定资质的专业机构的技术鉴定证明等。

企业发生的上述资产损失，应在按税收规定实际确认或者实际发生的当年申报扣除，不得提前或延后扣除。因各类原因导致资产损失未能在发生当年准确计算并按期扣除的，经税务机关批准后，可追补确认在损失发生的年度税前扣除，并相应调整该资产损失发生年度的应纳所得税额。调整后计算的多缴税额，应按照有关规定予以退税，或者抵顶企业当期应纳税款。

企业实际发生的资产损失按税务管理方式可分为自行计算扣除的资产损失和须经税务机关审批后才能扣除的资产损失。按规定须经有关税务机关审批的，应在规定时间内按程序及时申报和审批。下列资产损失，属于由企业自行计算扣除的资产损失：

（1）企业在正常经营管理活动中因销售、转让、变卖固定资产、生产性生物资产、存货发生的资产损失。

（2）企业各项存货发生的正常损耗。

（3）企业固定资产达到或超过使用年限而正常报废清理的损失。

（4）企业生产性生物资产达到或超过使用年限而正常死亡发生的资产损失。

（5）企业按照有关规定通过证券交易场所、银行间市场买卖债券、股票、基金以及金融衍生产品等发生的损失。

（6）其他经国家税务总局确认不需要经税务机关审批的其他资产损失。

上述以外的资产损失，属于需要经税务机关审批后才能扣除的资产损失。

企业发生的资产损失，凡无法准确辨别是否由于自行计算扣除的资产损失，可向税务机关提出审批申请。

如果企业以前年度（包括2008年度新企业所得税法实施以前年度）发生，按当时企业所得税有关规定符合资产损失确认条件的损失，在当年因为各种原因未能扣除的，不能结转在以后年度扣除；可以按照《企业所得税法》和《税收征收管理法》的有关规定，追补确认在该项资产损失发生的年度扣除，而不能改变该项资产损失发生的所属年度。

如果企业因以前年度资产损失未在税前扣除而多缴纳的企业所得税税款，可在审批确认年度企业所得税应纳税款中予以抵缴，抵缴不足的，可以在以后年度递延抵缴。

（八）税法规定与会计规定差异的处理

税法规定与会计规定差异的处理，是指企业在财务会计核算中与税法规定不一致的，应当依照税法规定予以调整。即企业在平时进行会计核算时，可以按会计制度的有关规定进行账务处理，但在申报纳税时，对税法规定和会计制度规定有差异的，要按税法规定进行纳税调整。

1. 企业不能提供完整、准确的收入及成本、费用凭证，不能正确计算应纳税所得额的，由税务机关核定其应纳税所得额。

2. 企业依法清算时，以其清算终了后的清算所得为应纳税所得额，按规定缴纳企业所得税，所谓清算所得，是指企业清算时的全部资产或者财产扣除各项清算费用、损失、负债、企业未分配利润、公益金和公积金后的余额，超过实缴资本的部分。

投资方企业从被清算企业分得的剩余资产，其中相当于从被清算企业累计未分配利润和累计盈余公积中应当分得的部分，应当确认为股息所得；剩余资产减除上述股息所得后的余额，超过或者低于投资成本的部分，应当确认为投资资产转让所得或者损失。

3. 企业应纳税所得额是根据税收法规计算出来的，它在数额上与依据财务会计制度计算的利润总额往往不一致。因此，税法规定：对企业按照有关财务会计规定计算的利润总额，要按照税法的规定进行必要调整后，才能作为应纳税所得额计算缴纳所得税。

四、亏损弥补

1. 亏损是指企业依照企业所得税法及暂行条例的规定，将每一纳税年度的收入总额减除不征税收入、免税收入和各项扣除后小于零的数额。

税法规定，企业某一纳税年度发生的亏损可以用下一年度的所得弥补，下一年度的所得不足以弥补的，可以逐延续弥补，但最长不得超过5年。而且，企业在汇总计算缴纳企业所得税时，其境外营业机构的亏损不得抵减境内营业机构的盈利。

2. 根据《国家税务总局关于发布〈企业资产损失所得税税前扣除管理办法〉的公告》（国家税务总局公告2011年第25号）第六条规定精神，企业以前年度发生的资产损失未能在当年税前扣除的，可以按照办法的规定，向税务机关说明并进行专项申报扣除。其中，属于实际资产损失，准予追补至该项损失发生年度扣除，其追补确认期限一般不得超过5年，但因计划经济体制转轨过程中遗留的资产损失、企业重组上市过程中因权属不清出现争议而未能及时扣除的资产损失、因承担国家政策性任务而形成的资产损失以及政策定性不明确而形成资产损失等特殊原因形成的资产损失，其追补确认期限经国家税务总局批准后可适当延长。属于法定资产损失，应在申报年度扣除。

企业因以前年度实际资产损失未在税前扣除而多缴的企业所得税税款，可在追补确认年度企业所得税应纳税款中予以抵扣的，向以后年度递延抵扣。企业实际资产损失发生年度扣除追补确认的损失后出现亏损的，应先调整资产损失发生年度的亏损额，再按弥补亏损的原则计算以后年度多缴的企业所得税税款，并按前款办法进行税务处理。

3. 企业筹办期间不计算为亏损年度，企业开始生产经营的年度，为开始计算企业损益的年度。企业从事生产经营之前进行筹办活动期间发生筹办费用支出，不得计算为当期的亏损，企业可以在开始经营之日的当年一次性扣除，也可以按照新税法有关长期待摊费用的处理规定处理，但一经选定，不得改变。

4. 税务机关对企业以前年度纳税情况进行检查时调增的应纳税所得额，凡企业以前年度发生亏损，且该亏损属于《企业所得税法》规定允许弥补的，应允许调增的应纳税所得额弥补该亏损。弥补该亏损后仍有余额的，按照《企业所得税法》的规定计算缴纳企业所得税。

五、企业所得税应纳税额的计算

（一）居民企业应纳税额的计算

居民企业应纳税额等于应纳税所得额乘以适用税率，基本计算公式为：

居民企业应纳税额 = 应纳税所得额 × 适用税率 – 减免税额 – 抵免税额

根据计算公式可以看出，居民企业应纳税额的多少，取决于应纳税所得额和适用税率两个因素。在实际过程中，应纳税所得额的计算一般有两种方法。

1. 直接计算法

在直接计算法下，居民企业每一纳税年度的收入总额减除不征税收入、免税收入、各项扣除以及允许弥补的以前年度亏损后的余额为应纳税所得额。计算公式与前述相同，即为：

应纳税所得额 = 收入总额 – 不征税收入 – 免税收入 – 各项扣除金额 – 弥补亏损

2. 间接计算法

在间接计算法下，是在会计利润总额的基础上加或减按照税法规定调整的项目金额后，即为应纳税所得额。计算公式为：

应纳税所得额 = 会计利润总额 ± 纳税调整项目金额

税收调整项目金额包括两方面的内容：一是企业的财务会计处理和税收规定不一致的应予以调整的金额；二是企业按税法规定准予扣除的税收金额。

【例6-1】假定某企业为居民企业，2011年经营业务如下：

（1）取得销售收入5 000万元。

（2）销售成本2 200万元。

（3）发生销售费用1 340万元（其中广告费900万元）；管理费用960万元（其中业务招待费30万元）；财务费用120万元。

（4）销售税金320万元（含增值税240万元）。

（5）营业外收入140万元，营业外支出100万元（含通过公益性社会团体向贫困山区捐款60万元，支付税收滞纳金12万元）。

（6）计入成本、费用中的实发工资总额 300 万元、拨缴职工工会经费 6 万元、支出职工福利费和职工教育经费 58 万元。

要求：计算该企业 2011 年度实际应纳的企业所得税。

[计算分析]

（1）会计利润总额 = 5 000 + 140 - 2 200 - 1 340 - 960 - 120 - 80 - 100 = 340（万元）

（2）广告费和业务宣传费调增所得额 = 900 - 5 000 × 15% = 900 - 750 = 150（万元）

（3）业务招待费调增所得额 = 30 - 30 × 60% = 30 - 18 = 12（万元）

5 000 × 5‰ = 25（万元）> 30 × 60% = 18（万元）

（4）捐赠支出应调增所得额 = 60 - 340 × 12% = 19.20（万元）

（5）"三费"应调增所得额 = 6 + 58 - 300 × 18.5% = 8.50（万元）

（6）应纳税所得额 = 340 + 150 + 12 + 19.2 + 12 + 8.50 = 541.17（万元）

（7）2008 年应缴企业所得税 = 541.17 × 25% = 135.29（万元）

【例 6 - 2】某工业企业为居民企业，假定本年经营业务如下：

产品销售收入 560 万元，产品销售成本 400 万元；其他业务收入 80 万元，其他业务成本 66 万元；固定资产出租收入 6 万元；非增值税销售税金及附加 32.4 万元；当期发生的管理费用 86 万元，其中新技术的研究开发费用 30 万元；财务费用 20 万元；权益性投资收益 34 万元（已在投资方所在地按 15% 的税率缴纳了所得税）；营业外收入 10 万元，营业外支出 25 万元（其中含公益捐赠 18 万元）。

要求：计算该企业前一年度应纳的企业所得税。

[计算分析]

（1）利润总额 = 560 + 80 + 6 + 34 + 10 - 400 - 32.4 - 66 - 86 - 20 - 25 = 60.6（万元）

（2）权益性投资调增所得额 = 34 ÷ (1 - 15%) - 34 = 6（万元）

（3）技术开发费调减所得额 = 30 × 50% = 15（万元）

（4）捐赠扣除标准 = 60.6 × 12% = 7.27（万元）

实际捐赠额 18 万元大于标准 7.27 万元，按标准额扣除。

捐赠额应调增所得额 = 18 - 7.27 = 10.73（万元）

（5）应缴纳企业所得税 = (60.6 + 6 - 15 + 10.73) × 25% - 34 ÷ (1 - 15%) × 15%
= 9.58（万元）

（二）境外所得抵扣税额的计算

居民企业和非居民企业在中国境内设立的机构、场所依照税法规定可以在其应纳税额中抵免在境外缴纳的所得税额的，按以下规定执行。

1. 企业应按照《企业所得税法》及其实施条例、税收协定以及相关规定，准确计算下列当期与抵免境外所得税有关的项目后，确定当期实行可抵免分国（地区）别的境外所得税税额和抵免限额：

（1）境内所得的应纳税所得额（以下称"境内应纳税所得额"）和分国（地区）别的境外所得的应纳税所得额（以下称"境外应纳税所得额"）；

（2）分国（地区）别的可抵免境外所得税税额；

（3）分国（地区）别的境外所得税的抵免限额。

企业不能准确计算上述项目实行可抵免分国（地区）别的境外所得税税额的，在国家（地区）缴纳的税收均不得在该企业当期应纳税额中抵免，也不得结转以后年度抵免。

2. 企业应就其按照规定确定的中国境外所得（境外税前所得），按以下规定计算实施境外应纳税所得额：

（1）居民企业在境外投资设立不具有独立纳税地位的分支机构，其来源于境外的所得，以境外收入总额扣除与取得境外收入有关的各项合理支出后的余额为应纳税所得额。各项收入、支出按现行企业所得税法及实施条例的有关规定确定。

居民企业在境外设立不具有独立纳税地位的分支机构取得的各项境外所得，无论是否汇回中国境内，均应计入该企业所属纳税年度的境外应纳税所得额。

（2）居民企业应就其来源于境外的股息、红利等权益性投资收益，以及利息、租金、特许权使用费、转让财产等收入，扣除按照企业所得税法及实施条例等规定计算的与取得该项收入有关的各项合理支出后的余额为应纳税所得额。来源于境外的股息、红利等权益性投资收益，应按被投资方做出利润分配决定的日期确认收入实现；来源于境外的利息、租金、特许权使用费、转让财产等收入，应按有关合同约定应付交易对价款的日期确认收入实现。

（3）非居民企业在境内设立机构、场所的，应就其发生在境外但与境内所设机构、场所有实际联系的各项应税所得，比照上述第（2）项的规定计算相应的应纳税所得额。

（4）在计算境外应纳税所得额时，企业为取得境内、外所得而在境内、境外发生的共同支出，与取得境外应税所得有关的、合理的部分，应在境内、境外〔分国（地区）别，下同〕应税所得之间，按照合理比例进行分摊后扣除。

（5）在汇总计算境外应纳税所得额时，企业在境外同一国家（地区）设立不具有独立纳税地位的分支机构，按照《企业所得税法》及其实施条例的有关规定计算的亏损，不得抵减其境内或他国（地区）的应纳税所得额，但可以用同一国家（地区）其他项目或以后年度的所得按规定弥补。

3. 可抵免境外所得税税额，是指企业来源于中国境外的所得依照中国境外税收法律以及相关规定应当缴纳并已实际缴纳的企业所得税性质的税款。但不包括：

（1）按照境外所得税法律及相关规定属于错缴或错征的境外所得税税款。

（2）按照税收协定规定不应征收的境外所得税税款。

（3）因少缴或迟缴境外所得税而追加的利息、滞纳金或罚款。

（4）境外所得税纳税人或者其利害关系人从境外征税主体得到实际返还或补偿的境外所得税税款。

（5）按照我国《企业所得税法》及其实施条例规定，已经免征我国企业所得税的境外所得负担的境外所得税税款。

（6）按照国务院财政、税务主管部门有关规定已经从企业境外应纳税所得额中扣除的境外所得税税款。

4. 居民企业在按照《企业所得税法》的规定用境外所得间接负担的税额进行税收抵免时，其取得的境外投资收益实际间接负担的税额，是指根据直接或者间接持股方式合计持股20%以上（含20%，下同）的规定层级的外国企业股份，由此应分得的股息、红利等权益性投资收益中，从最低一层外国企业起逐层计算的属于由上一层企业负担的税额。其计算公式如下：

$$\text{本层企业所纳税额属于由一家上一层企业负担的税额} = \left(\begin{array}{c}\text{本层企业就利润和投资}\\\text{收益所实际缴纳的税额}\end{array} + \begin{array}{c}\text{符合本通知规定的由本层}\\\text{企业间接负担的税额}\end{array}\right)$$

$$\times \begin{array}{c}\text{本层企业向一家上一层}\\\text{企业分配的股息（红利）}\end{array} \div \begin{array}{c}\text{本层企业所得}\\\text{税后利润额}\end{array}$$

5. 除国务院财政、税务主管部门另有规定外，按照《企业所得税法实施条例》规定由居民企业直接或者间接持有20%以上股份的外国企业，限于符合以下持股方式的三层外国企业。

第一层：单一居民企业直接持有20%以上股份的外国企业。

第二层：单一第一层外国企业直接持有20%以上股份，且由单一居民企业直接持有或通过一个或多个符合规定持股条件的外国企业间接持有总和达到20%以上股份的外国企业。

第三层：单一第二层外国企业直接持有20%以上股份，且由单一居民企业直接持有或通过一个或多个符合规定持股条件的外国企业间接持有总和达到20%以上股份的外国企业。

6. 居民企业从与我国政府订立税收协定（或安排）的国家（地区）取得的所得，按照该国（地区）税收法律享受了免税或减税待遇，且该免税或减税的数额按照税收协定规定应视同已缴税额在中国的应纳税额中抵免的，该免税或减税数额可作为企业实际缴纳的境外所得税额用于办理税收抵免。

7. 企业应按照企业所得税法及其实施条例和本通知的有关规定分国（地区）别计算境外税额的抵免限额。

$$\begin{array}{c}\text{某国（地区）所得}\\\text{税抵免限额}\end{array} = \begin{array}{c}\text{中国境内、境外所得依照}\\\text{规定计算的应纳税总额}\end{array} \times \begin{array}{c}\text{来源于某国（地区）}\\\text{的应纳税所得额}\end{array} \div \begin{array}{c}\text{中国境内、境外}\\\text{应纳税所得总额}\end{array}$$

据以计算上述公式中"中国境内、境外所得依照企业所得税法及其实施条例的规定计算的应纳税总额"的税率，除国务院财政、税务主管部门另有规定外，应为规定的税率25%。

企业按照《企业所得税法》及其实施条例和本通知的有关规定计算的当期境内、境外应纳税所得总额小于零的，应以零计算当期境内、境外应纳税所得总额，其当期境外所得税的抵免限额也为零。

8. 在计算实际应抵免的境外已缴纳和间接负担的所得税税额时，企业在境外一国（地区）当年缴纳和间接负担的符合规定的所得税税额低于所计算的该国（地区）抵免限额的，应以该项税额作为境外所得税抵免额从企业应纳税总额中据实抵免；超过抵免限额的，当年应以抵免限额作为境外所得税抵免额进行抵免，超过抵免限额的余额允许从次年起在连续5个纳税年度内，用每年度抵免限额抵免当年应抵税额后的余额进行抵补。

9. 属于下列情形的，经企业申请，主管税务机关核准，可以采取简易办法对境外所得已纳税额计算抵免：

（1）企业从境外取得营业利润所得以及符合境外税额间接抵免条件的股息所得，虽有所得来源国（地区）政府机关核发的具有纳税性质的凭证或证明，但因客观原因无法真实、准确地确认应当缴纳并已经实际缴纳的境外所得税税额的，除就该所得直接缴纳及间接负担的税额在所得来源国（地区）的实际有效税率低于我国企业所得税法规定税率50%以上的外，可按境外应纳税所得额的12.5%作为抵免限额，企业按该国（地区）税务机关或政府机关核发具有纳税性质凭证或证明的金额，其不超过抵免限额的部分，准予抵免；超过的部分不得抵免。

属于本款规定以外的股息、利息、租金、特许权使用费、转让财产等投资性所得，均应按本通知的其他规定计算境外税额抵免。

（2）企业从境外取得营业利润所得以及符合境外税额间接抵免条件的股息所得，凡就该所得缴纳及间接负担的税额在所得来源国（地区）的法定税率且其实际有效税率明显高于我国的，可直接以按本通知规定计算的境外应纳税所得额和我国企业所得税法规定的税率计算的抵免限额作为可抵免的已在境外实际缴纳的企业所得税税额。法定税率明显高于我国的境外所得来源国地区名单有美国、阿根廷、布隆迪、喀麦隆、古巴、法国、日本、巴基斯坦、赞比亚、科威特、孟加拉国、叙利亚、约旦、老挝。

属于本款规定以外的股息、利息、租金、特许权使用费、转让财产等投资性所得，均应按本通知的其他规定计算境外税额抵免。

10. 企业在境外投资设立不具有独立纳税地位的分支机构，其计算生产、经营所得的纳税年度与我国规定的纳税年度不一致的，与我国纳税年度当年度相对应的境外纳税年度，应为在我国有关纳税年度中任何一日结束的境外纳税年度。

企业取得上款以外的境外所得实际缴纳或间接负担的境外所得税，应在该项境外所得实现日所在的我国对应纳税年度的应纳税额中计算抵免。

11. 企业抵免境外所得税额后实际应纳所得税额的计算公式为：

$$\text{企业实际应纳所得税额} = \text{企业境内外所得应纳税总额} - \text{企业所得税减免、抵免优惠税额} - \text{境外所得税抵免额}$$

12. 上述所称不具有独立纳税地位，是指根据企业设立地法律不具有独立法人地位或者按照税收协定规定不认定为对方国家（地区）的税收居民。

13. 企业取得来源于中国香港、澳门、台湾地区的应税所得，按上述第2条的规定计算。

14. 中华人民共和国政府同外国政府订立的有关税收的协定与国内有关规定有不同规定的，依照协定的规定办理。

【例6-3】某企业本年度境内应纳税所得额为150万元，适用25%的企业所得税税率。另外，核企业分别在甲、乙两国设有分支机构（我国与甲、乙两国已经缔结避免双重征税协定），在甲国分支机构的应纳税所得额为75万元，甲国所得税税率为20%；在乙国的分支机构的应纳税所得额为45万元，乙国所得税税率为30%。假设该企业在甲、乙两国所得按我国税法计算的应纳税所得额和按甲、乙两国税法计算的应纳税所得额一致，两个分支机构在甲、乙两国分别缴纳了15万元和13.5万元的企业所得税。

要求：计算该企业汇总时在我国应缴纳的企业所得税税额。

[计算分析]

（1）该企业按我国税法计算的境内、境外所得的应纳税额：

应纳税额 = (150 + 75 + 45) × 25% = 67.5（万元）

（2）甲、乙两国的扣除限额：

甲国扣除限额 = 67.5 × [75 ÷ (150 + 75 + 45)] = 18.75（万元）

乙国扣除限额 = 67.5 × [45 + (150 + 75 + 45)] = 11.25（万元）

在甲国缴纳的所得税为15万元，低于扣除限额18.5万元，可全额扣除。

在乙国缴纳的所得税为13.5万元，高于扣除限额11.25万元，其超过扣除限额的部分2

万元当年不能扣除。

（3）汇总时在我国应缴纳的所得税 = 67.5 − 15 − 11.25 = 41.25（万元）

上述计算过程是根据定义来计算抵免限额的，即根据企业来自国内外的应纳税所得总额，按照我国企业所得税税率计算出应纳税总额。然后再按照来自某一国的应纳税所得额占来自境内外应纳税所得总额的比例来计算可抵扣的限额。从计算结果来看，还可以用来自某外国的应纳税所得额直接乘以我国《企业所得税法》规定的税率来计算来自该国的应纳税所得额可抵扣的限额。按这种方法本题的计算过程是：

第一，该企业按我国税法计算的境内、境外所得的应纳税额：

应纳税额 = (150 + 75 + 45) × 25% = 67.5（万元）

第二，甲、乙两国的扣除限额：

甲国扣除限额 = 75 × 25% = 18.75（万元）

乙国扣除限额 = 45 × 25% = 11.25（万元）

在甲国缴纳的所得税为 15 万元，低于扣除限额 18.5 万元，可全额扣除。

在乙国缴纳的所得税为 13.5 万元，高于扣除限额 11.25 万元，其超过扣除限额的部分 2 万元当年不能扣除。

第三，汇总时在我国应缴纳的所得税 = 67.5 − 15 − 11.25 = 41.25（万元）

（三）跨地区经营汇总纳税的计算

居民企业在中国境内跨地区（指跨省、自治区、直辖市和计划单列市，下同）设立不具有法人资格分支机构的，该居民企业为跨地区经营汇总纳税企业（以下简称"汇总纳税企业"），除另有规定外，其企业所得税按如下规定执行：

1. 总机构统一计算包括汇总纳税企业所属各个不具有法人资格分支机构在内的全部应纳税所得额、应纳税额。

2. 总机构、分支机构应按规定，分月或分季分别向所在地主管税务机关申报预缴企业所得税。

3. 年度终了后，总机构统一计算汇总纳税企业的年度应纳税所得额、应纳所得税额，抵减总机构、分支机构当年已就地分期预缴的企业所得税款后，多退少补。

4. 总机构和具有主体生产经营职能的二级分支机构，就地分摊缴纳企业所得税。二级分支机构，是指汇总纳税企业依法设立并领取非法人营业执照（登记证书），且总机构对其财务、业务、人员等直接进行统一核算和管理的分支机构。以下二级分支机构不就地分摊缴纳企业所得税：

（1）不具有主体生产经营职能，且在当地不缴纳增值税、营业税的产品售后服务、内部研发、仓储等汇总纳税企业内部辅助性的二级分支机构，不就地分摊缴纳企业所得税。

（2）上年度认定为小型微利企业的，其二级分支机构不就地分摊缴纳企业所得税。

（3）新设立的二级分支机构，设立当年不就地分摊缴纳企业所得税。

（4）当年撤销的二级分支机构，自办理注销税务登记之日所属企业所得税预缴期间起，不就地分摊缴纳企业所得税。

（5）汇总纳税企业在中国境外设立的不具有法人资格的二级分支机构，不就地分摊缴纳企业所得税。

5. 汇总纳税企业按照《企业所得税法》规定汇总计算的企业所得税，包括预缴税款和汇算清缴应缴应退税款，50%在各分支机构间分摊，各分支机构根据分摊税款就地办理缴库或退库；50%由总机构分摊缴纳，其中25%就地办理缴库或退库，25%就地全额缴入中央国库或退库。

6. 企业所得税分月或者分季预缴，由总机构所在地主管税务机关具体核定。

汇总纳税企业应根据当期实际利润额，按照规定的预缴分摊方法计算总机构和分支机构的企业所得税预缴额，分别由总机构和分支机构就地预缴；在规定期限内按实际利润额预缴有困难的，也可以按照上一年度应纳税所得额的1/12或1/4，按照本办法规定的预缴分摊方法计算总机构和分支机构的企业所得税预缴额，分别由总机构和分支机构就地预缴。预缴方法一经确定，当年度不得变更。

7. 总机构应将本期企业应纳所得税额的50%部分，在每月或季度终了后15日内就地申报预缴。总机构应将本期企业应纳所得税额的另外50%部分，按照各分支机构应分摊的比例，在各分支机构之间进行分摊，并及时通知到各分支机构；各分支机构应在每月或季度终了之日起15日内，就其分摊的所得税额就地申报预缴。

8. 汇总纳税企业预缴申报时，总机构除报送企业所得税预缴申报表和企业当期财务报表外，还应报送汇总纳税企业分支机构所得税分配表和各分支机构上一年度的年度财务报表（或年度财务状况和营业收支情况）；分支机构除报送企业所得税预缴申报表（只填列部分项目）外，还应报送经总机构所在地主管税务机关受理的汇总纳税企业分支机构所得税分配表。

在一个纳税年度内，各分支机构上一年度的年度财务报表（或年度财务状况和营业收支情况）原则上只需要报送一次。

汇总纳税企业应当自年度终了之日起5个月内，由总机构汇总计算企业年度应纳所得税额，扣除总机构和各分支机构已预缴的税款，计算出应缴应退税款，按照规定的税款分摊方法计算总机构和分支机构的企业所得税应缴应退税款，分别由总机构和分支机构就地办理税款缴库或退库。

汇总纳税企业在纳税年度内预缴企业所得税税款少于全年应缴企业所得税税款的，应在汇算清缴期内由总、分机构分别结清应缴的企业所得税税款；预缴税款超过应缴税款的，主管税务机关应及时按有关规定分别办理退税，或者经总、分机构同意后分别抵缴其下一年度应缴企业所得税税款。

汇总纳税企业汇算清缴时，总机构除报送企业所得税年度纳税申报表和年度财务报表外，还应报送汇总纳税企业分支机构所得税分配表、各分支机构的年度财务报表和各分支机构参与企业年度纳税调整情况的说明；分支机构除报送企业所得税年度纳税申报表（只填列部分项目）外，还应报送经总机构所在地主管税务机关受理的汇总纳税企业分支机构所得税分配表、分支机构的年度财务报表（或年度财务状况和营业收支情况）和分支机构参与企业年度纳税调整情况的说明。

分支机构参与企业年度纳税调整情况的说明，可参照企业所得税年度纳税申报表附表"纳税调整项目明细表"中列明的项目进行说明，涉及需由总机构统一计算调整的项目不进行说明。

分支机构未按规定报送经总机构所在地主管税务机关受理的汇总纳税企业分支机构所得

税分配表，分支机构所在地主管税务机关应责成该分支机构在申报期内报送，同时提请总机构所在地主管税务机关督促总机构按照规定提供上述分配表；分支机构在申报期内不提供的，由分支机构所在地主管税务机关对分支机构按照《征收管理法》的有关规定予以处罚；属于总机构未向分支机构提供分配表的，分支机构所在地主管税务机关还应提请总机构所在地主管税务机关对总机构按照《征收管理法》的有关规定予以处罚。

9. 总机构按以下公式计算分摊税款：

$$总机构分摊税款 = 汇总纳税企业当期应纳所得税额 \times 50\%$$

分支机构按以下公式计算分摊税款：

$$所有分支机构分摊税款总额 = 汇总纳税企业当期应纳所得税额 \times 50\%$$

$$某分支机构分摊税款 = 所有分支机构分摊税款总额 \times 该分支机构分摊比例$$

总机构应按照上年度分支机构的营业收入、职工薪酬和资产总额三个因素计算各分支机构分摊所得税款的比例；三级及以下分支机构，其营业收入、职工薪酬和资产总额统一计入二级分支机构；三因素的权重依次为 0.35、0.35、0.30。计算公式如下：

$$某分支机构分摊比例 = \left(\frac{该分支机构营业收入}{各分支机构营业收入之和} \right) \times 0.35 + \left(\frac{该分支机构职工薪酬}{各分支机构职工薪酬之和} \right) \times 0.35$$
$$+ \left(\frac{该分支机构资产总额}{各分支机构资产总额之和} \right) \times 0.30$$

分支机构分摊比例按上述方法一经确定后，除出现特殊情形外，一般当年不作调整。

总机构设立具有主体生产经营职能的部门，且该部门的营业收入、职工薪酬和资产总额与管理职能部门分开核算的，可将该部门视同一个二级分支机构，按规定计算分摊并就地缴纳企业所得税；该部门与管理职能部门的营业收入、职工薪酬和资产总额不能分开核算的，该部门不得视同一个二级分支机构，不得按计算分摊并就地缴纳企业所得税。

汇总纳税企业当年由于重组等原因从其他企业取得重组当年之前已存在的二级分支机构，并作为本企业二级分支机构管理的，该二级分支机构不视同当年新设立的二级分支机构，计算分摊并就地缴纳企业所得税。

汇总纳税企业内就地分摊缴纳企业所得税的总机构、二级分支机构之间，发生合并、分立、管理层级变更等形成的新设或存续的二级分支机构，不视同当年新设立的二级分支机构，计算分摊并就地缴纳企业所得税。

上述所称分支机构营业收入，是指分支机构销售商品、提供劳务、让渡资产使用权等日常经营活动实现的全部收入。其中，生产经营企业分支机构营业收入是指生产经营企业分支机构销售商品、提供劳务、让渡资产使用权等取得的全部收入。金融企业分支机构营业收入是指金融企业分支机构取得的利息、手续费、佣金等全部收入。保险企业分支机构营业收入是指保险企业分支机构取得的保费等全部收入。

所称分支机构职工薪酬，是指分支机构为获得职工提供的服务而给予各种形式的报酬以及其他相关支出。

所称分支机构资产总额，是指分支机构在经营活动中实际使用的应归属于该分支机构的资产合计额。

所称上年度分支机构的营业收入、职工薪酬和资产总额，是指分支机构上年度全年的营业收入、职工薪酬数据和上年度 12 月 31 日的资产总额数据，是依照国家统一会计制度的规定核算的数据。

一个纳税年度内，总机构首次计算分摊税款时采用的分支机构营业收入、职工薪酬和资产总额数据，与此后经过中国注册会计师审计确认的数据不一致的，不作调整。

10. 对于按照税收法律、法规和其他规定，总机构和分支机构处于不同税率地区的，先由总机构统一计算全部应纳税所得额，然后按上述规定的比例和按计算的分摊比例，计算划分不同税率地区机构的应纳税所得额，再分别按各自的适用税率计算应纳税额后加总计算出汇总纳税企业的应纳所得税总额，向总机构和分支机构分摊就地缴纳的企业所得税款。

11. 汇总纳税企业未按照规定准确计算分摊税款，造成总机构与分支机构之间同时存在一方（或几方）多缴另一方（或几方）少缴税款的，其总机构或分支机构分摊缴纳的企业所得税低于按本办法规定计算分摊的数额的，应在下一税款缴纳期内，由总机构将按本办法规定计算分摊的税款差额分摊到总机构或分支机构补缴；其总机构或分支机构就地缴纳的企业所得税高于按本办法规定计算分摊的数额的，应在下一税款缴纳期内，由总机构将按本办法规定计算分摊的税款差额从总机构或分支机构的分摊税款中扣减。

（四）居民企业核定征收应纳税额的计算

为了加强企业所得税征收管理，规范核定征收企业所得税工作，保障国家税款及时足额入库，维护纳税人合法权益，根据《企业所得税法》及其实施条例、《税收征收管理法》及其实施细则的有关规定，核定征收企业所得税的有关规定如下：

1. 居民企业核定征收企业所得税的范围

居民企业纳税人具有下列情形之一的，核定征收企业所得税：

（1）依照法律、行政法规的规定可以不设置账簿的；

（2）依照法律、行政法规的规定应当设置但未设置账簿的；

（3）擅自销毁账簿或者拒不提供纳税资料的；

（4）虽设置账簿，但账目混乱或者成本资料、收入凭证、费用凭证残缺不全，难以查账的；

（5）发生纳税义务，未按照规定的期限办理纳税申报，经税务机关责令限期申报，逾期仍不申报的；

（6）申报的计税依据明显偏低，又无正当理由的。

特殊行业、特殊类型的纳税人和一定规模以上的纳税人不适用上述办法，具体办法由国家税务总局另行明确。

2. 核定征收应纳税额的确定

税务机关应根据纳税人的具体情况，对核定征收企业所得税的纳税人，核定应税所得率或者核定应纳所得税额。

（1）具有下列情形之一的，核定其应税所得率：

①能正确核算（查实）收入总额，但不能正确核算（查实）成本费用总额的；

②能正确核算（查实）成本费用总额，但不能正确核算（查实）收入总额的；

③通过合理方法，能计算和推定纳税人收入总额或成本费用总额的。

纳税人不属于以上情形的，核定其应纳所得税额。

（2）税务机关核定征收企业所得税的核定方法：

①参照当地同类行业或者类似行业中经营规模和收入水平相近的纳税人的税负水平核定；

②按照应税收入额或成本费用支出额定率核定；

③按照耗用的原材料、燃料、动力等推算或测算核定；

④按照其他合理方法核定。

采用前款所列一种方法不足以正确核定应纳税所得额或应纳税额的，可以同时采用两种以上的方法核定。采用两种以上方法测算的应纳税额不一致时，可按测算的应纳税额从高核定。各行业应税所得率幅度见表6-1。

表6-1 各行业应税所得率幅度

行业	应税所得率（%）
农、林、牧、渔业	3~10
制造业	5~15
批发和零售贸易业	4~15
交通运输业	7~15
建筑业	8~20
饮食业	8~25
娱乐业	15~30
其他行业	10~30

采用应税所得率方式核定征收企业所得税的纳税人，应纳所得税额计算公式如下：

$$应纳所得税额 = 应纳税所得额 \times 适用税率$$
$$应纳税所得额 = 应税收入额 \times 应税所得率$$

或

$$应纳税所得额 = 成本（费用）支出额 / (1 - 应税所得率) \times 应税所得率$$

实行应税所得率方式核定征收企业所得税的纳税人，经营多业的，无论其经营项目是否单独核算，均由税务机关根据其主营项目确定适用的应税所得率。

纳税人的主营项目应为所有经营项目，所有经营项目中，收入总额或者成本（费用）支出额或者耗用原材料、燃料、动力数量所占比重最大的项目。

纳税人的生产经营范围、主营业务发生重大变化，或者应纳税所得额或应纳税额增减变化达到20%的，应及时向税务机关申报调整已确定的应纳税额或应税所得率。

3. 核定方式确定后的申报处理

纳税人实行核定应税所得率方式的，按下列规定申报纳税：

（1）主管税务机关根据纳税人应纳税额的大小确定纳税人按月或者按季预缴，年终汇算清缴。预缴方法一经确定，一个纳税年度内不得改变。

（2）纳税人应依照确定的应税所得率计算纳税期间实际应缴纳的税额，进行预缴。按实际数额预缴有困难的，经主管税务机关同意，可按上一年度应纳税额的1/12或1/4预缴，或者按经主管税务机关认可的其他方法预缴。

（3）纳税人预缴税款或年终进行汇算清缴时，应按规定填写《中华人民共和国企业所得税月（季）度预缴纳税申报表（B）类》，在规定的纳税申报时限内报送主管税务机关。

纳税人实行核定应纳所得税额方式的，按下列规定申报纳税：

（1）纳税人在应纳所得税额尚未确定之前，可暂按上年度应纳所得税额的 1/12 或 1/4 预缴，或者按经主管税务机关认可的其他方法，按月或按季分期预缴。

（2）在应纳所得税额确定以后，减除当年已预缴的所得税额，余额按剩余月份或季度均分，以此确定以后各月或各季的应纳税额，由纳税人按月或按季填写《中华人民共和国企业所得税月（季）度预缴纳税申报表（B）类》，在规定的纳税申报期限内进行纳税申报。

（3）纳税人年度终了后，在规定的时限内按照实际经营额或实际应纳税额向税务机关申报纳税。申报额超过核定经营额或应纳税额的，按申报额缴纳税款；申报额低于核定经营额或应纳税额的，按核定经营额或应纳税额缴纳税款。

（五）非居民企业应纳税额的计算

对于在中国境内未设立机构、场所的，或者虽设立机构、场所但取得的所得与其所设机构、场所没有实际联系的非居民企业的所得，按照下列方法计算应纳税所得额：

1. 股息、红利等权益性投资收益和利息、租金、特许权使用费所得，以收入全额为应纳税所得额。

2. 转让财产所得，以收入全额减除财产净值后的余额为应纳税所得额。

3. 其他所得，参照前两项规定的方法计算应纳税所得额。

财产净值是指财产的计税基础减除已经按照规定扣除的折旧、折耗、摊销、准备金等后的余额。

具体规定如下：

（1）扣缴义务人在每次向非居民企业支付或者到期应支付所得时，应从支付或者到期应支付的款项中扣缴企业所得税。

这里的到期应支付的款项，是指支付人按照权责发生制原则应当计入相关成本、费用的应付款项。

扣缴义务人每次代扣代缴税款时，应当向其主管税务机关报送《中华人民共和国扣缴企业所得税报告表》（以下简称"扣缴表"）及相关资料，并自代扣之日起 7 日内缴入国库。

（2）扣缴企业所得税应纳税额计算。

扣缴企业所得税应纳税额 = 应纳税所得额 × 实际征收率

应纳税所得额的计算，按上述 1～3 项的规定为标准；实际征收率是指《企业所得税法》及其实施条例等相关法律、法规规定的税率，或者税收协定规定的更低的税率。

（3）扣缴义务人对外支付或者到期应支付的款项为人民币以外货币的，在申报扣缴企业所得税时，应当按照扣缴当日国家公布的人民币汇率中间价，折合成人民币计算应纳税所得额。

（4）扣缴义务人与非居民企业签订应税所得有关的业务合同时，凡合同中约定由扣缴义务人负担应纳税款的，应将非居民企业取得的不含税所得换算为含税所得后计算征税。

（5）按照《企业所得税法》及其实施条例和相关税收法规规定，给予非居民企业减免税优惠的，应按相关税收减免管理办法和行政审批程序的规定办理。对未经审批或者减免税申请未得到批准之前，扣缴义务人发生支付款项的，应按规定代扣代缴企业所得税。

（6）非居民企业可以适用的税收协定与国内相关法规有不同规定的，可申请执行税收协定规定；非居民企业未提出执行税收协定规定申请的，按国内税收法律法规的有关规定执行。

（7）非居民企业已按国内税收法律法规的有关规定征税后，提出享受减免税或税收协定待遇申请的，主管税务机关经审核确认应享受减免税或税收协定待遇的，对多缴纳的税款应依据《税收征管法》及其实施细则的有关规定予以退税。

（8）因非居民企业拒绝代扣税款的，扣缴义务人应当暂停支付相当于非居民企业应纳税款的款项，并在1天之内向其主管税务机关报告，并报送书面情况说明。

（9）扣缴义务人未依法扣缴或者无法履行扣缴义务的，非居民企业应于扣缴义务人支付或者到期应支付之日起7日内，到所得发生地主管税务机关申报缴纳企业所得税。

股权转让交易双方为非居民企业且在境外交易的，由取得所得的非居民企业自行或委托代理人向被转让股权的境内企业所在地主管税务机关申报纳税。被转让股权的境内企业应协助税务机关向非居民企业征缴税款。

扣缴义务人所在地与所得发生地不在一地的，扣缴义务人所在地主管税务机关应自确定扣缴义务人未依法扣缴或者无法履行扣缴义务之日起5个工作日内，向所得发生地主管税务机关发送《非居民企业税务事项联络函》，告知非居民企业的申报纳税事项。

（10）非居民企业依照有关规定申报缴纳企业所得税，但在中国境内存在多处所得发生地，并选定其中之一申报缴纳企业所得税的，应向申报纳税所在地主管税务机关如实报告有关情况。申报纳税所在地主管税务机关在受理申报纳税后，应将非居民企业申报缴纳所得税情况书面通知扣缴义务人所在地和其他所得发生地主管税务机关。

（11）非居民企业未依照有关规定申报缴纳企业所得税，由申报纳税所在地主管税务机关责令限期缴纳，逾期仍未缴纳的，申报纳税所在地主管税务机关可以收集、查实该非居民企业在中国境内其他收入项目及其支付人（以下简称"其他支付人"）的相关信息，并向其他支付人发出《税务事项通知书》，从其他支付人应付的款项中，追缴该非居民企业的应纳税款和滞纳金。

其他支付人所在地与申报纳税所在地不在一地的，其他支付人所在地主管税务机关应给予配合和协助。

（12）对多次付款的合同项目，扣缴义务人应当在履行合同最后一次付款前15日内，向主管税务机关报送合同全部付款明细、前期扣缴表和完税凭证等资料，办理扣缴税款清算手续。

（六）非居民企业所得税核定征收办法

非居民企业因会计账簿不健全，资料残缺难以查账，或者其他原因不能准确计算并据实申报其应纳税所得额的，税务机关有权采取以下方法核定其应纳税所得额。

1. 按收入总额核定应纳税所得额：适用于能够正确核算收入或通过合理方法推定收入总额，但不能正确核算成本费用的非居民企业。计算公式如下：

应纳税所得额＝收入总额×经税务机关核定的利润率

2. 按成本费用核定应纳税所得额：适用于能够正确核算成本费用，但不能正确核算收入总额的非居民企业。计算公式如下：

应纳税所得额＝成本费用总额÷（1－经税务机关核定的利润率－营业税税率）×经税务机关核定的利润率

3. 按经费支出换算收入核定应纳税所得额：适用于能够正确核算经费支出总额，但不能正确核算收入总额和成本费用的非居民企业。计算公式如下：

应纳税所得额＝经费支出总额÷（1－经税务机关核定的利润率－营业税税率）×经税务机关核定的利润率

4. 税务机关可按照以下标准确定非居民企业的利润率：

从事承包工程作业，设计和咨询劳务的，利润率为15%～30%。

从事管理服务的，利润率为30%～50%。

从事其他劳务或劳务以外经营活动的，利润率不低于15%。

税务机关有根据认为非居民企业的实际利润率明显高于上述标准的，可以按照比上述标准更高的利润率核定其应纳税所得额。

5. 非居民企业与中国居民企业签订机器设备或货物销售合同，同时提供设备安装、装配、技术培训、指导、监督服务等劳务，其销售货物合同中未列明提供上述劳务服务收费金额，或者计价不合理的，主管税务机关可以根据实际情况，参照相同或相近业务的计价标准核定劳务收入。无参照标准的，以不低于销售货物合同总价款的10%为原则，确定非居民企业的劳务收入。

6. 非居民企业为中国境内客户提供劳务取得收入，凡其提供的服务全部发生在中国境内的，应全额在中国境内申报缴纳企业所得税。凡其提供的服务同时发生在中国境内外的，应以劳务发生地为原则划分其境内外收入，并就其在中国境内取得的劳务收入申报缴纳企业所得税。税务机关对其境内外收入划分的合理性和真实性有疑义的，可以要求非居民企业提供真实有效的证明，并根据工作量、工作时间、成本费用等因素合理划分其境内外收入；如非居民企业不能提供真实有效的证明，税务机关可视同其提供的服务全部发生在中国境内，确定其劳务收入并据以征收企业所得税。

7. 采取核定征收方式征收企业所得税的非居民企业，在中国境内从事适用不同核定利润率的经营活动，并取得应税所得的，应分别核算并适用相应的利润率计算缴纳企业所得税；凡不能分别核算的，应从高适用利润率，计算缴纳企业所得税。

8. 拟采取核定征收方式的非居民企业应填写非居民企业所得税征收方式鉴定表，报送主管税务机关。主管税务机关应对企业报送的鉴定表的适用行业及所适用的利润率进行审核，并签注意见。

对经审核不符合核定征收条件的非居民企业，主管税务机关应自收到企业提交的鉴定表后15个工作日内向其下达税务事项通知书，将鉴定结果告知企业。非居民企业未在上述期限内收到税务事项通知书的，其征收方式视同已被认可。

9. 税务机关发现非居民企业采用核定征收方式计算申报的应纳税所得额不真实，或者明显与其承担的功能风险不相匹配的，有权予以调整。

第五节 企业所得税的源泉扣缴

企业所得税的源泉扣缴是指依照有关法律规定或者合同约定对非居民企业直接负有支付相关款项义务的单位或个人，依据企业所得税法规的相关规定对其应缴纳的企业所得税进行扣缴管理的一种征收方法。

为规范和加强非居民企业所得税源泉扣缴管理，对非居民企业取得来源于中国境内的股息、红利等权益性投资收益和利息、租金、特许权使用费所得、转让财产所得以及其他所得应当缴纳的企业所得税，实行源泉扣缴。自 2009 年 1 月 1 日起，按以下规定执行：

一、源泉扣缴的扣缴义务人

1. 对非居民企业在中国境内未设立机构、场所的，或者虽设立机构、场所但取得的所得与其所设机构、场所没有实际联系的所得应缴纳的所得税实行源泉扣缴，以支付人为扣缴义务人。税款由扣缴义务人在每次支付或者到期应支付时，从支付或者到期应支付的款项中扣缴。

这里所称支付人，是指依照有关法律规定或者合同约定对非居民企业直接负有支付相关款项义务的单位或者个人。支付，包括现金支付、汇拨支付、转账支付和权益兑价支付等货币支付和非货币支付。到期应支付的款项，是指支付人按照权责发生制原则应当计入相关成本、费用的应付款项。

2. 对非居民企业在中国境内取得工程作业和劳务所得应缴纳的所得税，税务机关可以指定工程价款或者劳务费的支付人为扣缴义务人。

二、源泉扣缴的扣缴方法

1. 扣缴企业所得税应纳税额的计算公式如下：

$$扣缴企业所得税应纳税额 = 应纳税所得额 × 实际征收率$$

2. 应当扣缴的企业所得税，扣缴义务人未依法扣缴或者无法履行扣缴义务的，由企业在所得发生地缴纳。企业未依法缴纳的，税务机关可以从该企业在中国境内其他收入项目的支付人应付的款项中，追缴该企业的应纳税款。

这里的所得发生地，是指依照《实施条例》第七条规定的原则确定的所得发生地。在中国境内存在多处所得发生地的，由企业选择其中之一申报缴纳企业所得税。

这里的该企业在中国境内其他收入，是指该企业在中国境内取得的其他各种来源的收入。

3. 税务机关在追缴该企业应纳税款时，应当将追缴理由、追缴数额、缴纳期限和缴纳方式等告知该企业。

4. 扣缴义务人每次代扣的税款，应当自代扣之日起 7 日内缴入国库，并向所在地的税务机关报送扣缴企业所得税报告表。

三、源泉扣缴的税源管理

1. 扣缴义务人与非居民企业首次签订与应税所得有关的业务合同或协议（以下简称"合同"）的，扣缴义务人应当自合同签订之日起 30 日内，向其主管税务机关申报办理扣缴税款登记。

2. 扣缴义务人每次与非居民企业签订与应税所得有关的业务合同时，应当自签订合同（包括修改、补充、延期合同）之日起 30 日内，向其主管税务机关报送《扣缴企业所得税合同备案登记表》、合同复印件及相关资料。文本为外文的应同时附送中文译本。

股权转让交易双方均为非居民企业且在境外交易的，被转让股权的境内企业在依法变更税务登记时，应将股权转让合同复印件报送主管税务机关。

3. 扣缴义务人应当设立代扣代缴税款账簿和合同资料档案，准确记录企业所得税的扣缴情况，并接受税务机关的检查。

四、源泉扣缴的征收管理

1. 扣缴义务人在每次向非居民企业支付或者到期应支付应税所得时，应从支付或者到期应支付的款项中扣缴企业所得税。到期应支付的款项，是指支付人按照权责发生制原则应当计入相关成本、费用的应付款项。

扣缴义务人每次代扣代缴税款时，应当向其主管税务机关报送中华人民共和国扣缴企业所得税报告表及相关资料。

2. 扣缴义务人对外支付或者到期应支付的款项为人民币以外货币的，在申报扣缴企业所得税时，应当按照扣缴当日国家公布的人民币汇率中间价，折合成人民币计算应纳税所得额。

3. 扣缴义务人与非居民企业签订与应税所得有关的业务合同时，凡合同中约定由扣缴义务人负担应纳税款的，应将非居民企业取得的不含税所得换算为含税所得后计算征税。

4. 按照《企业所得税法》及其实施条例和相关税收法规规定，给予非居民企业减免税优惠的，应按相关税收减免管理办法和行政审批程序的规定办理。对未经审批或者减免税申请未得到批准之前，扣缴义务人发生支付款项的，应按规定代扣代缴企业所得税。

5. 非居民企业可以适用的税收协定与国内税收法规有不同规定的，可申请执行税收协定规定；非居民企业未提出执行税收协定规定申请的，按国内税收法律法规的有关规定执行。

6. 非居民企业已按国内税收法律法规的有关规定征税后，提出享受减免税或税收协定待遇申请的，主管税务机关经审核确认应享受减免税或税收协定待遇的，对多缴纳的税款应依据《税收征管法》及其实施细则的有关规定予以退税。

7. 非居民企业拒绝代扣税款的，扣缴义务人应当暂停支付相当于非居民企业应纳税款的款项，并在1日之内向其主管税务机关报告，并报送书面情况说明。

8. 扣缴义务人未依法扣缴或者无法履行扣缴义务的，非居民企业应于扣缴义务人支付或者到期应支付之日起7日内，到所得发生地主管税务机关申报缴纳企业所得税。

股权转让交易双方为非居民企业且在境外交易的，由取得所得的非居民企业自行或委托代理人向被转让股权的境内企业所在地主管税务机关申报纳税。被转让股权的境内企业应协助税务机关向非居民企业征缴税款。

扣缴义务人所在地与所得发生地不在一地的，扣缴义务人所在地主管税务机关应自确定扣缴义务人未依法扣缴或者无法履行扣缴义务之日起5个工作日内，向所得发生地主管税务机关发送居民企业税务事项联络函，告知非居民企业的申报纳税事项。

9. 非居民企业依照上述第8条规定申报缴纳企业所得税，但在中国境内存在多处所得发生地，并选定其中之一申报缴纳企业所得税的，应向申报纳税所在地主管税务机关如实报告有关情况。申报纳税所在地主管税务机关在受理申报纳税后，应将非居民企业申报缴纳所得税情况书面通知扣缴义务人所在地和其他所得发生地主管税务机关。

10. 非居民企业未依上述第 8 条的规定申报缴纳企业所得税，由申报纳税所在地主管税务机关责令限期缴纳，逾期仍未缴纳的，申报纳税所在地主管税务机关可以收集、查实该非居民企业在中国境内其他收入项目及其支付人（以下简称"其他支付人"）的相关信息，并向其他支付人发出税务事项通知书，从其他支付人应付的款项中，追缴该非居民企业的应纳税款和滞纳金。

其他支付人所在地与申报纳税所在地不在一地的，其他支付人所在地主管税务机关应给予配合和协助。

11. 对多次付款的合同项目，扣缴义务人应当在履行合同最后一次付款前 15 日内，向主管税务机关报送合同全部付款明细、前期扣缴表和完税凭证等资料，办理扣缴税款清算手续。

五、股权转让所得管理

自 2008 年 1 月 1 日起，非居民企业股权转让所得企业所得税管理按以下规定执行：

1. 这里所称股权转让所得，是指非居民企业转让中国居民企业的股权（不包括在公开的证券市场上买入并卖出中国居民企业的股票）所取得的所得。

2. 扣缴义务人未依法扣缴或者无法履行扣缴义务的，非居民企业应自合同、协议约定的股权转让之日（如果转让方提前取得股权转让收入的，应自实际取得股权转让收入之日）起 7 日内，到被转让股权的中国居民企业所在地主管税务机关（负责该居民企业所得税征管的税务机关）申报缴纳企业所得税。非居民企业未按期如实申报的，依照税收征管法有关规定处理。

3. 股权转让所得，是指股权转让价减除股权成本价后的差额。

股权转让价，是指股权转让人就转让的股权所收取的包括现金、非货币资产或者权益等形式的金额。如被持股企业有未分配利润或税后提存的各项基金等，股权转让人随股权一并转让该股东留存收益权的金额，不得从股权转让价中扣除。

股权成本价，是指股权转让人投资入股时向中国居民企业实际交付的出资金额，或购买该项股权时向该股权的原转让人实际支付的股权转让金额。

4. 在计算股权转让所得时，以非居民企业向被转让股权的中国居民企业投资时或向原投资方购买该股权时的币种计算股权转让价和股权成本价。如果同一非居民企业存在多次投资的，以首次投入资本时的币种计算股权转让价和股权成本价，以加权平均法计算股权成本价；多次投资时币种不一致的，则应按照每次投入资本当日的汇率换算成首次投资时的币种。

5. 境外投资方（实际控制方）间接转让中国居民企业股权，如果被转让的境外控股公司所在国（地区）实际税负低于 12.5% 或者对其居民境外所得不征所得税的，应自股权转让合同签订之日起 30 日内，向被转让股权的中国居民企业所在地主管税务机关提供以下资料：

（1）股权转让合同或协议。

（2）境外投资方与其所转让的境外控股公司在资金、经营、购销等方面的关系。

（3）境外投资方所转让的境外控股公司的生产经营、人员、账务、财产等情况。

（4）境外投资方所转让的境外控股公司与中国居民企业在资金、经营、购销等方面的关系。

（5）境外投资方设立被转让的境外控股公司具有合理商业目的的说明。

（6）税务机关要求的其他相关资料。

6. 境外投资方（实际控制方）通过滥用组织形式等安排间接转让中国居民企业股权，且不具有合理的商业目的，规避企业所得税纳税义务的，主管税务机关呈报税务总局审核后可以按照经济实质对股权转让交易重新定性，否定被用作税收安排的境外控股公司的存在。

7. 非居民企业向其关联方转让中国居民企业股权，其转让价格不符合独立交易原则而减少应纳税所得额的，税务机关有权按照合理方法进行调整。

8. 境外投资方（实际控制方）同时转让境内或境外多个控股公司股权的，被转让股权的中国居民企业应将整体转让合同和涉及本企业的分部合同提供给主管税务机关。如果没有分部合同的，被转让股权的中国居民企业应向主管税务机关提供被整体转让的各个控股公司的详细资料，准确划分境内被转让企业的转让价格。如果不能准确划分的，主管税务机关有权选择合理的方法对转让价格进行调整。

六、后续管理

1. 主管税务机关应当建立扣缴企业所得税管理台账加强合同履行情况的跟踪监管，及时了解合同签约内容与实际履行中的动态变化，监控合同款项支付、代扣代缴税款等情况。必要时应查核企业相关账簿，掌握股息、利息、租金、特许权使用费、转让财产收益等支付和列支情况，特别是未实际支付但已计入成本费用的利息、租金、特许权使用费等情况，有无漏扣企业所得税问题。

主管税务机关应根据备案合同资料、扣缴企业所得税管理台账记录、对外售付汇开具税务证明等监管资料和已申报扣缴税款情况，核对办理税款清算手续。

2. 主管税务机关可根据需要对代扣代缴企业所得税的情况实施专项检查，实施检查的主管税务机关应将检查结果及时传递给同级国家税务局或地方税务局。专项检查可以采取国、地税联合检查的方式。

3. 税务机关在企业所得税源泉扣缴管理中，遇有需要向税收协定缔约对方获取涉税信息或告知非居民企业在中国境内的税收违法行为时，可按照《国家税务总局关于印发〈国际税收情报交换工作规程〉的通知》（国税发〔2006〕70 号）的规定办理。

七、法律责任

1. 扣缴义务人未按照规定办理扣缴税款登记的，主管税务机关应当按照《税务登记管理办法》第四十五、第四十六条的规定处理。

转让股权的境内企业未依法变更税务登记的，主管税务机关应当按照《税务登记管理办法》第四十二条的规定处理。

2. 扣缴义务人未按照规定的期限向主管税务机关报送《扣缴企业所得税合同备案登记表》、合同复印件及相关资料的，未按规定期限向主管税务机关报送扣缴表的，未履行扣缴义务不缴或少缴已扣税款的，或者应扣未扣税款的，非居民企业未按规定期限申报纳税的、不缴或者少缴应纳税款的，主管税务机关应当按照税收征管法及其实施细则的有关规定处理。

第六节 企业所得税的难点解析

一、关于企业所得税的扣除项目

（一）扣除项目基本思路（见图 6-1）

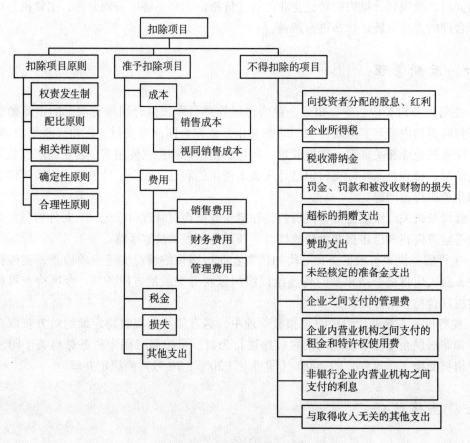

图 6-1 扣除项目基本思路

（二）保险费的扣除（见表 6 - 2）

表 6 - 2　　　　　　　　　　　　保险费的扣除

保险种类	扣除情况
基本五险一金	按规定范围和标准缴纳的准予全部扣除
补充保险（两种）	在规定范围和标准内扣除
生产经营财险和责任险	可扣除
个人家庭财险	不可扣除
为其投资者和雇员向商业保险机构支付的人寿保险和财产保险	不可扣除，而且在支付时代扣代缴个人所得税

（三）利息费用的扣除（见表 6 - 3）

表 6 - 3　　　　　　　　　　　　利息费用的扣除

利息支出扣除	范围	扣除标准
据实扣除	1. 非金融企业向金融企业借款的利息支出 2. 金融企业的各项存款利息支出 3. 金融企业的同业拆借利息支出 4. 企业经批准发行债券的利息支出	按实际发生数扣除
限额扣除	1. 非金融企业向非金融企业借款的利息支出 2. 支付给无关联关系的自然人的利息支出	借款本金×金融企业同期同类贷款利率×借款时间
限定比例和限额	1. 支付给关联方的利息支出 2. 支付给股东或其他有关联关系的自然人的利息支出	不超过比例的借款金额×金融企业同期同类贷款利率×借款时间
不得一次扣除	资本化利息支出	按照计提的折旧或摊销分期扣除

（四）手续费及佣金税前扣除的有关规定（见表 6 - 4）

表 6 - 4　　　　　　　　　手续费及佣金税前扣除的有关规定

企业类型	业务	计算基数	扣除比例	佣金扣除标准
①	②	③	④	⑤
保险企业	财产保险	当年全部保费收入 - 退保金等	15%	
	人身保险	当年全部保费收入 - 退保金等	10%	④×③=⑤
其他企业		服务协议或合同确认的收入金额	5%	

（五）限额扣除超标准处理（见表 6 – 5）

表 6 – 5 限额扣除超标准处理

项目	扣除标准	超标准处理
职工福利费	不超过工资薪金总额 14% 的部分准予扣除	当年不得扣除，也不得结转以后年度扣除
工会经费	不超过工资薪金总额 2% 的部分准予扣除	当年不得扣除，也不得结转以后年度扣除
职工教育经费	不超过工资薪金总额 2.5% 的部分准予扣除	当年不得扣除，也不得结转以后年度扣除
利息费用	不超过金融企业同期同类贷款利率计算的利息准予扣除	当年不得扣除，也不得结转以后年度扣除
业务招待费	按照实际发生额的 60% 扣除，但最高不得超过当年销售（营业）收入的 5‰	当年不得扣除，也不得结转以后年度扣除
广告费和业务宣传费	不超过当年销售（营业）收入 15% 的部分，准予扣除	当年不得扣除，也不得结转以后年度扣除
公益性捐赠支出	不超过年度利润总额 12% 的部分，准予扣除	当年不得扣除，也不得结转以后年度扣除
手续费及佣金	1. 保险企业：财产保险企业按当年全部保费收入扣除退保金等后余额的 15%（含本数，下同）计算限额，人身保险企业按当年全部保费收入扣除退保金等后余额的 10% 计算限额 2. 其他企业：按与具有合法经营资格中介服务机构或个人所签订服务协议或合同确认的收入金额的 5% 计算限额	当年不得扣除，也不得结转以后年度扣除

二、关于资产损失的税务处理

（一）资产损失税前扣除政策（见表 6 – 6）

表 6 – 6 资产损失税前扣除政策

损失类型	损失原因	税前可扣除的损失金额
现金损失	企业清查出的现金短缺	短缺金额减去责任人赔偿后的余额
存款损失	因存款机构依法破产、清算或者政府责令停业、关闭等	确实不能收回的部分

损失类型	损失原因	税前可扣除的损失金额
应收及预付账款（贷款类债权除外）	1. 债务人依法宣告破产、关闭、解散、被撤销，或者被依法注销、吊销营业执照、其清算财产不足清偿的 2. 债务人死亡，或者依法被宣告失踪、死亡，其财产或者遗产不足清偿的 3. 债务人逾期3年以上未清偿，且有确凿证据证明已无力清偿债务的 4. 与债务人达成债务重组协议或法院批准破产重整计划后，无法追偿的 5. 因自然灾害、战争等不可抗力导致无法收回的 6. 国务院财政、税务主管部门规定的其他条件	减除可收回金额后确认的无法收回的应收、预付款项
贷款类债权	符合列举的12种情形之一的	未能收回的贷款
股权投资损失	1. 被投资方依法宣告破产、关闭、解散、被撤销，或者被依法注销、吊销营业执照的 2. 被投资方财务状况严重恶化，累计发生巨额亏损，已连续停止经营3年以上，且无重新恢复经营改组计划的 3. 对被投资方不具有控制权，投资期限届满或者投资期限已超过10年，且被投资单位因连续3年经营亏损导致资不抵债的 4. 被投资方财务状况严重恶化，累计发生巨额亏损，已完成清算或清算期超过3年以上的 5. 国务院财政、税务主管部门规定的其他条件	减除可收回金额后确认的无法收回的股权投资
固定资产或存货损失	盘亏	固定资产账面净值或存货的成本减除责任人赔偿后的余额
	毁损、报废	固定资产账面净值或存货的成本减除残值、保险赔款和责任人赔偿后的余额
	被盗	固定资产账面净值或存货的成本减除保险赔款和责任人赔偿后的余额

1. 资产发生非正常损失对增值税和所得税的影响。

对增值税的影响：进项税额转出，减少当期准予抵扣的进项税额。

对所得税的影响：转出的进项税额准予在所得税前按规定扣除，增加所得税前扣除金额。

2. 保险公司赔偿部分，所得税前不得扣除；所得税前按规定扣除的必须是净损失。

3. 企业在计算应纳税所得额时已经扣除的资产损失，在以后纳税年度全部或者部分收回时，其收回部分应当作为收入计入收回当期的应纳税所得额。

4. 企业境内、境外营业机构发生的资产损失应分开核算，对境外营业机构由于发生资产损失而产生的亏损，不得在计算境内应纳税所得额时扣除。

（二）资产损失税前扣除管理

1. 扣除

企业以前年度发生的资产未能在当年税前扣除的，可以按照规定向税务机关说明并进行专项申报扣除。

2. 申报管理（见表6-7）

表6-7 申报管理

资产损失申报方式	种类
清单申报	1. 企业在正常经营管理活动中，按照公允价格销售、转让、变卖非货币资产的损失 2. 企业各项存货发生的正常损耗 3. 企业固定资产达到或超过使用年限而正常报废清理的损失 4. 企业生产性生物资产达到或超过使用年限而正常死亡发生的资产损失 5. 企业按照市场公平交易原则，通过各种交易场所、市场等买卖债券、股票、期货、基金以及金融衍生产品等发生的损失
专项申报	上述以外的资产损失

3. 资产损失确认证据

企业按规定向税务机关报送资产损失税前扣除申请时，均应提供能够证明资产损失确属已实际发生的合法证据，包括具有法律效力的外部证据和特定事项的企业内部证据（见表6-8）。

表6-8 资产损失合法证据

外部证据	内部证据
司法机关、行政机关、专业技术鉴定部门等依法出具的与本企业资产损失相关的具有法律效力的书面文件，主要包括： 1. 司法机关的判决或者裁定 2. 公安机关的立案结案证明、回复 3. 工商部门出具的注销、吊销及停业证明 4. 企业的破产清算公告或清偿文件 5. 行政机关的公文 6. 专业技术部门的鉴定报告 7. 具有法定资质的中介机构的经济鉴定证明 8. 仲裁机构的仲裁文书 9. 保险公司对投保资产出具的出险调查单、理赔计算单等保险单据 10. 符合法律规定的其他证据	会计核算制度健全，内部控制制度完善的企业，对各项资产发生毁损、报废、盘亏、死亡、变质等内部证明或承担责任的声明，主要包括： 1. 有关会计核算资料和原始凭证 2. 资产盘点表 3. 相关经济行为的业务合同 4. 企业内部技术鉴定部门的鉴定文件或资料 5. 企业内部核批文件及有关情况说明 6. 对责任人由于经营管理责任造成损失的责任认定及赔偿情况说明 7. 法定代表人、企业负责人和企业财务负责人对特定事项真实性承担法律责任的声明

4. 不得确认为在企业所得税前扣除的股权和债权损失

（1）债务人或者担保人有经济偿还能力，未按期偿还的企业债权；

（2）违反法律、法规的规定，以各种形式、借口逃废或者悬空的企业债权；

（3）行政干预逃废或者悬空的企业债权；

（4）企业未向债务人和担保人追偿的债权；

（5）企业发生非经营活动的债权；

（6）其他不应当核销的企业债权和股权。

5. 资产损失不能随意改变所属年度

企业以前年度发生的资产损失未能在当年税前扣除的，属于实际资产损失的，准予追补至该项损失发生年度扣除，其追补确认期限一般不得超过五年，但因计划经济体制转轨过程中遗留的资产损失、企业重组上市过程中因权属不清出现争议而未能及时扣除的资产损失、因承担国家政策性任务而形成的资产损失以及政策定性不明确而形成资产损失等特殊原因形成的资产损失，其追补确认期限经国家税务总局批准后可适当延长。属于法定资产损失，应在申报年度扣除。

企业因以前年度实际资产损失未在税前扣除而多缴纳的企业所得税税款，可在追补确认年度企业所得税应纳税款中予以抵扣，不足抵扣的，可以在以后年度递延抵扣。

6. 确认资产损失后如出现亏损的处理

企业实际资产损失发生年度扣除追补确认的损失后出现亏损时，首先应调整资产损失发生年度的亏损额，然后按弥补亏损的原则计算以后年度多缴的企业所得税税款，并按前款办法进行税务处理。

三、非居民企业源泉扣缴的相关问题

（一）源泉扣缴的预提税方法并不是所有的非居民企业都采用

企业所得税法把非居民企业又分为两类，分别采用不同的税额计算制度：

第一类，对于依照外国（地区）法律成立且实际管理机构不在中国境内，但在中国境内设立机构、场所，且取得所得与设立机构场所有联系的，应就其来源于我国的所得以及发生在中国境外但与其所设机构、场所有实际联系的所得征税，适用25%的税率。

第二类，对于非居民企业在中国境内未设立机构、场所，但有来源于中国境内所得，或者虽设立机构场所，但所得与机构场所没有实际联系的，其应缴纳的所得税，实行源泉扣缴，以支付人为扣缴义务人，这种征收方式也称为预提所得税或预提税。税法规定这种方式适用20%的低税率，目前减按10%征收，有双边国际税收协定的约定征收率的，按照协定执行。

（二）预提税的计算

对非居民企业取得来源于中国境内的股息、红利等权益性投资收益和利息、租金、特许权使用费所得、转让财产所得以及其他所得应当缴纳的企业所得税，实行源泉扣缴，以依照有关法律规定或者合同约定对非居民企业直接负有支付相关款项义务的单位或者个人为扣缴义务人。扣缴所得税计算公式：

扣缴企业所得税应纳税额＝应纳税所得额×实际征收率

应纳税所得额是指依照企业所得税法第十九条规定计算的下列应纳税所得额：

1. 股息、红利等权益性投资收益和利息、租金、特许权使用费所得，以收入全额为应纳税所得额，不得扣除税法规定之外的税费支出。

2. 转让财产所得，以收入全额减除财产净值后的余额为应纳税所得额。

3. 其他所得，参照前两项规定的方法计算应纳税所得额。

实际征收率是指企业所得税法及其实施条例等相关法律法规规定的税率，或者税收协定规定的更低的税率。

扣缴义务人对外支付或者到期应支付的款项为人民币以外货币的，在申报扣缴企业所得税时，应当按照扣缴当日国家公布的人民币汇率中间价，折合成人民币计算应纳税所得额。

扣缴义务人与非居民企业签订与上述所得有关的业务合同时，凡合同中约定由扣缴义务人负担应纳税款的，应将非居民企业取得的不含税所得换算为含税所得后计算征税。

比如，我国境内某企业与境外某公司签订租赁合同，租用境外公司设备一台，期限 3 个月，约定支付税后租金 30 万美元，美元与人民币汇率 1：6.8，则我国该企业应扣缴境外公司税款为多少？

首先将税后租金换算成税前：$30 \times 6.8 / (1 - 5\% - 10\%) = 240$（万元）

上述计算中 5% 为营业税税率；10% 为预提所得税征收率。

计算应扣缴的营业税 $= 240 \times 5\% = 12$（万元）

计算应扣缴的企业所得税 $= 240 \times 10\% = 24$（万元）

特别注意：目前为止，在计算扣缴非居民企业预提税时，没有任何可以扣除的税费支出，营业税不属于税法规定的可在预提所得税前扣除的税费支出，在计算预提税时不能扣除。

（三）预提税的优惠政策（见表 6-9）

表 6-9

优惠种类	具体规定
减按低税率	非居民企业减按 10% 的税率征收所得税
免征企业所得税	非居民企业的下列所得免征企业所得税： （1）外国政府向中国政府提供贷款取得的利息所得 （2）国际金融组织向中国政府和居民企业提供优惠贷款取得的利息所得 （3）经国务院批准的其他所得

按照企业所得税法及其实施条例和相关税收法规规定，给予非居民企业减免税优惠的，应按相关税收减免管理办法和行政审批程序的规定办理。对未经审批或者减免税申请未得到批准之前，扣缴义务人发生支付款项的，应按规定代扣代缴企业所得税。

需要注意的是，在所得税两法合并前，原税法对于汇出境外的利润暂免征收预提所得税。按照国际通行做法，来源国对汇出境外的利润有优先征税权，一般征收预提所得税，税率多在 10% 以上，如果税收协定规定减免的，可以按照协定规定减免，如我国与美国的协定税率为 10%、内地与香港的安排为 5%（25% 以上股权）或 10%。

新企业所得税法及其实施条例借鉴国际惯例，规定对汇出境外利润减按 10% 的税率征收企业所得税，没有给予普遍的免税政策，这样有利于通过双边互惠维护我国税收权益和

"走出去"企业的利益。这样原外商投资企业利润分配是免预提所得税的，到了 2008 年之后就不再享受免税优惠了。

（四）扣缴税款的时间和申报

扣缴义务人在每次向非居民企业支付或者到期应支付应税的所得时，应从支付或者到期应支付的款项中扣缴企业所得税。

所称到期应支付的款项，是指支付人按照权责发生制原则应当计入相关成本、费用的应付款项。

扣缴义务人每次代扣代缴税款时，应当向其所在地税务机关报送中华人民共和国扣缴企业所得税报告表及相关资料，并自代扣之日起 7 日内缴入国库。

（五）无法履行扣缴义务的后续措施

因非居民企业拒绝代扣税款的，扣缴义务人应当暂停支付相当于非居民企业应纳税款的款项，并在 1 日之内向其主管税务机关报告，并报送书面情况说明。

扣缴义务人未依法扣缴或者无法履行扣缴义务的，非居民企业应于扣缴义务人支付或者到期应支付之日起 7 日内，到所得发生地主管税务机关申报缴纳企业所得税。非居民企业未依照规定申报缴纳企业所得税，由申报纳税所在地主管税务机关责令限期缴纳，逾期仍未缴纳的，申报纳税所在地主管税务机关可以收集、查实该非居民企业在中国境内其他收入项目及其支付人（以下简称"其他支付人"）的相关信息，并向其他支付人发出税务事项通知书，从其他支付人应付的款项中，追缴该非居民企业的应纳税款和滞纳金。

其他支付人所在地与申报纳税所在地不在一地的，其他支付人所在地主管税务机关应给予配合和协助。

四、企业重组相关所得税的处理

（一）企业重组的一般性税务处理（见表 6-10）

表 6-10 企业重组的一般性税务处理

重组形式	内容	税务处理
法人变非法人	企业由法人转变为个人独资企业、合伙企业等非法人组织 将登记注册地转移至中华人民共和国	视同企业进行清算、分配，股东生产投资成立新企业。企业的全部资产以及股东投资的计税基础均应以公允价值为基础确定
债务重组	以非货币资产清偿债务	分解为转让相关非货币性资产、按非货币性资产公允价值清偿债务两项业务，确认所得或损失
	债权转股权	分解为债务清偿和股权投资两项业务，确认有关债务清偿所得或损失
	以低于债务计税基础的金额偿还债务	债务人按照支付的债务清偿额低于债务计税基础的差额，确认债务重组所得；债权人确认债务重组损失

续表

重组形式	内容	税务处理
股权收购	一家企业购买另一家企业的股权，以实现对被收购企业控制的交易	（1）被收购方应确认股权、资产转让所得或损失 （2）收购方取得股权或资产的计税基础应以公允价值为基础确定 （3）被收购企业的相关所得税事项原则上保持不变
资产收购	一家企业购买另一家企业实质经营性资产的交易	
企业合并	一家或多家企业将其全部资产和负债转让给另一家现存或新设企业，被合并企业股东换取分立企业的股权或非股权支付，实现企业的依法合并	（1）合并企业应按公允价值确定接受被合并企业各项资产和负债的计税基础 （2）被合并企业及其股东都应按清算进行所得税处理 （3）被合并企业的亏损不得在合并企业结转弥补
企业分立	一家企业将部分或全部资产分离转让给现存或新设的企业，被分立企业股东换取分立企业的股权或非股权支付，实现企业的依法分立	（1）被分立企业对分立出去的资产应按公允价值确认资产转让所得或损失 （2）分立企业应按公允价值确认接受资产的计税基础 （3）被分立企业继续存在时，现股东取得的对价应视同被分立企业分配进行处理 （4）被分立企业不再继续存在时，被分立企业及其股东都应按清算进行所得税处理 （5）企业分立相关企业的亏损不得相互结转弥补

（二）企业重组的特殊性税务处理

1. 企业重组同时符合下列条件的适用特殊性税务处理规定

（1）具有合理的商业目的，且不以减少、免除或者推迟缴纳税款为主要目的。

（2）被收购、合并或分立部分的资产或股权比例符合规定的比例。

（3）企业重组后的连续 12 个月内不改变重组资产原来的实质性经营活动。

（4）重组交易对价中涉及股权支付金额符合规定比例。

（5）企业重组中取得股权支付的原主要股东、在重组后连续 12 个月内，不得转让所取得的股权。

2. 股权支付部分的特殊处理（见表 6 - 11）

表 6 - 11 　　　　　　　　　　　股权支付部分的特殊处理

重组方式	特殊性税务处理的条件	特殊性税务处理
债务重组	债务重组确认的应纳税所得额占该企业当年应纳税所得额 50% 以上	可以在 5 个纳税年度的期间内，均匀计入各年度的应纳税所得额

续表

重组方式	特殊性税务处理的条件	特殊性税务处理
股权收购	收购企业购买的股权不低于被收购企业全部股权的75%，且收购企业在该股权收购发生时的股权支付金额不低于其交易支付总额的85%	（1）对交易中股权支付，暂不确认有关资产的转让所得或损失 （2）对交易中非股权支付应在交易当期确认相关的资产转让所得或损失，并调整相应资产的计税基础 （3）合并中的亏损弥补：被合并企业合并前的亏损可由合并企业弥补，但有限额规定 （4）被分立企业未超过法定弥补期限的亏损可按分立资产占全部资产的比例进行分配，由分立企业继续弥补
资产收购	受让企业收购的资产不低于转让企业全部资产的75%，且受让企业在该资产收购发生时的股权支付金额不低于其交易支付总额的85%	
合并	企业股东在该企业合并发生时取得的股权支付金额不低于其交易支付总额的85%，以及同一控制下且不需要支付对价的企业合并	
分立	被分立企业所有股东按原持股比例取得分立企业的股权，分立企业和被分立企业均不改变原来的实质经营活动，且被分立企业股东在该企业分立发生时取得的股权支付金额不低于其交易支付总额的85%	

五、企业所得税居民与非居民纳税人纳税义务的界定（见表6-12）

表6-12

| 居民企业 | 共两类：一类是依照中国法律、行政法规在中国境内成立的企业、事业单位、社会团体以及其他取得收入的组织，不包括个体工商户及合伙企业；另一类是依照外国（地区）法律成立但实际管理机构在中国境内的企业。
实际管理机构的界定：实际管理机构是指对企业的生产经营、人员、账务、财产等实施实质性全面管理和控制的机构。在实际中注意把握：一是要遵循实质重于形式的原则，关注对企业的经营活动能够起到实质性影响的机构。二是实际管理机构应是对企业实行全面管理和控制的机构，而不是仅对企业的某一部分（如某一市场）或某些环节（如某些车间）的生产经营活动进行影响和控制的机构。三是管理和控制的内容是企业的生产经营、人员、财务、财产等，这些要素是判断实际管理和控制地的关键。也就是说，如果一个外国企业只是表面上由境外机构对企业实施实质性全面管理和控制，但企业的生产经营、人员、财务、财产等重要事务实际上是由在中国境内的一个机构来决策的，就应当认定该企业的实际管理机构在中国境内。需要注意的是，只有当上述三项条件同时满足时，才能被认定为实际管理机构，从而判定是否构成相应的纳税义务。 | 负有无限纳税义务，就其来源于中国境内外的全部所得纳税。 |

| 非居民企业 | 共两类：另一类是依照外国（地区）法律成立且实际管理机构不在中国境内，但在中国境内设立机构、场所。另一类是依照外国（地区）法律成立且实际管理机构不在中国境内，在中国境内亦未设立机构、场所或者虽在中国境内设立机构、场所，但取得的所得与其所设机构、场所没有实际联系。

机构、场所的界定：企业所得税法中所说的机构、场所，是指从事生产经营活动的机构、场所，包括管理机构、营业机构、办事机构，但不包括从事准备性、辅助性活动的机构、场所。准备性、辅助性活动的具体内容可参考税收协定范本第五条关于"常设机构"的规定。此外，营业代理人的概念，应注意不仅包括公司、企业，还包括其他经济组织或个人。在具体认定时，也应遵循实质重于形式的原则，透过形式把握和识别代理关系的实质，从而判定是否构成营业代理人以及相应的纳税义务。

例如，外国企业常驻代表机构是指外国企业依照规定，在中国境内设立的从事与该外国企业业务相关的非营利性活动的办事机构，其不具有法人资格。

（一）代表机构来源于境内所得的纳税义务认定

1. 免税的业务活动。代表机构仅为其总机构的产品生产制造以及销售该自产产品的业务，在中国进行了解市场情况、提供商情资料、联络及其他准备性、辅助性活动，不予征税，但不包括代表机构为本公司的各类代理、服务性业务而进行的同类或相关业务活动。如果商品不是由总机构制造生产的，而是由总机构在国外先采购，再销售给位于中国的客户，则仅在总机构购进商品并实际由其收货、存储后再销售的情况下，代表机构从事上述准备性、辅助性活动时才予以免税。这里还需要明确的是"准备性、辅助性"活动的具体范围，凡国家税务总局对此未予明确的，各地税务机关不得对此自行认定。在实务中对于"准备性或辅助性"活动的判定，应注意以下原则：（1）固定基地或场所是否仅为总机构提供服务，或者是否与他人有业务往来；（2）固定基地或场所的业务性质是否与总机构的业务性质一致；（3）固定基地或场所的业务活动是否为总机构业务的重要组成部分。如果固定基地或场所不仅为总机构服务，而且与他人有业务往来，或固定基地或场所的业务性质与总机构的业务性质一致，且其业务为总机构业务的重要组成部分，则不能认为该固定基地或场所的活动是准备性或辅助性的。在认定其是否免税时，必须确认其业务活动符合"准备性或辅助性"的要求，否则，就应承担纳税义务。

2. 应税的业务活动。除免税业务活动外，代表机构的其他活动均为应缴纳所得税的业务活动。主要包括：（1）各类从事贸易的公司、商社、商号等设立的代表机构从事的商品代理贸易业务活动；（2）商务、法律、税务、会计等各类咨询服务性企业设立的代表机构从事的各类服务活动；（3）集团或控股公司设立的代表机构为其集团内公司提供的各项服务活动；（4）广告公司设立的代表机构从事的承揽或代理广告业务；（5）旅游公司设立的代表机构为旅游者提供的服务活动（如办理签证、收取费用、代订机票、导游、联系食宿）；（6）银行金融等机构设立的代表机构兼营的投资咨询或其他咨询服务；（7）运输企业设立的代表机构就运输业务各环节为客户提供的服务；（8）代表机构为客户提供的其他应税业务活动。

（二）代表机构来源于境外但与其有实际联系所得的纳税义务认定。

代表机构就其来源于中国境外的所得负有限纳税义务。其判断的重要标准是此所得是否与代表机构有"实际联系"。在境内设立机构、场所的非居民企业，其取得的所得与其所设立的机构、场所有无实际联系，直接关系到该非居民企业的纳税义务的大小：有实际联系的，那么来源于境内、境外的所得都要缴纳企业所得税；没有实际联系的，只就来源于境内的所得缴纳企业所得税。"实际联系"是指非居民企业在中国境内设立的机构、场所拥有据以取得所得的股权、债权，以及拥有、管理、控制据以取得所得的财产等。

1. 委托代理类业务。对于共同完成的委托代理类业务而言，如果代表机构能够提供有关凭证、资料，如接受委托业务的委托协议书或其他相当的证明文件， | 负有有限的纳税义务，就其来源于中国境内的所得，以及发生在境外的与其所设机构、场所有实际联系的所得纳税。 |

续表

| 非居民企业 | 证明其在一项代理业务中，有一部分业务是由其总机构在中国境外进行的，经当地税务机关审核，可暂按其收入额的50%核定在中国应申报纳税的金额。个别情况特殊的，由当地税务机关根据实际情况确定。
2. 咨询类业务。对于共同完成的咨询类业务，如会计公司、审计公司、律师事务所、咨询公司等在中国提供的税务、会计、审计、法律、咨询等各项业务，对于由此而获得的收入，应按工作量或合同规定等合理的比例，划分总机构与代表机构各自的收入。 | |

思 考 题

1. 某市卷烟厂为增值税一般纳税人，主要生产销售卷烟，本年度有关生产经营情况为：

（1）年初库存外购已税烟丝10吨，每吨不含税单价0.8万元，共计金额8万元；当年又购进已税烟丝50吨，每吨不含税单价0.8万元，取得销售方开具的增值税专用发票，以银行存款支付购货金额40万元、增值税额6.8万元，烟丝全部验收入库；采购烟丝过程中共计以银行存款支付运输费用2万元，取得运输单位开具的普通发票。

（2）期末烟丝账面余额3万元；从国外进口卷烟8 000条，支付买价20万元，支付到达我国海关前的运输费用1.2万元、保险费用0.8万元。销售自产卷烟120标准箱给某大型商场，向购买方开具了增值税专用发票，注明销售额300万元，增值税额51万元；销售自产卷烟8标准箱给使用单位和消费者个人，开具普通发票，取得销售收入23.4万元。

（3）当年卷烟销售成本共计为120万元。财务费用20万元，其中为境内对外投资借款利息支出10万元，其他财务费用支出2万元。

（4）发生管理费用20万元（含业务招待费4万元）。

（5）销售费用100万元（含广告费20万元，业务宣传费10万元）。

（6）计入成本、费用的实发工资费用150万元，拨缴工会经费5万元并取得专用收据，实际支出职工福利费25万元、职工教育经费5万元。

（7）营业外支出30万元，其中被工商部门行政罚款6万元，向本厂困难职工直接捐赠4万元，通过民政部门向贫困地区捐赠20万元。

（8）接受捐赠收入180万元，当年境内投资收益为57.5万元（受资方所得税税率为20%）、境外投资收益（税后）20万元（所得税税率为20%）。

（9）2008年经税务机关审核的经营损失为17.18万元。

（10）当年12月购入安全生产设备一台，价税合计23.4万元。

（烟丝消费税税率30%，关税税率20%。上年超过标准的广告费和业务宣传费40万元。境外所得采用抵免限额法计算）

要求：根据上述资料，计算下列问题：

（1）计算本年度应缴纳的增值税；

（2）计算本年度应缴纳的消费税；

（3）计算本年度应缴纳的城建税和教育费附加；

（4）计算该企业2009年销售（营业）收入总额；

（5）计算利息支出、业务招待费、广告费及业务宣传费应调整的应纳税所得额；

（6）计算职工工会经费、职工福利费和职工教育经费应调整的应纳税所得额；

（7）计算所得税前准予扣除的公益性捐赠；

（8）计算该企业2009年境内生产经营应纳税所得额；

（9）计算该企业 2009 年应缴纳的企业所得税额。

2. 某中外合资家电生产企业，共有在册职工 120 人，资产 3 500 万元。2012 年销售产品取得不含税收入 2 500 万元，会计利润 600 万元，已预缴所得税 150 万元。经会计师事务所审核，发现以下问题：

（1）期间费用中广告费 450 万元、业务招待费 15 万元、研究开发费用 20 万元；

（2）营业外支出 50 万元（含通过公益性社会团体向贫困山区捐款 30 万元，直接捐赠 6 万元）；

（3）计入成本、费用中的实发工资总额 150 万元、拨缴职工工会经费 3 万元、支出职工福利费 23 万元和职工教育经费 6 万元；

（4）7 月购置并投入使用的安全生产专用设备企业未进行账务处理。取得购置设备增值税专用发票上注明价款 70 万元，增值税 11.9 万元，预计使用 10 年；

（5）在 A 国设有分支机构，A 国分支机构当年应纳税所得额 300 万元，其中生产经营所得 200 万元，A 国规定税率为 20%；特许权使用费所得 100 万元，A 国规定的税率为 30%；从 A 国分得税后利润 230 万元，尚未入账处理。

要求：根据上述资料，按下列序号回答问题，每问需计算出合计数：

（1）计算专用设备对会计利润及应纳税所得额的影响额。

（2）广告费的调整额。

（3）业务招待费的调整额。

（4）调账后的会计利润总额。

（5）对外捐赠的纳税调整额。

（6）研究开发费用的纳税调整额。

（7）"三费"应调增所得额。

（8）境内所得应纳企业所得税。

（9）A 国分支机构在我国应补缴企业所得税额。

（10）年终汇算清缴实际缴纳的企业所得税。

3. 某外商投资举办的摩托车生产企业，为居民企业。2009 年 1～11 月实现应纳税所得额 140 万元，12 月份生产经营情况如下：

（1）外购原材料，支付价款 480 万元、增值税 81.6 万元，取得的增值税专用发票已经通过认证；支付运输费用 48 万元，取得运输单位开具的运输发票。

（2）向国外销售摩托车 800 辆，折合人民币 400 万元；在国内销售摩托车 300 辆，取得不含税销售额 150 万元。

（3）应扣除的摩托车销售成本 300 万元；发生管理费用 90 万元，其中含业务招待费 20 万元；发生销售费用 40 万元。

（4）因管理不善损失当月外购的不含增值税的原材料金额 32.79 万元（其中含运费金额 2.79 万元）。

（5）从境外分支机构取得税后收益 82.5 万元，在国外实际已缴纳了 20% 的公司所得税。

（假定：增值税税率 17%、退税率 13%、消费税税率 10%）

要求：根据上述资料，计算下列问题：

（1）计算该企业 12 月应抵扣的进项税额总和；

（2）计算该企业 12 月应缴纳的增值税；

（3）计算该企业 12 月应退的增值税；

（4）计算该企业 12 月应缴纳的消费税；

（5）计算该企业 12 月实现的销售收入总和（不含境外收益）；

（6）计算该企业 12 月所得税前准予扣除的成本、费用、税金和损失总和；

（7）计算该企业 2009 年度应缴纳的企业所得税。

第七章　个人所得税法

现行个人所得税法的基本规范，是于 2011 年 6 月 30 日，第十一届全国人民代表大会常务委员会第二十一次会议通过《全国人民代表大会常务委员会关于修改〈中华人民共和国个人所得税法〉的决定》，对个人所得税法进行第六次修订，国务院相应对《个人所得税法实施条例》进行修订，修订后的《个人所得税税法》及其实施条例自 2011 年 9 月 1 日起施行。

第一节　个人所得税概述

一、个人所得税的概念

个人所得税是对个人（自然人）取得的各项应税所得征收的一种税。它最早于 1799 年在英国创立，目前世界上已有 140 多个国家开征了这一税种。

个人所得税的征税对象为个人所得，个人所得有狭义和广义之分。狭义的个人所得，仅限于每年经常、反复发生的所得。广义的个人所得，是指个人在一定期间内，通过各种来源或方式所获得的一切利益，而不论这种利益是偶然的，还是临时的，是货币、有价证券，还是实物。目前，包括我国在内的世界各国所实行的个人所得税，大多以这种广义解释的个人所得概念为基础。根据这种理解，可以将个人取得的各种所得分为毛所得和净所得、非劳动所得和劳动所得、经常所得和偶然所得、自由支配所得和非自由支配所得、交易所得和转移所得、应收所得和实现所得、名义所得和实际所得、积极所得和消极所得等。

我国的《个人所得税法》诞生于 1980 年，党的十一届三中全会以后，随着改革开放方针的贯彻落实，为了维护我国税收权益，遵循国际惯例，相应制定了对个人所得征税的法律和法规。为此，1980 年 9 月 10 日第五届全国人民代表大会第三次会议审议通过了《个人所得税法》，并同时公布实施，同年 12 月 14 日，经国务院批准，财政部公布了《个人所得税法施行细则》。1986 年，国务院根据我国社会经济发展的状况，为了有效调节社会成员收入水平的差距，分别发布了《城乡个体工商业户所得税暂行条例》和《个人收入调节税暂行条例》，从而形成了我国对个人所得课税三个税收法律、法规并存的状况。这些税收法律、法规的施行，对于促进对外经济技术交流与合作，缓解社会分配不公的矛盾，增加财政收入等都发挥了积极作用。但是，随着形势的发展，这些税收法律、法规逐渐暴露出一些矛盾和问题。

为了规范和完善对个人所得课税的制度，适应建立社会主义市场经济体制的要求，有必要对三种个人所得课税的法律、法规进行修改和合并，建立一部统一的既适应于中、外籍纳税人，也适应于个体工商业户和其他人员的新的个人所得税法。1993 年 10 月 31 日第八届全国人民代表大会常务委员会第四次会议通过了《关于修改〈中华人民共和国个人所得税法〉的决定》，同时公布了修改后的《个人所得税法》，自 1994 年 1 月 1 日起施行，1994 年 1 月 28 日国务院第 142 号令发布《中华人民共和国个人所得税法实施条例》。

2000 年 9 月，财政部、国家税务总局根据《国务院关于个人独资企业和合伙企业征收所得税问题的通知》有关"对个人独资企业和合伙企业停征企业所得税，只对其投资者的经营所得征收个人所得税"的规定，制定了《关于个人独资企业和合伙企业投资者征收个人所得税的规定》，明确从 2000 年 1 月 1 日起，个人独资企业和合伙企业投资者将依法缴纳个人所得税。

全国人大常委会于 1999 年 8 月 30 日、2005 年 10 月 27 日、2007 年 6 月 29 日和 2007 年 12 月 29 日对《个人所得税法》进行了修订，国务院相应地对《个人所得税法实施条例》进行了修订。2011 年 6 月 30 日，第十一届全国人民代表大会常务委员会第二十一次会议通过《全国人民代表大会常务委员会关于修改〈中华人民共和国个人所得税法〉的决定》，对个人所得税法再次进行了修订，国务院相应对《个人所得税法实施条例》进行了修订，并自 2011 年 9 月 1 日起施行。

二、个人所得税的特点

个人所得税是世界各国普遍征收的一个税种，我国个人所得税主要有以下特点：

（一）分类征收

我国现行个人所得税采用的是分类所得税制，即将个人取得的各种所得划分为 11 类，分别适用不同的费用减除规定、不同的税率和不同的计税方法。这种课征制度，可以广泛采用源泉扣缴办法，加强源泉控管，简化纳税手续，方便征纳双方。同时，还可以对不同所得实行不同的征税方法，便于体现国家的政策。

（二）累进税率与比例税率并用

分类所得税制一般采用比例税率，综合所得税制通常采用累进税率。比例税率计算简便，便于实行源泉扣缴；累进税率可以合理调节收入分配，体现公平。我国现行个人所得税根据各类个人所得的不同性质和特点，将这两种形式的税率综合运用于个人所得税制。其中对工资、薪金所得，个体工商户的生产、经营所得，对企事业单位的承包、承租经营所得，采用累进税率，实行量能负担，对劳务报酬、稿酬等其他所得采用比例税率，实行等比负担。

（三）较宽的费用扣除额

我国个人所得税对费用扣除采用费用扣除从宽、从简的原则。同时采用费用定额扣除和定率扣除两种方法。对工资、薪金所得，每月减除费用 2 000 元（2006 年 1 月 1 日前，减除费用为 800 元）；对劳务报酬等所得，每次收入不超过 4 000 元的减除 800 元，每次收入 4 000 元以上的减除 20% 的费用。按照这样的标准减除费用，实际上等于对绝大多数人的工资、薪金所得予以免税或只征很少的税款，也使得提供一般劳务、取得中低劳务报酬所得的个人大多不用负担个人所得税。

（四）计算简便

我国个人所得税的费用扣除采取总额扣除法，免去了对个人实际生活费用支出逐项计算的麻烦；各种所得项目实行分类计算，并且具有明确的费用扣除规定，费用扣除项目及方法易于掌握，计算比较简单，符合税制简便原则。

（五）采取课源制和申报制两种征纳方法

对纳税人的应纳税额分别采取由支付单位源泉扣缴和纳税人自行申报两种方法。对于可以在应税所得的支付环节扣缴个人所得税的，均由扣缴义务人履行代扣代缴义务；对于没有扣缴义务人的，以及个人在两处以上取得工资、薪金所得的，由纳税人自行申报纳税。此外，对其他不便于扣缴税款的，亦规定由纳税人自行申报纳税。

三、个人所得税的计税原理

个人所得税以个人的纯所得为计税依据。在实际计税过程中以纳税人的收入或报酬扣除有关费用以后的余额为计税依据。

有关费用包括两个方面，一方面是指与获取收入和报酬有关的经营费用；另一方面是指维持纳税人自身及家庭生活需要的费用。具体分为三类：第一，与应税收入相配比的经营成本和费用；第二，与个人总体能力相匹配的免税扣除和家庭生计扣除；第三，为了体现特定社会目标而鼓励的支出，这部分被称为"特别费用扣除"，如慈善捐赠等。

四、个人所得税的征收模式

个人所得税的征收模式基本上分为三种：分类征收制、综合征收制与混合征收制。

（一）分类征收制

分类征收制是指将纳税人不同来源、不同性质的所得项目分别规定不同的税率征税。这种征收模式的优点是对纳税人全部所得区分性质进行区别征税，能够体现国家的政治、经济与社会政策；缺点是对纳税人整体所得不好掌握，容易导致实际税负的不公平。

（二）综合征收制

综合征收制是对纳税人全年的各项所得加以汇总，就其总额进行征税。这种征收模式可以对纳税人的全部所得征税，从收入的角度体现税收公平的原则，但它不利于针对不同收入进行调节，不利于体现国家的有关社会、经济政策。

（三）混合征收制

混合征收制是对纳税人不同来源、不同性质的所得先分别按照不同的税率征税，然后将全年的各项所得进行汇总征税。这种征收模式集中了分类征收和综合征收两种模式的优点，既可实现税收的政策性调节功能，也可体现税收的公平原则。

目前，我国个人所得税的征收采用的是第一种模式，即分类征收制。随着我国经济的发展，居民个人的收入水平的提高、收入来源种类的日益多样化，这种征收模式的不足日渐突出。因为，在现行税制下，不同收入种类所得的税率是不完全相同的，就会出现以下两种情况：一是纳税人有意把自己的收入在不同类型收入间进行转换，以达到不缴税或少缴税的目的；二是纳税人就其单个来源的收入可能不用纳税或者纳税不多，但如果把其全年收入加总起来考虑，则是一笔不小的收入。从结果上看，就不可能完全达到对收入进行公平调节的目的。因而对我国现行个人所得税制模式进行改革是一个方向，我国也初步确定把个人所得税制由分类征收制向分类与综合相结合的模式转变。

五、个人所得税的立法原则

个人所得税法体现了适当调节个人收入、贯彻公平税负、实施合理负担的原则，采用分项的征收制，具有税率低、扣除额宽、征税面小、计算简便等特点。对在中国境内居住的个人所得和不在中国境内居住的个人而从中国取得的所得都要征税。个人所得税的立法原则主要有以下几个方面：

（一）扩大聚财渠道，增加财政收入

个人所得税是市场经济发展的产物，个人所得税收入是随着一国经济的市场化、工业化、城市化程度和人均 GDP 水平提高而不断增长的。个人所得税是一个收入弹性和增长潜力较大的税种，是地方收入的一个重要来源。随着社会主义市场经济体制的建立和我国经济的进一步发展，我国居民的收入水平将逐步提高，个人所得税税源将不断扩大，个人所得税收入占国家税收总额的比重将逐年增加，最终将发展成为一个具有活力的主体税种。

（二）调节收入分配，体现社会公平

在谋求经济增长和实行市场经济体制的发展中国家，社会收入分配差距在一定时期的扩大是不可避免的。改革开放以来，随着经济的发展，我国人民的生活水平不断提高，一部分人已达到较高的收入水平，因此，有必要对个人收入进行适当的税收调节。在保证人们基本生活费用支出不受影响的前提下。本着高收入者多纳税，中等收入者少纳税，低收入者不纳税的原则，通过征收个人所得税来缓解社会收入分配不公的矛盾，有利于在不损害效率的前提下，体现社会公平，保持社会稳定。

（三）增强纳税意识，树立义务观念

由于历史的原因和计划经济体制的影响，我国公民的纳税意识一直较为淡薄，义务观念比较缺乏。通过宣传个人所得税法，建立个人所得税的纳税申报、源泉扣缴制度，通过强化个人所得税的征收管理和对违反税法行为的处罚等措施，可以逐步培养、普及全民依法履行纳税义务的观念，有利于提高全体人民的公民意识和法制意识，为社会主义市场经济的发展

创造良好的社会环境。

第二节 个人所得税的纳税人与课税基础

个人所得税以所得人为纳税人，以支付所得的单位和个人为扣缴义务人。

个人所得税的纳税人是指在中国境内有住所，或者虽无住所但在境内居住满一年，以及无住所又不居住或居住不满一年但有从中国境内取得所得的个人。

个人所得税的纳税人包括中国公民、个体工商业户以及在中国有所得的外籍人员（包括无国籍人员，下同）和香港、澳门、台湾同胞。纳税人依据住所和居住时间两个标准，区分为居民和非居民，分别承担不同的纳税义务。

一、个人所得税的纳税人及其纳税义务的确定

（一）居民纳税人及其纳税义务

居民纳税人负有无限纳税义务。其所取得的应纳税所得，无论是来源于中国境内还是中国境外任何地方，都要在中国缴纳个人所得税。根据《个人所得税法》规定，居民纳税义务人是指在中国境内有住所，或者无住所而在中国境内居住满1年的个人。

所谓在中国境内有住所的个人，是指因户籍、家庭、经济利益关系，而在中国境内习惯性居住的个人。这里所说的习惯性居住，是判定纳税义务人属于居民还是非居民的一个重要依据。它是指个人因学习、工作、探亲等原因消除之后，没有理由在其他地方继续居留时，所要回到的地方，而不是指实际居住或在某一个特定时期内的居住地。一个纳税人因学习、工作、探亲、旅游等原因，原来是在中国境外居住，但是在这些原因消除之后，如果必须回到中国境内居住的，则中国为该人的习惯性居住地。尽管该纳税义务人在一个纳税年度内，甚至连续几个纳税年度，都未在中国境内居住过1天，他仍然是中国居民纳税义务人，应就其来自全球的应纳税所得，向中国缴纳个人所得税。

所谓在境内居住满1年，是指在一个纳税年度（即公历1月1日起至12月31日止，下同）内，在中国境内居住满365日，在计算居住天数时，对临时离境应视同在华居住，不扣减其在华居住的天数。这里所说的临时离境，是指在一个纳税年度内，一次不超过30日或者多次累计不超过90日的离境。综上可知个人所得税的居民纳税人包括有以下两类：

1. 在中国境内定居的中国公民和外国侨民，但不包括虽具有中国国籍，却并没有在中国大陆定居，而是侨居海外的华侨和居住在香港、澳门、台湾的同胞。

2. 从公历1月1日起至12月31日止，居住在中国境内的外国人、海外侨胞和香港、澳门、台湾同胞。这些人如果在一个纳税年度内，一次离境不超过30日，或者多次离境累计不超过90日的，仍应被视为全年在中国境内居住，从而判定为居民纳税义务人。例如，一个外籍人员从1997年10月起到中国境内的公司任职，在1998纳税年度内，曾于3月7～12日离境回国，向其总公司述职，12月23日又离境回国欢度圣诞节和元旦，这两次离境时间相加，没有超过90日的标准，应视作临时离境，不扣减其在华居住天数。因此，该纳税义

务人应为居民纳税人。

现行税法中关于"中国境内"的概念是指中国大陆地区，目前还不包括香港、澳门和台湾地区。

（二）非居民纳税人及其纳税义务

非居民纳税人，是指不符合居民纳税人判定标准（条件）的纳税义务人，非居民纳税人承担有限纳税义务，即仅就其来源于中国境内的所得，向中国缴纳个人所得税。《个人所得税法》规定，非居民纳税人是"在中国境内无住所又不居住或者无住所而在境内居住不满1年的个人"。也就是说，非居民纳税义务人，是指习惯性居住地不在中国境内，而且不在中国居住，或者在一个纳税年度内在中国境内居住不满1年的个人。在现实生活中，习惯性居住地不在中国境内的个人，只有外籍人员、华侨或香港、澳门和台湾同胞。因此，非居民纳税义务人实际上只能是在一个纳税年度中，没有在中国境内居住，或者在中国境内居住不满1年的外籍人员、华侨或香港、澳门、台湾同胞。

自2004年7月1日起，对境内居住的天数和境内实际工作期间按以下规定为准：

1. 判定纳税义务及计算在中国境内居住的天数。对在中国境内无住所的个人，需要计算确定其在中国境内居住天数，以便依照税法和协定或安排的规定判定其在华负有何种纳税义务时，均应以该个人实际在华逗留天数计算。上述个人入境、离境、往返或多次往返境内外的当日，均按1天计算其在华实际逗留天数。

2. 对个人入、离境当日及计算在中国境内实际工作期间。对在中国境内、境外机构同时担任职务或仅在境外机构任职的境内无住所个人，在按《国家税务总局关于在中国境内无住所的个人计算缴纳个人所得税若干具体问题的通知》（国税函发〔1995〕125号）第一条的规定计算其境内工作期间时，对其入境、离境、往返或多次往返境内外的当日，均按半天计算为在华实际工作天数。

自2000年1月1日起，个人独资企业投资者也为个人所得税的纳税人，自2008年1月1日起合伙企业的自然人股东为个人所得税的纳税人。

（三）个人所得税应税所得来源地的确定

居民纳税人和非居民纳税人对我国政府承担着不同的纳税义务。判断应税所得的来源地，是确定该项所得是否应该征收个人所得税的重要依据。中国的个人所得税，依据所得来源地的判断应反映经济活动的实质，要遵循方便税务机关实行有效征管的原则，具体规定如下：

下列所得，不论支付地点是否在中国境内，均为来源于中国境内的所得：

1. 因任职、受雇履约等而在中国境内提供劳务取得的所得；

2. 将财产出租给承租人在中国境内使用而取得的所得；

3. 转让中国境内的建筑物、土地使用权等财产或者在中国境内转让其他财产取得的所得；

4. 许可各种特许权在中国境内使用而取得的所得；

5. 从中国境内的公司、企业以及其他经济组织或者个人取的利息、股息、红利所得。

在中国境内无住所，但是居住1年以上5年以下的个人，其来源于中国境外的所得，经主管税务机关批准，可以只就由中国境内公司、企业以及其他经济组织或者个人支付的部分缴纳个人所得税；居住超过 5 年的个人，从第六年起，应当就其来源于中国境外的全部所得缴纳个人所得税。

在中国境内无住所，但是在一个纳税年度中在中国境内连续或者累计居住不超过 90 日的个人，其来源于中国境内的所得，由境外雇主支付并且不由该雇方在中国境内的机构、场所负担的部分，免予缴纳个人所得税。

（四）个人所得税的扣缴义务人

我国个人所得税实行代扣代缴和个人申报纳税相结合的征收管理制度。个人所得税采取代扣代缴办法，有利于从根本上控制税源，保证税收收入，简化征纳手续，加强个人所得税管理。

个人所得税法规定，凡支付应纳税所得的单位或个人，都是个人所得税的扣缴义务人。扣缴义务人在向纳税人支付各项应纳税所得（个体工商户的生产、经营所得除外）时，必须履行代扣代缴税款的义务。

二、个人所得税的课税基础

个人所得税以个人取得的各项应税所得为征税对象，采用分类课征制。《个人所得税法》列举征税的个人所得共有 11 项应税所得项目，按其性质可以归纳为劳动所得、生产经营所得、资本所得和其他所得四类。下列各项个人所得，应纳个人所得税：

（一）工资、薪金所得

工资、薪金所得，是指个人因任职或者受雇而取得的工资、薪金、奖金、年终加薪、劳动分红、津贴、补贴以及任职或者受雇有关的其他所得。

一般来说，工资、薪金所得属于非独立个人劳动所得。所谓非独立个人劳动，是指个人所从事的是由他人指定、安排并接受管理的劳动，工作或服务于公司、工厂、行政、事业单位的人员（私营企业主除外）均为非独立劳动者。他们从上述单位取得的劳动报酬，是以工资、薪金的形式体现的。这类报酬中，工资和薪金的收入主体略有差异。通常情况下，把直接从事生产、经营或服务的劳动者（工人）的收入称为工资，即所谓"蓝领阶层"所得；而将从事社会公职或管理活动的劳动者（公职人员）的收入称为薪金即所谓"白领阶层"所得。但实际立法过程中，各国都从简便易行的角度考虑，将工资、薪金合并为一个项目计征个人所得税。

除工资、薪金以外的奖金、年终加薪、劳动分红、津贴、补贴也被确定为工资、薪金范畴。其中，年终加薪、劳动分红不分种类和取得情况，一律按工资、薪金所得课税，津贴、补贴等则有例外。根据我国目前个人收入的构成情况，规定对于一些不属于工资、薪金性质的补贴、津贴或者不属于纳税人本人工资、薪金所得项目的收入，不予征税。这些项目包括：

1. 独生子女补贴；
2. 执行公务员工资制度未纳入基本工资总额的补贴、津贴差额和家属成员的副食品补贴；

3. 托儿补助费；

4. 差旅费津贴、误餐补助。其中，误餐补助是指按照财政部规定，个人因公在城区、郊区工作，不能在工作单位或返回就餐的，根据实际误餐顿数，按规定的标准领取的误餐费。单位以误餐补助名义发给职工的补助、津贴不能包括在内。

奖金是指所有具有工资性质的奖金，免税奖金的范围在税法中另有规定。

参照 2001 年 11 月 9 日国税函 [2001] 832 号批复的规定，公司职工取得的用于购买企业国有股权的劳动分红，按"工资、薪金所得"项目计征个人所得税。

出租汽车经营单位对出租车驾驶员采取单车承包或承租方式运营，出租车驾驶员从事客货营运取得的收入，按工资、薪金所得征税。

（二）个体工商户的生产、经营所得

个体工商户的生产、经营所得，是指：

1. 个体工商户从事工业、手工业、建筑业、交通运输业、商业、饮食业、服务业、修理业及其他行业取得的所得。

2. 个人经政府有关部门批准，取得执照，从事办学、医疗、咨询以及其他有偿服务活动取得的所得。

3. 上述个体工商户和个人取得的与生产、经营有关的各项应税所得。

4. 个人因从事彩票代销业务而取得所得，应按照"个体工商户的生产、经营所得"项目计征个人所得税。

5. 其他个人从事个体工商业生产、经营取得的所得。

个体工商户的上述生产、经营所得实际上可以分为两类：一类是纯生产、经营所得，如第 1、2、3、4 项所得，它是指个人直接从事工商各业生产、经营活动而取得的生产性、经营性所得以及有关的其他所得。另一类是独立劳动所得，如第 5 项所得。所谓独立劳动，是指个人所从事的是由自己自由提供的、不受他人指定、安排和具体管理的劳动。例如，私人诊所的医生、私人会计师事务所的会计师，以及独立从事教学、文艺等活动的个人均为独立劳动者，他们的收入具有不确定性。在国际税收协定中，也将独立的个人劳务严格界定为从事独立的科学、文学、艺术、教育或教学活动，以及医师、律师、工程师、建筑师、牙医师和会计师的独立活动。严格说来，个体工商户的劳动虽然也属于独立劳动，但没有包括在人们通常所说的"独立劳动"之内。

从事个体出租车运营的出租车驾驶员取得的收入，按个体工商户的生产、经营所得项目缴纳个人所得税。

出租车属个人所有，但挂靠出租汽车经营单位或企事业单位，驾驶员向挂靠单位缴纳管理费的，或出租汽车经营单位将出租车所有权转移给驾驶员的，出租车驾驶员从事客货运营取得的收入，比照个体工商户的生产、经营所得项目征税。

个体工商户和从事生产、经营的个人，取得与生产、经营活动无关的其他各项应税所得，应分别按照其他应税项目的有关规定，计算征收个人所得税。如取得银行存款的利息所得、对外投资取得的股息所得，应按"股息、利息、红利"税目的规定单独计征个人所得税。

个人独资企业、合伙企业的个人投资者以企业资金为本人、家庭成员及其相关人员支付与企业生产经营无关的消费性支出及购买汽车、住房等财产性支出，视为企业对个人投资者利润分配，并入投资者个人的生产经营所得，依照"个体工商户的生产经营所得"项目计征个人所得税。

（三）对企事业单位的承包经营、承租经营的所得

对企事业单位的承包经营、承租经营所得，是指个人承包经营或承租经营以及转包、转租取得的所得。承包项目可分多种，如生产经营、采购、销售、建筑安装等各种承包，转包包括全部转包或部分转包。

（四）劳务报酬所得

劳务报酬所得，指个人独立从事各种非雇佣的各种劳务所取得的所得。内容如下：

1. 设计，指按照客户的要求，代为制定工程、工艺等各类设计业务。
2. 装潢，指接受委托，对物体进行装饰、修饰，使之美观或具有特定用途的作业。
3. 安装，指按照客户要求，对各种机器、设备的装配、安置，以及与机器、设备相连的附属设施的装设和被安装机器设备的绝缘、防腐、保温、油漆等工程作业。
4. 制图，指受托按实物或设想物体的形象，依体积、面积、距离等，用一定比例绘制成平面图、立体图、透视图等的业务。
5. 化验，指受托用物理或化学的方法，检验物质的成分和性质等业务。
6. 测试，指利用仪器仪表或其他手段代客对物品的性能和质量进行检测试验的业务。
7. 医疗，指从事各种病情诊断、治疗等医护业务。
8. 法律，指受托担任辩护律师、法律顾问，撰写辩护词、起诉书等法律文书的业务。
9. 会计，指受托从事会计核算的业务。
10. 咨询，指对客户提出的政治、经济、科技、法律、会计、文化等方面的问题进行解答、说明的业务。
11. 讲学，指应邀（聘）进行讲课、作报告、介绍情况等业务。
12. 新闻，指提供新闻信息、编写新闻消息的业务。
13. 广播，指从事播音等劳务。
14. 翻译，指受托从事中、外语言或文字的翻译（包括笔译和口译）的业务。
15. 审稿，指对文字作品或图形作品进行审查、核对的业务。
16. 书画，指按客户要求，或自行从事书法、绘画、题词等业务。
17. 雕刻，指代客镌刻图章、牌匾、碑、玉器、雕塑等业务。
18. 影视，指应邀或应聘在电影、电视节目中出任演员，或担任导演、音响、化妆、道具、制作、摄影等与拍摄影视节目有关的业务。
19. 录音，指用录音器械代客录制各种音响带的业务，或者应邀演讲、演唱、采访而被录音的服务。
20. 录像，指用录像器械代客录制各种图像、节目的业务，或者应邀表演、采访被录像的业务。
21. 演出，指参加戏剧、音乐、舞蹈、曲艺等文艺演出活动的业务。
22. 表演，指从事杂技、体育、武术、健美、时装、气功以及其他技巧性表演活动的

业务。

23. 广告，指利用图书、报纸、杂志、广播、电视、电影、招贴、路牌、橱窗、霓虹灯、灯箱、墙面及其他载体，为介绍商品、经营服务项目、文体节目或通告、声明等事项，所做的宣传和提供相关服务的业务。

24. 展览，指举办或参加书画展、影展、盆景展、邮展、个人收藏品展、花鸟虫鱼展等各种展示活动的业务。

25. 技术服务，指利用一技之长而进行技术指导、提供技术帮助的业务。

26. 介绍服务，指介绍供求双方商谈，或者介绍产品、经营服务项目等服务的业务。

27. 经纪服务，指经纪人通过居间介绍，促成各种交易和提供劳务等服务的业务。

28. 代办服务，指代委托人办理受托范围内的各项事宜的业务。

29. 其他劳务，指上述列举的 28 项劳务项目之外的各种劳务。

自 2004 年 1 月 20 日起，对商品营销活动中，企业和单位对其营销业绩突出的非雇员以培训班、研讨会、工作考察等名义组织旅游活动，通过免收差旅费、旅游费对个人实行的营销业绩奖励（包括实物、有价证券等），应根据所发生费用的全额作为该营销人员当期的劳务收入，按照"劳务报酬所得"项目征收个人所得税，并由提供上述费用的企业和单位代扣代缴。

在实际操作过程中，还可能出现难以判定一项所得是属于工资、薪金所得，还是属于劳务报酬所得的情况。这两者的区别在于：工资、薪金所得是属于非独立个人劳务活动，即在机关、团体、学校、部队、企业、事业单位及其他组织中任职、受雇而得到的报酬；而劳务报酬所得，则是个人独立从事各种技艺、提供各项劳务取得的报酬。

（五）稿酬所得

稿酬所得，是指个人因其作品以图书、报刊形式出版、发表而取得的所得。将稿酬所得独立划归一个征税项目，而对不以图书、报刊形式出版、发表的翻译、审稿、书画所得归为劳务报酬所得，主要是考虑了出版、发表作品的特殊性。第一，它是一种依靠较高智力创作的精神产品；第二，它具有普遍性；第三，它与社会主义精神文明和物质文明密切相关；第四，它的报酬相对偏低。因此，稿酬所得应当与一般劳务报酬相对区别，并给予适当优惠照顾。

（六）特许权使用费所得

特许权使用费所得，是指个人提供专利权、商标权、著作权、非专利技术以及其他特许权的使用权取得的所得。提供著作权的使用权取得的所得，不包括稿酬所得。

专利权，是由国家专利主管机关依法授予专利申请人或其权利继承人在一定期间内实施其发明创造的专有权。对于专利权，许多国家只将提供他人使用取得的所得，列入特许权使用费，而将转让专利权所得列为资本利得税的征税对象。我国没有开征资本利得税，故将个人提供和转让专利权取得的所得都列入特许权使用费所得征收个人所得税。

商标权，即商标注册人享有的商标专用权。

著作权，即版权，是作者依法对文学、艺术和科学作品享有的专有权。

非专利技术，即专利技术之外的专有技术，仅为特定人掌握并占有的技术。

个人提供或转让商标权、著作权、专有技术或技术秘密、技术诀窍取得的所得，应当依法缴纳个人所得税。

（七）利息、股息、红利所得

利息、股息、红利所得，是指个人拥有债权、股权而取得的利息、股息、红利所得。利息，是指个人拥有债权而取得的利息，包括存款利息、贷款利息和各种债券的利息。按税法规定，个人取得的利息所得，除国债和国家发行的金融债券利息外，应当依法缴纳个人所得税。股息、红利，指个人拥有股权取得的股息、红利。按照一定的比率对每股发给的息金叫股息；公司、企业应分配的利润按股份分配的叫红利，股息、红利所得，除另有规定外，都应当缴纳个人所得税。

除个人独资企业、合伙企业以外的其他企业的个人投资者，以企业资金为本人、家庭成员及其相关人员支付与企业生产经营无关的消费性支出及购买汽车、住房等财产性支出，视为企业对个人投资者的红利分配，依照"利息、股息、红利所得"项目计征个人所得税。企业的上述支出不允许在所得税前扣除。

纳税年度内个人投资者从其投资企业（个人独资企业、合伙企业除外）借款，在该纳税年度终了后既不归还又未用于企业生产经营的，其未归还的借款可视为企业对个人投资者的红利分配，依照"利息、股息、红利所得"项目计征个人所得税。

（八）财产租赁所得

财产租赁所得，是指个人出租建筑物、土地使用权、机器设备、车船以及其他财产取得的所得。

个人取得的财产转租收入属于"财产租赁所得"的征税范围，由财产转租人缴纳个人所得税。在确认纳税义务人时，应以产权凭证为依据；对无产权凭证的，由主管税务机关根据实际情况确定。产权所有人死亡，在未办理产权继承手续期间，该财产出租而有租金收入的，以领取租金的个人为纳税义务人。

（九）财产转让所得

财产转让所得，是指个人转让有价证券、股权、建筑物、土地使用权、机器设备、车船以及其他财产取得的所得。

财产转让实际上是一种买卖行为，当事人双方通过签订、履行财产转让合同，形成财产买卖的法律关系，使出让财产的个人从对方取得价款（收入）或其他经济利益。财产转让所得因其性质的特殊性，需要单独列举项目征税。对个人取得的各项财产转让所得，除股票转让所得外，都要征收个人所得税。具体规定为：

1. 股票转让所得

对股票转让所得征收个人所得税的办法，由财政部另行制定，报国务院批准施行。鉴于我国证券市场发育还不成熟，股份制还处于试点阶段，对股票转让所得的计算、征税办法和纳税期限的确认等都需要作深入的调查研究，因此，经国务院批准，对股票转让所得暂不征收个人所得税。

2. 量化资产股份转让

集体所有制企业在改制为股份合作制企业时，对职工个人以股份形式取得的拥有所有权的企业量化资产，暂缓征收个人所得税；待个人将股份转让时，就其转让收入额，减除个人取得该股份时实际支付的费用支出和合理转让费用后的余额，按"财产转让所得"项目计征个人所得税。

3. 个人出售自有住房

（1）自 2010 年 10 月 11 日起，对出售自有住房并在 1 年内重新购房的纳税人不再减免个人所得税。

（2）对个人转让自用 5 年以上，并且是家庭唯一生活用房取得的所得，继续免征个人所得税。

（3）为了确保有关住房转让的个人所得税政策得到全面、正确的实施，各级房地产交易管理部门应与税务机关加强协作、配合，主管税务机关需要有关本地区房地产交易情况的，房地产交易管理部门应及时提供。

（十）偶然所得

偶然所得，是指个人得奖、中奖、中彩以及其他偶然性质的所得。得奖是指参加各种有奖竞赛活动，取得名次得到的奖金；中奖、中彩是指参加各种有奖活动，如有奖销售、有奖储蓄，或者购买彩票，经过规定程序，抽中、摇中号码而取得的奖金。偶然所得应缴纳的个人所得税税款，一律由发奖单位或机构代扣代缴。

（十一）经国务院财政部门确定征税的其他所得

除上述列举的各项个人应税所得外，其他确有必要征税的个人所得，由国务院财政部门确定。个人取得的所得，难以界定应纳税所得项目的，由主管税务机关确定。

第三节　个人所得税的税率与税收优惠

一、个人所得税的税率

个人所得税实行分类课征制，对不同性质的所得分别规定了累进税率和比例税率两种不同的税率。个人所得税分别不同个人所得项目确定如下：

（一）工资、薪金所得

工资、薪金所得，适用 9 级超额累进税率，税率为 5% ~ 45%，见表 7 - 1。

表 7 - 1　　工资、薪金所得个人所得税税率表

级数	月含税级距	月不含税级距	税率（%）	速算扣除数
1	不超过 1 500 元的	不超过 1 455 元的	3	0
2	超过 1 500 ~ 4 500 元的部分	超过 1 455 ~ 4 155 元的部分	10	105
3	超过 4 500 ~ 9 000 元的部分	超过 4 155 ~ 7 755 元的部分	20	555

续表

级数	月含税级距	月不含税级距	税率（%）	速算扣除数
4	超过 9 000 ~ 35 000 元的部分	超过 7 755 ~ 27 255 元的部分	5	1 005
5	超过 35 000 ~ 55 000 元的部分	超过 27 255 ~ 41 255 元的部分	30	2 755
6	超过 55 000 ~ 80 000 元的部分	超过 41 255 ~ 57 505 元的部分	35	5 505
8	超过 80 000 元的部分	超过 57 505 元的部分	45	13 505

（二）个体工商户的生产、经营所得和对企事业单位的承包经营、承租经营所得

个体工商户的生产、经营所得和对企事业单位的承包经营、承租经营所得，适用5% ~ 35%的超额累进税率，见表7－2。

表7－2 承包经营、承租经营所得个人所得税税率表

级数	全年含税级距	全年不含税级距	税率（%）	速算扣除数
1	不超过 15 000 元的	不超过 14 250 元的	5	0
2	超过 15 000 ~ 30 000 元的部分	超过 14 250 ~ 27 750 元的部分	10	750
3	超过 30 000 ~ 60 000 元的部分	超过 27 750 ~ 51 750 元的部分	20	3 750
4	超过 60 000 ~ 100 000 元的部分	超过 51 750 ~ 79 750 元的部分	30	9 750
5	超过 100 000 元的部分	超过 79 750 元的部分	35	14 750

注：本表所称全年应纳税所得额，对个体工商户的生产、经营所得来源，是指以每一纳税年度的收入总额，减除成本、费用以及损失后的余额；对企事业单位的承包经营、承租经营所得来源，是指以每一纳税年度的收入总额减除必要费用后的余额。

这里值得注意的是：由于目前实行承包（租）经营的形式较多，分配方式也不相同，因此，承包、承租按照承包、承租经营合同（协议）规定取得所得的适用税率也不一致。

1. 承包、承租人对企业经营成果不拥有所有权，仅是按合同（协议）规定取得一定所得的，其所得按"工资、薪金"所得项目征税，适用3% ~ 45%的7级超额累进税率。

2. 承包、承租人按合同（协议）的规定只向发包、出租方交纳一定费用后，企业经营成果归其所有的，承包、承租人取得的所得，按对企事业单位的承包经营、承租经营所得项目，适用5% ~ 35%的五级超额累进税率征税。

另外，个人独资企业和合伙企业的生产经营所得，也适用5% ~ 35%的5级超额累进税率。

个人独资企业和合伙企业的生产经营所得，也适用5% ~ 35%的5级超额累进税率。

（三）稿酬所得、劳务报酬所得、特许权使用费所得、财产租赁所得、财产转让所得、利息、股息、红利所得、偶然所得和其他所得

以上所得适用20%的比例税率。

（四）减征和加成征税规定

为了体现国家政策，有效调节收入，《个人所得税法》对有关所得项目作了减征或加成

征收的规定。

1. 减征规定

（1）对稿酬所得，规定在适用 20% 税率征税时，按应纳税额减征 30%，即只征收 70% 的税额。主要是考虑作者写作或制作一件作品往往需要投入较长的时间和较多的精力，有必要给予适当的税收照顾，体现对稿酬这种知识性所得的特殊政策。

（2）为了配合国家住房制度改革支持住房租赁市场的健康发展，从 2008 年 3 月 1 日起，对个人出租住房取得的所得暂减按 10% 的税率征收个人所得税。

2. 加成征税规定

对劳务报酬所得一次收入畸高的，规定在适用 20% 税率征税的基础上，实行加成征税办法。所谓"劳务报酬所得一次收入畸高的"是指个人一次取得劳务报酬，其应纳税所得额超过 20 000 元。劳务报酬所得加成征税采取超额累进办法，对应纳税所得额超过 20 000 ~ 50 000 元的部分，依照税法规定计算应纳税额后，再按照应纳税额加征五成；对超过 50 000 元的部分按应纳税额加征十成。这等于对应纳税所得额超过 20 000 元和超过 50 000 元的部分分别适用 20%、30% 和 40% 的税率，因此，对劳务报酬所得实行加成征税办法，实际上是一种特殊的、延伸的三级超额累进税率（见表 7 - 3）。

表 7 - 3 　　　　　　　　　　　劳务报酬所得适用税率表

级数	每次应纳税所得额	税率（%）	速算扣除数（元）
1	不超过 20 000 元的部分	20	0
2	超过 20 000 ~ 50 000 元的部分	30	2 000
3	超过 50 000 元的部分	40	7 000

二、个人所得税的税收优惠

个人所得税既是一种分配手段，也是体现国家政策的重要工具。为了鼓励科学发明，支持社会福利、慈善事业和照顾某些纳税人的实际困难，《个人所得税法》对有关所得项目，有免税、减税的优惠规定。

（一）个人所得税的免税项目

根据《个人所得税法》和相关法规、政策，对下列各项个人所得，免征个人所得税：

1. 省级人民政府、国务院部委和中国人民解放军军以上单位，以及外国组织、国际组织颁发的科学、教育、技术、文化、卫生、体育、环境保护等方面的奖金。

2. 国债和国家发行的金融债券利息。其中，国债利息，是指个人持有中华人民共和国财政部发行的债券而取得的利息；国家发行的金融债券利息，是指个人持有经国务院批准发行的金融债券而取得的利息所得。

3. 按照国家统一规定发给的补贴、津贴。是指按照国务院规定发给的政府特殊津贴、院士津贴、资深院士津贴和国务院规定免纳个人所得税的补贴、津贴。

4. 福利费、抚恤金、救济金。其中，福利费是指根据国家有关规定，从企业、事业单位、国家机关、社会团体提留的福利费或者从工会经费中支付给个人的生活补助费；救济金是指国家民政部门支付给个人的生活困难补助费。

5. 保险赔款。

6. 军人的转业安置费、复员费。

7. 按照国家统一规定发给干部、职工的安家费、退职费、退休工资、离休工资、离休生活补助费。

8. 依照我国有关法律规定应予免税的各国驻华使馆、领事馆的外交代表、领事官员和其他人员的所得。这里的所得是指依照《中华人民共和国外交特权与豁免条例》和《中华人民共和国领事特权与豁免条例》免税的所得。

9. 中国政府参加的国际公约、签订的协议中规定免税的所得。

10. 对乡、镇（含乡、镇）以上人民政府或经县（含县）以上人民政府主管部门批准成立的有机构、有章程的见义勇为基金或者类似性质组织，奖励见义勇为者的奖金或奖品，经主管税务机关核准，免征个人所得税。

11. 企业和个人按照省级以上人民政府规定的比例提取并缴付的住房公积金、医疗保险金、基本养老保险金、失业保险金，不计入个人当期的工资、薪金收入，免予征收个人所得税。超过规定的比例缴付的部分计征个人所得税。

个人领取原提存的住房公积金、医疗保险金、基本养老保险金时，免予征收个人所得税。

12. 对个人取得的教育储蓄存款利息所得以及国务院财政部门确定的其他专项储蓄存款或者储蓄性专项基金存款的利息所得。

13. 储蓄机构内从事代扣代缴工作的办税人员取得的扣缴利息税手续费所得。

14. 生育妇女按照县级以上人民政府根据国家有关规定制定的生育保险办法，取得的生育津贴、生育医疗费或其他属于生育保险性质的津贴、补贴。

15. 第二届高等学校教学名师奖奖金，免予征收个人所得税；第二届高等学校教学名师奖获奖人数为100人，每人奖金2万元。

16. 对工伤职工及其近亲属按照《工伤保险条例》规定取得的工伤保险待遇，免征个人所得税。工伤保险待遇，包括工伤职工按照该条例规定取得的一次性伤残补助金、伤残津贴、一次性工伤医疗补助金、一次性伤残就业补助金、工伤医疗待遇、住院伙食补助费、外地就医交通食宿费用、工伤康复费用、辅助器具费用、生活护理费等，以及职工因工死亡，其近亲属按照该条例规定取得的丧葬补助金、供养亲属抚恤金和一次性工亡补助金。

17. 外籍个人以非现金形式或实报实销形式取得的住房补贴、伙食补贴、搬迁费、洗衣费。

18. 外籍个人按合理标准取得的境内、外出差补贴。

19. 外籍个人取得的探亲费、语言训练费、子女教育费等，经当地税务机关审核批准为合理的部分。可以享受免征个人所得税优惠的探亲费，仅限于外籍个人在我国的受雇地与其家庭所在地（包括配偶或父母居住地）之间搭乘交通工具，且每年不超过两次的费用。

20. 个人举报、协查各种违法、犯罪行为而获得的奖金。

21. 个人办理代扣代缴税款手续，按规定取得的扣缴手续费。

22. 个人转让自用达5年并且是唯一的家庭居住用房所得。

23. 对按《国务院关于高级专家离休退休若干问题的暂行规定》和《国务院办公厅关于

杰出高级专家暂缓离休审批问题的通知》精神，达到离休、退休期间的工资、薪金所得，视同退休工资、离休工资。

延长离休退休年龄的高级专家是指：

（1）享受国家发放的政府特殊津贴的专家、学者；

（2）中国科学院、中国工程院院士。

高级专家延长离休退休期间取得的工资薪金所得，其免征个人所得税政策口径按下列标准执行：

（1）对高级专家从其劳动人事关系所在单位取得的，单位按国家有关规定向职工统一发放的工资、薪金、奖金、津贴、补贴等到收入，视同离休、退休工资，免征个人所得税；

（2）除上述第（1）项所述收入以外各种名目的津补贴收入等，以及高级专家从其劳动人事关系所在单位之外的其他地方取得的培训费、讲课费、顾问费、笔记本等各种收入，依法计征个人所得税。

高级专家从两处以上取得应税工资、薪金所得以及具有税法规定应当自选纳税申报的其他情形的，应在税法规定的期限内自行向主管税务机关办理纳税申报。

24. 外籍个人从外商投资企业取得的股息、红利所得。

25. 凡符合下列条件之一的外籍专家取得的工资、薪金所得：

（1）根据世界银行专项贷款协议由世界银行直接派往我国工作的外国专家。

（2）联合国组织直接派往我国工作的专家。

（3）为联合国援助项目来华工作的专家。

（4）援助国派往我国专为该国无偿援助项目工作的专家。

（5）根据两国政府签订文化交流项目来华工作 2 年以内的文教专家，其工资、薪金所得由该国负担的。

（6）根据我国大专院校国际交流项目来华工作 2 年以内的文教专家，其工资、薪金所得由该国负担的。

（7）通过民间科研协定来华工作的专家，其工资、薪金所得由该国政府机构负担的。

26. 股权分置改革中非流通股股东通过对价方式向流通股股东支付的股份、现金等收入，暂免征收流通股股东应缴纳的个人所得税。

27. 对被拆迁人按照国家有关城镇房屋拆迁管理办法规定的标准取得的拆迁补偿款，免征个人所得税。

28. 自 2006 年 6 月 1 日起，对保险营销员佣金中的展业成本，免征个人所得税；对佣金中的劳务报酬部分，扣除实际缴纳的营业税及附加后，依照税法有关规定计算征收个人所得税。保险营销员的佣金由展业成本和劳务报酬构成，所谓"展业成本"即营销费。根据目前保险营销员展业的实际情况，佣金中展业成本的比例暂定为 40%。

29. 证券经纪人从证券公司取得的佣金收入，应按照"劳务报酬所得"项目缴纳个人所得税。证券经纪人佣金收入由展业成本和劳务报酬构成，对展业成本部分不征收个人所得税，证券经纪人展业成本的比例暂定为每次收入额的 40%。证券经纪人以一个月内取得的佣金收入为一次收入，其每次收入先减去实际缴纳的营业税及附加，再减去规定的展业成本，余额按个人所得税法规定计算缴纳个人所得税。

30. 2013 年 1 月 1 日以后，个人从公开发行和转让市场取得的上市公司股票，持股期限在1个月以内（含1个月）的，其股息红利所得全额计入应纳税所得额；持股期限在1个月以上至1年（含1年）的，暂减按50%计入应纳税所得额；持股期限超过1年的，暂减按25%计入应纳税所得额．按上述标准计算的应纳税所得额统一适用20%的税率计征个人所得税，上市公司是指在上海证券交易所、深圳证券交易所挂牌交易的上市公司；持股期限是指个人从公开发行和转让市场以得上市公司股票之日至转让交割该股票之日前一日的持有时间。

31. 经国务院财政部门批准免税的所得。

（二）个人所得税的减税项目

有下列情形之一的，经批准可以减征个人所得税：
1. 残疾、孤老人员和烈属的所得；
2. 因严重自然灾害造成重大损失的；
3. 其他经国务院财政部门批准减税的。

为了贯彻依法治国方略，切实落实依法行政要求，维护税法的严肃性、权威性和统一性，《税收征收管理法》和《实施细则》规定："任何机关、单位和个人不得违反法律、行政法规的规定，擅自做出税收开征、停征以及减税、免税、退税、补税和其他同税收法律、行政法规相抵触的决定"，"任何机关、单位和个人做出的与税收法律、行政法规相抵触的决定一律无效，税务机关不得执行，并应当向上级税和机关报告。"《个人所得税法》是全国人民代表大会制定的税收法律，各地、各部门、单位和个人都有自觉维护个人所得税法严肃性、完整性和统一性的义务，没有随意改变税法规定的权利。

未经全国人大及其常委会授权，任何地区、部门和单位均不得擅自提高个人所得税费用扣除标准，不得随意变通或超越权限扩大不征税项目适用范围。根据《征收征管法》规定，对一些地方违反统一政策，擅自提高个人所得税费用扣除标准和扩大不征税项目适用范围的文件规定，各级税务机关一律不得执行，已执行的要停止执行。

第四节　个人所得税应纳税额的计算

个人所得税的计税依据是纳税人取得的应纳税所得额。应纳税所得额是个人取得的各项收入减去税法规定的扣除项目之后的余额。应税项目不同，取得某项所得所需费用也不相同，计算个人应纳税所得额，需按不同应税项目分项计算。正确计算应纳税所得额是依法征收个人所得税的基础和前提。

一、个人所得税应纳税所得额的确定

（一）个人所得税收入的形式

个人取得的收入一般是货币。除现金外，纳税人的所得为实物的，应当按照所取得实物的凭证上注明的价格，计算应纳税所得额；无凭证的实物或者凭证上所注明的价格明显偏低

的，由主管税务机关参照当地的市场价格，核定应纳税所得额；纳税人的所得为有价证券的，由主管税务机关根据票面价值和市场价格核定其应纳税所得额。

（二）个人所得税收入的确定

《个人所得税法》对纳税义务人的征税方法有三种：按年计征，比如个体工商户和承包、承租经营所得；按月计征，比如工资、薪金所得；按次计征，如劳务报酬所得、稿酬所得、特许权使用费所得，利息、股息、红利所得，财产租赁所得，偶然所得和其他所得等7项所得。在按次征收的情况下，由于扣除费用依据每次应纳税所得额的大小，分别规定了定额和定率两种标准。因此，如何划分"次"的收入就显得十分重要，劳务报酬所得等7个项目的"次"，在《个人所得税法实施条例》中做出了明确规定。具体为：

1. 劳务报酬所得，根据不同劳务项目的特点，分别规定为：

（1）只有一次性收入的，以取得该项收入为一次。例如从事设计、安装、装潢、制图、化验、测试等劳务，往往是接受客户的委托，按照客户的要求，完成一次劳务后取得收入。因此，是属于只有一次性的收入，应以每次提供劳务取得的收入为一次。

（2）属于同一事项连续取得收入的，以1个月内取得的收入为一次。例如歌手与卡拉OK厅签约，在1年内每天到OK厅演唱1次，每次演出费用50元等情况，在计算其劳务所得时，应视为同一事项的连续性收入，以其1个月内取得的收入为一次计征个人所得税，而不能以每天取得的收入为一次。

2. 稿酬所得，以每次出版、发表取得的收入为一次。具体可细分为：

（1）同一作品再版取得的所得，应视作另一次稿酬所得计征个人所得税。

（2）同一作品先在报刊上连载，然后再出版，或先出版，再在报刊上连载的，应视为两次稿酬所得征税。

（3）同一作品在报刊上连载取得收入的，以连载完成后取得的所有收入合并为一次，计征个人所得税。

（4）同一作品在和发表时，以预付稿酬或分次支付稿酬等形式取得的稿酬收入，应合并计算为一次。

（5）同一作品出版、发表后，因添加印数而追加稿酬的，应与以前出版、发表时取得的稿酬合并计算为一次，计征个人所得税。

3. 特许权使用费所得，以使用权的一次转让所取得的收入为一次。一个纳税义务人，可能不仅拥有一项特许权利，每一项特许权的使用权也可能不止一次地向他人提供。因此，对特许权使用费所得的"次"的界定，明确为每项使用权的每次转让所得的收入为一次。如果该次转让取得的收入是分笔支付的，则应将各笔收入相加为一次的收入，计征个人所得税。

4. 财产租赁所得，以一个月内取得的收入为一次。

5. 利息、股息、红利所得，以支付利息、股息、红利时取得的收入为一次。

6. 偶然所得，以每次收入为一次。

7. 其他所得，以每次收入为一次。

（三）个人所得税的费用减除标准

1. 工资、薪金所得涉及的费用以定额扣除的办法，每月收入额减除费用3 500元后的余额，为应纳税所得额。

2. 个体工商户的生产、经营所得，以每一纳税年度的收入总额，减除成本、费用以及损失后的余额，为应纳税所得额。成本、费用，是指纳税义务人从事生产、经营所发生的各项直接支出和分配计入成本的间接费用以及销售费用、管理费用、财务费用；所说的损失，是指纳税义务人在生产、经营过程中发生的各项营业外支出。

从事生产、经营的纳税义务人未提供完整、准确的纳税资料，不能正确计算应纳税所得额的，由主管税务机关核定其应纳税所得额。

个人独资企业的投资者以全部生产经营所得为应纳税所得额；合伙企业的投资者按照合伙企业的全部生产经营所得和合伙协议约定的分配比例，确定应纳税所得额，合伙协议没有约定分配比例的，以全部生产经营所得和合伙人数量平均计算每个投资者的应纳税所得额。

上述所称生产经营所得，包括企业分配给投资者个人的所得和企业当年留存的所得（利润）。

3. 对企事业单位的承包经营、承租经营所得，以每一纳税年度的收入总额，减除必要费用后的余额，为应纳税所得额。每一纳税年度的收入总额，是指纳税义务人按照承包经营、承租经营合同规定分得的经营利润和工资、薪金性质的所得；所说的减除必要费用，是指按月减除 3 500 元。

4. 劳务报酬所得、稿酬所得、特许权使用费所得、财产租赁所得，因涉及既要按一定比例合理扣除费用又要避免扩大征税范围等两个需同时兼顾的因素，故采取定额和定率两种扣除办法，即，每次收入不超过 4 000 元的，减除费用 800 元；4 000 元以上的，减除 20% 的费用，其余额为应纳税所得额。

5. 财产转让所得，以转让财产的收入额减除财产原值和合理费用后的余额，为应纳税所得额。

财产原值是指：

（1）有价证券，为买入价以及买入时按照规定交纳的有关费用。

（2）建筑物，为建造费用或者购进价格以及其他有关费用。

（3）土地使用权，为取得土地使用权所支付的金额，开发土地的费用以及其他有关费用。

（4）机器设备、车船，为购进价格、运输费用、安装费用以及其他有关费用。

（5）其他财产，参照以上方法确定。

纳税义务人未提供完整、准确的财产原值凭证，不能正确计算财产原值的，由主管税务机关核定其财产原值。这里的合理费用，是指卖出财产时按照规定支付的有关费用。

6. 利息、股息、红利所得，偶然所得和其他所得，以每次收入额为应纳税所得额。

（四）附加减除费用适用的范围和标准

税法规定，对在中国境内无依据而在中国境内取得工资、薪金所得的纳税义务人和在中国境内有依据而在中国境外取得工资、薪金所得的纳税义务人，可以根据其平均收入水平、生活水平以及汇率变化情况确定附加减除费用，附加减除费用适用的范围和标准由国务院规定。

国务院在发布的《个人所得税法实施条例》中，对附加减除费用适用的范围和标准作了具体规定：

1. 附加减除费用适用的范围，包括：

（1）在中国境内的外商投资企业和外国企业工作中取得工资、薪金所得的外籍人员。

（2）应聘在中国境内的企事业单位、社会团体、国家机关中工作取得工资、薪金所得的外籍专家。

（3）在中国境内有依据而在中国境外任职或者受雇取得工资、薪金所得的个人。

（4）财政部确定的取得工资、薪金所得的其他人员。

2. 附加减除费用标准。从 2011 年 9 月 1 日起，在减除 3 500 元费用的基础上，再减除 1 300 元。

3. 华侨和香港、澳门、台湾同胞参照上述附加减除费用标准执行。

（五）其他规定

1. 个人将其所得通过中国境内的社会团体、国家机关向教育和其他社会公益事业以及遭受严重自然灾害地区、贫困地区捐赠，捐赠额未超过纳税义务人申报的应纳税所得额 30％ 的部分，可以从其应纳税所得额中扣除。

个人通过非营利的社会团体和国家机关向农村义务教育的捐赠，准予在缴纳个人所得税前的所得额中全额扣除。农村义务教育的范围，是政府和社会力量举办的农村乡镇（不含县和县级市政府所在地的镇）、村的小学和初中以及属于这一阶段的特殊教育学校。纳税人对农村义务教育与高中在一起的学校的捐赠，也享受此项所得税前扣除。

2. 个人的所得（不含偶然所得和经国务院财政部门确定征税的其他所得）用于资助非关联的科研机构和高等学校研究开发新产品、新技术、新工艺所发生的研究开发经费，经主管税务机关确定，可以全额在下月（工资、薪金所得）或下次（按次计征的所得）或当年（按年计征的所得）计征个人所得税时，从应纳税所得额中扣除，不足抵扣的，不得结转抵扣。

3. 个人取得的应纳税所得，包括现金、实物和有价证券。所得为实物的，应当按照取得的凭证上所注明的价格计算。应纳税所得额；无凭证的实物或者凭证上所注明的价格明显偏低的，由主管税务机关参照当地的市场价格核定应纳税所得额。所得为有价证券的，由主管税务根据票面价格和市场价格核定应纳税所得额。

二、个人所得税应纳税额的计算

依照税法规定的适用税率和费用扣除标准，各项所得的应纳税额，应分别计算。

（一）工资、薪金所得应纳税额的计算

依照税法规定的适用税率和费用扣除标准，各项所得的应纳税额，应分别计算如下：

$$\text{应纳税额} = \text{应纳税所得额} \times \text{适用税率} - \text{速算扣除数} = （\text{每月收入额} - 3\ 500\ \text{元或}\ 4\ 800\ \text{元}）\times \text{适用税率} - \text{速算扣除数}$$

这里需要说明的是，由于工资、薪金所得在计算应纳个人所得税额时，适用的是超额累进税率，所以计算比较烦琐。运用速算数计算法，可以简化计算过程。速算扣除数是指在采用超额累进税率征税的情况下，根据超额累进税率表中划分应纳税所得额级距和税率，先用

全额累进方法计算出税额，再减去用超额累进方法计算的应征税额以后的差额。当超额累进税率表中的级距和税率确定以后，各级速算扣除数也固定不变，成为计算应纳税额时的常数。

【例7-1】假定某纳税人2012年7月工资5 300元，该纳税人不适用附加减除费用的规定。

要求：计算其当月应纳个人所得税税额。

[计算分析]

（1）应纳税所得额 = 5 300 - 3 500 = 1 800（元）

（2）应纳税额 = 1 800 × 10% - 105 = 75（元）

【例7-2】假定某外商投资企业中工作的日本专家（假设为非居民纳税人），2013年2月取得由该企业发放的工资收入10 800元人民币。

要求：请计算其应纳个人所得税税额。

[计算分析]

（1）应纳税所得额 = 10 800 - 4 800 = 6 000（元）

（2）应纳税额 = 6 000 × 20% - 555 = 645（元）

（二）个体工商户的生产、经营所得应纳税额的计算

1. 个体工商户的生产、经营所得应纳税额的计算公式

应纳税额 = 应纳税所得额 × 适用税率 - 速算扣除数

或 = （全年收入总额 - 成本、费用以及损失、税金）× 适用税率 - 速算扣除数

2. 个体工商户的生产、经营所得的收入总额

个体工商户的收入总额，是指个体工商户从事生产、经营以及与生产、经营有关的活动所取得的各项收入，包括商品（产品）销售收入、营运收入、劳务服务收入、工程价款收入、财产出租或转让收入、利息收入、其他收入和营业外收入。

上述各项收入应当按照权责发生制原则确定。

3. 个体工商户的生产、经营所得准予扣除的项目

在计算应纳税所得额时，准予从收入总额中扣除的项目包括成本、费用、损失和准予扣除的税金。

（1）成本、费用是指个体工商户从事生产、经营所发生的各项直接支出和分配计入成本的间接费用以及销售费用、管理费用、财务费用。

"直接支出和分配计入成本的间接费用"，是指个体工商户在生产、经营过程中实际消耗的各种原材料、辅助材料、备品配件、外购半成品、燃料、动力、包装物等直接材料和发生的商品进价成本、运输费、装卸费、包装费、折旧费、修理费、水电费、差旅费、租赁费（不包括融资租赁费）、低值易耗品等，以及支付给生产经营从业人员的工资。对个体工商户业主的工资费用，从2011年9月1日起扣除标准每月3 500元，全年为42 000元。

销售费用，是指个体工商户在销售产品、自制半成品和提供劳务过程中发生的各项费用，包括运输费、装卸费、包装费、委托代销手续费、广告费、展览费、销售服务费，以及其他销售费用。

管理费用，是指个体工商户为管理和组织生产经营活动而发生的各项费用，包括劳动保

险费、咨询费、诉讼费、审计费、土地使用费、低值易耗品摊销、开办费摊销、无法收回的账款（坏账损失）、业务招待费，以及其他管理费用。

财务费用，是指个体工商户为筹集生产经营资金而发生的各项费用，包括利息净支出、汇兑净损失、金融机构手续费，以及筹资中的其他财务费用。

（2）损失，是指个体工商户在生产、经营过程中发生的各项营业外支出。包括固定资产盘亏、报废、毁损和出售的净损失、自然灾害或意外事故损失、公益救济性捐赠、赔偿金、违约金等。

（3）税金，是指个体工商户按规定缴纳的消费税、营业税、城市维护建设税、资源税、土地使用税、土地增值税、房产税、车船税、印花税、耕地占用税，以及教育费附加。

纳税人不能提供有关的收入、成本、费用、损失等的完整、准确的纳税资料，不能正确计算应纳税所得额的，应由主管税务机关核定其应纳税所得额。

4. 准予在所得税前列支的其他项目及列支标准

（1）个体工商户在生产经营中的借款利息支出，未超过中国人民银行规定的同类、同期贷款利率计算的数额部分，准予扣除。

（2）个体工商户发生的与生产经营有关的财产保险、运输保险以及从业人员的养老、医疗保险及其他保险费用支出，按国家规定的标准计算扣除。

（3）个体工商户发生的与生产经营有关的修理费用，可以据实扣除。修理费用发生不均衡或数额较大的，应分期扣除。

（4）个体工商户按规定缴纳的工商管理费、个体劳动者协会会费、摊位费，按实际发生数扣除。缴纳的其他规费，其扣除项目和扣除标准，由省、自治区、直辖市地方税务局根据当地实际情况确定。

（5）个体工商户在生产经营中租入固定资产而支付的费用，其扣除分两种情况处理：以融资租赁方式（即出租人和承租人事先约定，在承租人付清最后一笔租金后，该固定资产即归承租人所有）租入固定资产而发生的租赁费，应计入固定资产价值，不得直接扣除；如果是以经营租赁方式（即因生产经营需要临时租入固定资产，租赁期满后，该固定资产应归还出租人）租入固定资产的租赁费，可以据实扣除。

（6）个体工商户研究开发新产品、新技术、新工艺所发生的开发费用，以及研究开发新产品、新技术而购置的单台价值在 5 万元以下的测试仪器和试验性装置的购置费，准予扣除。超出上述标准和范围的，按固定资产管理，不得在当期扣除。

（7）个体工商户在生产经营过程中发生的固定资产和流动资产盘亏，即毁损净损失，由个体工商户提供清查盘存资料，经主管税务机关审核后，可以在当期扣除。

（8）个体工商户在生产经营过程中发生的以外币结算的往来款项增减变动时，由于汇率变动而发生的人民币的差额，作为汇兑损益，计入当期所得或在当期扣除。

（9）个体工商户发生的与生产经营有关的无法收回的账款（包括因债务人破产或死亡，以其破产财产或者遗产清偿后，仍然不能收回的应收账款，或者因债务人逾期未履行还债义务超过 3 年仍然不能收回的应收账款），应由其提供有效证明，报经主管税务机关审核后，按实际发生数扣除。

（10）个体工商户向其从业人员实际支付的合理的工资、薪金支出，允许在税前据实扣除。

（11）个体工商户拨缴的工会经费、发生的职工福利费、职工教育经费支出分别在工资、薪金总额2%、14%、2.5%的标准内据实扣除。

（12）个体工商户每一纳税年度发生的广告费和业务宣传费用不超过当年销售（营业）收入15%的部分，可据实扣除；超过部分，准予在以后纳税年度结转扣除。

（13）个体工商户每一纳税年度发生的与其生产经营业务直接相关的业务招待费支出，按照发生额的60%扣除，但最高不得超过当年销售（营业）收入的0.5%。

（14）个体工商户将其所得通过中国境内的社会团体、国家机关向教育和其他社会公益事业以及遭受严重自然灾害地区、贫困地区的捐赠额不超过其应纳税所得额30%的部分可以据实扣除。纳税人直接给受益人的捐赠不得扣除。

（15）个体工商户在生产经营过程中发生的与家庭生活混用的费用，由主管税务机关核定分摊比例，据此计算确定的属于生产经营过程中发生的费用，准予扣除。

（16）个体工商户的年度经营亏损，经申报主管税务机关审核后，允许用下一年度的经营所得弥补。下一年度所得不足弥补的，允许逐年延续弥补，但最长不得超过5年。

（17）个体工商户购入低值易耗品的支出，原则上一次摊销，但一次性购入价值较大的，应分期摊销的价值标准和期限由各省、自治区、直辖市地方税务局确定。

5. 不得在所得税前列支的项目

（1）资本性支出；包括：为购置和建造固定资产、无形资产以及其他资产的支出，对外投资的支出；

（2）被没收的财物、支付的罚款；

（3）缴纳的个人所得税、税收滞纳金、罚金和罚款；

（4）各种赞助支出；

（5）自然灾害或者意外事故损失有赔偿的部分；

（6）分配给投资者的股利；

（7）用于个人和家庭的支出；

（8）个体工商户业主的工资支出；

（9）与生产经营无关的其他支出；

（10）国家税务总局规定不准扣除的其他支出。

6. 资产的税务处理

个体工商户购入、自建、实物投资和融资租入的资产，包括固定资产、无形资产、递延资产等几大类，只能采取分次计提折旧或分次摊销的方式予以列支。

第一类：流动资产的税务处理及存货计价

流动资产是指可以在1年内或者超过1年的一个营业周期内变现或者运用的资产，包括现金、应收及预付款项和存货。所谓存货，是指在生产经营过程中为销售或者耗用而储备的物资，包括各种原材料、辅助材料、燃料、低值易耗品、包装物、在产品、外购商品、自制半成品、产成品等。存货应按实际成本计价，领用或发出存货的核算，原则上采用加权平均法。

第二类：固定资产的税务处理

个体工商户的固定资产是指在生产经营中使用的、期限超过1年且单位价值在1 000元以上的房屋、建筑物、机器、设备、运输工具及其他与生产经营有关的设备、工器具等。

（1）固定资产的折旧范围

允许计提折旧的固定资产包括：房屋和建筑物；在用的机械设备、仪器仪表和各种工器具；季节性停用和修理停用的设备，以及以经营方式租出和以融资租赁方式租入的固定资产。

（2）不得计提折旧的固定资产

不得计提折旧的固定资产包括：房屋、建筑物以外的未使用、不需用的固定资产；以经营方式租入和以融资租赁方式租出的固定资产；已提足折旧继续使用的固定资产。

个体工商户应当按照税法规定的资产计价方式所确定的资产价值和规定的资产折旧年限，计提固定资产折旧。固定资产在计提折旧前，应当估计残值（按固定资产原价的5%确定），从固定资产原价中减除。

（3）固定资产的计价

确定固定资产价值，可以分别不同的固定资产，按以下方式计价：购入的固定资产，按实际支付的买价、包装费、运杂费和安装费等计价；自行建造的固定资产，按建造过程中实际发生的全部支出计价；以实物形式投资的固定资产，按评估确认或者合同、协议约定的价值计价；在原有基础上进行改、扩建的固定资产，按账面原价减去改、扩建过程中发生的变价收入，加上改扩、建增加的支出计价；盘盈的固定资产，按同类固定资产的重置完全价值计价；融资租入的固定资产，按照租赁协议或者合同确定的租赁费加运输费、保险费、安装调试费等计价。

（4）固定资产的折旧年限

税法规定的固定资产折旧最短年限分别为：房屋、建筑物为20年；轮船、机器、机械和其他生产设备为10年；电子设备和轮船以外的运输工具，以及与生产经营有关的器具、工具、家具等为5年。个体工商户由于特殊原因需要缩短固定资产折旧年限的须报经省级税务机关审核批准。

（5）固定资产的折旧方法

固定资产折旧按平均年限法和工作计量法计算提取。

①按平均年限法计算折旧的公式为：

$$固定资产的年折旧率 = [1 - 5\%（残值率）] \div 折旧年限 \times 100\%$$

$$月折旧率 = 年折旧率 \div 12$$

$$月折旧额 = 固定资产原价 \times 月折旧率$$

②按工作量法计算折旧的公式为：

$$单位里程（每工作小时）折旧额 = （原值 - 残值）\div 总行驶里程（总工作小时）$$

第三类：无形资产的税务处理

无形资产是指在生产经营过程中长期使用但没有实物形态的资产包括专利权、非专利技术、商标权、商誉、著作权、场地使用权等。

（1）无形资产的计价

无形资产的计价应当按照取得的实际成本为准。具体是：作为投资的无形资产，以协议、合同规定的合理价格为原价；购入的无形资产，按实际支付的价款为原价；接受捐赠的无形资产，按所附单据或参照同类无形资产市场价格确定原价；非专利技术和商誉的计价，应经法定评估机构评估后确认。

（2）无形资产的摊销

无形资产从开始使用之日起，在有效使用期内分期均额扣除。作为投资或受让的无形资产，在法律、合同或协议中规定了使用年限的，可按该使用年限分期扣除；没有规定使用年限或是自行开发的无形资产，扣除期限不得少于 10 年。

第四类：递延资产的税务处理

个体工商户自申请营业执照之日起至开始生产经营之日止所发生的符合税法规定的费用，除为取得固定资产、无形资产的支出，以及应计入资产价值的汇兑损益、利息支出之外，可作为递延资产中的开办费，并自开始生产经营之日起不短于 5 年的期限内分期均额扣除。

7. 应纳税额的计算

个体工商户的生产、经营所得适用 5 级超额累进税率，以其应纳税所得额按适用税率计算应纳税额。其计算公式为：

$$应纳税额 = 应纳税所得额 × 适用税率 - 速算扣除数$$

由于个体工商户生产、经营所得的应纳税额实行按年计算、分月或分季预缴、年终汇算清缴、多退少补的方法，因此，在实际工作中，需要分别计算按月预缴税额和年终汇算清缴税额。其计算公式为：

$$本月应预缴税额 = 本月累计应纳税所得额 × 适用税率 - 速算扣除数 - 上月累计已预缴税额$$

公式中的适用税率，是指与计算应纳税额的月份累计应纳税所得对应的税率，该税率从 5 级超额累进所得税税率表（年换算月）中查找确定。

$$全年应纳税额 = 全年应纳税所得额 × 适用税率 - 速算扣除数汇算清缴税额$$
$$= 全年应纳税额 - 全年累计已预缴税额$$

【例 7 - 3】 某市大华酒家系个体经营户，账证比较健全，2012 年 12 月取得营业额为 120 000 元，购进菜、肉、蛋、面粉、大米等原料费为 60 000 元，缴纳电费、水费、房租、煤气费等 15 000 元，缴纳其他税费合计为 6 600 元。当月支付给 4 名雇员工资共 4 800 元，业主个人费用扣除 2 000 元。1 ~ 11 月累计应纳税所得额为 55 600 元，1 ~ 11 月累计已预缴个人所得税为 14 397.5 元。

要求：计算该个体业户 12 月应缴纳的个人所得税。

[计算分析]

（1）12 月应纳税所得额 = 120 000 - 60 000 - 15 000 - 6 600 - 4 800 - 2 000 = 31 600（元）

（2）全年累计应纳税所得额 = 55 600 + 31 600 = 87 200（元）

（3）12 月应缴纳个人所得税 = 87 200 × 30% - 9 750 - 14 397.5 = 2 012.5（元）

2011 年 9 月 1 日（含）以后个体工商户经营所得适用税法修改后的减除费用标准和税率表的过渡性计算方法。

个体工商户、个人独资企业和合伙企业的投资者（合伙人）2011 年 9 月 1 日（含）以后的生产、经营所得，应适用税法修改后的减除费用标准和税率表。按照税收法律、法规和文件规定，先计算全年应纳税所得额，再计算全年应纳税额。其 2011 年度应纳税额的计算方法如下：

$$前 8 个月应纳税额 = （全年应纳税所得额 × 税法修改前的对应税率 - 速算扣除数）× 8 ÷ 12$$
$$前 4 个月应纳税额 = （全年应纳税所得额 × 税法修改后的对应税率 - 速算扣除数）× 4 ÷ 12$$
$$全年应纳税额 = 前 8 个月应纳税额 + 后 4 个月应纳税额$$

纳税人应在年度终了后的 3 个月内，按照上述方法计算 2011 年度应纳税额，进行汇算清缴。

（三）对个人独资企业和合伙企业所得的计税方法

对个人独资企业和合伙企业生产经营所得，其个人所得税应纳税额的计算有以下两种方法：

第一种：查账征收应纳税额的计算。

1. 自2011年9月1日起，个人独资企业和合伙企业投资者的生产经营所得依法计征个人所得税时，个人独资企业和合伙企业投资者本人的费用扣除标准统一确定为42 000元/年，即3 500元/月。投资者的工资不得在税前扣除。

2. 投资者及其家庭发生的生活费用不允许在税前扣除。投资者及其家庭发生的生活费用与企业生产经营费用混合在一起，并且难以划分的，全部视为投资者个人及其家庭发生的生活费用，不允许在税前扣除。

3. 企业生产经营和投资者及其家庭生活共用的固定资产，难以划分的，由主管税务机关根据企业的生产经营类型、规模等具体情况，核定准予在税前扣除的折旧费用的数额或比例。

4. 企业向其从业人员实际支付的合理的工资、薪金支出，允许在税前据实扣除。

5. 企业拨缴的工会经费、发生的职工福利费、职工教育经费支出分别在工资薪金总额2%、14%、2.5%的标准内扣除。

6. 每一纳税年度发生的广告费和业务宣传费不超过当年销售（营业）收入15%的部分，可据实扣除；超过部分，准予在以后纳税年度扣除。

7. 每一纳税年度发生的与其生产经营业务直接相关的业务招待费支出，按照发生额的60%扣除，但最高不得超过当年销售（营业）收入的0.5‰。

8. 企业计提的各种准备金不得扣除。

9. 投资者兴办两个或两个以上企业，并且企业性质全部是独资的，年度终了后，汇算清缴时，应纳税款的计算按以下方法进行：汇总其投资兴办的所有企业的经营所得作为应纳税所得额，以此确定适用税率，计算出全年经营所得的应纳税额，再根据每个企业的经营所得占所有企业经营所得的比例，分别计算出每个企业的应纳税额和应补缴税额。计算公式如下：

$$应纳税所得额 = \sum 各个企业的经营所得$$

$$应纳税额 = 应纳税所得额 \times 税率 - 速算扣除数$$

$$本企业应纳税额 = 应纳税所得额 \times 本企业的经营所得 \div \sum 各个企业的经营所得$$

$$本企业应补缴的税额 = 本企业应纳税额 - 本企业预缴的税额$$

第二种：核定征收应纳税额的计算。

核定征收方式，包括定额征收、核定应税所得率征收以及其他合理的征收方式。

实行核定应税所得率征收方式的，应纳所得税额的计算公式如下：

$$应纳所得税额 = 应纳税所得额 \times 适用税率$$

$$纳税所得额 = 收入总额 \times 应税所得率$$

或

$$= 成本费用支出额 \div (1 - 应税所得率) \times 应税所得率$$

各行业的应税所得率见表7-4。

表 7 - 4   各行业的应税所得率表

行业	应税所得率（%）
工业、商业、交通运输业	5 ~ 20
建筑业、房地产开发业	7 ~ 20
饮食服务业	7 ~ 25
娱乐业	20 ~ 40
其他行业	10 ~ 30

企业经营多业的，无论其经营项目是否单独核算，均应根据其主营项目确定其适用的应税所得率。

实行核定征税的投资者，不能享受个人所得税的优惠政策。

实行查账征税方式的个人独资企业和合伙企业改为核定征税方式后，在查账征税方式下认定的年度经营亏损未弥补完的部分，不得再继续弥补。

（四）对企事业单位的承包经营、承租经营所得应纳税额的计算

对企事业单位承包经营、承租经营所得，其个人所得税应纳税额的计算公式为：

$$应纳税额 = 应纳税所得额 \times 适用税率 - 速算扣除数$$

或

$$（纳税年度收入总额 - 必要费用） \times 适用税率 - 速算扣除数$$

这里需要说明的是：

（1）对企事业单位承包经营、承租经营所得，以每一纳税年度的收入总额，减除必要费用后的余额，为应纳税所得额。

在一个纳税年度中承包经营或者承租经营期限不足 1 年的，以其实际经营期为纳税年度。

（2）对企事业单位的承包经营、承租经营所得适用的速算扣除数，同个体工商户的生产、经营所得适用的速算扣除数。

【例 7 - 4】2011 年 3 月 1 日，某个人与事业单位签订承包合同经营招待所，承包期为 3 年。2012 年招待所实现承包经营利润 150 000 元（未扣除含承包人工资报酬），按合同规定承包人每年应从承包经营利润中上缴承包费 30 000 元。计算该承包人 2012 年应纳个人所得税税额。

[计算分析]

（1）2012 年应纳税所得额 = 承包经营利润 - 上缴费用 - 每月必要费用扣减合计
$$= 150\ 000 - 30\ 000 - 42\ 000 = 78\ 000（元）$$

（2）该承包人 2012 年应缴纳个人所得税 = 78 000 × 30% - 9 750 = 13 650（元）

（五）劳务报酬所得应纳税额的计算

对劳务报酬所得，其个人所得税应纳税额的计算公式为：

$$应纳税额 = 应纳税所得额 \times 适用税率 - 速算扣除数$$

1. 每次收入不足 4 000 元的：

$$应纳税额 = 应纳税所得额 \times 适用税率$$

或

$$= （每次收入额 - 800） \times 20\%$$

2. 每次收入在 4 000 元以上的：

$$应纳税额 = 应纳税所得额 \times 适用税率$$

或

$$= 每次收入额 \times （1 - 20\%） \times 20\%$$

3. 每次收入的应纳税所得额超过 20 000 元的：

$$应纳税额 = 应纳税所得额 \times 适用税率 - 速算扣除数$$

或

$$= 每次收入额 \times （1 - 20\%） \times 适用税率 - 速算扣除数$$

劳务报酬所得适用的速算扣除数见表 7 - 5。

表 7 - 5   劳务报酬所得适用的速算扣除数

级数	每次含税级距	每次不含税级距	税率（%）	速算扣除数（元）
1	不超过 20 000 元的部分	不超过 16 000 元的部分	20	0
2	超过 20 000 ~ 50 000 元的部分	超过 16 000 ~ 37 000 元的部分	30	2 000
3	超过 50 000 元的部分	超过 37 000 元的部分	40	7 000

注：（1）此表中的含税级距、不含税级距，均为按照规定减除有关费用后的所得额。（2）含税级距适用于由纳税人负担税款的劳务报酬所得；不含税级距适用于由他人（单位）代付税款的劳务报酬所得。

4. 为纳税人代付税款的计算方法

如果单位或个人为纳税人代付税款的，应当将单位或个人支付给纳税人的不含税支付额（或称纳税人取得的不含税收入额）换算为应纳税所得额，然后按规定计算应代付的个人所得税款。计算公式为：

不含税收入额不超过 3 360 元（即含税收入额 4 000 元）以下的：

（1）应纳税所得额 = （不含税收入额 - 800） ÷ （1 - 税率）

（2）应纳税额 = 应纳税所得额 × 适用税率

不含税收入额超过 3 360 元（即含税收入额 4 000 元）以上的：

（1）应纳税所得额 = （不含税收入额 - 速算扣除数） × （1 - 20%） ÷ [1 - 税率 × （1 - 20%）]

或

$$= （不含税收入额 - 速算扣除数） \times （1 - 20\%） ÷ 当级换算系数$$

（2）应纳税额 = 应纳税所得额 × 适用税率 - 速算扣除数

上述公式（1）中的税率，是指不含税劳务报酬收入所对应的税率；公式（2）中的税率，是指应纳税所得额按含税级距所对应的税率（见表 7 - 6）。

表 7 - 6   不含税劳务报酬收入适用税率

级数	不含税劳务报酬收入额	税率（%）	速算扣除数（元）	换算系数（%）
1	未超过 3 360 元的部分	20	0	无
2	超过 3 360 ~ 21 000 元的部分	20	0	84

级数	不含税劳务报酬收入额	税率（%）	速算扣除数（元）	换算系数（%）
3	超过 21 000 ~ 49 500 元的部分	30	2 000	76
4	超过 49 500 元的部分	40	7 000	68

【例 7 - 5】高级工程师李阳为一公司进行一项工程设计，按照合同规定，公司应支付李阳劳务报酬 45 000 元，与其报酬相关的个人所得税由公司代付。假定不考虑其他税收。

要求：计算公司应代付的个人所得税税额。

[计算分析]

（1）代付个人所得税的应纳税所得额 $= [(45\ 000 - 2\ 000) \times (1 - 20\%)] \div 76\%$
$= 45\ 263.16$（元）

（2）应代付个人所得税 $= 45\ 263.16 \times 30\% - 2\ 000 = 11\ 578.95$（元）

（六）稿酬所得应纳税额的计算

1. 每次收入不足 4 000 元的：

应纳税额 = 应纳税所得额 × 适用税率 × (1 - 30%) = (每次收入额 - 800) × 20% × (1 - 30%)

2. 每次收入在 4 000 元以上的：

应纳税额 = 应纳税所得额 × 适用税率 × (1 - 30%) = 每次收入额 × (1 - 20%) × 20% × (1 - 30%)

（七）特许权使用费所得应纳税额的计算

特许权使用费所得以个人每次取得的收入，定额或定率减除规定费用后的余额为应纳税所得额。对个人从事技术转让中所支付的中介费，若能提供有效合法凭证，允许从其所得中扣除。

特许权使用费所得应纳税额的计算公式为：

1. 每次收入不足 4 000 元的：

应纳税额 = 应纳税所得额 × 适用税率 = (每次收入额 - 800) × 20%

2. 每次收入在 4 000 元以上的：

应纳税额 = 应纳税所得额 × 适用税率 = 每次收入额 × (1 - 20%) × 20%

（八）利息、股息、红利所得应纳税额的计算

利息、股息、红利所得应纳税额的计算公式为：

应纳税额 = 应纳税所得额 × 适用税率 = 每次收入额 × 20%

（九）财产租赁所得应纳税额的计算

财产租赁所得适用 20% 的比例税率。其应纳税额的计算公式为：

应纳税额 = 应纳税所得额 × 适用税率

财产租赁所得一般以个人每次取得的收入，定额或税率减除规定费用后的余额为应纳税所得额。每次收入不超过 4 000 元，定额减除费用 800 元；每次收入在 4 000 元以上，定率减除 20% 的费用。财产租赁所得以 1 个月内取得的收入为一次。

在确定财产租赁的应纳税所得额时，纳税人在出租财产过程中缴纳的税金和教育费附

加，可持完税（缴款）凭证，从其财产租赁收入中扣除。准予扣除的项目除了规定费用和有关税、费外，还准予扣除能够提供有效、准确凭证，证明由纳税人负担的该出租财产实际开支的修缮费用。允许扣除的修缮费用，以每次 800 元为限，一次扣除不完的，准予在下一次继续扣除，直到扣完为止。

个人出租财产取得的财产租赁收入，在计算缴纳个人所得税时，应依次扣除以下费用：

1. 财产租赁过程中缴纳的税费；

2. 由纳税人负担的该出租财产实际开支的修缮费用；

3. 税法规定的费用扣除标准。

应纳税所得额的计算公式为：

（1）每次（月）收入不超过 4 000 元的：

应纳税所得额 = 每次（月）收入额 – 准予扣除项目 – 修缮费用（800 元为限）– 800 元

（2）每次（月）收入超过 4 000 元的：

应纳税所得额 =［每次（月）收入额 – 准予扣除项目 – 修缮费用（800 元为限）］×（1 – 20%）

个人将承租房屋转租取得的租金收入，属于个人所得税应税所得，应按"财产租赁所得"项目计算缴纳个人所得税。具体规定为：

第一，取得转租收入的个人向房屋出租方支付的租金，凭房屋租赁合同和合法支付凭据允许在计算个人所得税时，从该项转租收入中扣除。

第二，有关财产租赁所得个人所得税前扣除税费的扣除次序调整为：

（1）财产租赁过程中缴纳的税费；

（2）向出租方支付的租金；

（3）由纳税人负担的租赁财产实际开支的修缮费用；

（4）税法规定的费用扣除标准。

【例 7 – 6】甲某在 2011 年 1 月将其自有的 4 间面积为 150 平方米的房屋出租给同学乙某作经营场所，租期 1 年。甲某每月取得租金收入 3 500 元，全年租金收入 42 000 元。

要求：计算甲某全年租金收入应缴纳的个人所得税。

［计算分析］

财产租赁收入以每月内取得的收入为一次，因此，刘某每月及全年应纳税额为：

（1）每月应纳税额 =（3 500 – 800）×20% = 540（元）

（2）全年应纳税额 = 540 × 12 = 6 480（元）

当然，这里在计算个人所得税时未考虑其他税、费。如果对租金收入计征营业税、城市维护建设税、房产税和教育费附加等，还应将其从税前的收入中先扣除后才计算应缴纳的个人所得税。

假定上例中，当年 4 月因房屋吊顶裂开找人修理，发生修理费用 900 元，有维修部门的正式收据，则 4 月和全年的应纳税额为：

（1）4 月应纳税额 =（2 500 – 900 – 800）×20% = 160（元）

（2）全年应纳税额 = 540 × 11 + 160 = 6 100（元）

在实际征税过程中，有时会出现财产租赁所得的纳税人不明确的情况。对此，在确定财产租赁所得纳税人时，应以产权凭证为依据。无产权凭证的，由主管税务机关根据实际情况确定纳税人。如果产权所有人死亡，在未办理产权继承手续期间，该财产出租且有租金收入的，以领取租金收入的个人为纳税人。

（十）财产转让所得应纳税额的计算

1. 一般情况下财产转让所得应纳税额的计算

财产转让所得应纳税额的计算公式为：

$$应纳税额 = 应纳税所得额 \times 适用税率 = （收入总额 - 财产原值 - 合理税费）\times 20\%$$

【例7-7】 某人建房一幢，造价52 000元，支付费用4 000元。该人转让房屋，售价86 000元，在卖房过程中按规定支付交易费等有关费用2 500元。

要求：计算其应纳个人所得税税额。

[**计算分析**]

（1）应纳税所得额 = 财产转让收入 - 财产原值 - 合理费用

$$= 86\ 000 - （52\ 000 + 4\ 000）- 2\ 500 = 27\ 500（元）$$

（2）应纳税额 $= 27\ 500 \times 20\% = 5\ 500（元）$

2. 个人住房转让所得应纳税额的计算

对个人转让住房征收个人所得税中，出现了需要进一步明确的问题。为完善征收管理制度，加强征管，根据《个人所得税法》和《税收征收管理法》的有关规定精神，国税发〔2006〕108号文件进一步明确了个人住房转让的征收管理规定。自2006年8月1日起，个人转让住房所得应纳个人所得税的计算具体规定如下：

以实际成交价格为转让收入。纳税人申报的住房成交价格明显低于市场价格且无正当理由的，征收机关依法有权根据有关信息核定其转让收入，但必须保证各税种计税价格一致。

纳税人可凭原购房合同、发票等有效凭证，经税务机关审核后，允许从其转让收入中减除房屋原值、转让住房过程中缴纳的税金及有关合理费用。

（1）房屋原值具体为：①商品房：购置该房屋时实际支付的房价款及交纳的相关税费。②自建住房：实际发生的建造费用及建造和取得产权时实际交纳的相关税费。③经济适用房（含集资合作建房、安居工程住房）：原购房人实际支付的房价款及相关税费，以及按规定交纳的土地出让金。④已购公有住房：原购公有住房标准面积按当地经济适用房价格计算的房价款，加上原购公有住房超标准面积实际支付的房价款以及按规定向财政部门（或原产权单位）交纳的所得收益及相关税费。已购公有住房是指城镇职工根据国家和县级（含县级）以上人民政府有关城镇住房制度改革政策规定，按照成本价（或标准价）购买的公有住房。经济适用房价格按县级（含县级）以上地方人民政府规定的标准确定。⑤城镇拆迁安置住房，其原值分别为：房屋拆迁取得货币补偿后购置房屋的，为购置该房屋实际支付的房价款及交纳的相关税费；房屋拆迁采取产权调换方式的，所调换房屋原值为《房屋拆迁补偿安置协议》注明的价款及交纳的相关税费；房屋拆迁采取产权调换方式，被拆迁人除取得所调换房屋，又取得部分货币补偿的，所调换房屋原值为《房屋拆迁补偿安置协议》注明的价款和交纳的相关税费，减去货币补偿后的余额；房屋拆迁采取产权调换方式，被拆迁人取得所调换房屋，又支付部分货币的，所调换房屋原值为《房屋拆迁补偿安置协议》注明的价款，加上所支付的货币及交纳的相关税费。

（2）转让住房过程中缴纳的税金是指纳税人在转让住房时实际缴纳的营业税、城市维护建设税、教育费附加、土地增值税、印花税等税金。

（3）合理费用是指纳税人按照规定实际支付的住房装修费用、住房贷款利息、手续费、公证费等费用。其中：①住房装修费用。纳税人能提供实际支付装修费用的税务统一发票，并且发票上所列付款人姓名与转让房屋产权人一致的，经税务机关审核，其转让的住房在转让前实际发生的装修费用，可在以下规定比例内扣除：已购公有住房、经济适用房：最高扣除限额为房屋原值的15%；商品房及其他住房：最高扣除限额为房屋原值的10%。纳税人原购房为装修房，即合同注明房价款中含有装修费（铺装了地板，装配了洁具、厨具等）的，不得再重复扣除装修费用。②住房贷款利息。纳税人出售以按揭贷款方式购置的住房的，其向贷款银行实际支付的住房贷款利息，凭贷款银行出具的有效证明据实扣除。③纳税人按照有关规定实际支付的手续费、公证费等，凭有关部门出具的有效证明据实扣除。

纳税人未提供完整、准确的房屋原值凭证，不能正确计算房屋原值和应纳税额的，税务机关可根据《中华人民共和国税收征收管理法》第三十五条的规定，对其实行核定征税，即按纳税人住房转让收入的一定比例核定应纳个人所得税额。具体比例由省级地方税务局或者省级地方税务局授权的地市级地方税务局根据纳税人出售住房的所处区域、地理位置、建造时间、房屋类型、住房平均价格水平等因素，在住房转让收入1%~3%的幅度内确定。

为方便出售住房的个人依法履行纳税义务，加强税收征管，主管税务机关要在房地产交易场所设置税收征收窗口，个人转让住房应缴纳的个人所得税，应与转让环节应缴纳的营业税、契税、土地增值税等税收一并办理；地方税务机关暂没有条件在房地产交易场所设置税收征收窗口的，应委托契税征收部门一并征收个人所得税等税收。

3. 销售无偿受赠不动产应纳税额的计算

为加强房地产交易中个人无偿赠与不动产行为的税收管理，国税发〔2006〕144号文件规定个人将受赠的不动产对外销售应征收个人所得税。个人将受赠不动产对外销售征收个人所得税的具体规定如下：

受赠人取得赠与人无偿赠与的不动产后，再次转让该项不动产的，在缴纳个人所得税时，以财产转让收入减除受赠、转让住房过程中缴纳的税金及有关合理费用后的余额为应纳税所得额，按20%的适用税率计算缴纳个人所得税。即：

（1）按财产转让所得征收。

（2）按财产转让收入减除受赠、转让住房过程中缴纳的税金及有关合理费用后的余额为应纳税所得额，按20%的适用税率计算缴纳个人所得税。

（3）税务机关不得核定征收。个人转让住房和受赠住房涉及的其他税金，按相关的规定处理。

4. 自然人转让投资企业股权（份）

自然人转让所投资企业股权（份）（以下简称"股权转让"）取得所得，按照公平交易价格计算并确定计税依据。计税依据明显偏低且无正当理由的，主管税务机关可采用以下列举的方法核定。

（1）计税依据明显偏低且无正当理由的判定方法。

符合下列情形之一且无正当理由的，可视为计税依据明显偏低；

①申报的股权转让价格低于初始投资成本或低于取得该股权所支付的价款及相关税费的。

②申报的股权转让价格低于对应的净资产额的。

③申报的股权转让价格低于相同或类似条件下同一企业同一股东或其他股东股权转让价格的。

④申报的股权转让价格低于相同类似条件下同类行业的企业股权转让价格的。

⑤经主管税务机关认定的其他情形。

上述所称正当理由，是指以下情形：

①所投资的企业连续3年以上（含3年）亏损。

②因国家政策调整的原因而低价转让股权。

③将股权转让给配偶、父母、子女、祖父母、外祖父母、孙子女、外孙子女、兄弟姐妹以及对转让人承担直接抚养或者赡养义务的抚养人或者赡养人。

④经主管税务机关认定的其他合理情形。

（2）对申报的计税依据明显偏低且无正当理由的，可采取以下核定方法：

①参照每股净资产或纳税人享有的股权比例所对应的净资产份额核定股权转让收入。

对知识产权、土地使用权、房屋、探矿权、采矿权股权等合计占资产总额比例达50%以上的企业，净资产额须经中介机构评估核实。

②参照相同或类似条件下同一企业同一股东或其他股东股权转让价格核定股权转让收入。

③参照相同或类似条件下同类行业的企业股权转让价格核定股权转让收入。

④纳税人对主管税务机关采取的上述核定方法有异议的，应当提供相关证据，主管税务机关认定属实后，可采取其他合理的核定方法。

（3）纳税人再次转让所受让的股权的，股权转让的成本为前次转让的交易价格及买方负担的相关税费。

（十一）偶然所得应纳税额的计算

偶然所得应纳税额的计算公式为：
$$应纳税额 = 应纳税所得额 \times 适用税率 = 每次收入额 \times 20\%$$

【例7-8】 刘某在参加商场的有奖销售过程中，中奖所得共计价值12 000元。刘某领奖时告知商场，从中奖收入中拿出2 000元通过民政部门向四川地震灾区捐赠。

要求：请按照规定计算商场代扣代缴个人所得税后，刘某实际可得中奖金额。

[计算分析]

（1）根据税法有关规定，刘某的捐赠额可以全部从应纳税所得额中扣除；

（2）应纳税所得额 = 偶然所得 - 捐赠额 = 12 000 - 2 000 = 10 000（元）；

（3）应纳税额（即商场代扣税款）= 应纳税所得额 × 适用税率 = 10 000 × 20% = 2 000（元）；

（4）刘某实际可得金额 = 12 000 - 2 000 - 2 000 = 8 000（元）。

（十二）其他所得应纳税额的计算

其他所得应纳税额的计算公式为：
$$应纳税额 = 应纳税所得额 \times 适用税率 = 每次收入额 \times 20\%$$

（十三）个人收入特别情况应纳税额的计算

1. 取得全年一次性奖金收入个人所得税的计算方法

雇主为雇员负担全年一次性奖金部分个人所得税款，属于雇员额外增加的收入，应将雇主负担的税款并入雇员的全年一次性奖金，按照规定方法计征个人所得税。

将不含税全年一次性奖金换算为应纳税所得额的计算方法如下：

（1）雇主为雇员定额负担税款的计算公式

$$\text{应纳税所得额} = \text{雇员取得的全年一次性奖金} + \text{雇主替雇员定额负担的税款} - \text{当月工资薪金低于费用扣除标准的差额}$$

（2）雇主为雇员按一定比例负担税款的计算公式

①查找不含税全年一次性奖金的适用税率和速算扣除数

未含雇主负担税款的全年一次性奖金收入÷12，根据其商数找出不含税级距对应的适用税率 A 和速算扣除数 A。

②计算含税全年一次性奖金

$$\text{应纳税所得额} = \frac{\left(\begin{array}{c}\text{未含雇主负担税款的全年一次性奖金收入} - \text{当月工资薪金低于费用扣除标准的差额} - \text{不含税级距的速算扣除数 A} \times \text{雇主负担比例}\end{array}\right)}{\left(1 - \text{不含税级距的适用税率 A} \times \text{雇主负担比例}\right)}$$

（3）对上述应纳税所得额，扣缴义务人应按照国税发〔2005〕9号文件规定的方法计算应扣缴税款。即：将应纳税所得额÷12，根据其商数找出对应的适用税率 B 和速算扣除数 B，据以计算税款。计算公式为：

$$\text{应纳税额} = \text{应纳税所得额} \times \text{适用税率 B} - \text{速算扣除数 B}$$

$$\text{实际缴纳税额} = \text{应纳税额} - \text{雇主为雇员负担的税额}$$

（4）雇主为雇员负担的个人所得税款，应属于个人工资薪金的一部分。凡单独作为企业管理费列支的，不得在计算企业所得税时扣除。

2. 中国境内无住所的个人一次取得数月奖金或年终加薪、劳动分红（以下简称奖金，不包括应按月支付的奖金）的计税方法

对上述个人取得的奖金，可单独作为1个月的工资、薪金所得计算纳税。由于对每月的工资、薪金所得计税时已按月扣除了费用，因此，对上述奖金不再减除费用，全额作为应纳税所得额直接按适用税率计算应纳税款，并且不再按居住天数进行划分计算。上述个人应在取得奖金月份的次月7日内申报纳税。但有一种特殊情况，即，在中国境内无住所的个人在担任境外企业职务的同时，兼任该外国企业在华机构的职务，但并不实际或不经常到华履行该在华机构职务，对其一次取得的数月奖金中属于全月未在华的月份奖金，依照劳务发生地原则，可不作为来源于中国境内的奖金收入计算纳税。

3. 特定行业职工取得的工资、薪金所得的计税方法

为了照顾采掘业、远洋运输业、远洋捕捞业因季节、产量等因素的影响，职工的工资、薪金收入呈现较大幅度波动的实际情况，对这三个特定行业的职工取得的工资、薪金所得，可按月预缴，年度终了后30日内，合计其全年工资、薪金所得，再按12个月平均并计算实际应纳的税款，多退少补。用公式表示为：

$$\text{应纳所得税额} = [(\text{全年工资、薪金收入} \div 12 - \text{费用扣除标准}) \times \text{税率} - \text{速算扣除数}] \times 12$$

4. 关于个人取得公务交通、通信补贴收入征税问题

个人因公务用车和通信制度改革而取得的公务用车、通信补贴收入，扣除一定标准的公务费用后，按照"工资、薪金"所得项目计征个人所得税。按月发放的，并入当月"工资、薪金"所得计征个人所得税；不按月发放的，分解到所属月份并与该月份"工资、薪金"所得合并后计征个人所得税。

公务费用扣除标准，由省级地方税务局根据纳税人公务交通、通讯费用实际发生情况调查测算，报经省级人民政府批准后确定，并报国家税务总局备案。

5. 关于失业保险费（金）征税问题

城镇企业事业单位及其职工个人按照《失业保险条例》规定的比例，实际缴付的失业保险费，均不计入职工个人当期工资、薪金收入，免予征收个人所得税；超过《失业保险条例》规定的比例缴付失业保险费的，应将其超过规定比例缴付的部分计入职工个人当期的工资、薪金收入，依法计征个人所得税。

具备《失业保险条例》规定条件的失业人员，领取的失业保险金，免予征收个人所得税。

6. 关于支付各种免税之外的保险金的征税方法

企业为员工支付各项免税之外的保险金，应在企业向保险公司缴付时（即该保险落到被保险人的保险账户）并入员工当期的工资收入，按"工资、薪金所得"项目计征个人所得税，税款由企业负责代扣代缴。

7. 关于企业改组改制过程中个人取得的量化资产征税问题

对职工个人以股份形式取得的量化资产仅作为分红依据，不拥有所有权的企业量化资产，不征收个人所得税。

对职工个人以股份形式取得的拥有所有权的企业量化资产，暂缓征收个人所得税；待个人将股份转让时，就其转让收入额，减除个人取得该股份时实际支付的费用支出和合理转让费用后的余额，按"财产转让所得"项目计征个人所得税。

对职工个人以股份形式取得的企业量化资产参与企业分配而获得的股息、红利，应按"利息、股息、红利"项目征收个人所得税。

8. 在外商投资企业、外国企业和外国驻华机构工作的中方人员取得的工资、薪金所得的征税问题

（1）在外商投资企业、外国企业和外国驻华机构工作的中方人员取得的工资、薪金收入，凡是由雇佣单位和派遣单位分别支付的，支付单位应按税法规定代扣代缴个人所得税。同时，按税法规定，纳税义务人应以每月全部工资、薪金收入减除规定费用后的余额为应纳税所得额。为了有利于征管，对雇佣单位和派遣单位分别支付工资、薪金的，采取由支付者中的一方减除费用的方法，即只由雇佣单位在支付工资、薪金时，按税法规定减除费用，计算扣缴个人所得税；派遣单位支付的工资、薪金不再减除费用，以支付金额直接确定适用税率，计算扣缴个人所得税。

上述纳税义务人，应持两处支付单位提供的原始明细工资、薪金单（书）和完税凭证原件，选择并固定到一地税务机关申报每月工资、薪金收入，汇算清缴其工资、薪金收入的个人所得税，多退少补。具体申报期限，由各省、自治区、直辖市税务机关确定。

（2）对外商投资企业、外国企业和外国驻华机构发放给中方工作人员的工资、薪金所得，应全额征税。但对可以提供有效合同或有关凭证，能够证明其工资、薪金所得的一部分按照有关规定上缴派遣（介绍）单位的，可扣除其实际上缴的部分按其余额计征个人所得税。

9. 在中国境内无住所的个人取得工资薪金所得的征税问题

依照《个人所得税法》及其实施条例和我国对外签订的避免双重征税协定（以下简称"税收协定"）的有关规定，对在中国境内无住所的个人由于在中国境内公司、企业、经济组织（以下简称"中国境内企业"）或外国企业在中国境内设立的机构、场所以及税收协定所说常设机构（以下简称"中国境内机构"）担任职务，或者由于受雇或履行合同而在中国境内从事工作，取得的工资、薪金所得应分别不同情况确定：

（1）关于工资、薪金所得来源地的确定。

根据规定，属于来源于中国境内的工资薪金所得应为个人实际在中国境内工作期间取得的工资、薪金，即：个人实际在中国境内工作期间取得的工资、薪金，不论是由中国境内还是境外企业或个人雇主支付，均属来源于中国境内的所得；个人实际在中国境外工作期间取得的工资薪金，不论是由中国境内还是境外企业或个人雇主支付，均属于来源于中国境外的所得。

（2）关于在中国境内无住所而在一个纳税年度中在中国境内连续或累计居住不超过90日或在税收协定规定的期间中在中国境内连续或累计居住不超过183日的个人纳税义务的确定。

根据有关规定，在中国境内无住所而在一个纳税年度中在中国境内连续或累计工作不超过90日或在税收协定规定的期间中在中国境内连续或累计居住不超过183日的个人，由中国境外雇主支付并且不是由该雇主的中国境内机构负担的工资薪金，免于申报缴纳个人所得税。对前述个人应仅就其实际在中国境内工作期间由中国境内企业或个人雇主支付或者由中国境内机构负担的工资薪金所得申报纳税。凡是该中国境内企业、机构属于采取核定利润方法计征企业所得税或没有营业收入而不征收企业所得税的，在该中国境内企业、机构任职、受雇的个人实际在中国境内工作期间取得的工资薪金，不论是否在该中国境内企业、机构会计账簿中有记载，均应视为该中国境内企业支付或由该中国境内机构负担的工资、薪金。

自2004年7月1日起，在中国境内无住所而在一个纳税年度中在中国境内连续或累计居住不超过90日或在税收协定规定的期间在中国境内连续或累计居住不超过183日的个人，负有纳税义务的，应适用下述公式：

$$应纳税额 = （当月境内外工资、薪金应纳税所得额 × 适用税率 - 速算扣除数）$$
$$× 当月境外支付工资/当月境内外支付工资总额 × 当月境外工作天数/当月天数$$

上述个人每月应纳的税款应按税法规定的期限申报缴纳。

（3）关于在中国境内无住所而在一个纳税年度中在中国境内连续或累计居住超过90日或在税收协定规定的期间中在中国境内连续或累计居住超过183日但不满1年的个人纳税义务的确定。

根据有关规定，在中国境内无住所而在一个纳税年度中在中国境内连续或累计工作超过90日或在税收协定规定的期间中在中国境内连续或累计居住超过183日但不满1年的个人，其实际在中国境内工作期间取得的由中国境内企业或个人雇主支付和由境外企业或个人雇主支付的工资薪金所得，均应申报缴纳个人所得税；其在中国境外工作期间取得的工资薪金所得，除中国境内企业或高层管理人员，不予征收个人所得税。

自 2004 年 7 月 1 日起，在中国境内无住所而在一个纳税年度中在中国境内连续或累计居住超过 90 日或在税收协定规定的期间在中国境内连续或累计居住超过 183 日但不满 1 年的个人，负有纳税义务的，应适用下述公式：

$$应纳税额 = （当月境内外工资、薪金应纳税所得额×适用税率 - 速算扣除数）$$
$$×当月境内工作天数/当月天数$$

上述个人每月应纳的税款应按规定的期限申报缴纳。其中，取得的工资薪金所得是由境外雇主支付并且不是由中国境内机构负担的个人，事先可预定在一个纳税年度中连续或累计居住超过 90 日或在税收协定规定的期间中连续或累计居住超过 183 日的，其每月应纳的税款应按规定期限申报纳税；对事先不能预定在一个纳税年度或税收协定规定的有关期间中连续或累计居住超过 90 日或 183 日的，可以待达到 90 日或 183 日后的次月 7 日内，就其以前月份应纳的税款一并申报缴纳。

自 2004 年 7 月 1 日起，在中国境内无住所但在境内居住满 1 年而不超过 5 年的个人，其在中国境内工作期间取得的由中国境内企业或个人雇主支付和由中国境外企业或个人雇主支付的工资、薪金，均应申报缴纳个人所得税；其在《实施条例》第三条所说临时离境工作期间的工资薪金所得，仅就由中国境内企业或个人雇主支付的部分申报纳税，凡是中国境内企业、机构属于采取核定利润方法计征企业所得税或没有营业收入而不征收企业所得税的，在中国境内企业、机构任职、受雇的个人取得的工资、薪金，不论是否在中国境内企业、机构会计账簿中有记载，均应视为由其任职的中国境内企业、机构支付。

支付的董事费或工资薪金，不适用前述（2）、（3）项的规定，而应自其担任该中国境内企业董事或高层管理职务起，至其解除上述职务止的期间，不论其是否在中国境外履行职务，均应申报缴纳个人所得税；其取得的由中国境外企业支付的工资薪金，应依照前述规定确定纳税义务。

上述个人，在 1 个月既有在中国境内工作期间的工资、薪金所得，也有在临时离境期间由境内企业或个人雇主支付的工资、薪金所得的，应合并计算当月应纳税款，并按税法规定的期限申报缴纳。在中国境内无住所但在境内居住满 1 年而不超过 5 年的个人，负有纳税义务的应适用下述公式：

$$应纳税额 = （当月境内外工资、薪金应纳税所得额×适用税率 - 速算扣除数）$$
$$×（1 - 当月境外支付工资/当月境内外支付工资总额×当月境外工作天数/当月天数）$$

如果上款所述各类个人取得的是日工资、薪金或者不满 1 个月工资、薪金，仍应以日工资、薪金乘以当月天数换算成月工资、薪金后，按照上述公式计算其应纳税额。

（4）中国境内企业董事、高层管理人员纳税义务的确定。

担任中国境内企业董事或高层管理职务的个人［注：指公司正、副（总）经理、各职能技师、总监及其他类似公司管理层的职务］，其取得的由该中国境内企业支付的董事费或工资薪金，不适用前述（2）、（3）项的规定，而应自其担任该中国境内企业董事或高层管理职务起，至其解除上述职务止的期间，不论其是否在中国境外履行职务，均应申报缴纳个人所得税；其取得的由中国境外支付的工资、薪金，应依照前述规定确定纳税义务。

（5）不满 1 个月的工资、薪金所得应纳税款的计算。

属于前述情况中的个人，凡应仅就不满 1 个月期间的工资、薪金所得申报纳税的，均应按全月工资、薪金所得计算实际应纳税额。其计算公式如下：

应纳税额=（当月工资、薪金应纳税所得额×适用税率-速算）×当月实际在中国天数/当月天数

如果属于上述情况的个人取得的是日工资、薪金，应以日工资、薪金乘以当月天数换算成月工资、薪金后，按上述公式计算应纳税额。

（6）在中国境内无住所，但居住超过5年的个人，从第6年起，应当就其来源于中国境外的全部所得缴纳个人所得税。

①关于5年期限的具体计算。

个人在中国境内居住满5年，是指个人在中国境内连续居住满5年，即在连续5年中的第一纳税年度内均居住满一年。

②关于个人在华住满5年以后纳税义务的确定。

个人在中国境内满5年后，从第六年起的以后各年度中，凡在境内居住满1年的，应当就其来源于境内、境外的所得申报纳税；凡在境内居住不满1年的，则仅就该年内来源于境内的所得申报纳税。如该个人在第六年起以后的某一纳税年度内在境内居住不是90天，可以按"来源于中国境内的所得，由境外雇主支付并且不由该雇主在中国境内的机构、场所负担的部分，免予缴纳个人所得税。"规定确定纳税义务，并从再次居住满1年的年度起重新计算5年期限。

10. 关于个人取得退职费收入征免个人所得税问题

（1）《个人所得税法》第四条第七款所说的可以免征个人所得税的"退职费"，是指个人符合《国务院关于工人退休、退职的暂行办法》（国发〔1978〕104号）规定的退职条件并按该办法规定的退职费标准所领取的退职费。

（2）个人取得的不符合上述办法规定的退职条件和退职费标准的退职费收入，应属于与其任职、受雇活动有关的工资、薪金性质的所得，应在取得的当月按工资、薪金所得计算缴纳个人所得税。但考虑到作为雇主给予退职人员经济补偿的退职费，通常为一次性发给，且数额较大，以及退职人员有可能在一段时间内没有固定收入等实际情况，依照《个人所得税法》有关工资、薪金所得计算征税的规定，对退职人员一次取得较高退职费收入的，可视为其一次取得数月的工资、薪金收入，并以原每月工资、薪金收入总额为标准，划分为若干月份的工资、薪金收入后，计算个人所得税的应纳税所得额及税额。但按上述方法划分超过了6个月工资、薪金收入的，应按6个月平均划分计算。个人取得全部退职费收入的应纳税款，应由其原雇主在支付退职费时负责代扣并于次月7日内缴入国库。个人退职后6个月内又再次任职、受雇的，对个人已缴纳个人所得税的退职费收入，不再与再次任职、受雇取得的工资、薪金所得合并计算补缴个人所得税。

11. 对个人因解除劳动合同取得经济补偿金的征税方法

根据《财政部　国家税务总局关于个人与用人单位解除劳动关系取得的一次性补偿收入征免个人所得税问题的通知》和《国家税务总局关于国有企业职工因解除劳动合同取得一次性补偿收入征免个人所得税问题的通知》精神，自2001年10月1日起，按以下规定处理：

（1）企业依照国家有关法律规定宣告破产，企业职工从该破产企业取得的一次性安置费收入，免征个人所得税。

（2）个人因与用人单位解除劳动关系而取得的一次性补偿收入（包括用人单位发放的

经济补偿金、生活补助费和其他补助费用），其收入在当地上年职工平均工资3倍数额以内的部分，免征个人所得税；超过3倍数额部分的一次性补偿收入，可视为一次取得数月的工资、薪金收入，允许在一定期限内平均计算。方法为：以超过3倍数额部分的一次性补偿收入，除以个人在本企业的工作年限数（超过12年的按12年计算），以其商数作为个人的月工资、薪金收入，按照税法规定计算缴纳个人所得税。个人在解除劳动合同后又再次任职、受雇的，已纳税的一次性补偿收入不再与再次任职、受雇的工资薪金所得合并计算补缴个人所得税。

（3）个人领取一次性补偿收入时按照国家和地方政府规定的比例实际缴纳的住房公积金、医疗保险费、基本养老保险费、失业保险费，可以在计征其一次性补偿收入的个人所得税时予以扣除。

12. 个人因购买和处置债权取得所得征收个人所得税的方法

（1）根据《个人所得税法》及有关规定，个人通过招标、竞拍或其他方式购置债权以后，通过相关司法或行政程序主张债权而取得的所得，应按照"财产转让所得"项目缴纳个人所得税。

（2）个人通过上述方式取得"打包"债权，只处置部分债权的，其应纳税所得额按以下方式确定：

①以每次处置部分债权的所得，作为一次财产转让所得征税。

②其应税收入按照个人取得的货币资产和非货币资产的评估价值或市场价值的合计数确定。

③所处置债权成本费用（即财产原值），按下列公式计算：

$$当次处置债权成本费用 = \frac{个人购置"打包"债权实际支出}{"打包"债权账面价值（或拍卖机构公布价值）} \times \frac{当次处置债权账面价值（或拍卖机构公布价值）}{}$$

④个人购买和处置债权过程中发生的拍卖招标手续费、诉讼费、审计评估费以及缴纳的税金等合理税费，在计算个人所得税时允许扣除。

13. 办理补充养老保险退保和提供担保个人所得税的征税方法

（1）单位为个人办理补充养老保险退保后个人所得税及企业所得税的处理问题。单位为职工个人购买商业性补充养老保险等，在办理投保手续时应作为个人所得税的"工资、薪金所得"项目，按税法规定缴纳个人所得税；因各种原因退保，个人未取得实际收入的，已缴纳的个人所得税应予以退回。

（2）个人提供担保取得收入征收个人所得税问题。个人为单位或他人提供担保获得报酬，应按照《个人所得税法》规定的"其他所得"项目缴纳个人所得税，税款由支付所得的单位或个人代扣代缴。

14. 个人兼职和退休人员再任职取得收入个人所得税的征税方法

个人兼职取得的收入应按照"劳务报酬所得"应税项目缴纳个人所得税；退休人员再任职取得的收入，在减除按个人所得税法规定的费用扣除标准后，按"工资、薪金所得"应税项目缴纳个人所得税。

15. 企业资金为个人购房个人所得税的征收方法

个人取得以下情形的房屋或其他财产，无论所有权人是否将财产无偿或有偿交付企业使用，其实质均为企业对个人进行了实物性质的分配，应依法计征个人所得税。

（1）企业出资购买房屋及其他财产，将所有权登记为投资者个人、投资者家庭成员或企业其他人员的；

（2）企业投资者个人、投资者家庭成员或企业其他人员向企业借款用于购买房屋及其他财产，将所有权登记为投资者、投资者家庭成员或企业其他人员，且借款年度终了后未归还借款的。

对个人独资企业、合伙企业的个人投资者或其家庭成员取得的上述所得，视为企业对个人投资者的利润分配，按照"个体工商户的生产、经营所得"项目计征个人所得税；对除个人独资企业、合伙企业以外其他企业的个人投资者或其家庭成员取得的上述所得，视为企业对个人投资者的红利分配，按照"利息、股息、红利所得项目"计征个人所得税；对企业其他人员取得的上述所得，按照"工资、薪金所得"项目计征个人所得税。

16. 企业为股东个人购买汽车个人所得税的征税方法

（1）企业为股东购买车辆并将车辆所有权办到股东个人名下，其实质为企业对股东进行了红利性质的实物分配，应按照"利息、股息、红利所得"项目征收个人所得税。考虑到该股东个人名下的车辆同时也为企业经营使用的实际情况，允许合理减除部分所得；减除的具体数额由主管税务机关根据车辆的实际使用情况合理确定。

（2）依据《中华人民共和国企业所得税暂行条例》以及有关规定，上述企业为个人股东购买的车辆，不属于企业的资产，不得在企业所得税前扣除折旧。

17. 股票期权所得个人所得税的征税方法

（1）股票期权所得。

企业员工股票期权（以下简称"股票期权"）是指上市公司按照规定的程序授予本公司及其控股企业员工的一项权利，该权利允许被授权员工在未来时间内以某一特定价格购买本公司一定数量的股票。

上述"某一特定价格"被称为"授予价"或"施权价"，即根据股票期权计划可以购买股票的价格，一般为股票期权授予日的市场价格或该价格的折扣价格，也可以是按照事先设定的计算方法约定的价格；"授予日"，也称"授权日"，是指公司授予员工上述权利的日期；"行权"，也称"执行"，是指员工根据股票期权计划选择购买股票的过程；员工行使上述权利的当日为"行权日"，也称"购买日"。

（2）股票期权所得性质的确认及其具体征税规定。

①员工接受实施股票期权计划企业授予的股票期权时，除另有规定外，一般不作为应税所得征税。

②员工行权时，其从企业取得股票的实际购买价（施权价）低于购买日公平市场价（指该股票当日的收盘价，下同）的差额，是因员工在企业的表现和业绩情况而取得的与任职、受雇有关的所得，应按"工资、薪金所得"适用的规定计算缴纳个人所得税。

对因特殊情况，员工在行权日之前将股票期权转让的，以股票期权的转让净收入，作为工资、薪金所得征收个人所得税。

员工行权日所在期间的工资、薪金所得，应按下列公式计算工资、薪金应纳税所得额：

股票期权形式的工资、薪金应纳税所得额＝（行权股票的每股市场价－员工取得该股票期权）×股票数量

③员工将行权后的股票再转让时获得的高于购买日公平市场价的差额，是因个人在证券二级市场上转让股票等有价证券而获得的所得，应按照"财产转让所得"适用的征免规定

计算缴纳个人所得税。

④员工因拥有股权而参与企业税后利润分配取得的所得，应按照"利息、股息、红利所得"适用的规定计算缴纳个人所得税。

（3）工资、薪金所得境内外来源划分。

按照《国家税务总局关于在中国境内无住所个人以有价证券形式取得工资薪金所得确定纳税义务有关问题的通知》（国税函〔2000〕190号）有关规定，需对员工因参加企业股票期权计划而取得的工资、薪金所得确定境内或境外来源的，应按照该员工据以取得上述的工资、薪金所得的境内、外工作期间月份数比例计算划分。

（4）应纳税款的计算。

①认购股票所得（行权所得）的税款计算。员工因参加股票期权计划而从中国境内取得的所得，按本通知规定应按工资薪金所得计算纳税的，对该股票期权形式的工资、薪金所得可区别于所在月份的其他工资、薪金所得，单独按下列公式计算当月应纳税款：

$$应纳税额 =（股票期权形式的工资、薪金应纳税所得额/规定月份数$$
$$×适用税率 - 速算扣除数）×规定月份数$$

上款公式中的规定月份数，是指员工取得来源于中国境内的股票期权形式的工资、薪金所得的境内工作期间月份数，长于12个月的，按12个月计算；上款公式中的适用税率和速算扣除数，以股票期权形式的工资、薪金应纳税所得额除以规定月份数后的商数，对照《国家税务总局关于印发〈征收个人所得税若干问题〉的通知》（国税发〔1994〕89号）所附税率表确定。

②转让股票（销售）取得所得的税款计算。对于员工转让股票等有价证券取得的所得，应按现行税法和政策规定征免个人所得税。即：个人将行权后的境内上市公司股票再行转让而取得的所得，暂不征收个人所得税；个人转让境外上市公司的股票而取得的所得，应按税法的规定计算应纳税所得额和应纳税额，依法缴纳税款。

③参与税后利润分配取得所得的税款计算。员工因拥有股权参与税后利润分配而取得的股息、红利所得，除依照有关规定可以免税或减税的外，应全额按规定税率计算纳税。

（5）部分股票授权时即约定可以转让，且在境内或境外存在公开市场及挂牌价格（以下称"可公开交易的股票期权"）。员工接受该可公开交易的股票期权时，应作为财税〔2005〕35号文件第二条第（一）项所述的另有规定情形，按以下规定进行税务处理：

①员工取得可公开交易的股票期权，属于员工已实际取得有确定价值的财产，应按授权日股票期权的市场价格，作为员工授权日所在月份的工资、薪金所得，并按财税〔2005〕35号文件第四条第（一）项规定计算缴纳个人所得税。如果员工以折价购入方式取得股票期权的，可以授权日股票期权的市场价格扣除折价购入股票期权时实际支付的价款后的余额，作为授权日所在月份的工资薪金所得。

②员工取得上述可公开交易的股票期权后，转让该股票期权所取得的所得，属于财产转让所得，按财税〔2005〕35号文件第四条第（二）项规定进行税务处理。

③员工取得本条第（一）项所述可公开交易的股票期权后，实际行使该股票期权购买股票时，不再计算缴纳个人所得税。

（6）员工以在一个公历月份中取得的股票期权形式工资、薪金所得为一次。员工在一个纳税年度中多次取得股票期权形式工资、薪金所得的，其在该纳税年度内首次取得股票期权形式的工资、薪金所得应按财税［2005］35 号文件第四条第（一）项规定的公式计算应纳税款；本年度内以后每次取得股票期权形式的工资、薪金所得，应按以下公式计算应纳税款：

$$应纳税款 = \left(\frac{本纳税年度内取得的股票期权形式工资薪金所得累计应纳税所得额}{规定月份数} \times 适用税率 - 速算扣除数\right)$$
$$\times 规定月份数 - 本纳税年度内股票期权形式的工资、薪金所得累计已纳税款$$

上款公式中的本纳税年度内取得的股票期权形式工资、薪金所得累计应纳税所得额，包括本次及本次以前各次取得的股票期权形式工资、薪金所得应纳税所得额；上款公式中的规定月份数，是指员工取得来源于中国境内的股票期权形式工资、薪金所得的境内工作期间月份数，长于 12 个月的，按 12 个月计算；上款公式中的适用税率和速算扣除数，以本纳税年度内取得的股票期权形式工资、薪金所得累计应纳税所得额除以规定月份数后的商数，对照《国家税务总局关于印发〈征收个人所得税若干问题的规定〉的通知》（国税发［1994］089 号）所附税率表确定；上款公式中的本纳税年度内股票期权形式的工资、薪金所得累计已纳税款，不含本次股票期权形式的工资、薪金所得应纳税款。

（7）员工多次取得或者一次取得多项来源于中国境内的股票期权形式工资、薪金所得，而且各次或各项股票期权形式工资、薪金所得的境内工作期间月份数不相同的，以境内工作期间月份数的加权平均数为财税［2005］35 号文件第四条第（一）项规定公式和本通知第七条规定公式中的规定月份数，但最长不超过 12 个月。其计算公式如下：

$$规定月份数 = \frac{\sum 各次或各项股票期权形式工资、薪金应纳税所得额与该次或该项所得境内工作期间月份数的乘积}{\sum 各次或各项股票期权形式工资、薪金应纳税所得额}$$

（8）公司雇员以非上市公司股票期权形式取得的所得征收个人所得税问题。

①按照《财政部、国家税务总局关于个人股票期权所得征收个人所得税问题的通知》（财税［2005］35 号）第一条的规定，现行有关个人股票期权所得征收个人所得税的规定，仅适用于以上市发行的股票为内容，按照规定的程序对员工实施的期权奖励计划。因此，该公司雇员以非上市公司股票期权形式取得的工资薪金所得，不能按照财税［2005］35 号规定缴纳个人所得税。

②该公司雇员以非上市公司股票期权形式取得的工资、薪金所得，在计算缴纳个人所得税时，因一次收入较多，可比照《国家税务总局关于调整个人取得全年一次性奖金等计算征收个人所得税问题的通知》（国税发［2005］9 号）规定的全年一次性奖金的征税办法，计算征收个人所得税。

③该公司雇员以非上市股票期权形式取得所得的纳税义务发生时间，按雇员的实际购买日确定，其所得额为其从公司取得非上市股票的实际购买价低于购买日该股票价值的差额。

由于非上市公司股票没有可参考的市场价格，为便于操作，除存在实际或约定的交易价格，或存在与该非上市股票具有可比性的相同或类似股票的实际交易价格情形外，购买日股票价值可暂按其境外非上市母公司上一年度经中介机构审计的会计报告中每股净资产数额来确定。

（9）税款的征收管理。

①扣缴义务人。实施股票期权计划的境内企业为个人所得税的扣缴义务人，应按税法规定履行代扣代缴个人所得税的义务。

②自行申报纳税。员工从两处或两处以上取得股票期权形式的工资薪金所得和没有扣缴义务人的，该个人应在《个人所得税法》规定的纳税申报期限内自行申报缴纳税款。

③报送有关资料。实施股票期权计划的境内企业，应在股票期权计划实施之前，将企业的股票期权计划或实施方案、股票期权协议书、授权通知书等资料报送主管税务机关；应在员工行权之前，将股票期权行权通知书和行权调整通知书等资料报送主管税务机关。

扣缴义务人和自行申报纳税的个人在申报纳税或代扣代缴税款时，应在税法规定的纳税申报期限内，将个人接受或转让的股票期权以及认购的股票情况（包括种类、数量、施权价格、行权价格、市场价格、转让价格等）报送主管税务机关。

④处罚。实施股票期权计划的企业和因股票期权计划而取得应税所得的自行申报员工，未按规定报送上述有关报表和资料，未履行申报纳税义务或者扣缴税款义务的，按《税收征收管理法》及其实施细则的有关规定进行处理。

18. 企事业单位将自建住房以低于购置或建造成本价格销售给职工的个人所得税的征税规定

（1）根据住房制度改革政策的有关规定，国家机关、企事业单位及其他组织（以下简称"单位"）在住房制度改革期间，按照所在地县级以上人民政府规定的房改成本价格向职工出售公有住房，职工因支付的房改成本价格低于房屋建造成本价格或市场价格而取得的差价收益，免征个人所得税。

（2）除上述规定情形外，根据《个人所得税法》及其实施条例的有关规定，单位按低于购置或建造成本价格出售住房给职工，职工因此而少支出的差价部分，属于个人所得税应税所得，应按照"工资、薪金所得"项目缴纳个人所得税。所称差价部分，是指职工实际支付的购房价款低于该房屋的购置或建造成本价格的差额。

（3）对职工取得的上述应税所得，比照《国家税务总局关于调整个人取得全年一次性奖金等计算征收个人所得税方法问题的通知》（国税发〔2005〕9号）规定的全年一次性奖金的征税办法，计算征收个人所得税，即先将全部所得数额除以12，按其商数并根据个人所得税法规定的税率表确定适用的税率和速算扣除数，再根据全部所得数额、适用的税率和速算扣除数，按照税法规定计算征税。

19. 个人财产对外转移提交税收证明或者完税凭证的规定

（1）税务机关对申请人缴纳税款情况进行证明。税务机关在为申请人开具税收证明时，应当按其收入或财产的不同类别、来源，由收入来源地或者财产所在地国家税务局、地方税务局分别开具。

（2）申请人拟转移的财产已取得完税凭证的，可直接向外汇管理部门提供完税凭证，不需向税务机关另外申请税收证明。

申请人拟转移的财产总价值在人民币15万元以下的，可不需向税务机关申请税收证明。

（3）申请人申请领取税收证明的程序如下：

①申请人按照本通知第五条的规定提交相关资料，按财产类别和来源地，分别向国税局、地税局申请开具税收证明。

开具税收证明的税务机关为县级或者县级以上国家税务局、地方税务局。

②申请人资料齐全的，税务机关应当在15日内开具税收证明；申请人提供资料不全的，可要求其补正，待补正后开具。

③申请人有未完税事项的，允许补办申报纳税后开具税收证明。

④税务机关有根据认为申请人有偷税、骗税等情形，需要立案稽查的，在稽查结案并完税后可开具税收证明。

申请人与纳税人姓名、名称不一致的，税务机关只对纳税人出具证明，申请人应向外汇管理部门提供其与纳税人关系的证明。

（4）税务机关开具税收证明的内部工作程序由省、自治区、直辖市和计划单列市国家税务局、地方税务局明确。

（5）申请人向税务机关申请税收证明时，应当提交的资料分别为：代扣代缴单位报送的含有申请人明细资料的《扣缴个人所得税报告表》复印件，《个体工商户所得税年度申报表》、《个人承包承租经营所得税年度申报表》原件，有关合同、协议原件，取得有关所得的凭证，以及税务机关要求报送的其他有关资料。

申请人发生财产变现的，应当提供交易合同、发票等资料。

必要时税务机关应当对以上资料进行核实；对申请人没有缴税的应税行为，应当责成纳税人缴清税款并按照《税收征收管理法》的规定处理后开具税收证明。

（6）税务机关必须按照申请人实际入库税额如实开具证明，并审查其有无欠税情况，严禁开具虚假证明。

申请人编造虚假的计税依据骗取税收证明的，伪造、变造、涂改税收证明的，按照《税收征收管理法》及其实施细则的规定处理。

（7）税务机关应当与当地外汇管理部门加强沟通和协作，要建立定期协调机制，共同防范国家税收流失。税务机关应当将有税收违法行为且可能转移财产的纳税人情况向外汇管理部门通报，以防止申请人非法对外转移财产。外汇管理部门审核过程中，发现申请人有偷税嫌疑的，应当及时向相应税务机关通报。

有条件的地方，税务机关应当与外汇管理部门建立电子信息交换制度，建立税收证明的电子传递、比对、统计、分析评估制度。各地税务机关、外汇管理部门对执行中的问题，应及时向国家税务总局、国家外汇管理局反映。

20. 纳税人收回转让的股权征收个人所得税的方法

（1）股权转让合同履行完毕、股权已作变更登记，且所得已经实现的，转让人取得的股权转让收入应当依法缴纳个人所得税。转让行为结束后，当事人双方签订并执行解除原股权转让合同、退回股权的协议，是另一次股权转让行为，对前次转让行为征收的个人所得税款不予退回。

（2）股权转让合同未履行完毕，因执行仲裁委员会作出的解除股权转让合同及补充协议的裁决、停止执行原股权转让合同，并原价收回已转让股权的，由于其股权转让行为尚未完成、收入未完全实现，随着股权转让关系的解除，股权收益不复存在，根据《个人所得税法》和《税收征收管理法》的有关规定，以及从行政行为合理性原则出发，纳税人不应缴纳个人所得税。

21. 企业向个人支付不竞争款项征收个人所得税

不竞争款项是指资产购买方企业与资产出售方企业自然人股东之间在资产购买交易中，通过签订保密和不竞争协议等方式，约定资产出售方企业自然人股东在交易完成后一定期限内，承诺不从事有市场竞争的相关业务，并负有相关技术资料的保密义务，资产购买方企业则在约定期限内，按一定方式向资产出售方企业自然人股东所支付的款项。

根据《中华人民共和国个人所得税法》第二条第十一项有关规定，鉴于资产购买方企业向个人支付的不竞争款项，属于个人因偶然因素取得的一次性所得，为此，资产出售方企业自然人股东取得的所得，应按照《中华人民共和国个人所得税法》第二条第十项"偶然所得"项目计算缴纳个人所得税，税款由资产购买方企业在向资产出售方企业自然人股东支付不竞争款项时代扣代缴。

22. 个人取得拍卖收入征收个人所得税

（1）自2007年5月1日起，个人通过拍卖市场拍卖个人财产，对其所得按以下规定征税：

①根据《国家税务总局关于印发〈征收个人所得税若干问题的规定〉的通知》（国税发〔1994〕089号），作者将自己的文字作品手稿原件或复印件拍卖取得的所得，应以其转让收入额减除800元（转让收入额4 000元以下）或者20%（转让收入额4 000元以上）后的余额为应纳税所得额，按照"特许权使用费"所得项目适用20%税率缴纳个人所得税。

②个人拍卖除文字作品原稿及复印件外的其他财产，应以其转让收入额减除财产原值和合理费用后的余额为应纳税所得额，按照"财产转让所得"项目适用20%税率缴纳个人所得税。

（2）对个人财产拍卖所得征收个人所得税时，以该项财产最终拍卖成交价格为其转让收入额。

个人财产拍卖所得适用"财产转让所得"项目计算应纳税所得额时，纳税人凭合法有效凭证（税务机关监制的正式发票、相关境外交易单据或海关报送单据、完税证明等），从其转让收入额中减除相应的财产原值、拍卖财产过程中缴纳的税金及有关合理费用。

①财产原值，是指售出方个人取得该拍卖品的价格（以合法有效凭证为准）。具体为：通过商店、画廊等途径购买的，为购买该拍卖品时实际支付价款；通过拍卖行拍得的，为拍得该拍卖品实际支付的价款及缴纳的相关税费；通过祖传收藏的，为其收藏该拍卖品而发生的费用；通过赠送取得的，为其受赠该拍卖品时发生的相关税费；通过其他形式取得的，参照以上原则确定财产原值。

②拍卖财产过程中缴纳的税金，是指在拍卖财产时纳税人实际缴纳的相关税金及附加。

③有关合理费用，是指拍卖财产时纳税人按照规定实际支付的拍卖费（佣金）、鉴定费、评估费、图录费、证书费等费用。

（3）纳税人如不能提供合法、完整、准确的财产原值凭证，不能正确计算财产原值的，按转让收入额的3%征收率计算缴纳个人所得税；拍卖品为经文物部门认定是海外回流文物的，按转让收入额的2%征收率计算缴纳个人所得税。

（4）纳税人的财产原值凭证内容填写不规范，或者一份财产原值凭证包括多件拍卖品且无法确认每件拍卖品一一对应的原值的，不得将其作为扣除财产原值的计算依据，应视为不能提供合法、完整、准确的财产原值凭证，并按上述规定的征收率计算缴纳个人所得税。

（5）纳税人能够提供合法、完整、准确的财产原值凭证，但不能提供有关税费凭证的，不得按征收率计算纳税，应当就财产原值凭证上注明的金额据实扣除，并按照税法规定计算缴纳个人所得税。

（6）个人财产拍卖所得应纳的个人所得税税款，由拍卖单位负责代扣代缴，并按规定向拍卖单位所在地主管税务机关办理纳税申报。

（7）拍卖单位代扣代缴个人财产拍卖所得应纳的个人所得税税款时，应给纳税人填开完税凭证，并详细标明每件拍卖品的名称、拍卖成交价格、扣缴税款额。

（8）主管税务机关应加强对个人财产拍卖所得的税收征管工作，在拍卖单位举行拍卖活动期间派工作人员进入拍卖现场，了解拍卖的有关情况，宣传辅导有关税收政策，审核鉴定原值凭证和费用凭证，督促拍卖单位依法代扣代缴个人所得税。

23. 个人取得有奖发票资金征免个人所得税

个人取得单张有奖发票奖金所得不超过 800 元（含 800 元）的，暂免征收个人所得税；个人取得单张有奖发票奖金所得超过 800 元的，应全额按照《个人所得税法》规定的"偶然所得"项目征收个人所得税。税务机关或其指定的有奖发票兑奖机构，是有奖发票奖金所得个人所得税的扣缴义务人，应依法认真做好个人所得税代扣代缴工作。

24. 个人提前退休取得补贴收入征收个人所得税的规定

自 2011 年 1 月 1 日起，个人提前退休取得一次性补贴收入征收个人所得税按以下规定执行：

（1）机关、企事业单位对未达到法定退休年龄、正式办理提前退休手续的个人，按照统一标准向提前退休工作人员支付一次性补贴，不属于免税的离退休工资收入，应按照"工资、薪金所得"项目征收个人所得税。

（2）个人因办理提前退休手续而取得的一次性补贴收入，应按照办理提前退休手续至法定退休年龄之间所属月份平均分摊计算个人所得税。计税公式：

$$\text{应纳税额} = \left[\left(\frac{\text{一次性补贴收入}}{\text{办理提前退休手续至法定退休年龄的实际月份数}} - \text{费用扣除标准}\right) \times \text{适用税率} - \text{速算扣除数}\right] \times \text{提前办理退休手续至法定退休年龄的实际月份数}$$

25. 企业年金、职业年金个人所得税征收管理的规定

企业年金是指根据《企业年金试行办法》（原劳动和社会保障部令第 20 号）的规定，企业及其职工在依法参加基本养老保险的基础上，自愿建立的补充养老保险制度。职业年金是指根据《事业单位职业年金试行办法》（国办发〔2011〕37 号）的规定，事业单位及其工作人员在依法参加基本养老保险的基础上，建立的补充养老保险制度。根据个人所得税法相关规定，对企业年金和职业年金个人所得税有关问题规定如下：

（1）企业年金和职业年金缴费的个人所得税处理。

①企业和事业单位（以下统称"单位"）根据国家有关政策规定的办法和标准，为在本单位任职或者受雇的全体职工缴付的企业年金或职业年金（以下统称"年金"）单位缴费部分，在计入个人账户时，个人暂不缴纳个人所得税。

②个人根据国家有关政策规定缴付的年金个人缴费部分，在不超过本人缴费工资计税基数的 4% 标准内的部分，暂从个人当期的应纳税所得额中扣除。

③超过上述第①项和第②项规定的标准缴付的年金单位缴费和个人缴费部分，应并入个人当期的工资、薪金所得，依法计征个人所得税。税款由建立年金的单位代扣代缴，并向主管税务机关申报解缴。

④企业年金个人缴费工资计税基数为本人上一年度月平均工资。月平均工资按国家统计局规定列入工资总额统计的项目计算。月平均工资超过职工工作地所在设区城市上一年度职工月平均工资 300% 以上的部分，不计入个人缴费工资计税基数。

职业年金个人缴费工资计税基数为职工岗位工资和薪级工资之和。职工岗位工资和薪级

工资之和超过职工工作地所在设区城市上一年度职工月平均工资300%以上的部分，不计入个人缴费工资计税基数。

（2）年金基金投资运营收益的个人所得税处理。

年金基金投资运营收益分配计入个人账户时，个人暂不缴纳个人所得税。

（3）领取年金的个人所得税处理。

①个人达到国家规定的退休年龄，在本通知实施之后按月领取的年金，全额按照"工资、薪金所得"项目适用的税率，计征个人所得税；在本通知实施之后按年或按季领取的年金，平均分摊计入各月，每月领取额全额按照"工资、薪金所得"项目适用的税率，计征个人所得税。

②对单位和个人在本通知实施之前开始缴付年金缴费，个人在本通知实施之后领取年金的，允许其从领取的年金中减除在本通知实施之前缴付的年金单位缴费和个人缴费且已经缴纳个人所得税的部分，就其余额按照本条第①项的规定征税。在个人分期领取年金的情况下，可按本通知实施之前缴付的年金缴费金额占全部缴费金额的百分比减计当期的应纳税所得额，减计后的余额，按照本条第①项的规定，计算缴纳个人所得税。

③对个人因出境定居而一次性领取的年金个人账户资金，或个人死亡后，其指定的受益人或法定继承人一次性领取的年金个人账户余额，允许领取人将一次性领取的年金个人账户资金或余额按12个月分摊到各月，就其每月分摊额，按照本条第①项和第②项的规定计算缴纳个人所得税。对个人除上述特殊原因外一次性领取年金个人账户资金或余额的，则不允许采取分摊的方法，而是就其一次性领取的总额，单独作为一个月的工资薪金所得，按照本条第①项和第②项的规定，计算缴纳个人所得税。

④个人领取年金时，其应纳税款由受托人代表委托人委托托管人代扣代缴。年金账户管理人应及时向托管人提供个人年金缴费及对应的个人所得税纳税明细。托管人根据受托人指令及账户管理人提供的资料，按照规定计算扣缴个人当期领取年金待遇的应纳税款，并向托管人所在地主管税务机关申报解缴。

⑤建立年金计划的单位、年金托管人，应按照个人所得税法和税收征收管理法的有关规定，实行全员全额扣缴明细申报。受托人有责任协调相关管理人依法向税务机关办理扣缴申报、提供相关资料。

（4）建立年金计划的单位应于建立年金计划的次月15日内，向其所在地主管税务机关报送年金方案、人力资源社会保障部门出具的方案备案函、计划确认函以及主管税务机关要求报送的其他相关资料。年金方案、受托人、托管人发生变化的，应于发生变化的次月15日内重新向其主管税务机关报送上述资料。

26. 个人转让限售股征收个人所得税规定

自2010年1月1日起，对个人转让限售股取得的所得，按照"财产转让所得"，适用20%的比例税率征收个人所得税。

限售股的范围如下：

（1）上市公司股权分置改革完成后股票复牌日之前股东所持原非流通股股份，以及股票复牌日至解禁日期间由上述股份孳生的送、转股（以下统称"股改限售股"）；

（2）2006年股权分置改革新老划断后，首次公开发行股票并上市的公司形成的限售股，以及上市首日至解禁日期间由上述股份孳生的送、转股（以下统称"新股限售股"）；

（3）个人从机构或其他个人受让的未解禁限售股；

（4）个人因依法或家庭财产依法分割取得的限售股；

（5）个人持有的从代办股份转让系统转到主板市场的限售股；

（6）上市公司吸收合并中，个人持有的原被合并方公司限售股所转换的合并方公司股份；

（7）上市公司分立中，个人持有的被分立方公司限售股所转换的分立后公司股份；

（8）财政部、税务总局、法制办和证监会共同确定的其他限售股。

限售股在解禁前被多次转让的，转让方对每一次转让所得均应按规定缴纳个人所得税。对具有下列情形的，应按规定征收个人所得税：

（1）个人通过证券交易所集中交易系统或大宗交易系统转让限售股；

（2）个人用限售股认购或申购交易型开放指数基金份额；

（3）个人用限售股接受要约收购；

（4）个人行使现金选择权将限售股转让给提供现金选择权的第三方；

（5）个人协议转让限售股；

（6）个人持有的限售股被司法扣划；

（7）个人用限售股上市公司股权倒置改革中由大股东代其向流通股股东支付的对价；

（8）其他具有转让实质的情形。

个人转让限售股，以每次限售股转让收入，减除股票原值和合理税费后的余额，为应纳税所得额。即：

应纳税所得额 = 限售股转让收入 − （限售股原值 + 合理税费）

应纳税额 ＝ 应纳税所得额 × 20%

上述限售股转让收入，是指转让限售股股票实际取得的收入。限售股原值，是指限售股买入时的买入价及按照规定缴纳的有关费用。合理税费，是指转让限售股过程中发生的印花税、佣金、过户费等与交易相关的税费。

如果纳税人未能提供完整、真实的限售股原值凭证的，不能准确计算限售股原值的，主管税务机关一律按限售股转让收入的 15% 核定限售股原值及合理税费。

限售股转让所得个人所得税，以限售股持有者为纳税义务人，以个人股东开户的证券机构为扣缴义务人。限售股个人所得税由证券机构所在地主管税务机关负责征收管理。

限售股转让所得个人所得税，采取证券机构预扣预缴、纳税人自行申报清算和证券机构直接扣缴相结合的方式征收。证券机构预扣预缴的税款，于次月 7 日内以纳税保证金形式向主管税务机关缴纳。主管税务机关在收取纳税保证金时，应向证券机构开具中华人民共和国纳税保证金收据，并纳入专户存储。

根据证券机构技术和制度准备完成情况，对不同阶段形成的限售股，采取不同的征收管理办法。

（1）证券机构技术和制度准备完成前形成的限售股，证券机构按照股改限售股股改复牌日收盘价，或新股限售股上市首日收盘价计算转让收入，按照计算出的转让收入的 15% 确定限售股原值和合理税费，以转让收入减去原值和合理税费后的余额，适用 20% 税率，计算预扣预缴个人所得税额。

纳税人按照实际转让收入与实际成本计算出的应纳税额，与证券机构预扣预缴税额有差异的，纳税人应自证券机构代扣并解缴税款的次月 1 日起 3 个月内，持加盖证券机构印章的交易记录和相关完整、真实凭证，向主管税务机关提出清算申报并办理清算事宜。主管税务机关审核确认后，按照重新计算的应纳税额，办理退（补）税手续。纳税人在规定期限内未到主管税务机关办理清算事宜的，税务机关不再办理清算事宜，已预扣预缴的税款从纳税保证金账户全额缴入国库。

（2）证券机构技术和制度准备完成后新上市公司的限售股，按照证券机构事先植入结算系统的限售股成本原值和发生的合理税费，以实际转让收入减去原值和合理税费后的余额，适用20%税率，计算直接扣缴个人所得税额。

纳税人同时持有限售股及该股流通股的，其股票转让所得，按照限售股优先原则，即：转让股票视同为先转让限售股，按规定计算缴纳个人所得税。

证券机构等应积极配合税务机关做好各项征收管理工作，并于每月15日前，将上月限售股减持的有关信息传递至主管税务机关。限售股减持信息包括股东姓名、公民身份号码、开户证券公司名称及地址、限售股股票代码、本期减持股数及减持取得的收入总额。证券机构有义务向纳税人提供加盖印章的限售股交易记录。

对个人在上海证券交易所、深圳证券交易所转让从上市公司公开发行和转让市场取得的上市公司股票所得，继续免征个人所得税。

27. 个人终止投资经营收回款项征收个人所得税的规定

个人因各种原因终止投资、联营、经营合作等行为，从被投资企业或合作项目、被投资企业的其他投资者以及合作项目的经营合作人取得股权转让收入、违约金、补偿金、赔偿金及以其他名目收回的款项等，均属于个人所得税应税收入，应按照"财产转让所得"项目适用的规定计算缴纳个人所得税。

应纳税所得额的计算公式如下：

$$应纳税所得额 = 个人取得的股权转让收入、违约金、补偿金、赔偿金及以其他名目收回款项合计数 - 原实际出资额（投入额）及相关税费$$

$$应纳税额 = 应纳税所得额 \times 20\%$$

28. 企业促销展业赠送礼品个人所得税的规定

自2011年6月9日起，企业和单位（包括企业、事业单位、社会团体、个人独资企业、合伙企业和个体工商户等，以下简称"企业"）在营销活动中以折扣折让、赠品、抽奖等方式，向个人赠送现金、消费券、物品、服务等（以下简称"礼品"）有关个人所得税问题具体规定如下：

企业在销售商品（产品）和提供服务过程中向个人赠送礼品，属于下列情形之一的，不征收个人所得税：

（1）企业通过价格折扣、折让方式向个人销售商品（产品）和提供服务；

（2）企业在向个人销售商品（产品）和提供服务的同时给予赠品，如通信企业对个人购买手机赠话费、入网费，或者购话费赠手机等；

（3）企业对累积消费达到一定额度的个人按消费积分反馈礼品。

企业向个人赠送礼品，属于下列情形之一的，取得该项所得的个人应依法缴纳个人所得税，税款由赠送礼品的企业代扣代缴：

①企业在业务宣传、广告等活动中，随机向本单位以外的个人赠送礼品，对个人取得的礼品所得，按照"其他所得"项目，全额适用20%的税率缴纳个人所得税。

②企业在年会、座谈会、庆典以及其他活动中向本单位以外的个人赠送礼品，对个人取

得的礼品所得，按照"其他所得"项目，全额适用20%的税率缴纳个人所得税。

③企业对累积消费达到一定额度的顾客，给予额外抽奖机会，个人的获奖所得，按照"偶然所得"项目，全额适用20%的税率缴纳个人所得税。

企业赠送的礼品是自产产品（服务）的，按该产品（服务）的市场销售价格确定个人的应税所得；是外购商品（服务）的，按该商品（服务）的实际购置价格确定个人的应税所得。

29. 房屋赠与个人所得税的计算方法

以下情形的房屋产权无偿赠与，对当事双方不征收个人所得税：

（1）房屋产权所有人将房屋产权无偿赠与配偶、父母、子女、祖父母、外祖父母、孙子女、外孙子女、兄弟姐妹；

（2）房屋产权所有人将房屋产权无偿赠与对其承担直接抚养或者赡养义务的抚养人或者赡养人；

（3）房屋产权所有人死亡，依法取得房屋产权的法定继承人、遗嘱继承人或者受遗赠人。

除上述情形以外，房屋产权所有人将房屋产权无偿赠与他人的，受赠人因无偿受赠房屋取得的受赠所得，按照"经国务院财政部门确定征税的其他所得"项目缴纳个人所得税，税率为20%。

对受赠人无偿受赠房屋计征个人所得税时，其应纳税所得额为房地产赠与合同上标明的赠与房屋价值减除赠与过程中受赠人支付的相关税费后的余额。赠与合同标明的房屋价值明显低于市场价格或房地产赠与合同未标明赠与房屋价值的，税务机关可依据受赠房屋的市场评估价格或采取其他合理方式确定受赠人的应纳税所得额。

受赠人转让受赠房屋的，以其转让受赠房屋的收入减除原捐赠人取得该房屋的实际购置成本以及赠与和转让过程中受赠人支付的相关税费后的余额，为受赠人的应纳税所得额，依法计征个人所得税。受赠人转让受赠房屋价格明显偏低且无正当理由的，税务机关可以依据该房屋的市场评估价格或其他合理方式确定的价格核定其转让收入。

30. 个人投资者收购企业股权后，将企业原有盈余积累转增股本个人所得税的处理方法

（1）一名或多名个人投资者以股权收购方式取得被收购企业100%股权，股权收购前，被收购企业原账面金额中的"资本公积、盈余公积、未分配利润"等盈余积累未转增股本，而在股权交易时将其一并计入股权转让价格并履行了所得税纳税义务。股权收购后，企业将原账面金额中的盈余积累向个人投资者（新股东，下同）转增股本，有关个人所得税问题区分以下情形处理：

若新股东以不低于净资产价格收购股权的，企业原盈余积累已全部计入股权交易价格，新股东取得盈余积累转增股本的部分，不征收个人所得税。

若新股东以低于净资产价格收购股权的，企业原盈余积累中，对于股权收购价格减去原股本的差额部分已经计入股权交易价格，新股东取得盈余积累转增股本的部分，不征收个人所得税；对于股权收购价格低于原所有者权益的差额部分未计入股权交易价格，新股东取得盈余积累转增股本的部分，应按照"利息、股息、红利所得"项目征收个人所得税。

新股东以低于净资产价格收购企业股权后转增股本，应先转增应税的盈余积累部分，然后再转增免税的盈余积累部分。

（2）新股东将所持股权转让时，其财产原值为其收购企业股权实际支付的对价及相关

税费。

（3）企业发生股权交易及转增股本等事项后，应在次月15日内，将股东及其股权变化情况、股权交易前原账面记载的盈余积累数额、转增股本数额及扣缴税款情况报告主管税务机关。

31. 个人所得为外币时的换算方法

企业和个人的外币收入如何折合成人民币计算纳税的问题。根据国家税务总局1995年9月12日通知规定，企业和个人取得的收入和所得为美元、日元、港元的，仍统一使用中国人民银行公布的人民币对上述三种货币的基准汇价，折合成人民币计算缴纳税款；企业和个人取得的收入和所得为上述三种货币以外的其他货币的，应根据美元对人民币的基准汇价和国家外汇管理局提供的纽约外汇市场美元对主要外币的汇价进行套算，按套算后的汇价作为折合汇率计算缴纳税款。套算公式为：

某种货币对人民币的汇价＝美元对人民币的基准汇价/纽约外汇市场美元对该种货币的汇价

（十四）纳税人境外所得的税额扣除

在对纳税人的境外所得征税时，会存在其境外所得已在来源国家或者地区缴税的实际情况。基于国家之间对同一所得应避免双重征税的原则，我国在对纳税人的境外所得行使税收管辖权时，对该所得在境外已纳税额采取了分不同情况从应征税额中予以扣除的做法。

税法规定，纳税义务人从中国境外取得的所得，准予其在应纳税额中扣除已在境外缴纳的个人所得税税额，但扣除额不得超过该纳税义务人境外所得依照我国税法规定计算的应纳税额。

对这条规定需要解释的是：

1. 税法所说的已在境外缴纳的个人所得税税额，是指纳税义务人从中国境外取得的所得，依照该所得来源国家或者地区的法律应当缴纳并且实际已经缴纳的税额。

2. 税法所说的依照本法规定计算的应纳税额，是指纳税义务人从中国境外取得的所得。区别不同国家或者地区和不同应税项目，依照我国税法规定的费用减除标准和适用税率计算的应纳税额；同一国家或者地区内不同应税项目，依照我国税法计算的应纳税额之和，为该国家或者地区的扣除限额。

纳税义务人在中国境外一个国家或者地区实际已经缴纳的个人所得税税额，低于依照上述规定计算出的该国家或者地区扣除限额的，应当在中国缴纳差额部分的税款；超过该国家或者地区扣除限额的，其超过部分不得在本纳税年度的应纳税额中扣除，但是可以在以后纳税年度的该国家或者地区扣除限额的余额中补扣，补扣期限最长不得超过5年。

3. 纳税义务人依照税法的规定申请扣除已在境外缴纳的个人所得税税额时，应当提供境外税务机关填发的完税凭证原件。

4. 为了保证正确计算扣除限额及合理扣除境外已纳税额，税法要求：在中国境内有住所，或者无住所而在境内居住满1年的个人，从中国境内和境外取得的所得，应当分别计算应纳税额。

【例7-9】某纳税人在2012纳税年度，从甲、乙两国取得应税收入。其中，在甲国一公司任职，取得工资、薪金收入72 000元（平均每月6 000元），因提供一项专利技术使用权，一次取得特许权使用费收入28 000元，该两项收入在甲国缴纳个人所得税5 600元；因在乙国出版著作，获得稿酬收入（版税）39 000元，并在乙国缴纳该项收入的个人所得税4 520元。其抵扣计算方法如下：

1. 甲国所纳个人所得税的抵减

按照我国税法规定的费用减除标准和税率，计算该纳税义务人从甲国取得的应税所得应纳税额，该应纳税额即为抵减限额。

（1）工资、薪金所得。该纳税义务人从甲国取得的工资、薪金收入，应每月减除费用4 800 元，其余额按九级超额累进税率表的适用税率计算应纳税额。

每月应纳税额 =（6 000 – 4 800）×10% – 25 = 95 （元）

全年应纳税额 = 95×12 = 1 140 （元）

（2）特许权使用费所得。该纳税义务人从甲国取得的特许权使用费收入，应减除20% 的费用，其余额按20% 的比例税率计算应纳税额，应为：

应纳税额 = 28 000×（1 – 20%）×20% = 4 480 （元）

根据计算结果，该纳税义务人从甲国取得应税所得在甲国缴纳的个人所得税额的抵减限额为 5 620（1 140 + 4 480）元。其在甲国实际缴纳个人所得税 5 600 元，低于抵减限额，可以全额抵扣，并需在中国补缴差额部分的税款，计 20（5 620 – 5 600）元。

2. 乙国所纳个人所得税的抵减

按照我国税法的规定，该纳税义务人从乙国取得的稿酬收入，应减除20% 的费用，就其余额按20% 的税率计算应纳税额并减征30%。计算结果为：

[39 000×（1 – 20%）×20%]×（1 – 30%）= 4 368 （元）

即其抵扣限额为 4 368 元。该纳税义务人的稿酬所得在乙国实际缴纳个人所得税 4 520 元，超出抵减限额 152（4 520 – 4 368）元，不能在本年度扣除，但可在以后 5 个纳税年度的该国减除限额的余额中补减。

综合上述计算结果，该纳税义务人在本纳税年度中的境外所得，应在中国补缴个人所得税 20 元。其在乙国缴纳的个人所得税未抵减完的 152 元，可按我国税法规定的前提条件下补减。

第五节　个人所得税难点解析

一、关于个人股票期权的所得税处理

取得上市公司不可公开交易的股票期权的税务处理见表 7 – 7。

表 7 – 7　　　　　　　取得上市公司不可公开交易的股票期权的税务处理

具体操作	税务处理		
授权	不征税		
行权前转让	行权前转让股票期权，以股票期权的转让净收入，作为工资、薪金所得征收个人所得税		
行权	按工资、薪金所得计税	应纳税所得额	（行权日市场价 – 施权价）×股票数量
		费用扣除	不可扣除费用
		应纳税额	（股票期权形式的工资、薪金应纳税所得额÷规定月份数×适用税率 – 速算扣除数）×规定月份数

续表

持有	按利息、股息、红利所得计税	应纳税所得额	股息、红利所得（个人投资者从上市公司取得的股息、红利所得，可暂减按50%计入应纳税所得额）
		税率	20%
		应纳税额	应纳税所得额×20%
行权后转让	按财产转让所得计税		
	个人将行权后的境内上市公司股票再行转让而取得的所得，暂不征收个人所得税		
	个人转让境外上市公司的股票而取得的所得，应按税法的规定计算应纳税所得额和应纳税额，依法缴纳税款		

二、关于境内无住所取得工资、薪金的征税问题

（一）在中国境内无住所的非高管人员取得工资薪金所得（见表7-8）

表7-8　　　　　　境内无住所的非高管人员取得工资薪金所得纳税情况

居住时间	纳税人身份	境内所得		境外所得	
		境内支付或境内负担	境外支付	境内支付	境外支付
		1	2	3	4
90（183）天以内	非居民纳税人	√	免	×	×
90（183）天至1年	非居民纳税人	√	√	×	×
1~5年	居民纳税人	√	√	√	免
5年以上	居民纳税人	√	√	√	√

应纳税额的计算以在境内无住所的个人全月工资、薪金收入的应纳税额总额为基础，按照规定计算（见表7-9）。

全月工资、薪金收入应纳税额（A）=（当月境内外工资收入总额-费用扣除标准）×税率-速算扣除数

表7-9　　　　　　　　　　不同情况纳税计算

居住时间	纳税人身份	应纳税额
90（183）天以内	非居民纳税人	A(1+3)÷(1+2+3+4)×当月境内工作天数÷当月天数
90（183）天至1年	非居民纳税人	A×当月境内工作天数÷当月天数
1~5年	居民纳税人	A×[1-(2+4)÷(1+2+3+4)×当月境内工作天数÷当月天数]
5年以上	居民纳税人	A

（二） 在中国境内无住所的高管人员取得工资薪金所得 （见表 7 – 10）

表 7 – 10 境内无住所的高管人员取得工资薪金所得纳税情况

居住时间	纳税人身份	境内所得		境外所得	
		境内支付或境内负担	境外支付	境内支付	境外支付
		1	2	3	4
90 （183） 天以内	非居民纳税人	√	免	√	×
90 （183）天至 1 年	非居民纳税人	√	√	√	×
1 ~ 5 年	居民纳税人	√	√	√	免
5 年以上	居民纳税人	√	√	√	√

思 考 题

1. 李某因其原任职的国有企业依法破产而成为一名自由职业者。2009 年 8 月份，该个人取得以下所得：

（1） 依照国家有关法律规定取得一次性安置费收入 80 000 元，当地上年的企业职工年平均工资为 10 000 元；取得失业保险金 500 元。

（2） 转让所持有的原企业在改组改制过程中分给该个人以股份形式拥有的企业量化资产，取得转让所得 30 000 元；该个人转让时共支付有关费用 2 000 元。

（3） 将其所持有的一项专利的使用权分别转让给甲和乙两个厂商，分别取得转让收入 4 000 元和 6 000 元。

（4） 为 B 公司进行营销筹划，取得不含税报酬 35 000 元，该公司为其代付个人所得税。

要求：根据上述资料，计算回答下列问题：

（1） 取得安置费收入、失业保险金共计应缴纳个人所得税。

（2） 转让量化资产应缴纳个人所得税。

（3） 转让专利的使用权取得的收入应缴纳个人所得税。

（4） B 公司应代付个人所得税。

2. 严某受聘于一家财务投资公司，每月领取税后工资 2 600 元。2009 年 6 月 30 日，任职 8 年的严某与公司解除了聘用合同，取得了一次性补偿金 80 000 元 （该公司所在地上年度职工平均工资为 20 000 元）。2009 年在 7 ~ 12 月严某又取得以下收入：

（1） 下半年取得财务咨询报酬 50 000 元，将其中 6 000 元、10 000 元通过国家机关分别捐赠给农村义务教育和贫困地区；

（2） 7 月 1 日 ~ 12 月 31 日将自有住房按市场价格出租给个人居住，月租金 2 000 元 （不考虑其他税费）；

（3） 7 月 20 日严某购入某企业债券 30 000 份，每份的买入价格 4.3 元，支付有关税费 645 元，12 月 20 日转让其中的 15 000 份，每份转让价格 5.1 元，转让时支付有关税费 383 元；

（4） 2009 年与一家证券交易所签订期限为 6 个月的劳务合同，合同约定严某每月为该交易所的股民讲课 4 次，每次报酬 800 元。

要求：根据上述资料，回答下列问题：

（1） 在财务公司任职时 1 ~ 6 月工资应缴纳个人所得税。

（2） 取得的一次性补偿金应缴纳个人所得税。

（3）提供财务咨询的报酬应缴纳个人所得税。

（4）7～12月的租金所得应缴纳个人所得税。

（5）转让企业债券应缴纳个人所得税。

（6）取得讲课报酬总共应缴纳个人所得税。

3. 许某兴办个人独资企业甲，并与张某共同兴办了合伙企业乙，合伙企业出资比例为6∶4。2009年个人独资企业甲的应纳税所得额为6.59万元。合伙企业乙2009年的经营情况如下：

（1）主营业务收入220万元；

（2）营业成本58万元；

（3）营业税金及附加26万元；

（4）销售费用50万元，其中广告费32万元、业务宣传费8万元；

（5）管理费用24万元，其中包含业务招待费、工资和三项经费，业务招待费2万元，计提坏账准备0.36万元（应收账款期末余额100万元），工资总额18.64万元（其中合伙人工资合计6万元，6名从业人员工资12.64万元），实际发生的工会经费、职工福利费和职工教育经费分别为0.3万元、2万元、0.08万元；

（6）营业外支出5万元，全部为以合伙企业名义通过当地教育局向希望小学捐赠款项；

（7）财务费用2.80万元，其中从某企业借款20万元资金周转，偿付利息2.60万元，银行同期贷款利率为10%；

（8）张某将其自有的小轿车在自己使用的同时，经常提供给乙企业使用，2009年共发生修理费、养路费等费用合计1.6万元，但很难划分企业使用和张某自用比例。从业人员工资据实扣除，许某选择在合伙企业乙扣除生计费。

要求：根据上述资料，计算回答问题：

（1）计算合伙企业乙允许税前扣除的销售费用；

（2）计算合伙企业乙工资及三项经费应调整应纳税所得额；

（3）计算合伙企业乙允许税前扣除的捐赠；

（4）计算许某应就甲、乙企业的所得缴纳的个人所得税；

（5）计算许某来源于合伙企业乙的所得应缴纳的个人所得税。

第八章 其他税种

第一节 资 源 税

1993 年 12 月 25 日国务院颁布的《中华人民共和国资源税暂行条例》，自 1994 年 1 月 1 日起施行。2011 年 9 月 30 日国务院发布《关于修改〈中华人民共和国资源税暂行条例〉决定》，自 2011 年 11 月 1 日起施行新的暂行条例。

一、资源税概述

(一) 资源税的概念

资源税是以自然资源为课税对象征收的一种税。我国开征的资源税，是对在我国境内开采应税矿产品及生产盐的单位和个人，就其应税产品销售数量或自用数量为计税依据而征收的。

资源是指自然界存在的天然物质财富，包括地下资源、地上资源、空间资源。从其物质内容角度看，包括矿产资源、土地资源、水资源、动物资源、植物资源、海洋资源、太阳能资源、空气资源等。对其中一部分资源征收资源税，可以体现国家对资源产品的特定调控意图。

新中国成立后，1950 年发布的《全国税政实施要则》中，明确将盐税列为一个税种征收。盐税带有明显的对资源征税的性质，由盐务部门负责征收管理，直至 1958 年改由税务机关负责。1973 年将盐税并入工商税，1984 年又分离出来，成为独立税种。1984 年 9 月 18 日，国务院发布《中华人民共和国资源税条例（草案）》，从 1984 年 10 月 1 日起实行。1993 年 12 月 25 日，国务院重新发布《中华人民共和国资源税暂行条例》及《资源税暂行条例实施明细》。把盐税并到资源税中，并将资源税征收范围扩大为原油、天然气、煤炭、其他非金属矿原矿、黑色金属矿原矿、有色金属矿原矿和盐 7 种。从 1994 年 1 月 1 日起不再按超额利润征税，而是按矿产品销售量征税，按照"普遍征收、级差调节"的原则，就资源赋税情况、开采条件、资源等级、地理位置等客观条件的差异规定了幅度税额，为每一个课税矿区规定了适用税率。

(二) 资源税的计税方法

资源税的课税对象主要为计量单位标准的矿产资源，因此在对资源征税时，往往采用从量定额的征收方法，不仅计算简单，而且便于管理。但是采取定额征收的方法，对于资源税开采中的级差收入的征税政策不能体现出来，尤其当资源价格波动比较大时，不能做到随价格提高而相应提高资源税额，不利于资源的合理开采利用。因此我国现行资源税的计税方法有进一步调整的空间。

（三）开征资源税的目的

1. 通过征收资源税，可促进国有资源的合理开采，节约使用，有效配置

开征资源税之前，对资源的税收管理措施比较乏力，使得资源的开发和利用处于一种无序状态，降低了资源的开发和使用效益，助长了一些企业采富弃贫、采易弃难、采大弃小、乱采乱挖等破坏和浪费国家资源的现象。开征资源税，可以根据资源和开发条件的优劣，确定不同的税额，把资源的开采和利用，同纳税人的切身利益结合起来，一方面有利于国家加强对自然资源的保护和管理，防止经营者乱采滥用资源，减少资源的损失浪费；另一方面也有利于经营者出于自身经济利益方面的考虑，提高资源的开发利用率，最大限度地合理、有效、节约地开发利用国家资源。

2. 通过合理调节资源级差收入水平，有利于促进企业之间开展公平竞争

我国幅员广大，各地资源状况参差不齐，资源开发条件方面也存在着较多差异。随着市场经济的发展，从事资源开发、利用的企业、单位和个人越来越多，经济成分也越来越复杂。这样，不同的开发主体因利用自然资源的开发条件不同，就必然形成多寡不同的级差收入。例如，处于资源蕴藏丰富、矿体品位高、开发条件好的地域的企业、单位和个人，收入水平就高；反之，收入水平就低。这样，就使得资源开发主体的利润水平难以真实地反映其生产经营成果，给人造成一种虚假现象，不利于各经营主体之间的平等竞争。只有通过资源税的开征，合理确定差别税率，把因资源状况和开发条件的差异所形成的级差收入用税收的形式征收上来，才能缓解企业收益分配上的矛盾，促进资源开发企业之间以及利用资源的企业之间在较为平等的基础上开展竞争。

3. 开征资源税有利于配合其他税种，发挥税收杠杆的整体功能，并为国家增加一定的财政收入

随着资源税课税范围的逐渐扩展，资源税的收入规模及其在税收收入总额中所占的比重都相应增加，其财政意义也日渐明显，在为国家筹集财政资金方面发挥着不可忽视的作用。

（四）资源税的立法原则

我国资源税的立法原则可以概括为两点，即普遍征收、级差调节。

1. 普遍征收

所谓普遍征收，就是对在我国境内开采的所有应税资源都应缴纳资源税。对所有矿产资源全面征收资源税，使之成为我国税制中征税较为普遍的一个税种。

普遍征收原则在具体实施中还有另一层含义，即每一种应税产品的开采者或生产者都要依法缴纳资源税。1984 年资源税开征初期采用定率征收办法，还规定有起征点，没有体现出完整意义上的普遍征收原则。1986 年，资源税改定率征收为从量定额征收办法后，所有从事应税资源产品开发的单位和个人，不论成本高低、利润多少，都必须履行缴纳资源税的义务，向国家提供资源价值补偿，从而使资源税的有偿开采、普遍征收原则得到进一步贯彻。1994 年开始实行新的资源税制后，所有从事矿产品和盐资源开发的单位和个人，都被纳入了征税范围。

2. 级差调节

所谓级差调节，就是运用资源税对因资源条件差异而产生的资源级差收入进行调节。自然资源的储存状况、开采条件及分布的地理位置等，在客观上存在着很大差别。加上某些自然资源的有限性，尤其是优等资源的有限性，使得优等资源往往只是被少数企业所占用，其他企业和经营者只能占用中等或劣等资源。由于社会对资源的巨大需求，使得资源产品价格通常按劣等资源开发者的生产经营水平确定，这样那些占用开发中、优等资源的企业和经营者在按劣等资源产品价格销售产品时，就可以获得一部分资源级差收入。资源税在对应税产品普遍征收的同时，根据各种产品及同一产品各矿山的资源状况，确定相应的有高有低的税额。资源级差小的，适用较低税额；资源级差大的，适用较高税额，把资源级差收入收归国有。

二、资源税的纳税人与课税基础

（一）资源税的纳税人

资源税的纳税义务人是指在中华人民共和国领域及管辖海域从事应税矿产品开采和生产盐的单位和个人。

单位是指国有企业、集体企业、私营企业、股份制企业、其他企业和行政单位、事业单位、军事单位、社会团体及其他单位；个人是指个体经营者和其他个人；其他单位和其他个人包括外商投资企业、外国企业及外籍人员。

中外合作开采石油、天然气的企业按照现行规定只征收矿区使用费，暂不征收资源税。因此，中外合作开采石油、天然气的企业不是资源税的纳税人。

收购未税矿产品的单位为资源税的扣缴义务人。

收购未税矿产品的单位是指独立矿山、联合企业和其他单位。独立矿山是指只有采矿或只有采矿和选矿，独立核算、自负盈亏的单位，其生产的原矿和精矿主要用于对外销售。联合企业是指采矿、选矿、冶炼（或加工）连续生产的企业或采矿、冶炼（或加工）连续生产的企业，其采矿单位，一般是该企业的二级或二级以下核算单位。其他单位也包括收购未税矿产品的个体户在内。

资源税的扣缴义务人，主要是针对零星、分散、不定期开采的情况，为了加强管理，避免漏税，由扣缴义务人在收购矿产品时代扣代缴资源税。

（二）资源税的课税基础

1. 课税对象

现行资源税征税范围可以分为矿产品和盐两大类。

（1）矿产品。

①原油。原油系指开采的天然原油，不包括人造石油。

②天然气。天然气系指专门开采或与原油同时开采的天然气，暂不包括煤矿生产的天

然气。

③煤炭。煤炭系指原煤,不包括洗煤、选煤及其他原煤的加工产品。

④其他非金属矿原矿。其他非金属矿原矿,系指上列产品和井矿盐以外的非金属矿原矿。未列举名称的其他非金属矿原矿和其他有色金属矿原矿,由省、自治区、直辖市人民政府决定征收或暂缓征收资源税,并报财政部和国家税务总局备案。

⑤黑色金属矿原矿和有色金属矿原矿。黑色金属矿原矿和有色金属矿原矿,系指纳税人开采后自用或销售的,用于直接入炉冶炼或作为主产品先入选精矿、制造人工矿,再最终入炉冶炼的金属矿石原矿。

(2)盐类。

①固体盐。固体盐系指用海、湖水或地下湖水晒制和加工出来呈现固体颗粒状态的盐。具体包括海盐原盐、湖盐原盐和井矿盐。

②液体盐。液体盐俗称卤水,指氯化钠含量达到一定浓度的溶液,是用于生产碱和其他产品的原料。

2. 相关矿产品的征税规定

(1)伴生矿。伴生矿是指在同一矿床内,除主要矿种外,并含有多种可供工业利用的成分,这些成分即称为伴生矿产。确定资源税税额时,以作为主产品的元素成分作为定额的主要考虑依据,同时也考虑作为副产品的元素成分及有关因素,但以主产品的矿石名称作为应税品目。例如,攀枝花钢铁公司所属攀枝花矿山公司开采的钒钛磁铁矿,它是以铁矿石作为主产品的元素成分,其钒钛是作为副产品伴选而出的,因此,只以铁矿石作为应税品目。

(2)伴采矿。伴采矿是指开采单位在同一矿区内开采主产品时,伴采出来非主产品元素的矿石。例如,铜矿山在同一矿区内开采铜矿石原矿时,伴采出铁矿石原矿,则伴采出的铁矿石原矿就称伴采矿。伴采矿量大的,由省、自治区、直辖市人民政府根据规定对其核定资源税单位税额标准;量小的,在销售时,按照国家对收购单位规定的相应品目的单位税额标准缴纳资源税。

(3)伴选矿。伴选矿是指对矿石原矿中所含主产品进行选精矿的加工过程中,以精矿形式伴选出的副产品。如攀枝花钢铁公司所属攀枝花矿山公司开采的钒钛磁铁矿,钒、钛便是在选主产品铁的过程,以精矿形式伴选出的副产品。对于以精矿形式伴选出的副产品不征收资源税。

(4)岩金矿。岩金矿原矿已缴纳过资源税,选冶后形成的尾矿进行再利用的,只要纳税人能够在统计、核算上清楚地反映,并在堆放等具体操作上能够同应税原矿明确区隔,不再计征资源税。如果划分不清,应按原矿计征资源税。

三、资源税的税目、税率与税收优惠

(一)资源税的税目

资源税税目、税额包括7大类,在7个税目下面又设有若干个子目。现行资源税的税目及子目主要是根据资源税应税产品和纳税人开采资源的行业特点设置的。

1. 原油。

2. 天然气。

3. 煤炭。是指原煤，不包括洗煤、选煤及其他煤炭制品。

4. 其他非金属矿原矿。是指上列产品和井矿盐以外的非金属矿原矿。包括宝石、玉石、石墨、大理石、花岗石、石灰石、菱镁矿、天然碱、石膏、硅线石、工业用金刚石、石棉等。

5. 黑色金属矿原矿。包括铁矿石、锰矿石和铬矿石等子目。

6. 有色金属矿原矿。包括铜矿石、铅锌矿石、铝土矿石、钨矿石、锡矿石、锑矿石、铝矿石、镍矿石、黄金矿石等。

7. 盐。一是固体盐，包括海盐原盐、湖盐原盐和井矿盐；二是液体盐，是指氯化钠含量达到一定浓度的溶液，是用于生产碱和其他产品的原料。

由省、自治区、直辖市人民政府决定征收或暂缓征收资源税，并报财政部和国家税务总局备案。随着资源税征收范围的不断扩大，资源税的税目和子目也将会相应增加，并根据资源变化情况和征管需要作必要的调整。

（二）资源税的税率

资源税采用从价定率或从量定额的办法征收，分别以应税产品的销售额或销售数量为基数，实施级差调节的原则。资源税税目税额、税率幅度如表 8 - 1 所示。

表 8 - 1　　　　　　　　　　　资源税税目税额、税率幅度

税目	税率
一、原油	销售额的 5% ~10%
二、天然气	销售额的 5% ~10%
三、煤炭	
1. 焦煤	8 ~20 元/吨
2. 其他煤	0.3 ~5 元/吨
四、其他非金属矿原矿	
1. 普通非金属矿原矿	0.5 ~20 元/吨或者立方米
2. 贵重非金属矿原矿	0.5 ~20 元/千克或者克拉
五、黑色金属矿原矿	2 ~30 元/吨
六、有色金属矿原矿	
1. 稀土矿	0.4 ~60 元/吨
2. 其他有色金属矿原矿	0.4 ~30 元/吨
七、盐	
1. 固体盐	10 ~60 元/吨
2. 液体盐	2 ~10 元/吨

资源税税率在适用时的几个问题：

一是资源税具体适用的税额，税率是在表 8 - 1 中的幅度范围内按等级来确定的，等级的划分，按《资源税实施细则》所附的《几个主要品种的矿山资源等级表》执行。

二是对于划分资源等级的应税产品，其《几个主要品种的矿山资源等级表》未列举名称的纳税人适用税率，由省、自治区、直辖市人民政府根据纳税人的资源状况，参照《资源税税目税率明细表》和《几个主要品种的矿山资源等级表》中确定的邻近矿山或者资源状况，开采条件相近矿山的税率标准，在浮动 30% 的幅度内核定，并报财政部和国家税务总局备案。

三是对于纳税人开采或者生产不同税目应税产品的，应当分别核算不同税目应税产品的销售额或者销售数量；未分别核算或者不能准确提供不同税目应税产品的销售额或者销售数量的，从高适用税率。

（三）资源税的税收优惠

资源税贯彻普遍征收、级差调节的原则思想，因此规定的减免税项目比较少。

1. 开采原油过程中用于加热、修井的原油，免税。

2. 纳税人开采或者生产应税产品过程中，因意外事故或者自然灾害等原因遭受重大损失的，由省、自治区、直辖市人民政府酌情决定减税或者免税。

3. 自 2007 年 2 月 1 日起，北方海盐资源税暂减按每吨 15 元征收，南方海盐、湖盐、井矿盐资源税暂减按每吨 10 元征收，液体盐资源税暂减按每吨 2 元征收。

4. 自 2007 年 1 月 1 日起，对地面抽采煤层气暂不征收资源税。煤层气是指储存于煤层及其围岩中与煤炭资源伴生的非常规天然气，也称煤矿瓦斯。

5. 出口应税产品不退（免）资源税的规定：资源税规定仅对在中国境内开采或生产应税产品的单位和个人征收，进口的矿产品和盐不征收资源税。由于对进口应税产品不征收资源税，相应的，对出口应税产品也不免征或退还已纳资源税。

6. 自 2010 年 6 月 1 日起，纳税人在新疆开采的原油、天然气，自用于连续生产原油、天然气的，不缴纳资源税；自用于其他方面的，视同销售，依照本规定计算缴纳资源税。有下列情形之一的，免征或者减征：

（1）油田范围内运输稠油过程中用于加热的原油、天然气，免征资源税。

（2）稠油、高凝油和高含硫天然气资源税减征 40%。

稠油是指地层原油黏度大于或等于 50 毫帕/秒或原油密度大于或等于 0.92 克/立方厘米的原油。高凝油是指凝固点大于 40℃的原油。高含硫天然气是指硫化氢含量大于或等于 30 克/立方米的天然气。

（3）三次采油资源税减征 30%。三次采油是指二次采油后继续以聚合物、三元复合驱、泡沫驱、二氧化碳驱、微生物驱等方式进行采油。

四、资源税应纳税额的计算

（一）资源税计税依据

1. 从价定率征收的计税依据

实行从价定率征收的以销售额作为计税依据。销售额是指为纳税人销售应税产品向购买方收取的全部价款和价外费用，但不包括收取的增值税销项税额。

价外费用包括价外向购买方收取的手续费、补贴、基金、集资费、返还利润、奖励费、违约金、滞纳金、延期付款利息、赔偿金、代收款项、包装费、包装物租金、储备费、优质费、运输装卸费以及其他各种性质的价外收费。但下列项目不包括在内：

一是同时符合以下条件的代垫运输费用：

（1）承运部门的运输费用发票开具给购买方；

（2）纳税人将该项发票转交给购买方。

二是同时符合以下条件代为收取的政府性基金或者行政事业性收费：

（1）由国务院或者财政部批准设立的政府性基金，由国务院或者省级人民政府及其财政、价格主管部门设立的行政事业性收费；

（2）收取时开具省级以上财政部门负责印制的财政票据；

（3）所有款项全额上缴财政。

另外，纳税人以人民币以外的货币结算销售额的，应当折合成人民币计算。其销售额的人民币折合率可以选择销售额发生的当天或者当月1日的人民币汇率中间价。纳税人应当事先确定采用何种折合率计算方法，确定后1年内不得变更。

2. 从量定额征收的计税依据

实行从量定额征收的以销售数量为计税依据，销售数量的具体规定为：

（1）销售数量，包括纳税人开采或者生产应税产品的实际销售数量和视同销售的自用数量。

（2）纳税人不能准确提供应税产品销售数量的，以应税产品的产量或主管税务机关确定的折算比换算成的数量为计征资源税的销售数量。

（3）纳税人在资源纳税申报时，除财政部、国家税务总局另有规定外，应当将其应税和减免税项目分别计算和报送。

（4）对于连续加工前无法正确计算原煤移送使用量的煤炭，可按加工产品的综合回收率，将加工产品实际销量和自用量折算成原煤数量，以此作为课税数量。

（5）金属和非金属矿产品原矿，因无法准确掌握纳税人移送使用原矿数量的，可将其精矿按选矿比折算成原矿数量，以此作为课税数量，其计算公式为：

$$选矿比 = 精矿数量 \div 耗用原矿数量$$

（6）纳税人以自产的液体盐加工固体盐，按固体盐税额征税，以加工的固体盐数量为课税数量。纳税人以外购的液体盐加工成固体盐，其加工固体盐所耗用液体盐的已纳税额准予抵扣。

（二）资源税应纳税额的计算

资源税应纳税额，按照从价定率或者从量定额的办法，分别以应税产品的销售额乘以纳税人具体适用的比例生产率或者以应税产品的销售数量乘以纳税人具体适用的定额税率计算。

1. 实行从价定率征收的，根据应税产品的销售额和规定的适用税率计算应纳税额，具体计算公式为：

$$应纳税额 = 销售额 \times 适用税率$$

【例8-1】某油田2012年3月销售原油20 000吨，开具增值税专用发票取得销售额

10 000 万元、增值税额 1 700 万元，按《资源税税目税率表》的规定，其适用的税率为 8%。请计算该油田 3 月应缴纳的资源税。

[计算分析]

应纳税额 = 10 000 × 8% = 800（万元）

2. 实行从量定额征收的，根据应税产品的课税数量和规定的单位税额计算应纳税额，具体计算公式为：

$$应纳税额 = 课税数量 × 单位税额$$
$$代扣代缴应纳税额 = 收购未税矿产品的数量 × 适用的单位税额$$

从公式中可以看出，应纳税额的计算关键是要确定课税数量和适用单位税额。

例如，某油田 11 月销售原油 30 万吨，按照资源税税目税额明细表的规定，其使用单位税额为 8 元/吨。该油田本月应纳资源税额 = 8 元/吨 × 300 000 吨 = 2 400 000（元）。

【例 8 - 2】某铜矿 9 月销售铜矿石原矿 40 000 吨，移送入选精矿 4 500 吨，选矿比为 15%，该矿山铜矿属于 5 等，适用单位税额为 1.2 元/吨。

要求：计算该铜矿当月应纳资源税额。

[计算分析]

（1）外销铜矿石应纳税额 = 1.2 元/吨 × 40 000 吨 = 48 000（元）

（2）按选矿比计算入选精矿的原矿数量，并计算应纳税额。

应纳税额 = 4 500 吨 ÷ 15% × 1.2 元/吨 = 36 000（元）

（3）应纳税额合计 = 48 000 + 36 000 = 84 000（元）

第二节 城镇土地使用税

现行城镇土地使用税法的基本规范，是 2006 年 12 月 31 日国务院修订并颁布的《中华人民共和国城镇土地使用税暂行条例》。

一、城镇土地使用税概述

（一）城镇土地使用税的概念

城镇土地使用税是以开征范围的土地为征税对象，以实际占用的土地面积为计税标准，按规定税额对拥有土地使用权的单位和个人征收的一种税。

人类赖以生存、从事生产活动必不可少的物质条件便是土地。珍惜土地、节约用地是我国的一项基本国策。在新中国成立初期，我国开征了地产税。于 1951 年 8 月，中央人民政府政务院颁布的《城市房地产税暂行条例》，规定在城市中征收房产税和地产税，称为城市房地产税。1973 年为了简化税制，把对国内企业征收的房地产税并入工商税。长期以来，我国对非农业土地基本是实行行政划拨、无偿使用的办法，通过实践进一步证明，这种做法是不利于合理和节约使用土地的。为了控制乱占滥用耕地，国务院于 1987 年 4 月 1 日发布了《中华人民共和国耕地占用税暂行条例》，用经济手段加强对耕地的管理，但城镇非农业土地使用中的浪费现象仍然严重存在。1988 年 9 月 27 日国务院发布了《中华人民共和国城镇土地使用税暂行条例》，并于当年 11 月 1 日起施行。对节约用地和调节土地级差收入起到了一定的作用。

2006 年 12 月 31 日，国务院颁布了第 483 号令，公布了修订后的《中华人民共和国城镇土地使用税暂行条例》，从 2007 年 1 月 1 日起施行。

（二）城镇土地使用税的特点

现行城镇土地使用税具有以下特点：

1. 征税对象是土地

由于我国的土地归国家所有，单位和个人只有占用权或使用权，而无所有权。这样，国家既可以凭借财产权利对土地使用人获取的收益进行分配，又可以凭借政治权力对土地使用者进行征税。开征城镇土地使用税，实质上是运用国家政治权力，将纳税人获取的本应属于国家的土地收益集中到国家手中。

2. 对占用土地的行为征税

广义上，土地是一种财产，对土地课税在国外属于财产税。但是，根据我国宪法规定，城镇土地的所有权归国家，单位和个人对占用的土地只有使用权而无所有权。因此，现行的城镇土地使用税实质上是对占用土地资源或行为的课税，属于准财产税，而非严格意义上的财产税。

3. 限定征税范围

现行城镇土地使用税征税范围限定在城市、县城、建制镇、工矿区，坐落在农村地区的房地产不属城镇土地使用税的征税范围。城镇土地使用税在筹集地方财政资金、调节土地使用和收益分配方面，发挥了积极作用。

4. 实行差别幅度税额

开征城镇土地使用税的主要目的之一，是调节土地的级差收入，而级差收入的产生主要取决于土地的位置。占有土地位置优越的纳税人，可以节约运输和流通费用，扩大销售和经营规模，取得额外经济收益。为了有利于体现国家政策，城镇土地使用税实行差别幅度税额。不同城镇适用不同税额，对同一城镇的不同地段，根据市政建设状况和经济繁荣程度也确定不等的负担水平。

（三）城镇土地使用税的目的

城镇土地使用税是以开征范围的土地为征税对象，以实际占用的土地面积为计税标准，按规定税额对拥有土地使用权的单位和个人征收的一种税。

1. 开征城镇土地使用税，国家通过经济手段，加强对土地的管理，变土地的无偿使用为有偿使用，促进合理、节约使用土地，提高土地使用效益；

2. 开征城镇土地使用税，可以适当调节不同地区、不同地段之间的土地级差收入，促进企业加强经济核算，理顺国家与土地使用者之间的分配关系。

（四）城镇土地使用税的立法原则

1. 广集财政资金，完善地方税体系

土地是一种税源稳定且具有非流动性的税基，通常是地方财政的主要收入来源之一。根

据 1994 年分税制体制的规定，城镇土地使用税是地方税，收入归地方政府支配。由于我国土地资源广阔，该税种又在所有大、中、小城市和县城、建制镇、工矿区开征，收入额较大，因此，它可以成为地方财政的一项稳定收入来源，为完善地方税体系和分税制财政体制创造条件。

2. 促进合理、节约使用土地

土地是一种宝贵的自然资源。我国虽然幅员辽阔，但人均占有土地面积并不宽裕。过去，我国对非农业用地基本上都采取行政划拨、无偿使用的办法，企业、单位总是尽量多占地、占好地，宽打窄用，占而不用，造成大量土地资源的浪费，与我国土地资源严重不足形成了尖锐的矛盾。

开征城镇土地使用税后，国有土地不再由单位、个人无偿使用，而要按规定向国家纳税。由于土地使用税的税额按大、中、小城市及县城、建制镇、工矿区分为四个档次，每个档次又由地方政府根据土地所处位置的好坏确定高低不等的适用税额。企业多占地、占好地就要多缴税；少占地、占次地，就可少缴税。这样，就可以促使企业在用地时精打细算，把空余不用或可少用的土地让出来，起到加强土地管理、合理节约用地的作用。

3. 调节土地级差收入，鼓励平等竞争

由于因地理位置差异而获得的土地级差收入与企业自身经营状况无关，如果对土地级差收入不征税，既不利于企业经济核算，也无法对企业的主观经营成果进行比较。征收城镇土地使用税，并按城镇土地的不同位置设置差别税额，土地位置好，级差收入多的，多征税；土地位置差，级差收入少的，少征税。这样，将国有土地的级差收入纳入国家财政，不仅有利于理顺国家和土地使用者的分配关系，还为企业之间的平等竞争创造了一个基本公平的用地条件。

二、城镇土地使用税的纳税人与课税基础

（一）城镇土地使用税的纳税人

凡在城市、县城、建制镇、工矿区范围内使用土地的单位和个人，都为城镇土地使用税的纳税义务人。

单位包括国有企业、私营企业、股份制企业、外商投资企业、外国企业以及其他企业和事业单位、社会团体、国家机关、军队以及其他单位。个人包括个体工商户及其他个人。

由于在现实经济生活中，使用土地的情况十分复杂。为确保将城镇土地使用税及时、足额地征收入库，税法根据用地者的不同情况，对纳税人作了如下具体规定：

1. 拥有土地使用权的单位和个人。

2. 拥有土地使用权的单位和个人不在土地所在地的，其土地的实际使用人和代管人为纳税人。

3. 土地使用权未确定或权属纠纷未解决的，其实际使用人为纳税人。

4. 土地使用权共有的，共有各方都是纳税人，由共有各方分别纳税。

几个人或几个单位共同拥有一块土地的使用权，这块土地的城镇土地使用的纳税人应是对这块土地拥有使用权的每一个人或每一个单位。他们应以其实际使用的土地面积占总面积

的比例，分别计算缴纳土地使用税。

（二）城镇土地使用税的征税范围

城镇土地使用税的征税范围，包括在城市、县城、建制镇和工矿区内的国家所有和集体所有的土地。

上述城市、县城、建制镇和工矿区分别按以下标准确认：

1. 城市是指经国务院批准设立的市。

2. 县城是指县人民政府所在地。

3. 建制镇是指经省、自治区、直辖市人民政府批准设立的建制镇。

4. 工矿区是指工商业比较发达，人口比较集中，符合国务院规定的建制镇标准，但尚未设立建制镇的大中型工矿企业所在地，工矿区须经省、自治区、直辖市人民政府批准。

上述城镇土地使用税的征税范围中，城市的土地包括市区和郊区的土地，县城的土地是指县人民政府所在地的城镇的土地，建制镇的土地是指镇人民政府所在地的土地。

建立在城市、县城、建制镇和工矿区以外的工矿企业则不需缴纳城镇土地使用税。

另外，自 2009 年 1 月 1 日起，公园、名胜古迹内的过道公司经营用地，应按规定缴纳城镇土地使用税。

三、城镇土地使用税的税率与税收优惠

（一）城镇土地使用税的税率

城镇土地使用税采用定额税率，即采用有幅度的差别税额，按大、中、小城市和县城、建制镇、工矿区分别规定每平方米土地使用税年应纳税额。具体标准如下：

1. 大城市 1.5 ~ 30 元；

2. 中等城市 1.2 ~ 24 元；

3. 小城市 0.9 ~ 18 元；

4. 县城、建制镇、工矿区 0.6 ~ 12 元。

大、中、小城市以公安部门登记在册的非农业正式户口人数为依据，按照国务院颁布的《城市规划条例》中规定的标准划分。人口在 50 万以上者为大城市；人口在 20 万 ~ 50 万者为中等城市；人口在 20 万以下者为小城市。城镇土地使用税税率见表 8 - 2。

表 8 - 2 城镇土地使用税税率

级别	人口（人）	每平方米税额（元）
大城市	50 万以上	1.5 ~ 30
中等城市	20 万 ~ 50 万	1.2 ~ 24
小城市	20 万以下	0.9 ~ 18
县城、建制镇、工矿区		0.6 ~ 12

各省、自治区、直辖市人民政府可根据市政建设情况和经济繁荣程度在规定税额幅度

内，确定所辖地区的适用税额幅度。经济落后地区，土地使用税的适用税额标准可适当降低，但降低额不得超过上述规定最低税额的30%。经济发达地区的适用税额标准可以适当提高，但须报财政部批准。

土地使用税规定幅度税额主要考虑到我国各地区存在着悬殊的土地级差收益，同一地区内不同地段的市政建设情况和经济繁荣程度也有较大的差别。把土地使用税税额定为幅度税额，拉开档次，而且每个幅度税额的差距规定了20倍。这样，各地政府在划分本辖区不同地段的等级，确定适用税额时，有选择余地，便于具体划分和确定，幅度税额还可以调节不同地区、不同地段之间的土地级差收益，尽可能地平衡税负。

（二）城镇土地使用税的税收优惠

1. 城镇土地使用税的法定免税项目

（1）国家机关、人民团体、军队自用的土地。

这里的人民团体是指经国务院授权的政府部门批准设立或登记备案，并由国家拨付行政事业费的各种社会团体。这里的国家机关、人民团体、军队自用的土地，是指这些单位本身的办公用地和公务用地。

（2）由国家财政部门拨付事业经费的单位自用的土地。

这部分土地是指这些单位本身的业务用地，如学校的教学楼、操场、食堂等占用的土地。

（3）宗教寺庙、公园、名胜古迹自用的土地。

这里的宗教寺庙自用的土地，是指举行宗教仪式等的用地和寺庙内的宗教人员生活用地。公园、名胜古迹自用的土地，是指供公共参观游览的用地及其管理单位的办公用地。公园、名胜古迹中附设的营业场所，如影剧院、饮食部、茶社、照相馆等用地，应征收城镇土地使用税。

（4）市政街道、广场、绿化地带等公共用地。

非社会性的公共用地不能免税，如企业内的广场、道路、绿化等占用的土地。

（5）直接用于农、林、牧、渔业的生产用地。

这是指直接从事种植、养殖、饲养的专业用地。农副产品加工厂占地和从事农、林、牧、渔业生产单位的生活、办公用地不包括在内。

（6）开山填海整治的土地。

自行开山填海整治的土地和改造的废弃土地，从使用的月份起免缴城镇土地使用税5~10年。

具体免税期限由各省、自治区、直辖市地方税务局在《城镇土地使用税暂行条例》规定的期限内自行确定。

（7）由财政部另行规定免税的能源、交通、水利用地和其他用地。

此外，个人所有的居住房屋及院落用地，房产管理部门在房租调整改革前经租的居民住房用地，免税单位职工家属的宿舍用地，民政部门举办的安置残疾人占一定比例的福利工厂用地，集体和个人举办的各类学校、医院、托儿所、幼儿园用地等，是否征税，由各省、自治区、直辖市税务局确定。

2. 减免税优惠的特殊规定

（1）城镇土地使用税与耕地占用税的征税范围衔接。

为避免对一块土地同时征收耕地占用税和城镇土地使用税，税法规定，凡是缴纳了耕地占用税的，从批准征用之日起满 1 年后征收城镇土地使用税；征用非耕地因不需要缴纳耕地占用税，应从批准征用之次月起征收城镇土地使用税。

（2）免税单位与纳税单位之间无偿使用的土地。

对免税单位无偿使用纳税单位的土地（如公安、海关等单位使用铁路、民航等单位的土地），免征城镇土地使用税；对纳税单位无偿使用免税单位的土地，纳税单位应照章缴纳城镇土地使用税。

（3）房地产开发公司建造商品房的用地。

房地产开发公司建造商品房的用地，除经批准开发建设经济适用房的用地外，对各类房地产开发用地一律不得减免城镇土地使用税。

（4）基建项目在建期间的用地。

对基建项目在建期间使用的土地，原则上应征收城镇土地使用税。但对有些基建项目，特别是国家产业政策扶持发展的大型基建项目，占地面积大，建设周期长，在建期间又没有经营收入，为了照顾其实际情况，对纳税人纳税确有困难的，可由各省、自治区、直辖市税务局根据具体情况予以免征或减征城镇土地使用税；对已经完工或已经使用的建设项目，其用地应照章征收城镇土地使用税。

（5）城镇内的集贸市场（农贸市场）用地。

城镇内的集贸市场（农贸市场）用地，按规定应征收城镇土地使用税。为了促进集贸市场的发展及照顾各地的不同情况，各省、自治区、直辖市税务局可根据具体情况，自行确定对集贸市场用地征收或者免征城镇土地使用税。

自 2013 年 1 月 1 日至 2015 年 12 月 31 日，对专门经营农产品的农产品批发市场、农贸市场使用的房产、土地免征城填土地使用税。对同时经营其他产品的农产品批发市场和农贸市场使用的房产、土地，按其他产品与农产品交易场地面积的比例确定征免城镇土地使用税。

（6）防火、防爆、防毒等安全防范用地。

对于各类危险品仓库、厂房所需的防火、防爆、防毒等安全防范用地，可由各省、自治区、直辖市税务局确定，暂免征收城镇土地使用税；对仓库库区、厂房本身用地，应依法征收城镇土地使用税。

（7）关闭、撤销的企业占地。

企业关闭、撤销后，其占地未作他用的，经各省、自治区、直辖市税务局批准，可暂免征收城镇土地使用税；如土地转让给其他单位使用或企业重新用于生产经营的，应依照规定征收城镇土地使用税。

（8）搬迁企业的用地。

自 2004 年 7 月 1 日起，企业搬迁后原场地不使用的、企业范围内荒山等尚未利用的土地，免征城镇土地使用税。免征税额由企业在申报缴纳城镇土地使用税时自行计算扣除，并在申报表附表或备注栏中作相应说明。

对搬迁后原场地不使用的和企业范围内荒山等尚未利用的土地，凡企业申报暂免征收城镇土地使用税的，应事先向土地所在地的主管税务机关报送有关部门的批准文件或认定书等相关证明材料，以备税务机关查验。具体报送材料由各省、自治区、直辖市和计划列市地方税务局确定。

　　企业按上述规定暂免征收城镇土地使用税的土地开始使用时，应从使用的次月起自行计算和申报缴纳城镇土地使用税。

　　（9）企业的铁路专用线、公路等用地。

　　对企业的铁路专用线、公路等用地，除另有规定者外，在企业厂区（包括生产、办公及生活区）以内的，应照章征收城镇土地使用税；在厂区以外、与社会公用地段未加隔离的，暂免征收城镇土地使用税。

　　（10）企业范围内的荒山、林地、湖泊等占地。

　　对企业范围内的荒山、林地、湖泊等占地，尚未利用的，经各省、自治区、直辖市税务局审批，可暂免征收城镇土地使用税。

　　（11）企业的绿化用地。

　　对企业厂区（包括生产、办公及生活区）以内的绿化用地，应照章征收城镇土地使用税，厂区以外的公共绿化用地和向社会开放的公园用地，暂免征收城镇土地使用税。

　　（12）中国石油天然气总公司所属单位用地。

　　下列油气生产建设用地暂免征收：石油地质勘探、钻井、井下作业、油田地面工程等施工临时用地；各种采油（气）井、注水（气）井、水源井用地；油田内办公、生活区以外的公路、铁路专用线及输油（气、水）管道用地；石油长输管线用地；通信、输变电线路用地。

　　在城市、县城、建制镇以外工矿区内的下列油气生产、生活用地，暂免征收城镇土地使用税：与各种采油（气）井相配套的地面设施用地，包括油气采集、计量、接转、储运、装卸、综合处理等各种站的用地；与注水（气）井相配套的地面设施用地，包括配水、取水、转水以及供气、配气、压气、气举等各种站的用地；供（配）电、供排水、消防、防洪排涝、防风、防沙等设施用地；职工和家属居住的简易房屋、活动板房、野营房、帐篷等用地。

　　除以上所列举免税的土地外，其他在开征范围内的油气生产及办公、生活区用地，均应依照规定征收城镇土地使用税。

　　（13）林业系统用地。

　　对林区的育林地、运材道、防火道、防火设施用地，免征城镇土地使用税。林业系统的森林公园、自然保护区，可比照公园免征城镇土地使用税。林业系统的林区储木场、水运码头用地，原则上应按税法规定缴纳城镇土地使用税，考虑到林业系统目前的困难，为扶持其发展，暂予免征城镇土地使用税。

　　（14）盐场、盐矿用地。

　　对盐场、盐矿的生产厂房、办公、生活区用地，应照章征收城镇土地使用税。盐场的盐滩、盐矿的矿井用地，暂免征收城镇土地使用税。对盐场、盐矿的其他用地，由各省、自治区、直辖市税务局根据实际情况，确定征收城镇土地使用税或给予定期减征、免征的照顾。

　　（15）矿山企业用地。

　　矿山的采矿场、排土场、尾矿库、炸药库的安全区，以及运矿运岩公路、尾矿输送管道及回水系统用地，免征城镇土地使用税。对位于城镇土地使用税征税范围内的煤炭企业已取得土地使用权，未利用的塌陷地，自2006年9月1日起恢复征收城镇土地使用税。

　　（16）电力行业用地。

　　火电厂厂区围墙内的用地，均应征收城镇土地使用税。对厂区围墙外的灰场、输灰管、输油（气）管道、铁路专用线用地，免征城镇土地使用税；厂区围墙外的其他用地，应照章征税。水电站的发电厂房用地（包括坝内、坝外式厂房），生产、办公、生活用地，应征收城镇土地使用税；对其他用地给予免税照顾。对供电部门的输电线路用地、变电站用地，免征城镇土地使用税。

（17）水利设施用地。

水利设施及其管扩用地（如水库库区、大坝、堤防、灌渠、泵站等用地），免征城镇土地使用税；其他用地，如生产、办公、生活用地，应照章征税。对兼有发电的水利设施用地城镇土地使用税的征免，具体办法比照电力行业征免城镇土地使用税的有关规定办理。

（18）核工业总公司所属企业用地。

对生产核系列产品的厂矿，为照顾其特殊情况，除生活区、办公区用地应依照规定征收城镇土地使用税外，其他用地暂免征收城镇土地使用税。对除生产核系列产品厂矿以外的其他企业，如仪表企业、机械修造企业、建筑安装企业等，应依照规定征收城镇土地使用税。上述企业纳税确有困难，需要给予照顾的，可由企业向所在地的税务机关提出减免税申请，经省、自治区、直辖市税务局审核后，报国家税务总局核批。

（19）中国海洋石油总公司及其所属公司用地。

下列用地暂免征收城镇土地使用税：导管架、平台组块等海上结构物建造用地；码头用地；输油气管线用地；通讯天线用地；办公、生活区以外的公路、铁路专用线、机场用地。

（20）交通部门港口用地。

对港口的码头（即泊位，包括岸边码头、伸入水中的浮码头、堤岸、堤坝、栈桥等）用地，免征城镇土地使用税。对港口的露天堆货场用地，原则上应征收城镇土地使用税。企业纳税确有困难的，可由各省、自治区、直辖市税务局根据其实际情况，给予定期减征或免征城镇土地使用税的照顾。

（21）民航机场用地。

机场飞行区（包括跑道、滑行道、停机坪、安全带、夜航灯光区）用地、场内外通信导航设施用地和飞行区四周排水防洪设施用地，免征城镇土地使用税。在机场道路中，场外道路用地免征城镇土地使用税；场内道路用地依照规定征收城镇土地使用税。机场工作区（包括办公、生产和维修用地及候机楼、停车场）用地、生活区用地、绿化用地，均须依照规定征收城镇土地使用税。

（22）司法部所属劳改劳教单位用地。

少年犯管教所的用地和由国家财政部门拨付事业经费的劳教单位自用的土地，免征城镇土地使用税。劳改单位及经费实行自收自支的劳教单位的工厂、农场等，凡属于管教或生活用地，例如，办公室、管卫室、职工宿舍、犯人宿舍、储藏室、食堂、礼堂、图书室、阅览室、浴室、理发室、医务室等房屋、建筑物用地及其周围土地，均免征城镇土地使用税。对监狱用地，若主要用于关押犯人，只有极少部分用于生产经营的，可从宽掌握，免征城镇土地使用税。劳改劳教单位警戒围墙外的其他生产经营用地，应照章征收城镇土地使用税。

（23）老年服务机构自用的土地。

老年服务机构是指专门为老年人提供生活照料、文化、护理、健身等多方面服务的福利性、非营利性的机构，主要包括老年社会福利院、敬老院（养老院）、老年服务中心、老年公寓（含老年护理院、康复中心、托老所）等。

（24）邮政部门的土地。

对邮政部门坐落在城市、县城、建制镇、工矿区范围内的土地，应当依法征收城镇土地使用税；对坐落在城市、县城、建制镇、工矿区范围以外的，尚在县邮政局内核算的土地，在单位财务账中划分清楚的，从 2001 年 1 月 1 日起不再征收城镇土地使用税。

（25）对国家石油储备基地第一期项目建设过程中涉及的城镇土地。

（26）向居民供热并向居民收取采暖费的供热企业暂免征收城镇土地使用税。

"供热企业"，是指向居民供热并向居民收取采暖费的企业，包括专业供热企业、兼营供热企业、单位自供热及为小区居民供热的物业公司等，不包括从事热力生产但不直接向居民供热的企业。

对于免征房产税和城镇土地使用税的"生产用房"和"生产占地"，是指上述企业为居民供热所使用的厂房及土地。对既向居民供热、又向非居民供热的企业，可按向居民供热收取的收入占其总供热收入的比例划分征免税界限；对于兼营供热的企业，可按向居民供热收取的收入占其生产经营总收入的比例划分征免税界限。

（27）国家天然林保护工程自用的土地。

自 2004 年 1 月 1 日至 2010 年 12 月 31 日期间，对长江上游、黄河中上游地区，东北、内蒙古等国有林区天然林资源保护工程实施企业和单位用于天然林保护工程的土地免征城镇土地使用税。对上述企业和单位用于天然林资源保护工程以外其他生产经营活动的土地仍按规定征收城镇土地使用税；对由于国家实行天然林资源保护工程造成森工企业的土地闲置 1 年以上不用的，暂免征收城镇土地使用税；闲置房产和土地用于出租或企业重新用于天然林资源保护工程之外的其他生产经营的，应依照规定征收城镇土地使用税。免税土地应单独划分，与其他应税土地划分不清的，应按规定征税。从 2011 年 1 月 1 日至 2020 年 12 月 31 日，对天然林保护工程的土地继续免征城镇土地使用税。

（28）人民银行自用的土地。

对行使国家行政管理职能的中国人民银行总行（含国家外汇管理局）及其所属分支机构自用的土地，免征城镇土地使用税。

（29）铁路行业自用的土地。

继续免征城镇土地使用税的铁道部所属铁路运输企业的范围包括：铁路局、铁路分局（包括客货站、编组站、车务、机务、工务、电务、水电、车辆、供电、列车、客运段）、中铁集装箱运输有限责任公司、中铁特货运输有限责任公司、中铁行包快递有限责任公司、中铁快运有限公司；地方铁路运输企业自用的房产、土地应缴纳的城镇土地使用税，比照铁道部所属铁路运输企业的政策执行。

（30）国家直属储备粮、棉、糖、肉、盐库自用土地。

对中储粮总公司及其直属粮库经营中央储备粮（油）业务自用的房产土地，中储棉总公司及其直属棉库经营中央储备棉业务自用的房产土地，华商中心、国家储备糖库、国家储备肉库经营中央储备糖肉业务自用的房产，中国盐业总公司国家直属储备盐库经营中央储备盐业务自用的房产、土地。自 2006 年 1 月 1 日起至 2008 年 12 月 31 日免征城镇土地使用税。

（31）核电站和廉租住房用地。

对核电站的核岛、常规岛、辅助厂房和通信设施用地（不包括地下线路用地），生活、办公用地按规定征收城镇土地使用税，其他用地免征城镇土地使用税。对核电站应税土地在基建期内减半征收城镇土地使用税。

对廉租住房、经济适用住房建设用地以及廉租住房经营管理单位按照政府规定价格、向规定保障对象出租的廉租住房用地，免征城镇土地使用税。

开发商在经济适用住房、商品住房项目中配套建造廉租住房，在商品住房项目中配套建造经济适用住房，如能提供政府部门出具的相关材料，可按廉租住房、经济适用住房建筑面积占总建筑面积的比例免征开发商应缴纳的城镇土地使用税。

（32）自2009年12月1日起，对在城镇土地使用税征税范围内单独建造的地下建筑用地，按规定征收城镇土地使用税。其中，已取得地下土地使用权证的，按土地使用权证确认的土地面积计算应征税款；未取得地下土地使用权证或地下土地使用权证上未标明土地面积的，按地下建筑垂直投影面积计算应征税款。

对上述地下建筑用地暂按应征税款的50%征收城镇土地使用税。

（33）自2012年1月1日起至2014年12月31日止，对物流企业自有的（包括自用和出租）大宗商品仓储设施用地，减按所属土地等级适用税额标准的50%计征城镇土地使用税。

四、城镇土地使用税应纳税额的计算

（一）城镇土地使用税的计税依据

城镇土地使用税以纳税人实际占用的土地面积为计税依据，土地面积计量标准为每平方米。即税务机关根据纳税人实际占用的土地面积，按照规定的税额计算应纳税额，向纳税人征收土地使用税。

纳税人实际占用的土地面积按下列办法确定：

1. 由省、自治区、直辖市人民政府确定的单位组织测定土地面积的，以测定的面积为准。

2. 尚未组织测地，但纳税人持有政府部门核发的土地使用证书的，以证书确认的土地面积为准。

3. 尚未核发土地使用证书的，应由纳税人申报土地面积，据以纳税，待核发土地使用证以后再作调整。

（二）城镇土地使用税应纳税额的计算

城镇土地使用税的应纳税额可以通过纳税人应计税的土地面积乘以该土地所在地段的适用税额求得。其计算公式为：

$$全年应纳税额 = 计税土地面积（平方米）\times 适用税额$$

土地使用权由几方共有的，由共有各方按照各自实际使用的土地面积占总面积的比例，分别计算缴纳土地使用税。

【例8-3】某市一商场坐落在该市繁华地段，企业土地使用证书记载占用土地的面积为8 000平方米，经确定属一等地段；该商场另设两个统一核算的分店均坐落在市区三等地段，共占地3 000平方米；一座仓库位于市郊，属五等地段，占地面积为500平方米；另外，该商场自办托儿所占地面积2 500平方米，属三等地段。计算该商场全年应纳城镇土地使用税税额（一等地段年税额 4 元/平方米；三等地段年税额 2 元/平方米；五等地段年税额 1 元/平方米。当地规定托儿所占地面积免税）。

要求：计算该商场应纳土地使用税额。

[计算分析]

应纳税额为：

（1）商场占地应纳税额 = 8 000×4 = 32 000（元）

（2）分店占地应纳税额 = 3 000×2 = 6 000（元）

（3）仓库占地应纳税额 = 500×1 = 500（元）

（4）商场自办托儿所按税法规定免税。

（5）全年应纳土地使用税额 = 32 000 + 6 000 + 500 = 38 500（元）

第三节　城市维护建设税

现行城市维护建设税的基本规范，是 1985 年 2 月 8 日国务院发布并于同年 1 月 1 日实施的《中华人民共和国城市维护建设税暂行条例》。

一、城市维护建设税概述

（一）城市维护建设税的概念

城市维护建设税，是指国家制定的用以调整城市维护建设税征收与缴纳权利及义务关系的法律规范。

新中国成立以来，我国城市建设和维护在不同时期都取得了较大成绩，但是国家在城市建设方面一直资金不足。1981 年国务院在批转财政部关于改革工商税制的设想中提出："根据城市建设的需要，开征城市维护建设税，作为县以上城市和工矿区市政建设的专项资金"。1985 年 2 月 8 日，国务院正式颁布《中华人民共和国城市维护建设税暂行条例》（以下简称《暂行条例》），并于 1985 年 1 月 1 日在全国范围内施行。

（二）城市维护建设税的特点

城市维护建设税（简称"城建税"），是国家对缴纳增值税、消费税、营业税（简称"三税"）的单位和个人就其实际缴纳的"三税"税额为计税依据而征收的一种税。它属于特定目的税，是国家为加强城市的维护建设，扩大和稳定城市维护建设资金的来源而采取的一项税收措施。由此可以看出，城市维护建设税与其他税种相比较，具有以下特点：

1. 具有附加税性质。它以纳税人实际缴纳的"三税"税额为计税依据，附加于"三税"税额，本身并没有特定的、独立的征税对象。

2. 具有特定目的。城建税税款专门用于城市的公用事业和公共设施的维护建设。城建税为开发建设新兴城市，扩展、改造旧城市，发展城市公用事业，以及维护公共设施等提供了稳定的资金来源，使城市的维护建设随着经济的发展而不断发展，体现了对受益者课税，权利与义务相一致的原则。一般来说，城镇规模越大，所需要的建设与维护资金越多。与此相适应，城市维护建设税规定，纳税人所在地为城市市区的，税率为7%；纳税人所在地为县城、建制镇的，税率为5%；纳税人所在地不在城市市区、县城或建制镇的，税率为1%。这种根据城镇规模不同，差别设置税率的办法，较好地照顾了城市建设的不同需要。

3. 征收范围较广。鉴于增值税、消费税、营业税在我国现行税制中属于主体税种，而城市维护建设税又是其附加税，原则上讲，只要缴纳增值税、消费税、营业税中任一税种的纳税人都要缴纳城市维护建设税。这也就等于说，除了减免税等特殊情况以外，任何从事生产经营活动的企业单位和个人都要缴纳城市维护建设税，这个征税范围当然是比较广的。

（三）城市维护建设税的立法原则

1. 补充城市维护建设的资金不足

城市在国民经济建设中起着基础性作用，随着经济体制改革的深入和市场经济的迅速发展，以及城市物资交流和对外贸易的不断扩大，城市的中心地位越来越重要。但是与经济迅速发展对城市建设的巨大需求相比，城市建设资金明显不足。城市的维护建设欠账较多。开征城市维护建设税，以商品劳务税的税额为计税依据，与"三税"同时征收，这样，不仅扩大了征收范围，还可以保证城市维护建设税收入随"三税"的增长而增长，使城市维护建设有一个比较稳定可靠的资金来源。

2. 限制对企业的乱摊派

长期以来，城市建设资金的严重不足是一个客观事实，有些地区以此为借口，随意向企业摊派物资和资金，加重了企业负担，影响了企业的正常生产经营，败坏了政府形象，甚至给个别人违法乱纪提供了空间。征收城市维护建设税，就可以将企业、单位对城市建设这项公共事业应承担的义务和地方政府城市维护建设的资金来源，用法律形式确定下来。为此，《暂行条例》第八条规定："开征城市维护建设税后，任何地区和部门，都不得再向纳税人摊派资金或物资。遇到摊派情况，纳税人有权拒绝执行。"这就为限制对企业的乱摊派提供了一项法律保证。

3. 调动地方政府进行城市建设和维护的积极性，为推行分税制创造条件

《暂行条例》第六条规定："城市维护建设税应当保证用于城市的公用事业和公共设施的维护建设。具体安排由地方人民政府确定"，明确了城市维护建设税是一个具有专款专用性质的地方税。将城市维护建设税收入与当地城市建设直接挂钩，税收收入越多，城市建设资金就越充裕，城市建设发展就越快。这样，就可以充分调动地方政府的积极性，使其更加关心城市维护建设税收入，加强城市维护建设税的征收管理。另外，城市维护建设税作为一个主要的地方税种，充实和完善了地方税体系，扩大了地方财政收入规模，为实行分税制财政体制奠定了基础。

二、城市维护建设税的纳税人与课税基础

（一）城市维护建设税的纳税人

城市维护建设税的纳税人是在征税范围内从事工商经营，并缴纳增值税、消费税、营业

税的单位和个人。包括国有企业、集体企业、私营企业、股份制企业、其他企业和行政单位、事业单位、军事单位、社会团体、其他单位，以及个体工商户及其他个人。

自 2010 年 12 月 1 日起，对外商投资企业、外国企业及外籍个人征收城市维护建设税。

城市维护建设税的代扣代缴、代收代缴，一律比照增值税、消费税、营业税的有关规定办理。

（二）城市维护建设税的征税对象与征税范围

城市维护建设税属于附加税，没有自己独特的征税对象。

城市维护建设税是以纳税人实际缴纳的增值税、消费税和营业税的税额为计税依据的。原则上，只要缴纳增值税、消费税和营业税的，都应缴纳城建税，海关对进口产品代征的增值税、消费税，不征收城建税。

城市维护建设税的征税范围比较广，具体包括城市、县城、建制镇，以及税法规定征收"三税"的其他地区。城市、县城、建制镇的范围，应以行政区划为标准，不能随意扩大或缩小各自行政区域的管辖范围。

三、城市维护建设税的税率与税收优惠

（一）城市维护建设税的税率

城建税的税率，是指纳税人应缴纳的城建税税额与纳税人实际缴纳的"三税"税额之间的比率。按照纳税人所在地的不同，税率分别规定为7%、5%、1%三个档次。不同地区的纳税人，适用不同档次的税率。具体适用范围是：

1. 纳税人所在地为市区的，税率为7%；
2. 纳税人所在地为县城、镇的，税率为5%；
3. 纳税人所在地不在市区、县城或者镇的，税率为1%。

纳税单位和个人缴纳城市维护建设税的适用税率，一律按其纳税所在地的规定税率执行。县政府设在城市市区，其在市区办的企业，按照市区的规定税率计算纳税。纳税人所在地为工矿区的，应根据行政区划分别按照7%、5%、1%的税率缴纳城市维护建设税。

城市维护建设税的适用税率，一般规定按纳税人所在地的适用税率执行。但对下列两种情况，可按纳税人缴纳"三税"所在地的规定税率就地缴纳城市维护建设税：

1. 由受托方代收、代扣"三税"的单位和个人；
2. 流动经营等无固定纳税地点的单位和个人。

（二）城市维护建设税的税收优惠

城市维护建设税是以增值税、消费税、营业税为计税依据，并与"三税"同时征收的。税法规定对纳税人减免"三税"时，相应也减免了城市维护建设税，因此，城市维护建设税原则上不单独规定减免税。但因城建税又具附加税性质，当主税发生减免时，城建税相应发生税收减免。城建税的税收减免具体有以下几种情况：

1. 城建税按减免后实际缴纳的"三税"税额计征，即随"三税"的减免而减免。

2. 对于因减免税而需进行"三税"退库的，城建税也可同时退库。

3. 海关对进口产品代征的增值税、消费税，不征收城建税。

4. 对"三税"实行先征后返、先征后退、即征即退办法的，除另有规定外，对随"三税"附征的城市维护建设税和教育费附加，一律不予退（返）还。

四、城市维护建设税应纳税额的计算

（一）城市维护建设税的计税依据

城建税的计税依据，是指纳税人实际缴纳的"三税"税额。纳税人违反"三税"有关税法而加收的滞纳金和罚款，是税务机关对纳税人违法行为的经济制裁，不作为城建税的计税依据，但纳税人在被查补"三税"和被处以罚款时，应同时对其偷漏的城建税进行补税、征收滞纳金和罚款。

城建税以"三税"税额为计税依据并同时征收，如果要免征或者减征"三税"，也就要同时免征或者减征城建税。

但对出口产品退还增值税、消费税的，不退还已缴纳的城建税。

自2005年1月1日起经国家税务总局正式审核批准的当期免抵的增值税税额应纳入城市维护建设税和教育费附加的计征范围，分别按规定的税（费）率征收城市维护建设税和教育费附加。2005年1月1日前，已按免抵的增值税税额征收的城市维护建设税和教育费附加不再退还，未征的不再补征。

（二）城市维护建设税应纳税额的计算

城建税纳税人的应纳税额大小是由纳税人实际缴纳的"三税"税额决定的，其计算公式为：

应纳税额 =（实际缴纳的增值税 + 实际缴纳的消费税 + 实际缴纳的营业税税额）× 适用税率

【例8-4】某县城一企业2008年8月实际缴纳增值税300 000元，缴纳消费税400 000元，缴纳营业税200 000元。应纳城建税税额 =（实际缴纳的增值税 + 实际缴纳的消费税 + 实际缴纳的营业税）× 适用税率 =（300 000 + 400 000 + 200 000）× 5% = 900 000 × 5% = 45 000（元）。

由于城建税法实行纳税人所在地差别比例税率，所以在计算应纳税额时，应十分注意根据纳税人所在地来确定适用税率。

第四节　土地增值税

现行土地增值税的基本规范，是1993年12月13日国务院颁布的《中华人民共和国土地增值税暂行条例》。

一、土地增值税概述

（一）土地增值税的概念

土地增值税是对有偿转让国有土地使用权及地上建筑物和其他附着物产权并取得增值性收入的单位和个人所征收的一种税。土地属于不动产，对土地课税是一种古老的税收形式，也是各国普遍征收的一种财产税。有些国家和地区将土地单列出来征收，如土地税、地价税、农地税、未开发土地税、荒地税、城市土地税、土地登记税、土地转让税、土地增值税、土地租金税、土地发展税等。有些国家和地区鉴于土地与地面的房屋、建筑物及其他附着物的密不可分性，对土地、房屋及其他附着物一起征税，统称为房地产税、不动产税、财产税等。

对土地征税，不论是单列税种，还是未单列税种，也不论其冠以何种税名，依据征税的税基不同，大致可以分为两大类：一类是财产性质的土地税，它以土地的数量或价值为税基，或实行从量计税，或采取从价计税，前者如我国历史上曾开征的田赋和地亩税，后者如地价税等。这类土地税的历史十分悠久，属于原始的直接税或财产税。另一类是收益性质的土地税，其实质是对土地收益或地租的征税。

国务院于1993年12月13日发布了《中华人民共和国土地增值税暂行条例》，财政部于1995年1月27日颁布了《中华人民共和国土地增值税暂行条例实施细则》，决定自1994年1月1日起在全国开征土地增值税，这是我国（除台湾地区外）开征的第一个对土地增值额或土地收益额征收的税种。

（二）土地增值税的特点

1. 土地增值税的征税面广

凡在我国境内转让房地产并取得增值收入的单位和个人，除税法规定免税的外，均应依照税法规定缴纳土地增值税。换言之，凡发生应税行为的单位和个人，不论其经济性质，也不分内、外资企业或中、外籍人员，无论专营或兼营房地产业务，均有缴纳土地增值税的义务。

2. 征税对象是转让房地产取得的增值额

我国的土地增值税属于"土地转移增值税"的类型，将土地、房屋的转让收入合并征收。其征税对象的增值额，是纳税人转让房地产的收入减除税法规定准予扣除项目金额后的余额。

3. 增值额的确定主要采用扣除法和评估法

土地增值税在计算方法上考虑我国实际情况，以纳税人转让房地产取得的收入，减除法定扣除项目金额后的余额作为计税依据。对旧房及建筑物的转让，以及对纳税人转让房地产申报不实、成交价格偏低的，采用评估价格法确定增值额，计征土地增值税。

4. 实行超率累进税率

土地增值税的税率是以转让房地产的增值率高低为依据，按照累进原则设计的，实行分级计税。增值率高的，适用的税率高、多纳税；增值率低的，适用的税率低、少纳税，税收负担较为合理，体现国家政策。

5. 实行按次征收

土地增值税在房地产发生转让的环节，实行按次征收，每发生一次转让行为，就应根据每次取得的增值额征一次税。其纳税时间和缴纳方法根据房地产转让情况而定。

（三）土地增值税的目的

土地增值税是对转让国有土地使用权、地上建筑物及其附着物并取得收入的单位和个人，就其转让房地产所取得的增值额征收的一种税。我国开征土地增值税的主要目的是：

第一，征收土地增值税，是进一步改革和完善税制，增强国家对房地产开发和房地产市场调控力度的客观需要。1993 年前后，我国房地产开发和房地产市场的发展非常迅速，这对于合理配置土地资源，提高土地使用效益：改善城市设施和人民生活居住条件，以及带动相关产业的发展，都有积极作用。但是，也出现了一些问题，如房地产开发过热，一度炒买炒卖房地产的投机行为盛行，房地产价格上涨过猛，投入开发的资金规模过大，土地资源浪费严重，国家收回土地增值收益较少，不同程度上对国民经济发展造成了不良影响。在这种情况下，国家为了兴利抑弊，需要发挥税收的经济杠杆作用进行调控，以促进其健康发展。

第二，征收土地增值税，主要是为了抑制炒买炒卖土地投机获取暴利的行为。1993 年前后出现的房地产开发过热现象，从根本上讲是利益驱使所致。从事房地产开发固然风险很大，但能获得高额收入。一些投机者钻管理上的空子，搞炒买炒卖获取暴利。土地收益主要来源于土地的增值收益，包括自然增值和投资增值。特别是土地的自然增值，随着经济的发展和土地资源的相对短缺，将会越来越大。土地资源属于国家所有，国家为整治和开发国土投入了巨额资金，应当在土地增值收益的分配中取得较多份额。征收土地增值税，通过对转让房地产的过高增值收益进行合理调节分配，一方面维护了国家权益，也对房地产正当开发者的合法权益给予保护；另一方面要使投机者不能再获取暴利，从根本上抑制炒买炒卖房地产的现象。

第三，开征土地增值税，是为了规范国家参与土地增值收益的分配方式，增加国家财政收入。1994 年 1 月 1 日前，我国涉及房地产交易市场的税收，主要有营业税、企业所得税、个人所得税、契税等。这些税对转让房地产收益可以起到一般调节作用，但对土地增值所获得的过高收入起不到特殊调节作用。在土地增值税未开征前，有些地区已通过征收土地增值税的办法，对土地过高收益进行调控，既增加了财政收入，也抑制了炒买炒卖房地产的投机行为。但各地办法不统一，收取标准差别也比较大，开征土地增值税可以统一和规范国家参与土地增值收益分配的方式。

（四）土地增值税的立法原则

开征土地增值税，是国家运用税收手段规范房地产市场秩序，合理调节土地增值收益分配，维护国家权益，促进房地产开发健康发展的重要举措，其基本立法原则主要体现在以下三个方面：

1. 适度加强国家对房地产开发、交易行为的宏观调控

我国在借鉴世界上一些国家和地区的有益做法，开征土地增值税，利用税收杠杆对房地产业的开发、经营和房地产市场进行适当调控，以保护房地产业和房地产市场的健康发展，控制房地产的投机行为，促进土地资源的合理利用，调节部分单位和个人通过房地产交易取得的过高收入。

2. 抑制土地炒买炒卖，保障国家的土地权益

随着经济的进一步开放，我国有些地区出于招商引资或急于求成搞建设的考虑，盲目进行土地开发，竞相压低国有土地批租价格，给炒买炒卖者留下可乘之机，致使国家土地增值收益流失严重，极大地损害了国家利益。我国通过对土地增值性收益征税，可以在一定程度上堵塞漏洞，减少国家土地资源及增值性收益的流失，遏制土地投机行为，保护房地产开发者的合法权益，维护国家的整体利益。

3. 规范国家参与土地增值收益的分配方式，增加财政收入

分税制财政体制规定，土地增值税属于地方财政收入。在土地增值税未开征前，有些地区已通过征收土地增值费的办法，对土地增值收益进行分配，但办法不统一，收费标准也不规范，相差悬殊。因此，有必要由国家以法律、法规的形式，用强制性的税收方式，规范土地增值性收益的分配制度。对土地增值收益征税，可以为增加国家财政收入开辟新的财源。

二、土地增值税的纳税人与课税基础

（一）土地增值税的纳税人

土地增值税的纳税人为转让国有土地使用权、地上的建筑及其附着物（以下简称"转让房地产"）并取得收入的单位和个人。单位包括各类企业、事业单位、国家机关和社会团体及其他组织。个人包括个体经营者。

土地增值税的纳税人主要有以下四个特点：

1. 不论法人与自然人。即不论是企业、事业单位、国家机关、社会团体及其他组织，还是个人，只要有偿转让房地产，都是土地增值税的纳税人。

2. 不论经济性质。即不论是全民所有制企业、集体企业、私营企业、个体经营者，还是联营企业、合资企业、合作企业、外商独资企业等，只要有偿转让房地产，都是土地增值税的纳税人。

3. 不论内资与外资企业、中国公民与外籍个人。土地增值税适用于涉外企业和个人。不论是内资企业还是外商投资企业、外国驻华机构，也不论是中国公民、港澳台同胞、海外华侨，还是外国公民，只要有偿转让房地产，都是土地增值税的纳税人。

4. 不论部门。即不论是工业、农业、商业、学校、医院、机关等，只要有偿转让房地产，都是土地增值税的纳税人。

（二）土地增值税的征税对象

土地增值税的征税对象是纳税人转让房地产所取得的增值额。此项增值额为纳税人转让房地产取得的收入减除税法规定的扣除项目金额后的余额。

（三）土地增值税的征税范围

1. 土地增值税征税范围的一般规定

土地增值税的课税对象是有偿转让国有土地使用权及地上建筑物和其他附着物产权所取得的增值额。根据《土地增值税暂行条例》及其实施细则的规定，土地增值税的征税范围包括：

（1）转让国有土地使用权。

这里所说的"国有土地"，是指按国家法律规定属于国家所有的土地。

（2）地上的建筑物及其附着物连同国有土地使用权一并转让。

这里所说的"地上的建筑物"，是指建于土地上的一切建筑物，包括地上地下的各种附属设施。这里所说的"附着物"，是指附着于土地上的不能移动或一经移动即遭损坏的物品。

2. 土地增值税征税范围的界定

准确界定土地增值税的征税范围十分重要。在实际工作中，我们可以通过以下几条标准来判定：

（1）转让的土地，其使用权是否为国家所有。土地增值税是对转让国有土地使用权及其地上建筑物和附着物的行为征税。

根据《宪法》和《土地管理法》的规定，城市的土地属于国家所有。农村和城市郊区的土地除由法律规定属于国家所有的以外，属于集体所有。国家为了公共利益，可以依照法律规定对集体土地实行征用，依法被征用后的土地属于国家所有。对于上述法律规定属于国家所有的土地，其土地使用权在转让时，按照《土地增值税暂行条例》规定，属于土地增值税的征税范围。而农村集体所有的土地，根据《土地管理法》、《城市房地产管理法》及国家其他有关规定，是不得自行转让的，只有根据有关法律规定，由国家征用以后变为国家所有时，才能进行转让。故集体土地的自行转让是一种违法行为，应由有关部门来处理。对于目前违法将集体土地转让给其他单位和个人的情况，应在有关部门处理、补办土地征用或出让手续变为国家所有之后，再纳入土地增值税的征税范围。

（2）土地使用权、地上的建筑物及其附着物的产权是否发生转让。土地增值税是对国有土地使用权及其地上的建筑物和附着物的转让行为征税。

土地增值税的征税范围不包括国有土地使用权出让所取得的收入。国有土地使用权出让，是指国家以土地所有者的身份将土地使用权在一定年限内让与土地使用者，并由土地使用者向国家支付土地使用权出让金的行为，属于土地买卖的一级市场。土地使用权出让的出让方是国家，国家凭借土地的所有权向土地使用者收取土地的租金。出让的目的是实行国有土地的有偿使用制度，合理开发、利用、经营土地，因此，土地使用权的出让不属于土地增值税的征税范围。而国有土地使用权的转让是指土地使用者通过出让等形式取得土地使用权后，将土地使用权再转让的行为，包括出售、交换和赠与，它属于土地买卖的二级市场。土地使用权转让，其地上的建筑物、其他附着物的所有权随之转让。土地使用权的转让，属于土地增值税的征税范围。

土地增值税的征税范围不包括未转让土地使用权、房产产权的行为。是否发生房地产权属（指土地使用权和房产产权）的变更，是确定是否纳入征税范围的一个标准，凡土地使用权、房产产权未转让的（如房地产的出租），不征收土地增值税。

（3）是否取得收入。土地增值税是对转让房地产并取得收入的行为征税。

土地增值税的征税范围不包括房地产的权属虽转让，但未取得收入的行为。如房地产的继承，尽管房地产的权属发生了变更，但权属人并没有取得收入，因此也不征收土地增值税。

需要强调的是，无论是单独转让国有土地使用权，还是房屋产权与国有土地使用权一并转让的，只要取得收入，均属于土地增值税的征税范围，应对之征收土地增值税。

3. 土地增值税征税范围若干具体情况的判定。

（1）以出售方式转让国有土地使用权、地上的建筑物及附着物的。

①出售国有土地使用权的。这种情况是指土地使用者通过出让方式，向政府缴纳了土地出让金，有偿受让土地使用权后，仅对土地进行通水、通电、通路和平整地面等土地开发，不进行房产开发，即所谓"将生地变熟地"，然后直接将空地出售出去。这属于国有土地使用权的有偿转让，应纳入土地增值税的征税范围。

②取得国有土地使用权后进行房屋开发建造然后出售的。这种情况即是一般所说的房地产开发。虽然这种行为通常被称作卖房，但按照国家有关房地产法律和法规的规定：卖房的同时，土地使用权也随之发生转让。由于这种情况既发生了产权的转让又取得了收入，所以应纳入土地增值税的征税范围。

③存量房地产的买卖。这种情况是指已经建成并已投入使用的房地产，其房屋所有人将房屋产权和土地使用权一并转让给其他单位和个人。这种行为按照国家有关的房地产法律和法规，应当到有关部门办理房产产权和土地使用权的转移变更手续；原土地使用权属于无偿划拨的，还应到土地管理部门补交土地出让金。这种情况既发生了产权的转让又取得了收入，应纳入土地增值税的征税范围。

（2）以继承、赠与方式转让房地产的行为。

这种情况因其只发生房地产产权的转让，没有取得相应的收入，属于无偿转让房地产的行为，所以不能将其纳入土地增值税的征税范围。这里又可分为两种情况：

①房地产的继承。房地产的继承是指房产的原产权所有人、依照法律规定取得土地使用权的土地使用人死亡以后，由其继承人依法承受死者房产产权和土地使用权的民事法律行为。这种行为虽然发生了房地产的权属变更，但作为房产产权、土地使用权的原所有人（即被继承人）并没有因为权属的转让而取得任何收入。因此，这种房地产的继承不属于土地增值税的征税范围。

②房地产的赠与。房地产的赠与是指房产所有人、土地使用权所有人将自己所拥有的房地产无偿地交给其他人的民事法律行为。但这里的"赠与"仅指以下情况：

房产所有人、土地使用权所有人将房屋产权、土地使用权赠与直系亲属或承担直接赡养义务的人。

房产所有人、土地使用权所有人通过中国境内非营利的社会团体、国家机关将房屋产权、土地使用权赠与教育、民政和其他社会福利、公益事业的。

上述社会团体是指中国青少年发展基金会、希望工程基金会、宋庆龄基金会、减灾委员会、中国红十字会、中国残疾人联合会、全国老年基金会、老区促进会以及经民政部门批准成立的其他非营利的公益性组织。

房地产的赠与虽发生了房地产的权属变更，但作为房产所有人、土地使用权的所有人并没有因为权属的转让而取得任何收入。因此，房地产的赠与不属于土地增值税的征税范围。

（3）房地产的出租行为。

房地产的出租是指房产的产权所有人、依照法律规定取得土地使用权的土地使用人，将房产、土地使用权租赁给承租人使用，由承租人向出租人支付租金的行为。房地产的出租，出租人虽取得了收入，但没有发生房产产权、土地使用权的转让。因此，不属于土地增值税的征税范围。

（4）房地产的抵押行为。

房地产的抵押是指房地产的产权所有人、依法取得土地使用权的土地使用人作为债务人或第三人向债权人提供不动产作为清偿债务的担保而不转移权属的法律行为。这种情况由于房产的产权、土地使用权在抵押期间产权并没有发生权属的变更，房产的产权所有人、土地使用权人仍能对房地产行使占有、使用、收益等权利，房产的产权所有人、土地使用权人虽然在抵押期间取得了一定的抵押贷款，但实际上这些贷款在抵押期满后是要连本带利偿还给债权人的。因此，对房地产的抵押，在抵押期间不征收土地增值税。待抵押期满后，视该房地产是否转移占有而确定是否征收土地增值税。对于以房地产抵债而发生房地产权属转让的，应列入土地增值税的征税范围。

（5）房地产的交换行为。

这种情况是指一方以房地产与另一方的房地产进行交换的行为。由于这种行为既发生了房产产权、土地使用权的转移，交换双方又取得了实物形态的收入，按《土地增值税暂行条例》规定，它属于土地增值税的征税范围。但对个人之间互换自有居住用房地产的，经当地税务机关核实，可以免征土地增值税。

（6）以房地产进行投资、联营。

对于以房地产进行投资、联营的，投资、联营的一方以土地（房地产）作价入股进行投资或作为联营条件，将房地产转让到所投资、联营的企业中时，暂免征收土地增值税。对投资、联营企业将上述房地产再转让的，应征收土地增值税。

（7）合作建房。

对于一方出地，一方出资金，双方合作建房，建成后按比例分房自用的，暂免征收土地增值税；建成后转让的，应征收土地增值税。

（8）企业兼并转让房地产。

在企业兼并中，对被兼并企业将房地产转让到兼并企业中的，暂免征收土地增值税。

（9）房地产的代建房行为。

这种情况是指房地产开发公司代客户进行房地产的开发，开发完成后向客户收取代建收入的行为。对于房地产开发公司而言，虽然取得了收入，但没有发生房地产权属的转移，其收入属于劳务收入性质，故不属于土地增值税的征税范围。

（10）房地产的重新评估。

这主要是指国有企业在清产核资时对房地产进行重新评估而使其升值的情况。这种情况房地产虽然有增值，但其既没有发生房地产权属的转移，房产产权、土地使用权人也未取得收入，所以不属于土地增值税的征税范围。

三、土地增值税的税率与税收优惠

(一)土地增值税税率的设计原则

土地增值税的主要目的在于抑制房地产的投机、炒卖活动,限制滥占耕地的行为,并适当调节纳税人的收入分配,保障国家权益,因此,税率设计的基本原则是:增值多的多征,增值少的少征,无增值的不征。

按照这个原则,土地增值税采用四级超率累进税率。其中,最低税率为30%,最高税率为60%。税收负担高于企业所得税。实行这样的税率结构和负担水平,一方面,可以对正常的房地产开发经营,通过较低税率体现优惠政策;另一方面,对取得过高收入,尤其是对炒买炒卖房地产获取暴利的单位和个人,也能发挥一定的调节作用。

(二)土地增值税的税率

土地增值税实行四级超率累进税率:

1. 增值额未超过扣除项目金额50%的部分,税率为30%。
2. 增值额超过扣除项目金额50%、未超过扣除项目金额100%的部分,税率为40%。
3. 增值额超过扣除项目金额100%、未超过扣除项目金额200%的部分,税率为50%。
4. 增值额超过扣除项目金额200%的部分,税率为60%。

上述所列四级超率累进税率,每级"增值额未超过扣除项目金额"的比例,均包括本比例数。超率累进税率见表8-3。

表8-3 超率累进税率

级数	增值额与扣除项目金额的比率	税率(%)	速算扣除系数(%)
1	不超过50%的部分	30	0
2	超过50%~100%的部分	40	5
3	超过100%~200%的部分	50	15
4	超过200%的部分	60	35

(三)土地增值税的税收优惠

1. 建造普通标准住宅出售,其增值额未超过扣除项目金额之和20%的,予以免税。超过20%的,应就其全部增值额按规定计税。

普通标准住宅是指按所在地一般民用住宅标准建造的居住用住宅。

普通标准住宅与其他住宅的具体界限:住宅小区建筑容积率在1.0以上,单套建筑面积在120平方米以下,实际成交价格低于同级别土地上住房平均交易价格1.2倍以下。各省、自治区、直辖市要根据实际情况,制定本地区享受优惠政策普通住房具体标准。允许单套建筑面积和价格标准适当浮动,但向上浮动的比例不得超过上述标准的20%。

高级公寓、别墅、小洋楼、度假村,以及超面积、超标准豪华装修的住宅,均不属于普通标准住宅。

对纳税人既建普通标准住宅，又搞其他房地产开发的，应分别核算增值额；不分别核算增值额或不能准确核算增值额的，其建造的普通标准住宅不适用该免税规定。

2. 因国家建设需要而被政府征用、收回的房地产，免税。

这类房地产是指因城市市政规划、国家建设需要拆迁，而被政府征用、收回的房地产。由于上述原因，纳税人自行转让房地产的，亦给予免税。

税法之所以对建造普通标准住宅和政府征用、收回的房地产给予免税优惠，主要是因为经营这类房地产一般属于政策要求必建的微利项目，投资大，收益小。因此，国家应当从政策上给予支持和鼓励，同时也可以避免征收土地增值税后又征所得税，导致负担过重的问题。

3. 因城市实施规划、国家建设需要而搬迁由纳税人自行转让原房地产的，免征土地增值税。

因城市实施规划而搬迁是指因旧城改造或因企业污染、扰民，而由政府或政府有关主管部门根据已审批通过的城市规划确定进行搬迁的情况。因国家建设需要而搬迁，是指因实施国务院、省级人民政府、国务院有关部委批准的建设项目而进行搬迁的情况。

四、土地增值税应纳税额的计算

（一）土地增值税应税收入额的确定

根据《土地增值税暂行条例》及其实施细则的规定，纳税人转让房地产取得的收入是指转让房地产所取得的各种收入，包括转让房地产的全部价款及有关的经济收益。从收入的形式来看，包括货币收入、实物收入和其他收入。

1. 货币收入

货币收入是指纳税人转让房地产而取得的现金、银行存款、支票、银行本票、汇票等各种信用票据和国库券、金融债券、企业债券、股票等有价证券。这些类型的收入其实质都是转让方因转让土地使用权、房屋产权而向取得方收取的价款。货币收入一般比较容易确定。

2. 实物收入

实物收入是指纳税人转让房地产而取得的各种实物形态的收入，实物收入的价值不太容易确定，对取得的实物收入，要按收入时的市场价格换算成货币收入。

3. 其他收入

其他收入是指纳税人转让房地产而取得的无形资产收入或具有财产价值的权利，如专利权、商标权、著作权、专有技术使用权、土地使用权、商誉权等。这种类型的收入，其价值需要进行专门的评估，在确定其价值后折算成货币收入。

取得的收入为外国货币的，应当以取得收入当天或当月1日国家公布的市场汇价折合成人民币，据以计算土地增值税税额。当月以分期收款方式取得的外币收入，也应按实际收款日或收款当月1日国家公布的市场汇价折合成人民币。

（二）土地增值税扣除项目金额的确定

计算土地增值税应纳税额，并不是直接对转让房地产所取得的收入征税，而是要对收入额减除国家规定的各项扣除项目金额后的余额计算征税（这个余额就是纳税人在转让房地产中获取的增值额）。因此，要计算增值额，首先必须确定扣除项目。税法准予纳税人从转让收入额减除的扣除项目包括如下几项：

1. 取得土地使用权所支付的金额

取得土地使用权所支付的金额是指纳税人为取得土地使用权支付的地价款和按国家统一规定缴纳的有关费用之和。取得土地使用权所支付的金额包括两方面的内容：

（1）纳税人为取得土地使用权所支付的地价款。如果是以协议、招标、拍卖等出让方式取得土地使用权的，地价款为纳税人所支付的土地出让金；如果是以行政划拨方式取得土地使用权的，地价款为按照国家有关规定补交的土地出让金；如果是以转让方式取得土地使用权的，地价款为向原土地使用权人实际支付的地价款。

（2）纳税人在取得土地使用权时按国家统一规定缴纳的有关费用。它是指纳税人在取得土地使用权过程中为办理有关手续，按国家统一规定缴纳的有关登记、过户手续费。

2. 房地产开发成本

房地产开发成本即开发土地和新建房及配套设施的成本，它是指纳税人房地产开发项目实际发生的成本，包括土地的征用及拆迁补偿费、前期工程费、建筑安装工程费、基础设施费、公共配套设施费、开发间接费用等。

（1）土地征用及拆迁补偿费。包括土地征用费、耕地占用税、劳动力安置费及有关地上、地下附着物拆迁补偿的净支出、安置动迁用房支出等。

（2）前期工程费。包括规划、设计、项目可行性研究和水文、地质、勘察、测绘、"三通一平"等支出。

（3）建筑安装工程费。指以出包方式支付给承包单位的建筑安装工程费，以自营方式发生的建筑安装工程费。

（4）基础设施费。包括开发小区内道路、供水、供电、供气、排污、排洪、通信、照明、环卫、绿化等工程发生的支出。

（5）公共配套设施费。包括不能有偿转让的开发小区内公共配套设施发生的支出。

（6）开发间接费用。指直接组织、管理开发项目发生的费用，包括工资、职工福利费、折旧费、修理费、办公费、水电费、劳动保护费、周转房摊销等。

3. 房地产开发费用

房地产开发费用即开发土地和新建房及配套设施的费用，它是指与房地产开发项目有关的销售费用、管理费用和财务费用。根据现行会计制度的规定，这三项费用作为期间费用，直接计入当期损益，不按成本核算对象进行归集或分摊。为了便于计算操作，《土地增值税暂行条例实施细则》对有关费用的扣除尤其是财务费用中的数额较大的利息支出扣除，作了详细的规定。

对于利息支出以外的其他房地产开发费用，按取得土地使用权支付的金额和房地产开发成本金额之和，在5%以内计算扣除。

财务费用中的利息支出，分两种情况确定扣除：第一，凡能够按转让房地产项目计算分摊并提供金融机构证明的，允许据实扣除，但最高不能超过按商业银行同类同期贷款利率计算的金额。第二，凡不能按转让房地产项目计算分摊利息支出或不能提供金融机构证明的，利息支出不得单独计算，而应并入房地产开发费用中一并计算扣除。在这种情况下，房地产开发费用按取得土地使用权支付的金额和房地产开发成本金额之和，在 10% 以内计算扣除。计算扣除的具体比例，由各省、自治区、直辖市人民政府规定。

上述规定的具体含义是：

（1）纳税人能够按转让房地产项目计算分摊利息支出，并能提供金融机构的贷款证明的，其允许扣除的房地产开发费为：利息 +（取得土地使用权所支付的金额 + 房地产开发成本）×5% 以内（注：利息最高不能超过按商业银行同类同期贷款利率计算的金额）。

（2）纳税人不能按转让房地产项目计算分摊利息支出或不能提供金融机构贷款证明的，其允许扣除的房地产开发费用为：（取得土地使用权所支付的金额 + 房地产开发成本）×10% 以内。

此外，财政部、国家税务总局还对扣除项目金额中利息支出的计算问题作了两点专门规定：一是利息的上浮幅度按国家的有关规定执行，超过上浮幅度的部分不允许扣除；二是对于超过贷款期限的利息部分和加罚的利息不允许扣除。

4. 与转让房地产有关的税金

与转让房地产有关的税金是指在转让房地产时缴纳的营业税、城市维护建设税、印花税。因转让房地产缴纳的教育费附加，也可视同税金予以扣除。

允许扣除的印花税是指在转让房地产时缴纳的印花税。需要明确的是，房地产开发企业按照《施工、房地产开发企业财务制度》有关规定，其在转让时缴纳的印花税因列入管理费用中，故在此不允许单独再扣除。房地产开发企业以外的其他纳税人在计算土地增值税时，允许扣除在转让房地产环节缴纳的印花税。

对于个人购入房地产再转让的，其在购入环节缴纳的契税，由于已经包含在旧房及建筑物的评估价格之中，因此，计征土地增值税时，不另作为与转让房地产有关的税金予以扣除。

5. 财政部确定的其他扣除项目

对从事房地产开发的纳税人允许按取得土地使用权时所支付的金额和房地产开发成本之和，加计 20% 的扣除。

应特别指出的是：此条优惠只适用于从事房地产开发的纳税人，除此之外的其他纳税人不适用。同时，对取得土地使用权后，未进行开发即转让的，在计算应纳土地增值税时，只允许扣除取得土地使用权时支付的地价款、缴纳的有关费用，以及在转让环节缴纳的税金，不得加计扣除。这样规定的目的是抑制炒买炒卖房地产的投机行为，保护正常开发投资者的积极性。

6. 旧房及建筑物的评估价格

税法规定，转让旧房的，应按房屋及建筑物的评估价格、取得土地使用权所支付的地价款和按国家统一规定缴纳的有关费用以及在转让环节缴纳的税金作为扣除项目金额计征土地增值税。

这里的旧房及建筑物的评估价格是指转让已使用过的房屋及建筑物时，由政府批准设立的房地产评估机构评定的重置成本价乘以成新度折扣率后的价格。评估价格须经当地税务机关确认。

对取得土地使用权时未支付地价款或不能提供已支付的地价款凭据的，不允许扣除取得土地使用权时所支付的金额。

纳税人转让旧房及建筑物时，因计算纳税需要对房地产进行评估，其支付的评估费用允许在计算土地增值税时予以扣除。但是，对纳税人因隐瞒、虚报房地产成交价格等情形而按房地产评估价格计算征收土地增值税时所发生的评估费用，则不允许在计算土地增值税时予以扣除。

纳税人转让旧房及建筑物，凡不能取得评估价格，但能提供购房发票的，经当地税务部门确认，根据《土地增值税暂行条例》第六条（一）、（三）项规定的扣除项目的金额（即：其取得土地使用权所支付的金额、新建房及配套设施的成本、费用，或者旧房及建筑物的评估价格），可按发票所载金额并从购买年度起至转让年度止每年加计5%计算扣除。计算扣除项目时"每年"按购房发票所载日期起至售房发票开具之日止，每满12个月计1年，超过1年，未满12个月但超过6个月的，可以视同为1年。

对纳税人购房时缴纳的契税，凡能提供契税完税凭证的，准予作为"与转让房地产有关的税金"予以扣除，但不作为加计5%的基数。

对于转让旧房及建筑物，既没有评估价格，又不能提供购房发票的，地方税务机关可以实行核定征收。

（三）增值额的确定

增值额是土地增值税应纳税额计算的根本，土地增值税纳税人转让房地产所取得的收入减除规定的扣除项目金额后的余额，为增值额。

由于计算土地增值税是以增值额与扣除项目金额的比率大小按相适用的税率累进计算征收的，增值额与扣除项目金额的比率越大，适用的税率越高，缴纳的税款越多，因此，准确核算增值额是很重要的。当然，准确核算增值额，还需要有准确的房地产转让收入额和扣除项目的金额。在实际房地产交易活动中，有些纳税人由于不能准确提供房地产转让价格或扣除项目金额，致使增值额不准确，直接影响应纳税额的计算和缴纳。

税法规定，纳税人有下列情况之一的，需要对房地产进行评估，并以房地产的评估价格来确定转让房地产收入、扣除项目的金额。这里的评估价格，指由政府批准设立的房地产评估机构根据相同地段、同类房地产进行综合评定的价格。这种评估价格亦须经当地税务机关确认。

1. 出售旧房及建筑物的

新房是指建成后未使用的房产，凡是使用一定时间或达到一定磨损程度的房产均属旧房，使用时间和磨损程度的标准由各省、自治区、直辖市财政厅（局）和地方税务局具体规定。

根据税法规定，出售旧房及建筑物的，应按评估价格计算扣除项目的金额。

评估的基本方法是：对于出售的旧房及建筑物，首先应确定该房屋及建筑物的重置成本价，然后再确定其新旧程度（即成新度折扣率），最后，以重置成本价乘以其成新度折扣率，以确定转让该旧房及建筑物的扣除项目金额。采用这种方法的好处主要是可以消除出售旧房及建筑物按原成本价作为扣除项目金额所造成的不合理情况，减弱通货膨胀因素对房屋价值的影响，使旧房及建筑物的扣除项目金额与其实际价值和出售这类房屋的增值程度相适应。

由政府批准设立的房地产评估机构评定的房地产重置成本价乘以成新度折扣率的价格，

适用于旧房地产的估价。计算公式为：

$$旧房地产评估价格 = 房地产重新购建价格 - 建筑物折旧$$

使用上述公式计算、评估时应注意以下两点：一是房地产重新购建价格是指估价时点的重新取得或者重新开发的全新状况的待估价对房地产所必要的支出和应获得的利润之和的价格；二是房屋的成新度折扣不同于会计核算中的折旧。房屋的成新度折扣是根据房屋在评估时的实际新旧程度，按专业机构规定的房屋新旧等级标准进行对照，并参考房屋的使用时间、使用程度和保养情况，综合确定房屋的新旧度比例，一般用几成新来表示。

2. 隐瞒、虚报房地产成交价格的

隐瞒、虚报房地产成交价格的情况主要有两种：一是指纳税人不报转让房地产的成交价格，即根本不申报；二是指纳税人有意低报转让土地使用权、地上建筑物及其附着物价款的行为，即少申报。

对隐瞒、虚报房地产成交价格的，应由评估机构参照同类房地产的市场交易价格进行评估。这里所指的市场交易价格，是指在评估被转让房地产时，选取多座与该被评估的房地产在地理位置、外观形状、面积大小、建筑材料、内在结构、性质功能、使用年限、转让时间等诸因素相同或相近的房地产，以这些房地产的交易价格作为参照物，进行价格的比较。同时，依照科学的评估方法对有关数据进行筛选，再分析各种与房地产交易相关的因素对价格的影响程度，对有关数据进行调整，最后确定一个比较适合该房地产的市场评估价格。

通过这种市场比较法的评估，确定一个较为公平的市场交易价格作为正常情况下的转让房地产价格。税务机关在征收土地增值税时，根据上述评估价格确定转让房地产的收入。

采用市场比较法进行评估，首先要收集较多的交易实例，从中挑选出可供进行价格比较类似房地产的实例，同时，还要对影响交易价格的诸因素进行修正，最后才能确定出最接近于合理的价格。市场比较法可用下列公式来表示：

$$房地产评估价格 = 交易实例房地产价格 \times 实物状况因素修正 \times 权益因素修正$$
$$\times 区域因素修正 \times 其他因素修正$$

3. 提供扣除项目金额不实的

提供扣除项目金额不实，是指纳税人在纳税申报时，不据实提供扣除项目金额，而是虚增被转让房地产扣除项目的内容或金额，使税务机关无法从纳税人方面了解计征土地增值税所需的正确的扣除项目金额，以达到通过虚增成本偷税的目的。

对于纳税人申报扣除项目金额不实的，应由评估机构对该房屋按照评估出的房屋重置成本价，乘以房屋的成新度折扣率，确定房产的扣除项目金额，并用该房产所坐落土地取得时的基准地价或标定地价来确定土地的扣除项目金额，房产和土地的扣除项目金额之和即为该房地产的扣除项目金额。

4. 转让房地产的成交价格低于房地产评估价格，又无正当理由的

转让房地产的成交价格低于房地产评估价格且无正当理由，是指纳税人申报的转让房地产的成交价低于房地产评估机构通过市场比较法进行房地产评估时所确定的正常市场交易价，对此，纳税人又不能提供有效凭据或无正当理由进行解释的行为。对这种情况，应按评估的市场交易价确定其实际成交价，并以此作为转让房地产的收入计算征收土地增值税。

（四）应纳税额的计算方法

土地增值税按照纳税人转让房地产所取得的增值额和规定的税率计算征收。土地增值税的计算公式是：

$$应纳税额 = \sum（每级距的增值额 \times 适用税率）$$

但在实际工作中，分步计算比较烦琐，一般可以采用速算扣除法计算。即，计算土地增值税税额，可按增值额乘以适用的税率减去扣除项目金额乘以速算扣除系数的简便方法计算，具体公式如下：

1. 增值额未超过扣除项目金额50%：

$$土地增值税税额 = 增值额 \times 30\%$$

2. 增值额超过扣除项目金额50%，未超过100%：

$$土地增值税税额 = 增值额 \times 40\% - 扣除项目金额 \times 5\%$$

3. 增值额超过扣除项目金额100%，未超过200%：

$$土地增值税税额 = 增值额 \times 50\% - 扣除项目金额 \times 15\%$$

4. 增值额超过扣除项目金额200%：

$$土地增值税税额 = 增值额 \times 60\% - 扣除项目金额 \times 35\%$$

公式中的5%、15%、35%分别为二、三、四级的速算扣除系数。

由上可知，土地增值税的计税依据是转让房地产所取得的增值额。转让房地产的增值额是转让房地产的收入减除税法规定的扣除项目金额后的余额。可见，土地增值税应纳税额的大小，取决于转让房地产的收入额和扣除项目金额两个因素。我们看下面几种情况的计算方法：

1. 转让土地使用权和出售新建房及配套设施应纳税额的计算方法。

转让土地使用权和出售新建房及配套设施的情况在征管实践中较为普遍，可根据上述计税原理，分四步计算应纳税额。

（1）计算增值额

$$增值额 = 收入额 - 扣除项目金额$$

（2）计算增值率

$$增值率 = 增值额 \div 扣除项目金额 \times 100\%$$

（3）确定适用税率

依据计算的增值率，按其税率表确定适用税率。

（4）依据适用税率计算应纳税额

$$应纳税额 = 增值额 \times 适用税率 - 扣除项目金额 \times 速算扣除系数$$

【例8-5】某房地产开发公司出售一幢写字楼，收入总额为10 000万元。开发该写字楼有关支出为：支付地价款及各种费用1 000万元；房地产开发成本3 000万元；财务费用中的利息支出为500万元（可按转让项目计算分摊并提供金融机构证明），但其中有50万元属加罚的利息；转让环节缴纳的有关税费共计为555万元；该单位所在地政府规定的其他房地产开发费用计算扣除比例为5%。

要求：计算该房地产开发公司应纳的土地增值税。

[计算分析]

（1）取得土地使用权支付的地价款及有关费用为1 000万元

（2）房地产开发成本为 3 000 万元

（3）房地产开发费用 = 500 - 50 + （1 000 + 3 000）× 5% = 650（万元）

（4）允许扣除的税费为 555 万元

（5）从事房地产开发的纳税人加计扣除 20%

加计扣除额 = （1 000 + 3 000）× 20% = 800（万元）

（6）允许扣除的项目金额合计 = 1 000 + 3 000 + 650 + 555 + 800 = 6 005（万元）

（7）增值额 = 10 000 - 6 005 = 3 995（万元）

（8）增值率 = 3 995 ÷ 6 005 × 100% = 66.53%

（9）应纳税额 = 3 995 × 40% - 6 005 × 5% = 1 297.75（万元）

2. 出售旧房应纳税额的计算方法。

出售旧房及建筑物，首先按评估价格及有关因素计算、确定扣除项目金额，再根据上述方法计算应纳税额。具体计算步骤是：

（1）计算评估价格。其公式为：

$$评估价格 = 重置成本价 × 成新度折扣率$$

（2）汇集扣除项目金额。

（3）计算增值率。

（4）依据增值率确定适用税率。

（5）依据适用税率计算应纳税额。

$$应纳税额 = 增值额 × 适用税率 - 扣除项目金额 × 速算扣除系数$$

【例 8 - 6】某工业企业转让一幢 20 世纪 90 年代建造的厂房，当时造价 100 万元，无偿取得土地使用权。如果按现行市场价的材料、人工费计算，建造同样的房子需 600 万元，该房子为七成新，按 500 万元出售，支付有关税费共计 27.5 万元。要求：计算企业转让旧房应缴纳的土地增值税额。

[计算分析]

（1）评估价格 = 600 × 70% = 420（万元）

（2）允许扣除的税金 27.5 万元

（3）扣除项目金额合计 = 420 + 27.5 = 447.5（万元）

（4）增值额 = 500 - 447.5 = 52.5（万元）

（5）增值率 = 52.5 ÷ 447.5 × 100% = 11.73%

（6）应纳税额 = 52.5 × 30% - 447.5 × 0 = 15.75（万元）

五、房地产开发企业土地增值税清算

自 2007 年 2 月 1 日起，各省税务机关可按以下规定对房地产开发企业土地增值税进行清算。各省税务机关可依据以下规定并结合当地实际情况制定具体清算管理办法。

（一）土地增值税的清算单位

土地增值税以国家有关部门审批的房地产开发项目为单位进行清算，对分期开发的开发项目，以分期项目为单位清算。

开发项目中同时包含普通住宅和非普通住宅的，应分别计算增值额。

（二）土地增值税的清算条件

1. 符合下列情形之一的，纳税人应进行土地增值税的清算：

（1）房地产开发项目全部竣工、完成销售的；

（2）整体转让未竣工决算房地产开发项目的；

（3）直接转让土地使用权的。

2. 符合下列情形之一的，主管税务机关可要求纳税人进行土地增值税清算：

（1）已竣工验收的房地产开发项目，已转让的房地产建筑面积占整个项目可售建筑面积的比例在85%以上，或该比例虽未超过85%，但剩余的可售建筑面积已经出租或自用的；

（2）取得销售（预售）许可证满3年仍未销售完毕的；

（3）纳税人申请注销税务登记但未办理土地增值税清算手续的；

（4）省税务机关规定的其他情况。

（三）非直接销售和自用房地产的收入确定

1. 房地产开发企业将开发产品用于职工福利、奖励、对外投资、分配给股东或投资人、抵偿债务、换取其他单位和个人的非货币性资产等，发生所有权转移时应视同销售房地产，其收入按下列方法和顺序确认。

（1）按本企业在同一地区、同一年度销售的同类房地产的平均价格确定；

（2）由主管税务机关参照当年、同类房地产的平均价格或评估价值确定。

2. 房地产开发企业将开发的部分房地产转为企业自用或用于出租等商业用途时，如果产权未发生转移，不征收土地增值税，在税款清算时不列入收入，不扣除相应的成本和费用。

3. 土地增值税清算时，已全额开具商品房销售发票的，按照发票所载金额确认收入；未开具发票或未全额开具发票的，以交易双方签订的销售合同所载的售房金额及其他收益确认收入。销售合同所载商品房面积与有关部门实际测量面积不一致，在清算前已发生补、退房款的，应在计算土地增值税予以调整。

（四）土地增值税的扣除项目

1. 房地产开发企业办理土地增值税清算时计算与清算项目有关的扣除项目金额，应根据《土地增值税暂行条例》第六条及《实施细则》第七条的规定执行除另有规定外，扣除取得土地使用权所支付的金额、房地产开发成本、费用及与转让房地产有关税金，须提供合法有效凭证；不能提供合法有效凭证的，不予扣除。

2. 房地产开发企业办理土地增值税清算所附送的前期工程费、建筑安装工程费、基础设施费、开发间接费用的凭证或资料不符合清算要求或不实的，地方税务机关可参照当地建设工程造价管理部门公布的建安造价定额资料，结合房屋结构、用途、区位等因素，核定上述四项开发成本的单位面积标准，并据以计算扣除。具体核定方法由省税务机关确定。

3. 房地产开发企业开发建造的与清算项目配套的居委会和派出所用房、会所、停车场（库）、物业管理场所、变电站、热力站、水厂、文体场馆、学校、幼儿园、托儿所、医院、邮电通信等公共设施，按以下原则处理：

（1）建成后产权属于全体业主所有的，其成本、费用可以扣除；

（2）建成后无偿移交给政府、公用事业单位用于非营利社会公共事业的，其成本、费用可扣除。

（3）建成后有偿转让的，应计算收入，并准予扣除成本、费用。

4. 房地产开发企业销售已装修的房屋，其装修费用可以计入房地产开发成本。房地产开发企业的预提费用，除另有规定外，不得扣除。

5. 属于多个房地产项目共同的成本费用，应按清算项目可售建筑面积占多个项目可售总建筑面积的比例或其他合理的方法，计算确定清算项目的扣除金额。

6. 房地产开发企业在工程竣工验收后，根据合同约定，扣留建筑安装施工企业一定比例的工程款，作为开发项目的质量保证金，在计算土地增值税时，建筑安装施工企业就质量保证金对房地产开发企业开具发票的，按发票所载金额予以扣除；未开具发票的，扣留的质保金不得计算扣除。

7. 房地产开发企业逾期开发缴纳的土地闲置费不得扣除。

8. 房地产开发企业为取得土地使用权所支付的契税，就当视同"按国家统一规定交纳的有关费用"，计入"取得土地使用权所支付的金额"中扣除。

9. 拆迁安置费的扣除，按以下规定处理：

（1）房地产企业用建造的该项目房地产安置回迁户，安置用房视同销售处理，按《国家税务总局关于房地产开发企业土地增值税清算管理有关问题的通知》（以下简称《通知》）（国税发〔2006〕187号）第三条第（一）款规定确认收入（即按本企业在同一地区、同一年度销售的同类房地产的平均价格确定；或由主管税务机关参照当地当年、同类房地产的市场价格或评估价值确定），同时将此确认为房地产开发项目的拆迁补偿费；房地产开发企业支付给回迁户的补差价款，计入拆迁补偿费；回迁户支付给房地产开发企业的补差价款，应抵减本项目拆迁补偿费。

（2）开发企业采取异地安置，异地安置的房屋属于自行开发建造的，房屋价值按国税发〔2006〕187号文件第三条第（一）款的规定计算，计入本项目的拆迁补偿费；异地安置的房屋属于购入的，以实际支付的购房支出计入拆迁补偿费。

（3）货币安置拆迁的，房地产开发企业凭合法有效凭据计入拆迁补偿费。

（五）土地增值税清算应报送资料

符合《通知》第二条第（一）项规定的纳税人，须在满足清算条件之日起90日内到主管税务机关办理清算手续；符合《通知》第二条第（二）项规定的纳税人，须在主管税务机关限定的期限内办理清算手续。

纳税人办理土地增值税清算应报送以下资料：

1. 房地产开发企业清算土地增值税书面申请、土地增值税纳税申报表；

2. 项目竣工决算报表、取得土地使用权所支付的地价款凭证、国有土地使用权出让合同、银行贷款利息结算通知单、项目工程合同结算单、商品房购销合同统计表等与转让房地产的收入、成本和费用有关的证明资料；

3. 主管税务机关要求报送的其他与土地增值税清算有关的证明资料等。

纳税人委托税务中介机构审核鉴证的清算项目，还应报送中介机构出具的土地增值税清算税款鉴证报告。

（六）土地增值税清算项目的审核鉴证

税务中介机构受托对清算项目审核鉴证时，应按税务机关规定的格式对审核鉴证情况出具鉴证报告，税务机关可以采信。

税务机关要对从事土地增值税清算鉴证工作的税务中介机构在准入条件、工作程序、鉴证内容、法律责任等方面提出明确要求，并做好必要的指导和管理工作。

（七）土地增值税的核定征收

房地产开发企业有下列情形之一的，税务机关可以参照与开发规模和收入水平相近的当地企业的土地增值税税负情况，按不低于预征率的征收率核定征收土地增值税：

1. 依照法律、行政法规的规定应当设置但未设置账簿的；

2. 擅自销毁账簿或者拒不提供纳税资料的；

3. 虽设置账簿，但账目混乱或者成本资料、收入凭证、费用凭证残缺不全，难以确定转让收入或扣除项目金额的；

4. 符合土地增值税清算条件，未按照规定的期限办理清算手续，以税务机关责令限期清算，逾期仍不清算的；

5. 申报的计税依据明显偏低，又无正当理由的。

核定征收必须严格依照税收法律法规规定条件进行，任何单位和个人不得擅自扩大核定征收范围，严禁在清算中出现"以核定为主，一核了之"、"求快图省"的做法。凡擅自将核定征收作为本地区土地增值税清算主要方式的，必须立即纠正。对确需核定征收的，要严格按照税收法律法规的要求，从严、从高确定核定征收率。为了规范核定工作，核定征收率原则上不得低于5%，各省级税务机关要结合本地实际，区分不同房地产类型制定核定征收率。

（八）清算后再转让房地产的处理

在土地增值税清算时未转让的房地产，清算后销售或有偿转让的，纳税人应按规定进行土地增值税的纳税申报，扣除项目金额按清算时的单位建筑面积成本费用乘以销售或转让面积计算。单位建筑面积成本费用＝清算时的扣除项目总金额÷清算的总建筑面积。

（九）土地增值税清算后应补缴的土地增值税加收滞纳金

纳税人按规定预缴土地增值税后，清算补缴的土地增值税，在主管税务机关规定的期限内补缴的，不加收滞纳金。

第五节　车辆购置税

现行车辆购置税法的基本规范，是2000年10月22日国务院令第294号颁布并于2001

年1月1日起施行的《中华人民共和国车辆购置税暂行条例》。

一、车辆购置税概述

（一）车辆购置税的概念

车辆购置税是以在中国境内购置规定的车辆为课税对象、在特定的环节向车辆购置者征收的一种税。就其性质而言，属于直接税的范畴。我国车辆购置税于2001年1月1日实施，是一个全新的税种，是在原交通部门收取的车辆购置附加费的基础上，通过"费改税"方式演变而来。车辆购置税基本保留了原车辆购置附加费的特点。

在国外，针对汽车的税收分为三个环节：购置环节、保有环节、使用环节。在汽车购置环节上所征收的税款在整个比例中的税收所占的份额很小，而在使用环节上征收的税款所占比例却很高，大约为60%。在购车环节中，发达国家通常的做法是采取轻税政策，即征收额都很低。美国的车辆购置税属于地方税，各州收取比例不同，最多的州也只有6%左右。而在购车环节，欧洲只征收增值税，各国税率不同，意大利和法国在20%左右。购车之后的使用阶段需要缴纳燃油税等税费，而燃油税则是发达国家汽车税收的重头。欧盟各国的燃油税率普遍在200%以上，而日本的燃油税率大概为120%。

（二）车辆购置税的特点

车辆购置税作为一种特殊税，除具有税收的共同特点外，还有其自身独立的特点：

第一，征收范围单一。车辆购置税以购置的特定车辆为课税对象，而不是对所有的财产或消费财产征税，范围窄，是一种特种财产税。

第二，征收环节单一。车辆购置税实行一次性课征制，它不是在生产、经营和消费的每个环节道道征收，而是在消费领域中的特定环节一次征收。

第三，征税具有特定目的。车辆购置税为中央税，它取之于应税车辆，用之于交通建设。

第四，价外征收，不转嫁税负。也就是说，征收车辆购置税的商品价格中不含车辆购置税税额，车辆购置税是附加在价格之外的，且税收的缴纳者即为最终的税收负担者，税负没有转嫁性。

（三）车辆购置税的目的

1. 合理筹集建设资金，积累国家财政收入，促进交通基础设施建设事业的健康发展

国家通过开征车辆购置税参与国民收入的再分配，可以更好地将一部分消费基金转化为财政资金，为社会主义建设筹集更多的资金，以满足国家行使职能的需要。首先，车辆购置税是在消费（使用）环节征税，具有经常税的特点，只要纳税人发生了购置、使用应税车辆的行为就要征税，这比对所得课税和商品课税具有及时性。其次，车辆购置税按统一比例税率课征，具有相对的稳定性。最后，车辆购置税与车辆购置附加费相比，具有税收强制性和固定性的属性，因而它具有可靠性。因此，车购费费改税更有利于依法合理地筹集交通基础设施建设和维护资金，从而促进交通基础设施建设事业的健康发展。

2. 调节收入差别，缓解社会分配不公的矛盾

车辆购置税在消费环节对消费应税车辆的使用者课税，能更好地体现两条原则：第一，兼顾公平的原则。兼顾公平的原则，就是保护合法收入，取缔非法收入，整顿不合理收入，调节过高收入。因此，开征车辆购置税可以对过高的消费支出进行调节。第二，纳税能力原则。即高收入者多负税，低收入者少负税，具有较高消费需求能力的人比一般消费能力的人要多负税，如购置高档车的纳税人要比购置经济型车的纳税人缴纳的车辆购置税税额多。

3. 规范政府行为，理顺税费关系，深化和完善财税制度改革

社会主义市场经济需要有健全的宏观经济调控体系，以保证其快速协调发展和健康运行。首先，由于税与费之间的本质区别。以费改税，开征车辆购置税，有利于理顺税费关系，进一步完善财税制度，实现税制结构的不断优化。其次，"费改税"改革，不但能规范政府行为，遏制乱收费，同时对正确处理税费关系、深化和完善财税体制改革也能起到积极的作用。

4. 配合打击走私，保护民族工业，维护国家权益

车辆购置税可以平衡进口车辆与国产车辆的税收负担，体现国民待遇原则。车辆购置税在车辆上牌使用前征收，具有源泉控管的特点，它可以配合有关部门在打击走私、惩治犯罪方面起到积极的作用。

二、车辆购置税的纳税人与课税基础

（一）车辆购置税的纳税人

车辆购置税的纳税人是指在中华人民共和国境内购置应税车辆的单位和个人。

这里需要指出的是：单位是指国有企业、集体企业、私营企业、股份制企业、外商投资企业、外国企业以及其他企业，事业单位、社会团体、国家机关、部队以及其他单位。个人是指个体工商业户及其他具有民事权利能力、依法享有民事权利、承担民事义务的自然人，包括中华人民共和国公民和外国公民。

（二）车辆购置税的课税基础

1. 车辆购置税的征税对象

车辆购置税以列举的车辆作为征税对象，未列举的车辆不纳税。但这里要强调一个应税行为，车辆购置税的应税行为是指在中华人民共和国境内购置应税车辆的行为。具体来讲，这种应税行为包括以下几种情况：

（1）购买使用行为。包括购买使用国产应税车辆和购买使用进口应税车辆。当纳税人购置应税车辆时，它就发生了应税行为，就要依法纳税。

（2）进口使用行为。指直接进口使用应税车辆的行为。

（3）受赠使用行为。受赠是指接受他人馈赠。对馈赠人而言，在发生财产所有权转移后，应税行为一同转移，不再是纳税人；而作为受赠人在接受使用（包括接受免税车辆）后，就发生了应税行为，就要承担纳税义务。

（4）自产自用行为。自产自用是指纳税人将自己生产的应税车辆作为最终消费品用于自己消费使用，其消费行为已构成了应税行为。

（5）获奖使用行为。包括从各种奖励形式中取得并使用应税车辆的行为。

（6）其他使用行为。指除上述以外其他方式取得并使用应税车辆的行为。如拍卖、抵债、走私、罚没等方式取得并自用的应税车辆。

　　我国车辆购置税的适用区域在"中华人民共和国境内"，只要在中华人民共和国境内发生了车辆购置税的应税行为，都要征收车辆购置税。购置应税车辆的行为发生地在"中华人民共和国境内"的，都属于车辆购置税的征税区域。应税车辆的购置地与应税行为的发生地是一致的。

　　2. 车辆购置税的征税范围

　　车辆购置税以列举产品（商品）为征税对象。所谓"列举产品"，即指《中华人民共和国车辆购置税暂行条例》规定的应税车辆。因此，应税车辆是车辆购置税的征税对象。

　　车辆购置税的征收范围包括汽车、摩托车、电车、挂车、农用运输车。具体范围按《车辆购置税征收范围表》执行（见表8－4）。

表8－4　　　　　　　　　　　　　　车辆购置税征收范围

（一）汽车：包括各类汽车。
（二）摩托车 　　1. 轻便摩托车：最高设计时速不大于 50km/h，发动机汽缸总排量不大于 50cm³ 的两个或三个车轮的机动车； 　　2. 二轮摩托车：最高设计车速大于 50km/h，或发动机汽缸总排量大于 50cm³ 的两个车轮的机动车； 　　3. 三轮摩托车：最高设计车速大于 50km/h，或发动机汽缸总排量大于 50cm³，空车重量不大于 400kg 的三个车轮的机动车。
（三）电车 　　1. 无轨电车：以电能为动力，由专用输电电缆线供电的轮式公共车辆； 　　2. 有轨电车：以电能为动力，在轨道上行驶的公共车辆。
（四）挂车 　　1. 全挂车：无动力设备，独立承载，由牵引车辆牵引行驶的车辆； 　　2. 半挂车：无动力设备，与牵引车辆共同承载，由牵引车辆牵引行驶的车辆。
（五）农用运输车 　　1. 三轮农用运输车：柴油发动机，功率不大于 7.4kW，载重量不大于 500kg，最高车速不大于 40km/h 的三个车轮的机动车（三轮农用运输车，自 2004 年 10 月 1 日起免征车辆购置税）； 　　2. 四轮农用运输车：柴油发动机，功率不大于 28kW，载重量不大于 1 500kg，最高车速不大于 50km/h 的四个车轮的机动车。

　　车辆购置税征收范围的调整，由国务院决定，其他任何部门、单位和个人只能认真执行政策规定，无权擅自扩大或缩小车辆购置税的征税范围。

三、车辆购置税的税率与税收优惠

（一）车辆购置税的税率

　　我国车辆购置税实行统一比例税率，税率为10%。

（二）车辆购置税的税收优惠

1. 车辆购置税减税免税的具体规定

我国车辆购置税实行法定减免税，减税免税范围的具体规定是：

（1）外国驻华使馆、领事馆和国际组织驻华机构及其外交人员自用车辆免税；

（2）中国人民解放军和中国人民武装警察部队列入军队武器装备订货计划的车辆免税；

（3）设有固定装置的非运输车辆免税；

（4）防汛部门和森林消防等部门购置的由指定厂家生产的指定型号的用于指挥、检查、调度、报汛（警）、联络的专用车辆；

（5）回国服务的留学人员用现汇购买 1 辆个人自用国产小汽车；

（6）长期来华定居专家 1 辆自用小汽车；

（7）城市公交企业自 2012 年 1 月 1 日起至 2015 年 12 月 31 日止，购置的公共汽电车辆免征车辆购置税。

（8）有国务院规定予以免税或者减税的其他情形的，按照规定免税或者减税。

2. 车辆购置税的退税

纳税人已经缴纳车辆购置税但在办理车辆登记注册手续前，因下列原因需要办理退还车辆购置税的，由纳税人申请，征收机构审查后办理退还车辆购置税手续：

（1）公安机关车辆管理机构不予办理车辆登记注册手续的，凭公安机关车辆管理机构出具的证明办理退税手续。

（2）因质量等原因发生退回所购车辆的，凭经销商的退货证明办理退税手续。

四、车辆购置税应纳税额的计算

车辆购置税实行从价定率的办法计算应纳税额，应纳税额的计算公式为：

$$应纳税额 = 车辆购置的计税价格 \times 税率$$

由于应税车辆购置来源、应税行为发生以及计税价格组成的不同，因此，车辆购置税应纳税额的计算方法也有区别。

（一）购买自用应税车辆应纳税额的计算

在应纳税额的计算当中，应注意以下费用的计税规定：

1. 购买者随购买车辆支付的工具件和零部件价款应作为购车价款的一部分，并入计税依据中征收车辆的购置税。

2. 支付的车辆装饰费应作为价外费用并入计税依据中计税。

3. 代收款项应区别征税国内市场使用代收单位（受托方）票据收取的款项，应视作代收单位价外收费，购买者支付的价费款，应并入计税依据中一并征税；凡使用委托方票据收取，受托方只履行代收义务和收取代收手续费的款项，应按其他税收政策规定征税。

4. 销售单位开给购买者的各种发票金额中包含增值税税款，因此，计算车辆购置税时，应换算为不含增值税的计税价格。

5. 购买者支付的控购费，是政府部门的行政性收费，不属于销售者的价外费用范围，不应并入计税价格计税。

6. 销售单位开展优质销售活动所开票收到的有关费用，应属于经营性收入，企业在代理过程中按规定支付给有关部门的费用，企业已作为经营性支出列支核算，其收取的各项费用并在一张发票难以划分的，应作为价外收入计算征收。

【例8-7】李某2011年12月，从某汽车有限公司购买一辆小汽车供自己使用，支付了含增值税税款在内的款项234 000元。另支付代收临时牌照费550元，代收保险费1 000元，支付购买工具件和零配件价款3 000元，车辆装饰费1 300元。所支付的款项均由该汽车有限公司开具"机动车销售统一发票"和有关票据。请计算李某应纳车辆购置税。

[计算分析]

（1）计税依据 =（234 000 + 550 + 1 000 + 3 000 + 1 300）÷（1 + 17%）= 205 000（元）

（2）应纳税额 = 205 000 × 10% = 20 500（元）

（二）进口自用应税车辆应纳税额的计算

纳税人进口自用的应税车辆以组成计税价格为计税依据。计税价格的计算公式为：

$$计税价格 = 关税完税价格 + 关税 + 消费税$$

这里的"进口自用的应税车辆"，是指纳税人直接从境外进口或委托代理进口自用的应税车辆，即非贸易方式进口自用的应税车辆。

公式中的"关税完税价格"，是指海关核定的关税计税价格。

公式中的"关税"，是指由海关课征的进口车辆的关税。计算公式为：

$$应纳关税 = 关税完税价格 × 关税税率$$

公式中的"消费税"，是指进口车辆应由海关代征的消费税。计算公式为：

$$应纳消费税 = 组成计税价格 × 消费税税率$$

$$组成计税价格 =（关税完税价格 + 关税）÷（1 - 消费税税率）$$

进口自用应税车辆的计税价格，应根据纳税人提供的，经海关审查确认的有关完税证明资料确定。

【例8-8】某外贸进口公司2011年12月，从国外进口10辆宝马公司生产的某型号小轿车。该公司报关进口这批小轿车时，经报关地海关对有关报送资料的审查，确定关税完税价格为每辆185 000元人民币，海关按关税政策规定每辆征收了关税203 500元，并按消费税、增值税有关规定分别代征了每辆小轿车的进口消费税11 655元和增值税66 045元。由于联系业务需要，该公司将一辆小轿车留在本单位使用。根据以上资料，计算应纳车辆购置税。

[计算分析]

（1）计税依据 = 185 000 + 203 500 + 11 655 = 400 155（元）

（2）应纳税额 = 400 155 × 10% = 40 015.5（元）

（三）其他自用应税车辆应纳税额的计算

纳税人自产自用、受赠使用、获奖使用和以其他方式取得并自用应税车辆的，凡不能取得该型车辆的购置价格，或者低于最低计税价格的，以国家税务总局核定的最低计税价格作为计税依据计算征收车辆购置税。最低计税价格是指国家税务总局依据车辆生产企业提供的车辆价格信息并参照市场平均交易价格核定的车辆购置税计税价格。

申报的计税价格低于同类型应税车辆的最低计税价格，又无正当理由的，是指纳税人申报的车辆计税价格低于出厂价格或进口自用车辆的计税价格。计算公式为：

$$应纳税额 = 最低计税价格 \times 税率$$

【例8-9】 某客车制造厂将自产的一辆某型号的客车，用于本厂后勤服务，该厂在办理车辆上牌落籍前，出具该车的发票，注明金额65 000元，并按此金额向主管税务机关申报纳税。经审核，国家税务总局对该车同类型车辆核定的最低计税价格为80 000元。计算该车应纳车辆购置税。

[计算分析]

应纳税额 = 80 000 × 10% = 8 000（元）

（四）特殊情形应税车辆应纳税额的计算

1. 免税、减税条件消失的车辆应纳税额的计算

对减税、免税条件消失的车辆，纳税人应按现行规定，在办理车辆过户手续前或者办理变更车辆登记注册手续前向税务机关缴纳车辆购置税。

$$应纳税额 = 同类型新车最低计税价格 \times (1 - 已使用年限 \div 规定使用年限) \times 100\% \times 税率$$

2. 未按规定纳税车辆应补税额的计算

纳税人未按规定纳税的，应按现行政策规定的计税价格区分情况分别确定征税。

不能提供购车发票和有关购车证明资料的，检查地税务机关应按同类型应税车辆的最低计税价格征税；如果纳税人回落籍地后提供的购车发票金额与支付的价外费用之和高于核定的最低计税价格的，落籍地主管税务机关还应对其差额计算补税。

$$应纳税额 = 最低计税价格 \times 税率$$

第六节 房 产 税

现行房产税法的基本规范，是1986年9月15日国务院颁布的《中华人民共和国房产税暂行条例》。

一、房产税概述

（一）房产税的概念

房产税是以房屋为征税对象，以房屋的计税余值或租金收入为计税依据，向房屋产权所有人征收的一种财产税。

我国于1951年8月颁布了《城市房地产税暂行条例》，条例中规定对城市中的房屋及占地合并征收房产税和地产税，称为城市房地产税。1973年简化税制，把对企业征收的这个税种并入了工商税。对房地产管理部门和个人的房屋，以及外资企业、中外合资、合作经营企业的房屋，继续保留征收房地产税。随着我国经济体制的改革，为了充分发挥税收的作用，1984 年 10 月，国务院决定在推行第二步利改税和改革工商税制时，对国内企业单位恢复征收房产税。考虑到当时土地归国家所有，不容许买卖，原房地产税的税名与征收范围已名不符实，故将城市房地产税分为房产税和城镇土地使用税。

1986 年 9 月 15 日，国务院正式发布了《中华人民共和国房产税暂行条例》，于当年 10 月 1 日开始施行。各省、自治区、直辖市政府根据条例规定，先后制定了施行细则。至此，房产税在全国范围内全面征收。

（二）房产税的特点

1. 房产税的征税范围仅限于城镇的经营性房屋

房产税在城市、县城、建制镇和工矿区范围内征收，不涉及农村。对拥有房屋，但自身没有纳税能力的单位，如国家拨付行政经费、事业经费和国防经费的单位自用的房产，税法也通过免税的方式将这类房屋排除在征税范围之外。

2. 房产税属于财产税中的个别财产税

按征税对象的范围不同，财产税可以分为一般财产税与个别财产税。其征税对象只是房屋。

3. 不同的经营使用方式使用不同的征税办法

拥有房屋的单位和个人，既可以将房屋用于经营自用，又可以把房屋用于出租、出典。房产税根据纳税人经营形式不同，对前一类房屋按房产计税余值征收，对后一类房屋按租金收入计税，使征税办法符合纳税人的经营特点，便于平衡税收负担和征收管理。

（三）房产税的目的

房产税是以房产为征税对象，依据房产价格或房产租金收入向房产所有人或经营人征收的一种税。

对房产征税的目的是运用税收杠杆，加强对房产的管理，提高房产使用效率，控制固定资产投资规模和配合国家房产政策的调整，合理调节房产所有人和经营人的收入。此外，房产税税源稳定，易于控制管理，是地方财政收入的重要来源之一。

（四）房产税的立法原则

1. 筹集地方财政收入

在分税制体制下，财产税是各级地方财政的主体税。我国的房产税属于地方税，征收房产税可以为地方财政筹集一部分市政建设资金，缓解地方财力不足的矛盾。而且，房产税以房屋为征税对象，税源比较稳定，随着地方经济的发展和工商各业的兴旺，房产税收入将成为地方财政收入的一个主要来源。

2. 加强房产管理，配合城市住房制度改革

对房屋拥有者征收房产税，不仅可以调节单位、居民之间的财富分配，还有利于加强对房屋的管理，提高房屋的使用效益。另一方面，房产税规定对个人拥有的非营业用房屋不征房产税，可以鼓励个人建房、购房和改善住房条件，配合和推动城市住房制度改革。

3. 调节财富分配

房屋是法人和个人拥有财富的主要形式。对房屋，尤其是对个人拥有的经营性房屋征收房产税，在调节财富分配方面可以发挥积极作用。

二、房产税的纳税人与课税基础

（一）房产税的纳税人

房产税以在征税范围内的房屋产权所有人为纳税人。其中：

1. 产权属国家所有的、由经营管理单位纳税；产权属集体和个人所有的，由集体单位和个人纳税。

2. 产权出典的，由承典人纳税。所谓产权出典，是指产权所有人将房屋、生产资料等的产权，在一定期限内典当给他人使用而取得资金的一种融资业务。这种业务大多发生于出典人急需要用款，但又想保留产权回赎权的情况。承典人向出典人交付一定的典价之后，在质典期内即获抵押物品的支配权，并可转典。产权的典价一般要低于卖价，出典人在规定期间内须归还典价的本金和利息，方可赎回出典房屋等的产权。由于在房屋出典期间，产权所有人已无权支配房屋，因此，税法规定由对房屋具有支配权的承典人为纳税人。

3. 产权所有人、承典人不在房屋所在地的，由房产代管人或者使用人纳税。

4. 产权未确定及租典纠纷未解决的，亦由房产代管人或者使用人纳税。所谓租典纠纷，是指产权所有人在房产出典和租赁关系上与承典人、租赁人发生各种争议，特别是权利和义务的争议悬而未决的。此外，还有一些产权归属不清的问题，也都属于租典纠纷，对租典纠纷尚未解决的房产，规定由代管人或使用人为纳税人，主要目的在于加强征收管理，保证房产税及时入库。

5. 无租使用其他房产的问题。纳税单位和个人无租使用房产管理部门、免税单位及纳税单位的房产，应由使用人代为缴纳房产税。

6. 自 2009 年 1 月 1 日起，外商投资企业、外国企业和组织以及外籍个人，依照《中华人民共和国房产税暂行条例》缴纳房产税。

（二）房产税的征税范围

房产税的征税对象是房产。所谓房产，是指有屋面和围护结构（有墙或两边有柱），能够遮风避雨，可供人们在其中生产、学习、工作、娱乐、居住或储藏物资的场所。

房地产开发企业建造的商品房，在出售前，不征收房产税；但对出售前房地产开发企业已使用或出租、出借的商品房应按规定征收房产税。

房产税的征税范围为：城市、县城、建制镇和工矿区。

1. 城市是指国务院批准设立的市。

2. 县城是指县人民政府所在地的地区。

3. 建制镇是指经省、自治区、直辖市人民政府批准设立的建制镇。

4. 工矿区是指工商业比较发达、人口比较集中、符合国务院规定的建制镇标准但尚未设立建制镇的大中型工矿企业所在地。开征房产税的工矿区须经省、自治区、直辖市人民政府批准。

房产税的征税范围不包括农村，这主要是为了减轻农民的负担。因为农村的房屋，除农副业生产用房外，大部分是农民居住用房。对农村房屋不纳入房产税征税范围，有利于农业发展，繁荣农村经济，有利于社会稳定。

三、房产税的税率与税收优惠

（一）房产税的税率

我国现行房产税采用的是比例税率。

由于房产税的计税依据分为从价计征和从租计征两种形式，所以，房产税的税率也有两种：一种是按房产计税余值计征的，税率为1.2%；另一种是按房产出租的租金收入计征的，税率为12%。

对于个人出租住房，不区分用途，按4%的税率征收房产税。

对企事业单位、社会团体以及其他组织按市场价格向个人出租用于居住的住房，减按4%的税率征收房产税。

（二）房产税的税收优惠

房产税的税收优惠是根据国家政策需要和纳税人的负担能力制定的。由于房产税属地方税，因此给予地方一定的减免权限，有利于地方因地制宜处理问题。

房产税的税收优惠政策主要有：

1. 国家机关、人民团体、军队自用的房产免征房产税。但上述免税单位的出租房产以及非自身业务使用的生产、营业用房，不属于免税范围。

这里的"人民团体"，是指经国务院授权的政府部门批准设立或登记备案并由国家拨付行政事业费的各种社会团体。

这里的"自用的房产"，是指这些单位本身的办公用房和公务用房。

2. 由国家财政部门拨付事业经费的单位，如学校、医疗卫生单位、托儿所、幼儿园、敬老院、文化、体育、艺术这些实行全额或差额预算管理的事业单位所有的，本身业务范围内使用的房产免征房产税。

为了鼓励事业单位经济自立，由国家财政部门拨付事业经费的单位，其经费来源实行自收自支后，从事业单位实行自收自支的年度起，免征房产税3年。事业单位自用的房产，是指这些单位本身的业务用房。

另外，上述单位所属的附属工厂、商店、招待所等不属于单位公务、业务的用房，应照章纳税。

3. 宗教寺庙、公园、名胜古迹自用的房产免征房产税。

宗教寺庙自用的房产，是指举行宗教仪式等的房屋和宗教人员使用的生活用房屋。

公园、名胜古迹自用的房产，是指供公共参观游览的房屋及其管理单位的办公用房屋。

宗教寺庙、公园、名胜古迹中附设的营业单位，如影剧院、饮食部、茶社、照相馆等所使用的房产及出租的房产，不属于免税范围，应照章纳税。

4. 个人所有非营业用的房产免征房产税。

个人所有的非营业用房，主要是指居民住房，不分面积多少，一律免征房产税。

对个人拥有的营业用房或者出租的房产，不属于免税房产，应照章纳税。

5. 对行使国家行政管理职能的中国人民银行总行（含国家外汇管理局）所属分支机构自用的房产，免征房产税。

6. 自2011年至2020年，为支持国家天然林资源保护二期工程的实施，对天然林二期工程实施企业和单位税收政策规定如下：

①对长江上游、黄河中上游地区，东北、内蒙古等国有林区天然林二期工程实施企业和单位专门用于天然林保护工程的房产、土地免征房产税。对上述企业和单位用于其他生产经营活动的房产、土地按规定征收房产税。

②对由于实施天然林二期工程造成森工企业房产，土地闲置1年以上不用的，暂免征收房产税；闲置房产和土地用于出租或重新用于天然林二期工程之外其他生产经营的，按规定征收房产税。

③用于天然林二期工程的免税房产、土地应单独划分，与其他应税房产、土地划分不清的，按规定征收房产税。

7. 经财政部批准免税的其他房产。

这类免税房产是根据实际情况确定的，它们情况比较特殊，范围不大。主要有：

（1）损坏不堪使用的房屋和危险房屋，经有关部门鉴定，在停止使用后，可免征房产税。

（2）纳税人因房屋大修导致连续停用半年以上的，在房屋大修期间免征房产税，免征税额由纳税人在申报缴纳房产税时自行计算扣除，并在申报表附表或备注栏中作相应说明。

纳税人房屋大修停用半年以上需要免征房产税的，应在房屋大修前向主管税务机关报送相关的证明材料，包括大修房屋的名称、坐落地点、产权证编号、房产原值、用途、房屋大修的原因、大修合同及大修的起止时间等信息和资料，以备税务机关查验。具体报送材料由各省、自治区、直辖市和计划单列市地方税务局确定。

（3）在基建工地为基建工地服务的各种工棚、材料棚、休息棚和办公室、食堂、茶炉房、汽车房等临时性房屋，在施工期间，一律免征房产税。但工程结束后，施工企业将这种临时性房屋交还或估价转让给基建单位的，应从基建单位接收的次月起，照章纳税。

（4）为鼓励利用地下人防设施，暂不征收房产税。

（5）对非营利性医疗机构、疾病控制机构和妇幼保健机构等卫生机构自用的房产，免征房产税。

（6）老年服务机构自用的房产。老年服务机构是指专门为老年人提供生活照料、文化、护理、健身等多方面服务的福利性、非营利性的机构，主要包括老年社会福利院、敬老院（养老院）、老年服务中心、老年公寓（含老年护理院、康复中心、托老所）等。

（7）从2001年1月1日起，对按政府规定价格出租的公有住房和廉租住房，包括企业和自收自支事业单位向职工出租的单位自有住房，房管部门向居民出租的公有住房，落实私房政策中带户发还产权并以政府规定租金标准向居民出租的私有住房等，暂免征收房产税。

（8）对邮政部门坐落在城市、县城、建制镇、工矿区范围内的房产，应当依法征收房产税；对坐落在城市、县城、建制镇、工矿区范围以外的尚在县邮政局内核算的房产，在单位财务账中划分清楚的，从2001年1月1日起不再征收房产税。

除上面提到的可以免纳房产税的情况以外，如纳税人确有困难的，可由省、自治区、直辖市人民政府确定，定期减征或者免征房产税。

（9）向居民供热并向居民收取采暖费的供热企业暂免征收房产税。这里的供热企业包括专业供热企业、兼营供热企业、单位自供热及为小区居民供热的物业公司等，不包括从事热力生产但不直接向居民供热的企业。

对于免征房产税的"生产用房"，是指上述企业为居民供热所使用的厂房。对既向居民供热，又向非居民供热的企业，可按向居民供热收取的收入占其总供热收入的比例划分征免税界限；对于兼营供热的企业，可按向居民供热收取的收入占其生产经营总收入的比例划分征免税界限。

（10）对在一个纳税年度内月平均实际安置残疾人就业人数占单位在职职工总数的比例高于25%（含25%）且实际安置残疾人人数高于10人（含10人）的单位，可减征或免征该年度城镇土地使用税。具体减免税比例及管理办法由省、自治区、直辖市财税主管部门确定。

（11）自2011年1月1日起至2012年12月31日，对高校学生公寓实行免征房产税政策。至文到之日前已征的应予免征的房产税，应从纳税人以后应纳的房产税额中抵减或者予以退税。

（12）自2011年1月1日起至2012年12月31日，为支持国家商品储备业务发展，对商品储备管理公司及其直属库承担商品储备业务自用的房产、土地，免征房产税。

其中，商品储备管理公司及其直属库，是指接受中央、省、市、县4级政府有关部门委托，承担粮（含大豆）、食用油、棉、糖、肉、盐（限于中央储备）6种商品储备任务，取得财政储备经费或补贴的商品储备企业。对中国华粮物流集团公司及其直属企业、中粮集团有限公司所属储备库接受中国储备粮管理总公司、分公司及其直属库委托，承担的粮（含大豆）、食用油商品储备业务，可享受相应税收优惠。

（13）自2013年1月1日至2015年12月31日，对专门经营农产品批发市场、农贸市场使用的房产暂免征收房产税。对同时经营其他产品的农产品批发市场和农贸市场使用的房产，按其他产品与农产品交易场地面积的比例确定征免房产税。

农产品批发市场、农贸市场，是指以工商登记注册，供买卖双方进行农产品及初加工品现货批发或零售交易的场所。农产品包括粮油、肉禽蛋、蔬菜、干鲜果品、水产品、调味品、棉麻、活畜、可食用的林产品以及由省、自治区、直辖市财税部门确定的其他可食用的农产品。各地已按《国家税务局关于印发〈关于土地使用税若干具体问题的补充规定〉的通知》（国税地字［1989］140号）第五条规定对农产品批发市场、农贸市场给予免征城镇土地使用税的，可继续按原免税政策执行。

四、房产税应纳税额的计算

（一）房产税的计税依据

房产税的计税依据是房产的计税价值或房产的租金收入。按照房产计税价值征税的，称为从价计征；按照房产租金收入计征的，称为从租计征。

1. 从价计征

《房产税暂行条例》规定，房产税依照房产原值一次减除10%～30%后的余值计算缴纳。各地扣除比例由当地省、自治区、直辖市人民政府确定。

（1）房产原值是指对依照房产原值计税的房产，不论是否记载在会计账簿固定资产科目中，均应按照房屋原价计算缴纳房产税。房屋原价应根据国家有关会计制度规定进行核算。对纳税人未按国家会计制度规定核算并记载的，应按规定予以调整或重新评估。

（2）房产原值应包括与房屋不可分割的各种附属设备或一般不单独计算价值的配套设施。主要有：暖气、卫生、通风、照明、煤气等设备；各种管线，如蒸汽、压缩空气、石油、给排水等管道及电力、电信、电缆导线；电梯、升降机、过道、晒台等。属于房屋附属设备的水管、下水道、暖气管、煤气管等应从最近的探视井或三通管起，计算原值；电灯网、照明线从进线盒连接管起，计算原值。

（3）纳税人对原有房屋进行改建、扩建的，要相应增加房屋的原值。房产余值是房产的原值减除规定比例后的剩余价值。

此外，对投资联营的房产，在计征房产税时应予以区别对待。对于以房产投资联营，投资者参与投资利润分红，共担风险的，按房产余值作为计税依据计征房产税；对以房产投资，收取固定收入，不承担联营风险的，实际是以联营名义取得房产租金，应根据《房产税暂行条例》的有关规定由出租方按租金收入计缴房产税；对融资租赁的房产，由承租人自融资租赁合同约定开始日的次月起依照房产余值缴纳房产税。

（4）房屋附属设备和配套设施的计税规定。

从2006年1月1日起，房屋附属设备和配套设施计征房产税按以下规定执行：

①凡以房屋为载体，不可随意移动的附属设备和配套设施，如给排水、采暖、消防、中央空调、电气及智能化楼宇设备等，无论在会计核算中是否单独记账与核算，都应计入房产原值，计征房产税。

②对于更换房屋附属设备和配套设施的，在将其价值计入房产原值时，可扣减原来相应设备和设施的价值；对附属设备和配套设施中易损坏、需要经常更换的零配件，更新后不再计入房产原值。

（5）居民住宅区内业主共有的经营性房产缴纳房产税。

从2007年1月1日起，对居民住宅区内业主共有的经营性房产，由实际经营（包括自营和出租）的代管人或使用人缴纳房产税。其中自营的，依照房产原值减除10%～30%后的余值计征，没有房产原值或不能将业主共有房产与其他房产的原值准确划分开的，由房产所在地地方税务机关参照同类房产核定房产原值；出租的，依照租金收入计征。

（6）对按照房产原值计税的房产，无论会计上如何核算，房产原值均应包含地价，包括为取得土地使用权支付的价款、开发土地发生的成本费用等。宗地容积率低于0.5的，按房产建筑面积的2倍计算土地面积并以此确定房产原值的地价。

2. 从租计征

《房产税暂行条例》规定，房产出租的，以房产租金收入为房产税的计税依据。

所谓房产的租金收入，是房屋产权所有人出租房产使用权所得的报酬，包括货币收入和实物收入。

如果是以劳务或者其他形式为报酬抵付房租收入的，应根据当地同类房产的租金水平，确定一个标准租金额从租计征。

纳税人对个人出租房屋的租金收入申报不实或申报数与同一地段同类房屋的租金收入相

比明显不合理的，税务部门可以按照《税收征收管理法》的有关规定，采取科学合理的方法核定其应纳税款。具体办法由各省、自治区、直辖市地方税务机关结合当地实际情况制定。

（二）房产税应纳税额的计算

房产税的计税依据有两种，与之相适应的应纳税额计算也分为两种：从价计征的计算；从租计征的计算。

1. 从价计征的计算

从价计征是按房产的原值减除一定的比例后的余值计征，其计算公式为：

$$应纳税额 = 房产计税余值 \times 1.2\%$$

其中：

$$房产计税余值 = 应税房产原值 \times (1 - 原值减除比例)$$

这里"应税房产原值"的计算应是对依照房产原值计税的房产，不论是否记载在会计账簿固定资产科目中，均应按照房屋原价计算缴纳房产税。房屋原价应根据国家有关会计制度规定进行核算。对纳税人未按国家会计制度规定核算并记载的，应按规定予以调整或重新评估，减除一定比例是省、自治区、直辖市人民政府规定的 10% ~ 30% 的减除比例，计征的适用税率为 1.2%。

【例 8 – 10】某企业的经营用房原值为 7 000 万元，按照当地规定允许减除 30% 后余值计税，适用税率为 1.2%。则该企业应纳房产税税额 = 7 000 × (1 – 30%) × 1.2% = 58.80（万元）。

2. 从租计征的计算

从租计征是按房产的租金收入计征，其计算公式为：

$$应纳税额 = 租金收入 \times 12\%（或 4\%）$$

【例 8 – 11】某公司出租房屋 5 间，年租金收入为 60 000 元，适用税率为 12%。该公司应纳房产税税额 = 60 000 × 12% = 7 200（元）。

第七节　车　船　税

现行车船税法的基本规范，是 2006 年 12 月 29 日国务院颁布并于 2007 年 1 月 1 日起实施的《中华人民共和国车船税暂行条例》。

一、车船税概述

（一）车船税的概念

车船税是对在中华人民共和国境内车辆、船舶，根据其种类，按照规定的计税依据和年税额标准计算征收对其所有人或者管理人征收的一种财产税。

2006 年 12 月 29 日，国务院颁布了第 482 号令，公布了《中华人民共和国车船税暂行条例》，从 2007 年 1 月 1 日起施行。条例是在原车船使用税和车船使用牌照税的基础上合并修订而成的。各省、自治区、直辖市人民政府根据暂行条例规定，先后制定了施行细则。此次的修订是根据车船拥有、使用和管理现状以及发展趋势，在分析车船税制存在的问题和总结现行征管经验的基础上，对车船税的各税收要素做了全面的规定。与原规定相比，主要做了以下方面的改革：统一了各类企业的车船税制，由原来的财产与行为税改为现在的财产税，适当提高了税额标准，并调整了减免税范围，强化了税源控管的力度。此次条例的出台，对于统一税制、公平税负、拓宽税基，增加地方财政收入，加强地方税征管具有重要的意义。

我国对车船课税历史悠久。早在公元前 129 年（汉武帝元光六年），我国就开征了算商车。1945 年 6 月，国民党政府公布了《使用牌照税法》，在全国统一开征车船使用牌照税。新中国成立后，中央人民政府政务院于 1951 年 9 月颁布了《车船使用牌照税暂行条例》并在全国部分地区开征。1973 年简化税制、合并税种时，把对国营企业和集体企业征收的车船使用牌照税并入工商税。从那时起，车船使用牌照税只对不缴纳工商税的单位、个人和外侨征收，征税范围大大缩小。1984 年 10 月国务院决定恢复对车船征税，因原税名"车船使用牌照税"不太确定，实际工作中往往误认为是对牌照征税，因此，改名为车船使用税。1986 年 9 月 15 日，国务院发布了《中华人民共和国车船使用税暂行条例》，决定从 1986 年 10 月 1 日起在全国施行。

目前，各级税务机关正在按照国家税务总局的要求，积极贯彻落实新的车船税条例，与从事机动车交通事故责任强制保险业务的保险机构积极协商沟通，制定机动车车船税的代收代缴管理办法，不断加强车船税的征收管理工作。

（二）车船税的立法原则

1. 筹集地方财政资金，支持交通运输事业发展

改革开放以来，我国的交通业发展迅速，运输紧张状况大为缓解，但矛盾依然存在。开征车船税，能够将分散在车船所有人手中的部分资金集中起来，可以增加地方财源，增加对交通运输建设的财政投入，加快交通运输业的发展。

2. 调节财富分配，体现社会公平

在国外，车船税属于对不动产征税的范围，这类税收除了筹集地方财政收入外，另一重要功能是对个人拥有的财产或财富（如轿车、游艇等）进行调节，缓解财富分配不公。随着我国经济增长，部分先富起来的个人拥有私人轿车、游艇及其他车船的情况将会日益增加，征收车船税的财富再分配作用亦会显得更加重要。

3. 加强对车船使用的管理，促进车船的合理配置

随着经济发展，社会拥有车船的数量急剧增加，开征车船税后，购置、使用车船越多，应缴纳的车船税越多，可以促使纳税人加强对已有车船的管理与核算，合理使用车船，提高车船的利用效率。

二、车船税的纳税人与课税基础

（一）车船税的纳税人

车船税是指在中华人民共和国境内的车辆、船舶的所有人或者管理人按照中华人民共和国车船税暂行条例应缴纳的一种税。

车船税的纳税人，是指在中华人民共和国境内，车辆、船舶（以下简称"车船"）的所有人或者管理人，应当依照《车船税暂行条例》的规定缴纳车船税。

（二）车船税的征税范围

车船税的征收范围，是指在中华人民共和国境内属于车船税法所附《车船税税目税额表》规定的车辆、船舶。车辆、船舶是指：

1. 依法应当在车船管理部门登记的机动车辆和船舶；

2. 依法不需要在车船管理部门登记、在单位内部场所行驶或者作业的机动车辆和船舶。

前款所称车船管理部门是指公安、交通运输、农业、渔业、军队、武装警察部队等依法具有车船登记管理职能的部门；单位，是指依照中国法律、行政法规规定，在中国境内成立的行政机关、企业、事业单位、社会团体以及其他组织。

三、车船税的税率与税收优惠

（一）车船税的税率

车船税实行定额税率。定额税率，也称固定税额，是税率的一种特殊形式。定额税率计算简便，适宜于从量计征的税种。车船税的适用税额，依照条例所附的《车船税税目税额表》执行。

国务院财政部门、税务主管部门可以根据实际情况，在《车船税税目税额表》规定的税目范围和税额幅度内，划分子税目，并明确车辆的子税目税额幅度和船舶的具体适用税额。车辆的具体适用税额由省、自治区、直辖市人民政府在规定的子税目税额幅度内确定。

车船税采用定额税率，即对征税的车船规定单位固定税额。车船税确定税额总的原则是：非机动车船的税负轻于机动车船；人力车的税负轻于畜力车；小吨位船舶的税负轻于大船舶。由于车辆与船舶的行使情况不同，车船税的税额也有所不同。车船税税目税额见表 8－5。

表 8－5 车船税税目税额表

目录		计税单位	年基准税额（元）	备注
乘用车按发动机汽缸容量（排气量分档）	1.0 升（含）以下的	每辆	60 ~ 360	核定载客人数 9 人（含）以下
	1.0 升以上至 1.6 升（含）的		360 ~ 660	
	1.6 升以上至 2.0 升（含）的		660 ~ 960	
	2.0 升以上至 2.5 升（含）的		960 ~ 1 620	
	2.5 升以上至 3.0 升（含）的		1 620 ~ 2 460	
	3.0 升以上至 4.0 升（含）的		2 460 ~ 3 600	
	4.0 升以上的		3 600 ~ 5 400	

续表

目录		计税单位	年基准税额（元）	备注
商用车	客车	每辆	480～1 440	核定载客人数 9 人（包括电车）
	货车	整备质量每吨	16～120	包括半挂牵引车、挂车、客货两用汽车、三轮汽车和低速载货汽车等
其他车辆	专用作业车	整备质量每吨	16～120	不包括拖拉机
	轮式专用机械车	整备质量每吨	16～120	
摩托车		每辆	36～180	
船舶	机动船舶	净吨位每吨	3～6	拖船、非机动船分别按照机动船舶税额的 50% 计算；游艇的税额另行规定
	游艇	净身长每米	600～2 000	

1. 机动船舶，具体适用税额为：

（1）净吨位小于或者等于 200 吨的，每吨 3 元。

（2）净吨位 201～2 000 吨的，每吨 4 元。

（3）净吨位 2 001～10 000 吨的，每吨 5 元。

（4）净吨位 10 001 吨及其以上的，每吨 6 元。

拖船按照发动机功率每千瓦折合净吨位 0.67 吨计算征收车船税。

2. 游艇，具体适用税额为：

（1）艇身长度不超过 10 米的游艇，每米 600 元。

（2）艇身长度超过 10 米但不超过 18 米的游艇，每米 900 元。

（3）艇身长度超过 18 米但不超过 30 米的游艇，每米 1 300 元。

（4）艇身长度超过 30 米的游艇，每米 1 800 元。

（5）辅助动力帆艇，每米 600 元。

游艇艇身长度是指游艇的总长。

3. 车辆的认定。对于在设计和技术特性上用于特殊工作，并装置有专用设备或器具的汽车，应认定为专用作业车，如汽车起重机、消防车、混凝土泵车、清障车、高空作业车、洒水车、扫路车等。以载运人员或货物为主要目的的专用汽车，如救护车，不属于专用作业车。

客货两用车，又称多用途货车，是指在设计和结构上主要用于载运货物，但在驾驶员座椅后带有固定或折叠式座椅，可运载 3 人以上乘客的货车。客货两用车依照货车的计税单位和年基准税额计征车船税。

4. 整备质量、净吨位、艇身长度等计税单位，有尾数的一律按照含尾数的计税单位据实计算车船税应纳税额。计算得出的应纳税额小数点后超过两位的可四舍五入保留两位小数。

乘用车以车辆登记管理部门核发的机动车登记证书或者行驶证书所载的排气量毫升数确定税额区间。

5. 船舶净吨位尾数不超过 0.5 吨的不予计算，超过 0.5 吨的，按照 1 吨计算。净吨位不超过 1 吨的船舶，按照 1 吨计算。

6. 车船税法和实施条例所涉及的排气量、整备质量、核定载客人数、净吨位、马力、艇身长度，以车船管理部门核发的车船登记证书或者行驶证相应项目所载数据为准。

依法不需要办理登记、依法应当登记而未办理登记或者不能提供车船登记证书、行驶证的，以车船出厂合格证明或者进口凭证相应项目标注的技术参数、所载数据为准；不能提供车船出厂合格证明或者进口凭证的，由主管税务机关参照国家相关标准核定，没有国家相关标准的参照同类车船核定。

（二）车船税的税收优惠

1. 车船税的法定减免

（1）捕捞、养殖渔船，是指在渔业船舶管理部门登记为捕捞船或者养殖船的渔业船舶。

（2）军队、武装警察部队专用的车船，是指按照规定在军队、武装警察部队车船管理部门登记，并领取军队、武警牌照的车船。

（3）警用车船，是指公安机关、国家安全机关、监狱、劳动教养管理机关和人民法院、人民检察院领取警用牌照的车辆和执行警务的专用船舶。

（4）依照法律规定应当予以免税的外国驻华使领馆、国际组织驻华机构及其有关人员的车船。

（5）对节约能源、使用新能源的车船可以减征或者免征车船税；对受严重自然灾害影响纳税困难以及有其他特殊原因确需减税、免税的，可以减征或者免征车船税。

节约能源、使用新能源的车辆包括纯电动汽车、燃料电池汽车和混合动力汽车。纯电动汽车和燃料电池汽车和插电式混合动力汽车免征车船税。其他混合动力汽车按照同类车辆适用税额减半征税。

（6）省、自治区直辖市人民政府根据当地实际情况，可以对公共交通车船，农村居民拥有并主要在农村地区使用的摩托车、三轮汽车和低速载货汽车定期减征或者免征车船税。

2. 车船税的特定减免

（1）经批准临时入境的外国车船和香港特别行政区、澳门特别行政区、台湾地区的车船，不征收车船税。

（2）按照规定缴纳船舶吨税的机动船舶，自车船税法实施之日起 5 年内免征车船税。

（3）机场、港口内部行驶或作业的车船，自车船税法实施之日起 5 年内免征车船税。

四、车船税应纳税额的计算

（一）自缴额的计算

纳税人按照纳税地点所在的省、自治区、直辖市人民政府确定的具体适用税额缴纳车船税。车船税由地方税务机关负责征收。

1. 购置的新车船，购置当年的应纳税额自纳税义务发生的当月起按月计算。计算公式为：

$$应纳税额 = (年应纳税额 ÷ 12) × 应纳税月份数$$

2. 在一个纳税年度内，已完税的车船被盗抢、报废、灭失的，纳税人可以凭有关管理机关出具的证明和完税证明，向纳税所在地的主管税务机关申请退还自被盗抢、报废、灭失月份起至该纳税年度终了期间的税款。

3. 已办理退税的被盗抢车船，失而复得的，纳税人应当从公安机关出具相关证明的当月起计算缴纳的车船税。

4. 在一个纳税年度内，纳税人在非车辆登记地由保险机构代收代缴机动车车船税，且能够提供合法有效完税证明的，纳税人不再向车辆登记地的地方税务机关缴纳机动车车船税。

5. 已缴纳车船税的车船在同一纳税年度内办理转让过户的，不另纳税，也不退税。

6. 已经缴纳车船税的车船，因质量原因，车船被退回生产企业或者经销商的，纳税人可以向纳税所在地的主管税务机关申请退还自退货月份起至该纳税年度终了期间的税款。退货月份以退货发票所载日期的当月为准。

【例 8 – 12】某运输公司拥有载货汽车 15 辆（货车载重净吨位全部为 10 吨），乘人大客车 20 辆，小客车 10 辆。计算该公司应纳车船税。

（注：载货汽车每吨年税额 80 元，乘人大客车每辆年税额 800 元，小客车年税额 700 元）

[计算分析]

（1）载货汽车应纳税额 = 15 × 10 × 80 = 12 000（元）

（2）乘人汽车应纳税额 = 20 × 800 + 10 × 700 = 23 000（元）

全年应纳车船税额 = 12 000 + 23 000 = 35 000（元）

（二）保险机构代收代缴车船税和滞纳金的计算

为了做好机动车车船税代收代缴工作，中国保险监督管理委员会下发了《关于修改机动车交通事故责任强制保险保单的通知》（保监产险 [2007] 501 号），在机动车交通事故责任强制保险（以下简称"交强险"）保单中增加了与车船税有关的数据项目。为了便于保险机构根据新修改的"交强险"保单，完善"交强险"业务及财务系统，现就有关涉税问题进一步明确如下：

1. 特殊情况下车船税应纳税款的计算

（1）购买短期"交强险"的车辆。

对于境外机动车临时入境、机动车临时上道路行驶、机动车距规定的报废期限不足一年而购买短期"交强险"的车辆，保单中"当年应缴"项目的计算公式为：

$$当年应缴 = 计税单位 × 年单位税额 × 应纳税月份数 ÷ 2$$

其中，应纳税月份数为"交强险"有效期起始日期的当月至截止日期当月的月份数。

（2）已向税务机关缴税的车辆或税务机关已批准减免税的车辆。

对于已向税务机关缴税或税务机关已经批准免税的车辆，保单中"当年应缴"项目应为 0；对于税务机关已批准减税的机动车，保单中"当年应缴"项目应根据减税前的应纳税额扣除依据减税证明中注明的减税幅度计算的减税额确定，计算公式为：

$$减税车辆应纳税额 = 减税前应纳税额 × (1 – 减税幅度)$$

纳税人在购买"交强险"时，由扣缴义务人代收代缴车船税的，凭注明已收税款信息的"交强险"保险单，车辆登记地的主管税务机关不再征收该纳税年度的车船税。再次征收的，车辆登记地主管税务机关应予退还。

2. 欠缴车船税的车辆补缴税款的计算

从 2008 年 7 月 1 日起，保险机构在代收代缴车船税时，应根据纳税人提供的前次保险单，查验纳税人以前年度的完税情况。对于以前年度有欠缴车船税的，保险机构应代收代缴以前年度应纳税款。

（1）对于 2007 年 1 月 1 日前购置的车辆或者曾经缴过车船税的车辆，保单中"往年补缴"项目的计算公式为：

$$往年补缴 = 单位 \times 年单位税额 \times （本次缴税年度 - 前次缴税年度 - 1）$$

其中，对于 2007 年 1 月 1 日前购置的车辆，纳税人从未缴纳车船税的，前次缴税年度设定为 2006 年。

（2）对于 2007 年 1 月 1 日以后购置的车辆，纳税人从购置时起一直未缴纳车船税的，保单中"往年补缴"项目的计算公式为：

$$往年补缴 = 购置当年欠缴的税款 + 购置年度以后欠缴税款$$

其中，购置当年欠缴的税款 = 计税单位 × 年单位税额 × 应纳税月份数 ÷ 12。应纳税月份数为车辆登记日期的当月起至该年度终了的月份数。若车辆尚未到车船管理部门登记，则应纳税月份数为购置日期的当月起至该年度终了的月份数。

$$购置年度以后欠缴税款 = 计税单位 \times 年单位税额 \times （本次缴税年度 - 车辆登记年度 - 1）$$

3. 滞纳金计算

对于纳税人在应购买"交强险"截止日期以后购买"交强险"的，或以前年度没有缴纳车船税的，保险机构在代收代缴税款的同时，还应代收代缴欠缴款的滞纳金。

保单中"滞纳金"项目为各年度欠税与应加收滞纳金之和。

$$每一年度欠税应加收的滞纳金 = 欠税金额 \times 滞纳天数 \times 0.5‰$$

车船税扣缴义务人代收代缴欠缴税款的滞纳金，从各省、自治区、直辖市人民政府规定的申报纳税期限截止日期的次日起计算。

第八节 印 花 税

现行印花税的基本规范，是 1988 年 8 月 6 日国务院发布并于同年 10 月 1 日起实施的《中华人民共和国印花税暂行条例》。

一、印花税概述

（一）印花税的概念

印花税是对经济活动和经济交往中书立、领受、使用的应税经济凭证所征收的一种税。因纳税人主要是通过在应税凭证上粘贴印花税票来完成纳税义务，故名印花税。印花税是一种具有行为税性质的凭证税，凡发生书立、使用、领受应税凭证的行为，就必须依照印花税法的有关规定履行纳税义务。

印花税是世界各国普遍征收的一个税种。它的历史悠久，最早始于 1624 年的荷兰。旧中国，北洋军阀政府曾颁布过《印花税法》，并于 1913 年首次开征印花税。1927 年国民党政府公布了印花税条例。新中国成立后，政务院于 1950 年 1 月颁布《全国税政实施要则》，规定印花税为全国统一开征的 14 个税种之一。1958 年简化税制时，将印花税并入工商统一税，印花税不再单独征收。

随着我国改革开放政策的贯彻实施，国民经济迅速发展，经济活动中依法书立各种凭证已成为普遍现象。根据经济发展和建立社会主义经济法制的需要，国家相继颁布了《经济合同法》、《商标法》、《工商企业登记管理条例》等一系列经济法规。为了在税收上适应变化着的客观经济情况，广泛筹集财政资金，维护经济凭证书立、领受人的合法权益，1988 年 8 月，国务院公布了《印花税暂行条例》，于同年 10 月 1 日起恢复征收印花税。

（二）印花税的特点

印花税不论是在性质上，还是在征税方法方面，都具有不同于其他税种的特点：

1. 覆盖面广

印花税规定的征税范围广泛，凡税法列举的合同或具有合同性质的凭证、产权转移书据、营业账簿及权利、许可证照等，都必须依法纳税。随着市场经济的发展和经济法制的逐步健全，依法书立经济凭证的现象将会越来越普遍。因此，印花税的征收面将更加广阔。

2. 税率低，税负轻

印花税与其他税种相比，税率要低得多，税负较轻，具有广集资金、积少成多的财政效应。

3. 纳税人自行完税

印花税与其他税种不同，实行"三自"的纳税办法。即纳税人在书立、使用、领受应税凭证、发生纳税义务的同时，先根据凭证所载计税金额和应适用的税目税率，自行计算其应纳税额；再由纳税人自行购买印花税票，并一次足额粘贴在凭证上；最后由纳税人按《印花税暂行条例》的规定对已粘贴的印花税票自行注销或者划销。至此，纳税人的纳税义务才算履行完毕。而对于其他税种，则一般先由纳税人申报纳税，再由税务机关审核确定其应纳税额，然后由纳税人办理缴纳税款手续。

4. 多缴不退不抵

多缴多贴印花税，一律不得申请退税或者抵用。这与其他税种多缴税款可以申请退税或抵缴的规定不同。

（三）印花税的立法原则

印花税的立法原则主要表现在以下五个方面：

1. 促进我国经济法制化建设

在各种应税经济凭证上粘贴印花税票，是完备应税经济凭证法律手续的重要方面。而且，根据印花税的规定，发放或办理各种应纳印花税凭证的单位负有监督纳税的义务。这样，可以配合各种经济法规的实施，逐步提高经济合同的兑现率，促使经济交往中的各方依法办事，推进我国的经济法制建设。

2. 广集财政收入

印花税税负虽轻，但征税面广，可以积少成多，集腋成裘，为国家建设积累财政资金。

同时，还有利于完善地方税体系和分税制财政体制。

3. 维护我国涉外经济权益

印花税是国际通行的税种。随着我国对外经济交往的日益频繁，开征印花税，有利于在对外经济交往中贯彻税收对等互惠原则，维护国家的经济权益，促进对外经济关系的发展。

4. 培养公民的依法纳税观念

印花税实行由纳税人自行完税、税务机关检查的征纳方法，并采取了轻税重罚的措施，可以督促纳税人养成自觉纳税的习惯。

5. 加强对其他税种的监督管理

经济单位或个人的应税凭证是该单位或个人经济活动的反映，通过对各种应税凭证的贴花和检查，税务机关可以掌握经济活动中的真实情况，进行印花税和其他税种的交叉稽核检查，有利于加强对其他税种的监督管理。

二、印花税的纳税人与课税基础

（一）印花税的纳税人

印花税的纳税人，是在中国境内书立、使用、领受印花税法所列举的凭证并应依法履行纳税义务的单位和个人。

这里所称的单位和个人，是指国内各类企业、事业、机关、团体、部队以及中外合资企业、合作企业、外资企业、外国公司和其他经济组织及其在华机构等单位和个人。按照书立、使用、领受应税凭证的不同，可以分别确定为以下几种：

1. 立合同人。各类合同的纳税人是立合同人。立合同人是指立合同的当事人，即对凭证有直接权利义务关系的单位和个人，但不包括合同的担保人、证人、鉴定人。

各类合同，是指根据原《经济合同法》、《涉外经济合同法》和其他有关合同法规订立的合同。所称具有合同性质的凭证，是指具有合同效力的协议、契约、合约、单据、确认书及其他各种名称的凭证。包括购销、加工承揽、建设工程承包、财产租赁、货物运输、仓储保管、借款、财产保险、技术合同或者具有合同性质的凭证。

2. 立据人。订立各种财产转移书据的，以立据人为纳税人。如立据人未贴印花或少贴印花，书据的持有人应负责补贴印花。所立书据以合同方式签订的，应由持有书据的各方分别按全额贴花。

3. 立账簿人。营业账簿的纳税人是立账簿人。所谓立账簿人，指设立并使用营业账簿的单位和个人。例如，企业单位因生产、经营需要，设立了营业账簿，该企业即为纳税人。

4. 领受人。权利、许可证照的纳税人是领受人。领受人，是指领取或接受并持有该项凭证的单位和个人。例如，某人因其发明创造，经申请依法取得国家专利机关颁发的专利证书，该人即为纳税人。

对于同一凭证，如果由两方或者两方以上当事人签订并各执一份的。各方均为纳税人，应当由各方就所持凭证的各自金额贴花。所谓当事人，是指对凭证有直接权利义务关系的单位和个人，不包括保人、证人、鉴定人。如果应税凭证是由当事人的代理人代为书立的，则由代理人代为承担纳税义务。

5. 使用人。在国外书立、领受，但在国内使用的应税凭证，其纳税人是使用人。

6. 各类电子应税凭证的签订人。即以电子形式签订的各类应税凭证的当事人。

值得注意的是，对应税凭证，凡由两方或两方以上当事人共同书立的，其当事人各方都是印花税的纳税人，应各就其所持凭证的计税金额履行纳税义务。

（二）印花税的课税基础

经济活动中发生的经济凭证种类繁多，数量巨大，印花税对正式列举的凭证分为五大类，即经济合同、产权转移书据、营业账簿、权利许可证照和经财政部门确认的其他凭证。一般地，列入范围的就要征税，未列入范围的就不征税，具体的征税范围包括：

1. 经济合同

合同是指当事人之间为实现一定目的，经协商一致，明确当事人各方权利、义务关系的协议。以经济业务活动作为内容的合同，通常称为经济合同。印花税税目中的合同比照我国原《经济合同法》对经济合同的分类，在税目税率表中列举了 10 大类合同。它们分别是：

（1）购销合同。包括供应、预购、采购、购销结合及协作、调剂、补偿、易货等合同；还包括各出版单位与发行单位（不包括订阅单位和个人）之间订立的图书、报刊、音像征订凭证。

对于工业、商业、物资、外贸等部门经销和调拨商品、物资供应的调拨单（或其他名称的单、卡、书、表等），应当区分其性质和用途，即看其是作为部门内执行计划使用的，还是代替合同使用的，以确定是否贴花。凡属于明确双方供需关系，据以供货和结算，具有合同性质的凭证，应按规定缴纳印花税。

对纳税人以电子形式签订的各类应税凭证按规定征收印花税。

对发电厂与电网之间、电网与电网之间（国家电网公司系统、南方电网公司系统内部各级电网互供电量除外）签订的购售电合同，按购销合同征收印花税。电网与用户之间签订的供用电合同不征印花税。

（2）加工承揽合同。包括加工、定做、修缮、修理、印刷、广告、测绘、测试等合同。

（3）建设工程勘察设计合同。包括勘察、设计合同的总包合同、分包合同和转包合同。

（4）建筑安装工程承包合同。包括建筑、安装工程承包合同的总包合同、分包合同和转包合同。

（5）财产租赁合同。包括租赁房屋、船舶、飞机、机动车辆、机械、器具、设备等合同；还包括企业、个人出租门店、柜台等所签订的合同，但不包括企业与主管部门签订的租赁承包合同。

（6）货物运输合同。包括民用航空运输、铁路运输、海上运输、内河运输、公路运输和联运合同。

（7）仓储保管合同。包括仓储、保管合同或作为合同使用的仓单、栈单（或称入库单）。对某些使用不规范的凭证不便计税的，可就其结算单据作为计税贴花的凭证。

（8）借款合同。银行及其他金融组织和借款人（不包括银行同业拆借）所签订的合同，以及只填开借据并作为合同使用、取得分借款的借据。银行及其他金融机构经营的融资租赁业务，是一种以融物方式达到融资目的的业务，实际上是分期偿还的固定资金借款，因此融资租赁合同也属于借款合同。

（9）财产保险合同。包括财产、责任、保证、信用等保险合同，以及作为合同使用的单据。财产保险合同，分为企业财产保险、机动车辆保险、货物运输保险、家庭财产保险和农牧业保险五大类。"家庭财产两全保险"属于家庭财产保险性质，其合同在财产保险合同之列，应照章纳税。

（10）技术合同。包括技术开发、转让、咨询、服务等合同。其中，技术转让合同包括专利申请转让、非专利技术转让所书立的合同，但不包括专利转让、专利实施许可所书立的合同。后者适用于"产权转移书据"合同。

技术咨询合同是合同当事人就有关项目的分析、论证、评价、预测和调查订立的技术合同，而一般的法律、会计、审计等方面的咨询不属于技术咨询，其所立合同不贴印花。

技术服务合同的征税范围包括技术服务合同、技术培训合同和技术中介合同。

2. 产权转移书据

包括财产所有权和版权、商标专用权、专利权、专用技术使用权等转移书据和土地使用权出让合同、土地使用权转让合同、商品房销售合同等权利转移合同。

所称产权转移书据，是指单位和个人产权的买卖、继承、赠与、交换、分割等所立的书据。"财产所有权"转移书据的征税范围，是指以政府管理机关登记注册的动产、不动产的所有权转移所立的书据，以及企业股权转让所立的收据，并包括个人无偿赠送不动产所签订的"个人无偿赠与不动产登记表"。当纳税人完税后，税务机关（或其他征收机关）应在纳税人印花税完税凭证上加盖"个人无偿赠与"的印章。

3. 营业账簿

指单位或者个人记载生产经营活动的财务会计核算账簿。营业账簿按其反映内容的不同，可分为记载资金的账簿和其他账簿。记载资金账簿，是反映生产经营单位资金本金数额增减变化的账簿。其他账簿，是指除上述账簿以外的其他生产经营活动内容的账簿，包括日记账簿和各明细分类账簿。

但是，对金融系统营业账簿，要结合金融系统财务会计核算的实际情况进行具体分析。凡银行用以反映资金存贷经营活动，记载经营资金增减变化、核算经营成果的账簿，如各种日记账、明细账和总账都属于营业账簿，应按照规定缴纳印花税；银行根据业务管理需要设置的各种登记簿，如空白重要凭证登记簿、有价单证登记簿、现金收付登记簿等，其记载的内容与资金活动无关，公用于内部备查，属于非营业账簿，均不征收印花税。

4. 权利许可证照

权利许可证照是政府授予单位、个人某种法定权利和准予从事特定经济活动的各种证照的统称。包括政府部门发给的房屋产权证、工商营业执照、商标注册证、专利证、土地使用证等。

三、印花税的税目、税率与税收优惠

（一）印花税的税目

印花税的税目，指印花税法明确规定的应当纳税的项目，它具体划定了印花税的征税范围。一般来说，列入税目的就要征税，未列入税目的就不征税。印花税共有 13 个税目，即：

1. 购销合同

包括供应、预购、采购、购销结合及协作、调剂、补偿、贸易等合同。此外，还包括出版单位与发行单位之间订立的图书、报纸、期刊和音像制品的应税凭证，例如订购单、订数单等。还包括发电厂与电网之间、电网与电网之间（国家电网公司系统、南方电网公司系统内部各级电网互供电量除外）签订的购售电合同。但是，电网与用户之间签订的供用电合同不属于印花税列举征税的凭证，不征收印花税。

2. 加工承揽合同

包括加工、定做、修缮、修理、印刷、广告、测绘、测试等合同。

3. 建设工程勘察设计合同

包括勘察、设计合同。

4. 建筑安装工程承包合同

包括建筑、安装工程承包合同。承包合同，包括总承包合同、分包合同和转包合同。

5. 财产租赁合同

包括租赁房屋、船舶、飞机、机动车辆、机械、器具、设备等合同，还包括企业、个人出租门店、柜台等签订的合同。

6. 货物运输合同

包括民用航空、铁路运输、海上运输、公路运输和联运合同，以及作为合同使用的单据。

7. 仓储保管合同

包括仓储、保管合同，以及作为合同使用的仓单、栈单等。

8. 借款合同

银行及其他金融组织与借款人（不包括银行同业拆借）所签订的合同，以及只填开借据并作为合同使用、取得银行借款的借据。银行及其他金融机构经营的融资租赁业务，是一种以融物方式达到融资目的的业务，实际上是分期偿还的固定资金借款，因此融资租赁合同也属于借款合同。

9. 财产保险合同

包括财产、责任、保证、信用保险合同，以及作为合同使用的单据。财产保险合同，分为企业财产保险、机动车辆保险、货物运输保险、家庭财产保险和农牧业保险五大类。"家庭财产两全保险"属于家庭财产保险性质，其合同在财产保险合同之列，应照章纳税。

10. 技术合同

包括技术开发、转让、咨询、服务等合同，以及作为合同使用的单据。

技术转让合同，包括专利申请权转让、专利实施许可和非专利技术转让。

技术咨询合同，是当事人就有关项目的分析、论证、预测和调查订立的技术合同。但一般的法律、会计、审计等方面的咨询不属于技术咨询，其所立合同不贴印花。

技术服务合同，是当事人一方委托另一方就解决有关特定技术问题，如为改进产品结构、改良工艺流程、提高产品质量、降低产品成本、保护资源环境、实现安全操作、提高经济效益等提出实施方案，进行实施指导所订立的技术合同，包括技术服务合同、技术培训合同和技术中介合同。但不包括以常规手段或者为生产经营目的进行一般加工、修理、修缮、广告、印刷、测绘、标准化测试，以及勘察、设计等所书立的合同。

11. 产权转移书据

我国印花税税目中的产权转移书据包括财产所有权、版权、商标专用权、专利权、专有技术使用权共 5 项产权的转移书据。其中，财产所有权转移书据，是指经政府管理机关登记注册的不动产、动产的所有权转移所书立的书据，包括股份制企业向社会公开发行的股票，因购买、继承、赠与所书立的产权转移书据。其他 4 项则属于无形资产的产权转移书据。

12. 营业账簿

营业账簿指单位或者个人记载生产经营活动的财务会计核算账簿，按其反映内容的不同，可分为记载资金的账簿和其他账簿。

记载资金的账簿，是指反映生产经营单位资本金数额增减变化的账簿。其他账簿，是指除上述账簿以外的有关其他生产经营活动内容的账簿，包括日记账簿和各明细分类账簿。

但是，对金融系统营业账簿，要结合金融系统财务会计核算的实际情况进行具体分析。凡银行用以反映资金存贷经营活动、记载经营资金增减变化、核算经营成果的账簿，如各种日记账、明细账和总账都属于营业账簿，应按照规定缴纳印花税；银行根据业务管理需要设置的各种登记簿，如空白重要凭证登记簿、有价单证登记簿、现金收付登记簿等，其记载的内容与资金活动无关，仅用于内部备查，属于非营业账簿，均不征收印花税。

13. 权利许可证照

包括政府部门发给的房屋产权证、工商营业执照、商标注册证、专利证、土地使用证。

（二）印花税的税率

印花税课税对象的经济凭证，种类繁多、形式多样，性质不尽相同。如有些凭证记载有金额，有些则未记载金额；有些凭证供长期使用，有些则只满足临时性需要。这样，就有必要根据不同凭证的性质和特点，按照合理负担、便于征纳的原则，分别采用不同的税率。

现行印花税采用比例税率和定额税率两种税率。

1. 比例税率

印花税的比例税率分为 4 档，即 1‰、0.5‰、0.3‰、0.05‰。

按比例税率征收的应税项目包括：各种合同及具有合同性质的凭证、记载资金的账簿和产权转移书据等。这些凭证一般都载有金额，按比例税率纳税，金额多的多纳，金额少的少纳，既能增加收入，又可以体现合理负担原则。

2. 定额税率

适用定额税率的是权利许可证照和营业账簿中的其他账簿，采取按件规定固定税额，单位税额均为每件 5 元。

对其他营业账簿、权利许可证照，单位税额均为每件 5 元。由于这类凭证没有金额记载，规定按件定额征税，可以方便征纳，简化手续。

在确定适用税率时，如果一份合同载有一个或几个经济事项，可以同时适用一个或几个税率分别计算贴花。但属于同一笔金额或几个经济事项金额未分开的，应按其中的较高税率计算纳税，而不是分别按多种税率贴花。这样规定主要是为了避免以低税率凭证代替高税率凭证纳税，从而逃避纳税义务。

印花税税目税率见表 8 - 6。

表8－6

应税凭证		税 率	计税依据
合同类凭证	财产租赁合同	1‰	租赁金额
	财产保险合同		保险费
	仓储保管合同		仓储保管费
	加工承揽合同	0.5‰	加工承揽收入
	建筑工程勘察设计合同		收取费用
	货物运输合同		运输费用
	货物购销合同	0.3‰	购销金额
	建筑安装工程承包合同		承包金额
	技术合同		所记载金额
	借款合同	0.05‰	借款金额
书据类凭证	股权转让书据	1‰	所记载金额
	产权转让书据	0.5‰	
账簿类凭证	记载资金的账簿		实收资本加资本公积
	其他账簿	5 元	件数
证照类凭证	权利许可证照		

从 2008 年 9 月 19 日起，证券交易印花税实行单边收取。

（三）印花税的税收优惠

根据《印花税暂行条例》及其实施细则和其他有关税法的规定，下列凭证免纳印花税：

1. 已缴纳印花税凭证的副本或者抄本免税。

凭证的正式签署本已按规定缴纳了印花税，其副本或者抄本对外不发生权利义务关系，只是留存备查。但以副本或者抄本视同正本使用的，则应另贴印花。

2. 财产所有人将财产赠给政府、社会福利单位、学校所立的书据免税。

所谓社会福利单位，是指扶养孤老伤残的社会福利单位。

对上述书据免税，旨在鼓励财产所有人这种有利于发展文化教育事业，造福社会的捐赠行为。

3. 国家指定的收购部门与村民委员会、农民个人书立的农副产品收购合同免税。

由于我国农副产品种类繁多，地区之间差异较大，随着经济发展，国家指定的收购部门也会有所变化。对此，印花税法授权省、自治区、直辖市主管税务机关根据当地实际情况，具体划定本地区"收购部门"和"农副产品"的范围。

4. 无息、贴息贷款合同免税。

无息、贴息贷款合同，是指我国的各专业银行按照国家金融政策发放的无息贷款，以及由各专业银行发放并按有关规定由财政部门或中国人民银行给予贴息的贷款项目所签订的贷款合同。

一般情况下，无息、贴息贷款体现国家政策，满足特定时期的某种需要，其利息全部或者部分是由国家财政负担的，对这类合同征收印花税没有财政意义。

5. 外国政府或者国际金融组织向我国政府及国家金融机构提供优惠贷款所书立的合同

免税。

该类合同是就具有援助性质的优惠贷款而成立的政府间协议，对其免税有利于引进和利用外资，以推动我国经济与社会的快速发展。

6. 房地产管理部门与个人签订的用于生活居住的租赁合同免税。

7. 对农牧业保险合同免税。

对该类合同免税，主要是为了支持农村保险事业的发展，减轻农牧业生产的税收负担。

8. 如下特殊货运凭证免税：

（1）军事物资运输凭证，即附有军事运输命令或使用专用的军事物资运费结算凭证。

（2）抢险救灾物资运输凭证，即附有县级以上（含县级）人民政府抢险救灾物资运输证明文件的运费结算凭证。

（3）新建铁路的工程临管线运输凭证，即为新建铁路运输施工所需物料，使用工程临管线专用的运费结算凭证。

9. 企业改制过程中有关印花税征免规定。

（1）资金账簿的印花税。

①实行公司制改造的企业在改制过程中成立的新企业（重新办理法人登记的），其新启用的资金账簿记载的资金或因企业建立资本纽带关系而增加的资金，凡原已贴花的部分可不再贴花，未贴花的部分和以后新增加的资金按规定贴花。

公司制改造包括以下几种：国有企业依《公司法》整体改造成国有独资有限责任公司；企业通过增资扩股或者转让部分产权，实现他人对企业的参股，将企业改造成有限责任公司或股份有限公司；企业以其部分财产和相应债务与他人组建新公司；企业将债务留在原企业，而以其优质财产与他人组建的新公司。

②以合并或分立方式成立的新企业，其新启用的资金账簿记载的资金，凡原已贴花的部分可不再贴花，未贴花的部分和以后新增加的资金按规定贴花。

③企业债权转股权新增加的资金按规定贴花。

④企业改制中经评估增加的资金按规定贴花。

⑤企业其他会计科目记载的资金转为实收资本或资本公积的资金按规定贴花。

（2）各类合同的印花税。企业改制前签订的但尚未履行完的各类应税合同，改制后需要变更执行主体，但其余条款未作变动且改制前已贴花的，不再贴花。

（3）产权转移书据的印花税。企业因改制签订的产权转移书据免予贴花。

（4）股权分置试点改革转让的印花税。股权分置改革进程中因非流通股股东向流通股股东支付对价而发生的股权转让，暂免征收印花税。

10. 与高校学生签订的高校学生公寓租赁合同，免征印花税。2011 年 1 月 1 日文到之日已征的应予免征的印花税，可从纳税人以后应纳的印花税中抵减或者予以退税。

11. 为支持国家商品储备业务发展，从 2011 年 1 月 1 日至 2012 年 12 月 31 日，对商品储备管理公司及其直属库资金账簿免征印花税；对其承担商品储备业务过程中书立的合同免征印花税，对合同其他各方当事人应缴纳的印花税照章征收。

12. 对中国联合网络通信集团有限公司转让 CDMA 网及用户资产企业合并资产整合过程中涉及的印花税。

（1）对中国联合网络通信集团有限公司吸收合并中国网络通信集团公司，中国联合网络通信有限公司吸收合并中国网通（集团）有限公司过程中，新增加的资本金，凡原已贴花的部分不再贴花。

（2）对中国联合网络通信集团有限公司吸收合并中国网络通信集团公司，中国联合网络通信有限公司吸收合并中国网通（集团）有限公司过程中，所签订的产权转移书据涉及的印花税，予以免征。

（3）对中国联合通信有限公司、联通新时空移动通信有限公司、联通兴业科贸有限公司向中国电信集团公司转让 CDMA 资产、股权，中国联通有限公司、中国联通股份有限公司、联通国际通信有限公司向中国电信股份有限公司转让 CDMA 业务、股权过程中所签订的协议涉及的印花税，予以免征。

（4）对中国联合网络通信集团有限公司、中国网络通信集团公司向中国联合通信股份有限公司转让相关电信业务、资产及股权，中国联合通信股份有限公司向中国联合网络通信有限公司转让相关电信业务、资产及股权，联通新国信通信有限公司向中国联合通信有限公司转让资产，联通新国信通信有限公司向联通新时空移动通信有限公司转让股权过程中，所签订的协议涉及的印花税，予以免征。

（5）对联通新时空移动通信有限公司接受中国联合网络通信集团有限公司南方21省、自治区、直辖市的固定通信网络资产而增加资本金涉及的印花税，予以免征。

13. 为鼓励金融机构对小型、微型企业提供金融支持，促进小型、微型企业发展，自 2011 年 11 月 1 日起至 2014 年 10 月 31 日止，对金融机构与小型、微型企业签订的借款合同涉及的印花税，予以免征。

四、印花税应纳税额的计算

（一）印花税计税依据

1. 从价计税情况下的计税依据

（1）购销合同的计税依据为购销金额，不得作任何扣除，特别是调剂合同和易货合同，应包括调剂、易货的全额。

（2）加工承揽合同的计税依据是加工或承揽收入的金额。

对于由受托方提供原材料的加工、定做合同，凡在合同中分别记载加工费金额和原材料金额的，应分别按"加工承揽合同"、"购销合同"计税，两项税额相加数，即为合同应贴印花；若合同中未分别记载，则应就全部金额依照加工承揽合同计税贴花。

对于由委托方提供主要材料或原料，受托方只提供辅助材料的加工合同，无论加工费和辅助材料金额是否分别记载，均以辅助材料与加工费的合计数，依照加工承揽合同计税贴花。对委托方提供的主要材料或原料金额不计税贴花。

（3）建设工程勘察设计合同的计税依据为勘察、设计收取的费用（即勘察、设计收入）。

（4）建筑安装工程承包合同的计税依据为承包金额。

（5）财产租赁合同的计税依据为租赁金额（即租金收入）。

（6）货物运输合同的计税依据为取得的运输费金额（即运费收入），不包括所运货物的金额、装卸费和保险费等。

对国内各种形式的货物联运，凡在起运地统一结算全程运费的，应以全程运费为计税依据，由起运地运费结算双方缴纳印花税；凡分程结算运费的，应以分程的运费作为计税依据，分别由办理运费结算的各方缴纳印花税。

对国际货运，凡由我国运输企业运输的，运输企业所持的运费结算凭证，以本程运费为计税依据计算应纳税额；托运方所持的运费结算凭证，以全程运费为计税依据计算应纳税额。由外国运输企业运输进出口货物的，运输企业所持的运费结算凭证免纳印花税，托运方所持的运费结算凭证，应以运费金额为计税依据缴纳印花税。

（7）仓储保管合同的计税依据为仓储保管的费用（即保管费收入）。

（8）借款合同的计税依据为借款金额。针对实际借贷活动不同的借款形式，税法规定了不同的计税方法：

①凡是一项信贷业务既签订借款合同，又一次或分次填开借据的，只以借款合同所载金额为计税依据计税贴花；凡是只填开借据并作为合同使用的，应以借据所载金额为计税依据计税贴花。

②借贷双方签订的流动资金周转性借款合同，一般按年（期）签订，规定最高限额，借款人在规定的期限和最高限额内随借随还，为避免加重借贷双方的负担，对这类合同只以其规定的最高额为计税依据，在签订时贴花一次，在限额内随借随还不签订新合同的，不再另贴印花。

③对借款方以财产作抵押，从贷款方取得一定数量抵押贷款的合同，应按借款合同贴花；在借款方因无力偿还借款而将抵押财产转移给贷款方时，应再就双方书立的产权书据，按产权转移书据的有关规定计税贴花。

④对银行及其他金融组织的融资租赁业务签订的融资租赁合同，应按合同所载租金总额，暂按借款合同计税。

⑤在贷款业务中，如果贷方系由若干银行组成的银团，银团各方均承担一定的贷款数额，借款合同由借款方与银团各方共同书立，各执一份合同正本，对这类合同，借款方与贷款银团各方应分别在所执的合同正本上，按各自的借款金额计税贴花。

⑥在基本建设贷款中，如果按年度用款计划分年签订借款合同，在最后一年按总概算签订借款总合同，且总合同的借款金额包括各个分合同的借款金额的，对这类基建借款合同，应按分合同分别贴花，最后签订的总合同，只就借款总额扣除分合同借款金额后的余额计税贴花。

（9）财产保险合同的计税依据为支付（收取）的保险费金额，不包括所保财产的金额。

（10）技术合同的计税依据为合同所载的价款、报酬或使用费。为了鼓励技术研究开发，对技术开发合同，只就合同所载的报酬金额计税，研究开发经费不作为计税依据。单对合同约定按研究开发经费一定比例作为报酬的，应按一定比例的报酬金额贴花。

（11）产权转移书据以书据中所载的金额为计税依据。

（12）营业账簿税目中记载资金的账簿，以实收资本和资本公积的两项合计金额为计税依据。

对跨地区经营的分支机构的营业账簿在计税贴花时，为了避免对同一资金重复计税，规定上级单位记载资金的账簿，应按扣除拨给下属机构资金数额后的其余部分计算贴花。

外国银行在我国境内设立的分行，其境外总行须拨付规定数额的"营运资金"，分行在账户设置上不设"实收资本"和"资本公积"的账户，根据《印花税暂行条例》第二条的规定，外国银行分行记载由其境外总行拨付的"营运资金"账簿，应按核拨的账面资金数额计税贴花。

企业启用新账簿后，其实收资本和资本公积两项的合计金额大于原已贴花资金的，就增加的部分补贴印花。凡"资金账簿"在次年度的实收资本和资本公积未增加的，对其不再计算贴花。

其他账簿的计税依据为应税凭证件数。

（13）有些合同，在签订时无法确定计税金额，如技术转让合同中的转让收入，是按销售收入的一定比例收取或是按实现利润分成的；财产租赁合同，只是规定了月（天）租金标准而无租赁期限的。对这类合同，可在签订时先按定额5元贴花，以后结算时再按实际金额计税，补贴印花。

2. 从量计税情况下的计税依据

实行从量计税中的其他营业账簿和权利许可证照的计税依据以计税数量为计税依据。这里需要注意的是：

（1）上述凭证以"金额"、"收入"、"费用"作为计税依据的，应当全额计税，不得作任何扣除。

（2）同一凭证，载有两个或两个以上经济事项而适用不同税目税率，如分别记载金额的，应分别计算应纳税额，相加后按合计税额贴花；如未分别记载金额的，按税率高的计税贴花。

（3）按金额比例贴花的应税凭证，未标明金额的，应按照凭证所载数量及国家牌价计算金额；没有国家牌价的，按市场价格计算金额，然后按规定税率计算应纳税额。

（4）应税凭证所载金额为外国货币的，应按照凭证书立当日国家外汇管理局公布的外汇牌价折合成人民币，然后计算应纳税额。

（5）应纳税额不足1角的免纳印花税；1角以上的，其税额尾数不满5分的不计，满5分的按1角计算。

（6）应税合同在签订时纳税义务即已产生，应计算应纳税额并贴花。所以，不论合同是否兑现或是否按期兑现，均应贴花。

对已履行并贴花的合同，所载金额与合同履行后实际结算金额不一致的，只要双方未修改合同金额，一般不再办理完税手续。

（二）印花税应纳税额的计算

纳税人的应纳税额，根据应纳税凭证的性质，分别按比例税率或者定额税率计算。其计算公式为：

$$应纳税额 = 应税凭证计税金额（或应税凭证件数）\times 适用税率$$

【例8－13】 某企业2011年2月开业，领受房产权证、工商营业执照、土地使用证各一件，与其他企业订立转移专用技术使用权书据一件，所载金额80万元；订立产品购销合同两件，所载金额为150万元；订立借款合同一份，所载金额为40万元。此外，企业的营业账簿中，"实收资本"科目载有资金600万元，其他营业账簿20本。2009年12月该企业

"实收资本"所载资金增加为 800 万元。

要求：计算该企业 2009 年 2 月应纳印花税额和 12 月应补缴的印花税额。

[计算分析]

（1）企业领受权利许可证照应纳税额 = 3 × 5 = 15 （元）

（2）企业订立产权转移书据应纳税额 = 800 000 × 0.5‰ = 400 （元）

（3）企业订立购销合同应纳税额 = 1 500 000 × 0.3‰ = 450 （元）

（4）企业订立借款合同应纳税额 = 400 000 × 0.05‰ = 20 （元）

（5）企业营业账簿中"实收资本"所载资金应纳税额 = 6 000 000 × 0.5‰ = 3 000 （元）

（6）企业其他营业账册应纳税额 = 20 × 5 = 100 （元）

（7）2 月企业应纳印花税额 = 15 + 400 + 450 + 20 + 3 000 + 100 = 3 985 （元）

（8）12 月资金账簿应补缴税额 = （8 000 000 − 6 000 000）× 0.5‰ = 1 000 （元）

第九节　契　　税

现行契税的基本规范，是 1997 年 7 月 7 日国务院发布并于同年 10 月 1 日起实施的《中华人民共和国契税暂行条例》。

一、契税概述

（一）契税的概念

契税是以所有权发生转移的不动产为征税对象，向产权承受人征收的一种财产税。

契税最早起源于东晋的"古税"，至今已有 1 600 多年的历史。新中国成立以后颁布的第一个税收法规就是《契税暂行条例》。1954 年财政部对原《契税暂行条例》进行了修订，修订的主要内容是：对公有制单位的买卖、典当、承受赠与和交换土地、房屋的行为，免征契税。社会主义"三大改造"完成后，国家禁止土地买卖和转让，征收土地契税自然停止。契税的征税范围只限于非公有制单位的房屋产权转移行为，契税收入甚微。"文革"期间，有的地方明令停止办理契税征收业务。1978 年新宪法公布后，逐步落实了房产政策，随着改革开放的不断深入，城乡房屋买卖又重新活跃起来。

为此，财政部于 1981 年和 1990 年分别发出了《关于改进和加强契税征收管理工作的通知》和《关于加强契税工作的通知》，对契税政策进行了一些补充和调整，契税征收工作全面恢复。

几经修订的《契税暂行条例》施行 40 多年，在加强对土地、房屋权属转移的管理、增加财政收入、调节收入分配等方面发挥了积极作用。但是，随着改革开放，我国的社会、经济结构已发生了巨大变化，房地产市场得到较快发展，交易形式更是多样、灵活，《契税暂行条例》的内容已经不能适应新的形势。从而本着公平税负，合理负担；规范税制，严格控制减免税范围，增加财政收入；适当下放税收管理权限，调动地方管理税收积极性的原则，国务院对原《契税暂行条例》进行了修订，于 1997 年 7 月 7 日重新颁布了《中华人民共和国契税暂行条例》，并从 1997 年 10 月 1 日起施行。

（二）契税的特点

1. 契税属于财产转移税

契税以发生转移的不动产，即土地和房屋为征税对象，具有财产转移课税性质。土地、房屋产权未发生转移的，不征契税。

2. 契税由财产承受人缴纳

一般税种都确定销售者为纳税人，即卖方纳税。契税则属于土地、房屋产权发生交易过程中的财产税，由承受人纳税，即买方纳税。对买方征税的主要目的，在于承认不动产转移生效，承受人纳税以后，便可拥有转移过来的不动产产权或使用权，法律保护纳税人的合法权益。

（三）契税的立法原则

财产税是我国税制的薄弱环节，加强对财产征税在现阶段有着重要的财政、经济和社会意义。国家修订、开征契税，体现了以下三方面的立法精神：

1. 广辟财源，增加地方财政收入

契税按财产转移价值征税，税源较为充足，它可以弥补其他财产税的不足，扩大其征税范围，为地方政府增加一部分财政收入。随着市场经济的发展和房产交易的活跃，契税的财政作用将日益显著。

2. 调节财富分配，体现社会公平

土地、房屋交易本身就意味着财富的流动或分配。在土地、房屋的交易环节征收契税，可以适当调节财产所有者或财产的取得者的收入，缓解社会分配不公的矛盾。

3. 保护合法产权，避免产权纠纷

不动产所有权和使用权的转移，涉及转让者和承受者双方的利益。而且，由于产权转移形式多种多样，如果产权的合法性得不到确认，事后必然会出现产权纠纷。契税规定对承受人征税，有利于通过法律形式确定产权关系，维护公民合法权益，避免产权纠纷。

二、契税的纳税人与课税基础

（一）契税的纳税人

契税的纳税义务人是在我国境内转移土地、房屋权属，承受的单位和个人。

这里的境内是指中华人民共和国实际税收行政管辖范围内。土地、房屋权属是指土地使用权和房屋所有权。单位是指企业单位、事业单位、国家机关、军事单位和社会团体以及其他组织。个人是指个体经营者及其他个人，包括中国公民和外籍人员。

（二）契税的课税基础

契税的征税对象是发生土地使用权和房屋所有权权属转移的土地和房屋。具体征税范围包括：

1. 国有土地使用权出让

国有土地使用权出让，是指土地使用者向国家交付土地使用权出让费用，国家允许其在一定年限内使用的土地使用权。

2. 土地使用权的转让

土地使用权转让，是指土地使用者以购买、受赠、交换或其他方式将土地使用权转移给其他单位和个人的行为。土地使用权的转让不包括农村集体土地承包经营权的转移。

3. 视同房屋买卖的情况

（1）以房产抵债或实物交换房屋。

经当地政府和有关部门批准，以房产抵债和实物交换房屋，均视同房屋买卖，应由产权承受人按房屋现值缴纳契税。

例如，甲某因无力偿还乙某债务，而以自有的房产折价抵偿债务。经双方同意，有关部门批准，乙某取得甲某的房屋产权，在办理产权过户手续时，按房产折价款缴纳契税。如以实物（金银首饰等等价物品）交换房屋，应视同以货币购买房屋。

（2）以房产作投资或作股权转让。

这种交易业务属房屋产权转移，应根据国家房地产管理的有关规定，办理房屋产权交易和产权变更登记手续，视同房屋买卖，由产权承受方按投资房产价值或房产买价缴纳契税。

例如，甲某以自有房产，投资于乙某企业。其房屋产权变为乙某企业所有，故产权所有人发生变化，因此，乙某企业在办理产权登记手续后，按甲某入股房产现值（国有企事业房产须经国有资产管理部门评估核价）缴纳契税。如丙某以股份方式购买乙某企业房屋产权，丙某在办理产权登记后，按取得房产买价缴纳契税。

以自有房产作股投入本人经营企业，免纳契税。因为以自有的房地产投入本人独资经营的企业，房屋产权所有人和土地使用权人未发生变化，无须办理房产变更手续，也不办理契税手续。

（3）买房拆料或翻建新房，应照章征收契税。

例如，甲某购买乙某房产，不论其目的是取得该房产的建筑材料或是翻建新房，实际构成房屋买卖。甲某应首先办理房屋产权变更手续，并按买价缴纳契税。

4. 房屋赠与

房屋的赠与是指房屋产权所有人将房屋无偿转让给他人所有。其中，将自己的房屋转交给他人的法人和自然人，称作房屋赠与人，接受他人房屋的法人和自然人，称为受赠人。房屋赠与的前提，必须是产权无纠纷，赠与人和受赠人双方自愿。

由于房屋是不动产，价值较大，故法律要求赠与房屋应有书面合同（契约），并到房地产管理机关或农村基层政权机关办理登记过户手续，才能生效。如果房屋赠与行为涉及涉外关系，还须公证处证明和外事部门认证，才能有效。房屋的受赠人要按规定缴纳契税。

以获奖方式取得房屋产权的，其实质是接受赠与房产，应照章缴纳契税。

5. 房屋交换

房屋交换，是指房屋住户、用户、所有人为了生活工作方便，相互之间交换房屋的使用权或所有权的行为。行为的主体有公民、房地产管理机关，以及企事业单位、机关团体。交换的标的性质有公房（包括直管房和自管房）、私房；标的种类有住宅、店面及办公用房等。行为的内容：一是房屋使用权交换。经房屋所有人同意，使用者可以通过变更租赁合同，办理过户手续，交换房屋使用权。交换房屋的价值相等的不征收契税。二是房屋所有权交换。交换双方应订立交换契约，办理房屋产权变更手续和契税手续。房屋产权相互交换，双方交换价值相等，免纳契税，办理免征契税手续。其价值不相等的，按超出部分由支付差价方缴纳契税。

6. 房屋附属设施相关行为

（1）对于承受与房屋相关的附属设施（包括停车位、汽车库、自行车库、顶层阁楼以及储藏室，下同）所有权或土地使用权的行为，按照契税法律、法规的规定征收契税；对于不涉及土地使用权和房屋所有权转移变动的，不征收契税。

（2）采取分期付款方式购买房屋附属设施土地使用权、房屋所有权的，应按合同规定的总价款计征契税。

（3）承受的房屋附属设施权属单独计价的，按照当地确定的适用税率征收契税；与房屋统一计价的，适用与房屋相同的契税税率。

（4）对承受国有土地使用权应支付的土地出让金，要征收契税。不得因减免出让金而减免契税。

（5）对纳税人因改变土地用途而签订土地使用权出让合同变更协议或者重新签订土地使用权出让合同的，应征收契税。计税依据为因改变土地用途应补缴的土地收益金及应补缴政府的其他费用。

（6）土地使用者将土地使用权及所附建筑物、构筑物等（包括在建的房屋、其他建筑物、构筑物和其他附着物）转让给他人的，应按照转让的总价款计征契税。

（7）土地使用者转让、抵押或置换土地，无论其是否取得了该土地的使用权属证书，无论其在转让、抵押或置换土地过程中是否与对方当事人办理了土地使用权属证书变更登记手续，只要土地使用者享有占有、使用、收益或处分该土地的权利，且有合同等证据表明其实质转让、抵押或置换了土地并取得了相应的经济利益，土地使用者及其对方当事人应当依照税法规定缴纳契税。

7. 企事业单位改制重组中的契税政策

为了支持企业、事业单位改革，促进国民经济持续、健康发展，自 2012 年 1 月 1 日至 2014 年 12 月 31 日，企业、事业单位改制重组等涉及的契税政策规定如下：

（1）企业公司制改造。

非公司制企业，按照《中华人民共和国公司法》的规定，整体改建为有限责任公司（含国有独资公司）或股份有限公司，或者有限责任公司整体改建为股份有限公司的，对改建后的公司承受原企业土地、房屋权属，免征契税。上述所称整体改建是指不改变原企业的投资主体，并承继原企业权利、义务的行为。

非公司制国有独资企业或国有独资有限责任公司，以其部分资产与他人组建新公司，且该国有独资企业（公司）在新设公司中所占股份超过 50% 的，对新设公司承受该国有独资企业（公司）的土地、房屋权属，免征契税。

国有控股公司以部分资产投资组建新公司，且该国有控股公司占新公司股份 85% 以上的，对新公司承受该国有控股公司土地、房屋权属免征契税。上述所称国有控股公司，是指国家出资额占有限责任公司资本总额 50% 以上，或国有股份占股份有限公司股本总额 50% 以上的国有控股公司。

（2）股权转让。

在股权转让中，单位、个人承受企业股权，企业土地、房屋权属不发生转移，不征收契税。

（3）企业合并。

两个或两个以上的企业依据法律规定、合同约定，合并改建为一个企业，且原投资主体存续的，对其合并后的企业承受原合并各方的土地、房屋权属，免征契税。这里的企业是指公司制企业，包括股份有限公司和有限责任公司。

（4）企业分立。

企业依照法律规定、合同约定分设为两个或两个以上投资主体相同的企业，对派生方、新设方承受原企业土地、房屋权属，不征收契税。

（5）企业出售。

国有、集体企业出售，被出售企业法人予以注销，并且买受人按照《劳动法》等国家有关法律法规政策妥善安置原企业全部职工，其中与原企业 30% 以上职工签订服务年限不少于 3 年的劳动用工合同的，对其承受所购企业的土地、房屋权属，减半征收契税；与原企业全部职工签订服务年限不少于 3 年的劳动用工合同的，免征契税。

（6）企业破产。

企业依照有关法律、法规的规定实施破产后，债权人（包括破产企业职工）承受破产企业土地、房屋权属以抵偿债务的，免征契税；对非债权人承受注销、破产企业土地、房屋权属，凡按照《劳动法》等国家有关法律法规政策妥善安置原企业全部职工，其中与原企业 30% 以上职工签订服务年限不少于 3 年的劳动用工合同的，对其承受所购企业的土地、房屋权属，减半征收契税；与原企业全部职工签订服务年限不少于 3 年的劳动用工合同的，免征契税。

（7）其他情形。

经国务院批准实施债权转股权的企业，对债权转股权后新设立的公司承受原企业的土地、房屋权属，免征契税。

政府主管部门对国有资产进行行政性调整和划转过程中发生的土地、房屋权属转移，不征收契税。

企业改制重组过程中，同一投资主体内部所属企业之间土地、房屋权属的无偿划转，包括母公司与其全资子公司之间，同一公司所属全资子公司之间，同一自然人与其设立的个人独资企业、一人有限公司之间土地、房屋权属的无偿划转，不征收契税。

公司制企业在重组过程中，以名下土地、房屋权属对其全资子公司进行增资，属同一投资主体内部资产划转，对全资子公司承受母公司土地、房屋权属的行为，不征收契税。

三、契税的税率与税收优惠

（一）契税的税率

契税实行 3% ~5% 的幅度税率。

实行幅度税率是考虑到我国经济发展的不平衡，各地经济差别较大的实际情况。因此，各省、自治区、直辖市人民政府可以在3%～5%的幅度税率规定范围内，按照本地区的实际情况决定。

从2010年10月1日起，对个人购买90平方米及以下且属家庭唯一住房的普通住房，减按1%税率征收契税。

（二）契税的税收优惠

1. 契税税收优惠的基本规定

（1）国家机关、事业单位、社会团体、军事单位承受土地、房屋用于办公、教学、医疗、科研和军事设施的，免征契税。

上述规定主要考虑的是，上述单位的经费主要来源于财政预算拨款。同时，对教学、医疗、科研等特定项目免税，有利于教育、医疗、科研事业的发展。

（2）城镇职工按规定第一次购买公有住房的，免征契税。

1988年，国务院批准在部分城镇实行住房制度改革。为鼓励职工买房，国家给予一次性免征契税的优惠照顾。1992年，根据国务院办公厅转发国务院住房制度改革领导小组《关于全面推进城镇住房制度改革意见的通知》精神，对职工个人购买公有住房作了免征契税的具体规定：

凡全民、城镇集体所有制单位，有当地正式城镇户口的职工，按省、自治区、直辖市人民政府批准的标准价，第一次购买本单位公有住房，在规定住房标准面积以内的，可以免纳契税，免税照顾每户只能享受一次。

2000年11月29日，财政部、国家税务总局规定，对各类公有制单位为解决职工住房而采取集资建房方式建成的普通住房或由单位购买的普通商品住房，经当地县以上人民政府房改部门批准、按照国家房改政策出售给本单位职工的，如属职工首次购买住房。均比照《契税暂行条例》第六条"城镇职工按规定第一次购买公有住房的，免征"的规定，免征契税。本规定从发文之日起实施，以前已征税款不予退还。

（3）因不可抗力丧失住房而重新购买住房的，酌情准予减征或者免征契税。

（4）土地、房屋被县级以上人民政府征用、占用后，重新承受土地、房屋权属的，由省级人民政府确定是否减免。

（5）承受荒山、荒沟、荒丘、荒滩土地使用权，并用于农、林、牧、渔业生产的，免征契税。

（6）经外交部确认，依照我国有关法律规定以及我国缔结或参加的双边和多边条约或协定，应当予以免税的外国驻华使馆、领事馆、联合国驻华机构及其外交代表、领事官员和其他外交人员承受土地、房屋权属的，免征契税。

2. 财政部规定的其他减征、免征契税的项目

（1）对拆迁居民因拆迁重新购置住房的，对购房成交价格中相当于拆迁补偿款的部分免征契税，成交价格超过拆迁补偿款的，对超过部分征收契税。

（2）对国家石油储备基地第一期项目建设过程中涉及的契税予以免征。

以上经批准减税、免税的纳税人，改变有关土地、房屋用途的，不再属于减免税的范围，应当补缴已经减免的税款。纳税义务发生时间为改变有关土地、房屋用途的当天。

符合减免税规定的纳税人，应在土地、房屋权属转移合同生效的10日内向土地、房屋所在地的征收机关提出减免税申报。自 2004 年 10 月 1 日起，计税金额在 10 000 万元（含 10 000 万元）以上的，由省级征收机关办理减免手续，办理完减免手续后 30 日内报国家税务总局备案。

（3）对廉租住房经营管理单位购买住房作为廉租住房、经济适用住房经营管理单位回购经济适用住房继续作为经济适用住房房源的，免征契税。对个人购买普通住房、经济适用住房，在法定税率基础上减半征收契税。普通住房标准：住宅小区建筑容积率在 1.0 以上、单套建筑面积在 120 平方米以下、实际成交价格低于同级别土地上住房平均交易价格 1.2 倍以下。各省、自治区、直辖市根据本地区享受优惠政策普通住房的具体标准，允许单套建筑面积和价格标准适当浮动，但向上浮动的比例不得超过上述标准的 20%。

地方各级人民政府、各级人民政府主管部门、单位和个人违反法律、行政法规规定，擅自作出的减税、免税规定无效，征收机关不得执行，并应向上级征收机关报告。

（4）自 2011 年 8 月 31 日起，婚姻关系存续期间，房屋、土地权属原归夫妻一方所有，变更为夫妻双方共有的，免征契税。

（5）对已缴纳契税的购房单位和个人，在未办理房屋权属变更登记前退房的，退还已纳契税；在办理房屋权属变更登记后退房的，不予退还已纳契税。

（6）对公租房经营管理单位购买住房作为公租房，免征契税。

四、契税应纳税额的计算

（一）契税的计税依据

契税的计税依据为不动产的价格。由于土地、房屋权属转移方式不同，定价方法不同，因而具体计税依据视不同情况而决定。

1. 土地使用权出售、房屋买卖，以其成交价格为计税依据。成交价格是指土地、房屋权属转移合同确定的价格，包括承受者应交付的货币、实物、无形资产或者其他经济利益。

2. 土地使用权赠与、房屋赠与，其计税依据由征收机关参照土地使用权出售、房屋买卖的市场价格核定。这是因为土地使用权赠与、房屋赠与属于特殊的转移形式，无货币支付，在计征税额时只能参照市场上同类土地、房屋价格计算应纳税额。

3. 土地使用权交换、房屋交换，为所交换的土地使用权、房屋的价格差额。即交换价格相等时，免征契税；交换价格不等时，由多交付的货币、实物、无形资产或者其他经济利益的一方缴纳契税。对于成交价格明显低于市场价格且无正当理由的，或所交换的土地使用权、房屋的价格差额明显不合理且无正当理由的，由征收机关参照市场价格核定。其目的是为了防止纳税人隐瞒、虚报成交价格。

4. 出让国有土地使用权的，其契税计税价格为承受人为取得该土地使用权而支付的全部经济利益。

（1）以协议方式出让的，其契税计税价格为成交价格。成交价格包括土地出让金、土地补偿费、安置补助费、地上附着物和青苗补偿费、拆迁补偿费、市政建设配套费等承受者应支付的货币、实物、无形资产及其他经济利益。

没有成交价格或者成交价格明显偏低的，征收机关可依次按下列两种方式确定：

其一是评估价格：由政府批准设立的房地产评估机构根据相同地段、同类房地产进行综合评估，并经当地税务机关确认的价格。其二是土地基准地价：由县以上人民政府公示的土地基准地价。

（2）以竞价方式出让的，其契税计税价格，一般应确定为竞价的成交价格，土地出让金、市政建设配套费以及各种补偿费用应包括在内。

（3）先以划拨方式取得土地使用权，后经批准改为出让方式取得该土地使用权的，应依法缴纳契税，其计税依据为应补缴的土地出让金和其他出让费用。

（4）已购公有住房经补缴土地出让金和其他出让费用成为完全产权住房的免征土地权属转移的契税。

5. 房屋买卖的契税计税依据。房屋买卖的契税计税价格为房屋买卖合同的总价款，买卖装修的房屋，装修费用应包括在内。

（二）契税应纳税额的计算

契税采用比例税率。当计税依据确定以后，应纳税额的计算比较简单。

应纳税额的计算公式为：

$$应纳税额 = 计税依据 \times 税率$$

转移土地、房屋以外汇结算的，按照纳税义务发生之日中国人民银行公布的人民币市场汇率中间价，折合成人民币计算。

【例8－14】居民 A 有两套住房，将一套出售给居民 B，成交价格为 200 000 元；将另一套两室住房与居民 C 交换成两处一室住房，并支付给丙换房差价款 60 000 元。

要求：计算 A、B、C 相关行为应缴纳的契税（假定税率为 4%）。

[计算分析]

（1）A 应缴纳契税 = 60 000 × 4% = 2 400（元）

（2）B 应缴纳契税 = 200 000 × 4% = 8 000（元）

（3）C 不缴纳契税。

第十节 耕地占用税

现行耕地占用税的基本规范，是 2007 年 12 月 1 日国务院第 511 号令颁布的《中华人民共和国耕地占用税暂行条例》。

一、耕地占用税概述

（一）耕地占用税的概念

耕地占用税是对占用耕地建房或从事其他非农业建设的单位和个人，就其实际占用的耕地面积征收的一种税，它属于对特定土地资源占用课税。耕地是土地资源中最重要的组成部分，是农业生产最基本的生产资料。

由于我国人口众多，耕地资源相对较少，要用占世界总量7%的耕地来养活占世界总量22%的人口。因此，我们必须特别注意保护耕地。我国政府通过开征耕地占用税，运用税收经济杠杆与法律、行政等手段相配合，以便有效地保护耕地资源。耕地占用税对于保护国土资源，促进农业可持续发展以及强化耕地管理，保护农民的切身利益等有着十分重要的意义。

（二）耕地占用税的特点

耕地占用税作为一个出于特定目的、对特定的土地资源课征的税种，与其他税种相比，具有比较鲜明的特点，主要表现在：

1. 兼具资源税与特定行为税的性质

耕地占用税以占用农用耕地建房或从事其他非农用建设的行为征税，以约束占用耕地的行为、促进土地资源的合理运用为课征目的，除具有资源占用税的属性外，还具有明显的特定行为税的特点。

2. 采用地区差别税率

耕地占用税采用地区差别税率，根据不同地区的具体情况，分别制定差别税额，以适应我国地域辽阔、各地区之间耕地质量差别较大、人均占有耕地面积相差悬殊的具体情况，具有因地制宜的特点。

3. 在占用耕地环节一次性课征

耕地占用税在纳税人获准占用耕地的环节征收，除对获准占用耕地后超过两年未使用者须加征耕地占用税外，此后不再征收。因而，耕地占用税具有一次性征收的特点。

4. 税收收入专用于耕地开发与改良

耕地占用税收入按规定应用于建立发展农业专项基金，主要用于开展宜耕土地开发和改良现有耕地之用，因此，具有"取之于地、用之于地"的补偿性特点。

二、纳税人和课税基础

（一）纳税人

耕地占用税的纳税义务人，是占用耕地建房或从事非农业建设的单位和个人。

所称单位，包括国有企业、集体企业、私营企业、股份制企业、外商投资企业、外国企业以及其他企业和事业单位、社会团体、国家机关、军队以及其他单位；所称个人，包括个体工商户以及其他个人。

（二）课税基础

耕地占用税的征税范围包括纳税人为建房或从事其他非农业建设而占用的国家所有和集体所有的耕地。

这里耕地的范围包括：

1. 种植农业作物的土地，包括菜地、园地。其中，园地包括花圃、苗圃、茶园、果园、桑园和其他种植经济林木的土地。

2. 占用鱼塘及其他农用土地建房或从事其他非农业建设，也视同占用耕地，必须依法征收耕地占用税。占用已开发从事种植、养殖的滩涂、草场、水面和林地等从事非农业建设，由省、自治区、直辖市本着有利于保护土地资源和生态平衡的原则，结合具体情况确定是否征收耕地占用税。

3. 在占用之前 3 年内属于上述范围的耕地或农用土地，也视为耕地。

三、耕地占用税的税率与税收优惠

（一）耕地占用税的税率

由于在我国的不同地区之间人口和耕地资源的分布极不均衡，有些地区人烟稠密，耕地资源相对匮乏，而有些地区则人烟稀少，耕地资源比较丰富，各地区之间的经济发展水平也有很大的差异。考虑不同地区之间客观条件的区别以及与此相关的税收调节力度和纳税人负担能力方面的差别，耕地占用税在税率的设计上采用了地区差别定额税率。税率规定如下：

1. 人均耕地不超过 1 亩的地区（以县级行政区域为单位，下同）每平方米为 10 ~ 50 元；

2. 人均耕地超过 1 亩但不超过 2 亩的地区，每平方米为 8 ~ 40 元；

3. 人均耕地超过 2 亩但不超过 3 亩的地区，每平方米为 6 ~ 30 元；

4. 人均耕地超过 3 亩以上的地区，每平方米为 5 ~ 25 元。

经济特区、经济技术开发区和经济发达、人均耕地特别少的地区，适用税额可以适当提高，但最多不得超过税法规定税额的 50%，各地平均税额见表 8 - 7。

表 8 - 7

地区	每平方米平均税额（元）
上海	45
北京	40
天津	35
江苏、浙江、福建、广东	30
辽宁、湖北、湖南	25
河北、安徽、江西、山东、河南、重庆、四川	22.5
广西、海南、贵州、云南、陕西	20
山西、吉林、黑龙江	17.5
内蒙古、西藏、甘肃、青海、宁夏、新疆	12.5

（二）耕地占用税的税收优惠

1. 免征耕地占用税

（1）军事设施占用耕地。

（2）学校、幼儿园、养老院、医院占用耕地。

学校范围，包括由国务院人力资源社会保障行政部门，省、自治区、直辖市人民政府或其人力资源社会保障行政部门批准成立的技工院校。

2. 减征耕地占用税

（1）铁路线路、公路线路、飞机场跑道、停机坪、港口、航道占用耕地，减按每平方米 2 元的税额征收耕地占用税。

根据实际需要，国务院财政、税务主管部门、国务院有关部门报国务院批准后，可以对前款规定的情形免征或者减征耕地占用税。

（2）农村居民占用耕地新建住宅，按照当地适用税额减半征收耕地占用税。

农村烈士家属、残疾军人、鳏寡孤独以及革命老根据地、少数民族聚居区和边远贫困山区生活困难的农村居民，在规定用地标准以内新建住宅缴纳耕地占用税确有困难的，经所在地乡（镇）人民政府审核，报经县级人民政府批准后，可以免征或者减征耕地占用税。

免征或者减征耕地占用税后，纳税人改变原占地用途，不再属于免征或者减征的，按照当地适用税额补缴耕地占用税。

耕地占用税由地方税务机关负责征收。土地管理部门在通知单位或者个人办理占用耕地手续时，应当同时通知耕地所在地同级地方税务机关。获准占用耕地的单位或者个人应当在收到土地管理部门的通知之日起 30 日内缴纳耕地占用税。土地管理部门凭耕地占用税完税凭证或者免税凭证和其他有关文件发放建设用地批准书。

纳税人临时占用耕地，应当依照本条例的规定缴纳耕地占用税。纳税人在批准临时占用耕地的期限内恢复所占用耕地原状的，全额退还已经缴纳的耕地占用税。

占用林地、牧草地、农田水利用地、养殖水面以及渔业水域滩涂等其他农用地建房或者从事非农业建设的，比照本条例的规定征收耕地占用税。建设直接为农业生产服务的生产设施占用前款规定的农用地的，不征收耕地占用税。

四、耕地占用税应纳税额的计算

耕地占用税以纳税人实际占用的耕地面积为计税依据，以每平方米土地为计量单位，按适用的定额税率计税。其计算公式为：

$$应纳税额 = 实际占用耕地面积（平方米）× 适用定额税率$$

【例 8 – 15】假设某市一家企业新占用 62 500 平方米耕地用于工业建设，所占耕地适用的定额税率为 18 元/平方米，该企业应纳的耕地占用税 = 62 500 × 18 = 1 125 000（元/平方米）。

第十一节　船　舶　吨　税

现行船舶吨税是 2011 年 11 月 23 日，国务院第 182 次常务会议通过并公布的《中华人民共和国船舶吨税暂行条例》，自 2012 年 1 月 1 日起施行。

一、船舶吨税概述

船舶吨税是海关代表国家交通管理部门在设关口岸对进出中国国境的船舶征收的用于航道设施建设的一种使用税。

船舶吨税是一国船舶使用了另一国家的助航设施而向该国缴纳的一种税费，专项用于海上航标的维护、建设和管理。根据《海关船舶吨税暂行办法》和《船舶吨税征收管理作业规程》，船舶吨税由海关代交通部征收，海关征收后就地上缴中央国库。此税于1952年9月16日经国务院财政经济委员会批准，1952年9月29日海关总署发布并征收。1991年交通部对税率表进行了修订，1994年2月25日再次修订。2011年11月23日，国务院第182次常务会议通过了《中华人民共和国船舶吨税暂行条例》，自2012年1月1日起施行。同时，1952年9月16日政务院财政经济委员会批准、1952年9月29日海关总署发布的《中华人民共和国海关船舶吨税暂行办法》废止。

二、征税范围

自中华人民共和国境外港口进入境内港口的船舶（以下简称"应税船舶"），应当缴纳船舶吨税（以下简称"吨税"）。吨税的税目、税率依照本条例所附的吨税税目税率表执行。

三、税率

吨税设置优惠税率和普通税率。

中华人民共和国籍的应税船舶，船籍国（地区）与中华人民共和国签订含有相互给予船舶税费最惠国待遇条款的条约或者协定的应税船舶，适用优惠税率。其他应税船舶，适用普通税率。

吨税税目税率（见表8-8）的调整，由国务院决定。

表8-8　　　　　　　　　　　　　现行的吨税税目税率

税目（按船舶净吨位划分）	税率（元/净吨）						备注
	普通税率（按执照期限划分）			优惠税率（按执照期限划分）			
	1年	90日	30日	1年	90日	30日	
不超过2 000净吨	12.6	4.2	2.1	9.0	3.0	1.5	拖船和非机动驳船分别按相同净吨位船舶税率的50%计征税款
超过2 000净吨，但不超过10 000净吨	24.0	8.0	4.0	17.4	5.8	2.9	
超过10 000净吨，但不超过50 000净吨	27.6	9.2	4.6	19.8	6.6	3.3	
超过50 000净吨	31.8	10.6	5.3	22.8	7.6	3.8	

注：拖船，是指专门用于拖（推）动运输船舶的专业作业船舶。拖船按照发动机功率每1千瓦折合净吨位0.67吨。非机动驳船，是指在船舶管理部门登记为驳船的非机动船舶。

四、税收优惠

（一）直接优惠

下列船舶免征吨税：

1. 应纳税额在人民币50元以下的船舶；

2. 自境外以购买、受赠、继承等方式取得船舶所有权的初次进口到港的空载船舶；

3. 吨税执照期满后 24 小时内不上下客货的船舶；

4. 非机动船舶（不包括非机动驳船）；

5. 捕捞、养殖渔船；

6. 避难、防疫隔离、修理、终止运营或者拆解，并不上下客货的船舶；

7. 军队、武装警察部队专用或者征用的船舶；

8. 依照法律规定应当予以免税的外国驻华使领馆、国际组织驻华代表机构及其有关人员的船舶。

上述 5～8 项优惠，应当提供海事部门、渔业船舶管理部门或者卫生检疫部门等部门、机构出具的具有法律效力的证明文件或者使用关系证明文件，申明免税或者延长吨税执照期限的依据和理由。

（二）延期优惠

在吨税执照期限内，应税船舶发生下列情形之一的，海关按照实际发生的天数批注延长吨税执照期限：

1. 避难、防疫隔离、修理，并不上下客货；

2. 军队、武装警察部队征用；

3. 应税船舶因不可抗力在未设立海关地点停泊的，船舶负责人应当立即向附近海关报告，并在不可抗力原因消除后，向海关申报纳税。

五、应纳税额的计算

吨税按照船舶净吨位和吨税执照期限征收。吨税的应纳税额按照船舶净吨位乘以适用税率计算。净吨位，是指由船籍国（地区）政府授权签发的船舶吨位证明书上标明的净吨位。计算公式为：

$$应纳税额 = 船舶净吨位 × 定额税率（元）$$

应税船舶在进入港口办理入境手续时，应当向海关申报纳税领取吨税执照，或者交验吨税执照。

应税船舶在吨税执照期满后尚未离开港口的，应当申领新的吨税执照，自上一次执照期满的次日起续缴吨税。

应税船舶负责人申领吨税执照时，应当向海关提供下列文件：

1. 船舶国籍证书或者海事部门签发的船舶国籍证书收存证明；

2. 船舶吨位证明。

应税船舶在吨税执照期限内，因税目税率调整或者船籍改变而导致适用税率变化的，吨税执照继续有效。因船籍改变而导致适用税率变化的，应税船舶在办理出入境手续时，应当提供船籍改变的证明文件。应税船舶在离开港口办理出境手续时，应当交验吨税执照。

【例 8－16】2013 年 2 月 10 日，A 国比尔运输公司一艘货轮驶入我国某港口，该货轮净吨位为 30 000 吨，货轮负责人已向我国该海关停顿了吨税执照，在港口停留期限为 30 天，A 国已与我国有相互给予船舶税费最惠国待遇条款。请计算该货轮负责人应向我国海关缴纳的船舶吨税。

[计算分析]

（1）根据船舶吨税的相关规定，该货轮应享受优惠税率，每净吨位为3.3元。

（2）应缴纳船舶吨税 = 30 000 × 3.3 = 99 000（元）

第十二节　烟　叶　税

2006年4月28日，国务院公布了《中华人民共和国烟叶税暂行条例》，并自公布之日起施行。

一、烟叶税概述

烟叶税是新中国成立以后形成的一个税种，1958年我国颁布实施《中华人民共和国农业税条例》（以下简称《农业税条例》）。1983年，国务院以《农业税条例》为依据，选择特定农业产品征收农林特产农业税。当时的农业特产税不包括烟叶，对烟叶征收产品税和工商统一税。1994年我国进行了财政体制和税制改革，国务院决定取消产品税和工商统一税，将原农林特产农业税与原产品税和工商统一税中的农林牧水产品税目合并，改为统一征收农业特产农业税，并于同年1月30日发布《国务院关于对农业特产收入征收农业税的规定》（国务院令143号）。其中规定对烟叶在收购环节征收，税率为31%。1999年，将烟叶特产农业税的税率下调为20%。2004年6月，根据《中共中央、国务院关于促进农民增加收入若干政策的意见》（中发〔2004〕1号），财政部、国家税务总局下发《关于取消除烟叶外的农业特产农业税有关问题的通知》（财税〔2004〕120号），规定从2004年起，除对烟叶暂保留征收农业特产农业税外，取消对其他农业特产征收的农业特产农业税。2005年12月29日，十届全国人大常委会第十九次会议决定《农业税条例》自2006年1月1日起废止。至此，对烟叶征收农业特产农业税失去了法律依据。2006年4月28日，国务院公布了《烟叶税暂行条例》，并自公布之日起施行。

二、纳税人

在中华人民共和国境内收购烟叶的单位为烟叶税的纳税人。应当依照《烟叶税暂行条例》的规定缴纳烟叶税。

三、征税范围

烟叶的征税范围是晾晒烟叶、烤烟叶。

四、税率

烟叶税实行比例税率，税率为20%。

烟叶税税率的调整，由国务院决定。

五、应纳税额的计算

烟叶税应纳税额按照《烟叶税暂行条例》的规定，以纳税人收购烟叶的收购金额和规定的税率计算。计算公式为：

$$应纳税额 = 烟叶收购金额 \times 税率$$

【例8-17】AS烟草公司为增值税一般纳税人，5月收购烟叶100 000公斤，烟叶收购价格为9元/公斤，总计900 000元，货款已全部支付。请计算该烟草公司5月收购烟叶应缴纳的烟叶税。

[计算分析]

应缴纳烟叶税 = 900 000 × 20% = 180 000（元）

第十三节 教育附加和地方教育附加的有关规定

国务院于1986年4月28日颁布《征收教育费附加的暂行规定》，并于同年7月1日起开始在全国范围内征收教育费附加。2010年财政部下发《关于统一地方教育附加政策有关问题的通知》对各省、市、自治区的地方教育附加进行了统一。

一、教育费附加和地方教育费附加概述

教育费附加是为加快地方教育事业，扩大地方教育经费的资金而征收的一项专用基金。1984年，国务院颁布了《关于筹措农村学校办学经费的通知》，开征了农村教育事业经费附加。1985年，中共中央做出了《关于教育体制改革的决定》，指出必须在国家增拨教育基本建设投资和教育经费的同时，充分调动企事业单位和其他各种社会力量办学的积极性，开辟多种渠道筹措经费。为此，国务院于1986年4月28日颁布了《征收教育费附加的暂行规定》，决定从同年7月1日起开始在全国范围内征收教育费附加。自2006年9月1日起施行的《教育法》规定："税务机关依法足额征收教育费附加，由教育行政部门统筹管理，主要用于实施义务教育。省、自治区、直辖市人民政府根据国务院的有关规定，可以决定开征用于教育的地方附加费，专款专用。"2010年财政部下发了《关于统一地方教育附加政策有关问题的通知》，对各省、市、自治区的地方教育附加进行了统一。

二、征收范围及计征依据

教育费附加和地方教育费附加是对缴纳增值税、消费税、营业税的单位和个人征收，以其实际缴纳的增值税、消费税和营业税为计征依据，分别与增值税、消费税和营业税同时缴纳。

自2010年12月1日起，对外商投资企业、外国企业及外籍个人征收教育费附加。

三、计征比率

教育费附加征收比率为3%。

地方教育费附加征收比率统一为2%。

四、减免规定

1. 对海关进口的产品征收的增值税、消费税,不征收教育费附加。

2. 对由于减免增值税、消费税和营业税而发生退税的,可同时退还已征收的教育费附加。但对出口产品退还的增值税、消费税,不退还已征的教育费附加。

3. 对国家重工水利工程免征教育费附加。

五、应纳教育费附加和地方教育费附加的计算

应纳教育费附加和地方教育费附加的计算公式为:

应纳教育费附加或地方教育费附加 = 实际缴纳的增值税、消费税、营业税 × 征收比率(3%或2%)

思 考 题

1. 某联合企业为增值税一般纳税人,2008年12月生产经营情况如下:

(1) 专门开采的天然气45 000千立方米,开采原煤450万吨,采煤过程中生产天然气2 800千立方米。

(2) 销售原煤280万吨,取得不含税销售额22 400万元。

(3) 以原煤直接加工洗煤90万吨,全部对外销售,取得不含税销售额15 840万元。

(4) 企业职工食堂和供热等用原煤2 500吨。

(5) 销售天然气37 000千立方米(含采煤过程中生产的2 000千立方米),取得不含税销售额6 660万元。

(6) 购入采煤用原材料和低值易耗品,取得增值税专用发票,注明支付货款7 000万元、增值税税额1 190万元。支付购原材料运输费200万元,取得运输公司开具的普通发票,原材料和低值易耗品验收入库。

(7) 购进采煤机械设备10台,取得增值税专用发票,注明每台设备支付货款25万元、增值税4.25万元,已全部投入使用。

(假定:资源税单位税额,原煤3元/吨,天然气8元/千立方米;洗煤与原煤的选矿比为60%)

要求:计算该企业2008年12月应缴纳的资源税和增值税。

2. 某市一内资房地产开发企业2008年有关经营情况如下:

(1) 2月1日与当地建设银行签订借款合同一份,合同记载借款金额2 000万元,借款期限10个月,还款到期日11月30日。

(2) 2月中旬用借款2 000万元和自有资金800万元,购得非耕地40 000平方米的使用权用于开发写字楼和商品房,合同记载土地使用权为60年,2月末办完相关权属证件。

(3) 第一期工程("三通一平"和第一栋写字楼开发)于11月30日竣工,按合同约定支付建筑承包商全部土地的"三通一平"费用400万元和写字楼建造费用7 200万元。写字楼占地面积12 000平方米,建筑面积60 000平方米。

（4）到 12 月 31 日为止对外销售写字楼 50 000 平方米，全部签了售房合同，每平方米售价 0.32 万元，共计收入 16 000 万元，按售房合同规定全部款项于 12 月 31 日均可收回，有关土地权证和房产证次年为客户办理；其余 10 000 平方米与某企业合作投资兴办五星级酒店，共担风险，该酒店 2008 年由于刚开业出现亏损，未分配利润。

（5）在售房过程中发生销售费用 1 500 万元；发生管理费用（不含印花税）900 万元。

（假定：计算土地增值税开发费用的扣除比例为 10%）

要求：根据所给资料，回答下列问题：

（1）征收土地增值税时应扣除的取得土地使用权支付的金额。

（2）征收土地增值税时应扣除的开发成本。

（3）征收土地增值税时应扣除的开发费用和其他项目。

（4）2008 年应缴纳的土地增值税。

3. 位于建制镇的某公司主要经营农产品采摘、销售、观光业务，公司占地 3 万平方米，其中采摘、观光的种植用地 2.5 万平方米，职工宿舍和办公用地 0.5 万平方米；房产原值 300 万元。公司 2009 年发生以下业务：

（1）全年取得旅游观光业务收入 150 万元，农产品零售收入 180 万元；

（2）6 月 30 日签订房屋租赁合同 1 份，将价值 50 万元的办公室从 7 月 1 日起出租给他人使用，租期 12 个月，月租 0.2 万元，每月收租金 1 次；

（3）7 月与保险公司签订农业保险合同 1 份，支付保险费 3 万元；

（4）9 月与租赁公司签订融资租赁合同 1 份，租赁价值 30 万元的鲜果拣选机 1 台，租期 5 年，租金共计 40 万元，每年支付 8 万元。

（其他相关资料：适用城镇土地使用税税率每平方米 5 元；公司所在省规定计算房产余值的扣除比例为 30%）

要求：根据上述资料，计算回答下列问题：

（1）公司 2009 年应缴纳的城镇土地使用税；

（2）公司 2009 年应缴纳的房产税；

（3）公司 2009 年应缴纳的营业税；

（4）公司 2009 年应缴纳的印花税；

（5）公司 2009 年应缴纳的城市维护建设税和教育费附加。

4. 某机动车制造股份公司为增值税一般纳税人，2012 年 5 月有关业务如下：

（1）内销自产货物包括：销售 A－O 型小轿车 80 台（消费税税率为 5%），不含税单价 8 万元；销售客货两用车 32 台，不含税单价 3.4 万元；销售农用汽车取得不含税销售额 71.18 万元；

（2）将 10 台 A－O 型小轿车奖励给对公司有突出贡献的人员，规定其自用，不得转让或出售；厂部自用客货两用车 3 台；捐赠给汽车拉力赛 4 台特制越野车（消费税税率 20%），生产成本 23.75 万元/台；

（3）进口 5 辆小汽车，总完税价格为 75 万元（消费税税率为 12%，关税税率为 15%），缴纳进口环节税金后，海关放行；车辆运抵单位，该公司将其中 2 辆作为行政部办公用车，其余 3 辆配给公司的 3 名副总。

要求：根据上述资料，计算回答下列问题：

（1）计算股份公司业务（1）应纳消费税额；

（2）计算股份公司业务（2）中该公司应缴纳的车辆购置税额；

（3）计算股份公司业务（3）涉及的车辆购置税额；

（4）计算股份公司合计应纳车辆购置税额。

参考法规一览表

续表

序号	法规名称及颁布文号	颁布日期
10	国家税务总局关于加强税种征管、促进堵漏增收的若干意见（国税发 [2009] 85 号）	2009 年 4 月 29 日
11	财政部、国家税务总局关于油气田企业增值税问题的补充通知（财税 [2009] 97 号）	2009 年 7 月 9 日
12	国家税务总局关于增值税即征即退实施先评估后退税有关问题的通知（国税函 [2009] 432 号）	2009 年 8 月 13 日
13	财政部、国家税务总局关于固定资产进项税额抵扣问题的通知（财税 [2009] 113 号）	2009 年 9 月 9 日
14	财政部、国家税务总局关于再生资源增值税退税政策若干问题的通知（财税 [2009] 119 号）	2009 年 9 月 29 日
15	财政部、海关总署、国家税务局关于研发机构采购设备税收政策的通知（财税 [2009] 115 号）	2009 年 10 月 10 日
16	国家税务总局关于调整增值税扣税凭证抵扣期限有关问题的通知（国税函 [2009] 617 号）	2009 年 11 月 9 日
17	财政部、国家税务总局关于民贸企业和边销茶有关增值税政策的通知（财税 [2009] 141 号）	2009 年 12 月 7 日
18	财政部、国家税务总局关于以农林剩余物为原材料的综合利用产品增值税政策的通知（财税 [2009] 148 号）	2009 年 12 月 7 日
19	财政部、国家税务总局关于继续实行宣传文化增值税和营业税优惠政策的通知（财税 [2009] 147 号）	2009 年 12 月 10 日
20	财政部、国家税务总局关于资源综合利用及其他产品增值税政策的补充的通知（财税 [2009] 163 号）	2009 年 12 月 29 日
21	增值税一般纳税人资格认定管理办法（国家税务总局令第 22 号）	2010 年 2 月 10 日
22	国家税务总局关于人工合成牛胚胎适用增值税税率问题的通知（国税函 [2010] 97 号）	2010 年 3 月 4 日
23	国家税务总局关于印发《增值税一般纳税人纳税辅导期管理办法》的通知（国税发 [2010] 40 号）	2010 年 4 月 7 日
24	国家税务总局关于印发《增值税一般纳税人资格认定管理办法》政策衔接有关问题的通知（国税函 [2010] 137 号）	2010 年 4 月 7 日
25	国家税务总局关于印发《增值税一般纳税人资格认定管理办法》宣传材料的通知（国税函 [2010] 138 号）	2010 年 4 月 7 日
26	国家税务总局关于印发《增值税一般纳税人资格认定管理办法》若干条款处理意见的通知（国税函 [2010] 139 号）	2010 年 4 月 7 日
27	国家税务总局关于橄榄油适用税率问题的批复（国税函 [2010] 144 号）	2010 年 4 月 8 日
28	国家税务总局关于干姜、姜黄增值税适用税率问题的公告（国家税务总局公告 2010 年第 9 号）	2010 年 8 月 19 日
29	国家税务总局关于融资性售后回租业务中承租方出售资产行为有关税收问题的公告（国家税务总局公告 2010 年第 13 号）	2010 年 9 月 8 日
30	财政部、工业和信息化部、海关部署、国家税务总局关于调整大型环保及资源综合利用设备等重大技术装备进口税收政策的通知（财关税 [2010] 50 号）	2010 年 9 月 30 日

序号	法规名称及颁布文号	颁布日期
31	财政部、国家税务总局关于上海期货交易所开展期货保税交割业务有关增值税问题的通知（财税〔2010〕108号）	2010年12月2日
32	关于纳税人资产重组有关增值税问题的公告（国家税务总局公告2011年第13号）	2011年2月18日
33	关于部分液体乳增值税适用税率的公告（国家税务总局公告2011年第13号）	2011年7月6日
34	关于增值税纳税义务发生时间有关问题的公告（国家税务总局公告2011年第40号）	2011年7月15日
35	关于纳税人转让土地使用权或者销售不动产同时一并销售附着于土地或者不动产上的固定资产有关税收问题的公告（国家税务总局公告2011年第47号）	2011年8月17日
36	关于逾期增值税扣税凭证抵扣问题的公告（国家税务总局公告2011年第50号）	2011年9月14日
37	关于软件产品增值税政策的通知（财税〔2011〕100号）	2011年10月13日
38	关于修改《中华人民共和国增值税暂行条例实施细则》和《中华人民共和国营业税暂行条例实施细则》的决定（财政部令第65号）	2011年10月28日
39	关于纳税人为其他单位和个人开采矿产资源提供劳务有关货物和劳务税问题的公告（国家税务总局公告2011年第56号）	2011年11月7日
40	关于调整增值税即征即退优惠政策管理措施有关问题的公告（国家税务总局公告2011年第60号）	2011年11月14日
41	关于安置残疾人单位是否可以同时享受多项增值税优惠政策问题的公告（国家税务总局公告2011年第61号）	2011年11月18日
42	关于调整完善资源综合利用产品及劳务增值税政策的通知（财税〔2011〕115号）	2011年11月21日
43	关于扶持动漫产业发展增值税、营业税政策的通知（财税〔2011〕119号）	2011年12月27日
44	关于免征蔬菜流通环节增值税有关问题的通知（财税〔2011〕137号）	2011年12月31日
45	关于部分产品增值税适用税率问题的公告（国家税务总局公告2012年第10号）	2012年3月16日
46	关于纳税人虚开增值税专用发票征补税款问题的公告（国家税务总局公告2012年第33号）	2012年9月16日
47	关于免征部分鲜活肉蛋产品流通环节增值税政策的通知（财税〔2012〕75号）	2012年9月27日
48	关于纳税人资产重组增值税留抵税额处理有关问题的公告（国家税务总局公告2012年第55号）	2012年12月13日

表3 消费税参考法规

序号	法规名称及颁布文号	颁布日期
1	财政部、国家税务总局关于调整护肤护发品消费税税率的通知（财税字〔1999〕023号）	1999年3月16日
2	财政部、国家税务总局关于对低污染排放小汽车减征消费税的通知（财税〔2000〕026号）	2000年6月7日

续表

序号	法规名称及颁布文号	颁布日期
3	财政部、国家税务总局关于调整烟类产品消费税政策的通知（财税［2001］91 号）	2001 年 6 月 4 日
4	财政部、国家税务总局关于钻石及上海钻石交易所有关税收政策的通知（财税［2001］176 号）	2001 年 11 月 5 日
5	国家税务总局关于卷烟生产企业购进卷烟直接销售不再征收消费税的批复（国税函［2001］955 号）	2001 年 12 月 20 日
6	国家税务总局关于酒类产品消费税政策问题的通知（国税发［2002］109 号）	2002 年 8 月 26 日
7	财政部、国家税务总局关于调整进口卷烟消费税税率的通知（财税［2004］22 号）	2004 年 1 月 29 日
8	国家税务总局关于果啤征收消费税的批复（国税函［2005］333 号）	2005 年 4 月 18 日
9	财政部、国家税务总局关于调整和完善消费税政策的通知（财税［2006］33 号）	2006 年 3 月 20 日
10	国家税务总局关于进一步加强消费税纳税申报及税款抵扣管理的通知（国税函［2006］769 号）	2006 年 8 月 15 日
11	财政部、国家税务总局关于消费税若干具体政策的通知（财税［2006］125 号）	2006 年 8 月 30 日
12	国家税务总局关于明确啤酒包装物押金消费税政策的通知（财税［2006］20 号）	2006 年 2 月 27 日
13	国家税务总局关于印发《调整和完善消费税政策征收管理规定》的通知（国税发［2006］49 号）	2006 年 3 月 31 日
14	国家税务总局关于沙滩车等车辆征收消费税问题的批复（国税函［2007］1071 号）	2007 年 11 月 2 日
15	中华人民共和国消费税暂行条例（国务院令第 539 号）	2008 年 11 月 10 日
16	中华人民共和国消费税暂行条例实施细则（财政部、国家税务总局第 51 号令）	2008 年 12 月 15 日
17	关于润滑脂产品征收消费税问题的批复（国税函［2009］709 号）	2009 年 12 月 15 日
18	财政部、国家税务总局关于调整部分燃料油消费税政策的通知（财税［2010］66 号）	2010 年 8 月 20 日
19	国家税务总局关于绝缘油类产品不征收消费税问题的公告（国家税务总局公告 2010 年第 12 号）	2010 年 8 月 30 日
20	国家税务总局关于农用拖拉机、收割机和手扶拖拉机专用轮胎不征收消费税问题的公告（国家税务总局公告 2010 年第 16 号）	2010 年 10 月 19 日
21	财政部、国家税务总局关于对利用废弃的动植物油生产纯生物柴油免征消费税的通知（财税［2010］118 号）	2010 年 12 月 17 日
22	财政部、国家税务总局关于对油（气）田企业生产自用成品油先征后返消费税的通知（财税［2010］7 号）	2011 年 2 月 25 日
23	财政部、国家税务总局关于明确废弃的动植物油生产纯生物柴油免征消费税适用范围的通知（财税［2011］46 号）	2011 年 6 月 15 日
24	财政部、中国人民银行、国家税务总局关于延续执行部分石脑油燃料油消费税政策的通知（财税［2011］87 号）	2011 年 9 月 15 日

续表

序号	法规名称及颁布文号	颁布日期
25	国家税务总局关于配制酒消费税适用税率的公告（国家税务总局公告2011年第53号）	2011年9月28日
26	卷烟消费税计税价格住处采集和核定管理办法（国家税务总局令第26号）	2011年10月27日
27	财政部、国家税务总局关于消费税纳税人总分支机构汇总缴纳消费税有关政策的通知（财税〔2012〕42号）	2012年4月13日
28	国家税务总局关于发布《出口劳务增值税和消费税管理办法的公告》（国家税务总局公告2012年第24号）	2012年6月14日
29	财政部、国家税务总局关于《中华人民共和国消费税暂行条例实施细则》有关条款解释的通知（财法〔2012〕8号）	2012年7月13日

表4   **营业税参考法规**

序号	法规名称及颁布文号	颁布日期
1	中华人民共和国营业税暂行条例（国务院令第540号）	2008年11月10日
2	中华人民共和国营业税暂行条例实施细则（财政部、国家税务总局第52号令）	2008年12月15日
3	关于教育部考试中心及其直属单位与其他单位合作开展考试有关营业税问题的通知（国税函〔2009〕752号）	2009年12月23日
4	财政部、国家税务总局关于邮政企业代办金融业务免征营业税的通知（财税〔2009〕7号）	2009年1月4日
5	关于海峡两岸空中营业税和企业税政策的通知（财税〔2010〕63号）	2010年9月6日
6	国家文物局、民政部、财政部、国土资源部、住房和城乡建设部、文化部、国家税务总局关于促进民办博物馆发展的意见（文物博发〔2010〕11号）	2010年1月29日
7	财政部、国家税务总局关于国家电影事业发展专项资金营业税政策问题的通知（财税〔2010〕16号）	2010年3月11日
8	财政部、国家税务总局关于国际运输劳务免征营业税的通知（财税〔2010〕8号）	2010年4月23日
9	财政部、国家税务总局关于农村金融有关税收政策的通知（财税〔2010〕4号）	2010年5月13日
10	财政部、国家税务总局关于中国扶贫基金会小额信贷试点项目税收政策的通知（财税〔2010〕35号）	2010年5月13日
11	关于国际电信业务营业税问题的通知（国税函〔2010〕300号）	2010年6月28日
12	财政部、国家税务总局、商务部关于示范城市离岸服务外包业务免征营业税的通知（财税〔2010〕64号）	2010年7月28日
13	财政部、国家税务总局关于下发免征营业税的一年期以上返还性人身保险产品名单（第二十三批）的通知（财税〔2010〕71号）	2010年8月12日
14	财政部、国家税务总局关于部分省市有线数字电视基本收视维护费免征营业税的通知（财税〔2010〕33号）	2010年8月31日

序号	法规名称及颁布文号	颁布日期
15	财政部、国家税务总局关于保险保障基金有关税收问题的通知（财税 [2010] 77 号）	2010 年 9 月 6 日
16	关于融资性售后回租业务中承租方出售资产行为有关税收问题的公告 （国家税务总局公告 2010 年第 13 号）	2010 年 9 月 8 日
17	关于支持公共租赁住房建设和运营有关税收优惠政策的通知（财税 [2010] 88 号）	2010 年 9 月 27 日
18	财政部、国家税务总局关于支持和促进就业有关税收政策的通知（财税 [2010] 84 号）	2010 年 10 月 22 日
19	财政部、国家税务总局关于促进节能服务产业发展增值税、营业税和企业所得税政策问题的通知（财税 [2010] 110 号）	2010 年 12 月 30 日
20	财政部、国家税务总局关于发布免征营业税的一年期以上返还性人身保险产品名单（第二十四批）的通知（财税 [2011] 5 号）	2011 年 1 月 17 日
21	财政部、国家税务总局关于中国联合网络通信集团有限公司转让 CDMA 网及其用户资产企业合并资产整合过程中涉及的增值税、营业税、印花税和土地增值税政策问题的通知（财税 [2011] 13 号）	2011 年 3 月 10 日
22	国家税务总局关于纳税人销售自产货物并同时提供建筑业劳务有关税收问题的公告（国家税务总局公告 2011 年第 23 号）	2011 年 3 月 25 日
23	财政部、国家税务总局关于跨境设备租赁合同继续实行过渡性营业税免税政策的通知（财税 [2011] 48 号）	2011 年 6 月 10 日
24	国家税务总局关于纳税人转让土地使用权或者销售不动产同时一并销售附着于土地或者不动产上的固定资产有关税收问题的公告（国家税务总局公告 2011 年第 47 号）	2011 年 8 月 17 日
25	财政部、国家税务总局关于继续对邮政企业代办金融业务免征营业税的通知（财税 [2011] 66 号）	2011 年 8 月 31 日
26	财政部、国家税务总局关于经营高校学生公寓和食堂有关税收政策的通知（财税 [2011] 78 号）	2011 年 9 月 6 日
27	国家税务总局关于纳税人资产重组有关营业税问题的公告（国家税务总局公告 2011 年第 51 号）	2011 年 9 月 26 日
28	财政部、国家税务总局关于员工制家政服务免征营业税的通知（财税 [2011] 51 号）	2011 年 9 月 28 日
29	延长农村金融机构营业税政策执行期限的通知（财税 [2011] 101 号）	2011 年 10 月 17 日
30	国家税务总局关于纳税人为其他单位和个人开采矿产资源提供劳务有关货物和劳务税问题的公告（国家税务总局公告 2011 年第 56 号）	2011 年 11 月 7 日
31	国家税务总局关于旅店业和饮食业纳税人销售食品有关税收问题的公告（国家税务总局公告 2011 年第 62 号）	2011 年 11 月 24 日
32	关于修改《中华人民共和国增值税暂行条例实施细则》和《中华人民共和国营业税暂行条例实施细则》的决定（中华人民共和国财政部令第 65 号）	2011 年 11 月 28 日
33	财政部、国家税务总局关于继续执行宣传文化增值税和营业税优惠政策的通知（财税 [2011] 92 号）	2011 年 12 月 7 日

续表

序号	法规名称及颁布文号	颁布日期
34	财政部、国家税务总局关于扶持动漫产业发展增值税、营业税政策的通知（财税〔2011〕119号）	2011年12月27日
35	关于转让自然资源使用权营业税政策的通知（财税〔2012〕6号）	2012年1月6日
36	关于外派海员等劳务免征营业税的通知（财税〔2012〕54号）	2012年6月15日
37	财政部、国家税务总局关于铁路房建生活单位营业税政策的通知（财税〔2012〕94号）	2012年12月18日

表5　　　　　　　　　　　　　　关税参考法规

序号	法规名称及颁布文号	颁布日期
1	中华人民共和国海关法　1987年1月22日第六届全国人民代表大会常务委员会第十九次会议通过　根据2000年7月8日第九届全国人民代表大会常务委员会第十六次会议《关于修改〈中华人民共和国海关法〉的决定》修正	
2	中华人民共和国进出口关税条例（国务院令第392号）	2003年11月23日
3	国家税务总局关于印发《融资租赁船出口退税管理办法》的通知（国税〔2010〕52号）	2010年5月18日
4	财政部、海关总署、国家税务总局关于营运支线航线的国内航空公司维修用航空器材进口税收问题的通知（财关税〔2010〕58号）	2010年12月9日
5	财政部、海关总署、国家税务总局关于印发《动漫企业进口动漫开发生产用品免征进口税收的暂行规定》的通知（财关税〔2011〕27号）	2011年5月19日
6	财政部、工业和信息化部、海关总署、国家税务总局关于调整三代核电机组等重大技术装备进口税收政策的通知（财关税〔2011〕45号）	2011年7月5日
7	财政部、商务部、海关总署、国家税务总局关于继续执行研发机构采购税收政策的通知（财税〔2011〕88号）	2011年10月10日
8	财政部、商务部、海关总署、国家税务总局关于来料加工企业转型为法人企业进口设备税收政策有关问题的通知（财关税〔2011〕66号）	2011年11月14日
9	财政部、工业和信息化部、海关总署、国家税务总局关于国家中小企业公共技术服务示范平台适用科技开发用品进口税收政策的通知（财关税〔2011〕71号）	2011年11月21日
10	关于调整重大技术装备进口税收政策有关目录的通知（财关税〔2012〕14号）	2012年3月7日

表6　　　　　　　　　　　　　企业所得税参考法规

序号	法规名称及颁布文号	颁布日期
1	中华人民共和国企业所得税法（中华人民共和国主席令〔2007〕63号）	2007年3月16日
2	中华人民共和国企业所得税法实施条例（中华人民共和国国务院令第512号）	2007年12月6日
3	关于贯彻落实国务院关于实施企业所得税过渡优惠政策有关问题的通知（财税〔2008〕21号）	2008年2月21日

序号	法规名称及颁布文号	颁布日期
4	关于印发《企业所得税核定征收办法》（试行）的通知（国税发〔2008〕30 号）	2008 年 3 月 6 日
5	关于印发《跨地区经营汇总纳税企业所得税征收管理暂行办法》的通知（国税发〔2008〕28 号）	2008 年 3 月 10 日
6	关于房地产开发企业所得税预缴问题的通知（国税函〔2008〕299 号）	2008 年 4 月 7 日
7	关于印发《高新技术企业认定管理办法》的通知（国科发火〔2008〕172 号）	2008 年 4 月 14 日
8	关于执行公共基础设施项目企业所得税优惠目录有关问题的通知（财税〔2008〕46 号）	2008 年 9 月 23 日
9	关于执行资源综合利用企业所得税优惠目录有关问题的通知（财税〔2008〕47 号）	2008 年 9 月 23 日
10	关于执行环境保护专用设备企业所得税优惠目录（财税〔2008〕48 号）	2008 年 9 月 23 日
11	关于企业关联方利息支出税前扣除标准有关税收政策问题的通知（财税〔2008〕121 号）	2008 年 9 月 19 日
12	关于母子公司间提供服务支付费用有关企业所得税处理问题的通知（国税发〔2008〕86 号）	2008 年 8 月 14 日
13	关于企业处置资产所得税处理问题的通知（国税函〔2008〕828 号）	2008 年 10 月 9 日
14	关于确认企业所得税收入若干问题的通知（国税函〔2008〕875 号）	2008 年 10 月 30 日
15	关于企业所得税减免税管理问题的通知（国税发〔2008〕111 号）	2008 年 12 月 1 日
16	关于印发《企业研究开发费用税前扣除管理办法（试行）》的通知（国税发〔2008〕116 号）	2008 年 12 月 10 日
17	关于财政性资金、行政事业性收费、政府性基金有关企业所得税政策问题的通知（财税〔2008〕151 号）	2008 年 12 月 16 日
18	关于合伙企业合伙人所得税问题的通知（财税〔2008〕159 号）	2008 年 12 月 23 日
19	关于印发《非居民企业所得税源泉扣缴管理暂行办法》的通知（国税发〔2009〕3 号）	2009 年 1 月 9 日
20	财政部、国家税务总局关于企业重组业务企业所得税处理若干问题的通知（财税〔2009〕59 号）	2009 年 4 月 30 日
21	关于非营利组织企业所得税免税收入问题的通知（财税〔2009〕122 号）	2009 年 11 月 11 日
22	关于加强非居民企业股权转让所得企业所得税管理的通知（国税函〔2009〕698 号）	2009 年 12 月 10 日
23	关于印发《非居民企业所得税核定征收管理办法》的通知（国税发〔2010〕19 号）	2010 年 2 月 20 日
24	关于贯彻落实企业所得税法若干税收问题的通知（国税函〔2010〕79 号）	2010 年 2 月 22 日
25	关于环境保护节能节水安全生产等专用设备投资抵免企业所得税有关问题的通知（国税函〔2010〕256 号）	2010 年 6 月 2 日
26	关于企业股权投资损失所得税处理问题的公告（国家税务总局公告 2010 年第 6 号）	2010 年 7 月 28 日
27	关于企业取得财产转让等所得企业所得税处理问题的公告（国家税务总局公告 2010 年第 19 号）	2010 年 10 月 27 日

续表

序号	法规名称及颁布文号	颁布日期
28	关于查增应纳税所得额弥补以前年度亏损处理问题的公告（国家税务总局公告 2010 年第 20 号）	2010 年 10 月 27 日
29	关于工会经费企业所得税税前扣除凭据问题的公告（国家税务总局公告 2010 年第 24 号）	2010 年 11 月 9 日
30	关于居民企业技术转让有关企业所得税政策问题的通知（财税〔2010〕111 号）	2010 年 12 月 31 日
31	关于高新技术企业资格复审期间企业所得税预缴问题的公告（国家税务总局公告 2011 年第 4 号）	2011 年 1 月 10 日
32	关于非居民企业所得税管理若干问题的公告（国家税务总局公告 2011 年第 24 号）	2011 年 3 月 28 日
33	关于发布《企业资产损失所得税税前扣除管理办法》的公告（国家税务总局公告 2011 年第 25 号）	2011 年 3 月 31 日
34	关于税务机关代收工会经费企业所得税税前扣除凭据问题的公告（国家税务总局公告 2011 年第 30 号）	2011 年 5 月 11 日
35	关于高新技术企业境外所得适用税率及税收抵免问题的通知（财税〔2011〕47 号）	2011 年 5 月 31 日
36	关于企业所得税若干问题的公告（国家税务总局公告 2011 年第 34 号）	2011 年 6 月 9 日
37	关于企业国债投资业务企业所得税处理问题的公告（国家税务总局公告 2011 年第 36 号）	2011 年 6 月 22 日
38	关于企业转让上市公司限售股有关所得税问题的公告（国家税务总局公告 2011 年第 39 号）	2011 年 7 月 7 日
39	财政部、海关总署、国家税务总局关于深入实施西部大开发战略有关税收政策问题的通知（财税〔2011〕58 号）	2011 年 7 月 27 日
40	财政部、国家税务总局关于地方政府债券利息所得免征所得税问题的通知（财税〔2011〕76 号）	2011 年 8 月 26 日
41	财政部、国家税务总局关于专项用途财政性资金企业所得税处理问题的通知（财税〔2011〕70 号）	2011 年 9 月 7 日
42	财政部、国家税务总局关于铁路建设债券利息收入企业所得税政策的通知（财税〔2011〕99 号）	2011 年 10 月 10 日
43	财政部、国家税务总局关于延长金融企业涉农贷款和中小企业贷款损失准备金税前扣除政策执行期限的通知（财税〔2011〕104 号）	2011 年 11 月 19 日
44	财政部、国家税务总局关于小型微利企业所得税优惠政策有关问题的通知（财税〔2011〕117 号）	2011 年 11 月 19 日
45	关于进一步鼓励软件产业和集成电路产业发展企业所得税政策的通知（财税〔2012〕27 号）	2012 年 4 月 20 日
46	关于企业所得税应纳所得额若干税务问题的公告（国家税务总局公告 2012 年第 15 号）	2011 年 4 月 24 日
47	关于保险公司准备金支出企业所得税税前扣除有关政策问题的通知（财税〔2012〕45 号）	2012 年 5 月 15 日
48	关于我国居民企业实行股权激励计划有关企业所得税处理问题的公告（国家税务总局公告 2012 年第 18 号）	2012 年 5 月 23 日

续表

序号	法规名称及颁布文号	颁布日期
49	关于印发《跨省市总分机构企业所得税分配及预算管理办法》的通知（财预［2012］40号）	2012年6月12日
50	关于企业所得税核定征收有关问题的公告（国家税务总局公告2012年第27号）	2012年6月19日
51	关于发布《企业政策性搬迁所得税管理办法》的公告（国家税务总局公告2012年第40号）	2012年8月10日

表7   个人所得税参考法规

序号	法规名称及颁布文号	颁布日期
1	中华人民共和国个人所得税法　1980年9月10日第五届全国人民代表大会第三次会议通过　根据1993年10月31日第八届全国人民代表大会常务委员会第四次会议《关于修改〈中华人民共和国个人所得税法〉的决定》第一次修正　根据1999年8月30日第九届全国人民代表大会常务委员会第十一次会议《关于修改〈中华人民共和国个人所得税法〉的决定》第二次修正	
2	全国人大常委会关于修改个人所得税法的决定　第九届全国人大常委会第十一次会议通过	1999年8月30日
3	国家税务总局关于强化律师事务所等中介机构投资者个人所得税查账征收的通知（国税发［2002］123号）	2002年9月29日
4	财政部、国家税务总局关于非产权人重新购房征免个人所得税问题的批复（财税［2003］123号）	2003年5月28日
5	国家税务总局关于提高增值税和营业税起征点后加强个人所得税征收管理工作的通知（国税发［2003］80号）	2003年7月1日
6	财政部、国家税务总局关于规范个人投资者个人所得税征收管理的通知（财税［2003］158号）	2003年7月11日
7	国家税务总局、中国人民银行关于个人银行结算账户利息所得征收个人所得税问题的通知（国税发［2004］6号）	2004年1月12日
8	财政部、国家税务总局关于严格执行个人所得税费用扣除标准和不征税项目的通知（财税［2004］40号）	2004年2月6日
9	国家税务总局关于取消合伙企业投资者变更个人所得税汇算清缴地点审批后加强后续管理问题的通知（国税发［2004］81号）	2004年6月29日
10	国家税务总局关于调整个人取得全年一次性奖金等计算征收个人所得税方法问题的通知（国税发［2005］9号）	2005年1月21日
11	国家税务总局关于纳税人收回转让的股权征收个人所得税问题的批复（国税函［2005］130号）	2005年1月28日
12	财政部、国家税务总局关于城镇房屋拆迁有关税收政策的通知（财税［2005］45号）	2005年3月22日
13	财政部、国家税务总局关于个人股票期权所得征收个人所得税问题的通知（财税［2005］35号）	2005年3月28日
14	国家税务总局关于单位为员工支付有关保险缴纳个人所得税问题的批复（国税函［2005］318号）	2005年4月13日

续表

序号	法规名称及颁布文号	颁布日期
15	国家税务总局关于企业为股东个人购买汽车征收个人所得税的批复（国税函〔2005〕364号）	2005年4月22日
16	国家税务总局关于个人兼职和退休人员再任职取得收入如何计算征收个人所得税问题的批复（国税函〔2005〕382号）	2005年4月26日
17	财政部、国家税务总局关于个人所得税有关问题的批复（财税〔2005〕94号）	2005年6月2日
18	财政部、国家税务总局关于股息红利个人所得税有关政策的通知（财税〔2005〕102号）	2005年6月13日
19	国家税务总局关于个人因购买和处置债权取得所得征收个人所得税问题的批复（国税函〔2005〕655号）	2005年6月24日
20	财政部、国家税务总局关于股息红利有关个人所得税政策的补充通知（财税〔2005〕107号）	2005年6月24日
21	国家税务总局关于印发《个人所得税管理办法》的通知（国税发〔2005〕120号）	2005年7月6日
22	国家税务总局关于纳税人取得不含税全年一次性奖金收入计征个人所得税问题的批复（国税函〔2005〕715号）	2005年7月7日
23	财政部、国家税务总局关于调整个体工商户业主个人独资企业和合伙企业投资者个人所得税费用扣除标准的通知（财税〔2006〕44号）	2006年4月10日
24	财政部、国家税务总局关于中国金融教育发展基金会等10家单位公益救济性捐赠所得税税前扣除问题的通知（财税〔2005〕73号）	2006年6月27日
25	国家税务总局关于个人住房转让所得征收个人所得税有关问题的通知（国税发〔2006〕108号）	2006年7月18日
26	国家税务总局关于个人股票期权所得缴纳个人所得税有关问题的补充通知（国税函〔2006〕902号）	2006年9月30日
27	国家税务总局关于印发《个人所得税自行纳税申报办法（试行）》的通知（国税发〔2006〕162号）	2006年11月6日
28	国家税务总局关于明确年所得12万元以上自行纳税申报口径的通知（国税函〔2006〕1200号）	2006年12月15日
29	国家税务总局关于个人股票期权所得缴纳个人所得税有关问题的补充通知（国税函〔2006〕902号）	2006年9月30日
30	财政部、国家税务总局关于个人取得有奖发票奖金征免个人所得税问题的通知（财税〔2007〕34号）	2007年2月27日
31	国家税务总局关于加强和规范个人取得拍卖收入征收个人所得税有关问题的通知（国税发〔2007〕38号）	2007年4月4日
32	国家税务总局关于修改年所得12万元以上个人自行纳税申报表的通知（国税函〔2007〕1087号）	2007年11月2日
33	关于修改《中华人民共和国个人所得税法实施条例》的决定（国务院令第519号）	2008年2月18日
34	关于个人所得税工资薪金所得减除费用标准政策衔接问题的通知（国税发〔2008〕20号）	2008年2月20日

续表

序号	法规名称及颁布文号	颁布日期
35	财政部、国家税务总局关于廉租住房、经济适用住房和住房租赁有关税收政策的通知（财税〔2008〕24 号）	2008 年 3 月 3 日
36	财政部、国家税务总局关于生育津贴和生育医疗费有关个人所得税政策的通知（财税〔2008〕8 号）	2008 年 3 月 7 日
37	关于个人向地震灾区捐赠有关个人所得税征管问题的通知（国税发〔2008〕55 号）	2008 年 5 月 21 日
38	财政部、国家税务总局关于调整个体工商户、个人独资企业和合伙企业个人所得税前扣除标准有关问题的通知（财税〔2008〕65 号）	2008 年 6 月 3 日
39	财政部、国家税务总局关于证券市场个人投资者证券交易结算资金利息所得有关个人所得税政策的通知（财税〔2008〕140 号）	2008 年 10 月 26 日
40	关于个人转租房屋取得收入征收个人所得税问题的通知（国税函〔2009〕639 号）	2009 年 11 月 18 日
41	财政部、国家税务总局、证监会关于个人转让上市公司限售股所得征收个人所得税有关问题的通知（财税〔2009〕167 号）	2009 年 12 月 31 日
42	国家税务总局关于做好限售股转让所得个人所得税征收管理工作的通知（国税发〔2010〕8 号）	2010 年 1 月 15 日
43	国家税务总局关于限售股转让所得个人所得税征缴有关问题的通知（国税函〔2010〕23 号）	2010 年 1 月 18 日
44	国家税务总局关于进一步加强高收入者个人所得税征收管理的通知（国税发〔2010〕54 号）	2010 年 5 月 31 日
45	国家税务总局关于进一步做好个人所得税完税凭证开具工作的通知（国税发〔2010〕63 号）	2010 年 6 月 28 日
46	财政部、国家税务总局、证监会关于个人转让上市公司限售股所得征收个人所得税有关问题的补充通知（财税〔2010〕70 号）	2010 年 11 月 10 日
47	关于股权转让所得个人所得税计税依据核定问题的公告（国家税务总局公告 2010 年第 27 号）	2010 年 12 月 14 日
48	关于个人提前退休取得补贴收入个人所得税问题的公告（国家税务总局公告 2011 年第 6 号）	2011 年 1 月 17 日
49	关于企业年金个人所得税有关问题补充规定的公告（国家税务总局公告 2011 年第 9 号）	2011 年 1 月 30 日
50	关于雇主为雇员承担全年一次性奖金部分税款有关个人所得税计算方法问题的公告（国家税务总局公告 2011 年第 28 号）	2011 年 4 月 28 日
51	财政部、国家税务总局关于企业促销展业赠送礼品有关个人所得税问题的通知（财税〔2011〕50 号）	2011 年 6 月 9 日
52	全国人民代表大会常务委员会关于修改《中华人民共和国个人所得税法》的决定（中华人民共和国主席令第 48 号）	2011 年 6 月 30 日
53	国务院关于修改《中华人民共和国个人所得税法实施条例》的决定（国务院令第 600 号）	2011 年 7 月 19 日
54	国家税务总局关于个人终止投资经营收回款项征收个人所得税问题的公告（国家税务总局公告 2011 年第 41 号）	2011 年 7 月 25 日

续表

序号	法规名称及颁布文号	颁布日期
55	国家税务总局关于代开货物运输业发票个人所得税预征率问题的公告（国家税务总局公告 2011 年第 44 号）	2011 年 7 月 27 日
56	国家税务总局关于贯彻执行修改后的个人所得税法有关问题的公告（国家税务总局公告 2011 年第 46 号）	2011 年 7 月 29 日
57	财政部、国家税务总局关于调整个体工商户业主、个人独资企业和合伙企业自然人投资者个人所得税费用扣除标准的通知（财税〔2011〕62 号）	2011 年 7 月 29 日
58	财政部、国家税务总局关于地方政府债券利息所得免征所得税问题的通知（财税〔2011〕76 号）	2011 年 8 月 26 日
59	财政部、国家税务总局关于证券机构技术的制度准备完成后个人转让上市公司限售股有关个人所得税问题的通知（财税〔2011〕108 号）	2011 年 12 月 30 日
60	财政部、国家税务总局关于工伤职工取得的工伤保险待遇有关个人所得税政策的通知（财税〔2012〕40 号）	2012 年 5 月 3 日
61	国家税务总局关于证券经纪人佣金收入征收个人所得税问题的公告（国家税务总局公告 2012 年第 45 号）	2012 年 9 月 12 日
62	财政部、国家税务总局、证监会关于实施上市公司股息红利差别化个人所得税政策有关问题的通知（财税〔2012〕85 号）	2012 年 12 月 7 日
63	国家税务总局关于律师事务所从业人员有关个人所得税总问题的公告（国家税务总局公告 2012 年第 53 号）	2012 年 11 月 16 日

表 8　　　　　　　　　　　　其他税类参考法规

序号	法规名称及颁布文号	颁布日期
1	国家税务总局关于明确资源税扣缴义务人代扣代缴义务发生时间的批复（国税函〔2002〕1037 号）	2002 年 12 月 10 日
2	财政部、国家税务总局关于调整盐资源税适用税额标准的通知（财税〔2007〕5 号）	2007 年 1 月 24 日
3	关于加快煤层气抽采有关税收政策问题的通知（财税〔2007〕16 号）	2007 年 2 月 7 日
4	关于印发《新疆原油、天然气资源税改革若干问题的规定》的通知（财税〔2010〕54 号）	2010 年 6 月 1 日
5	财政部、国家税务总局关于调整耐火黏土和萤石资源税适用税额标准的通知（财税〔2010〕20 号）	2010 年 5 月 11 日
6	国务院关于修改《中华人民共和国资源税暂行条例》的决定（国务院令第 605 号）	2011 年 9 月 30 日
7	国务院关于修改《中华人民共和国对外合作开采陆上石油资源条例》的决定（国务院令第 606 号）	2011 年 9 月 30 日
8	国务院关于修改《中华人民共和国对外合作开采海洋石油资源条例》的决定（国务院令第 607 号）	2011 年 9 月 30 日
9	中华人民共和国资源税暂行条例实施细则（财政部、国家税务总局令第 66 号）	2011 年 10 月 28 日
10	国家税务总局关于发布修订后的《资源税若干问题的规定》的公告（国家税务总局公告 2011 年第 63 号）	2011 年 11 月 28 日

续表

序号	法规名称及颁布文号	颁布日期
11	中华人民共和国土地增值税暂行条例（国务院令第 138 号）	1993 年 12 月 13 日
12	中华人民共和国土地增值税暂行条例实行细则（财法字〔1995〕006 号）	1995 年 1 月 27 日
13	财政部、国家税务总局关于土地增值税一些具体问题规定的通知（财税字〔1995〕048 号）	1995 年 5 月 25 日
14	财政部、国家税务总局、国家国有资产管理局关于转让国有房地产征收土地增值税中有关房地产价格评估问题的通知（财税字〔1995〕061 号）	1995 年 6 月 23 日
15	国家税务总局、国家土地管理局关于土地增值税若干征管问题的通知（国税发〔1996〕004 号）	1996 年 1 月 10 日
16	国家税务总局、建设部关于土地增值税征收管理有关问题的通知（国税发〔1996〕048 号）	1996 年 4 月 5 日
17	国家税务总局关于认真做好土地增值税征收管理工作的通知（国税函〔2002〕615 号）	2002 年 7 月 10 日
18	国务院办公厅转发建设部等部门关于做好稳定住房价格工作意见的通知（国办发〔2005〕26 号）	2005 年 5 月 9 日
19	财政部、国家税务总局关于土地增值税若干问题的通知（财税字〔2006〕21 号）	2006 年 3 月 2 日
20	国家税务总局关于房地产开发企业土地增值税清算管理有关问题的通知（国税发〔2006〕187 号）	2007 年 1 月 16 日
21	国家税务总局关于土地增值税清算有关问题的通知（国税函〔2010〕220 号）	2010 年 5 月 19 日
22	国家税务总局关于加强土地增值税征管工作的通知（国税发〔2010〕53 号）	2010 年 5 月 25 日
23	财政部、国家税务总局关于支持公共租赁住房建设和运营有关税收优惠政策的通知（财税〔2010〕88 号）	2010 年 9 月 27 日
24	财政部、国家税务总局关于中国联合网络通信集团有限公司转让 CDMA 网及其用户资产企业合并资产整合过程中涉及的增值税、营业税、印花税和土地增值税政策问题的通知（财税〔2011〕13 号）	2011 年 3 月 10 日
25	财政部、国家税务总局关于中国邮政集团公司邮政速递物流业务重组改制有关税收问题的通知（财税〔2011〕116 号）	2011 年 12 月 8 日
26	中华人民共和国城市维护建设税暂行条例（国发〔1985〕19 号）	1985 年 2 月 8 日
27	国家税务总局关于城市维护建设税征收问题的通知（国税发〔1994〕051 号）	1994 年 3 月 12 日
28	财政部、国家税务总局关于出口货物征收城市维护建设税教育费附加有关问题的通知（财税字〔1996〕84 号）	1996 年 12 月 27 日
29	财政部、国家税务总局关于中央各部门机关服务中心有关税收政策问题的通知（财税〔2001〕122 号）	2001 年 7 月 24 日
30	财政部、国家税务总局关于生产企业出口货物实行免抵退税办法后有关城市维护建设税、教育费附加政策的通知（财税〔2005〕25 号）	2005 年 2 月 25 日
31	财政部、国家税务总局关于增值税、营业税、消费税实行先征后返等办法有关城建税和教育费附加政策的通知（财税〔2005〕72 号）	2005 年 5 月 25 日

续表

序号	法规名称及颁布文号	颁布日期
32	关于免征国家重大水利工程建设基金的城市维护建设税和教育费附加的通知（财税〔2010〕44 号）	2010 年 5 月 25 日
33	财政部、国家税务总局关于支持和促进就业有关税收政策的通知（国发〔2010〕84 号）	2010 年 10 月 22 日
34	关于对外资企业征收城市维护建设税和教育费附加有关问题的通知（财税〔2010〕103 号）	2010 年 11 月 4 日
35	关于统一地方教育附加政策有关问题的通知（财综〔2010〕98 号）	2010 年 11 月 7 日
36	国家税务总局关于中外合作开采石油资源适用城市维护建设税和教育费附加有关事宜的公告（国家税务总局公告 2010 年第 31 号）	2010 年 12 月 30 日
37	中华人民共和国车辆购置税暂行条例（国务院令第 294 号）	2000 年 10 月 22 日
38	国家税务总局、交通部关于做好代征车辆购置税工作有关问题的通知（国税发〔2000〕211 号）	2000 年 12 月 30 日
39	国家税务总局关于车辆购置税有关问题的通知（国税发〔2002〕118 号）	2002 年 9 月 11 日
40	车辆购置税征收管理办法（国家税务总局令〔2005〕第 15 号）	
41	国家税务总局关于车辆购置税征收管理有关问题的通知（国税发〔2006〕123 号）	2006 年 8 月 15 日
42	国家税务总局关于确定车辆购置税计税依据的通知（国税函〔2006〕1139 号）	2006 年 11 月 30 日
43	关于减征 1.6 升及以下乘用车车辆购置税的通知（财税〔2009〕12 号）	2009 年 1 月 16 日
44	国家税务总局关于加强部分减征乘用车车辆购置税管理有关问题的通知（国税函〔2009〕25 号）	2009 年 1 月 16 日
45	国家税务总局关于修改《车辆购置税征收管理办法》的办法（国家税务总局令第 27 号）	2011 年 12 月 19 日
46	关于城市公交企业购置公共汽电车辆免征车辆购置税有关问题的通知（国税发〔2012〕61 号）	2012 年 6 月 26 日
47	中华人民共和国车船税法实施条例（国务院令第 611 号）	2011 年 12 月 5 日
48	财政部、国家税务总局、工业和信息化部关于不属于车船税征收范围的纯电动燃料电池乘用车车型目录（第一批）的公告（财政部、国家税务总局、工业和信息化部公告 2011 年第 81 号）	2011 年 12 月 31 日
49	关于节约能源、使用新能源车船车船税政策的通知（财税〔2012〕19 号）	2012 年 3 月 6 日
50	关于节约能源、使用新能源车辆减免车船税的车型目录（第一批）的公告（财政部、国家税务总局、工业和信息化部公告 2012 年第 7 号）	2012 年 3 月 6 日
51	中华人民共和国印花税暂行条例（国务院令第 11 号）	1988 年 8 月 6 日
52	中华人民共和国印花税暂行条例施行细则（（88）财税字第 255 号）	1988 年 9 月 29 日
53	国家税务局关于印花税若干具体问题的规定（（88）国税地字第 025 号）	1988 年 12 月 12 日
54	财政部、国家税务总局关于企业改制过程中有关印花税政策的通知（财税〔2003〕183 号）	2003 年 12 月 8 日
55	国家税务总局关于印花税违章处罚有关问题的通知（国税发〔2004〕15 号）	2004 年 1 月 29 日
56	国家税务总局关于进一步加强印花税征收管理有关问题的通知（国税函〔2004〕150 号）	2004 年 1 月 30 日

序号	法规名称及颁布文号	颁布日期
57	财政部、国家税务总局关于改变印花税按期汇总缴纳管理办法的通知（财税〔2004〕170号）	2004年11月5日
58	财政部、国家税务总局关于印花税若干政策的通知（财税〔2006〕162号）	2006年11月27日
59	财政部、国家税务总局关于金融机构与小型微型企业签订借款合同免征印花税的通知（财税〔2011〕105号）	2011年10月17日
60	中华人民共和国房产税暂行条例（国发〔1986〕90号）	1986年9月15日
61	财政部、税务总局关于房产税若干具体问题的解释和暂行规定（（86）财税地字第008号）	1986年9月25日
62	财政部、国家税务总局关于医疗卫生机构有关税收政策的通知（财税〔2000〕42号）	2000年7月10日
63	财政部、国家税务总局关于调整住房租赁市场税收政策的通知（财税〔2000〕125号）	2000年12月7日
64	国家税务总局关于中国人民银行总行所属分支机构免征房产税、城镇土地使用税的通知（国税函〔2001〕770号）	2001年10月22日
65	国家税务总局关于房产税、城镇土地使用税有关政策规定的通知（国税发〔2003〕89号）	2003年7月15日
66	国家税务总局关于进一步明确房屋附属设备和配套设施计征房产税有关问题的通知（国税发〔2005〕173号）	2005年10月21日
67	财政部、国家税务总局关于房产税、城镇土地使用税有关政策的通知（财税〔2006〕186号）	2006年12月25日
68	中华人民共和国城镇土地使用税暂行条例（国务院令第483号）	2006年12月31日
69	财政部、国家税务总局关于核电站用地征免城镇土地使用税的通知（财税〔2007〕124号）	2007年9月10日
70	财政部、国家税务总局关于房产税、城镇土地使用税有关问题的通知（财税〔2008〕152号）	2008年12月18日
71	关于对外资企业及外籍个人征收房产税有关问题的通知（财税〔2009〕3号）	2009年1月12日
72	财政部、国家税务总局关于支持公共租赁住房建设和运营有关税收优惠政策的通知（财税〔2010〕88号）	2010年9月27日
73	财政部、国家税务总局关于安置残疾人就业单位城镇土地使用税等政策的通知（财税〔2010〕121号）	2010年12月21日
74	财政部、国家税务总局关于经营高校学生公寓和食堂有关税收政策的通知（财税〔2011〕78号）	2011年9月6日
75	财政部、国家税务总局关于天然林保护工程（二期）实施企业和单位房产税、城镇土地使用税政策的通知（财税〔2011〕90号）	2011年9月26日
76	财政部、国家税务总局关于部分国家储备商品有关税收政策的通知（财税〔2011〕94号）	2011年10月19日
77	财政部、国家税务总局关于继续执行供热企业增值税、房产税、城镇土地使用税优惠政策的通知（财税〔2011〕118号）	2011年11月24日

续表

序号	法规名称及颁布文号	颁布日期
78	关于物流企业大宗商品仓储设施用地城镇土地使用税政策的通知（财税[2012]13号）	2012年1月20日
79	关于农产品批发市场、农贸市场房产税、城镇土地使用税政策的通知（财税[2012]68号）	2012年9月30日
80	中华人民共和国契税暂行条例（国务院令第224号）	1997年7月7日
81	中华人民共和国契税暂行条例实施细则（财法字[1997]52号）	1997年10月28日
82	国家税务总局关于契税征收管理若干具体事项的通知（国税发[1997]176号）	1997年11月25日
83	国家税务总局、国家土地管理局关于契税征收管理有关问题的通知（国税发[1998]031号）	1998年3月9日
84	财政部、国家税务总局关于契税征收中几个问题的批复（财税字[1998]096号）	1998年5月29日
85	财政部、国家税务总局关于房屋附属设施有关契税政策的批复（财税[2004]126号）	2004年7月23日
86	国家税务总局关于继承土地、房屋权属有关契税问题的批复（国税函[2004]1036号）	2004年9月2日
87	国家税务总局关于征收机关直接征收契税的通知（国税发[2004]137号）	2004年10月18日
88	国家税务总局关于免征土地出让金出让国有土地使用权征收契税的批复（国税函[2005]436号）	2005年5月11日
89	财政部、国家税务总局关于国有控股公司投资组建新公司有关契税政策的通知（财税[2006]142号）	2006年9月29日
90	财政部、国家税务总局关于支持公共租赁住房和运营有关税收优惠政策的通知（财税[2010]88号）	2010年9月27日
91	关于调整房地产交易环节契税、个人所得税优惠政策的通知（财税[2010]94号）	2010年9月29日
92	财政部、国家税务总局关于购房人办理退房有关契税问题的通知（财税[2011]32号）	2011年4月26日
93	财政部、国家税务总局关于房屋、土地权属由夫妻一方所有变更为夫妻双方共有契税政策的通知（财税[2011]82号）	2011年8月31日
94	关于企业事业单位改制重组契税政策的通知（财税[2012]4号）	2012年1月20日
95	关于企业以售后回租方式进行融资等有关契税政策的通知（财税[2012]82号）	2012年12月6日
96	中华人民共和国耕地占用税暂行条例（国务院令第511号）	2007年12月1日
97	中华人民共和国耕地占用税暂行条例实施细则（财政部、国家税务总局令第49号）	2008年2月26日
98	关于技工院校占用耕地免征耕地占用税的通知（财税[2012]22号）	2012年3月22日